통나무

東洋學 어떻게 할 것인가

金 容 沃

도서
출판 통나무

나의 강의를 경청해 준
그 빛나는 젊은 눈동자들에게

지은이에 대하여

지은이는 忠南天安에서 의사의 6 남매중 막내로 태어났다. 국교시절까지 천안에서 보낸 후 상경하여 普成中·高等學校를 졸업, 1965년 고려대학교 생물학과에 입학하였다. 평범하고 유복하게 자란 소년시절을 회상하여 그는 "나는 자연주의자였다. 소박하게 현미경에 비추는 생명의 신비를 알고 싶었다"라고 말한다. 생물학자가 되고픈 소박한 꿈은 고질적 질병의 발병으로 산산히 깨어지고 학교를 중단, 낙향하여 긴 병상의 고통을 잊고자 독서에 열중한다. 어머니의 강렬한 극기적 기독교신앙 속에서 자란 그는 그의 종교적 체험을 탐구하고자 목사가 되기로 결심, 긴 병상을 박차고 한국신학대학 신학과에 입학한다. 그러나 그는 곧 하늘의 뜻이 목사의 길에 있지 않다는 예시를 받고 모든 종교와의 결별을 선언하고 고려대학교 철학과에 다시 입학한다.

철학과 4년의 생활을 통해 철학이야말로 그의 삶의 욕구를 충족시킬 수 있는 유일한 학문이라는 것을 확인한다. 처음에는 서양철학 특히 영미분석철학에 몰두하다가 3학년 때 신임한 金忠烈교수의 강의를 듣고 세째 시간째 동양철학연구에 그의 온 삶을 불사르기로 결심한다. 72년 대학 졸업 후 동대학원에 재학 중, 김충렬교수의 스승인 황 똥메이(方東美, Thomé H. Fang)교수의 문하에 遊하기 위하여 國立臺灣大學哲學硏究所에 입학, 불과 2년만에 老子에 관한 碩士학위논문으로 수석졸업, 老碩學 황교수의 마지막 제자가 되었다. 영국 캠브릿지대학에 유학할 기회가 마련되었었으나 그길을 포기, 당시 동양학의 세계적 중심지라고 생각된 日本의 東京大學 中國哲學科에 도전, 한국인으로서는 최초로 정규 입학시험을 치르고 일본인과의 경쟁 속에서 입학, 정규학생이 된 것이 75년 봄의 일이었다.

만 2년만에 新儒學(Neo-Confucianism)관계로 학위논문을 제출, 최우

9

수성적으로 졸업하여 일본인 교수들의 사랑을 받았다. 道佛교섭사의 세계적 권위인 후쿠나가 미쯔지(福永光司)교수에게서 格義佛敎論을, 야마노이 유우(山井湧)교수에게서 "氣の哲學"論을, 지금 科主任교수인 토가와(戶川芳郞)교수에게서 漢文解釋學의 엄밀성을 영향받았다. 故오노자와(小野沢精一)교수에게서 『韓非子』를, 마루야마(丸山松幸)교수에게서 嚴復을, 하찌야(蜂屋邦夫)교수에게서 『弘明集』을 직접 사사받았다.

일본에서 학업을 끝낸 후, 펜실바니아 대학의 릿케트(Allyn W. Rickett)교수의 『管子』영역사업에 참여하다가 캠브릿지의 하바드대학(Harvard University)으로 적을 옮겼다. 하바드대학에 6년간 머물면서 明末淸初의 巨儒, 왕 후우즈(王夫之)의 『周易』해석에 관한 문제를 비교철학적 시각에서 탐구, 82년 6월에 박사학위를 받았다. 주심은 벤자민 슈왈쯔(Benjamin I. Schwartz), 부심은 뚜 웨이밍(杜維明, Wei-ming Tu)이었다. 그는 하바드에 머무는 동안 슈왈쯔교수에게서 세계시민적 개방성과 동서고금을 망라한 보편학문의 가능성에 대하여 깊은 영향을 받았다.

82년 가을학기부터 고려대학교 철학과 부교수로 교편을 잡은 이래, 그가 15년동안 항상 즐겨 입었다는 한복 두루마기 자락의 휘날리는 모습, 자유분방한 특유의 강의법, 넘치는 인간적 정열 등은 고려대학생들의 사랑의 대상이었으며 그들에게는 너무도 친숙한 그 무엇이었다. 85년 가을학기에 교수로 승진하였고 다음학기인 86년 봄학기 중간(4월 8일)에 돌연 『良心宣言』을 발표하고 교수직을 사퇴하여 크게 세인의 주목을 끌었다. 우리는 그 사퇴의 깊은 의미를 헤아릴 바 가히 없다. 그것은 그의 말대로 오로지 그의 학문적 투쟁과 그를 위한 사회적 실천을 통하여서만 드러날 것이기 때문이다. 앞으로 그의 지성적 삶의 새로운 시도가 우리 인류의 미래의 새로운 가능성을 예시해주기를 바라는 것은 우리 모두의 마음일 것이다. 부인 崔玲愛는 延世大 中文科교수로 있으며, 슬하에 2녀 1남(승중·일중·미루)을 두고 있다.

[통나무 편집부]

알맹이

지은이에 대하여——9

새판 이끄는 글 :　나의 **良心宣言**에 대한 **氣哲學的 試論**——21

—보통사람론의 옳바른 이해를 위하여—

옛판 이끄는 글——105

첫째 글　우리는 동양학을 어떻게 해야 할 것인가————————113

113　동양의 정의
114　근대화와 동양학의 역류
116　방법론이란 말의 허구성
117　번역의 중요성에 대한 새로운 인식
118　한문문화권과 한글문화권
119　중국과 일본의 근대화 역군의 업적과 한국사의 공백
120　한글창제의 후진성, 음독과 훈독
121　국역전통의 빈약성의 반성과 일본의 경우
122　『聖經』 번역과 『論語』 번역
123　번역은 인류 문화교류의 최보편적 양태, 인도불전의 한역작
　　　업, 산스크리트어와 고전중국어
124　외국어 실력의 기반성, 한문은 우리 것이고 영어는 외국 것인
　　　가 ?
125　"엉터리 논문" 문화와 "표절" 문화
126　제대로 베끼지 못하는 표절
127　번역없이 사상의 인식 없다, 논문의 허구성과 번역의 어려움

128 언문전통의 빈약과 조선조 지성사의 고질적인 엘리티즘, 음독 고수의 폐해

129 엘리티즘의 폐쇄·독점의식과 번역의 민주성, 주자학과 양명학의 차이

130 석·박사 학위논문은 번역으로 해야, 영구번역의 집단적 노력

131 서양인의 동양이해의 역사

132 라이프닛츠, 제임스 레게, 막스 베버, 샤방느, 죠세프 니이담, 칼그렌, 펠리오

134 번역의 구체적 방법론: "완전 번역"이란 무엇인가? 한글이라는 개념의 정의, 개념의 옮김

136 동양학 논문의 인용방식이 통일되어야 한다, 구두점이란?

137 脚註의 정확성과 일관성

138 版本의 이해와 外經의 연구, 정통성에 집착하지 마라! 『道德經』과 『德道經』

140 日本學의 포괄적 이해, 에도시대 코가쿠(古學)와 오규우 소라이

141 註解 없는 古典번역은 번역이 아니다

142 漢文을 보는 과학적 태도의 요청, 漢文의 단순성과 복잡성, 데카르트의 방법론적 회의

144 한국인·동양인이기 전에 현대인, 任重而道遠

둘째 글 飜譯에 있어서의 空間과 時間 ──────────145

145 하바드-옌칭도서실에서 본 『韓國人의 意識構造』

146 완세트주의와 자동차

148 하이데가의 도구연관구조 속에서 본 한국인의 자동차와 미국인의 자동차

149 문자의 옮김과 의미의 옮김, 의미론적 콘텍스트의 동일성과 문자의 동일성, 베토벤과 최옥산

151 빠다와 된장, 『멕베쓰』와 쿠로자와 아키라의 "쿠모노스 죠오"

153 원 텍스트의 드러남과 나의 이해의 의미체계

154 格義란 무엇인가? "니어바나"와 "우웨이"

155 마테오 릿치의 떠우쓰(陡斯) ; 세인트와 莊子의 畸人 ; 聖아우 구스티누스와 데루스 우자라

160 기독교리의 토착화와 마테오 릿치의 사기성

161 릿치의 『四書』의 라틴어 번역 ; 유교의 本面이냐 假面이냐?

162 『天主實錄』과 『天主實義』

163 天主와 上帝(shang-ti) ; 신의 인격성에 대한 릿치의 자기모순

164 중국의 上帝, 한국의 하느님, 일본의 카미 ; 以西政西, 以中化中

165 典禮論爭(Rites Controversy), 카톨릭의 개화의 후진성, 번역 은 해석학적 행위이다.

167 서양인의 동양이해의 역사

168 마르코 폴로의 『동방견문록』의 세계사적 계기

169 『일 미리오네』의 수수께끼, 시인 단테의 불언급, 『일 미리오 네』의 과장성·허구성

170 폴로라는 상인의 무식과 물질적 풍요의 환상 ; 제1의 신화

171 『일 미리오네』의 판본학적 복잡성, 루스티첼로의 로맨스, 『동 방견문록』의 비역사성

174 제2의 신화 : 17·8세기 제수이트 선교단이 본 "통짜배기 유 교국가"

175 필로조프의 이성주의 ; 서구라파 계몽주의에 준 중국사상의 영 향

177 유교와 道佛의 이원론, 自然과 理性, 中體西用論의 원류

178 물질적 서양과 정신적 동양의 허구성, 제수이트 천문학의 후 진성과 中國曆法·地圖제작법의 우수성

179 막스 베버의 지적 : 동양인은 물질적이고 서양인은 정신적이다, 동·서양의 규정은 개방적이어야 한다.

181 제3의 신화 : 19세기 정체사관, 랑케, 헤겔, 밀, 메드헐스트, 아렌트

184 정체사관의 발생론적 분석 : 산업혁명, 理神論, 진보

186 다윈의 진화론과 옌 후우의 自强不息

187 동양역사의 다원성, 다양성, 역동성

188 헤겔의 『역사철학』의 허구성과 「中國章」의 거짓을 폭로함

191 헤겔과 정약용

192 의미의 시간성 : 今과 古, 東과 西
194 오늘이라는 시간의 문법적 분석 : 중국어, 희랍어, 히브리어에 있어서의 시제의 문제
196 시간의 공간화와 老子의 前後相隨
197 과거라는 시간과 현재의 의식
198 고전 국역의 第一原則 : 同時性(contemporaneity), 間主觀性
200 번역언어의 현재성과 "영구번역론", 『鏡花新飜』의 경우
201 고어와 현대어의 문자적 동일성에서 기인하는 개념의 혼동 : "自然"과 "Nature", 惠崗의 "經驗"과 "知覺"에 대한 朴鍾鴻 교수의 오해, 도구연관구조의 상대성의 철저한 인식
205 동일한 공간 내에 있어서의 과거의 他者化 : 주체성과 개방성 그리고 공존성
207 번역의 실례에서 지적된 몇 가지 오류 :『국역 산림경제 Ⅰ』의 예, 제목의 번역 문제
210 註解의 부정확성 :『黃帝內經』의 성격, 한의학 술어의 정확한 개념적 이해, 脾와 비장
214 『素問』과 『靈樞』
215 榮衛와 血氣 개념의 역사적 고찰
218 工具서적의 활용과 출전의 주사
219 引得과 辭書, 한국고전에 특유한 한문용례의 사전이 필요하다, 한학은 후퇴하지 않는다
221 민족문화추진회 국역사업의 중요성은 재평가되어야 한다
223 大江東去 浪淘盡 千古風流人物

세째 글 中共學界에 있어서의 中國哲學史記述의 轉換 ————— 225
225 후쿠나가 미쯔지교수가 말한 불교와 맑스 · 레닌주의의 중국적 수용, 景敎(Nestorianism)의 예
227 中國佛敎=格義佛敎, 슈펭글러가 말한 "정교한 오해의 기술"
229 니어바나→無爲 : 프롤레타리아→無産階級
230 漢譯佛典의 격의성과 중국 맑스 · 레닌주의의 격의성의 유사성

231 마오이즘에 있어서의 맑스·레닌주의의 中國哲學的 格義
232 "階級分析的 方法"의 구체성과 과학성, 『實踐論』의 예
233 "經"의 상대주의적 격하
234 流와 源, 상부구조와 하부구조
235 批林批孔運動의 철학사적 의미
236 形而上學과 辯證法, 파르메니데스와 헤라크레이토스, 『周易』
    적 생성관
237 破와 立 ; 모든 철학사는 유심론과 유물론의 투쟁사다 : 중국철
    학의 새로운 토폴로지, 중국 철학사상의 하부구조의 새로운
    탐구, 서양철학의 유심·유물 개념의 격의
239 天命論, 五行論, 孔子의 反動性, 老莊의 유심성
241 墨子, 荀子, 韓非子의 진취성과 유물성
242 隱顯의 전환 : 中國哲學史기술의 코페르니쿠스적 전환
243 王充의 氣論과 유물론체계
244 陸王心學은 버클리 류의 주관유심주의다
245 중국철학사에 있어서 유심론과 유물론의 계보 : 王夫之철학은
    중국 유물주의 전통의 완성
246 北韓의 『朝鮮哲學史』의 아류적 성격
247 "朴素"라는 단서와 전통 유물주의 비판
249 중국철학에는 헤겔적 아우후헤벤이 성립할 수 없다. 헤겔의
    모순개념의 명백한 오류성, 필자와 任繼愈교수의 해후, 神學
    의 奴婢, 政治의 奴婢
250 王船山철학의 평가를 위해 선결되어야 할 연구과제
251 中共철학계에서 다루어지고 있는 船山철학의 문제점의 간략한
    제시, 『船山遺書』 358 卷의 내력
253 나와 왕 후우즈라는 인물과의 해후

[附] 王夫之(1619~1692) 『周易外傳』(1656~?) 解題——————254

254 왕 후우즈와 헤겔의 철학사적 위치, 理學과 心學과 氣學
255 왕 후우즈의 출생, 성장, 정치적 투쟁
256 方以智와의 관계, 『張子正蒙注』와 『思問錄』

257 『老子衍』, 『周易外傳』과 『周易內傳』, 그리고 『周易內傳發例』
258 왕 후우즈와 장 형취의 관계

[附] 하바드대학 박사학위 논문 요약,
The Philosophy of Wang Fu-chih(1619~1692) ———259

네째 글 "東洋的"이란 意味————————————263

1 序言————————————————263
263 개념규정의 烘雲托月적 방법론, "네티"와 『大乘起信論』의 일례
265 老子의 道可道非常道와 록크의 일반술어론
266 현대한국어의 정체
267 동양과 서양의 개념적 일반화

2 東洋的 一元論————————————267
267 서양의 실체관에 비추어 본 일원론의 의미 : 현상과 실체의 이
    분을 허용치 않는 수元的 一元論
268 『道德經』1章의 無名과 有名, 『大極圖說』의 無極과 太極
271 無極과 太極에 대한 朱熹의 해석, 머우 쫑싼교수의 遮詮과 表
    詮
272 老子의 "玄"의 一元論
273 장 짜이의 老子 無개념 비판
274 장 짜이의 오해와 無의 有적 성격, 희랍철학의 有개념과 히브
    리전통의 "無로부터의 創造"
275 순수無는 현상적으로 존재 불가능, 플로티누스 유출설의 문제
    점
276 동양의 "生"은 "창조" 아닌 변형과정, 스피노자 범신론의 일
    원성
277 원효의 眞如門과 生滅門, 微塵과 瓦器. 『周易』「繫辭」의 道와
    器

278 불교의 空개념을 三法印의 측면에서 고찰함, 空(reality)과 色 (appearance)의 일치

281 니체의 노예도덕과 군주도덕, 칸트가 말하는 의지와 도덕률의 불일치와 孔子가 말하는 의지와 도덕률의 일치, 孔子의 위선?

282 칸트의 경건주의(Pietismus)와 孔子의 휴머니즘

283 『春秋左傳』에 나타난 "人"의 "天"에 대한 우위사상

284 孟子의 大體論과 大丈夫論

286 형취의 『西銘』에 나타난 天人無間論 : 가족중심주의의 우주론 적 확대, 스피노자의 "永遠의 相 아래서"

3 東洋的 一, 中, 和————————————————287

287 一과 二, 陰과 陽의 역동성

289 이츠우안과 밍따오에 있어서 陰陽과 道의 문제

290 『周易』의 "感"(creative feeling)의 철학 : 창조능력의 계기는 우 주 자체의 느낌이다, 『中庸』의 天命과 「繫辭」의 感而遂通, 孟 子의 惻隱之心

292 퇴니스의 게마인샤프트적 특성과 『中庸』의 夫婦論, 유교의 무 조직성과 생활공간적 禮

294 『中庸』의 中과 『道德經』의 一

295 아리스토텔레스의 中庸(mesotēs) 개념의 천박성, 孟子의 "執 一" 비판과 "時中"

296 『禮記』의 "禮, 時爲大,"『中庸』의 節(situationality)과 和

297 莊子의 天倪, 天鈞, 天均, 天機, 齊物

298 莊子의 카오스철학 ; 德, 命, 形, 性

299 莊子의 "大順"과 프란시스 베이컨의 스키엔티아

300 『中庸』의 "發展"개념과 헤겔의 아우후헤벤

301 칼 포퍼의 역사결정론 비판 : 역사는 의미가 없다

302 기독교의 종말론적 사관의 오류와 발전 개념의 허구성, 老子 의 "스스로 그러함"의 정직성

303 순환과 직선, 필연과 자유, 역사목표의 내재성과 외재성

304 기독교와 공산주의

305 老子 無爲사상의 사회철학적 적극성, 계급타파론과 反主知主義

306 근원적 문명비판과 反文化主義 (Counter-culturalism)
307 "上善若水"의 해설
308 예수의 "엘리 엘리 라마 사박다니"와 끼릴로프의 자살

4 東洋的 프래그머티즘─────────────────────────309
309 퍼어스의 프래그머티즘 개념
310 동양사상을 프래그머티즘으로 규정하는 이유, 소피아와 지혜
311 근세 서양철학의 존재이유와 그 한계성, 동양학적 인간이해의 새로운 가능성, 절대적 진리는 절대적 신관이 낳은 오류에 불과
312 직관적 진리와 실천적 진리, 삶의 경험의 총체적 이해
313 철학은 이제 절대적 원인이나 궁극성을 찾는 임무에서 해방되어야 한다, 완전한 태초의 생각은 상상력의 빈곤일 뿐
314 孔子의 咸卦해설과 현실주의
315 듀이의 교육철학과 유교의 德教主義
316 동양적 우주관과 현대물리학의 "이벤츠"관, "중성적 일원론"과 "氣論"
317 동양적 세계관의 유기체성과 화이트헤드의 과정철학, 『中庸』의 誠論의 고찰
318 "政"과 "修身"
319 "親親"의 연속성 (space-time continuum)
320 墨家의 훼미리즘 비판에 대한 儒家의 답변
321 誠者와 誠之者, 自誠明과 自明誠
323 『中庸』의 三位一體論, 生哲學 (Lebensphilosophie)과의 구분
324 인간자유의 최대실현, 不誠無物

5 結語─────────────────────────────────325
325 어린애이다에서 어린애답다로, 해탈의 해탈, 초월의 초월, 산과 물이 "하늘나라"
326 일반화 (generalization)의 무리, 상대성과 보편성의 조화
327 東의 恨을 풀다

다섯째 글　崔玲愛-金容沃表記法 제정에 즈음하여 ———— 329

329 나의 교수로서의 첫강단 첫시간이 남긴 교훈

330 "道可道非常道"는 "도가도비상도"로 읽어야 하는가?

331 孔子라는 짱꼴라는 과연 조선인인가?

333 漢文과 漢字

334 洪·裕陵에서의 단상

335 漢字고유명사 표기의 문제 : 東京은 "동경"인가 "토오쿄오"인가?

336 나의 표기법 제정의 역사와 윤내현 교수의 『中國의 原始時代』

337 1980년 시스템의 모순과 오류

338 중국음운학 학자 최영애교수의 연루

339 웨이드-자일시스템의 성립과 맥퀸-라이샤워시스템의 비판

340 中共에서의 拼音方案의 성립

341 拼音方案과 웨이드-자일시스템의 관계와 차이

342 최영애-김용옥표기법의 4대 원칙 ; 최영애-김용옥표기법 테이블의 음운학적 설명 : 1) 舌尖音과 捲舌音의 구분 2) 舌尖前·後音과 舌面音과의 관계 3) f음과 h음 4) o(ㄜ)와 uo(ㄨㄛ)의 경우 5) 영성모의 경우 6) -ong과 -ung의 문제 7) 齊齒의 ian과 撮口의 üan 8) -ui(ㄨㄟ)의 경우 9) -iu와 -ou 10) 경성의 경우

345 일관성(consistency)의 문제

346 孔子는 우리의 의식 속에 "콩쯔"로 남아야 한다

崔玲愛-金容沃中國語表記法 Table of the C.K. System for Chinese ———— 347

崔玲愛-金容沃表記法　漢語拼音表記法 對照表(제 1 표) ———— 349

崔玲愛-金容沃表記法　웨이드-자일表記法 對照表(제 2 표) ———— 356

여섯째 글 새로지은 崔玲愛-金容沃日本語表記法과
                          그것의 풀음————————363

363 나의 良心宣言과 日本語表記法
364 崔玲愛교수와 오고시 나오키교수의 도움
365 일본어표기법테이블과 부속된 3 문제 : 1) 長音의 문제
                                    2) 撥音의 문제
                                    3) 促音의 문제
368 일본어 로마자표기법의 역사와 최영애-김용옥일본어표기법의
     개괄 : 國鐵표기와 헵번
369 羅馬字會의 성립과 헵번의 『和英語林集成』
370 田中館愛橘의 日本式방안의 병립 ; 訓令式의 등장과 그 한계
371 三式鼎立과 새로운 內閣告示(1953)
372 內閣告示에 나타나 있는 일본인의 절충·타협정신
373 우리나라사람들의 언어관의 비민주성
375 나의 시스템의 사회적 의미
376 올림픽회화의 엉터리 ; 올림픽조직위원회의 올림픽참가국명의
     번역문제가 남긴 일화
378 나의 표기법을 쓸때는 출처를 밝혀라
379 우리구세대가 얼마나 일본어를 모르는가? ; 식민지잔재와 그
     신화
380 나의 표기법제정원칙
381 청음과 탁음에대한 한국인관념의 허상
382 나의 표기법은 헵번식과 훈령식의 장점을 최대로 살렸다
283 ウ모음列의 문제점 ; ハ行의 자음의 정체
384 일본어를 일관되게 표기하라

崔玲愛-金容沃日本語表記法
Table of the C.K. System for Japanese————————365

나의 良心宣言에 대한 氣哲學的 試論*

—보통사람론의 옳바른 이해를 위하여—

　　바로 엊그제의 일이다. "양심선언"후 집을 나가 정처없이 山寺들을
헤매는 동안 책상위에 수북히 쌓인 서류와 먼지들을 정리하며 마음을
가다듬고 있던 한낮, 뚜루룩하고 전화벨소리가 귓전을 때렸다. 요즈
음 世間이 번쇄하게 느껴져 일체 전화를 안받으려고 전화를 뽑아 놓
고 사는데 어떻게 우연히 연결된 틈을 타고 기어든 소리였던 것이다.
기연이거니 하고 무심코 전화를 들었다. 걸직하면서 명령조의 그러면
서 매우 유치하게(어리다는 뜻) 들리는 목소리는 다음과 같이 내 고막
을 울렸다 : "선생님, 강연부탁 드리러 멀리서부터 상경했읍니다. 스
승의 날, 선생님의 양심의 소리를 듣고자 합니다……"

　　나로서는 참 기막힌 일이었다. 이 난리통에 이 북새통에 이렇게도
세인앞에 나서기 힘든 판에, 나보고 시골에 내려와서 강연을 해달라
는 것이다. 그 학생은 어느 지방대학의 총학생회장이라는 것이다. "그
대는 나의 책 『여자란 무엇인가』를 읽었는가?"라는 나의 질문에 나
의 책은 하나도 읽은 바가 없다는 것이다. 어느 학자의 강연을 초치
하려고 한다면 최소한 그 학자가 무슨 책을 썼고 어떠한 성향의 학문

---

　*　나의 『良心宣言』은 이미 그 전문이 『新東亞』 1986년 5월호(pp. 158~161)에 실렸음
　　으로 지면의 제약상 여기에 다시 싣지 아니한다. 나의 논리의 전개에 있어서 그 전문
　　을 먼저 보고 싶은 사람은 『新東亞』를 참조해 주길 바라며, 근간예정인 나의 책 『氣
　　哲學이란 무엇인가』에 다시 그 전문이 실릴 것임을 예고하여 둔다. 선언문은 일본의
　　『世界』잡지 5월호와 『아사히新聞』(4월 10일자)에 그리고 『르몽드』지(4월 23일, 5
　　페이지)에 소개된 바 있다. 그리고 미국의 각 언론매체를 비롯한 세계의 언론에 소
　　개된 내용은 그 정확한 자료가 아직 나에게 입수되어 있지 않다.

을 가지고 있는 사람인지에 대한 이해가 앞서야 할 것이다. 나는 외국에서 어느 교수와 인터뷰를 신청할 때면 반드시 한달전부터 그의 저서를 대강 사서 통독을 한 후, 그와의 한 두 시간동안에 어떠한 이야기를 하는 것이 그의 삶과 나의 삶에 가치있는 場이 마련될 수 있는가하는 것에 대한 전략을 세우고 만났다. 그리고 이것은 학계의 일상적 관례인 것이다. 우리나라에서 "학자를 대접할 줄 모른다"는 나의 불평은 학자의 시간은 항상 써비스되어야 할 "공중변소"정도의 것이 되어야만 훌륭한 것으로 생각하는 일반인의 통념에 대한 나의 질타이다. 그러나 내가 그 학생에게 『여자란 무엇인가』를 읽었냐고 물은 것은 그러한 일반론에 대한 질타가 아니라 그 앞잔소리 부분에 강연초청에 대한 나의 유명한 세조건이 명시되어 있기 때문에 그것을 읽어봤냐고 물은 것이다 : 1) 2시간 이상의 강연시간 2) 천명 이상의 청중 3) 그리고 100만원이상의 강연료(『여자란 무엇인가』를 쓸 때까지만 해도 50만원이었는데 요즈음 궁색하기도 하고 재산세도 오르고 해서 100만원으로 올렸다). 평상시에도 이러한 조건을 내걸고 강연을 하지 않은 나를 "양심선언"이란 델리케이트한 상황이 걸려 있는 이 시점에 무모하게도 시골로 모셔가겠다는 그 학생의 발상은 기발하다면 기발하지만 아둔하다면 아둔의 극을 모르는 것이다. 그리고 내가 내려간다면 아마 많은 사람이 숨어 고통을 당할 것이다. 이와 같이 천치같은 총학생회장님은 "내가 이 상황에 어떻게 그대의 청에 응할 수 있겠는가"라는 나의 말에 무댓뽀로 나를 욱박지르고 들어왔다. 자기가 다 알아본 바로는 내가 강연을 할 수 있다는 것이다(무슨 대단한 연줄이 있어서 어디다 알아봤는지 나는 도무지 모르겠다). 그리고 고려대학생만 이 땅의 학생이냐고 따졌다. 우리에게도 당신의 양심을 보여달라고 호통쳤다 (『별주부전』에 토생보고 간을 꺼내 보이라는 장면이 생각났다). 그리고 당신이 무어라하든 나의 집으로 들이닥치겠다는 것이다. 와도 나를 만날 수 없을 것이라고 하니까 나보고 나쁜새끼라고 질러댔다. 도대체 내가 강연하기 싫어 강연하지 않겠다는데 언성을 높여가면서 나보고 나쁜새끼라는 것이다. 그리고 무조건 나의 집으로 침입하겠다는 것이다. 아이쿠 하나님 맙소사! 내가 무슨 죄를 지었나이까?

그녀석이 고려대학생이었다면 내가 안심하고 두드려패줄 수도 있겠지만……, 나는 나의 언성이 맞 높아지기 전에 그냥 전화줄을 툭 뽑아버리고 말았다. 그리고 고요해진 나의 책상머리에 앉아 다시 생각을 굴렸다. 그 학생의 무리하고 무례하기 그지 없는 요구, 당당하기조차한 그 호통, 그것이 혹시 "역사"라는 것은 아닐까? 그 요구앞에 무력하고 억울하기만 한 것이 혹시 "개인"이라는 것은 아닐까? 도도하게 밀려닥치는 역사라는 것, 그것이 바로 그처럼 무리하고 무례한 것은 아닐까? 그 역사 앞에 선 "개인"의 모습은 과연 어떠한 것이 되어야 하는가?

4월 14일 저녁, 그러니까 "良心宣言"후 일주일이 지난 월요일 저녁, 나는 인사동 뒷골목 어느 대포집에서 우연하게 마련된 자리에서 동아일보의 김중배논설위원과 잔을 돌리고 있었다. 나의 의식속에 김중배선생이 들어온 것은 그 분이 4월 10일자(2면)로 쓰신 "어느 敎授의 「良心宣言」"이란 社說을 통해서 였다. 나는 그 글이 나에 관하여 쓰여졌기 때문이라기 보다는 그 글자체가 갖는 마력, 간결한 몇줄속에 흐르고 있는 힘이 나의 몸에서 우러나오는 광기보다도 더 강렬한 힘을 가지고 나를 휘감어 버리는 그 마력에 나는 당혹할 정도로 매료되었던 것이다. 이 정도의 붓의 힘이 그 짧은 시간 동안에 그 정도로 정신의 핵을 관통하고 있었다는 사실이 나에게 도도하고 당당하게 물밀려 왔다. 물론 그와의 만남은 처음이었다. 나는 만나자 마자 다음과 같은 말을 건넸다.

"제가 선생님의 글을 읽고 감명을 받은 것은 저의 良心宣言을 하나의 정치적 事件으로 이해한 것이 아니라 그것을 지성사적인 그리고 내면적인 흐름으로 이해했다는 것입니다."
"선생의 그러한 표현, 즉 사건아닌 흐름으로라는 식의 표현은 우리와 같은 저널리스트에게는 무상의 찬사요."

이쯤되면 말되는 것이다. 이야기가 통하는 것이다. 의기가 투합하는 것이다. 술맛이 나는 것이다. 우리는 역사속에서의 만남을 기뻐하며 술잔을 기울였다. 취기가 그윽해져가는 어느 순간 우리 양인의 선문답은 다음과 같은 핵심적 주제로 옮아가고 있었다. 김중배선생이 먼저 입을 열었다.

"선생이 쓴 「良心宣言」이라는 문안에서 딴 것은 다 이해가 되는데
내 마음에 숙제로 남아 있는 것이 딱 하나 있오. 그것이 내 마음에
걸려 죽겠오. 그것을 말하면 오늘 귀동냥 좀 할 수 있겠오?"
"서슴치말고 말해 보십시요."
"氣哲學이라는 그 한마디요."

선문답도 이 정도되면 趙州의 재치가 무색한 것이다. 바둑에 수
가 있다면, 고수와 고수의 대국에는 어떠한 격이 있다면, 분명 지성
과 지성의 만남에도 수가 있고 또 그 격조가 있는 것이다. 나는 그
순간 김중배라는 지성인이 날카롭게 나의 심장을 에고 들어오는 것을
느꼈다. 그 고수의 예리한 한 수가 움직일 수 없는 포인트를 접하고
들어오는 것을 느꼈다. 모든 사람들이 서명운동이라는 정치적 열기
속에서 나의 행동을 일련의 유사한 사건으로만 파악하고 왈가왈부하고
있는 그 시점에서 "氣哲學"이라는 나의 철학의 핵심을 파고 들어온다
는 것은 결코 그리 쉬운 것은 아니다. 그 장문의 선언문에서 가장 간
과하기 쉬운 하나의 핵심적 단어를 잡어낸다는 것이 결코 아무에게나
쉽게 가능한 것은 아니다. 그가 평소 갈고 닦아온 예리한 칼날에 잘리
지 않고 걸린 그 단어, 그 단어의 내용을 독자들은 나와 함께 생각해
보지 않으면 안된다. 나의 양심선언을 이해하기 위하여서는——.

많은 사람들이 나의 양심선언을 서명을 하지 않은데 대한 보상으로
이루어진 행동으로 파악하는 경향이 없지 않았다. 고려대학교 교수서
명이라는 사건이 나의 행동에 직접적 계기를 마련한 것은 틀림없는 사실
이지만, 그러한 계기로 해서 대학교수직을 때려치우는 어리석은 우를
범하는 대학교수는 없을 것이다. 왜냐하면 대학교수라는 직분 그 자체
가 그러한 하나의 사건과 맞저울질 되기에는 너무도 신성한 그리고 그
것을 초월하는 그 자체로서의 의미를 지니고 있기 때문이다. 나는 분명
"교단을 떠나는 나를 애석하게 바라보지 말고 교단을 지키시는 모든 선
생님을 존경해 달라고" 학생들에게 간곡하게 부탁하고 있다. 교수를 때
려친다는 것이 나이롱뽕은 아니다. 어찌되었든 교수가 나이롱뽕으로

24

되는 것은 아니니까——. 김중배논설위원의 응변을 잠깐 들어보자.

　지식인은 "사회의 體溫計"로도 비유된다. 그는 누구보다도 앞서 사회의
熱度가 드러내는 아픔을 감지한다. 물론 지식인의 소임이 그 감지만으로 다
해지는 것은 아니다. 그는 얼마만큼 아프며, 왜 아픈가를 기탄없이 토론할
수 있어야 한다. 아픔을 다스리는 처방까지도 거침없이 제시할 수 있어야
한다.
　그 무거운 지식인의 길은 당연히 자유의 산소를 요구한다. 특히 표현의
자유가 제약되면 지식인의 고뇌는 갈등을 넘어 소외와 좌절로 떨어지고 만
다. 침묵해야 할 때 침묵하고, 말해야 할 때 말하지 못하는 不具의 지성을
낳게 된다.
　그러나 참다운 지성, 참다운 지식인은 희박한 자유의 산소 속에서도 곧은
목소리를 외치고자 한다. 스스로 자유의 영역을 넓히려 안간힘한다. 그것이
야말로 정치적 권력의 통제를 거부하는 "양심과 진실의 힘"인 지식인의 치
열한 정신이다.
　우리는 고려대학 金容沃교수의 "良心宣言"에서 고뇌하는 지식인의 치열한
정신을 거듭 확인한다. 그는 "보통사람이 되는 것조차 허락하지 않는 체제
속에서 어찌 보통사람되기(中庸之道)를 가르칠 수 있겠는가"를 묻는다. "잘
못된 것을 잘못되었다고 말할 수 없고, 고칠 것을 고쳐야한다고 말할 수 없
고, 아픈 것을 아프다고 말할 수 없는 현실 속에서 더 이상 교단을 지킬 수
없다"고 고백한다.
　金교수는 지난번 고려대학 교수들의 "현시국에 대한 견해" 표명을 지지하
면서도 그에 서명하지 않았던 사람이다. 정치상황의 변화만이 모든 것을 해
결할 수 있다고 믿지도 않았으며, 오히려 정치가 해결할 수 없는 인간의 문
제에 더 큰 열정을 지녔던 지식인이다. 그사람이 마침내 현실의 모순을 고
발하고, 강단을 떠나기로 결단했다는 사실의 의미는 무겁다. ……
　金교수의 "양심선언"은 아무리 억눌러도 지식인사회가 완전히 억눌려 질
수 없다는 확연한 反證으로 인식되어 마땅하다. 그것은 지식인 사회가 아무
리 나약해졌다고 할지라도 완전히 나약해지지는 않았다는 실증이기도 하다.
　그러나 우리는 그와 같은 지식인이 제자리를 몇몇이 지킬 수 있는 사회가
가꾸어지기를 바란다. 그의 말대로 모든 사람들이 제자리 제구실을 다하며,
한마음이 되어 만날 수 있기를 소원한다. [1]

---

1) 『동아일보』, 1986년 4월 10일 제 2 면 "社說."

독자들이 지금 나에게 가장 궁금한 것은 이러한 감격을 안겨주었던 나의 행동이 바로 내가 김중배위원을 만난 그 다음 날, 그와 자정이 넘도록 유쾌한 너털웃음을 지우며 오랫만의 지성의 힘의 만남의 감격을 자축하고 있었던 바로 그 다음날, 바로 그 메디아에 의하여 세인에게 "이해되기 힘든 모습"으로 그려졌다는 사실에 대한 솔직한 변을 듣고 싶어하는 것일 것이다. 그러나 솔직히 말해서 나는 그에대한 솔직한 변을 하고 싶은 생각이 없다. 왜냐하면 끝까지 솔직하기를 두려워하는 나약한 인간의 모습이 이 사건에는 감추어져 있기 때문이다. 나는 이러한 인간의 모습을 연민의 정을 가지고 바라보고 있다. 똥이 되었다면 "내가" 똥이 된 것인데, 이제와서 "남"을 똥을 만들면서 나의 똥됨을 만회하는 그러한 어리석은 짓을 할 위인은 못되기 때문이다. 나는 이러한 문제를 놓고 『良心宣言本末』이라는 자초지종의 이야기를 쓸까도 생각해 보았지만, 그러나 계속 치밀어오르는 분노의 상념들을 종내 깨끗이 머리속에서 지워버리고 말았다. "宇宙寶"(양주동 선생의 "자칭국보론"에 대비하여 내가 철학연구발표회에서 쓴 말, 1985년 5월 18일, 인하대학교 강당에서)임을 자처하는 내가 이제 세인의 오해도 스스로 물러가는 이 시점에 소소한 구설에 구애될 필요는 없을 것이다. 신문기사의 문제는 이미 신문인에 의하여 솔직하게 지적되었기 때문이다. 『한국일보』정치부장 吳隣煥선생은 그러한 사건으로 오해의 언변을 휘날리고 있을 그 당시 고맙게도 나의 심정을 대변해주고 있다. 그의 다음과 같은 솔직한 표현은 그 당시 상황과 신문자체의 이권과 속성을 고려해 볼 적에 매우 용기있는 발언이었다. 吳부장님의 발언은 김용옥이라는 개인에 대한 안타까움에서가 아니라 김용옥이라는 개인이 제시한 진리의 퇴색에 대한 안타까움이 그 정조를 이루고 있다는 의미에서 많은 사람의 심정을 대변해 준 것이다. 4월 29일 5면의 "政治決斷과 타이밍"이라는 대문짝만한 칼럼은 서두를 다음과 같이 시작하고 있다.

한 젊은 哲學교수의 良心宣言을 대하는 우리사회의 자세가 적절한 것이었느냐 하는 문제를 한번 곰곰 생각 해볼 필요가 있다.
매스컴은 "그 교수의 특이한 개성"이라는 先入見탓인지 보도의 방향을 제대로 잡은 것 같지 않았다. 교수의 프라이버시에 관심을 지나치게 기울인 나머지 그가 제기한 本質문제에 관해서는 보도와 논평이 결과론으로 볼 때 皮相的으로 흘러 차분하고 진지한 접근을 시도하는데에 미흡했다는 인상을 주고 있는 것이 사실이다.

그의 良心宣言은 물론 現時局이 얼마나 어렵고, 이 時局을 살아가는 지식인의 고뇌가 얼마나 크고 깊은가를 고발 또는 호소한 것으로 해석할 수 있을 듯 하다. 더구나 그의 宣言文에는 잘 닦여지고 잘 다듬어진 重厚한 예지가 곳곳에서 번뜩이고 있어 한번 읽어보고 버리기에는 아까운 글이라는 생각이 든다.

그는 宣言文에서 전체적으로는 이 나라가 참다운 民主化의 방향으로 가야 한다는 목표에 대해서는 이론이 없으나 방법을 선택하는 문제에서는 지식인으로서의 번민과 갈등이 견디기 어려운 지경에 와있음을 솔직히 고백하고 있다.

그러나 그의 글의 진면목은 지식인이 아닌 **다수의 평범한 사람들이 갖는 갈등까지** 진단한 그의 통찰력에 있다. 2分化를 강요하는 사회구조를 통렬하게 지적해준 예리함에 있다고 생각된다. 예컨대, ……

그러나 이러한 변호에도 불구하고 뒷풀이가 개운하게 멀어지지 않는 심정을 가진 독자들을 위하여, 또 최근 어느 기자가 쓴 "'양심' 때문에 교단 떠난 김용옥 : '보통사람'일 수 없었던 괴짜교수"라는 일문에서 "그날 이후 김교수는 일체 외부와의 접촉을 피하고 있다. 다시 학교에 나왔을 때 매스컴이 그의 뜻을 왜곡했다고한 그는 자신의 진정한 뜻이 무엇인지를 밝히기 거부하고 있다."[2]라는 선의의 질문에 정확히 답변해 주기 위하여서라도, 그리고 또 이 김용옥은 거부하고 지지고 할 것이 아무 것도 없는 사람이라는 것을 명확히 보여주기 위하여 나는 다음의 세가지 명백한 사실만을 밝혀두고자 한다.

1. 나는 어느 기자와도 인터뷰한 사실이 없다.

2. 나는 사의를 번복한 사실이 없다.

3. 나는 양심선언후 학교나가 강의한 사실이 없다.

이 세가지 사실을 위배하고 있는 어떠한 정보도 그릇된 것이다. 나는 신문기자들이 "나의 뜻을 왜곡했다"고 생각하지 않는다. 설사 왜

---

2) 『女性東亞』(東亞日報社, 1986년 5월호), 기사는 314〜319쪽, 위 인용문은 315쪽.

곡했더라도 왜곡 정도는 해석의 차이로도 관용하고 넘어갈 수 있을 것이다. 그러나 내가 못견디는 것은 있는 것을 삐뚜로 보는 눈이 아니라, 없는 것을 있는 것으로 만드는 허위의 문제다. 이것은 신문기자들의 악의적 행위에서라기 보다는 吳隣煥부장님이 지적하신 대로 "차분하고 진지한 접근"을 미흡하게 만드는 신문자체의 성격에서 그 이유를 찾을 수 있을지 모른다.

"××일보"라고 할 때 우리는 "일보(日報)"의 의미를 한번 생각해 볼 필요가 있다. "일보"란 의미에는 여러가지 의미가 함의되어 있겠지만 그 주요한 의미는 역시 "당일치기 소식"이란 뜻일 것이다. 즉 일보와 관련된 모든 物의 시간단위는 당일치기 시간을 가지고 있다는 것이다. 그러므로 일보의 사건을 다루는 기자들의 내면적 의식의 흐름이 당일치기 시간단위를 가지고 흐르기 쉽다. 하루 한 탕 치고나면 내일은 그 한 탕과 유리된 새로운 한 탕을 친다. 그리고 어제의 한 탕은 시간의 단위가 다르기 때문에 싹 잊어버리고, 또 그 어제의 한 탕에 대하여 책임을 질 필요가 없다. "책임을 질 필요가 없다"는 의미에서 그들은 이 세상에서 가장 행복한 사람일지도 모른다. 왜냐하면 20세기의 매스컴 사회라는, 특이한 문화구조 속에서는 신문(이나 기타 테레비와 같은 대형매체)이라는 매체처럼 강력한 언론매체는 없다. 그렇기 때문에 그 언론을 구속할 수 있는 더 큰 힘을 가지지 못한 즉 언론 앞에서 무기력하게 느끼는 개인 앞에서 그들은 무자비할 수도 있고, 또 그 "무자비함"에 대하여 책임을 지지 않고 넘어갈 수도 있다. 이러한 폐해는 우리나라 신문의 경우보다 미국의 경우 더 심할지 모른다. 미국의 언론은, 유럽의 언론에 비하여 철저하게 자사와 자국의 이익만을 추구하는 언론으로 정평이 높다. 인문학의 전통에서 임마누엘 칸트와도 비견할 고전적 위치를 차지한 천재, 그리고 우리와 동시대 미국의 현실을 살고 있는 시대의 양심인 노암 촘스키(Noam Chomsky)가 제임스 레스턴과 같은 저널리스트를 "개잡놈 같은 새끼"라고 평하기를 주저하지 않고, 뉴욕타임즈가 와싱턴정부의 대외정책의 非理를 은폐하는 것을 낱낱이 고발하는 정교한 작업을 서슴치 않는 이유가 여기에 있다. [3] 언론의 자유가 보장된 상황에서는 언론처럼

---

3) 나의 이러한 정보를 너무도 생소하게 느낄 사람이 많을지도 모른다. 우리나라 사람들에게 촘스키는 변형(생성)문법의 창시자로서, 그리고 구조주의 언어학에 획기적

무서운 폭군이 없다는 아이러니를 약소국의 유학생이었던 나는 미국에서 사는 동안 무수히 체험했다.

그러나 우리의 언론은 언론을 뛰어 넘는 폭군(앞말과 관련된 상징적 의미) 앞에서 신음하고 있기에 우리 모든 국민이 "언론의 자유"를 언론과 더불어 갈구하고 있으며, 우리나라의 언론인은 최소한 그러한 바램에 대한 사명을 지고 있다는 당위성을 한발자국도 벗어날 수 없다.

우리는 신문을 읽을 때 혹은 테레비를 볼 때 다음과 같은 해석학적 사실을 주목할 필요가 있다. 신문의 기사는 어느 경우에도 사실을 보도하지 않는다. 단지 사건만을 보도할 뿐이다. 내가 말하는 사건이란 이미 사실에 대한 기자의 해석이 첨가되었다는 뜻이다. 그리고 그러한 해석을 인식조차 하지 못하고, 또 그것에 대해 책임을 지지 않는다면, 그것으로 인한 피해는 물론 당장 이 사회가 입겠지마는 궁극적으로 그 기자자신의 정신세계를 허물어들어가는 공허한 타락만이 그에게 남을 것이다.

많은 양심있는 언론인들과 이땅의 지성인들은 언론의 자유라는 민족사적 과제를 놓고 공통의 투쟁을 벌리고 있다. 우리는 분명 같이 고민하고 있다. 그러나 언론인 그대들은 다음과 같은 사실을 분명히 기억해야 할 것이다 : 언론의 자유는 언론에의 자유마저 수반한다. 언론에의 자유가 수반되지 않는 언론의 자유는 또 하나의 독재며, 또 하나의 타락이며, 또 하나의 죄악이다. 이런 의미에서 우리는 언론매체를 자율적인 단위로 다원화시켜야 할 것이며, 다양한 표현의 가능성을 확보해야 할 것이다. 지금 KBS 테레비에 관한 논의도 아마도 현 정

전환점을 창출한 천재로서만 기억되어 있을지 모르지만, 미국 일반대중에게 촘스키는 강력한 사회비판자로서 반체제(anti-Establishment)운동의 기수로서 더 잘 알려져 있다. 촘스키의 이러한 방면의 탐구서적으로서 가장 유명한 작품은 *The Washington Connection and Third World Fascism; The Political Economy of Human Rights*(와싱톤 코넥숀과 제3세계 파시즘 ; 인권정치경제학)(Boston: South End Press, 1979)이다. 이 책은 미국언론을 고발한 최고의 걸작이다. 시시한 종속이론의 책을 백권 읽는 것보다는 이러한 석학의 격조높은 양심적 고발서를 한권 보는 것이 더 미국이라는 政體의 현실을 적확하게 바라보는 눈을 키워 줄 것이다. 정보의 검열이 협소하게 통제된 상황에서 저질의 반체제 서적들만 우리 젊은 학도들에게 읽혀지고 있는 현실이 안타까울 뿐이다.

권하의 KBS가 기존의 다양한 체제를 통·폐합하는 과정을 거쳐 일화원시키는 데서 출발했다는 사실에서부터 출발할 것이다. 나는 요번 나에 대한 신문보도를 경험하면서 뼈저린 체험을 많이 했다. 그 중에 하나는 이런 것이다. 만약 우리나라에 신문이 하나밖에 없었더라면, 나를 "사꾸라 새끼"로만 처다보는 한두 기자들만이 설치는 신문 하나만이 자가당착적인 발언만을 일삼고 있었더라면 나는 이 사회에서 완전히 쎙매장이 되고 말았을 것이다. 만회할 수 없는 나락에 빠져 헤메고 있을 것이다. 도대체 학교와 학생을 그토록 사랑해온 교수로서 중간시험을 일주일 앞둔 시점에서 일주일만 어떻게 메꾸면 1,500명이 넘는 학생들의 학점처리문제가 해결될 수 있다는 행정교육자의 단순한 행정적 요구에 대하여, 그것도 본인이 직접 나서지 않고 조교들의 대행에 의하여 처리해주겠다는 정도의 응대를 한 것이 무엇이 그다지로 대역패도의 죽을 죄를 저지른 것이란 말인가? 어찌하여 "사과"니 "번복"이니 하는 개소리가 날조될 수 있단 말인가? 나는 영웅이 되어도 좋다. 나는 똥이 되어도 좋다. 이말을 뒤바꾸면 이러하다 : 나는 영웅이 되기를 두려워 하지 않는다. 나는 똥이 되기를 두려워하지 않는다.

나는 이번 사건을 경험하면서 왜 요즈음 학생들이 과격한 구호를 외치지 않을 수밖에 없는가하는 문제도 깊게 생각해 보았다. 그들에게는 나만큼도 자기를 표현할 수 있는 언론의 루트가 확보되어 있지 않은 것이다. 그들은 일방적으로 보도당하기만 하며, 그들은 능동적으로 그들을 보도할 수가 없다. 그렇기 때문에 세인의 주목을 확실히 끌기위하여, 그리고 이 사회에 영향을 주고 있다는 참여의식을 느끼기 위하여 계속 과격일변도의 주장과 구호를 내걸 수밖에 없는 것이다. "우리의 철천지 원수 美帝와 그 앞잡이 깡패적 反共정권의 심장부에 해방의 칼을 꽂자."[4] 이런 정도의 구호가 요즈음 대학가의 대자보에 별다른 감응없이 마구 나부낀다. 대학가에서 "美帝國主義"란 말에 경악할 사람은 아무도 없다. 이것은 정확한 우리의 현실이다. 이제 이 사회가 아무리 은폐할려고 해도 나올 수 있는 극한적인 언사들은 다 나온 것이다. 이것은 나의 해석학 이론에 의하면 어떤 의미에

4) 『동아일보』 5월 6일(화), 2면의 社說 "革命이냐 改革이냐"에서 인용한 것임.

서 고무적일 수도 있는 것이다. 왜냐하면 나올 말은 다 나오게 마련이고 그러함으로써만이 거짓된 언어의 충격에서 인간의 존재가 해방될 수 있기 때문이다. 그러나 내가 학생들에게 부탁하고 싶은 것은 그대들이 원하는 사회가 어떠한 경우에도 "신문이 하나밖에 없는 사회"가 되어서는 아니될 것이라는 것이다. 프로레타리아독재가 인간의 존엄성과 표현의 자유를 거부할 수는 없을 것이다. 그래도 이 사회에서 지랄탄과 화염병이 난무할 수 있다는 명백한 사실은 이 사회의 밑바닥이 가지고 있는 최저한의 아름다움이다. 이 아름다움마저 거부할 수는 없을 것이다. 그대들이 이 아름다움마저 거부한다면 그것은 자기모순이다. 그대들의 데모라는 행위가 이미 그 최저한의 아름다움을 이용한 것이라면, 그대들이 미래사회의 모습을 구상하는데 있어서 그 아름다움에 대한 책임을 져야할 것이다.

나는 정치학이나 정치에 큰 관심을 가진 사람이 아니고, 또 나의 경험을 통하여 실증해본 사실이 없기 때문에, "신문이 하나밖에 없는 사회"가 실제로 있는지 없는지 잘 모른다. 그러나 있다고 논리적으로 가정하고, 그러한 논리적 가정하에서 나의 논의를 진행시킨다면, 그러한 사회에서는 언론위에 타고 앉아 있는 몇 새끼들만 행복하고 자유로울 것이다. 언론밑에 깔려 있는 온 새끼들은 찍소리 못하고 뒈질 것이다. 그대들이 주장하는 프로레타리아독재가 이러한 획일성을 의미한다면, 그대들의 문제가 속시원하게 싹 쓸려 풀어질 것같은 착각을 할지 모르지만, 그 독재를 올라타는 몇 놈은 신나게 될 것이고 그외의 동포들은 찍 쌀 것이다. 지금 여기서는 데모라도 하면서 눈물축제라도 벌릴 수 있지만, 그런 사회에서는 "죽이면 죽을 것이다." 눈물축제의 카오스! 이것은 매우 창조적인 것이다. 물론 나의 이러한 논의가 우리 학생들의 생각수준이 이 정도에 머물러 있다는 착각을 불러일으켜서는 안될 것이다. 그러나 학생들의 구호나 현실적 행태속에 이러한 위험성이 내포되어 있다는 우려를 많은 사람이 가지고 있고 그러한 우려를 겸허하게 재고해보는 진지함이 학생들에게 요구된다는 것이다.

이러한 논리적 가설은 내가 6년간 이용했던 하바드-엔칭도서실에 비치된 『로동신문』이나 『人民日報』에서 더 강렬하게 드러나는 것은 사실이지만, 결국 이러한 문제도 우리 민족의 분단현실을 총체적으로 조감하는 대자대비의 정신 속에서 객체화될 수만 없는 그 무엇으로서 조금씩 용해해 나가야 할 것이라고 나는 생각한다. 결론적으로 말해서, 언론을 타고 앉아 있는 사람들만이 자유롭고 언론밑에 깔려있는 사람들은 찍소리 못하는 이 현실에 대하여 우리는 권력을 쥐고 있는 자들에게 핑계를 돌릴 수도 있겠지만, 그 일차적인 책임은 역시 언론인 자신에게 있다고 보아야 할 것이다.

마지막으로 "당일치기 소식"에 종사하고 계신 기자님들에게 당부하고 싶은 것은 그대들의 당일치기 시간관의 횡포는 그대들의 의식 속에서는 당일치기 싸이클로 끝나버릴지 모르지만 그것과 관련된 사람들의 의식 속에서는 대단히 긴 시간의 싸이클을 가질 수도 있다는 점을 한번 깊게 생각해 달라는 것이다. 나는 한봉흠학장에게 보내는 편지에 다음과 같이 썼다 : "그동안 인간과 인간 사이에서 일어난 모든 전언의 형태와 기록매체를 통한 표현의 상위와 왜곡에 대하여 저는 어느 누구에게도 책임을 추궁하고 싶지 않습니다. 그것은 우리사회의 문화의 수준과 관심의 각박한 현실의 정확한 반영일 따름이기 때문이며 또 우리 모두의 책임이기 때문입니다."

그러나 나의 의식 속에서 이러한 모든 논의를 마무리짓는 결정적 단서는 "기자님들에게의 당부"에 앞선 나자신의 행위에 대하 철저한 자기성찰에서 주어졌다. 우리나라 조선조를 지배했던 차이나의 近世 儒學은 바로 이러한 자기성찰의 내면화를 통하여 근대적 자아(Modern Ego)를 발견하려고 노력했던 학문이다. 주 시(朱熹)의 직계스승이며 近世儒學의 교두보라고 말할 수 있는 츠엉 밍따오(程明道, 1032∼85)는[5] 나(我)는 본래 天地萬物과 一體라고 보았다. 그러나 인간이라는

---

5) 朱子는 二程(程明道와 程伊川 형제)에게서 직접 배우지는 않았다. 伊川이 죽은 후 20년이 넘어서 朱子가 태어났기 때문이다. 朱子의 직접선생은 李侗이다. 李侗은 羅從彦에게서 배웠고, 羅從彦은 楊時에게서 배웠는데, 楊時는 明道와 伊川 두 형제로부터 다 배웠다. 그러므로 朱子는 스스로 자기의 학문이 程門의 학통을 접속한 것이라고 생각했다. 그 유명한 『大學章句序』에서 그는 다음과 같이 말한다 : "이에 河南程氏 두 선생께서 나오시고 나서 비로소 孟子의 학문의 전승을 이을 수 있게 되었다……비록 나는 머리가 나쁜 놈이긴 하지만 역시 다행스럽게도 그들의 학문을 私淑할 수 있었고 또 그들과 더불어 들어 얻는 바가 있었다."(於是河南程氏兩夫子出, 而有以接乎孟氏之傳……雖以熹之不敏, 亦幸私淑而與有聞焉.) 朱子의 학문의 성향은 二程 중에서 형쪽보다는 동생쪽에 가까움을 밝혀둔다.

개체의 현실태는 이기적 욕구에 의하여 개체성을 고집하기 때문에 그러한 폐쇄된 개체성은 我와 世界를 이원화시켜버린다. 우리의 修養의 목적은 이러한 이원적 가름(界限)을 破除해버리고 萬物一體됨의 경지를 회복하는데 있다고 본다. 이것은 요즈음의 논리로 자칫 잘못 분석하면 개체를 말살하고 전체를 강조하는 것처럼 들릴 수도 있지만, 이들이 노력하고자 한 것은 역으로 萬物一體觀을 통하여 개체적 자아를 우주적 자아에까지 확충시킴으로써 그 개체적 자아의 존엄성을 확보하려는 것이었다. 이것이야말로 근대정신의 발로였던 것이다. 그에 있어서는 宇宙는 하나의 거대한 생명의 흐름(一生之大流)이었으며, 그것은 하나된 거대한 仁이었다. 밍따오는 다음과 같이 말한다 :

> 배우는 사람은 모름지기 먼저 仁을 깨달아야 한다. 내가 仁이라고 말한 것은 구분적 경계를 뛰어넘어 혼연하게 우주와 한 몸이 되는 것을 말한다. 義도 禮도 智도 信도 결국 모두 仁이다. 이러한 仁의 이치를 끊임없이 깨닫고 성실함(誠)과 진지함(敬)으로 그것을 끊임없이 유지해나가기만 하면 되는 것이다.[6]

이때 신유학에서 가장 중요시되는 두 개념이 등장하고 있는데 그것은 誠과 敬이다. 敬이라는 것은 현대심리학에서까지 주요한 주제로 등장하고 있는 注意(attention)의 문제와 유사한 성격을 지니고 있으며, 신유학은 "지금 여기"(here and now)라는 의식의 지속의 문제를 보다 내면적 덕성의 측면에서 탐구한 것이다. 誠이란 『中庸』의 주제로서 先秦시대에 이미 부상한 것이며 孟子사상의 중요한 물줄기를 이루는 것이다. 멍쯔는 「盡心」上, 제4절에서 다음과 같이 말한다 : "萬物이 모두 나라는 개체에 구비되어 있다. 나의 존재를 성찰하여 성실할 수 있으면 즐거움은 그것보다 더 큰 것은 없다."(萬物皆備於我矣, 反身而誠, 樂莫大焉.)

나라는 存在의 仁의 실현은 萬物의 主體로서의 개체의 내면적 성찰에 있다고 멍쯔는 이미 간파했지만 이러한 萬物皆備於我사상을 근세적 자我관의 심화로 등장시킨 것은 宋學으로 들어오면서였다. 밍따오는 멍쯔의 논리에 대하여 다음과 같은 해설을 달고 있다 : "만약 나의

---

6) 學者須先識仁 ; 仁者渾然與物同體, 義禮智信皆仁也。識得此理, 以誠敬存之而已。『遺書』, 2上/4.

존재를 성찰하여 성실할 수 없으면, 곧 나의 존재속에 결렬된 두개의 인격체가 대립적으로 나타난다. 自我를 가지고 非我를 통합하려는 어떠한 노력도 결국 실패로 돌아간다. 어찌 또한 즐거움이 있을 수 있으랴?"[7] 그리고 "敬"에 대한 강조 또한 자기 존재의 반성의 심화라는 문제로 귀결된다 : "배우는 사람은 먼 곳에서 구할 필요가 없다. 가깝게 자기 존재 그 자체의 성찰에서 취해야 할 것이다. 오로지 하늘의 이치를 밝히는 것도 결국 敬 즉 진지함이 있을 뿐이다. 그것이야말로 모든 것이 집약된 핵심이다."[8]

인간이 존재한다는 즐거움은 결국 자기를 성찰할 수 있다는데 있다. 반성적 사고의 가능성이 인간에게 내재한다는 것이야 말로 인간존재의 존엄성의 근원이라고 우리 할아버지들은 본 것이다. 나는 기독교를 철저히 비판하는 사람이며 소신있는 무신론자이다.[9] 그런데 나의 비판에 대해 많은 사람들이 나의 종교관의 심도를 이해하지 못한 차원에서 매우 피상적인 아규먼트를 종종 편다. 네가 말하는 기독교는 말단적 유폐에 지나지 않으며 진짜 원시기독교는 그런 것이 아니라고──. 이것은 매우 가소로운 아규먼트다. 말단적 유폐를 말단적 유폐로만 돌려버리고 그 근원은 책임을 회피하려는 태도는 어떠한 경우에도 정당화될 수 없다. 말류(末流)에 문제가 있다면 그 남상(濫觴)에도 최소한의 부분적 책임이 있다. 조선땅의 전도부인 전도가방속에 문제가 있다면 그 문제에 대하여 나자렛 예수에게 최소한 부분적이라도 책임이 없을 수 없으며 나자렛 예수 자신이 반성을 하지않으면 안된다고 생각한다. 설사 나의 문제가 철없는 어린 기자아이의[10] 미숙한 장난에서 비롯된 것이라 할지라도 그러한 말류의 오해의 소지를 남겨둔 나의 행동에 根源的 책임이 있다는 엄연한 사실을 나의 성실한 논리 그자체의 논리에 의하여 인정하지 않으면 안된다는 뼈아픔을

---

7) 若反身未誠, 則猶是二物有對, 以己合彼, 終未有之, 又安得樂? 『同上』.
8) 學者不必遠求, 近取諸身, 只明天理, 敬而已矣, 便是約處。『遺書』, 2上/7.
9) 굳이 예수쟁이 신학자들의 용어를 빌려 표현한다면 그러하다는 뜻이며, 그 피상적 의미에 있어서 나의 종교관을 규정하는 오류는 범하지 말아야 할 것이다. 나의 무신론은 유신론의 한 형태이며 나는 인간의 종교성을 근원적으로 부정하지는 않는다. 나의 무신론은 나의 氣哲學체계 내에서만 의미를 갖는 것이므로 나의 氣哲學을 이해하기 이전에는 나의 神觀은 정당하게 평가할 수 없다.
10) 내가 이런 표현을 쓸 수 있는 것은 문제의 장본인이 나의 제자라는 가슴아픈 아이러니가 숨어 있기 때문이다.

체험했다. 그리고 그것은 어떠한 경우에도 나 존재의 반성의 심화작업을 통해 나의 개체성의 확충이라는 修養的 實踐으로 표현되지 않으면 아니되었다. 추상적 원칙에는 하자가 없었지만 그것을 실현하기 위한 구체적이고 상황적인 작전에는 하자가 있었는지도 모른다. 그리고 나의 의식속에서 소신껏 진행되는 행동과 그것의 사회적 의미와의 괴리에 대하여 나는 뼈저린 공부를 하게 되었다. 이 모든 것이 하바드대학 박사공부로는 얻지 못했던 것이었다. 나는 나에게 이러한 성찰의 기회를 준 모든 사람들에게 감사할 뿐이다. 영웅이 똥이 된다면 영웅이 계속 영웅이 되어주기를 바라는 많은 사람에게 실망의 모습으로 비쳐질지 모른다. 그러나 그 똥은 그러한 세인의 실망에 의하여 새로운 자유를 획득하고, 그 똥됨을 극복해야할 새로운 도전의 존재 상황에 직면한다. 나에게 고귀한 것은 영웅됨이 아니라 그러한 자유와 도전이다. 나는 나의 존재의 반성을 통하여 이러한 자유와 도전을 얻었다. 어찌 즐겁지 아니할 수 있으랴!

나는 영웅이 되기를 두려워 않고 또 똥이 되기를 두려워 않는다. 그러나 영웅됨과 똥이됨을 동시에 왕복하는데 있어서도 반드시 하나의 원칙이 필요하다. 그것은 나의 존재를 반성해 보아서(反身) 부끄러움이 없어야 한다(而誠)는 것이다. 내가 이 글의 독자들에게 가장 확실하게 말할 수 있는 최종적 사실은 나는 나의 "良心宣言"에 대하여 하늘을 우러러 보아도 땅을 굽어 보아도 도무지 부끄러움이 없다는 것이다. 만약 부끄러움이 있다면 밍따오의 말대로 결렬된 두개의 인격체가 대립적으로 나타날 것이다. 그렇다면 나의 붓끝은 힘을 얻을 수 없을 것이다. 내가 지금 나의 존재에 대하여 가장 행복한 사실은 내마음속에 아무런 우상도 가지고 있지 않다는 것이다. 나에게는 하나님도 없고 우상도 없다. 우상을 의지하고 살아갈 수밖에 없는 오늘의 많은 사람에게 그 얼마나 나의 존재가 위태롭게 또 위협적으로 보인다 할지라도 나는 나의 존재의 誠과 敬을 계속 유지할 것이다. 일말의 타협도 없을 것이다.

혹자는 나의 "良心宣言"을 빈축하여 말한다. 良心이란 외면화될 수 없는 것이라고——. 나는 그대의 비판을 받아들이면서 다음과 같이 말한다. 그러면 그대가 얼마나 그대의 양심을 내면화하고 살아가는지 지켜보겠다고——. 나는 앞으로 나의 양심을 내면적으로 온축해나가는 작업을 게을리하지 않겠지만 나는 나의 양심을 철저히 외면화해 나갈 것이다. 죽을 때까지 끊임없이 그 작업을 할 것이다. 양심은 반 드시 외면화 되어야 하며 그것은 그 삶의 양태에 따라 성실하게 표현 될 수 있는 것이다. 나는 산속의 암자에서 혼자 도통하고 혼자 죽어 가는 그러한 양심을 찬양하지 않는다. 그것은 자기기만 아니면 자기도 취의 하루살이 인생에 불과하다.

이제 우리는 우리의 관심을 우리의 논의를 출발시켰던 최초의 논의 로 다시 돌릴 필요가 있다. 김중배선생의 바둑 한점의 마력으로 되돌 아갈 필요가 있다. 나의 良心宣言을 이해하기 위하여 왜 김중배선생 의 의식의 흐름속에서 氣哲學이란 단어가 문제될 수밖에 없었는가 하는 것을 다시 한번 상기해볼 필요가 있다. 한 사상가의 행위를 이 해하는데 있어서는, 그것이 이성적 사유를 바탕으로 하고 있는 이상, 그 행위의 주체의 세계관(Weltanschauung)을 이해하지 않을 수 없다. 맑스형님의 교조적 추종자들은 인간의 현상을 설명하는데 있어서 하 부구조가 상부구조를 결정한다는 극히 일면적인 설명에 안주하려는 경향이 있지만, 나는 "결정"이라는 말보다는 "영향"이라는 말을 더 좋아하며 또 그 역방향의 가능성도 항상 인정한다. 즉 하부구조가 상 부구조에 영향을 주는가하면 상부구조가 하부구조에도 영향을 준다는 것이다. 이것은 좀 개명한 맑시스트라면 받아들이지 않을 수 없는 총 체적 인간의 현실이다. 내가 일상적으로 관찰하는 인간의 모습에 있 어서 더 중요한 것은 오히려 상부구조로부터의 하부구조에로의 진행 방향이라고 나는 느낀다. 나를 내가 분석해 볼때도, 나의 의식의 회 전은 반드시 물질적 토대의 회전으로 결정되는 것은 아니며, 그와 무 관하게 나의 의식은 회전될 수 있다. 그리고 이러한 의식의 회전이 없이는 나의 새로운 행동은 발생하지 않는다. 나의 새로운 행동의 발 현은 물질조건에서 결정지워지는 것이 아니라 오히려 나의 의식의 변 화에서 결정지워진다는 것이다. 요즈음 학생들이 "의식화"작업을 고 수하는 것도 어쩌면 소박한 순수맑시즘의 대원칙을 위배하는 것일지 도 모른다. 강력한 데모의 행위가 발생하기 위하여서는 그 행위의 하 부구조의 상태로서 조작될 수는 없으며, 반드시 그 상부구조의 조작 이 더 중요하고 핵심적이라고 그들은 판단하는 것이다. 그래서 그들은 그들의 의식의 조작을 진행시키지 않을 수 없는 것이다. 그만큼 의식의 틀, 즉 이데올로기의 조작성은 인간의 행위를 규정하는 결정적 틀이 되는 것이다. 나는 이것을 긍정하지도 부정하지도 않으며 단지 인간의 현실로 파악할 뿐이다.

그렇다면 나의 "良心宣言"이란, 신성한 교단마저 떠나야만 했던 나의 행위를 영향지운 나의 "氣哲學"이란 무엇인가? 나는 사실 그날 김중배위원의 귀동냥소원을 풀어드릴 수가 없었다. 나의 氣哲學이란, 나의 여태까지의 삶의 모든 통찰, 나의 존재를 오늘의 양태로 몰아온 모든 직관과 연결되는 것이며, 또 이 시점에서 완성된 것도 아니며 앞으로의 나의 영원한 삶과 운명을 같이 할 그러한 것이었기 때문에 그분의 요구를 만족시킬만큼 정리된 共時的 구조(synchronic structure) 를 드러낼 수가 없었다. 나는 나의 기철학적 통찰의 일면을 이미 "氣哲學이란 무엇인가? :　漢醫學이론 형성과정과 黃老之學"이란 논문을 통하여 밝힌 바 있고 이 논문은 또 서강대 불문과의 姜菖培교수님의 철두철미한 번역작업을 통하여 불역되어 세계학계에 이미 소개된 바 있지만, [11] 그 논문에도 나의 기철학적 세계관의 전모는 드러나 있지 않다. 단지 앞으로 내가 진행시킬 연구의 序端을 예시하고 있을 뿐이다. 좀 유식한 독자들은 氣哲學이라하면 가깝게는 조선조의 四端七情論爭과 얽힌 理氣論을 연상하면서, 나의 氣哲學을 奇大升이나 任聖周의 主氣論이나 혹은 서화담의 기론의 아류이거니하고 유식한 판단을

---

11) 이 논문은 나의 氣哲學에 관한 최초의 학문적 試論으로서 고려대학교 중국학 교수들의 동인학술지인 『中國學論叢』(高麗大學校 中國學硏究會 : 高麗大學校 開校 80 週年 記念特輯, 第 2 輯, 1985.6), 55∼101 쪽에 처음으로 실렸던 것이다. 그뒤 월간잡지 『대학』(1985 년 12 월 창간호)에 "氣哲學, 그리고 뉴톤적 세계관의 再考"(357∼384 쪽)라는 제목으로 다시 실렸다. 그러나 『대학』에 실린 글은 교정과정에서 원의를 파악하지 못한 상태에서 교정자 멋대로의 가필이 행하여져서 그릇된 부분이 많다. 이 논문의 불역본은 : Kim Yong-Ok, "La Philosophy du *Ch'i*—Processus de formation de la pensée médicale en Chine à l'époque des Han—," *Revue de Corée*, Commission Nationale Coréenne pour l'Unesco, Vol. 17, No. 4 Hiver 1985. 그리고 이 논문의 내용을 토대로 한국의 물리・생물・화학자들과 토론한 내용이 최근 출간된 新科學硏究會 編 『新科學運動』(서울 : 汎洋社出版部, 1986), 67∼88 쪽에 실려 있다. 내가 가담한 신과학운동을 이해하는 것은 나의 氣哲學적 세계관을 이해하는데 큰 도움을 줄 것이다. 그리고 "氣哲學이란 무엇인가?"를 구해 보기 힘든 독자를 위하여 이 논문이 실린 나의 글모음인 『氣哲學이란 무엇인가?』가 단행본으로 선보일 예정으로 편집중에 있음으로 그 책의 출간을 기다려 주기 바란다.

내릴지 모른다. 그러나 20세기에 살면서 플라톤이나 예수를, 럿셀이나 사르뜨르를 우습게 알고 있는 이 철학자의 대가리에서 나오는 생각들을 그렇게 안일한 틀에 의하여 규정하려는 오류는 위험천만한 생각이다. 아니면 나의 학위논문이 近世中國氣論의 최대 자이언트인 왕후우즈의 세계관에 관련된 것이라고 하여 나의 생각을 그러한 계열의 사상계보로서 규정하려고 덤벼들지도 모르겠다. 그러나 나의 대답은 물론 "노우"이다.

"氣哲學"이란 전세계적으로 내가 최초로 쓴 말이며, 종래의 우주를 해석하는 두개의 상대적 개념이였던 理와 氣의 분별적 틀 속에서 규정된 主氣論이나 氣論과는 확연히 구분되는 것이다. 물론 나의 東京大學 指導敎官이었던 야마노이 유우(山井湧)교수가 "氣の哲學"란 용어를 나에 앞서 사용하였지만, [12] 그분의 "氣の哲學"도 그분 자신의 우주관을 포괄적으로 표현한 말이라고 보기 보다는 기존의 氣論계열의 사상가들의 생각을 탐구하는데 필요한 서술적 (descriptive) 개념으로 상정된 것이므로 어떠한 포괄적이고 일관된 우주해석체계로 간주할 수는 없다. 그렇기 때문에 나는 氣論·主氣論·唯氣論·氣思想등의 말을 쓰지 않고 氣哲學(Philosophy of *Ch'i* 혹은 *Ch'i* Philosophy)이라는 용어를 즐겨 쓴다. "哲學"이란 분명히 20세기의 동양에서(그 유래는 19세기 일본) 특수하게 정착된 현대적 개념이기 때문이다. "氣哲學"이라는 말이 내가 전세계적으로 최초로 쓴 말이라는 의미는 나의 언명이전에 그와 같은 말의 용례가 부재한다는 의미는 아니다. 나에 의하여 타인이 단편적으로 규정한 의미와는 전혀 다른 어떠한 의미가 새롭게 부여되었다는 것이 그 참 뜻이 될 것이다. 즉 내가 우주를 바라보는 어떠한 체계(시스템)를 총괄하여 편의상 붙이는 이름일 따름이며 이 시스템은 나의 광범위한 독서력이 판단하는 한에 있어서는 어느 누구도 생각하지 못했던 매우 독창적 체계라고 나는 정직하게 판단하고 있는 것이다(이것은 자화자찬이 아니라 매우 정직한 발언이다. 남이 어떻게 나를 평가해주느냐가 중요한 것이 아니라 과연 내가 나를 어떻게

---

12) 山井湧선생의 "氣の哲學"에 관계된 글은 그들이 주동이 되어 편찬한 다음의 책에 보인다. 山井湧·福永光司·小野澤精一編, 『氣の思想』, 東京 : 東京大學出版會, 1978. 이 책은 우리나라에서도 영인되어 널리 동양학학도들에게 보급되었다. 이 책에 참가한 저자들은 대부분이 나의 선생들과 나의 東京大 中國哲學科 同門들이다. 내가 同大學同科에 재학하고 있을 바로 그 당시 과연구실에서 편집되었던 책이다.

평가할 수 있느냐하는 것이 더 근원적이고 일차적인 것이다. 내가 생각하는 것이 독창적이었냐 아니었냐 하는 것은 역사속에서는 후대에 평가될 문제이지만 나의 의식속에서는 나의 현실이 되지 않으면 안된다). 그러므로 독자들은 나의 "氣哲學"이라는 용어의 語意的 규정에 현혹되어서는 안된다. 김용옥이라는 살아있는 인간이 氣哲學이라는 용어를 통하여 무엇을 표현하고 있는가 다시 말해서 김용옥이라는 인간이 생명의 끊임없는 과정속에서 끊임없이 파지(把知)해나가고 있는 우주 혹은 세계의 연기론적 실상을 총체적으로 조감하는 통찰력이 더 절실하게 요구된다는 뜻이다.

기실 氣哲學이란 나에게 있어서는 哲學이 아니다. 哲學界의 석학님들께서 나를 哲學者로 규정하기를 거부한다면 나는 이 순간 哲學者이기를 때려쳐도 아무 회한이 없다. 그들이 말하는 철학은 어차피 나에게 있어서는 철학이 아니니까——. 이런 말을 내가 서슴치 않고 말할 수 있는 가장 근원적인 이유는 내가 "기철학"이란 우주관의 통찰을 얻게 된 것이 나의 존재가 세칭 "철학"이라고 말하는 어떠한 특정한 체계에 접목이 되기 이전에 이루어진 매우 원초적인 삶의 현실(the primitive reality of my life)으로부터였기 때문이다. 정확하게 나의 삶의 과정속에서 집어 말하자면 그것은 1965년 가을부터 시작된 삶의 고통에서였다. 나는 당시 생물학 학도였으며 온몸의 관절이 펑펑 부어올라 一寸의 기동도 할 수 없는 상태에서 일순간도 잊어버릴 수 없는 육체적 고통의 연옥속에서 이 우주를 바라보기 시작했다. 이러한 나의 삶의 이야기는 너무도 농도 짙은 정신의 방황이기 때문에 그 것을 이러한 학술지면에 이성적으로 쏟아 놓을 수는 없다. 언젠가 나는 그토록 피로왔던 나의 통찰의 과정을 소설이라는 문학장르를 통하여 표현할 계획을 세우고 있다. 나는 철학자이며 과학자이다. 나는 시인이며 예술인이다. 나는 소설가며 영화감독이다. 나는 이 모든 것을 원한다. 그리고 나는 되고 있고 될 수 있다고 자신한다.

당시 나의 사상발전 과정에 가장 중요했던 사실은 독서를 통해 플라톤이나 예수의 이름을 알게 되었다는 사실이 아니라, 나의 몸의 발견이었다. 나는 당시 천안시 대흥동 231번지 갯배기에 있는 광제병원

(당시는 의원을 일상적으로 병원이라고 불렀다)의 목조건물 2층 한구석 방에 외롭게 두루누워 꼼짝않고 1년 반을 보냈다. 유리창문 밖으로 천안극장 앞 행길에 지나다니는 사람들을 물끄러미 쳐다보고만 살았다. 그러던 어느날 대낮에 나는 미친듯이 말할 수 없는 어떠한 환희의 전율에 사로잡혔다. 미친듯이 웃어댔다. 미친듯이 깔깔댔다. 그러나 나의 깔깔댐을 야기시킨 사건이란 너무도 평범하고 사소한 해프닝이었다. 나는 당시 악성 류마치스관절염으로 거의 폐인이 되어 있었다. 프레드니솔론계열의 약을 하도 쳐먹어서 위궤양이 발발하여 죽도 제대로 못먹었고 게다가 간도 말씀이 아니었고, 또 관절이 하도 쑤시고 아프다 보니까 관절부위에다가 간호원들의 주사바늘을 뺏어 내손으로 직접 아편을 푹푹 찔러대며 그러한 마취상태에서 하루하루를 넘기고 살았다. 그리고 나는 걷지도 못하고 침대위에서만 모든 것을 해결했다. 그러던 어느날 화창하게 비개인 하늘에서 땡볕이 내리쬐는 어느날 어떤 남자가 큰 행길을 걸어나오는데 두살 정도나 되어보이는 통통한 계집아기가 흰 드레스에 흰 모자를 쓰고 뛰퉁뛰퉁 아장아장 뒤따라 나오고 있었다. 뛰퉁뛰퉁 아장아장 걷는 그 모습, 그 모습, 그 모습을 보는 순간 나는 너무도 발랄하고 고귀한 생명의 움직임을 느꼈다. 전 우주적 생명의 모습이 그 뛰퉁뛰퉁 아장아장거리는 모습속에 거대한 입체화면처럼 통찰되어 나에게 다가왔다. 저거다! 저거다! 저거다! 바로 저거다! 어떻게 저 아기가 저렇게도 순수하고 아름답게 걸을 수가 있단 말인가? 도대체 인간이 걸을 수 있다는 사실, 인간이 걸을 수 있도록 우주적 생명이 움직이고 있다는 그 사실, 그토록 흔해빠진 그 사실이 나에게는 감격이었고 전율이었다. 인간이 걷는다는 사실 그 사실이 나에게는 신비로서 감격으로서 다가왔다. 그 단순한 사실 속에서, 대흥동 231번지 유리창속의 나의 동공에 비친 그 어린아기의 아장아장 걷는 모습 속에서, 나는 우주의 전체를 파악했다. 그 어린아기의 모습과 연결되는 나의 생명의 氣의 움틀거림에서 살아움직이는 우주의 힘을 통찰했다. 이거다! 이거다! 이거다! 바로 이거다! 나는 너무도 기뻤다. 나는 거미줄만 달려있는 공허한 빈방에서 나의 환희를 전달할 그 아무 것도 갖지를 못했다. 나는 미친듯이 혼자 깔깔댈 수밖에 없었던 것이다. 지금 당시의 일기장이 분실되어 정확히 알 수는 없지만 본격적 와병상태로 들어간지

약 1년후, 그러니까 1966년 가을에 있었던 일이었다.

나는 그뒤로 병상을 박차고 일어났다. 그리고 한국신학대학에 세칭 톱으로 합격했다. 그러나 나의 삶의 비밀의 추구에 있어서 보다 근원적이고 결정적인 사건은 바울이나 예수와의 만남이 아니었다. 그것은 어느 한의사와의 만남이었다. 1967년 가을, 그러니까 내가 한국신학대학에 재학하고 있던 시절, 나는 우연한 기회로 당시 광화문 교육회관뒤에서 "대원한의원"이란 간판을 걸고 개업을 하고 계셨던 권도원 박사와 해후하게 된다. 요즈음 내가 권박사님과 공동의 논문도 쓰고 또 그러한 사실이 신문에 크게 보도되어(『조선일보』85년 7월 27일자 6단기사), [13] 많은 사람이 나의 기철학적 관심때문에 요즈음에 와

---

13) 권도원박사와 내가 참여한 공동 논문이 『韓國營養學會誌』(*The Korean Journal of Nutrition*)(韓國營養學會發行, 第18卷, 第2號, 1985년 〔월〕, 155~166쪽에 실린 "체질의학의 분류법에 따른 식품기호도와 영양상태의 상관성에 관한 연구"(A Comparison of Nutritional Status Among Eight Constitutional Groups in Relation to Food Preference from the Viewpoint of Constitutional Medicine)를 말하는 것으로 권도원박사와 나는 이 연구의 기본가설을 제공하였으며 영양화학(nutritional chemistry)적 방법에 의한 과학적 연구 그 자체는 이화여자대학교 식품영양학팀이 이룩한 것이다. 우리둘 이외에 참가한 연구진은 김숙희·김화영·이필자이다. 이 연구의 역사적 의의는 이 연구의 결과라기 보다는 동·서과학의 만남을 인간의 영양이라는 문제를 중심으로 체계적으로 시도한 첫걸음이라는데 있을 것이다. 124명의 정상적 여대생을 대상으로 그들의 식성기호와 CMI(Cornell Medical Index)지수에 의한 건강상태를 밝히고 권도원박사의 체질의학의 체질분류법에 의하여 분류된 그들의 체질과의 상관관계를 밝힌 것이며, 그 체질상의 상이가 당시 그들에게서 채취된 혈액의 구성성분의 분석에 의하여 어떻게 나타나고 있는가를 살핀 것이다. 전체 조사대상자의 51.6%가 木陽체질(Jupito)이었으며, 木陽체질자들에게서 면역단백질의 합성을 조절해주는 C_3(Complement$_3$)가 타체질에 비하여 유별나게 높은 것으로 나타나고 있다. 본 연구는 "음식은 골고루 섭취해야만 건강하다"라는 획일주의적 영양관을 근본적으로 수정하고, 체질에 따라 무리한 음식을 섭취하는 것은 해가 될 수도 있다는 새로운 영양관의 가설을 받아들인다. 이것은 인체를 바라보는 우리의 이해에 있어 매우 혁신적인 재고(re-thinking)를 요구하는 것이다. 서양의 一元的 과학의 모델을 동양의 多元的 과학의 모델로 바꿔보는 우리 관념의 전환을 요구한다. 그러나 이 연구의 한계는 동양적 우주관에서 발생한 하나의 모델의 가설을 서양적 우주관에서 발생한 과학의 수량적 방법론의 척도를 가지고 입증하려는 데서 오는 괴리감에 있다. 그러나 이러한 괴리는 정직하게 처음부터 연구자들에게 인식된 것이며, 이러한 괴리를 인식하면서 그것을 극복하고자 하는 연구자들의 주체적 의지가 더 높게 평가되어야 할 것이다. 『조선일보』의 85년 7월 27일 기사(金亨基기자)가 마치 본 연구의 가설이 李濟馬의 四象醫學이나 시중에 와전되어 떠돌아다니고 있는 八象체질론의 한가지인 것처럼 기술되어 있는데 이는 본 연구와 완전히 무관한 것이며, 본 연구의 취재에 있어서 삽입되어야 할 필연성이 아무것도 없는 그릇된 보도임을 밝힌다. 전 인류의 역사를 통하여 여덟가지의 체질을 운운하게 된 것은 20세기 한국현대사에 있어서 권도원이라는 한 개인의 독창적 아이디아에서 비롯하는 것이며, 우리나라의 모든 체

서 내가 어떠한 의사와 꿍꿍이 수작을 벌리고 있다고 생각할지 모르지만, 기실 그 상황은 정반대의 것이다. 기철학적 관심때문에 권박사를 만난 것이 아니라, 권박사와의 만남때문에 기철학적 관심이 발생한 것이다. 그리고 나의 이 기철학적 관심은 나에게 있어서 어떠한 철학체계와의 만남보다도 앞서는 것이다. 나는 서양철학의 교수님들이나 동양철학의 김충렬교수님을 만나기 전에 권박사님을 만났고, 그 때 갓스물이였던 나였지만, 나의 몸에 일어나고 있는 현상, 침이라는 단순한 조작에 의하여 일어나고 있는 "氣의 흐름"의 현상을 통하여 우주를 설명해 볼 수 있다는 통찰을 얻었고, 또 그 통찰을 나의 의사였던 권도원박사와의 대화를 통하여 확인하고 또 나의 몸의 변화를 통하여 실증할 수 있었다. 권박사는 당시 자기가 새롭게 개발한 침의 원리적 체계와 그것의 임상실증에 대하여 확신을 가지고 있었지만, 그것이 이 우주의 새로운 해석체계로서 발전할 수 있고 또 그것이 새로운 과학의 개념을 유발시킬 수 있다는 우주론적 가능성(cosmological possibilities)에 대하여 나만큼 구체적인 사유를 가지고 있지는 못했다. 나는 당시 이미 나의 몸에서 일어나고 있는 현상에 대하여 그것을 氣라는 개념을 중심으로 어떠한 법칙(이때 법칙이라는 것은 일회적인 것이 아니라 반복가능한 시스템이다)을 구성할 수 있다면, 그것은 곧 우주를 설명할 수 있는 새로운 체계의 등장을 의미하는 것이며 그것은 인류사에 새로운 기원을 의미하는 것이라는 통찰을 얻었다. 그러한 법칙구성(law formulation)에 대한 일차적 확신을 나에게 준 분이 바로 권도원 선생이었고, 나는 67년 겨울 크리스마스때 권도원박사의 고무적인 편지를 받았

질론은 권도원의 체질의학(권박사나 나나 八象醫學이라든가 八象체질이라는 말은 사용하지 않는다. 마치 八象이 四象의 논리적 세분화처럼 곡해될 위험성이 있기 때문이다.)에서 비롯된 것이다. 그러나 세칭 이러한 八象論者들이나 체질의학론자들이 그들의 스승의 업적을 인정하지 않고 자기류를 참칭하는 불행한 사태는 광정되어야 마땅할 것이다. 남을 과감하게 인정할 때만이 자기가 인정받을 수 있다는 정직한 논리를 어기는 인간들의 대가리 속에서 무슨 돌팔이 과학 이상의 무엇을 기대할 수 있겠는가? 나는 하나의 특정한 개인을 추종하는 것이 아니다. 한 인간의 독창성을 인정하기를 두려워하는 폐쇄적 풍토가 우리나라 지성의 창조성을 말살하고 있고 그 때문에 많은 창조적 사상가들이 빛을 못보고 사라지는 불운을 막아보자는데 있는 것이다. 서로를 인정하기를 꺼려하고 무슨 "비방"만 꼬불치고 앉아서 "보약"만 팔아먹고 있는 우리나라 한의학계의 타성적 일면이 과감히 개선되어 서로 개방된 정보교환이 이루어지기를 바라는 마음 간절하다.

다. [14] 그 당시 그편지는 나에게 있어서는 하나의 예언이었으며 빛이 었으며 명령이었다. 나는 당시 학교재산문제로 얼룩졌던 한국신학대학을 떠날 결심을 하고, 새로운 세계관의 정립을 위하여 즉 내가 새롭게 얻은 비젼을 구체화하는 작업을 실현하기 위하여 나는 오로지 철학을 공부하는 길밖에는 없다는 판정을 내렸다. 이렇게 철학에 대하여 구체적이고 성숙된 판단을 내릴 수 있었던 계기는 당시 대구 계명대학의 조교수로서 한국신학대학에 시간강사로 나와서 철학개론강의를 해주셨던 소흥렬교수(현 이화여자대학교 철학과)와의 해후에서 주어졌다. 소흥렬교수는 나에게 최초로 "논리적 사고(logical thinking)"가 무엇인가 하는 것을 가르쳐 준 분이었다.

내가 1968년 봄에 고려대학교 철학과에 입학하여 1982년 여름에 하바드대학에서 철학박사학위를 얻기까지의 구질구질한 인생이야기로 이 귀한 지면을 메꿀 필요는 없을 것이다. 그것은 혹시 내가 나의 인생을 이야기하는 자서전이라도 쓰게 된다면 독자들의 심심풀이로나 제공하게 될른지 모른다. 그러나 여기서 독자들이 알아 주셔야 할 것은 내가 철학을 한 과정, 버트란드 럿셀의 논리적 원자주의(logical atomism)에의 심취로부터 시작하여, 老莊哲學, 魏晋南北朝佛敎思想史, 張橫渠哲學, 王夫之哲學, 周易哲學, 唯識哲學, 화이트헤드의 有機體哲學, 新科學運動 등에 대한 나의 철학적 관심이 결국 하나의 일관된 주제, 즉 내가 말하는 氣哲學의 해명에 초점이 모아지고 있다는 사실이다. 이러한 나의 집요한 관심은 다음과 같은 엉뚱한 나의 행동에서 실증되는 것이다. 나는 하바드대학의 박사학위를 끝내고 나서도 귀국하여 철학교수가 되는 것을 원하지 않았다. 나는 귀국하여 다시 한의과대학의 학생이 되기를 원했다. 文科학문을 어느정도 정복한 나는 다시 理科학문을, 그것도 내가 생각하는 氣哲學의 실증을 위하여 살아있는 동양과학의 학문을 공부하고 싶었던 것이다. 그래서 그당시 나는 서울에서는 유일한 경희대학교 한의과대학에 편입을 원했다. 나는 귀국하자마자 경희대학교에 명예교수로 계셨던 나의 은사 金成植교수를 찾아갔다. 金成植교수가 조영식이사장의 존경을 받는 분이라

---

14) 불행하게도 나의 청년시절의 짐들이 이리 옮기고 저리 옮기다가 그리고 또 천안에서 나의 짐을 관리하고 있었던 사람들의 몰지각으로 인하여 모두 유실되고 말았다. 귀국하여 내가 가장 애석하게 생각한 일이다.

고 알려져 있었기에 그를 통하면 조영식이사장을 만나뵈을 수 있을 것이고 그렇게 되면 편입의 가능성을 탐지해 볼 수 있을 것이라는 계산에서였다. 故金成植교수는 당시 나를 이해하지 못했다. 그렇게 간절하게 나를 이해시킬려고 명륜동 댁으로 학교로 찾아다녔으나 나중에는 나를 구찮게만 생각했다. 당시 金成植교수는 나를 이사장의 비서실장에게 소개했다. 나는 조이사장에게 내 인생의 과정과 지속적 관심, 그리고 미래의 포부를 담은 장문의 편지를 써서 비서실장에게 전달했지만, 그 편지는 비서실장 손에서 증발되어 버린 것 같았다. 나는 비서실장과 수십차의 통화를 하였고 또 조이사장을 만날려는 노력을 두달가까이 집요하게 하였지만 결국 울리지 않는 메아리가 되고 말았다. 일말의 반응도 얻지 못한채 나는 우리 사회의 돌지각을 한탄하면서 경희대학교 본관건물을 뒤로하면서 발걸음을 옮길 수밖에 없었다. 그뒤 나는 나와 같은 분야에 종사하고 계신, 그리고 미국에서 교분이 있었던 원광대학교의 宋天恩학장을 통하여, 원광대학교 한의과대학에 편입가능성도 타진해 보았으나 그 때는 이미 내가 교수의 신분이었고 당장 교수직을 때려칠 수 없었기 때문에 시간조정이 용의치 않아 실패했다. 무직의 개인이 아닌 한 힘들겠다는 반응이었다.

그뒤 83년 겨울의 일이었다. 나의 노력을 눈치채고 있었던 나의 친구 황경식교수(現 서울대학교 윤리학교수, 당시 동국대학교 철학과 교수)가 한의사인 부인, 姜明孜박사를 통해 동국대학 경주분교 한의과대학에 정식편입시험이 공고되었으니까 한번 알아보라고 알려 주었다. 황경식교수는 존·롤즈밑에서 "社會正義論"을 연구하기 위하여 하바드대학에 왔고 내집 바로 옆에서 살면서 『라오쯔』강독을 같이하는등 깊은 사상적 교류를 하였고(김우창교수도 한동네에서 같이 살았다) 나의 생각을 깊게 이해해 준 사람이었다. 그 당시부터 이미 姜박사는 남편의 편지를 통하여 내 사상에 관심을 가지고 있었고 내가 귀국한 후로도 나의 한의학에 대한 관심을 누구보다도 순수하게 받아들이고 이해해 주었고, 또 자신의 한의학에 대한 생각들도 매우 개방적인 성격의 것이었다. 姜박사는 누구보다도 절실하게 나의 정신세계와 한의학의 만남을 원했던 사람이었다. 나는 姜박사의 소개를 받고 혼자 경주에 터덜터덜 내려갔다. 새로 지은 건물만 아직 정돈되지 않은 채 우뚝 서 있는 쓸쓸한 캠퍼스에서 나는 편입학원서를 샀다. 왜 그 낯선 곳에 아무에게도 아무말도 아니하고 훌쩍 내려와서 서있었어야만 했는지 나자신도 몰랐다. 무엇이 그렇게 안타까웠는지, 명색이 대만대학에서 동경대학에서 그리고 하바드대학에서 박사까지 땄다고 하는 내가, 그 래도 大고려대학교 부교수라는 직함까지 가지고 있었던 내가 무엇이 그렇게 안타까웠는지 나자신도 모른다. 오로지 진리의 추구라는 하나 의 일념만이 나를 지배하고 있었다는 것은 분명히 내가 말할 수 있는 사실이다. 그런데 그날 나는 행정에 관계된 한의학 교수들을 만나면서 너무도 큰 실망에 잠겨버리고 말았다. 그들의 생각은 내가 지금와서 한의사를 하려는 돈 잘벌테니까 전직(job change)을 하려나보다~그 리고 고려대학교수를 하고 있는 사람마저 자기들 학교의 학부생으로 편 입시험을 보러올 정도로 자기들이 위대하다는 착각 속에서 나를 치켜 내려다 볼 뿐이었다. 그리고 나이들어 좋은 직장 때려치고 더 안정된 큰 수입잡을려고 내려와서 공부하고 있다는 학생들의 예만 열거했다. 내가 그렇게도 나의 동기를 설명했어도 그들의 지적 호기심이란 全無 했다. 강박사의 소개까지 있었던 나, 그래도 명색이 인류의 최고급의 지식을 한몸에 휘몰아 온 나, 그리고 같은 교수로서 서울에서까지 털 털거리고 내려온 나, 그리고 또 같은 시대의식을 가지고 성장해온 동 년배인 나와 대포 한 잔 나눌 용의가 그들에게는 없었다. 차 한잔의 대 화를 나눌 생각이 그들에게는 없었다. 나는 그날 저녁 경주 어느 여 관방에서 쓸쓸하게 하룻밤을 지내면서 쓸개빠진 새끼들이라는 생각밖 에는 들지 않았다.

이따위 시시껄적한 이야기들은, 아마도 독자들이 상식을 180°회전 시키지 않고서는 이해할 수 없는 이러한 이야기들은 나의 인생에 너 무도 많은 단편으로 숨겨져 있기에, 세속에 흔히 "기행"이라는 이름 으로 알려진 삶의 진실들은 나에게 있어서는 너무도 흔한 것이기에 여기에 다 이야기 할 수는 없다. 그러나 확실하게 지속적인 것은 이 러한 행동을 불가피하게 하고 있는 나의 학문적 관심이다. "기행"의 주인공들은 항상 외롭다. 나는 요번 나의 사건을 통해서도 그것을 철 저히 배웠다. "기행"인듯이 상식인에게 보이는 행위는 그 행위의 주 체자에게 있어서는 기행이 아닌 상식이다. 이것은 칼 융(Carl Gustav Jung, 1875~1961)의 표현을 빌리자면 집단무의식의 구조가 다른데서 발생하는 견해의 차이일른지도 모른다. 세계를 다르게 보는 눈을 가지고 있는 자의 눈에는 세계가 모두 다르게 보일 수밖에 없다. 우리는 이렇게 "다르게 보이는 인식"의 체험을 일상적으로도 할 수는 있다. 그러나 일상인들과 기인의 차이는, 그러한 "다름"이 일상인들에게는 단편적으로 나타나는데 반하여 기인에게는 총체적으로 그리고 지속적으로 나타난다는 것이다. 즉 그 존재의 내적 구조(inner structure)가 이미 일상인의 구조를 벗어나 있는 것이다. 구조란 그 존재에 내재하는 존재자체의 의미의 시스템이다. 그러나 이러한 기인조차도 일상인의 집단무의식과 마찰을 일으키게 되면서 자기의 내적구조를 포기하게되면, 하루 아침에 평범속으로 하락해 버린다. 세상을 다르게 인식하는 "다름의 구조"를 가진 사람에게 있어서는 이세계는 끊임없이 다르게 현현한다. 그렇기 때문에 고독할 수밖에 없다. 그 다름자체가 시간성을 가지고 끊임없이 변화하기 때문에 아무도 그 다름에 같이 참여해줄 수가 없기 때문이다. 고독은 피로운 것이다. 그러나 그 고독을 삶의 끝날까지 견디어 내지 못하는 자는 철학자의 타이틀을 얻을 수 없다. 세계가 끊임없이 다르게 현현할 수 있다는 것은 나의 존재의 구조가 어떠한 일관성을 유지한다는 뜻도 된다. 철학은 다양한 가치를 수용할 수는 있지만 논리적 일관성을 포기할 수는 없다. 즉 그러한 논리적 일관성때문에 이 우주는 일관되게 다르게 해석될 수 있는 것이다. 여기가서 이말하고 저기가서 저말하는 인간들, 여기서는 예수를 씹어내고 저기서는 증산을 찬양하고, 실험실에서는 과학적 이성을 말하고 교회가서는 방언을 쌀라대고, 밖에서는 민주를 울부짖고 집에와서는 마누라나 주어패는, 그러한 인간들의 세계관 속에서는 철학을 찾을 수가 없다. 다원적 세계를 포용한다 할지라도 그 포용하는 논리에는 일관성이 있어야 한다. 이러한 일관된 논리가 결여될 때는 철학은 자기자신을 변호할 수가 없게되고, 아무런 사회적 힘(social power)을 가질 수 없게 된다.

결국 이 김용옥의 삶을 지배했던 일관된 논리는 단순한 형이상학으로서가 아니라 나의 몸 속에서 실증되었고, 현대의학이 약으로는 해결해 줄 수 없었던 나의 지병까지도 우습게 만들어 버린(병이 병일 수 있는 자격을 완전히 박탈해 버렸다) 그 논리는, 기철학이라는 논리였다.

그렇다면 이 기철학적 논리는 이 김용옥의 삶의 역정에 있어서 너무도 중요한 에포크를 마련한 "양심선언"이란 행위의 주체적 논리가 된 것은 확실하다. 과연 그 기철학적 논리란 무엇인가? 왜 그대는 본론을 안꺼내놓고 주변으로만 빙빙 돌고 있는가? 성급하게 결론을 기대하는 독자들을 나는 또 실망시킬 수밖에 없다. 나는 이 시점에서 기철학의 결론을 드러낼 수가 없다. 그것은 결론이 없는 영원한 과정이기 때문이다. 그리고 그것의 전모를 전체적으로 드러내기에는 아직 나의 언어의 공간이 부족하다. 그러나 지금부터 내가 말하고자 하는 것은 "양심선언"과 관련된 부분에 한정하여 기철학의 단면들을 독자들과 함께 생각해 보자는 것이다.

나의 「양심선언」의 전문을 지배하고 있는 가장 핵심적 문구는 다음의 한마디로 축약된다 : "우리의 죄악에는 너와 나의 이분이 허용되지 않습니다." 그러나 재미있는 사실은 매스컴의 어느 기자도, 나의 양심선언을 운운한 어느 사상가도 나에게 핵심적인 이 한 구절은 인용한 바가 없다는 것이다. 그것은 매우 의도적인 외면이며 또 선의의 외면이다. 어쩌면 이와같이 각박한 현실속에서는 인식되기 힘든 자연적 현상일지도 모른다. 오늘의 각박한 현실 속에서는 분명히 죄악에는 너와 나가 이분되어야만하며, 죄는 너에게 있고 그 죄악에 나는 포함되어 있지 않으므로, 즉 죄는 너만의 것이고 나는 죄가 없음으로, 나는 너를 타도할 수 있고 또 해야만한다. 너는 죄악의 상징이며 나는 선행의 상징이다. 너는 혁명의 대상이며 나는 혁명의 주체다. 이러한 이원론은 지금 우리사회에 없어서는 안될 논리로 보인다. 그리고 이러한 논리가 깨지게되면 사회의 진보가 불가능할 것으로 보인다. 그러므로 혁명의 정열에 불타고 있는 나의 사랑하는 제자들은 나의 "양심선언"이라는 정치적 의미를 갖는 사건만 인식했을 뿐, 그 사건자체의 의미구조에 대해서는 막연했다. "이새끼 사꾸라아냐? 뭔가 불투명해! 좀 두고보지~"

존경하던 스승이 자기가 서있는 그 자리를 송두리채 부정했다는 사실에 대한 인간적 안타까움이나 애처로움이 앞서기보다 이데올로기적 불투명성을 뒷짐지고 앉아서 재고있었다. 소위 "의식있다"고 말하는 학생들일수록 그러한 현상은 강하게 나타날 수 있다. 소위 "의식이 계신" 기자님들의 반응 또한 그러할 수 있다. 물론 나의 논리의 이면을 꿰뚫은 많은 언론인들이 끝까지 나와 같이 고민해주었고 또 내가 제시하고 있는 어떠한 사회적 비견에 동참해주었다. 대다수 언론인들의 판단은 정확했고, 내가 받은 총체적 느낌은 한국의 언론계가 그래도 한국의 학계보다는 더 살아있는 곳이라고 느꼈다.

몇몇 의식있다고 하는 사람들의 생각으로는 "우리의 죄악에는 너와 나의 이분이 허용되지 않는다"는 나의 논리가 사회화되면 김용옥은 매우 인기가 떨어지는 인물이 될 것이고, 따라서 "고칠것은 고쳐야한다"라는 주장이나 "보통사람이 보통사람이 되는 것조차를 허락하지 않는 체제"의 고발등의 결과론적 명제를 아필시키는 것이 김용옥을 이 시점의 영웅으로 만드는데 더 큰 도움이 된다는 선의의 판단을 내렸을 것이다. 우리의 죄악에는 너와 나의 이분이 허용되지 않는다는 나의 명제의 진의는 모든 것이 이원화되어버린 오늘 현실에서, 특히 정의감에 불타고 있는 순수한 학생들에게도 전혀 이해될 수 없는 성질의 것이었다.

나의 양심선언이란 사건은 하나의 정치적 사건으로 본다면 "묘한 타이밍"을 가지고 있었고, 그 선언이 궁극적으로 개헌으로 연결되는 소위 교수시국서명운동의 열풍을 창도하는 결정적 계기를 마련한 것은 엄연한 사실이다. 물론 그 최초의 계기는 3월 28일에 있었던 고대교수 28명의 시국성명에서 정확히 추정되어야 할 것이지만——. 그 후 우리나라는 감당하기 힘들 정도로 복합적인 상황으로 휘말려 들어가고 있고, 이러한 급격·긴박한 사태는 더 이상 소수의 장난으로 운운하기에는 너무도 복잡한 緣起論的 관계에 놓여있다. 아마도 史家가 훗날 최근세사를 서술할 때 86~88의 상황은 8·15후 6·25전의 상황에 비견할 수 있는 역사의 초점으로 기술될 것이다. 오늘의 사태는 한국역사에 있어서 유례를 보기힘들 정도로 대중의 자각이 밑바닥에 깔려있기 때문에, 설사 무력으로 진압될 수 있다 하더라도 영원히 진압될 수 없는 함수가 내재해 있고 이러한 함수는 어떠한 역사의 결말을 보더라도 영원히 메아리치는 소리로서 不滅의 힘을 과시할 것이다. 나의 양심선언이후 "보통사람"이란 말이 매우 유행하였고 또 "흑백의 논리" "비폭력사상"등등의 말이 나의 선언문의 맥락과 함께 이 사회의 술어로 등장하였다. 나는 여태까지의 이러한 논의가 나의 진의를 왜곡했다고 보지는 않는다. 많은 사람들이 그 진의를 읽으려고 진지한 노력을 같이했다. 그러나 나의 "氣哲學"이란 본질적 문제가 해결되지 않았기 때문에 그들의 느낌의 표현방식에 있어서 미흡한 점이 없지 않았다. 그리고 그러한 선의의 "미흡"은 나의 사상의 핵심을 사회적으로 오도하는 결과마저 빚고 있기 때문에 나는 그 부분에 대하여만 春秋의 一筆을 휘두르려는 것이다.

나의 氣哲學의 제 I 의 원리(the First Principle of *My Ch'i* Philosophy), 혹은 제 I 의 전제는 다음과 같다 : "인간의 모든 진리는 인간이라는 생물학적 조건에 구현되어 있다"(All human truth is embodied in the biological condition of a human being). 이때 독자는 "인간이라는 생물학적 조건"이라는 말을 매우 어렵게 느낄지 모르겠지만 그것은 "인간의 몸"(human body)이라는 매우 단순한 뜻이다. 결국 나의 제 I 원리는 인간의 모든 진리는 인간의 몸을 떠나지 않는다라는 매우 상식적인 명제인 것처럼 들린다. 그러나 제일 먼저 독자가 상기해야할 사실은 내가 말하는 우리말의 "몸"이 데카르트가 말하는 정신과 육체의 2원론적 전제(body-mind dualism)속에서 이해된 우주적 실체(cosmological substance)의 하나로서의 육체(Body 혹은 Matter)를 말하지 않는다. 내가 말하는 "몸"은 정신과 육체라는 두 실체의 집합체도 아니며, 그 통합체도 아니며, 그렇게 분리될 수 있는 것도 아니며, 서양근대사상의 어떠한 술어로도 환원될 수 없는 그냥 우리말의 "몸"(*Mom*)이다. 내가 말하는 "몸"이란 인간이라는 유기체의 현상의 총체를 말하는 것으로 그것은 나의 철학적 술어를 빌리면 "氣의 집합"이다.

철학에 익숙하지 않은 많은 독자들은 나의 제 I 원리를 너무도 당연한 것으로 받아들일지도 모른다. 인간의 현상은 인간의 몸을 떠나지 않는다는 명제는 상식적으로 쉽게 이해가 갈수 있는 성격의 것이기 때문이다. 그러나 "識者憂患"이라는 말이 있듯이 철학을 잘 공부하신 석학일수록 나의 원리는 개소리로 들릴 것이다. 왜냐하면 그들의 대가리속에서는 단 한번도 이러한 원리로부터 모든 철학적 사고를 진행시켜본 유례가 이 地球村의 역사에는 없었기 때문이다. 그들이 알고 있는 상식으로는 매우 격렬한 사고의 전향이 요구되는 것이다. 어느놈이 통뼈라고 이러한 개소리를 지껄이는가? 그들은 욕설부터 퍼부을 것이다. 나의 제 I 원리가 모든 사유의 전제로서 받아들여진다면, 모든 인간의 진리가 인간의 몸이라는 매우 하찮은 듯이 보이는 현상에 모두 종속되어 버리기 때문에 인간의 진리가 모두 하찮은 것이 되어버리는 듯이 보이기 때문이다. 그들은 하찮은 것이야말로 인간의 진리의 곳(所)이라는 소박한 사실을 인정할 수 없도록 위대한 진리의 노예가 되어 단순한 것을 단순하게 볼 수 없게 만드는 복잡한 형이상학의 틀을 포기할 수 없다. 나의 제 I 원리, 즉 인간의 모든 진리는 인간이라는 생물학적 조건에 구현되어 있다는 나의 주장을 받아들이게 된다면, 인간을 초월한 절대적 진리는 발붙일 곳이 없게 되며, 모든 진리는 결국 상대화될 수밖에 없는 운명에 놓여지는 듯이 보인다. 그러나 우선 이러한 사유의 맹점은 "절대 아니면 상대"라는 매우 명백한 형식 논리적 비약을 자행하고 있다는 오류를 인지하지 못하는데 있다. 나의 생성논리(logic of becoming)에 의하면 절대와 상대사이의 무수한 중간태도 얼마든지 우리 삶에서 존속할 수 있는 것이다. 그것은 형식 논리적 길(道)을, 생성하는 현상(실재)의 길(道)에 적용하는 "논리전이의 오류"의 한 例에 불과하다. 그리고 또 나의 제 I 원리를 받아들여 그 논리를 충실하게 극단까지 밀고 들어 간다면, 다음과 같은 결론에 필연적으로 봉착한다 : 철학은 생물학으로 환원되며 철학은 인간에 대하여 독자적 영역을 가질 수 없다. 이것은 정확한 논리적 귀결이다. 그러나 우리는 이러한 논리적 귀결을 두려워 할 하등의 이유가 없다. 이러한 귀결을 두려워 하는 인간은 기실 철학만해서는 밥먹고 살 수 없게되는 것이 두려운 인간일 뿐이다. 인간의 진리를 만약 생물학이 모두 규명할 수 있다면 무엇때문에 철학이 존속할 필요가 있겠는가? 철학이라는 허명(虛名)을 장례지내는 것이 뭐가 그다지도 두려운가? 철학이라는 허명을 장례치르어 버리고 생물학이 곧 철학이 되면 되지 않겠는가? 내가 "생물학적 조건"이라고 할 때의 "생물학"의 대상은 데카르트적 육체가 아니다. 생물학의 대상은 육체가 아니며 몸이다. 몸이라는 물체가 아니며 몸이다. 인간의 "몸" 그자체가 생물학에 의하여는 영원히 다 규정될 수 없는 무한한 우주의 가능태이며 실현태이다. 이상의 모든 우려는 우리의 "몸"에 대한 매우 천박한 이해에서 비롯된 매우 몰상식한 오류에 불과하다. 그런데 이러한 몰상식한 오류는 데카르트로부터 헤겔에 이르기까지 예외없이 나타나는 대전제인 것이다. 인간의 몸은 무한한 기능적 시스템의 복합체이며, 또 그 기능에 따라 무한한 구조를 가지고 있다. 그리고 이 시스템들은 서로 간의 "관계"를 통해서만 그 자기동일성과 통합성을 동시적으로 유지한다.

"나는 생각한다 고로 나는 존재한다"(Cogito ergo sum)라는 유명한 구라로 근세철학의 아버지가 된 데카르트(René Descartes, 1596~1650)를 근세철학의 아버지로 만든 그 근대성(modernity)은 바로 그 구라의 명제속에 내재하고 있다. 나는 생각한다 고로 나는 존재한다. 즉 "내"가 생각해서 내가 있다. 다시 말해서 내가 있는 것은 내가 생각하기 때문이다. 다시 어려운 말로 환원하면 나의 존재성을 보장하는 것은 나의 생각이다. 나의 사유가 곧 나의 존재를 보장한다. 곧 나라는 존재는 생각의 주체(res cogitans)다. 내가 생각하기 때문에 내가 있다는 말은 지금은 매우 소박한 명제로 들릴지 모르지만, 데카르트가 살었던 그 시대에 있어서는 매우 혁명적인 그리고 너무나도 반역적인 명제였다. 교회(카톨릭)라는 보편적 정치권력을 움켜지고 으르렁거리는 신부새끼들 귀에는 그야말로 너무도 시건방진 소리였다. 그들이 배워온 중세철학의 상식으로는 인간은 자기가 생각하기 때문에 존재하는 것이 아니라 하나님이라는 보편자가 생각해 주셔서 나라는 개별자가 존재할 뿐이다. 즉 신이 주신 본질이 나의 존재에 선행하고 있는 것이다. 감히 내가 생각하기 때문에 내가 존재한다는 생각은 너무도 황당무계한 반역이었던 것이다. 바로 이러한 분위기 속에서 "생각의 주체"(res cogitans)로서의 "나"를 외친 데카르트의 제 1 원리야 말로 서구라파 역사에 있어서 근대적 자아관(Modern Ego)의 최초의 표현이었던 것이다.

그러나 한편 나의 존재성을 나의 생각으로 확보하려고 했던 데카르트의 자아관은 매우 혁명적인 듯이 보이지만 실상 자세히 뜯어놓고 보면 허술한 구멍이 뻥뻥 뚫려있다. 사실 제일류의 철학자란 이렇게 구멍이 뻥뻥 뚫려 있는 생각을 거침없이 해낸 사람들이며, 바로 그 구멍이 뻥뻥 뚫림이야말로 그 철학자를 제일류로 만들고 있는 일류성의 원천이 된다. 구멍이 뻥뻥뚫림은 무한한 해석의 가능성을 열어주기 때문이다. 새로운 생각의 전기를 만든다는 것은 매우 어려운 것이다. 인간의 대가리는 어떠한 경우에도 과거의 인습에서 완전히 벗어날 수는 없다. 새로운 생각은 항상 과거의 인습과 마찰을 일으키지만 또 동시에 과거의 인습의 영향을 절단하지 못한다. 그러면 그 새로운 생각 속에는 이렇게 소화되지 못한 혼돈이 섞여 있기 마련이다. 그러나 그러한 혼돈의 막중한 압력에도 불구하고 남들이 감히 말하지 못하고 있는 상태에서 새로운 어떠한 체계를 시도했다는 그 용기에 전기(轉機)적 사상가들의 위대성이 있는 것이다.

우선 데카르트의 근대성이 추구하려고 했던 새로운 우주의 모습의 전기는 데카르트 자신이 마련한 것은 아니다. 데카르트에게 충격을 준 것은 지금 우리가 근세 물리학의 아버지로 알고 있는 갈릴레오 (Galileo Galilei, 1564~1642) 나 뉴톤(Sir Isaac Newton, 1642~1727 : 뉴톤은 시대적으로 데카르트보다 후대이지만 우리의 논의는 그 시대정신을 지칭하고 있는 것이다)이 제시하고 있는 새로운 理神論的 우주다. 理神論 (Deism)의 가설이란 이러한 것이다. 하나님이 이 우주를 창조할 때 이 우주가 자동할 수 있는 理法마저 같이 창조하여 이 우주에게 주어 버렸음으로 하나님은 이 우주를 창조함과 동시에 이 우주와 손을 떼었다는 것이다. 그러므로 이 우주는 하나님의 질투나 사랑이나 저주나 협박에 아랑곳없이 그 자체의 이법에 의하여 운행될 뿐이라고 생각한다. 그 이법은 바로 "수학적 법칙"에 의하여 탐구될 수 있는 매우 합리적 질서라고 그들은 생각한다. 그러므로 갈릴레오는 이 우주를 가르켜 "수학의 언어로 쓰여진 바이블"이라고 불렀다. 이 우주는 하나님의 우주이지만 이 우주는 수학적 법칙에 의하여 지배될 뿐이라고 보기 때문에 이러한 사유에서 나타나는 하나님은 신앙의 대상으로서의 끈적끈적한 하나님이 아니라, 하나님자체가 무색투명한 이법으로 되어 버리는 하나님이므로 우리는 "理神"(理法的 하나님)이라고 부른다. 理神論이야말로 서구라파사상가들의 가슴에서 중세기 정치질서의 종교적 독단을 향해 외치고 싶었던 無神論의 최초의 체계적 표현이었다. 이신론은 무신론이다. 무신론이야말로 근대정신의 출발인 것이다(Atneism is the beginning of modernity). 이러한 무신론적 사고가 수량화된 우주의 질서(mathematized cosmic order)의 탐구로 표출된 것이 바로 우리가 말하고 있는 "고전물리학"의 정체인 것이다.

데카르트형님께서 "나는 생각한다 고로 나는 존재한다"라고 말씀하셨을 때의 "생각한다"는 그 실내용이 "수학적으로 사고한다"는 의미다. 즉 "수학"을 할 수 있는 인간의 능력, 즉 수학적으로 이 우주를 파악할 수 있는 인간의 능력이 바로 "사고"이며 이것을 그들은 이성(reason)이라고 불렀다. 이성(reason)이란 라틴원어로는 "라티오"(ratio)가 되며 그 뜻은 단순히 "계산한다"(calculate)는 것이다. 이 계산할 수 있는 능력이 인간의 주요능력으로서 확보되지 않을 때는 인간은 수량적 우주를 바라볼 수 없게 되는 것이다. 데카르트형님께서 나의 존재를 나의 사고에서 확보하려고 했던 가장 큰 음모는 바로 나의 이성적 능력에 의하여 당시 물리학자들이 제시하는 수량적 우주를 뒷받침해주자는 것이다. 다시 말해서 "물리학적 사고의 주체"야말로 근대적 자아관의 출발이었다고 해도 절대 과언이 아니다. 철학을 하늘에 매달려 있는 무슨 보물덩어리로 잘못 공부해온 우리나라의 大小석학님들은 철학이 역사를 先導해온 것으로 착각하고 있지만, 근세 서구라파철학의 역사란 기본적으로 근세 물리학이 제시한 합리적 우주의 정당화라는 테제를 한발자욱도 벗어나지 않는다. 칸트가 말하는 "순수이성"도 결국은 "물리과학의 이성"일 뿐이며, 순수이성이 대상으로 하고 있는 세계도 뉴톤고전물리학의 세계를 조금도 벗어나지 않는다. 다시 말해서 철학적 세계관의 전환은 철학자체의 힘으로 발생하는 것이 아니라, 철학외적 요소에 의하여 도전을 받음으로서 일어난 것이며, 그러므로 철학적 우주관은 철저하게 그 시대정신의 지배를 받는다. 서양의 근세철학과 근세과학이 모두 동일한 시대정신의 표출이라고 보는 것이 가장 정확한 기술이 되겠지만 역사를 창조하는 창조력의 도수를 운운하자면 항상 과학이 철학을 리드했으며, 철학은 과학의 뒷꽁무니를 졸졸 따라다니면서, 과학이 저질러 놓는 실수를 유창한 구라로 잘 얼버무려 놓는 시녀노릇밖에는 하지 못했다. 20세기 새로운 철학조류도 모두 그 철학이 의거하고 있는 과학적 세계관의 백을 믿고 까불어댄 장단에 지나지 않는다. 그야말로 철학처럼 무능력한 구라는 없는 것이다. 서양중세철학이 신학의 노비였다면 서양근세철학은 과학의 노비일 뿐이다. 뭐 잘났다고 그렇게 겁만 주고 있는가?

그런데 철학이 믿고 까불어대는 과학적 세계관이라는 것 자체가 매우 심하게 변하는 것이다. 과학적 진리란 그 추출과정이 어떠했던지 간에 기본적으로 현상세계의 진리며, 따라서 가변적이고 상대적인 것이다. 단지 우리가 과학적 진리가 절대적인 것처럼 착각을 한 것은 뉴토니안 패러다임이 인류역사에 있어서 너무도 강력한 방법론을 제시했고 그러한 패러다임의 지속성이 너무도 장구한 세월을 걸쳤기 때문에, 또 그리고 아무리 그 패러다임이 파기되었다고 하더라도 그것은 차원의 전이일뿐(dimensional shift) 그 패러다임은 여전히 유용성을 지니기 때문에, 우리는 그 패러다임을 절대적인 전제로서 받아들인데서 연유한 것일 뿐이다. 그러나 어디까지나 뉴토니안 패러다임은 이 우주를 보는 하나의 패러다임일 뿐이며, 곧 그것은 서구라파문명의 특수한 문화현상으로 우리는 간주하지 않을 수 없다. 다시 말해서 그러한 과학적 세계관에 기초한 근세서구라파철학은 그러한 과학적 세계관의 상대적 한계의 영향권을 벗어나지 않는다. 내가 가장 괫셈하게 생각하는 것은 서양철학을 공부한다고 하는 철학도들이 마치 근세 서양철학이 제시한 세계관을 인간의 규명에 있어서 가장 제 I 의적인 보편원리로서, 그 기본가설의 터무니없는 형이상학적 허구성에 대한 검토가 없이 그것을 절대화하여 볼려고 한다는 것이다. 미국사람들이 우리나라에 관광와서 우리나라의 농악이나 사물놀이를 매우 특수한 우리나라의 문화현상으로 쳐다보고 사진찍고 지랄들을 한다면, 우리도 똑같이 근세서양철학을 우리의 농악과 같은 서구라파에 매우 특이한 문화현상으로 신기하게 쳐다보고 사진찍고 지랄해야 할 것이다.

데카르트의 생각의 주체로서의 나 즉 "코기탄스"는 중세기의 전체주의적 질서로부터의 해방을 구가하는 근세시민사회적 개인의 표출이다. "내가 생각해서 내가 있다"라는 "나"는 근세사회의 시민으로서의 나이다. 그것은 어디까지나 신적질서에 함몰되어버리는 나가 아니라 신을 향해서 정정당당하게 외칠 수 있는 개체적 나다. 그러나 이때 "생각을 하는 나" 즉 과학적 사유를 할 수 있는 이성을 가진 나에게 있어서 과연 그러한 이성이 어떻게 발생할 수 있는가하고 족보를 묻게되면, 데카르트는 그 과학적 이성의 족보를 또 다시 하나님에게 갖다 대고 있다. 인간의 이성의 빛 (*lūmen naturale*, 자연의 빛이라고도 함)은 원래 하나님의 은총의 빛 (*lumen grātiae*, 혹은 *lumen supranaturale* [초자연의 빛]라고도 함)을 分受받는 것이라는 생각, 즉 인간의 자연적 이성은 신의 초자연적 능력에 의해서만 정당화될 수 있다는 중세 스콜라철학의 가설,[15] 그러한 인간이해로부터 자기의 철학을 단절시키는데 결코 데카르트는 성공하고 있질 않다. 그는 최고의 실재 (Supreme Being)로서 신의 존재성을 인정하고 있으며 그의 心身二元論의 체계내에서도 신은 무한실체 (infinite substance)로서, 心身의 二元的 유한실체 (finite substance)를 초월한다. 그는 물리적 세계의 모든 운동의 제일원인 (the First Cause)으로서 신을 상정했으며, 신의 존재를 증명하는 존재론적 증명 (ontological proof)에도 힘을 썼다. 결

---

15) 이러한 중세스콜라 철학적 세계관에 대해서는 우리나라에도 최근 번역되어 소개된 바 있는 카씨러 (Ernst Cassirer)의 다음과 같은 언급에서도 명백한 표현을 찾을 수 있다 : Such is the new anthropology, as it is understood by Augustine, and maintained in all the great systems of medieval thought. Even Thomas Aquinas, the disciple of Aristotle, who goes back to the sources of Greek philosophy, does not venture to deviate from this fundamental dogma. He concedes to human reason a much higher power than Augustine did; but he is convinced that reason cannot make the right use of these powers unless it is guided and illuminated by the grace of God. Here we have come to a complete reversal of all the values upheld by Greek philosophy. What once seemed to be the highest privilege of man proves to be his peril and his temptation; what appeared as his pride becomes his deepest humiliation. 이와 같은 것이 아우구스티누스에 의하여 주장되고 또 모든 중세기 사상의 위대한 체계에서 공통적으로 나타나고 있는 새로운 인간이해였다. 토마스 아퀴나스는 아리스토텔레스의 제자로서 희랍철학의 연원으로 돌아갈려고 노력했음에도 불구하고 이러한 근원적 도그마로부터 감히 한발자국도 벗어나지 못했다. 그가 아우구스티누스보다는 인간의 이성에 더 큰 힘을 준 것은 사실이지만, 인간이성은 신의 은총에 의하여 인도되고 또 그 빛을 받지 않은 한에 있어서는 그 자신의 힘을 옳바르게 발휘할 수 없다고 굳게 믿었다. 여기서 우리는 희랍철학이 지지했던 모든 가치의 완전한 전도를 발견한다. 인간의 가장 숭고한 권위로 보였던 그것이 이제는 인간을 위험으로 유혹으로 몰아갈 뿐이며, 인간의 존엄을 나타냈던 그것이 이제는 인간을 깊은 굴욕으로 몰아갈 뿐이다. Ernst Cassirer, *An Essay on Man* (New Haven & Lodon: Yale University Press, 1978), p. 10. The Crisis in Man's Knowledge of Himself(인간의 자기이해에 있어서의 위기)라는 章속에서 인용.

국 이따위 불철저성, 근세과학이 심정적으로는 무신론을 신봉하면서도 결국 그러한 말을 정면으로 내걸다가는 신부들이나 교황한테 맞아 죽을 것임으로 그것이 두려워서 적당히 理神이라는 간판을 내건데서 근세를 출발시켰기 때문에 서양근세는 그 출발부터가 매우 불철저한 미신을 안고 있었다. 이러한 미신은 스피노자를 제외한 모든 사상가들에게서 전체적으로 혹은 부분적으로 나타나고 있다. 대륙의 합리론자들이나 영국의 경험론자라고 우리가 지금 부르고 있는 이들에게서 이러한 미신은 예외가 없다. 결국 데카르트의 인간이성은 그 족보를 신적이성에게서 물려받았음으로 결국 그 족보의 뿌리로 되돌아갈 수밖에 없는 운명을 지닌 탕아(Prodigal Son)에 불과했다. 그러므로 서양근세의 자아발견이라는 근세시민사회적인 노력은 또다시 헤겔의 절대정신(absoluter Geist)이라는 신적 (우주적) 이성으로 다시 복귀한다. 즉 데카르트의 코기탄스가 헤겔의 절대정신에로 꾸준히 확대되어간 과정이 서구근세철학의 흐름이라고 보면 틀림이 없는 것이다. 나는 헤겔철학을 중세철학의 아류로 밖에는 보지 않는다. 그것은 독일의 매우 후진적 촌스러움에서 발생한 형이상학적인 독단이며, 또 그 독단은 기본적으로 창세기로부터 묵시록으로 끝나는 기독교적 시간관의 오류를 그대로 답습한 하나의 문화적 가설(cultural hypothesis)에 지나지 않는다. 헤겔은 기본적으로 아리스토텔레스의 생물학적이면서 목적론적인 우주에다가 근대이성의 옷을 입혀 토미즘적인 신관, 그리고 진보사관, 진화론적 사유, 독일의 국수주의등을 짬뽕하여 만들어 놓은 이론이며 동시에 방법론적 모델이다. 그것을 아무리 생성론적 시각에서 새롭게 조명하고, 비판철학(Critical Theory)의 입장에서 재수용한다 하더라도,[16] 그것은 또하나의 창조적인 해석학적 왜곡일 뿐

---

16) 헤겔철학을 헤겔이후의 헤겔추종자들의 입장에서가 아니라 헤겔자신의 철학으로서 재해석해보려는 시도로서 나온 책의 대표적인 저술은 : J.N. Findlay, *Hegel: A Re-examination*, New York; Oxford University Press, 1976. 휜들리는 헤겔의 『정신현상학』을 새롭게 볼려고 노력한 새 영역본, A.V. Miller, *Hegel's Phenomenology of Spirit*, Oxford: Oxford University Press, 1977 의 서문을 썼으며, 그는 브래들리(Bradley)나 맥타가르트(McTaggart)의 왜곡된 헤겔의 이미지를 통하여 헤겔을 이해하는 부당성을 지적하고 헤겔을 극단적 초월적 형이상학자(transcendent metaphysician)로서, 또 주관주의자(subjectivist)로서, 또 광적 합리주의자(manic rationalist)로서, 또 정치적 보수주의자(thoroughgoing political reactionary)로서 보는 시각을 거부하려고 애쓴다. 그러나 이러한 휜들리의 노력도 헤겔에 내재하는 그러한 명백한 측면을 극복할 수는 없다고 나는 본다. 최근 프랑크프루트학파의 비판이론의 입장에

이며 헤겔의 본 모습은 종교적이고 신비적인, 즉 기독교문화론적 독단론을 한발자욱도 벗어나지 않는다. [17]

데카르트의 불철저성, 즉 인간이성을 인간에게서 다시 추상화하여 어떠한 신적인 실체로 간주한 것은 나의 氣哲學의 제 I 원리에 비추어 볼때에 엄청난 오류를 발생시켰다. 즉 서구라파 근세철학에 있어서는 인간존재의 이해는 어디까지나 인간을 넘어선 어떠한 추상적 원리에 의하여 연역적으로 규정되는 결과를 낳았으며 따라서 인간이라는 생물학적 조건은 매우 천박한 그 무엇으로 전혀 논의의 고려대상이 되질 않았다. 그도 그럴것이 우선 데카르트시대에는 생물학이라는 학문이 발달되어 있질 않았다. 데카르트는 의학에도 매우 관심을 가진 인물이기는 하였지만 그의 인체관은 기껏해야 하아비의 기계적인 피순환원리에 기초한 것이었으며, 그는 동물의 생명체를 완전한 자동기계장치(automata)로 보았으며 감정이나 의식이 완전히 제거된 물리적 법칙에 의해서만 철저히 지배된다고 보았다. "나는 생각한다 고로 나는 존재한다"라는 명제에만 국한하여 생각한다면 나의 존재는 생각의 주체로서만 확보되는 것이기 때문에 정신이 물질보다는 더 확실한 (clear and distinct) 것이 되며, 또 나의 정신이 남의 정신보다는 더 확신한 것이 된다. 그러므로 이러한 데카르트의 철학은 나의 정신을 제 I 의적인 것으로 내세우는 주관주의(subjectivism)의 원천을 이루고 있는 것은 사실이지만(대륙의 합리론이나 영국의 경험론이 모두 이러한 데카르트의 성향을 가지고 있다. 전자에서는 긍정적으로, 후자에서는 부정적으

서 헤겔의 새로운 해석학적 시도를 한 책으로서 대표적인 것은 : Theodor W. Adorno, *Negative Dialectics*, E.B. Ashton tr., New York: Seabury Press, 1973. 그러나 이러한 아도르노의 재해석이 헤겔철학의 근본적인 몰이해와 그릇된 전제에서 이루어지고 있다는 비판을 가한 책으로 내가 최근 재미있게 본 책은 Michael Rosen 의 *Hegel's dialectic and its criticism*, Cambridge: Cambridge University Press, 1982 이 있다. 로젠은 헤겔철학 텍스트는 그 자체로서 생명력은 이미 전무하다고 과감하게 판단한다. 그리고 다음과 같이 결론짓는다 : "헤겔은 철저하고 독창적이다. 그러나 그는 틀렸다. 그의 그러한 덕성은 그가 철저하고 일관되게 틀려있다는 것만을 보여줄 뿐이다." (he is *rigorous* and he is *original*. But he is *wrong*, and those very virtues ensure that he is thoroughly and consistently so.)

17) 헤겔철학의 섬세하고 창조적인 측면들이 필자에게 인식되어 있지 않다는 뜻에서 이러한 말을 하는 것은 아니다. 그러한 문제는 다시 헤겔철학의 전문적 술어들을 빌려야 하기 때문에 일반 독자들의 평이한 이해를 위하여 논란을 피하고자 한다.

로 나타난다) 실상 데카르트철학을 자세히 뜯어보면 매우 유물론적 구조를 가지고 있는 것이 진상이다. 그가 동물을 자동기계로 파악하는 것도 그러한 단적인 표상의 하나이지만, 그의 心身二元論의 논리적 가능성은 결국 心과 身의 이원적 관계에 있어서도 心이 결국 身의 물리법칙의 지배를 받게되는 것으로 귀착될 수밖에 없다. 데카르트이후의 오케이져날리스트(Occasionalists), 말레브랑쉬나 게링크스의 발전도 결국 이러한 루트를 벗어나지 않는다. 하여튼 철학사만 드려다 보지 말고 의학사를 조금 같이 공부해본 사람이라면, 데카르트시대의 서양의 학의 수준이 얼마나 유치한 것이었나하는 것은, 그리고 얼마나 유치한 미신적 독선으로 가득차 있나하는 것은 가히 형언하기 힘든 수준이라는 것을 잘 알것이다. 이것은 동양의 음양오행(Yin-Yang and Five Phases)의 우주론적 관계가설(relational hypothesis)이 이미 漢代(대강 B.C. 2세기)에 오면 방대하고 체계적인 인체의 탐구로 발전하여 漢醫學이라는 인체과학을 성숙시키는 것과는 너무도 극적인 대조를 이루고 있다. 데카르트철학이 얼마나 물리적이고 기계적이고 수량적인 세계에만 매달려 있었는가하는 것은 나의 언급이 새삼 필요가 없을 것이다. 데카르트철학이 매우 편협한 세계의 모습과 또 중세기철학에서 그냥 번지수도 없이 강요된 "자기원인"(causa sui)이라는 언어의 장난으로 규정된 실체관에 매달려 있다고 할 때, 또 우리가 지금 데카르트가 전제하고 있었던 기본가설의 우주모습위에서 살고 있지 않다고 할 때에, 우리는 데카르트철학의 모든 가치를 전면적으로 부정할 필요가 있는 것이다. 아직도 그 골동품적 철학의 말장난을 붙들고 그 가설위에서 또다시 말장난을 늘어놓아야할 필요는 전혀 없는 것이다. 왜 명백히 때려치워야 할 것을 때려치우지 못하고 머뭇거리고 있는가? 어느 미친새끼가 지금 실체(substance)는 자기원인적인 것(causa sui), 즉 자기의 존재를 위하여 타의 존재를 필요로 하지 않는 것, 자기 존재의 원인이 자기자신에서 주어지는 것이 되어야만 한다고 생각하는가? 데카르트로부터 헤겔형님에 이르기까지 모든 서구근세철학은 이러한 "자기원인"이라는 중세기적 실체정의(definition of substance)를 무비판적으로 받아들이고 그것에다가는 황금테를 둘러놓고 아무도 쑤시지 못하게 만들어 놓은 데서부터 출발한 말장난이라고 할 때, 우리는 그러한 말장난을 지금 그렇게 실체를 규정해야할 아무런 이유가 없는 상황에서 도대체 받아들여야 할 이유가 없는 것이다. 어떻게 실체 (실몸, 물론 서구전통에서는 기하학적 존재의 의미가 강하지만)가 "자기원인"이란 말인가? 실체는 자기의 존속을 위하여 他의 존재를 필요로 하는 애초부터 개방된 依他起性(paratantra-laksana 他의 존재에 관계되어 일어나는 자기동일성)이라고 불교는 말하지 않았던가? 과연 그대의 정신은 타의 존재를 필요로 하지 않는가? 과연 그대의 육체는 타의 존재를 필요로 하지 않는가? 과연 그대는 마누라와 섭하여 새끼를 낳지 않는가? 과연 그대는 그대의 부모와 관계된 존재가 아닌가? 과연 우주의 본체는 자기원인적인 것이되어야만 할 필요가 있는가? 과연 육체와 정신은 자기원인적으로 교섭없이 독존해야만 하는 것일까? 우주의 본체가 "자기원인"적이어야만 한다는 생각은 기독교의 창조관을 정당화하기위한 매우 형편없는 중세기적 논리의 잔재며 그것은 일고의 가치도 없는 미신이다. 하나님이 우주를 창조했다고 쌩거짓말을 시켰을 때 그것은 쌩거짓말로만 끝나버리는 것이 아니다. 그 쌩거짓말을 믿음의 대상으로만 인간에게 밑도 끝도 없이 강요하는 것은 좋다손 치더라도 그러한 강요를 가능케하기 위하여는 설득의 논리가 마치 이성적 진리의 위장을 빌어 끼어들지 않을 수 없게 된다. 하나님이 우주를 창조했다고 할 때, 하나님 자체는 창조될 수가 없음으로, 즉 하나님은 창조의 주체고 이 우주는 창조의 대상으로 이분화되어야만 함으로, 하나님은 창조될 수 없는 궁극자, 즉 자기존재를 위하여 타의 존재를 필요로 하지 않는 자기원인적 존재가 되지 않으면 안된다. 이것은 이미 아리스토텔레스의 미신속에서 "不被動의 使動者"(Unmoved Mover, Prime Mover)라는 말로 나타났고 중세기에 내려오면 토마스 아퀴나스는 이 아리스토텔레스의 구라를 하나님의 존재증명이나 창조관을 증명하는 논리로 써먹었고, 이 논리는 다시 近世哲學의 實體개념으로 발전한 것이다. 즉 서구라파 近世哲學의 전부를 떠받히고 있는 가장 거대한 기둥인 실체라는 개념이 처음부터 그릇된 개념규정에서부터 출발했다고 할 때 우리는 그따위 그릇된 철학을 골머리 썩혀가면서 배워야할 아무런 이유가 없는 것이다. 어쩌다 나는 밥빌어먹자니까 대가리속에 집어넣게 되었지만——.

　그런데 왜 이다지도 유치한 엉터리 철학을 데카르트는 했을까? 그 자식이 그렇게도 머리가 나쁜 놈이었을까? 그래도 대수학의 중요한 발명 (the invention of co-ordinate geometry)까지 한 놈인데 그 녀석이 그렇게도 몰랐을까? 그렇게도 아둔했을까? 천만에——. 데카르트는 머리가 좋은 놈이다. 이 김용옥보다 조금이라도 나으면 났지 못한 놈은 아니다. 나는 대학시험에서 수학을 빵점맞은 놈이니까 데카르트는 나보다는 좀 나은놈이라고 나는 생각한다. 머리가 좋은 놈들의 특색은 말을 둘러하는 것이다. 뒤에 요리조리 피하기 위하여 현명한 작전을 세우며 나처럼 말을 함부로 직선적으로 내깔기지 않는다. 데카르트는 나보다 머리가 좋은 놈이기 때문에 그러한 작전에 능하다. 그렇다면 그 미꾸라지 새끼같은 데카르트의 전략, 그 시대적 음모는 과연 무엇이었을까? 샬록 홈즈의 정탐의 대상이 아닐 수 없다!

앞에서 이미 언급하였지만 데카르트의 최대의 관심은 근세물리학적 세계관의 뒷처리다. 즉 근세물리학자들이 제시하기 시작한 진리체계가 매우 강력한 우주해석의 방법론을 제시했을 뿐만 아니라 새로 등장하기 시작한 부르조아시민사회의 새로운 정치권력구조에 부응하는 질서 개편의 가능성을 열어주었다는 것이다. 갈릴레오의 지동설 (heliocentricism)은 그 이전의 천동설 (geocentricism)이 지지하던 우주질서의 래디칼한 개편을 의미하는 것이었다. 그리고 그 질서는 객관적 자연의 질서가 아니라 바로 인간사회의 정치권력의 질서를 의미하는 것이었다. 즉 천동설이 지배하던 세계에 있어서는 우주의 중심은 지구며 지구의 중심은 이태리의 바티칸이며, 바티칸의 중심은 교황이다. 교황은 우주의 중심이며 우주의 모든 권위가 신의 대행자인 교황으로부터 나온다. 그런데 이러한 우주가 지동설로 그 해석이 바뀌게 되면, 지구는 저 은하계의 먼지가 되며, 바티칸은 저 먼지의 먼지가 되며, 바티칸에 앉아있는 교황은 저 먼지의 먼지의 먼지가 되어버리고 만다. 그야말로 쥐좆 끝에 달린 터래기에 터래기만도 못한 존재가 교황이 되고만다. 금은으로 휘둘르고 헛폼잡고 계시던 교황님께서 어찌 지동설이 마귀처럼 두렵지 않을 수 있겠는가? 그래서 교황청은 그 당시 과학자들을 모두 "통닭"으로 만들어 버릴려고 했다. 즉 종교재판(Inquisition)이라는 명목하에 장작더미를 쌓아놓고 그위에 앉혀놓은 그 머리좋은 과학자들을 모두 바베큐로 만들어 먹는 것이다. 요즈음 우리는 과학이라는 것을 무슨 자연의 객관적 탐구로 알고 있다. 참 한심한 개소리들이다. 그대들의 과학선배님들에게 있어서 과학이란 목숨을 건 투쟁이었으며, 가치세계와 도저히 2원화될 수 없는 우주의 새로운 해석이었다. 코페르니쿠스의 "지동설"은 최소한 칼 맑스의 『자본론』보다 더 강력한 정치질서의 개편을 의미하는 것이었다. 우리는 양심있는 철학자, 도미니칸의 중이었던 지오르타노 부루노(Giordano Bruno, 1548~1600)가 그의 코페르니쿠스천문학과 범신론적 자연주의에 대한 신념때문에 장작더미위에서 "통닭"이 되어버린 사건을 정확히 기억하고 있다. 이렇게 머리좋은 사람들이 통닭이 되어가는 긴박한 상황에서 머리좋은 놈들은 머리좋은 놈들끼리 머리나쁜 신부새끼들에 대항하여 연합세력을 형성하지 않을 수 없었다. 머리좋은 데카르트는 이러한 판에 물리학자들을 살려 놓을 궁리를 하지 않을 수 없었다. 철학인의 양심을 가지고 새로운 시대의 비젼을 제시하고 있는 그들의 친구들을 원조하지 않을 수 없었다. 과학하는 놈들은 예나 지금이나 구라빨이 약하니까 그 구라빨의 뒷처리는 철학하는 놈들이 아니할 수 없다. 데카르트의 전략은 이러한 것이었다 : 우주의 궁극적 본체로서 정신과 물질의 두 실체를 설정하자. 그리고 실체의 정의에 있어서 신부놈들의 "자기원인"이라는 논리를 빌리자. 그러면 정신은 자기원인이고 물질도 자기원인이 된다. 그러면 정신과 물질은 서로 교섭작용이 없다. 그렇게 해놓고 정신은 신부놈들에게 먹고 떨어지라고 주고 물질은 과학자들에게 먹고 떨어지라고 주자! 그러면 신부와 과학자는 서로 서로 자기원인적 독립적 법칙을 가지게 될 것임으로 서로 싸움을 할 필요가 없게 될 것이다!

이러한 데카르트의 기발한 작전은 기막히게 성공했다. 그러나 이것은 엄청난 음모였다. 인간의 이해가 정신과 물질이라는 서로 교섭하지 않는 이원적 실체로 갈라지게 되었다. 물질은 정신이 없는 물질이 되어버렸고, 정신은 물질이 없는 정신이 되어버렸다. 물질은 죽은 것이 되어버렸고 정신은 공허한 것이 되어버렸다. 과연 그런가? 이것은 데카르트철학의 최대의 빵꾸며, 인류근대사의 최대의 빵꾸다! 데카르트는 단순히 당시 긴박한 상황에서 세운 전략이었으나 그것은 뒤에온 뉴토니안 패러다임과 함께 약 3세기 이상 인류사를 지배하게 된다. 그러한 心身二元論의 가설 위에서 모든 과학적 탐구가 진행되게 된다. 육체와 정신의 갈등 운운하면서 일기장에 펜을 놀리고 있는 그대들은 모두 데카르트주의자(Cartesian)일 뿐이다.

나의 氣哲學은 이러한 데카르트의 2원론을 정면으로 거부한다. 나의 몸은 나의 氣일뿐이며 그것은 육체와 정신이라는 언어적 구분자체를 거부한다. 육체적 현상이든 정신적 현상이든 그것은 모두 氣의 다른 양태일 뿐이다.

혹자는 나의 氣哲學의 제 1 원리가 "나의 몸"을 그 대전제로 하고 있음으로 그것은 기껏해야 서구라파 시민사회에서 성립한 개인주의 이데올로기와 다를바가 없다고 말할지 모른다. 그러나 그것은 매우 위험한 곡해다! 서구 근세철학은 어디까지나 데카르트적 코기탄스로부터 출발하였기 때문에, 그리고 시민사회의 개인의 절대성을 중시하는 계몽주의(Enlightenment)의 사유로 발전하였기 때문에, 자아의 실체성 내지는 실재성을 조금도 거부하지 않는다. 인간의 우주인식에 있어서 코페르니쿠스적인 전환을 이룩하였다는 임마누엘 칸트의 구성설도 한마디로 말한다면 칸트가 살고 있었던 계몽주의 시대이념의 구현에 불과한 것이다. 즉 이 우주가 객관적으로 먼저 존재하고 그것을 내가 피동적으로 인식한다는 것이 아니라, 나의 인식능력이 이 우주를 능동적으로 구성한 것이라는 생각은, 곧 이 우주가 시민사회의 개인인 "나"가 창조한 것이라는 것이된다. 즉 칸트철학의 구성설은 기독교의 창조관에 있어서 주어를 神에서 시민사회적 개인으로 바꾸어 놓은 것에 불과하다. 그렇기 때문에 우리는 칸트의 인식론을 계몽주의의 완성이라고 부른다. 그러나 칸트는 다시 우리가 구성한 우주가 우리의 인식에 나타난 우주일 뿐이며, 그 우주는 과학이성(순수이성)의 영역에 국한될 뿐이며, 우주의 物 그 自體(Ding-an-sich)는 알 수 없다고 못박았기 때문에 또 동시에 우리는 칸트철학을 계몽주의의 극복이라고 부른다. 그러나 "계몽주의의 극복"이라는 말은 서구중심주의적 정당화내지는 왜곡에 불과하다. 그것은 계몽주의의 극복이 아니라, 다시 기독교라는 미신으로의 회귀를 의미하며, 좋게 말하면, 기독교적 경건주의(Pietismus)에로의 후퇴를 의미한다. 그러나 그러한 물자체에 대한 不可知論(agnoticism)은 "순수이성"의 규정에서부터 시작한, 아니 데카르트의 이성으로부터 출발한 전제들의 필연적 귀결이며, 최소한 칸트라는 철학자에게 있어서는 매우 정직한 것이다. "不可知論"이라고 말하면 사람들이 또 뭐 굉장한 이론인줄 알고 착각을 하게 만드는데, 이것은 철학자들의 말장난에 불과한 것이며, 不可知論이란 한마디로 "모른다"는 것이다. 모를데가서 모른다고 하는 것처럼 정직한 철학은 없다. 칸트는 정직한 사람이기 때문에 모를데가서 모른다고 한 말로 유명해진 사람이다. 무엇을 모르는가? 물 그자체를 모르겠다는 것이다. 나타난 물의 현상(드러난 모습, 지각된 모습)은 알 수 있어도 물 그자체(본체 즉 본모습, 실상 즉 실제로 있는 그 자체의 모습)는 알 수 없다는 것이다. 이것은 바로 칸트철학이 현상(phenomena)과 본체(noumena)를 이분하는 희랍철학전통, 그리고 하나님과 세계를 창조주와 피조물로 이분하는 기독교전통의, 매우 종교적인 형이상학의 틀을 벗어나지 않는데서 발생하는 오류들이다. 즉 그가 물자체(Ding-an-sich)는 모르겠다고 한것은 물자체가 "없다"는 것이 아니라, 물자체는 "있는"데 모르겠다는 뜻이다. 즉 그가 모르겠다고 회피한 것은 그것은 신성한 그 무엇으로 그의 마음속에 남아야만 했던 그 무엇이다. 즉 그 무엇의 존재성은 믿어 의심치 않았던 매우 종교적 인물이 칸트였다. 당시 예수쟁이들은 칸트의 종교관을 너무 이성적이라는 이유로 무신론적 이단으로 내려쳤지만, 동양철학자인 나의 눈에서 보면 칸트처럼 철저하고 지독한 예수쟁이는 없다. 물자체를 불가지론적으로 남겨 놓은 것은 곧 하나님이 설자리를 남겨둘려는 것이다. 물자체가 없어져 버리면 인간의 철학적 사고가 불가능해지는 것이 아니라 하나님이 없어져 버린다. 칸트는 서구문명에서 하나님을 없애버릴 수 있는 용기를 가진 래디칼리스트는 아니었다. 헤겔철학이란 한마디로 요약하면 칸트가 남겨놓은 물자체를 융해해볼려는 철학이다. 물자체를 없애버릴려고 하니까 생성론적인 생물학주의로 붙어버릴 수밖에 없고 그래서 생물학자인 아리스토텔레스에게 붙었고, 그리고 또 희랍비극에서 변증법을 빌려다가 아리스토텔레스의 형상과 질료의 위계질서를 설명한 것이다. 그리고 물자체가 해소되어 버린 생성의 장속에서 주체와 개체의 통일을 논하게 되는 것이다. 그러나 헤겔의 가장 큰 오류는 변증법 그자체를 너무 목적론적인 도식에 둘겨 맞추었다는 것이다. 변증법적 우주의 생성과정에 대하여 그는 너무도 단순한 도식밖에는 갖지 못했다. 그리고 그의 변증법은 생성 그 자체로 존재를 해소시키는데 성공하고 있질 못하다. 화이트헤드의 표현을 빌리면 能現的 實體(actual entity)와 自性的 目的(eternal object)의 상호교섭작용을 통해 우주를 구성한 것이 아니라, 自性的 目的이 총체적 이데아로서 能現的 實體를 초월하여 일방적으로 주어져 있다.

칸트가 물자체를 모르겠다고 한 것은 요즈음 많이 문제가 되고 있는 철학적 용어를 빌어 표현하면 결국 존재(Being)와 생성(Becoming)의 이원적 구분으로부터 출발한 필연적 귀결이다. 우리가 철학에서 보통 존재라는 것은 물 그자체를 말하는 것이며 그것은 암암리 희랍철학에서부터 기하학적인 공간성(geometrical space)을 전제로 하고 있다. 그리고 서양인들이 말하는 존재는 변화를 초월한 그 무엇이며 또 변화를 규정하는 그 무엇이다.

일언이폐지(一言以蔽之)하건데, 나의 氣哲學은 존재(Being)를 완벽하게 거부하며 오로지 생성(Becoming)만을 인정한다. 생성의 세계를 설명하는데 있어서 존재가 반드시 전제되어야만 한다고 생각하는 모든 사유형태는 나에게 있어서는 종교일 뿐이며 그것은 實在의 세계와 무관하다. 이제 우리는 "존재"를 철학사전에서 빼어버릴 수 있도록 성숙했으며, 동양철학의 모든 발전은 3000년전부터 오늘에 이르기까지 한번도 존재를 전제하지 않고 발전해왔으며 그러면서도 고도의 문명을 성숙시킬 수 있었다. 서양문명이 생성의 탐구에 있어서 존재를 전제로 했기 때문에 오히려 많은 物理의 탐구에 성과를 거둘 수 있었다. 물 그자체의 존재론적 탐구가 오늘날 미시적세계의 탐구의 눈부신 업적을 낳았다. 그러나 그러한 존재의 전제를 반드시 전제로 가져야만 하는 과학의 시대는 이미 지났다. 지금의 과학은 반드시 존재를 전제로 하지 않고서도 생성 그자체를 탐구할 수 있다. 존재는 인류문명사에 일종의 촉매역할을 한 하나의 허구였으나 그 허구가 계속 생성을 지배할 필요는 없는 것이다. 존재는 물러가라!

이단의 최초의 질문, 나의 氣哲學이 나의 몸에서 출발하고 있기 때문에 기껏해야 근세서구적 자아관의 개인주의적 발상에 불과하지 않느냐고 질문했을 때의 질문자의 사고 속에는 "존재론적"사고가 전제되어 있다. 즉 "나"를 하나의 "존재"로서 실체화하는 사고가 전제되지 아니하고서는 그러한 질문이 발생할 수 없다. 이러한 존재론의 오류는 칸트의 물자체를 운운하기에 앞서 이미 데카르트의 心身二元論의 물질관에서부터 출발한 오류였던 것이다. 즉 데카르트는 우주의 실체를 상호교섭이 없는 독립적 정신과 물질로 나누고 정신에는 사유 (thought) 라는 속성 (attribute)을, 물질에는 연장 (extension)이라는 속성을 각각 귀속시켰다. 이때 이 연장이라는 것, 연세대학교 연(延)자에 길장(長)자를 쓰는 이 연장이라는 것을 철학하는 놈들이 또 애매하게 써서 사람을 골탕먹이고 있지만, 그것을 쉽게 풀면 다음과 같은 것이다 : 정신이란 어떠한 물리적 공간을 점유하는 일이 없이 사유만을 그 속성으로 갖는데 반하여, 물질이란 물리적 공간을 점유함으로 연장을 속성으로 갖는다. 연장이란 쉽게 말하면 "가운데 다리" 물건이 아니라 물체가 점유하는 "기하학적 공간" (geometrical space)을 말한다. 이러한 개념은 희랍철학에서부터 시작하여 중세스콜라철학을 통하여 내려온 것인데, 결국 뉴톤의 절대공간도 이러한 기하학적 공간의 연장성을 말하는 것이다. 즉 데카르트의 "존재"개념은 이러한 뉴톤적 절대공간이 전제되지 않고서는 성립하지 않는다. 물론 그의 "자아"개념도 마찬가지다. 이러한 연장성을 다시 절대화시켜서 근세 철학 인식론의 기초로 삼은 것은 바로 경험론의 아버지격인 존 록크 (John Locke, 1632~1704)다. 존 록크는 물체에서 연장성을 제일차성질 (primary quality)이라고 하여 제이차성질 (secondary quality)인 감각소여 (sense data, 색깔, 맛, 냄새, 촉감 등등)와 분리시켰다. 다시 말해서 그는 우리 감관으로 파악되는 성질들은 모두 제이차성질이라고 하여 묶고, 우리의 이성으로 파악되는 물체의 공간적 형상성만을 제일차성질로 보아 이차성질에서 분리시키고, 일차성질이 이차성질보다 더 근원적인 것으로 보았다. 우리가 흔히 존 록크를 경험론자로 보고 데카르트의 합리주의와 분리시키지만, 요즈음와서는 이러한 분리 자체가 철학사의 매우 자의적인 장난에의한 구분이라는 비판이 강력히 대두되고 있다. 과연 경험론과 합리론을 양분할 수 있는가 하는 의문마저 제기되고 있다. 내가 보기에는 존록크는 경험론을 표방하기는 했지만 데카르트와 동일한 합리론적 전제하에서 논리를 편 인물이며 그렇기 때문에 록크의 경험론은 다시 흄의 관념론으로 끌인하지 않을 수 없는 오성의 논리를 가지고 있었던 것이다. 록크가 일차성질을 이차성질보다 더 근원적인 것으로 본 것은 이차성질은 감관의 조건에 따라 가변적인데 반하여 일차성질은 불변적인 물체자체의 속성이라고 본것이다. 그럴듯하게 들리지만 이것은 정말 개소리에 지나지 않는다. 일차성질과 이차성질의 구분자체가 바로 존재와 생성의 이분과 일치하는 것이며 이것은 완전히 기하학적 사유를 현상의 세계에 그릇적용한데서 생기는 오류에 불과하다. 이러한 오류는 칼 맑스의 물체관에까지 일관되게 나타나는 오류이다. 일차성질과 이차성질의 구분은 완전히 형이상학적 가설의 일종이며 그것은 경험론의 영역이 될 수는 없다.

나는 버클리처럼 이차성질로 일차성질을 환원시킨다든가 하는 짓도 하지 않는다. 나는 일차성질이라고 규정한 연장성이 물체의 여타 속성과 구분될 수 있는 근거를 근원적으로 거부한다. 다시 말해서 기하학적 공간성이 여타 감각소여와 구분될 수 있다는 생각은 그 공간성에서 시간성을 제거할 때만이 가능한 것이다. 나는 물체의 공간성이라고 우리가 인식하는 그자체가 연장적 시공체 (extensive continuum)라고 보는데, 그것은 매우 복잡한 연기론적 관계에 놓여있는 것이다. "에딩톤의 두의자"라는 말이 있듯이, 우리가 의자를 감각적 의자로만 보지 말고 분자적 의자로 볼 때에, 그 의자는 그 의자가 놓여있는 환경과 끊임없이 교섭을 하는 무엇이기 때문에 그 의자의 공간성이 말끔하게 선으로 그어질 수가 없다. 의자에서 냄새가 난다는 것은 의자를 구성하고 있는 원자가 떨어져 나온다는 것을 의미한다. 의자가 녹슨다는 것은 공기중의 산소원자가 그속으로 들어간다는 것을 의미한다. 이렇게 그 의자의 원자는 많아졌다 적어졌다 하면서 그 표면에서 끊임없는 교섭을 하기 때문에 그 연장성이라는 것은 의미없는 언어적 규정에 불과하다. 의자는 고체이기 때문에 잘 이미지가 떠오르지 않는다면 물한컵을 가지고 이야기 해보자! 물한컵을 떠놓았을 때 그 한컵의 물은 어떠한 공간성을 점유하고 있는듯이 보이지만 그리고 그것이 마치 불변의 절대공간인 것처럼 착각을 일으키지만 물은 얼마지나면 증발하여 없어진다. 수증기란 물분자들이 공중에 떠 있는 상태를 말하는데, 컵의 물의 표면에서는 물분자가 끓어오르는 것과 같은 격렬한 운동을 하면서 공중으로 튀어 오른다. 어떤 놈들은 다시 내려가기도 하고, 또 공기중의 딴 분자(예를 들면 질소나 산소)들이 물속으로 녹아 들어간다. 물고기는 그러한 산소를 호흡하고 살고 있다. 컵의 물이 증발한다는 현상은 물속으로 들어가는 분자보다 물밖으로 튀쳐 나오는 분자가 더 많다는 현상이다. 그러므로 물의 연장은 시간성을 배제할 수 없으며 우리가 연장성을 이루고 있다고 생각하는 기하학적 선(form, 혹은 플라톤적 이데아)은 물체의 경우 불가능해지거나 의미없게 되어버린다. 즉 물체의 연장성이 나닐 수가 없게 되는 것이다. 물질을 원자레벨에서 보면 그것은 어린이 놀이터의 모래밭위에 철봉으로 엮어놓은 몽키바의 래티스(격자)에 쉽게 비유될 것이다. 몽키바는 빈공간이 잔뜩 있고 철봉들이 엉성하게 엮어져 있다. 그것을 멀리서 바라보면 검으스레하게 공간을 점유하고 있는 물체처럼 보일 것이다. 그러나 가까이 가서 보면 그러한 공간성은 의미가 없게 된다. 그리고 물체의 경우 그 철봉이 우리가 일상적으로 느끼는 철봉처럼 가만이 고정되어 있는 것이 아니라 마구 움직이는 철봉들이다. 이렇게 되면 거시적 레벨에서 우리가 상식적으로 인식하고 있는 연장의 개념은 파기된다. 그러므로 그러한 연장개념위에있는 모든 철학은 파기되어야 마땅하다고 나는 본다.

제이차성질인 색깔의 예를 들어봐도 이러한 사유는 동일하게 적용될 수 있다. 우리가 어떤 사물을 본다고 할 때 흔히 그러한 시각적 인식이 빛과 나의 안구와의 사이에서만 일어나고 있는 현상으로 착각하기 쉬우나, 그것은 눈과 빛만의 작용이 아니며 우리가 보고 있는 대상 그자체가 참여하고 있는 것이다. 우리가 사물을 본다고 하는 것은 빛의 입자가 대상물체를 세게 때려서 그 물체와 교섭을 하여 일어난 결과(산란현상)가 또 우리눈과 다시 교섭하여 보는 작용을 일으키고 있는 것이다. 이때 대상물체는 이미 빛의 교란으로 변해버린 것이며 우리는 그러한 교란의 결과만 보기 때문에 우리는 항상 영원히 그 대상물체 그자체를 보고 있는 것은 아니다. 모두가 참여된 관계에서만 인식이 성립하고 있는 것이다. 이러한 분자레벨에서의 시각현상은 거시적 물체관만 대상으로 한 고전역학에서는 문제시 되지 않았던 것이다. 그러나 지금은 우리가 일단 무엇을 보았다는 현상을 분석하는 데 있어서, 우리가 본다고 하는 행위 자체가 대상물체의 상태를 변화시키기 때문에 물체는 변화해버린다고 생각한다. 어떻게 움직이고 있나라는 정보(운동량, momentum)와 어디에 있나라는 정보(위치, position)는 동시적으로 정확하게 알 수 없다라는 사실의 발견이 바로 하이젠베르그의 불확정성 원리인 것이다.

나의 기철학적 세계관에 있어서는 이러한 고전물리학적 절대공간에서 성립한 물체관이 부정되기 때문에 따라서 그러한 "존재"로서 설정한 "자아"개념은 붕괴된다. 나의 몸은 개별적 몸인 동시에 보편적 몸이다. 나의 몸에서 일어나고 있는 모든 현상의 보편성은 오로지 나의 몸이라는 氣자체의 구조적 보편성에 의하여만 보장을 받을 뿐이다. 자아와 세계가 이원적인 주·객으로 분리되는 것이 아니라, 자아자체가 우주적 기 (cosmic *ch'i*, 宋代의 氣論者 장 헝취가 말하는 太虛)의 聚 (*ch'ü*, agglomeration)와 散 (*san*, dispersion)의 끊임없는 과정에서 나타나는 客形 (*k'o-hsing*, temporary shape)일 뿐이다. "자아"자체가 원자론적 실체 (atomic substance)로서 설정된 데카르트적 코기탄스가 아니며, 나의 몸은 관계된 전체속에서의 열린 개체 (open entity)로서만 의미를 갖는다. 우주도 氣며 나의 몸도 氣며 그것을 관계짓고 있는 것도 氣다. 이러한 모든 요소가 동시적으로 참여하여 구성해나가고 있는 모습이 氣哲學的 우주의 모습이다. 여기에서 바로 대상적 인식의 실체성에만 고집되어 있는 현대인들이 나의 良心宣言에 배태되어 있는 一元論的 사고의 철저성을 잘 이해하지 못한 소이가 있는 것이다 : "우리의 죄악에는 너와 나의 이분이 허용되지 않습니다. "

내가 어렸을 때, 천안시 대흥동 231번지의 古家에서 살았을 때, 마당에는 큰 우물이 있었고 옆에는 연못이 있었고 우물과 연못사이에는 시굴창이 있었는데 그 시굴창가로 지렁이가 많았다. 나의 엄마는 나에게 흔히 떠도는 속담으로 일러 주셨다 : "지렁이한테 오줌싸지마라 ! 네 고추자지가 부르튼다. " 나는 오줌을 싼다는 행위에는 분명 운동의 방향성이 주어져 있음으로 지렁이에게 오줌을 싸봤자 내 자지가 부르틀리는 없다고 생각했다. 나는 어느날 시험삼아 큰 지렁이에게 오줌을 깔기며 그놈이 꿈틀대는 것을 재미있게 쳐다보았는데 아닌게 아니라 그 다음날 내 자지가 파리처럼 부르터 올랐고 나는 그 지렁이 독으로 며칠을 고생한 경험이 있다.

국민학생이었던 내가 지렁이에게 오줌을 싸도 자지가 부르틀리가 없다고 생각한 것은 고전물리학적 절대공간관, 그리고 데카르트적 연장을 전제로 한 물체관에 근거한 생각이다. 그리고 그러한 운동방향성은 매우 원자론적 실체관에서 성립한 것일뿐이다. 내자지가 하나의 실체이며, 지렁이가 하나의 실체이며, 이 독립된 실체사이를 운행하는 오줌도 하나의 실체로 보는 것이다. 그래서 오줌이라는 실체가 내 자지에서 지렁이쪽으로 운동하는 것이므로 내 자지에 지렁이의 영향은 있을 수 없다고 생각한 것이다.

그러나 나의 기철학적 세계관에 있어서는 자지도 오줌도 지렁이도 모두 氣다. 그것은 氣의 다른 양태일 뿐이며 서로 관계된 동질적 사건이다. 내가 오줌을 쌌을 때 지렁이와 내 자지사이에서는 동시적(시간적 연장[temporal extension]의 복합성이 고려된 동시성이다)으로 즉 상호적으로 氣의 場이 성립한다. 내 자지에서 氣가 나갔다면 물론 지렁이에서 내 자지에로 氣가 나올 것이다. 이러한 氣의 호상관계론을 무시하고 오줌을 갈겼다가 나는 지렁이에게 호되게 당하여 내 자지는 파리처럼 부르텄던 것이다. 우리가 우리의 일상적 경험을 잘 반추해 보면 우리가 모든 사물을 인식할 때, 또 행위를 할 때, 이러한 氣哲學的 관계론이 성립되지 않을 수 없다는 것을 알게 된다. 우리는 관계된 세계에 살면서도 이러한 관계론적 사고에 너무도 어둡다. 그리고 그러한 관계론은 실상 동양철학의 세계관에 철저하게 깔려 있는 전제이므로 이러한 사고를 하지 못하면 우리는 동양의 우주를 송두리채 잃어버리고 말 것이다.

나는 20세기 인류의 역사를 존재(Being)와 생성(Becoming)의 투쟁의 역사라고 본다. 종교와 과학의 투쟁이 그러하며, 서양과 동양의 투쟁이 그러하며, 낡은 물리학과 새로운 물리학의 투쟁이 그러하다. 그런데 이러한 투쟁이 20세기에 와서 비로서 발생한 것으로 착각하는 것은 인류역사에 대한 모독이며, 그것은 우리가 우리의 과거를 너무도 소박한 원시로 바라보는, 진화론적 음모의 세뇌속에서 고치기 힘들 정도로 오염되어버린 "기억상실증"환자들이 되어 있기 때문이다. 나자신의 실존적 체험의 경우를 들어 말한다 하더라도, 얼마전까지만 해도 20세기의 수학(논리학)자이며 철학자인 화이트헤드를 불교와

並立시켜 논한다든가, 비트겐슈타인의 언어관을 불교의 언어관과 비교연구한다든가 하는 아날로지적인 발생들을 모두 미친짓이라고 생각했다. 그런데 요즘에 와서 근일년동안 화이트헤드의 『과정과 실재』라 (*Process and Reality*)는 책을 한국의 최첨단 이론과학자들과 모임을 만들어 탐독해 보고, [18) 또 동시에 우리나라의 뜻을 가진 학승들과 佛

---

18) 이 모임은 원래 대우재단이 후원한 신과학운동모임에 참여한 사람들이 소분과로 모임을 갖기 시작하면서 출발한 모임인데 지금은 완전히 독자적인 독서회로 발전했다. 참여자들은 나의 장형 金容駿(고대 화공과), 장회익(서울대 물리학과), 김두철(서울대 물리학과), 이철수(고대 화공과), 서정선(서울대 의과대학 생화학교수), 趙淳卓(한양대 물리학과) 그리고 나다. 나를 제외한 모든 분들이 이론과학의 一家를 이룬 분들이다. 우리는 정기적으로 만나 최근 세계적으로 문제가 된 과학철학서인 일리야 프리고진(Ilya Prigogine)의 *Order out of Chaos: Man's New Dialogue with Nature*(혼돈속의 질서 : 인간의 자연과의 새로운 대화) (New York: Bantam Books, 1984)를 읽는 것으로 시작했다. 프리고진은 러시아에서 태어나(1917) 10 살때 벨기에로 이주하여 그곳에서 성장하였으며 1977 년에 비평형계 열역학(the thermodynamics of nonequilibrium systems)의 연구로 노벨화학상을 받았다.

이 『혼돈속의 질서』라는 대저는 내가 이 글에서 표방하고 있는 대로, 존재(Being)를 없애버리고 생성(Becoming)으로만 자연을 설명해보려는 새로운 시도이다. 그는 이러한 시도를 위하여 철학자인 이사벨 스텐저스(Isabelle Stengers)와 손을 잡았으며 이 책은 그와의 共著이다. 그리고 우리에게 『미래의 충격』·『제 3 의 물결』등의 저술로 널리 알려진 알빈 토프러(Alvin Toffler)가 序文을 쓰고 있다. 프리고진은 하이젠베르그의 불확정성 원리나 아인슈타인의 상대성원리까지도 뉴튼의 고전물리학과 함께 "존재"의 세계를 다룬 학문으로 도매금처리를 해버리고 자기가 구상하고 있는 열역학체계에 와서 비로소 "생성"의 체계가 시작한다고 보고 있다. 그러나 철학을 하는 나의 입장에서 볼때 그와 손잡은 스텐저스는 매우 범용한 인물에 지나지 않으며 스텐저스의 생성철학관이라는 것이 고작해야 아리스토텔레스적인 목적론적 체계를 벗어나지 않고 있다. 그리고 프리고진의 열역학적 생성론의 음모가 완전한 과학적인 성공을 거두기 위해서는 그의 생성론적 세계관을 뒷받침할 매우 새로운 개념의 수학체계가 생겨나지 않으면 안된다고 우리는 진단했다. 하여튼 이 『혼돈속의 질서』를 완독한 최초의 한국인들이 우리모임의 회원이었다고 자부한다. 왜냐하면 철학과 최신 과학 그리고 수학의 지식이 동시에 요청되기 때문에 실제적인 독서의 어려움이 있는 난독서이기 때문이다. 이 책의 일부가 汎洋社出版部에서 나온 『新科學運動』(新科學研究會編: 金斗哲·金榮德·金容沃·金容駿·金遵敏·盧在鳳·李成範·李用熙·李哲洙·鄭福根·趙淳卓, 1986)에 李哲洙교수의 번역으로 실려 있음으로 참고해주기 바란다. 프리고진과 스텐저스의 이 책을 읽기 위하여는 물리학도·화학도·철학도가 연합하여 독서회를 만들어 읽으면 읽을 수 있을 것이다. 요즈음 학생들이 너무 이념서적에만 치중하고 있는데(이념서적을 읽지 말라는 충고는 아니므로 오해없기 바람), 이와같이 인류역사를 리드해 나가고 있는 난해한 서적들을 차분하게 들어박혀서 공부하는 자세가 더 절실하게 요구된다. 요즈음 학생들이 읽는 이념서적은 똥뒷간에 앉아서 잠깐 보면 다 쉽게 읽히는 정도의 책이 대부분이다. 그러한 정도의 이론무장으로는 아무리 실천이 급해도 결국 언제 빵꾸나도 빵꾸나게 마련이다. 이론이 없는 실천은 결국 이론이 있는 실천앞에 무릎을 꿇을 수밖에 없다.

우리 모임은 프리고진을 완독한 후에 화이트헤드의 『과정과 실재』를 읽고 있는데 내 일생일대에서 동서고금을 통해 내가 접한 가장 난해한 책을 들라면 나는 서슴치

70

經韓譯사업에 관한 면밀한 준비를 하는 모임을 진행시키면서,[19] 화이

않고, 내가 바로 그곳에서 공부했던 하바드대학의 철학과의 교수였던 화이트형님의
이 『과정과 실재』를 정말 서슴치 않고 들겠다. 도대체 인간이 어떻게 이러한 언어를
구사할 수 있을까? 한줄 한줄에 전체가 모두 들어가 있는 것도 같고, 알 것 같기도
하고, 모를것 같기도 하고, 도대체 아리숭하면서도 심오한 듯이 보이고, 헤겔이나
칸트의 어려움은 이에 비하면 새발의 피고, 도무지 난해한 도수로 말하면 인류언어
사용사상 챔피온 중의 챔피온이 될 것 같다. 화이트헤드 즉 白頭先生의 『과정과 실
재』 앞에서 나는 요즈음 경외감과 모멸감을 동시에 느끼고 있다. 쉽게 써도 될 말을
이토록 어렵게 쓰고 있는 白頭가 괫씸하게 느껴지기도 하고, 또 괫씸한가 하면 잘
따져보면 한줄 한줄에 정확한 명제가 들어가 있고해서 도무지 어찌 해볼 수 없다는
뜻이다. 老子부터 하이젠베르그까지가, 플라톤에서 李濟馬까지가 마구 엇갈려 들어가
있는 듯한 白頭선생의 대가리속을 제대로 알고 있는 한국인은 하나도 없다고 나는
확신하게 되었다. 우리는 지금 화이트헤드에 관한 모든 해설서와 또 화이트헤드의
우주관이 깔고 있었던 20세기 과학의 모든 지식을 동원하여 조직적으로 탐구해들어
가고 있는데도 불구하고 아리송하게 헤어지기가 태반인데, 혼자 화이트헤드를 전공
했다는 말은 도무지 語不成說이다. 일본사람들은 『과정과 실재』를 번역하기 위하여
개념하나의 번역을 놓고 몇년석 토론을 벌렸다고 좀 과장된 소문이 들려오는데, 우
리나라에는 그 번역서 하나 없는 것을 보면, 우리나라 지성의 언어수준(rhetorical
level)이 화이트헤드의 언어를 따라가기에는 아직 멀었다는 탄식밖에는 나오질 않는
다. 우리모임은 내 고대연구實방이 넓어서 거기서 계속 모였는데 양심선언후에 자리
를 옮겨 지속하고 있다.

19) 나는 한국불교의 개혁은 현시점에서 어떠한 종교제도의 개혁으로 이루어질 문제라
고 보지 않는다. 한국불교개혁의 핵심은 참다운 불경번역사업을 통하여 불교의 심오
한 교리를 일반인들이 이해할 수 있는 언어로써 보급시키는데 있다고 본다. 현토만
달은 주문만 외고 앉아서 불교의 개혁을 운운하는 어떠한 노력도 비생산적이라고 나
는 단언한다. 왜냐하면 인류사의 모든 위대한 불교운동이 기본적으로 역경사업을 중
심으로 이루어진 것이라는 명백한 史實이 입증하고 있기 때문이다. 나는 이런 뜻을
가지고 한국의 우수한 젊은 학승들과 지속적인 접촉을 가졌다. 내가 1985년 6월 10
일(月) 한국불교의 바티칸이라고 말할 수 있는 합천해인사의 강원(經學院건물)에서 아
침 7시부터 밤 8시까지 꼭 8시간동안의 마라손 강의를 했던 것도 그러한 뜻을 가지
고 한것이다. 그날의 강의주제는 나의 해석학과 번역이론에 관한 것이었으며 약 200
명의 스님이 참석했다. 그뒤 나는 뜻을 같이하는 학승들과 구체적인 역경사업을 위해
서 우리 자신들의 실력을 향상시키고 이념을 굳건하게 다져야겠다는 취지를 가지고
모임을 시작했다. 이 모임에 참석한 사람은 나외로 效明(동대 선학과), 一指(동대 인
도철학과), 智幻(동대 선학과), 法性(서울 법대)이며 여러 가람을 순회하며 주기적
으로 만나 讀經 및 토론을 하고 있다. 이중 내가 특기할 사항은 法性과의 학문적 인
연이다. 法性은 광주일고를 나와 서울법대를 졸업한 수재로 대학교 1학년 재학시 출
가한 인물이다. 나는 法性과의 만남을 나의 생애에서 가장 뜻깊은 인연중의 하나로
서 생각한다. 나는 실로 그의 학식과 사물을 통찰하는 사고력의 깊이에 찬탄을 금치
못하였다. 아직 그의 정신세계가 조직성과 언어의 구사력을 더해가기에는 시간이 걸
리겠지만 이미 그가 도달한 학식의 세계는 누구도 넘나볼 수 없는 확고한 구조를 구
축했다고 나는 본다. 한국에도 이러한 학승이 숨어서 공부를 해왔구나 하는 사실의
발견은 나에게는 하나의 감격이었고 도약이었다. 우리나라의 20세기의 전통적 학승
들이 모두 20세기 언어(현대한국어 즉 현대적 사고)에 무지한 사례를 생각할 때 불
교학에 있어서 새로운 언어의 정립은 실로 긴박한 과제라 아니할 수 없다. 法性은
새로운 시대의식과 새로운 언어관을 가지고 漢文으로 쓰여진 經典을 정확히 투시할

트헤드적 사유의 난해함과 치밀함이 분명히 『大藏經』속에도 더 복잡다단한 형태로 들어 있으며 또 동시에 화이트헤드가 아무리 현대 물리학적 세계관의 성과를 충분히 활용하고 있다할지라도 그 사유의 골격은 결국 동일한 인간의 두뇌구조속을 맴돌고 있다 다는 나의 氣哲學的 가설을 확인하게 되었다.

기실 존재와 생성의 투쟁이라는 주제는 중국불교에서는 매우 상식적인 기조개념으로서 인류사상 유례를 보기힘든 많은 천재들의 노력에 의하여 심화되고 또 그들나름대로 해결을 본 주제다. 우리는 동양과 서양의 만남을 20세기 현상으로만 착각하고 있는데, 다시 말해서 이퇴계나 이율곡은 양코배기 서양놈들과 만나 토론한 적이 없다고, 또 서양철학의 우리나라 석학님들은 20세기에 들어와서 플라톤이나 아리스토텔레스 혹은 럿셀이나 훗설을 운운한 자기들만이 서양철학을 알고 계시다고, 착각하고 계신데, 이것은 착각도 이만저만한 착각도 아니다. 그것은 매우 단순한 무지에서 출발한, 『大藏經』을 한번도 거들떠 보지 않는데서 출발한, 인류사의 문화적 성취에 대한 모독적 발언이다. 이퇴계나 이율곡은 분명히 플라톤이나 아리스토텔레스와 진지한 대화를 했으며, 그들의 문헌속에는 이미 우리가 20세기 서양철학과의 해후에서 토론되고 있는 모든 사유의 형태들이 직접적으로 간접적으로 생생한 모습으로 퇴색한 모습으로 노출되어 있다. 이러한 동양과 서양의 만남을 체계적으로 본격화시켜준 인류역사의 최초의 기적이 바로 "중국불교"(Chinese Buddhism)라는 것이다. 우리는 불교의 원전을 이루고 있는 산스크리트어나 파리어가 바로 인도유러피안 언어계통수의 조형적 형태라는 것을 잘 알고 있으며, 그것은 漢語와는 매우 다른 표음문자라는 것을 잘 알고 있으며(이책 124쪽 참고),

줄 아는 능력을 갖춘 희유의 인물이다. 앞으로 그의 文字般若的 노력은 한국불교의 시련을 극복하는데 크게 일각을 담당할 수 있으리라고 나는 확신한다. 나는 그동안 그와의 3차에 걸친 집약적 토론을 통해서 많은 새로운 관점을 수용할 수 있었다. 그에게 실로 배운바 크다. 賢首法藏의 『般若波羅密多心經略疏』에 관한 나의 기술은 주로 그가 해석하고 같이 토론한 내용을 옮긴 것임을 밝힌다. 인도철학과 중국·한국 불교에 해박한 문헌적 지식을 가지고 있는 一指, 총명한 예지로 번뜩이는 一指, 그리고 우리의 토론을 위하여 모든 자료를 제공하는 一指에게도 이자리를 빌어 감사의 정을 표하고 싶다. 그리고 智幻和尚의 우리 모두의 뜻에 대한 진지함도 꼭 같이 기억되어야 할 것이다.

漢語와는 매우 다른 다음절어이며 굴절어이며 알파벳을 가진 언어라는 것을 잘 알고 있다. 그러나 무엇보다도 중요한 것은 문법적으로 치밀한 산스크리트어의 구조속에는 인도유러피안들의 언어구조속에서 배태될 수 있는 모든 사유의 가능성이 배태되어 있다는 사실이며, 漢代로부터 隨唐에 이르는 중국불교의 천재들은 이러한 사유의 가능성에 충분히 노출된 서양언어의 전문가들이었다는 놀라운 사실이다. 『대장경』을 메우고 있는 수많은 천재들은 여러외국어의 도사들이었으며 그들에게 매우 이질적이었던 사유의 전문가들이었다. 예를들면, 우리가 흔히 『반야심경』이라고 부르는, 중이 염불할때 빼놓지 않고 외워대는 이 경전속의 色(rūpa)과 空(śūnyatā)의 문제만 하더라도 이것은 바로 우리가 토론해온 생성(Becoming)과 존재(Being)의 문제와 정확히 일치하는 것이다. 이렇게 내가 말하면 유식한 독자는 당장 반문할 것이다 : 觀自在菩薩로부터 시작하여 겨우 300字도 안되는 『반야심경』이라는 천박한 염불텍스트가 어떻게 그 광대한 서양철학사의 전역을 뒤엎는 존재의 문제와 비교될 수 있는가? 나는 이런 반문을 들을 때마다 우리민족 지성의 천박성을 개탄하며 통곡하지 않을 수 없다. 그대는 과연 『반야심경』이 어떠한 텍스트인줄을 아는가? 그 짧은 300字가 어떠한 역사를 거쳐서 이루어진 텍스트인줄을 아는가? 그대는 『大藏經』般若部의 목록이나 한번 일별해 본 적이 있는가? 우리가 『반야심경』이라고 흔히 알고 있는 염불용 『반야심경』은 수없는 『般若心經』계 群經의 단 1 종에 지나지 않는, 唐나라 三藏法師 玄奘이 번역한 『般若波羅密多心經』의 약어이다(649년 성립). 그러나 쿠마라지바(鳩摩羅什)가 5세기초에 번역한 『摩詞般若波羅密大明呪經』을 비롯하여 약 10세기경에 이르기까지 수많은 異本이 존재하며 그것은 또다시 大本・小本으로 나뉘고, 大本은 "如是我聞"과 같은 말로 시작한다. 그러나 또 우리가 『般若經』이라고 부르는 것은 하나의 텍스트가 아니며 1 천년이상의 장구한 세월을 거처 형성된 수없는 般若經群을 말하는 것으로 이 수없는 般若經群중에 또 般若心經群은 매우 작은 부분을 차지할 뿐이다. 般若經群은 179년에 漢譯된 最古의 『道行般若經』으로 비롯하여 最後의 『佛母出生經』(982년 이후에 성립, 산스크리트어의 『八千頌般若』는 이 텍스트와 일치한다)에 이르기까지 수없는 발전을 거치는데 이것도 소위 "小品系般若經"에 한정하여 이른 말이다. 小品系般若經

群은 다시 大品系般若經群으로 발전하는데 우리가 알고 있는 쿠마라지바역의 『大智度論』(Mahāprajñāpāramitāsūtra-upadeśa)도 대품반야계의 대표경전인 『大品般若波羅密經』에 대한 방대한 注釋書이다 (주석서 자체도 4세기초 어느 西北인도출신의 아리아인의 저작으로 추정되는 것의 번역이다). 佛敎學界에서 여태까지 논의가 많았던 般若經群텍스트들은 문헌학적 고증작업을 거쳐 대강 小品에서 大品으로 확대되어 갔다가 다시 축소되었다고 확정짓고 있는데, 이러한 般若經群의 엑기스를 추출하여 축소시켜 놓은 것이 『반야심경』이며, 또 우리가 보통 알고 있는 『金剛經』(Diamond Sutra)도 그 원명이 『金剛般若波羅密多經』(쿠마라지바 역본이 대표적 : Vajracchedikā-prajñāpāramitā-sūtra)이며 결국 般若經이 축약되어가는 과정에서 발생한 般若계열의 경전이다. 그 외로도 十萬頌般若經계열, 文殊般若經계열, 濡首菩薩經계열 勝天王般若經계열, 理趣經계열, 大般若經第十一會──第十六會계열, 仁王般若經계열의 수없는 갈래들이 있다. 그러므로 300字미만의 『반야심경』을 하나 제대로 이해할려고 하여도 천여년이상의 인도와 중국의 역사를 알아야 하고 또 수백개의 텍스트를 다루어야만 비로소 가능한 것이다. 한문은 물론 산스크리트어의 지식도 요구된다. 우리나라사람들이 하도 이 텍스트문제에 무지하기 때문에, 전문가라도 하는 양반들조차 이러한 텍스트문제에 무지하기 때문에 저지르고 있는 오류를 지적할려고만 들어도 내머리가 다 쉬어빠질 것이기 때문에 일찌감치 포기하겠다. 단지, 1904년 3월 18일 독일에서 태어나 나치독일을 피해 평생을 영국에서 보내고 1979년 9월 24일 잉글랜드의 서머세트 (Somerset)에서 서거한 대불교학자 에드와드 콘체 (Edward Conze)가 평생에 걸쳐 초인적 노력을 다 바쳐서 연구한 것이 般若經이며, 그러한 노력에도 불구하고 아직 불교학계의 般若經이해가 미흡한 수준에 머물고 있다는 엄청난 사실하나만 지적하고 넘어가겠다. 그의 700페이지에 달하는 大品系 『般若經』의 영역서인 The Large Sutra on Perfect Wisdom: with the Division of the Abhisamayālaṅkāra (Berkeley: University of California Press, 1975)만 해도 얼마나 다양한 산스크리트원본의 수집과 복잡한 문헌학적 주석을 거쳐서, 또 부족한 부분은 중국역본까지 활용해가면서 (『大智度論』등) 이루어지고 있는가 하는 것은 우리불교계의 현실로 볼때는 가히 상상도 가지 않는 일이다.

空이라하는 것은 존재의 부정이다. 그러나 色 즉 색깔(감각소여의 총칭)이 있는 현상에 대하여 일단 상대적으로 空을 설정한 것은 空이 존재를 부정하는데서 생긴 개념이지만, 역사적으로 부정의 대상으로서 존재를 이미 안고 있는 개념이다. 나는 개념이라는 용어를 부득이 그 역사성을 나타내기 위하여 썼지만, 空은 개념은 아니다. 空철학체계에 있어서는 개념자체가 空한 것이기 때문에~. 색깔이 있는 色의 현상계에 대하여 즉 감관으로 파악되는 코스모스 호라토스(*cosmos horatos*)에 대하여 무색투명한 느낌이 드는, 아무것도 없는 즉 비어 있는 空이란 단어를 선택한 것은 空은 일단 인간의 감관을 초월한 실재(reality)로서의 본체(noumena), 다시말해서 플라톤이 말하는 코스모스 노에토스(*cosmos noetos*)의 기분이 들 수도 있다. 色에 대하여 설정된 空은 色의 본체로서의 실재 즉 칸트가 말하는 물자체(Ding-an-sich)의 존재계를 말하는 것같은 2원적 논리로 혹자는 받아들일지 모른다. 그러나 바로 空사상의 출현이란 이원론의 현저한 부정의 해결이라는데, 그 역사적 의의가 있는 것이며, 이러한 空사상을 이해하는 것은 나의 氣哲學을 이해하는데, 또 역사적으로는 중국사상과 인도사상이 만나서 후대의 宋明유학을 형성시켜나가는 과정을 전체적으로 조감하는데 결정적 계기를 마련한다.

色에 대하여 空을 설정한 것은 분명 물자체의 존재성, 즉 본체에대한 확연한 인식을 전제로 하고 있음으로 이러한 空의 개념은 현상과 본체의 이원론을 근본적으로 인식하고 있지 않았던 중국인들에게는 매우 생소하고 어려운 개념들이었다. 나는 중국불교사를 인도아리안인들의 이원론적 사유를 철저히 중국적 맥락에서 일원화해간 과정이라고 보는데, 이때 물론 그러한 일원적 사유의 틀이 이미 인도인인 나가르쥬나(Nāgarjuna, 龍樹, 150~250 년경으로 추정)가 說一切有部系의 아비달마(論)를 당시 새롭게 흥륭한 논리학을 바탕으로 극복하는 과정에서 성숙된 初期中觀派(Mādhyamika)사상(2~5 세기)에서 충분히 드러나고 있음으로, 色卽是空, 空卽是色의 사상을 중국천재들의 발명으로 볼 수는 없다. 그러나 내가 지적하고 있는 것은 『中論』(*Madhyamaka-kārikā*, 詩頌. 산스크리트本 · 티베트역 · 漢역이 현존함)에 나타나고 있는 空사상, 혹은 그것과 깊은 관련을 맺고있는 般若波羅密("지혜의 완성"의 뜻)사상이 實在論(전문술어로는 法有論: 法有란 칸트의 물자체와 대동소이한 개념이다)을 부정하고 있지만 이미 그러한 空사상이 현상과 실재의 이원적 사유를 전제로 하고 그것을 통합했다는데 더 큰 본질이 있으므로 이원론은 사유의 전제로 항상 남는다. 중국인들은 이러한 이원론적 사유를, 즉 현상계의 시공성이 외로 시공성을 떠난 존재계의 성립가능성을 불교를 접하면서 처음으로 접하게 되었으나, 중국불교는 이러한 사유의 가능성자체를 분석적으로 심화시켜 발전시키지 않고 그러한 이원적 사유의 가능성자체를 말살시켜버리는 방향으로만 일원화시켰기 때문에 唯識사상이 중국에서 빛을 보지못하고 소멸하였고 결국 중국불교의 귀착이란 禪이라는 종착역일 수밖에 없었던 것이다. 결국 朱子學 즉 퇴계의 할아버지인 주 시(朱熹, 1130~1200)의 학문의 중심개념인 "理"도 결국은 이러한 "空"思想의 유교적 토착화에 지나지 않는다.

그러면 이 空思想을 이해하기 위하여, 다시 말해서 서구문명의 신 중심적인 종교적 독단에서 발생한 칸트의 물자체적 오류가 어떻게 중국적 맥락에서 용해되고 있는가 하는 것의 하나의 샘플을 보여주기 위해서 賢首 화짱(法藏, 643—712)[20]이라는 대가의 『般若心經』(玄奘 역본)해설을 들어보려고 한다. [21]

화짱은 "舍利子! 色不異空, 空不異色。色即是空, 空即是色。受想行識, 亦復如是"(오~샤리프트라야~ 내말좀 들어보렴! 色은 空에 다르지 않고, 空은 色에 다르지 않다. 色이 곧 空이며, 空이 곧 色이다. 受와 想과 行과 識 또한 모두 이와 같다)라는 유명한 구절에 대

---

20) 法藏은 唐貞觀 17년 11월 2일에 태어나 先天 원년 11월 14일에 입적하였다. 華嚴宗의 第三祖로서 그의 敎旨를 賢首敎라고 부른다. 中宗은 그에게 일찌기 國一法師의 號를 주었으며, 그는 또 康藏法師・香象大師・賢首大師・賢首菩薩의 이름으로 불리운다. 후대에 그는 화엄종의 제3조로 불리지만 실제로는 法藏이야말로 화엄종의 진정한 창시자이며 화엄경과 화엄이론의 집대성자이다. 則天武后에게 『華嚴經』을 강의하였다. 화짱은 우리나라의 義湘과 元曉와 동시대의 인물이며 또 義湘과 元曉의 영향을 직접 받았다.

21) 화짱의 『般若波羅密多心經略疏』는 내가 생각컨대 『心經』에 대한 가장 밀도있으면서도 가장 종합적인, 언어의 체계성과 경제성을 최대로 살린 주석이다. 그의 해설에 동원되고 있는 자료만 해도 모든 종파의 경전들이 두루 섭렵되고 있으며, 그 논리전개의 치밀성이 대가의 면모를 보여주고 있다. 『大正大藏經』, 第三十三卷, 經疏部一, 552~555쪽에 보인다. 『大正大藏經』의 방점이 많이 틀려 있음으로 읽을 때 주의를 요한다.

하여 다음과 같은 해설을 붙이고 있다.[22]

이 단어의 문장은 다음 4 가지 방법론적 각도에서 고찰될 수 있는데 그것
은 다음과 같다 : 1) 곧바로 小乘적 인간들의 의심을 풀어버리는 방법, 2)
菩薩의 의심을 아울러 풀어버리는 방법, 3) 바른 뜻을 곧바로 드러내는 방
법, 4) 觀行이라는 수행의 방법을 빌어 해석하는 방법.

처음에 "샤리프트라야~"라고 말한 것은 의심하는 사람을 상징적으로 들
어서…… 그에 대하여 의심을 풀어주는 형식으로 논리를 전개하기 위함이
다. 샤리프트라라는 불타의 수제자를 빌어 나타낼 수 있는 의심에는 다음과
같은 것이 있을 수 있다. 의심하는 사람이 말하기를 : "우리 소승중 아직 완
전한 열반에 들지 못한 사람들 가운데서 蘊은 드러내지만 그 자아의 실체는
보이지 않는 사람이 있읍니다. 이러한 상태를 우리는 法空이라고 부릅니다.
이 정도가 되면 般若의 空사상과 무슨 차이가 있겠읍니까?" 지금 이것을
해석해서 말해주면 다음과 같다 : "그대들의 종파에서 말하는 소위 '蘊은
드러나지만 자아의 실체는 보이지 않는다'라고 한 것은 蘊空(蘊을 空이라는
또하나의 실체로써 규정하는 것)이라고 부르는데 그것은 蘊자체가 스스로
空하다는 것까지에는 생각이 미치고 있질 못하다. 이렇게 되면 蘊이 또 空
과 다른 무엇으로 떨어져 나가게 되는 것이다. 지금 모든 蘊의 스스로 그러
한 본성이 본래 空하다는 것을 밝혀주면 般若사상의 空은 그들 종파의 이론
과는 다르다는 것을 알 수 있다. 그러므로 '色은 空에 다르지 않다'는 등의

---

22) 이것은 매우 짧은 구문이지만 구조적으로 복잡하다. 이것은 空사상을 드러내기 위
하여 五蘊(우주의 삼라만상을 구성하고 있는 다섯가지 集積 혹은 더미 혹은 그늘 :
Five Skandhas) 그 자체가 空이라는 것을 설명하고 있는 부분이다. 五蘊이란 바로
여기서 말하고 있는 色·受·想·行·識의 무리를 말하는데 나라는 존재를 포함해서
우주의 모든 존재가 이 5종의 蘊으로 구성되어 있다는 것은 불교적 세계관의 대전제
이다. 色(rūpa)이란 물질일반 혹은 신체. 이 세계의 물질性. 콘체는 Form 혹은 Body
로 번역. 受(vedanā)는 感受作用으로서 감각·단순감정을 말한다. Feelings로 영역.
想(saṃjñā)는 마음에 떠오르는 이미지며 表象作用. Perceptions으로 영역. 行(saṃ-
skāra)은 의지 혹은 충동적 욕구에 해당되는 心作用. Impulses(and Emotions)로 영역.
識(vijñāna)은 인식작용, 구별을 해서 아는 식별작용. (Acts of) Consciousness로 영
역. 色은 물질성, 受想行識은 정신성으로 대별하기도 한다. 지금 玄奘의 번역에 "色不
異空, 空不異色。色卽是空, 空卽是色。"라고 한 것은 五蘊중의 色만을 대표적으로 서
술했고 나머지 四蘊은 "모두 이와 같다"라고 해서 인수분해의 형식을 취한 것이다 :
따라서 원칙적으로는 四蘊에 대해서도 "受不異空, 空不異受。受卽是空, 空卽是受。"와
같은 구문이 네번 반복되어야 한다. 鳩摩羅什의 번역은 인수분해되지 않은 전문의 형
태를 취하고 있음에 주의해야 할 것이다 : "舍利弗! 色空, 故無惱壞相。受空, 故無
受相。想空, 故無知相。行空, 故無作相。識空, 故無覺相。"(『大正大藏』8/847).

말을 할 수 있는 것이다."또 의심하여 묻기를 : "우리 소승중에서 완전히 열반에 들어 육체(身)와 정신작용(智)이 모두 멸하여 버린 사람이 있읍니다. 그들은 空하기만 하여 色과 같은 것은 존재하지 않습니다. 선생의 空사상과 과연 무엇이 다르겠읍니까?" 여기에 또 해석을 내려 말해주기를 : "그대들의 종파사람들은 空을 色에 卽(to ingress)하여 생각하지 않고 色을 멸해 없애버릴 때만 비로소 空이 드러난다고 생각한다. 그러나 우리의 空에 대한 생각은 그렇지 않다. 色이 곧 空이므로 色이 멸한 空은 아니다. 그러므로 그대들의 생각과는 다른 것이다." 대개 자기구원에만 급급한 聲聞乘과 緣覺乘의 二乘的 인간들의 사유에서 나오는 의심은 이 두가지 질문을 벗어나지 않는다. 그래서 나는 이 질문에 나아가 그것을 풀어버린 것이다.[23]

둘째로 보살의 의심을 아울러 풀어버리는 방법은 다음과 같다. 『寶性論』에 의거하여 말하면 空이라는 개념으로 그 생각을 어지럽히고 있는 보살들에게는 다음의 3종의 의심이 있다고 한다. 1) 空이 色과 다르다고 의심하여, 色의 바깥에서 空을 취한다. 이에 대하여는 色이 空에 다르지 않다는 것을 밝힘으로써 그들의 의심을 끊어 준다. 2) 空이 色을 멸하는 것이라고 의심하여, 모든 것이 斷滅된 空을 취한다. 이에 대하여는 色이 곧 空이며, 空은 色이 멸한 空이 아님을 밝혀 그들의 의심을 끊어준다. 3) 空이 하나의 독립된 실체라고 의심하여, 空을 존재(有)로서 취한다. 이에 대하여는 空이 곧 色이므로 空이라는 실체로서 空을 취할 수 없다는 것을 밝혀 그들의 의심을 끊어준다. 이 세가지 의심이 다 끊어지면 참된 空(眞空)이 스스로 드러날 것이다.[24]

세째로 바른 뜻을 곧바로 드러내는 방법은 다음과 같다. 色과 空을 막바로 대비시켜서 생각해 보아도 다음의 세가지 적극적 의미를 발견할 수 있을 것이다. 1) 色과 空이 서로 절대공간을 차지한다면 서로 어긋나서 공존할 수 없다는 뜻. 『般若心經』의 원문의 하단에서 "空속에 色이 있지 않다"라고 말하고 있는데, 이것은 空으로써 色을 배제시키기 위한 것이다. 이러한 논

---

23) 初段文有四釋 : 一正去小乘疑, 二兼釋菩薩疑, 三便顯正義, 四就觀行釋。初中言舍利子者, 擧疑人也。……故對之釋疑也。彼疑云 :「我小乘有餘位中, 見蘊無人, 亦云法空, 與此何別?」今釋云 :「汝宗蘊中無人名蘊空, 非蘊自空, 是則蘊異於空。今明諸蘊自性本空, 而不同彼, 故云色不異空等。」又疑云 :「我小乘中, 入無餘位, 身智俱盡, 亦空無色等, 與此何別?」釋云 :「汝宗, 卽色非空, 滅色方空。今則不爾, 色卽是空, 非色滅空, 故不同彼。」以二乘疑不出此二, 故就釋之。

24) 二兼釋菩薩疑者, 依寶性論云。空亂意菩薩有三種疑。一疑空異色, 取色外空。今明色不異空, 以斷彼疑。二疑空滅色, 取斷滅空。今明色卽是空, 非色滅空, 以斷彼疑。三疑空是物, 取空爲有。今明空卽色, 不可以空取空, 以斷彼疑。三疑旣盡, 眞空自顯也。

리로 말한다면 우리는 또다시 色속에 空이 있지 않다라고 말해야 할 것이다. 이것은 色으로써 空을 배제시키기 위한 것이다. 만약 色과 空이 서로 병립하여 존재한다면 둘다 망할 것이 틀림없다. 2) 서로 거리끼지 않는다는 뜻. 이것은 곧 色이 실체로 존재하는 것이 아니라 생성의 幻色이기 때문에 반드시 空에 거리낌이 없다는 것을 말한 것이다. 이것은 또 空이 실체로 존재하지 않는 진실한 참空이기 때문에 반드시 幻色에 거리낌이 없다는 것을 말한 것이다. 만약 空이 色에 거리낀다면 그것은 곧 절대공간적인 斷空이며 眞空이 될 수 없을 것이다. 만약 色이 空에 거리낀다면 그것은 실체적인 實色이며 자유로운 幻色이 될 수 없을 것이다. 3) 서로 생성시킨다는 뜻. 이것은 만약 이러한 幻色이 모두 空하지 않다면 幻色을 이룰 수 없다는 것을 일컬음이니, 色이 곧 空할 때만이 色의 세계가 있을 수 있는 것이다. 『大品』에 이르기를: "만약 모든 法이 空하지 않다면 실천의 과정도 실천의 결과도 있을 수 없을 것이니 궤도적 업의 필연만 있을 것이며 실존적 선택에 의한 자유의지는 말살될 것이다." 『中論』에 또 이르기를: "空의 뜻이 있음으로 해서 비로소 一切法이 이루어진다." 그러므로 참空은 이와같은 것이니 윗말의 논리에 의하여 당연히 알 수 있을 것이다. 그러므로 眞空에는 통틀어 다음의 4가지 뜻이 있다. 1) 나를 폐하고 타를 이루어 주는 뜻. 이때는 空이 곧 色이므로 色이 드러나고 空은 숨을 것이다. 2) 타를 없애고 나를 드러내는 뜻. 이때는 色이 곧 空이므로 色이 다하고 空이 드러날 것이다. 3) 나와 타가 다같이 존속하는 뜻. 이때는 숨는 것과 드러나는 것이 둘이 아니니 이것은 참空인 까닭에 그리하다. "色은 空에 다르지 않다"라는 것은 幻色의 色이 存한다는 것을 일컬는 것이다. "空은 色에 다르지 않다"라는 것은 眞空의 空이 드러나는 것을 일컬은 것이다. 서로 거리끼지 않음으로 둘이 다 살 수 있는 것이다. 4) 나와 타가 같이 사라지는 뜻. 이때는 모든 "것"이 서로 관계되어 있음으로 모든 것이 개방되어 둘의 구분이 없어지고 이원성이 사라진다는 것을 일컬은 것이다. 色을 주어로 하여 空을 바라볼 때 또한 다음과 같은 4가지 뜻이 있게 된다. 1) 타를 드러내고 나는 다한다. 2) 나를 드러내고 타를 숨긴다. 3) 자타가 같이 存한다. 4) 자타가 같이 사라진다. 이것은 또한 앞의 논리에 따라 부연해보면 될 것이다. 이렇게 되면 곧 幻色의 있고 없음이 거리낌이 없게 되고, 眞空의 숨음과 드러남이 자유자재로운 것이다. 양자가 합하여 져서 하나됨을 이루니, 원융되고 두루 통하여 한곳에 기탁할 필요가 없게 되니 이것이 바로 그 法이다. [25)]

넷째로 觀行이라는 수행의 방법을 빌어 해석하는 방법에는 다음의 세가지가

---

25) 三便顯正義者. 但色空相望, 有其三義。一相違義. 下文云「空中無色」等, 以空害色

있다. 1) 色이 곧 空임을 깨달아 마음을 정결하게 집중시키는 止行(śamatha)을 이룩하고, 空이 곧 色임을 깨달아 사물을 여실하게 보는 觀行(vipaśyanā)을 이룬다. 空과 色이 둘이 아니며 한 순간의 생각에 둘이 다같이 현현한다. 다시말해서 止와觀이 동시에 같이 행하여 질때 비로소 우리 삶의 완성이라고 말할 수 있는 것이다. 2) 色이 곧 空임을 깨달아 큰지식(大智)을 이루어 삶과 죽음에 집착하지 않게된다. 또한 空이 곧 色임을 깨달아 큰실천(大悲)을 이루어 열반에 살려고 하지 않는다. 色과 空의 경계가 둘이 아니며 큰지식과 큰실천의 생각이 다름이 없다. 그러므로 한 곳에 집착하지 않는 行을 이룬다. 3) 天台宗의 開祖인 智者大師 智顗(531～597)는 『瓔珞經』에 의거하여 한 마음으로 세가지 봄(觀)을 거친다는 一心三觀의 뜻을 세웠다. 그 첫째는 현상의 세계를 통해서 실재의 세계로 들어가는 봄이니 이것은 色이 곧 空인 까닭이다. 두째는 실재의 세계를 통하여 현상의 세계로 들어가는 봄이니 이것은 空이 곧 色인 까닭이다. 세째는 실재와 현상이 평등(平等)해지는 봄이니 이것은 色과 空이 다름이 없는 까닭이다. [26]

色卽是空空卽是色이라는 말 한마디로서 이와같이 치밀한 논리가 구성될 수 있다는 이 사실은, 그리고 이것이 존재와 생성의 문제를 집대성했다고 하는 임마누엘 칸트보다 천년 이상을 앞선 논리라고 할 때, 그리고 또 여기서는 칸트의 문제가 본질적으로 해소되어 버리고 있다는 사실을 생각할 때 인간의 시공에 내재하는 초시공적 가능성은 결코 진보론적 변증법도식에 의하여 왜곡될 수 없는 경탄스러운 그 무엇으로 남는다. 혹자는 이러한 불교의 논리가 철학이 아니고 종교라고, 그리고 논리의 비약이 심하다고 빈축할지도 모른다. 그렇게 말

故。準此應云「色中無空」, 以色違空故。若以互存必互亡故。 二不相關義。謂以色是幻色, 必不關空；以空是眞空, 必不妨幻色。若關於色, 即是斷空, 非眞空故；若關於空, 即是實色, 非幻色故。三明相作義。謂若此幻色, 舉體非空, 不成幻色。是故由色卽空, 方得有色故。大品云：「若諸法不空, 即無道無果等。」中論云：「以有空義, 故一切法得成。」故眞空亦爾, 準上應知。是故眞空通有四義。一廢己成他義。以空卽是色故, 即色現空隱也。二泯他顯己義。以色是空故, 即色盡空顯也。三自他俱存義。以隱顯無二, 是眞空故。謂「色不異空」爲幻色色存也,「空不異色」名眞空空顯也。以互不相礙, 二俱存也。四自他俱泯義。以舉體相即, 全奪兩亡, 絶二邊故。色望於空亦有四義。一顯他自盡, 二自顯隱他, 三俱存, 四俱泯。並準前思之。是則幻色存亡無關, 眞空隱顯自在。合爲一味, 圓通無寄, 是其法也。

26) 四就觀行釋者有三。一觀色卽空以成止行, 觀空卽色以成觀行。空色無二, 一念頓具。即止觀俱行, 方爲究竟。二見色卽空, 成大智而不住生死；見空卽色, 成大悲而不住涅槃。以色空境不二, 悲智念不殊, 成無住處行。三智者大師依瓔珞經立一心三觀義。一從假入空觀, 謂色卽是空故。二從空入假觀, 謂空卽是色故。三空假平等觀, 謂色空無異故。

한다면 칸트의 물자체를 해소할려고 노력했던 헤겔의 철학도 하나의
종교에 불과하며 그의 논리 또한 비약투성이다. 이러한 현상은 오늘
날 논리적으로 치밀하다고 자부하는 비트겐슈타인 형님에게서도 동일
하게 나타나고 있는 문제다. 모든 인간의 명제는 반드시 어떠한 경우
에도 그것이 깔고 있는 형이상학적 전제를 가지고 있으며, 그러한 형
이상학적 전제를 제외하고는 진리함수를 논할 수 없다. 그리고 어떠
한 경우든지 형식논리적 토톨로기구조(항상 참이되는 구조)는 인간의
형이상학적 전제의 전체를 흡수할 수 없다. 그러므로 인간의 모든 논
리는 비약이 따른다. 화이트헤드의 말대로, 형이상학이란 우리의 모
든 세부적 실천에 적용될 수 있는 일반성들의 기술에 불과한 것이다
(Metaphysics is nothing but the description of the generalities which
apply to all the details of practice). [27] 이렇게 인간의 논리란 궁극적
으로 설득의 도구일 뿐이며 따라서 실천(practice)의 문제를 배제할
수가 없다. 동양의 모든 진리는 인간의 실천과 이원적으로 분리되지
않는다. 호르카이머(Max Horkheimer)가 서구근대사상에 있어서 "이
성의 몰락"(Eclipse of Reason)을 절규했듯이 그러한 이원적 분리는
칸트가 "순수이성"과 "실천이성"을 완전히 다른차원의 기능으로 본데
서 그 전형적 표현을 찾을 수 있다. 즉 칸트의 인간이해는 그 유기적
총체성을 결여하고 있으며 인간의 인식능력을 근대과학적 세계관의
정당화라는 그의 최대의 관심에 두들겨 맞출려고 보니까 "순수"와 "실
천"으로 나눌수 밖에 없었던 것이다. 여기서 나의 氣哲學의 제 2 원리
(The Second Principle of My Ch'i Philosophy)가 언급되지 않을 수
없다 : "인간의 모든 진리는 사회적 실천을 통해서만 실현된다"(All
human truth must be realized through social practice). [28] 따라서 인간
의 모든 형이상학적 체계는 영원히 이러한 실천적 테스트를 전부 만족
시킬 수 없다. 기껏해야 그러한 체계는 그 체계가 추구하는 일반진리
에 영원히 근접해 갈 뿐이다(the eternal approximation to truth).

　　불교唯識思想의 핵심은 이러한 것이다 :　　모든 존재가 정말 존재한다

Alfred North Whitehead, *Process and Reality* (N.Y.: The Free Press, 1969),
p. 16.

28) 이때 사회(society)라는 것은 유기적 연계의 단위(nexus)를 말하는 것임으로 일반용
　　법과 혼동해서는 안된다. 일상용어의 사회는 나의 "사회"개념의 극히 적은 일부분이다.

면 그것은 존재하지 않는다. 다시 말해서 어떠한 사물이 "존재"한다면 즉 완전히 독립된 존재로서 존재한다면 그것은 존재할 수 없다. 그것은 나에게 인식될 도리가 없기 때문이다. 여기서 우리는 파리처럼 부르튼 고추자지와 지렁이의 비유를 한번 연상해보면 쉬운 아날로지가 성립할 것이다. 般若의 논리를 빌리면 모든 有는 幻有(플라톤이나 칸트에게 있어서처럼 幻이 나쁜 의미를 지니지 않는다는 것을 상기할 것)임으로 비로소 나와 관계될 수 있다는 것이다. 有가 만약 實有(칸트의 물자체)라면 그 有는 단절된 斷有임으로 나에게 인식될 도리가 없다는 것이다(이때 인식은 물론 실천까지를 포함한다). 모든 존재는 眞空속에서 관계되었기 때문에 비로소 그 존재의 의의를 갖는다. 내가 저기있는 꽃을 인식한다는 것은 저 꽃과 내가 어떠한 형태로든지 호상적으로 관계하고 있기 때문에 가능한 것이다. 이런 의미에서 나는 라이프니츠의 모나드론을 하나의 개소리에 지나지 않는다고 생각한다(화이트헤드 형님은 라이프니츠를 자기철학의 원조로 착각하고 있다. 라이프니츠의 유기체적 세계관의 측면을 산 것이다). 어떻게 모나드가 창이 없을(windowless) 수 있단 말인가? 창이 없는 모나드는 實有(혹은 實色)일 뿐이며 그러한 實有는 우주의 구성단위가 될 수 없다. 그것은 모나드의 정의 자체가 데카르트의 중세기적 정의 즉 "자기원인"이라는 실체정의에서부터 논리적으로 출발한 종교적 미신이었기 때문이다. 모나드가 실체가 되기 위해서는 자기원인적이어야만 한다고 생각할 수밖에 없었고, 그래서 모나드는 상호교섭이 없다고 생각했고 그래서 창을 꽉 닫아버린 원자(spiritual atom)가 되어 버렸고, 그래서 이러한 창없는 모나드로 우주를 설명할려니까 할 수 없이 또 기독교의 미신을 끌어들여 "예정조화설"(Pre-Established Harmony)를 운운하게 된 것이다. 아담 스미스(Adam Smith, 1723~90)의 "숨은 손"(Hidden Hand)도 결국 이러한 예정조화설이란 기독교 미신의 경제학적 표현에 지나지 않는다. 나는 이따위 "숨은 손"을 전제로한 어떠한 경제학도 신봉하지 않는다. 그러한 경제철학의 오류는 인류사에서 낙관론적 자기수탈의 비극만을 낳았을 뿐이다. 경제학이 보다 내가 말하는 기철학적 관계론에 철저하다면 그리고 인간의 가치(value)의 문제를 보다 포괄적으로 융섭할 수 있다면, 효율성(efficacy)의 환상을 버리고, 슈마허가 말하는 불교경제학(Buddhist Economics)이 그 일단을 제시했듯이 老子的인

小國寡民(無爲)의 방향으로 가지 않을 수 없을 것이다. [29]

그러나 또 어느 유식한, 나의 기철학이 샘이나서 씹지 않고는 못배기는 못난이 서양철학도는 이렇게 말할 것이다 : "네가 말하는 기철학이나 유식철학이 모두 관념론(주관주의)에 불과하다. 지각되는 것은 존재하는 것 (*esse est percipi*)이라고 외쳐대는 버클리형님의 똥꾸멍이나 빨아 먹어라!"라고──. 이러한 유식한 독자의 무식을 깨기란 어렵지 않다. 그것은 근원적으로 세계관을 달리하고 있는 그 구조를 파악하지 못하고 자기가 쓰고 있는 안경으로만 모든 사물을 보려고하는 데서 생긴 오류에 불과하다. 서양에서 말하는 관념론이란 "존재"를 전제로하지 않으면 성립하지 않는다. 관념은 존재이며, 관념만이 존재라는 생각이다. 서양 관념론의 모든 형태는 플라톤의 기하학주의의 오류에서부터 출발하는 것이며, 그것은 대상을 나의 관념과 동일시하는 주관주의를 깔고 있다. 즉 나의 관념을 떠나서 대상의 존재가 확보되지 않는다는 생각이다. 칸트의 초월적 관념론(Transcendental Idealism)도 이러한 전형적 예이며, 우리는 18세기초부터 성행한 이러한 생각, 즉 외계 (external world)가 나의 사유(mind)의 투사(projection)에 불과하다는 생각을 아코스미즘(acosmism)이라고 부른다. 그러나 동양적 인식론은 이러한 아코스미즘이 아니다. 아코스미즘이 성립하기 위해서는 "관념"을 하나의 존재론적 실체 (ontological substance)로서 보는 대전제가 필요하기 때문이다. 그러나 나의 기철학에서나 불교의 유식철학에 있어서 관념 그 자체가 하나의 실체가 아니다. 그러한 아코스미즘은 화짱이 위에서 "斷滅空" "色滅空"등의 용어로 규정하고 배척하고 있는 한 사례에 불과하다. 즉 다시 말해서 근대서양의 모든 관념론의 형태는[30] 근대시민사회의 주체로서의 "나"(Person, Ego)를 실체화하지 않으면 그 관념론이 설 기반을 잃어버린다. 즉 서

---

29) 슈마허(E.F. Schumacher)의 대표적 저술로는 *Small is Beautiful*(작은것이 아름답다), New York: Harper & Row, 1973. 그의 저술로 내가 가지고 있는 책을 들면 *Good Work*, New York: Harper & Row, 1979; *A Guide for the Perplexed*, New York: Harper & Row, 1977.

30) 서양의 관념론의 형태는 수없이 많은 갈래가 있다. 이러한 멜리케트한 인식론적 문제를 필자는 충분히 인식하고 있으나 여기서는 일반독자들을 위해서 총체적인 토론만 하기로 한다.

양의 모든 관념론은 기본적으로 서양의 근대개인주의적 자아의 확립이라는 기능을 벗어나지 않는다. 이미 데카르트에게서부터 그러한 코기탄스로서의 자아는 "순수관념"으로서 규정되었고, 그러한 관념은 순수히 비물질적인 (non-material, non-spatial, non-pictorial, suprasensuous, valuational, teleological) 관념이며 나의 주체라는 가치를 포기하지 않는다. 그러나 나의 기철학에서는 "나"자체가 氣의 客形이며 실체가 아니다. 즉 "나의 관념"의 실체성이 확보될 수 없다. 유식철학에서도 인식의 주체인 "나"자체가 五蘊(色·受·想·行·識)의 假合에 불과하다. 즉 인식의 주체인 나자체가 존재하지 않는다.

유식철학이나 나의 기철학을 "관념론"으로 규정하는 어떠한 주장도 그것은 개소리에 지나지 않는다. 불교학의 기초를 모르는 땡중들이 유식학에 대하여 함부로 관념론이니 뭐니하고 글을 써대는 것은 참으로 유감스러운 일이 아닐 수 없다. 모르면 가만이나 앉어있어라! 그리고 요즘 맑시스트들이 老子哲學을 소박한 관념론으로, 또 朱子學을 객관적 관념론으로, 또 陽明學을 주관적 관념론으로 규정하고 있는 것도 개소리의 개소리다! 그따위 철학사는 불쏘시개의 자격도 없는 것이다. 그것은 남의 마누라 궁둥이만 따라다니다가 지마누라 놓치고 마는 결과밖에는 되지 않는다.

유식학이나 나의 기철학이 지향하고 있는 것은 인식의 성립자체가 실체와 실체의 만남으로써가 아니라, 幻色(假有)과 幻色(假有)의 관계에서 성립하는 것이라는 것이며, 이때의 관계자체가 시간성을 배제하지 않기 때문에 역동적이며 상호적이며 능동적이라는 것이다. 그리고 인식행위자체가 존재론적 관념을 매체로 하는 것이 아니며, 그것은 관념이란 용어를 군이 쓴다고 하더라도 완전히 다른 정의위에서만 가능한 것이다. 내가 말하는 관념이란 인간몸의 전체적 기능, 즉 감정적 측면이나 심미적 만족이나 종교적 정서등의 모든 것을 포괄하는 것이다. 여기서 칸트 인식론은 철저히 분쇄되어야 마땅하다. 아니 서양근세철학의 인식론이 완전히 포기되어야 한다고 나는 주장한다.

미쉘 푸코(Michel Foucault)의 말대로 인간의 모든 진리(지식)의 형태가[31] 정치권력의 구조(the structure of political authority)의 영향을 벗어날 수 없다고 한다면, 이러한 隋唐대에 滿開한 불교철학과 근대서양의 기초를 다진 데카르트적인 코기탄스에는 각각 그를 지배하고 있는 정치질서가 있다고 상정될 수 있다. 나는 분명하게 그것을 말할 수 있다. 데카르트의 실체적 사고는 중세기의 카톨릭이라는 보편질서, 즉 유럽을 묶은 전체질서로부터 각각의 근대국가라는 실체가 원자적으로 독립해나가려는 르네쌍스적 노력의 결과라고 한다면, 隋唐佛學의 一即一切, 一切即一(화엄사상의 핵심 : 부분이 전체이고 전체가 곧 부분이다)의 사상은 분열되었던 위진남북조의 개체적 질서를 大唐帝國이라는 통합의 場으로 묶으려는 데서 발생한 논리라고 볼 수 있다. 그렇다면 요즘의 의식있는 학생들은 나에게 대뜸 대어들 것이다 : "선생님, 왜 20세기의 오늘에 와서 우리는 짱꼴라 大唐帝國의 帝國主義의 하녀노릇을 한 이데올로기로 다시 기어들어갑니까? 미제국주의 꼴보기 싫은 것만해도 끼인데~. 싫습니다요~. 그러한 전체주의(totalitarianism)의 질서에 휘말려 들다가는 당하는 것은 약소국이고 약한 개인일 뿐이니까요~." 이것은 과연 똑똑한 학생들의 반문이다. 요새 학생들은 과연 의식이 있다! 우리는 이러한 반문을 한번 겸허하게 생각해보지 않으면 안된다. 오늘날 이 사회에서 기독교도들이 강력한 사회참여를 통하여 이 사회에 의미의 장을 창출해나가고 있는데 반하여, 불교도들은 초파일에 크리스마스트리나 만들고 앉었고 禪房에 쑤셔박혀 인간지식의 오염이나 운운하고 앉어있으니 말이다. 이러한 자기도취적 몽상의 해탈추구의 狂禪이 성행하고 있는 우리현실과 아까 학생들의 반문과는 결코 무관하지 않다.

色即是空空即是色이나 一即一切一切即一의 생각은 분명 통합과 조화의 이데올로기며 이것은 자칫 악용되면 현상고착이나 개체의 말살로 연결될 가능성이 없지 않다. 佛敎는 철저한 만물평등관을 가지고 있기 때문에 전통적 힌두이즘의 계급주의를 타파한데에 그 역사적·혁명적 의의가 있었다. 그러나 이러한 평등주의가 너무 전체질서를 강조하는데서 오히려 大唐帝國에 있어서 불평등구조의 현실을 고착시

---

31) 푸코의 전문술어로는 "*episteme*"이라고 부르는 것인데 한스 쿤의 "패래다임"이라는 의미와 비슷한 것이다.

키는데 기여했으며 따라서 불교는 혁명의지를 약화시키는 철학이라고 맑시스트들은 주장하는데, 나는 이에 전적으로 동감이다. 비판을 비판으로서 정직하게 받아들이지 않는다면 개선의 가능성이 없기 때문이다. 그러나 나는 또한번 반문하고 싶다. 과연 데카르트적인 개인주의나 선천주의나 관념주의가 과연 철저한 개인의 자율을 획득했으며 또 인류평화를 갖어왔는가? 어떻게 칸트·피히테·쉘링·헤겔, 그리고 피테·쇼펜하우어·니체를 배출했다고 하는 그 위대한 독일이 이다지도 개명한 과학의 20세기에서, 히틀러 나치의 그다지도 끔찍한 학살(holocaust)을 자행할 수 있는가? 어떻게 그러한 위대한 문화민족인 독일인이 거족적으로 광분하여 뒤날뛰며 수백만의 동일한 인간의 피기름을 짜낼 수 있는가? 秦始皇의 갱유(분서)라고 해본들, 『史記』의 「秦始皇本紀」 35년條에 정확히 기술되어 있는 대로 460명밖에 되지 않는다(犯禁者四百六十餘人, 皆阬之咸陽, 使天下知之). 바로 우리역사에 내재하는 사태에 비추어보아도 460명이라는 숫자는 조족지혈에 불과하다. 하물며 예루살렘의 대학살박물관을 가볼 때 느끼는 소름끼침이랴! 그렇게도 잔악한 인간의 가능성을 우리는 너무도 낭만적으로 쉽게만 잊고 사는 것이 아닐까? 독일철학은 분명히 문제가 있다! 칸트나 헤겔, 그리고 피테나 니체는 분명히 히틀러의 죄악에 대한 책임이 있다. 그들의 근대적 자아관의 불철저성, 즉 자아관념의 우주이성에로의 확대, 그리고 斷滅空的 관념의 조작에의한 인류역사의 변증법적 난도질, 이 모든 것이 나치의 죄악을 낳은 책임을 져야 한다! 그리고 일본군국주의가 이러한 독일의 전체주의적 개똥철학을 수입하여 우리나라의 (제국)대학에 가지고 들어왔고 그러한 철학의 유산이 일제의 잔재를 이어받은 데칸쇼철학의 권위주의 멘탈리티속에 본질적 반성이 없이 계승되어 우리사회를 지배하고 있는 이러한 터무니없는 현실도 분명히 재검토되어야 한다. 한국철학에 분명히 문제가 있다! 良心宣言후에 나는 山寺를 헤메다가 집에와서 삭발하고 閒居를 즐기던중 어느날(4월 26일) 나는 매우 충격적인 인류사적 사건에 접하게 되었다. 그것은 바로 "체르노빌原電"사건이었다. 우리 철학자들은 정치적 사건을 접할 때에도 정치적 득실을 가리기에 앞서 철학적 고민을 한다. 나는 체르노빌원전사건에서 데카르트적 근세서구라파 자아관의 붕괴를 체험했다. 이미 데카르트형님의 코기탄스는 끝났다고 판단했다. 아무리 주체적 자아의 확립을 외쳐도, 아무리 창문없는 모나드의 결백성을 지킨다 할지라도 가만히 앉아서 쌩피보는 세상이 바로 우리가 살고있는 20세기다! 서구라파의 순진한 백성들이 무슨 죄가 있다고 체르노빌원전의 죄를 뒤집어써야 하는가? 어떻게 가만히 앉아서, 아무 나쁜짓도 하지 않았는데, 이 대기권안에서 공간을 점유하고 있다는 사실만으로 그 무서운 원핵의 세례를 내가, 이 "나"가 받아야 하는가? 그 사건이 보도된 다음날 우리 서울시내의 보슬비를 맞는 사람들도 개운치 않아 모두 우산을 썼다. 조금이라도 소련놈들 죄악에 쌩피보고 싶지 않다는 것이다. 만약 체르노빌이 강화도에 있었다면 어떻게 됐을까? 이 아까운 철학자의 두뇌, 20만불의 장학금이 투자된 이 아까운 두뇌도 아무죄없이 멜트다운 되었을 것이다. 이제는 더이상 서구라파문명도 코기탄스적인 개인주의자아관으로는 버틸 수 없게 되어 버렸다. 이제는 쏘련놈들과 같이 앉아서 하늘에서 내리는 비 걱정까지 같이해야 할 상황에 이르렀다. 모스코바의 기가 서울의 창공에까지 날라올 수 있다면 동시에 서울의 기가 모스코바창공에까지 날라갈 수 있다는 생각, 아니, 날라가고 있다는 생각을 하는 것이 나의 기철학적 사유의 첫걸음이다. 우리가 우리민족의 통합을 원한다면, 분명히 분열을 원하지 않는다면, 이북에서 일어나고 있는 사건도 우리와 무관하지는 않을 것이다. 김정일의 광기도 우리와 무관한 것으로 객체화할 수만은 없을 것이다. 그러한 광기도 깊은 우려와 또 전체를 포용하는 아량속에서 나와 관계된 그 무엇으로 파악하는 大慈大悲의 정신이 필요할 것이다. 우리는 반공을 해서도 안되고 용공을 해서도 안된다. 우리는 大共(크게 같이 있음)을 위해서 愛共(같이 있음을 사랑함)을 해야할 것이다. 우리 영화계의 퇴물들이 이북사람들의 피땀흘린 돈 수백만불을 등쳐먹고 미국으로 토꼈다는 사실을 고소하게만 바라보는 오류를 범해서는 아니될 것이다. 결론적으로, 우리는 우리집 정원에 내리는 비, 체르노빌원전, 데카르트의 코기탄스, 이퇴계의 理氣, 광주사태, 인천사태, 崔—申사건, 그리고 양심선언, ……이 모든 것을 하나의 통합된 관계로서 파악하는 눈을 가지지 않으면 안된다. 우리나라 지성인들에게 가장 결여된 것이 바로 이 통합(integration)적 사고다! 데카르트나 비트겐슈타인은 대가리 속에서 따로놀고, 좆대가리 꼴리는 것은 전혀 별개의 방향으로 꼴리고, 이런 사람들 대가리에서 나오는 철학은 분명히 문제가 있는 것이다. 밥먹을 때도 철학적으로 밥먹어야 하고, 똥쌀 때도 철학적으로 똥싸야 하지 않겠는가? 철학실컷 해처먹고 고관실컷 해처먹는 새끼들 대가리속에서 무슨 철학이 나오겠는가? 한국의 철학은 반성해야만 하지 않겠는가?

天台와 華嚴의 논리가 大唐帝國의 통합의 논리에 기여하고 있다는 사실은 분명한 사실일 것이다. 그러나 그러한 논리는 대당제국의 특수성과 무관하게 다른 상황의 특수성에도 적용될 수 있다. 잠깐 부연하자면 華嚴의 홀로그래믹 모델 (hologramic model)[32]인 一卽一切一切卽一에 대하여 보다 근대적 개체주의사고를 심화시킨 것이 바로 우리가 알고 있는 朱子學이다. 朱子學이 인간을 도덕적 仁義禮智의 주체로 파악하고 특히 "性"이라는 것을 강조하고 이 性을 우주적 질서인 理 (Cosmic Order, Cosmic Principle)와 결부시켜 해석하려는 노력도 이러한 華嚴的 세계관의 바탕위에서 도덕적 주체로서의 개체의 확립이라는 새로운 시대적 사명을 안고 있는 철학이었다는 사실을 깨닫지 못하면 朱子學에 대한 어떠한 논의도 무익한 것이다. 그러나 朱子가 확립하려고 하는 "자아"는 어디까지나 새로운 宋帝國의 개편된 질서를 장악한 관료체제(bureaucracy)의 사대부계급에 국한되어 있었기 때문에 그의 철학이 시민사회의 윤리로서는 부적합했던 것이다. 이러한 朱子의 좁은 性의 개념을 心으로 확대하여 "자아"의 계급적 확대를 피할려고 했던 철학이 바로 明帝國에 홍륭한 陽明學이었다는 것만 말해놓고 넘어간다. 이러한 주제는 또다시 너무도 거대한 주제들을 체계적으로 건드려야 하는 문제이기 때문에 여기서 살짝 양념을 발라놓는 식으로 맛만 들여놓고 넘어가기로 한다.

대당제국은 너무도 인종적으로나 사상적으로 또 정치적 이권속에서 복잡하게 얽혀져 있었던 제국이었지만, 이 제국문화의 통합의 이데올

---

32) 홀로그램(hologram)에 관하여는 다음의 책을 참고할 것. David Bohm, *Wholeness and the Implicate Order* (London: Ark Paperbacks, 1984)의 제6장 Quantum theory as an indication of a new order in physics: Undivided Wholeness-the Lens and the Hologram을 참조할 것. 홀로그램이란 빛의 간섭현상을 이용하여 만든 특수한 이미지를 만들어내는 프레이트인데 각 부분속에 모든 전체가 들어가 있다. 그러므로 華嚴論的 모델과 완전히 일치한다.

로기를 주었던 것은 역시 불교였다. 그런데 우리는 통합의 시대에 살고 있지 않다. 우리는 南北으로 분열된 분단의 시대에 살고 있다. 그러나 이러한 南北의 분열은 南과 北의 사회 그 자체를 또 갈기갈기 찢어 놓고 있다. 이러한 분열의 시대일수록 우리는 통합의 논리를 요구한다. 나는 이러한 통합의 논리를 우리나라 역사에 최초로 체계적으로 정립한 사상가가 바로 원효(元曉, 617~686)라고 본다. 그는 당시 대당제국의 이데올로기인 天台・華嚴・唯識・老莊 등의 모든 사상을 두루 섭렵하여, 淨土로 표출되고 있는 신라고유의 토착정신과의 연계를 줌으로써 새로 등장한 통일신라의 정치질서에 화합과 통합의 이데올로기를 제공한 자이언트였다. 그가 삼국이 통합되어가는 과정에서 생애를 보냈고 또 신라통일이 이루어진 후로도 18년이나 살았다는 역사적 사실을 볼 때, 그의 지적 관심의 소재는 확연히 나타나는 것이다. 그의 『十門和諍論』은 단순히 어떠한 교리의 통합이라는 측면에서 분석될 것이 아니라 바로 통일신라가 안고 있었던 내재적 모순, 즉 唐制를 모방하여 郡縣制를 두어 中央集權체제를 실현하려고 하였지만 왕권의 절대성이 확립되지 않았고 그외로도 많은 귀족과 토호의 세력, 그리고 백제・고구려 유민들의 많은 문제점을 안고 고민하던 당시 분열사회상의 통합적 회통의 새로운 이데올로기로서 제공된 그의 말년적 종합노력으로 평가되어 마땅할 것이다. 지금 우리가 이 『十門和諍論』의 완질을 알 수 없고 단지 1944년에 海印寺 藏經板속에서 印出시에 발견된 殘片四枚밖에는 없음으로, 이로서 그 정확한 연대를 추정할 수는 없으나 그의 『十門和諍論』이 신라통일(668) 이후의 저작임은 그 내용의 성격으로 미루어 확실하다.[33]

『十門和諍論』이란 어의적으로 "인간세의 이데올로기적 투쟁을 화합시키는 열가지 방법론에 관한 논문"의 뜻을 가지고 있는데, 고려 大覺國師가 지은 "圓宗文類"殘篇 第22卷에 수록된 "和諍篇"이라는 제

---

33) 『十門和諍論』에 관한 논문은 李鍾益著, 『元曉의 根本思想―十門和諍論研究―』, 東方思想個人論文集 第一輯; 東方思想研究院, 1977년 9월; 金雲學, "元曉의 和諍思想," 『佛教學報』, 15輯, 동국대학교 불교문화연구소, 1978년. (자료는 一指和尙제공). 李鍾益박사는 十門을 다음과 같이 재구성하고 있다. 1) 三乘一乘和諍門 2) 空有異執和諍門 3) 佛性有無和諍門 4) 我法二空和諍門 5) 三性一二和諍門 6) 五性成佛和諍門 7) 二障異義和諍門 8) 涅槃異義和諍門 9) 佛身異義和諍門 10) 佛性異義和諍門. 그러나 이러한 十門은 어디까지나 이종익박사의 불실한 문헌학적 연구에 의한 재구성임으로 十門을 이것으로 확정지을 수는 없다. 斯界연구인들의 분발을 바란다.

목하에 원효의 和諍論을 평가한 한 頌을 보면 그 역사적 의의가 드러난다. 첫 4구에 人心南北異, 佛法古今同。不壞眞明俗, 還因色辨空。(사람의 마음은 南과 北이 서로 다르지만 부처의 법〔달마〕은 옛과 지금이 같다. 眞의 세계를 회멸시키지 않으면서 俗의 세계를 밝히고 그러면서도 또 色의 현상을 통하여 空의 실재를 분변한다). 이 시구에서 이미 원효의 『十門和諍論』의 성격은 확연히 드러난다. 요새만 南한 北한이 갈린 것이 아니라 통일신라 때도 또 대각국사 의천(1055~1101)의 시대에도 南北의 분열은 여전했던 모양이다. "人心南北異"라는 것은 바로 그 시대의 분열상을 한마디로 표현한 것이다. 아무리 겉으로 통일운운해도 실제적 사회의 모습은 갈라진 모습이었다는 것이다. 이렇게 갈래갈래 찢어진 사회의 시공의 현실(色과 俗으로 詩 속에서는 대변됨) 속에서 보편적인 통합의 원리로서, 어떠한 불변의 구조로서 佛法을 내세웠다는 것이다. 그것이 제2구의 佛法古今同이 된다. 그러면서도 眞諦(이상)를 무너뜨리지 않으면서 俗諦(현실)를 밝히고, 또 현실(色)속에서, 현실을 통하여, 즉 현실적 사회실천을 통하여 空의 실재를 밝혔다는 뜻이다.

원효와 같은 사상가, 당시 2천년 이상의 문화축적을 거쳐서 이룩한 대당제국의 지성수준의 최고봉을 점유한 원효와 같은 사상가, 그 명실공한 국제적 자이언트가 신라에 불교가 전파된지(이차돈 순교가 527 혹은 528?) 불과 일세기 만에 탄생되었다는 이 엄청난 사실은 오늘의 우리의 현실에 시사하는 바가 크다. 그리고 그러한 자이언트들이 원효만에 국한되는 것이 아니라, 義湘·圓測·大賢·憬興 등의 거대한 인물들이 동시대에 쏟아져 나왔다는 사실,[34] 이러한 사실은 얼마나 新羅의 토착문화가 성숙해 있었는가 하는 하나의 주제와 또 당시 새로 유입된 외래사상과 자기들의 실존적 모습과의 갈등속에서 어떻게 새로운 비젼을 추구해 나갔나 하는 격동하는 사회속의 당시 지성인들의 고민을 엿볼 수 있게 한다. 오늘날 우리가 서구라파 근대문명을 접한지 1세기밖에는 되지 않지만, 이 1세기동안 문명의 교류에서 이룩한 문화정보의 양이란 엄청난 것이다. 이 1세기는 신라 법흥

---

34) 이들에 관한 개괄서는 趙明基著, 『新羅佛敎의 理念과 歷史』, 서울 : 經書院, 1982년 影印本을 볼 것.

왕으로부터 무열·문무왕에 이르는 I 세기에 비유될 수 있을 것이다. 당시 원효의 通佛敎的 노력은 대당제국문명의 최고수준을 능가하고 있다면, 오늘, 서구문명을 I 세기 접한 오늘, 우리도 이제 서구문명의 최고수준을 능가하는 통합적 이데올로기의 선구자들을 배출할 수 있는 시점에 이르지 않았겠는가?

나의 氣哲學이 제공하는 관계론적 사고, 유식이나 반야, 천태, 화엄이 제공하는 관계론적 사고를 보다 정확히 독자들에게 이해시키기 위하여 마침 내머리속에서 며칠전 뒷산이 시끄러웠던(奉元寺) 초파일과 함께 연상되어 떠오르는 재미있는 고사 하나를 소개하고 이제 이긴 잔소리를 매듭지을까 한다. 後唐 이후 크게 성행한 雲門宗의 開祖 雲門선사[35]의 이야기다. 아마도 부처님 오신날을 당도하여 한 이야기 같다. 고타마 신달타의 출생일화로 전통적으로 이런 말이 중국에서 전해내려오고 있었다. 신달타는 마야부인에게서 태어나자마자 "天上天下 唯我獨尊"(하늘 위 하늘 밑에 나홀로만이 존귀롭다)라고 외치고 두루 일곱 걸음을 걸었다고(周行七步)한다. 부처님의 위대함을 나타내는 고사로서 중국인들의 가슴속에 깊게 박힌 신앙이었다. 그런데 운문선사는 다음과 같이 뇌까렸다 : "내가 만약 그 당시 룸비니의 현장에서 그 모습을 보았더라면 고 쥐새끼만한 신달타를 한 방망이로 작살내어 때려죽여(一棒打殺) 개한테 먹이로 던져 주었을 것이다. 그리하여 천하의 태평을 도모했을 것이다."

부처님을 한 방망이로 작살내 죽인다는 雲門은 표현은 정말 극렬한 표현(radical expression)이다. 요새같이 실체적 사고로 만연된 비민주적 사고가 팽배한 세상에, 그리고 예수라는 구세주의 위대한 모습이 경외롭게 거리를 메우고 있는 판에, 아무래도 좀 이해하기 힘든 표현이다. 그런데 禪門에서는 후에 이러한 雲門의 法語를 "부처님은혜를

---

35) 雲門의 본성은 張氏인데 보통 文偃이라고 부른다. 廣東省韶州府曲江縣에 있는 雲門山에서 光泰禪院을 창건하여 살았기 때문에 그를 雲門이라고 부른다. 처음에는 睦州 道明의 문하에 들어가 悟入하였고 후에 雪峰 義存에게 謁하여 宗印을 얻었다. 雲門은 이 兩風을 섭렵하여 獨妙의 宗致를 발휘하여 일가를 이루었다. 그의 전기자료는 景德傳燈錄 第十九에 보이고 그의 禪의 경지를 알 수 있는 자료의 대표적인 것은 門人 守堅이 편한 『雲門匡眞禪師廣錄』이 있는데 보통 略하여 『雲門廣錄』이라고 부른다. 그 機鋒이 峭峻하고, 嶄新奇拔하여 獨自의 見地를 發揮하고 用語簡潔하며 超宗越格의 宗風을 詮顯하고 있다.

크게 깨닫고 그 은혜를 크게 갚았다"고 평했다. 만약 雲門이 동방박
사 세 사람이 경배하러 온 베들레헴의 마구간 현장에 있었더라면 다
음과 같이 뇌까렸을 것이다 : "내가 만약 그 베들레헴 마구간에 있
었더라면 그 처녀막 뚫고 나왔다는 예수새끼를 한 방망이로 작살내어
때려죽여 말먹이로 던져주었을 것이다. 그리하여 천하의 태평을 도모
했을 것이다." 과연 예수의 이름으로 얼마나 많은 인간이 학살당했을
까 하는 끔찍한 제국주의사를 연상할 때 야소교에 雲門이 태어나지 않
았다는 것은 큰 불행이다. 이왕 얘기가 나온 김에 얼마전에 돌아가신
우리나라 高僧이야기나 한마디 더 하자! 깊은 지식과 해학적 언변!
그리고 욕설·외설과 기행으로 명성이 높았던 도봉산 망월사의 춘성
스님 이야기다. 물론 춘성스님의 이야기는 불교계에 하도 많이 유포
되어·있기 때문에 그 정확한 실상을 파악하기 힘들 때도 많다. 춘성
스님이 어느날 도봉산에서 뻐스를 타고 시내로 들어오고 있었다. 뻐
스에는 마침 일요일 오후래서 산에서 내려오는 사람들이 꽤 가생이로
둘러앉아 있었다. 그때 기독교 전도사가 올라 탔다. 때는 마침 부활
절 주일이었던 것이다. 전도사가 외쳤다 : "예수를 믿으십시요. 예수
는 오늘 만인의 죄를 대속하여 죽었다가 살아났읍니다. 예수를 믿으
십시요." 듣고 있던 춘성스님이 배알이 꼴렸던 모양이었다. 그는 갑
자기 벌떡 일어나더니 소리를 꽥 질렀다 : "아이놈아! 죽었다 살아
나는 것은 네 좆대감지밖에 없어! 하룻밤에도 몇번이나 죽었다가 살
아나는걸~."

　과연 이런 고사들이 우리에게 말해주는 의미는 무엇일까? 雲門의
말은 내가 생각컨대 佛教의 三身사상의 철저한 표현이다. 이때 가장
중요한 것은 동양인들이 추구했던, 실체적 사고 그 자체의 부정이다.
물자체의 부정을 절대성이라는 또 하나의 실체로 해결하지 않는다. 물
자체가 존립할 수 있는 그 존재근원을 없애버린다. 불타나 예수는 실
체로서 우리의 생각속에서 打殺되지 않으면 안되는 것이다. 니이체도
결국 雲門처럼 신을 타살하자고 외친 사람이 아니겠는가? 불타나 예
수는 모두 현상의 氣的 관계에서 성립하는 것일 뿐이며, 그것이 존재
성을 가질 수는 없다. 동양인들이 추구한 것은 결국 "자아"라는 허위
의식의 철저한 타파였다. 허위의식의 타파, 이것이야말로 깨달음이며

열반이다. 그렇기 때문에 불교의 제 1 의 명제는 無我(an-ātman)일 수
밖에 없는 것이다. 나의 "양심선언"의 보통사람론이 제시하고자 한 것
은 바로 이러한 허위의식의 타파다! 이것은 새로운 혁명적 인간학
(new revolutionary anthropology)의 정립을 의미하는 것이다. 본서의
325 쪽에 보면 다음과 같은 禪詩가 있다.

산은 산이고 물은 물이다.
산은 산이 아니고 물은 물이 아니다.
산은 물이고 물은 산이다.
산은 산이고 물은 물이다.

내가 말한 "보통"은 궁극적으로 제 1 단계의 산과 물은 아니다. 내
가 말한 "보통"은 제 4 단계 즉 眞空妙有의 산과 물이다. 그러나 1 단
계에서 4 단계로의 도약, 즉 智者大師가 말하는 空假平等觀의 달성은
나의 氣哲學의 제 2 원리, 즉 인간의 사회적 실천을 통해서만 가능한
것이다. 이것이 바로 동양사상을 소극적으로만 이해하여 온 사람들이
유실하였던 부분들이다. 나의 氣哲學의 최후적 보루는 하늘나라나 물
자체가 아니다. 결국 氣적인 현상계, 즉 幻色의 세계의 대긍정이다.
이것은 분명 맑시즘의 模寫說(copy theory, Abbildtheorie)적 인식론을
능가하는 것이나.

마지막으로 나의 양심선언으로 인하여 생긴 오해 가운데 사람들의
생각이 나의 원뜻에 못미치는 부분이 바로 "흑백논리"라는 것이다. 나
의 양심선언이 흑백논리를 부정하고 있으며, 나의 보통사람론이 바로
그러한 흑백논리를 거부하는 근원이라는 것이다. 과히 틀린말은 아니
지만 이러한 논리가 단순히 평면적으로 오해될 때는 엄중한 오류가
발생한다.

나는 우리나라의 패기찬 젊은 학생들에게 "흑백을 가리지 말라"라
고 말한 적은 없다. 우리가 윤리적 세계에 살고 있는 한 우리는 분명
히 흑과 백을 가려야만 한다. 도대체 흑과 백을 가리는 행위가 없이
우리는 윤리적일 수가 없다. 젊은이에게 만약 흑백을 가리지 말라고
말한다면 그 대안이란 "회색"밖에 없다. 과연 그대들은 그대들의 후

배들을, 이 사회의 미래의 주인공들을 "회색분자"로 만들셈인가? 분명하게 흑과 백을 가려라! 잘못된 것을 잘못되었다고 말하라! 그러나 나의 보통사람론이 제시하고 있는 것은 흑과 백의 역동성이다. 흑과 백을 가리는 나의 행위는 반드시 인간존재의 시비를 대동하기 때문에, 나와 너의 실체성과 흑과 백이 대응되는 위험성을 가지고 있다는 것이다. 그러나 이러한 대응관계는 항상 시간성을 가지고 있다는 것이다. 내가 백이라고 생각하는 것이 연기적 관계에서 보면 타인에게 흑으로 인식될 수도 있고, 또 내가 백이라고 지금 이순간 생각하는 것이 저순간에 가면 흑이 될 수도 있다는 것이다. 『老子道德經』 제 41 장에 "大白若辱"(큰 결백은 욕된 것처럼 보인다)이라는 말이 있다. 이에 대하여 중국의 아마데우스 왕 삐는 다음과 같은 주석을 달고 있다 : 知其白, 守其黑。大白然後乃得。(白을 알면서도 黑을 지켜라! 이러한 역동성은 크게 白한 자들에게만 가능한 것이다). 천재소년 왕 삐의 이러한 발언은 과연 흑백논리의 핵심을 파악하고 있다. 내가 나의 白을 주장한다면 그 나의 白이 黑의 가능성을 이미 함유한다는 생성논리의 폭을 가져야 한다는 것이다. 이것이 바로 왕 삐가 말하는 大白(크게 백하다)이다. 내가 학생들에게 부탁한 것은 그리고 이 시대의 모든 윤리적 인간들에게 부탁한 것은 흑백을 가리지 말라는 것이 아니라 小白에 집착하지 말라는 것이다. 흑과 백을 명백히 하면서도 그러한 상황적 흑과 백을 초월하는 그러면서 그러한 흑과 백의 역동성을 다 포괄하는 大白을 길러달라는 것이다. 순간적 흑백의 판단에 자기를 전부 맡기고 말면 조금 지난 후에는 바로 그 판단에 의하여 자기의 행위가 부정되는 결과를 낳을 것이다. 그것은 불행한 일이다. 그러나 우리에게 중요한 것은 그러한 시간적 지속을 견디어 내는 구조적 흑·백에 대한 판단을 흐려서는 안될 것이다. 흑과 백은 분명히 가려야 하는 것이다. 『般若心經』에도 "不垢不淨"(眞空은 더럽지도 않고 깨끗하지도 않다)라는 말이 있다. 이 말은 眞空 그 자체는 더러움과 깨끗함을 본원적으로 떠나 있다는 것을 뜻한다고 하지만, 이것이 더러움을 깨끗하게 만드는 수행과정을 부정하는 말로 오인되어서는 안된다. 더러운 것은 물론 깨끗하게 만들어야 하지만, 깨끗하다고 생각하는 그 淨位의 의식마저 부정해 버리지 않으면 인간의 구원은 없다는 것이다. 더러운 것을 깨끗하게 만드는 행위 (사회적 실천)

를 통해서 깨끗함 그 자체를 초탈해 버릴 때 비로소 우리는 不垢不淨의 空相을 획득하는 것이다. 우리는 혁명(명을 간다의 뜻)을 해야 한다. 우리는 독재를 타도해야 한다. 그러나 독재를 타도하는 나의 독재마저 타도해야 한다. 이것이 바로 내가 말하는 혁명적 인간학이다. 이것은 뼈저린 자기부정, 독재의 타도를 독재의 대상이라는 문제로 객관화시켜 해결할려는 실체적 사유의 부정, 그리고 그러한 대상이 타도된 후에 나는 한자리 해먹겠다는 생각의 부정을 요구하는 것이며 이것은 철저한 자기희생정신이 없이는 실현될 수 없는 것이다. 나의 기철학적 혁명이론은 궁극적으로 혁명은 영원한 과정일 수밖에 없다는 것이다. 양심있는 지성인은 영원한 야당일 수밖에 없는 것이다.

나는 나의 양심선언, 마지막 강의에서 『周易』의 제 33 卦인 "遯"卦(☰)를 강의했다. 下卦가 艮이고 上卦가 乾인 이 꽤는 음효(━ ━)로 상징되는 小人배 두마리가 양효(━━)로 상징되는 君子들을 밀치고 올라오는 형국이다. 小人은 둘이고 君子는 넷이나 되지만 君子는 밀려나 은둔하지 않을 수 없는 형국이다. 항상 인간세는 몇몇의 소인배들의 장난에 많은 군자들이 당해내지 못하게 되어 있는 모양이다. 그리고 소인들의 위치가 內卦에 들어가 있고 군자들은 外卦에 위치하고 있다. 소인이 안에 들어 있고 군자가 밖에 있을 때 군자는 그 안에 있는 소인놈들에게 당할 도리가 없다. 『後漢書』에 실린 黨錮之禍의 경우를 보더라도 당시 3萬명의 大學生(漢代에도 大學이 있었고, 大學生이 있었다)들이 겨우 侯覽·曹節·張讓 등 서너명의 권세를 잡고 있던 환관배들에게 못당했던 것이다.

이에 대해 「大象傳」은 "君子以遠小人, 不惡而嚴"(君子는 小人을 멀리하라! 타인을 저주하기에 앞서 자기자신에게 엄격하라!)라는 처방을 내리고 있다. 이러한 상황에 대한 時義는 은둔(隱遯)밖에 없다고 遯卦는 처방하고 있다. 이러한 처방을 혁명론에만 젖어 있는 우리는 매우 불만스럽게 생각할지 모른다. 그리고 儒學의 소극성을 비판할 지 모른다. 그러나 "은둔"이라는 것은 무엇이 무서워서 피하는 행위는 아니다. 그리고 우리는 촌부가 시골에서 사는 것을 은둔이라고 부르지는 않는다. 은둔이란 사회적으로 영향력을 가진 大人君子가 그

자리를 떠날 때 쓰는 말이다. 은둔이란 소극적 피함이 아니다. 그것은 바로 흑과 백을 가리는 적극적 사회적행위이다. (Retreat is not an escapism, but a positive social action to differentiate the white from the black). 그렇기 때문에 과거에는 조정에서 편찬된 正史속에도 반드시 은둔자의 列傳이 당당히 자리잡고 있는 것이다. 나는 학장님께 보내는 편지에 다음과 같이 썼다: "제가 사표를 낸 것은 오늘 한국지성이 서 있는 그 기반을 한번 본질적으로 부정해 보자는 大慈大悲의 정신의 표현입니다."[36]

마지막으로 나의 양심선언의 표방이 야기한 문제중에서 크게 오해된 부분의 하나가 바로 "비폭력사상"이다. 우리 기성인들은 지금 젊은이들의 데몬스트레이션에 대하여 "평화적 방법"을 운운하고만 있다. 교수들의 모든 성명서나 신문사설은 모두 이러한 논리로 일관하고 있으나 두드려 맞기만 하는 학생들에게는, 또 자기들의 투쟁의 대상이 폭력의 화신이라고 생각하는 그들에게는 너무도 설득력이 없다. 그리고 최루탄 앞에서 화염병 안던지는 것이 비폭력이라고 생각한다면, 무엇인가 이 비폭력이라는 개념에 어폐가 있는 것 같다. 그렇다면 "비폭력"이란 의미가 인간의 행위에 있어서 어떠한 행위를 말하는지, 과연 어디까지가 폭력이고 어디까지가 폭력이 아닌지, 화염병 던지지 않고 데모만 하는 것은 폭력이 아니고 화염병 던지는 것은 폭력으로 간주되는지, 나의 기철학적 상식으로는 잘 판단이 서지 않는 애매한 말이다. 이것은 폭력이란 인간의 행위의 물리적 기준을 설정하지 않고서는 해결 안되는 문제이지만, 그러한 기준 자체가 상황적으로 유동적일 수밖에 없기 때문에 어떠한 경우에도 그따위 평면적 한계규정으로 우리의 논의가 해결될 수는 없을 것이다.

내가 말하는 비폭력이란 폭력앞에서 무기력하라는 비폭력은 아니다. 내가 말하는 비폭력이란 폭력을 뛰어넘는 초폭력적 힘이다. (Non violence is the supra-violence power). 즉 폭력 자체가 무기력해지는 나의 힘이다. 우리는 폭력앞에서 허약하게만 살 수는 없다. 그것은 비폭력이 아니라 비겁이다. 비폭력의 극치는 결국 생과 사의 초월이다. 삶

---

36) 86년 4월 18일자 『서울신문』 11면에 그대로 보도됨.

에 집착하는 인간들은 비폭력을 운운할 수 없다. 그리고 더우기 폭력을 가진 자는 비폭력을 운운할 자격이 없다. 마하트마 간디 (Mohandas Karamchand Gandhi, 1869~1948)는 변호사로서 남아프리카에서 동포 인디안들이 부당한 대접을 받는 것을 보고 그의 비폭력적 투쟁을 전개 했을 때 한 유명한 연설에서 그는 다음과 같이 말하고 있다 : "그들 (영국인)은 나의 죽은 시체를 가질 수 있을 것입니다. 그러나 그들은 영원히 나의 복종을 가질 수 없을 것입니다." 그리고 간디에게 비폭력 사상을 가르쳐 준 미국의 선구자, 바로 내가 살았던 캠브리지에서 멀지 않은 곳에 자리잡고 있는 콩코드의 월든 폰드(Walden Pond)에 살았던 써러우(Henry David Thoreau, 1817~1862)는 그의 유명한『시민 불복종의 의무에 관하여』(On the Duty of Civil Disobedience)의 첫 머리를 다음과 같은 문구로 시작하고 있다 : "나는 다음과 같은 모토를 가슴에 안고 있다 — '다스리지 않는 정부일수록 좋은 정부이다.'" (I heartily accept the motto—"That government is best which governs least").

비폭력이란 정치적 행위이며, 그것은 비타협과 폭력에의 항거를 전제로 할 때만이 의미를 갖는다(non-violent non-cooperation). 이 세상의 더러운 타협은 다하고 살면서 비폭력 운운하는 것처럼 밑구린 이야기는 없다. 비폭력이란 아까 「大象傳」에서 말한 "不惡而嚴"의 극치적 표현이다. 투쟁을 대상화하기에 앞서 자기 자신에게 엄격할 것을 요구한다. 이러한 요구는 인간에게 "不生不滅"의 철저한 자기부정 정신을 요구한다. 중국불교의 최대의 천재, 스승 쿠마라지바를 도와 佛典한역사업으로 중국불교의 기초를 다진 성자오(僧肇, 384~414)[37]

---

37) 僧肇는 인도불교가 중국사상의 맥락속에서 토착화되어가는 초기과정에 결정적 계기를 준 天才다. 그는 長安(서울)사람으로 집안이 원래 가난하여 공부할 수 없어 남의 집 다니면서 책 써주는(傭書) 직업으로 經史古典을 통독하였다. 『維摩經』을 읽는데 이르러 크게 感悟한 바 있어 佛門에 歸하여 出家하였다. 方等大乘을 잘 알았고 三藏에 모두 通하여 이미 약관의 나이에 명성을 關中에 떨쳤다. 그의 早達을 시기하는 자들이 많았지만 才思가 幽玄하여 談論에 능하였음으로 감히 그에게 덤비는 자가 없었다. 쿠마라지바가 姑臧에 온 것을 알고 그곳에 가서 배우다가 姚秦 弘始3년(401)에 쿠마라지바를 모시고 長安에 돌아와, 姚興의 명을 받고, 僧叡등과 더불어 道遙園에서 經論을 詳定하였고 解悟의 깊이를 더하였다. 쿠마라지바가 『大品般若經』을 譯出해 내는데 이르러 肇는 『般若無知論』을 찬술하였는데 盧山의 隱士 劉遺民와 慧遠이 이 저술을 보고 감격하여 둘이 같이 肇를 심방하였다. 후에 또한 『不眞空論』『物

는 秦主의 폭정에 항거하여 불과 31세의 젊은 나이로 형장의 이슬로 이승을 떴다.[38) 그 때 목에 칼날을 드리댄 秦主에게 그는 다음과 같은 偈頌을 설파하였다.

　　　四大元無主

　　　五陰本來空

　　　將頭臨白刃

　　　猶似斬春風

　　　사대(地·水·火·風 : 一切의 物質을 조성하는 四大원소)
　　　가 원래 주인이 없고

不遷論』『注維摩詰經』등을 지었고, 쿠마라지바가 寂하였을 때 그 誄를 撰하였는데 이 誄는 『廣弘明集』卷第二十三에 있다. 또 이를 추도하여 『涅槃無名論』을 製하여 姚興에게 바쳤다. 東晉義熙 10년에 長安에서 죽었다. 후에 그의 저술, 『宗本義』와 『物不遷論』·『不眞空論』·『般若無知論』·『涅槃無名論』을 일괄하여 묶은 책이 곧 세상에 『肇論』으로 알려진 대저이다. 씽자오에 관한 전기자료로서 가장 신빙성있는 것은 慧皎가 지은 『高僧傳』卷第六에 있는 僧肇傳이다(『大正』50/365~6).

　　중국불교에 미치는 사람치고 일생에 『肇論』에 한번 미치지 않는 사람은 없다. 그 領悟의 차원이 타인의 추종을 불허하기 때문이다. 그런데도 불구하고 우리나라 불교계에 『肇論』 하나가 제대로 소개되어 있지 않은 실정이다. 도대체 『肇論』의 연구없이 중국불교 운운하는 것은 거짓이다. 나의 많은 후학들이 이 『肇論』에 눈독을 들여주기를 바라고 있다. 내 인생에 언젠가 한번은 나의 독자들에게 내손으로 직접 이 肇論을 한번 소개해보고 싶은 욕심은 가지고 있으나 내 워낙 해야 할 일이 山積하여 때를 기약할 수 없다. 나를 능가하는 후학들이 나와 『肇論』이 체계적으로 심도있게 한국사상계에 소개된다면 더 큰 바램이 없다. 나의 스승 故황 똥메이(方東美)선생도 강의중에서 항상 僧肇를 격찬하였다.

38) 僧肇의 죽음에 관한 다음의 이야기는 그의 가장 신빙성 있는 전기자료인 『高僧傳』에는 언급이 없다. 그러므로 그 신빙성이 의심시되고 있다. 그가 사형당한 이야기의 유일한 典據가 『景德傳燈錄』卷第27에 실린 짧은 고사이다(『大正』51/435). 사계의 권위인 탕 시위(湯錫予)선생은 그의 명저 『漢魏兩晉南北朝佛敎史』에서 다음과 같이 말하고 있다 :"傳燈錄第二十七卷, 謂僧肇爲秦主所殺, 臨刑時說偈四句. 按唐以前似無此說, 偈語亦甚鄙俚, 必不確也. (『전등록』제 27권에 씽자오가 秦의 왕에게 살해되었다고 말하고 있고 형에 임했을 때 계송 4구를 설파했다고 한다. 그러나 唐나라이전에는 이러한 고사의 기록을 찾아보기 힘들고 또 계송 또한 비루한 것으로 보아 반드시 확정지을 수 없는 설일 것이다). 그러나 우리는 『傳燈錄』의 야사적인 기록을 반드시 무근거하다고 말할 수 없고, 그의 스승의 죽음과 함께 그의 세력이 몰락했고 그를 시기했던 반대파들에 의하여 숙청당한 정치적 사건으로 볼 수 있을 것 같다.

오음(즉 五蘊 ; 陰은 蘊의 초기번역 : 色・受・想・行・識은
본래 빈 것이다.

대가리를 흰 칼날에 갖다대어도

그것은 봄바람을 베는 것과 같을 뿐이다

　나의 몸 자체가 五蘊의 假合이므로 그리고 또 五蘊 그 자체가 또
空한 것이므로 칼날이 내 모가지를 스쳐도 그것은 바람이 스치는 것과
같을 뿐이다. 과연 그런가? 그렇다! 秦主의 시퍼런 칼날은 희대의
대천재 썽자오의 목을 봄바람을 스치듯 스쳐나갔던 것이다! 썽자오의
삶이 보여준 것은 "비폭력사상"의 극치를 보여준 것이다. 그런데 더
더욱 재미있는 사실은 썽자오뿐만 아니라 空사상계열의 대부분의 사
상가들이 이와 같이 파란만장한 비극적 생애를 마쳤다는 사실이다. 空
사상이라 하면 우리가 조용한 산사속에서 깨끗한 인생을 보내는 스님
들의 모습을 떠올리기 쉽지만 실제로 그들의 삶은 그러한 靜寂이 아
니라 현실에 항거하는 치열한 정열이었던 것이다. 사계의 가장 탁월
한 논문을 지속적으로 발표하고 있는 京都大學의 권위 카지야마 유우
이찌(梶山雄一)선생은 다음과 같이 말한다 :

　여기에 묘사되고 있는 中觀의 사상가들의 생애는 그들의 철학과 명상이
보여주고 있는 絕對의 靜寂과는 매우 다른 狂瀾에 넘친 생애들이다. 그들의
辯證은 그것이 전해주고 있는 空의 세계의 淸明함에도 불구하고 불꽃과 같
이 치열한 논리였던 것이다. 이 세계를 꿈(夢)과 환(幻)으로 본 그들이 그들
의 현실에서 본 것은 森林의 한적한 생활이 아니었으며, 추악한 인간세의
악몽이었다. 이러한 경향은 결코 中觀사상의 엣센스와 무관하다고 말할 수
없을 것이다. 악몽의 아픔을 모르는 인간에게 어떻게 이 세계를 꿈과 환으
로 보는 것이 가능할 수 있겠는가?[39]

　우리가 간디의 생애를 보는 초점도 간디의 비폭력 그 자체가 되어
서는 아니된다. 어떻게 그가 그의 비폭력 논리를 가지고 종교분쟁으
로 얼룩지고 인종적으로, 언어적으로, 정치적으로 분열된 인도국민을

---

39) 梶山雄一, 『空の思想 : 佛教における言葉と沈默』(京都 : 人文書院, 1983), 50 쪽.

이끌었는가? 다시 말해서 그의 비폭력 논리가 인도를 근대국가로 성장시키는 역할 즉 사회진보를 위한 무기로서의 힘의 논리에 우리의 관찰의 초점이 있어야 할 것이다. 그는 그의 정치적 현실을 자기의 아픔으로 모든 종파와 신념을 초월하여 극기의 수련으로 삼았다는 것, 그러면서도 예리한 상황판단속에서 자기헌신적 정치행위를 통해 모든 국민에게 지속적인 감격을 주었다는데 그의 힘이 있었다. 그는 철저한 전략가였으며, 철저한 철학인, 철저한 종교인, 철저한 정치인이었다. 삶의 우주적 통찰이 한몸에서 융해된 그러한 거대한 인격이었다. 오늘날 우리에게 필요한 것은 이러한 거대한 인격이다. 내가 우리나라의 의식있다고 하는 행동인들을 만날 때마다 구역질나게 느끼는 것은 "선지자적 오만성"(prophetic arrogance)이다. "내"가 이 세계를 움직인다는 "나"가 없을 때만이 이 세계는 움직일 것이다. 그리고 우리모두에게 감격과 사랑을 던져줄 것이다. 그리고 그러한 장기적 전략속에서 우리 젊은이들은 그대들의 미래를 준비해야 할 것이다.

우리는 기철학적 관계론에 좀더 철저한 사유를 해야 한다. 오늘의 시국의 모든 문제가 학생이라는 원자적 덩어리(실체)에서 모두 나온다고 생각하는 분들, 즉 학생들에게 모든 죄가 있고 나는 죄가 없다고 생각하며 최루탄의 죄를 불쾌하게만 생각하며, 모두 학생에게 뒤집어 씌우는 분들을 위하여 그러한 문제를 근원적으로 해결할 수 있는 기발한 처방을 하나 알려드리고 싶다. 그 처방이란 다음과 같은 것이다 : "우리나라의 학생들을 하나도 남기지 않고 모조리 없애버리면 문제가 깨끗이 해결될 것이다." 왜냐하면 모든 죄원이 학생이란 실체에게만 있으니까. 과연 그대들은 그대들의 딸·자식을 그대들의 손으로 쳐죽일 수 있겠는가? 그대들의 딸·자식이 빨갱이이라면 어떠한가? 그러면 그대들의 딸·자식이 빨갱이가 된 책임은 그대들에게는 없는가?

이 우주는 관계된 전체이다. 이 우주의 그 어느누구도 우리의 죄악의 책임을 면할 수는 없을 것이다. 사랑하는 청순한 나의 제자들이여! 나와 뜻을 같이 하는 오늘의 보통사람들이여! 울자! 울자! 氣의 창공을 부둥켜 안고 울자!

―後　記―

뒷산에 올랐더니 삭발하여 맨숭맨숭한 내머리를 봄바람이 스친다. 아카
시아의 향긋한 내음새가 내 마음에 스며든다. 나는 그동안 어두운 방구석
에 쑤셔박혀 아카시아꽃이 피는 것도 모르고 살았다. 이 『試論』은 나의 살
과 피를 짜아 썼다. 나의 삶의 진실을 몽땅 바치고 싶었다. 이것의 구상
은 약 한달전 "樂書孤會"의 강론 속에서 얻었고 이것을 집필한 것은 꼭
일주일! 520매나 되는 이 글을 나는 밤을 지새우며 정신없이 긁었다. 지
금 내 어깨는 떨어져 나갈 듯이 아프고 손매듭관절은 부어 있다. 그동안
나의 글벽때문에 좁은집 한 방에서 잠을 설칠 수밖에 없었던 마누라에게
미안하다.

그동안 나에게 염려와 격려를 보내주신 보이지 않는 모든 분들에게 감
사한다. 나는 조용하다. 그리고 행복하다. 비록 열강에대한 열정은 끊임
없이 솟구치고 있지만――. 나는 이제 내 책상머리에 놓여 있는 파카잉크
병만 드려다 보고 사는 인생이 되었다. 요즈음 나의 유일한 취미는 파카
잉크병 속을 드려다 보는 것이다. 지난 겨울방학 동안에 파카잉크 한병을
모두 날려버리면서 얻은 취미인데, 파카잉크병속의 잉크가 줄어드는 것이
그렇게도 기쁘다. 양심선언 후 또 하나의 잉크병이 날라가고 있다. 바닥이
드러나는 것이 그렇게 기쁠 수가 없다. 앞으로 오는 나의 삶의 시간 속에
서 끊임없이 잉크병을 날리고 싶다. 일년에 서·너개는 꼭 날릴 것이다.

『東洋學 어떻게 할것인가』라는 이 책은 나오자마자 2만부가 팔렸고 사
정에 의하여 절판되었던 것인데 독자들의 요구가 급증하여 또 다시 개정
판을 내놓게 되었다. 이 중 특기할 것은 최영애-김용옥표기법 시리이즈
로 기획된 "일본어 표기법"이 하나 더 추가되었다는 것이다. 일본과의 왕
래가 이렇게 빈번한 이 상황에 일관된 표기법이 결여되어 있는 것이 아쉽
다. 양식있는 독자들의 양심있는 판단과 양심적인 사용을 원한다. 중국어
표기법보다는 그 용도가 클 것으로 예상된다. 그 외로도 부분적인 수정은

있었지만 나의 학위논문 영문초록을 우리말로 번역하여 추가한 것외로는 별로 큰 수정은 없다. 제 I 판의 모습에서 생략된 것은 없다.

이 책의 독자들은 이 책이 출간된 뒤로 내가 이 책의 주제와 관련하여 쓴 글로서 꼭 같이 읽어봐야 할 책이 두권이 있다. 둘다 아직 미완성이지만 그 부분이 이미 세상에 논문으로서 공표되어 있다. 그 하나는 『절차탁마대기만성』이라는 나의 "漢文解釋學"관계 논문이고, 또 하나는 『번역의 이론과 실제』라는 나이다의 성서번역이론서의 나의 역서이다. 이 둘다, 이제 시간을 얻었음으로, 가까운 장래에 정리하여 출판할 계획이다. 그리고 생각난 김에 한가지 부탁할 것은 최근 사계의 "漢文解釋學"이라는 용어의 남발에 관한 것이다. 우리가 용어를 쓸때는 그 용어의 족보를 알고 써야 한다. "漢文解釋學"이란 말은 이 지구의 역사가 있는 이래로 김용옥의 입에서 나오기 전에는 동서고금에 전무했던 말이다. 그 비슷한 말도 없었다. 마치 "한문해석학"이란 말이 외국에 있었던 것을 내가 소개한 것처럼 착각하는 사람들이 있는데 그러한 말은 세계 어느학계서도 통용된 적이 없는 완전한 나의 造語임으로 조심해서 사용해주기 바란다. 그것은 내가 한문을 해석하는 방법론의 체계를 통칭하는 것이며, 그 개념을 쓸때는 그것을 일반명사로 차용하지 말고 예를 들면 하이데거의 "世界—內—存在"와 같이 고유명사로 차용해 주고 그 족보를 밝혀주기 바란다. 남의 생각을 표절만 해왔던 우리 학계의 고질적 풍토에서 오는 착각들이 수정되기를 바라며 남의 창조적 업적을 정확하게 인정하지 않는 풍토가 바로 우리들 자신의 창조성을 말살시키고 있다는 아이러니에 새로운 자각이 필요하다.

끝으로, 여러가지 어려운 상황에도 불구하고, 이 책을 통나무출판사로 옮겨 출판하겠다는 나의 의지를 흔쾌히 받아들여주신 민음사의 박맹호사장님께 깊은 사의를 표한다. 이 자리를 빌어 나와 뜻을 같이하면서 표지 제작에 관심을 기울여 준 다음의 친구들에게 감사한다. 내가 평소 아끼는 제자 龍鉉이의 죽마고우인 金琿교수(명지대학교 상업디자인과), 고교후배이며 나의 사상을 깊게 이해해 주는 경원대학교 응용미술학과의 柳在求교수, 그리고 白선생과 평소 교분이 두터웠고 내가 좋아하는 진짜 "사진쟁이" 朴玉修형(Total Photo Studio), 이분들의 심미안 속에서 나는 또 많은 새로운 세계를 배웠고 배우고 있다. 그리고 나의 글의 편집을 도맡고 있는 통나무편집실의 인혜에게 감사한다. 인혜는 대학시절 나의 강의를 빼놓지 않고 열심히 들은 나의 제자였다. 인혜의 헌신적 노력은 나의 삶에 큰 격려가 되었다. 이제 또 인혜의 전화독촉소리를 무서워하는 인생이 되었다: 티엔시아 우뿌삐츠우라이즈 원장(天下無不逼出來之文章, 하늘 아래 쫓기어 나오지 않는 명문이라곤 없다).

1986 년 5 월 27 일
奉元齋에서 지은이 씀

옛판 이끄는 글

이 책에 실린 다섯개의 글 중에서 앞의 세개의 글은 이미 작년 일 년동안에 우리 사회에 선을 보인 작품들이다. 내가 학문에 뜻을 둔 지 어언 20년 세월의 문턱에 서 있는 지금, 나의 생애에 처음으로 책의 형태로 公刊되는 이 작품을 이미 세상에 나온 글로써 재탕하여 묶는 다는 것이 영 마음에 석연치 못한 감이 있었다. 그래서 이 작품을 뒤 로 미루고 나의 일관된 철학 작품, 내가 현재 가장 자신 있다고 생각 하는 老子哲學에 관한 체계적 논술로써 첫선을 내보일까 생각하고 상 당한 분량의 원고를 이미 집필하기도 하였다. 그러나 이 작품으로 첫 선을 보이게 된 데는 그 나름대로 충분한 이유가 있다. 첫째, 이 작 품에 수록된 글들은 많은 독자들에게 읽히고, 문제시되고, 또 비판되 는 과정을 거쳐 이미 나의 사적 소유물이 아닌, 우리 사회의 어떤 논 리를 구성함으로써 사회화된 작품들이다. 이미 나 개인의 감정적 논 리에서 벗어난 어떤 공적 논리의 요청에 의하여 지배되는 운명에 놓 여졌기 때문이다. 특히 이 책의 제목논문인 첫작품은 학계·문화계에 서 비상한 반향을 불러일으켰고 그 뒤로도 계속 이 문제를 둘러싼 구 체적 논의가 산발적으로 신문이나 공적 기구등을 통해 계속되었고, 이러한 문제의식을 갖는 사람들에 의하여 이 글을 빨리 서둘러 단행 본으로 만들어 달라는 요청이 급증하였기 때문에 그 요청을 외면할 수 만은 없었다. 둘째, 여기에 실린 다섯개의 글의 논문은 모두 일관된 주제를 가지고 유기적 통일성을 이룸으로써 단편적 모자이크의 느낌 을 주지 않는다. 즉 기본적으로 단행본으로서의 통일성과 일관성을 중시한다면 그 원칙에 위배되지 않는다. 82년 가을에 귀국한 이래로 동양철학자로서 이 사회에서 새롭게 나의 철학을 구성한다고 했을 때 부닥치었던 문제들, 즉 철학 내용 그 자체를 논하기에 앞서, 다시 말해서 씨를 뿌리기에 앞서 불모지·황무지를 개간하는 방법이 먼저 고 안되고 개간의 실천이 이루어져야겠다는 당위의 문제들을 부둥켜안고 고심했어야만 했다. 이러한 나의 발언을 외국에서 귀국하는 學人들의 공통적 오류, 즉 자기를 우월한 그 무엇으로 올려놓고 한국이라는 땅을 계몽되고 개간되어야 할 황무지로 생각하는 오류를 반복하는 천박함에 불과하다고 일축하는 사람 또한 적지않으리라고 생각한다. 나는 단언하지만 편협한 국수주의자는 아니다. 나는 외국을 사랑했다. 나는 중국인의 더러움과 슬기로움을, 일본인의 깨끗함과 정확함을, 나는 미국인의 트임과 다양함을 사랑하고 또 예찬했다. 아이러니칼하게 들릴지 모르지만, 나는 미국에서 태평양을 건너 조선반도로 돌아올 때 "귀국"한다는 생각을 하지 않았다. 내가 떠났던 품으로 되돌아와 안기는 포근함에 존재의 긴장이 풀리는 그러한 느낌으로 되돌아오지 않았다. 나는 또 하나의 외국으로 유학간다고 생각했을 뿐이고 돌아오는 비행기 속에서 그러한 전투태세를 다시 챙겼다. 비록 우리 어머니·아버지가 이 땅에서 태어났고 이 흙이 바로 내 몸뚱아리를 빚고 있지만 이 땅은 내가 십 일 년이나 떠나 있었던 곳, 나의 체험의 세계에서 타자화되어 버린 그 무엇, 또 나의 이 땅에서의 과거 체험과는 생소한 인간들의 체험이 축적된 그 무엇, 내가 새로이 느끼고 알고 배워야 할 그 무엇이었던 것이다. 한 나라를 떠날 때 나의 존재를 묶고 있던 인간들의 네트워크는 다 사라진다. 그리고 새 나라에 떨어졌을 때는 새롭게 인간관계를 형성해 나가지 않으면 안 된다. 태평양을 건너올 때 나는 이 땅에서 나의 존재의 네트워크를 근원적으로 다시 형성하지 않으면 아니 된다고 생각했다. 그리고 그 형성과정이 곧 나의 철학이며 곧 한국철학이라고 생각했다. 한국철학은 우리 철학이며 우리의 일상적 삶 속에서 맥동하는 매우 시시하게 보이는 문제들로부터 출발하지 않으면 안 된다. 철학은 칸트도 아니며 孔子도 아니다. 철학은 밥먹고 똥싸는 지금 여기에서의 나의 삶의 문제 속에서 구성되어 나가지 않으면 안 된다. 내가 이러한 눈으로 한국 지성계, 특히 내가 속한 동양학계를 바라보았을때 나는 나의 눈앞에 전개되는 불모지를 정직하게 바라볼 수밖에 없었다. 분명히 내가 본 것은 불모지며 황무지며 정체되어 있는 무풍지대였다. 이것을 어떻게 개간할까? 여기에 어떻게 바람을 일으켜야 할까? 내가 이 땅의 사람으로 이 시점에 해야 할 일이 무엇인가? 사회의식을 갖는 많은 지성인들이 나에게 기대했던 위대한 착상보다는 너무도 초라하게 보이는 "번역"이라는 문제에 나의 모든 의식은 귀착되었다. "번역"이라는 문제야말로 개간의 방법론이며, 정초의 작업이며, 이 사회의 만연된 고질을 뿌리 뽑는 전환의 돌파구였다. 속말로 이 책에서 "번역"이라는 방법론을 빼 버리면 이 책은 쓰러진다. 환언해서 이 책에서 "번역"이라는 주제를 인식하지 못하는 독자는 이 책을 헛 읽는 것이다. 이 책의 문장들은 이러한 나의 문제의식 속에서 일관되게 쓰여진 작품인 것이다.

세째로, 이 책이 단행본으로서 가치를 지닐 수 있다고 자부하는 점은 이 책을 구성하는 과정에서 기존의 문장에 나 자신 세세한 부분에 이르기까지 수정·보완·개고하는 작업에 반 년 이상의 시간을 들였고 최종 인쇄에 들어가기 직전까지 원고에 관한 모든 작업을 타인의 힘을 빌리지 않고 나 자신이 하였다. 미켈란젤로가 시스틴성당 벽화를 그리는 데 자기의 의도와 착오가 생길까 두려워 물감을 만드는 작업부터 모든 것을 조수를 쓰지 않고 손수 했다고 전해지는데, 나 역시 그러한 정신으로 일관하였고 독자들에게 최대의 서비스를 한다는 프로정신으로 관철하였다. 둘째 글은 상당한 부분이 개고되고 첨가되었고, 첫째 글과 세째 글도 세부적인 데 있어서 정보의 부정확함이 모두 수정되었다. 이러한 작업은 실상 새롭게 쓰는 작업보다 더 귀찮고 피로왔으며 프로정신이 아니면 못할 그런 고역이었다는 것을 고백한다. 그러므로 이 책은 전체가 하나의 유기성을 갖도록 보완된 것이며 그러한 유기성과 일관성을 일목요연하게 독자들이 볼 수 있도록 세세하고 긴 내용목차를 만들어 붙였음을 특기한다.

독자들의 편의를 위하여 모든 글의 문장이 실렸던 곳을 명기하면 다음과 같다.

첫째 글, 우리는 동양학을 어떻게 해야 할 것인가? 『世界의 文學』, 통권 27, 서울 : 民音社, 1983년 봄.

둘째 글, 飜譯에 있어서의 空間과 時間, 『민족문화』, 제 9집, 民族文化推進會, 1983.

세째 글, 中共學界에 있어서의 中國哲學史記述의 轉換, 『亞細亞硏究』, 第

70 號, 高麗大學校亞細亞問題硏究所, 1983 년 7 월.

세째 글 부록1, 王夫之(1619〜1692) 『周易外傳』(1656〜?) 解題, 『역사를 움직인 100 권의 철학책』, 『新東亞』 1984 년 1 월호 별책 부록, 서울 : 東亞日報社.

세째 글 부록2, Kim, Young-Oak, Ph. D., Harvard University, 1982, *The Philosophy of Wang Fu-chih*(1619〜1692), Abstract, in *Dissertation Abstracts International*, Volume 43, Number 7, 1983.

네째 글, "東洋的"이란 意味, 『東洋文化』, 第十二輯, 嶺南大學校 東洋文化硏究所, 1971.

다섯째 글, 崔玲愛-金容沃表記法 제정에 즈음하여, 初刊임.

위의 다섯 글 중에서 반드시 설명되어야 할 문장이 네째 글이다. 아는 독자들은 『東洋文化』에 실린 "'東洋的'이란 意味"의 저자가 金容沃이 아니라는 사실에 의구심을 가질 것이다. 이 장편의 글은 내가 대학교 3 학년에서 4 학년 시절에 걸쳐서 쓴 순수한 나의 글인데 그러한 거창한 주제의 거창한 문장을 당시 대학교 학부학생의 신분밖에 갖지 못한 나로서는 도저히 출판할 기회를 얻을 수가 없었다. 그러나 나는 어떻게 해서라도 그 문장을 활자화시키고 싶었다. 그래서 당시 나에게 가장 많은 사상적 영향을 주셨을 뿐 아니라 나에게서 가장 친밀한 존재였던 은사 김충렬교수님께 부탁하여 그분의 이름을 僭稱하여 『東洋文化』에 실었던 것이다. 필자와 김충렬교수님과의 관계는 사제의 관계로서 시종일관된 것이지만, 그분과 나의 관계는 서로 知己의 관계이며, 또 지금은 동료가 되어 한 연구실에 책상을 맞대고 있다. 나는 그분의 강의 때문에 동양철학을 필생의 업으로 삼았고, 지금도 나 자신 교수가 되었지마는 그분의 강의를 청강하여 끊임없는 계발과 신선한 충격을 받는다. 나의 은사 김충렬선생이야말로 천진난만한 어린애다움을 상징하는 해탈인이며 명실공히 조선반도의 慧脈을 휘어잡고 있다고 할 것이다. 1970 년 내가 그분을 처음 뵈온 후로 오늘에 이르기까지 우리 사이에는 한 번도 불미스러운 감정이 없었다. 그 많은 시간을 같이했건만 결코 쉬운 일은 아닌 것 같다. "'東洋的'이란 의미"는 내 일생에 가장 애착이 가는 문장이다. 애착이 가기 때문에 나는 그것을 그대로 버려둘 수가 없었다. 4 학년 때 쓴 원문은 여기 실린 문장보다 훨씬 농축된 것이며 매우 난해한 글이다. 그리고 출전을 밝히는 데 있어서 매우 부정확한 정보가 많았다. 나는 이 모든 오류를 시정하고 그것을 살아 있는 우리말로, 나의 번역론에 입각하여 새로 풀어내지 않으면 안 되었다. 나는 김충렬교수님의 허락을 얻어 그 작업에 착수하였는데 그 작업에 결정적 도움을 준 것은 1971년의 원래의 手稿가 옛날에 쓰던 다락방 구석에서 우연히 발견된 사실이다. 그 手稿의 낙서에 의하여 당시 나의 생각의 실마리들을 정확히 추적할 수 있었고, 김충렬교수님의 약간의 가필을 모두 내 식으로 원상복귀시킬 수 있었다. 14년 전의 나의 모습을 객관화시켜 책상머리에 놓고 그 나의 옛 화신과 대화하는 시간은 나에게 있어서는 너무도 많은 감회를 가져다 주는 행복한 시간이었다. 그 글속에 비치는 치기어린 모습과 불타는 정열, 그리고 사유의 광막함과 분방함, 나는 이러한 나의 옛 모습에서 결국 인간의 성장은 이미 대학시절 때 거의 다 틀지어진다는 것을 새삼 깨달았고 결국 그 틀 속에서의 자기 세련화 과정이 삶의 과정이라는 생각이 들었다. 이것은 희극인 동시에 비극이다. 자기 삶의 틀의 근원적 해탈의 가능성에 대한 암운적 요소이기도 한 것이다. "'東洋的'이란 의미"는 아무리 새로이 改稿되었다고는 하지만 그것은 原文 그대로에 충실한 것이며 절대 오늘의 작품이 아니다. 나의 대학교 4학년 당시의 시점을 반영한다. 이 글이 오늘 내 이름으로 바뀌는 사실은 나의 지성사에 있어서 매우 중요한 획기적 의미를 지닌다. 즉 『東洋文化』에 실렸을 때 나는 金忠烈교수님의 제자로 入門했고 이것이 다시 『동양학 어떻게 할 것인가』에 실릴 때 나는 金忠烈교수님의 슬하를 나와 成門한 것이다. 그리고 金교수님은 그것을 쾌히 자랑스러운 마음으로 허락해 주신 것이다. 대학생 독자들은 14년 전 한국의 대학에서 한 대학생에 의하여 여기에 보이는 규모의 글이 씌어졌다는 어김없는 사실을 반드시 기억하고 자기의 실존의 모습과 대조하여 그 글의 저자를 비판하든 자기를 비판하든 어떠한 반성의 계기로 삼아 주었으면 한다.

독자들은 이 책을 읽는 데 있어서 네째 글을 먼저 읽고 첫째 글→둘째 글→세째 글→다섯째 글로 진행할 것을 권고한다. 네째 글이야말로 방법론이 운운되기 전에 터득되어야 할 동양인의 기본적 우주관과 인생관을 매우 쉬운 언어로 설명하고 있는 동양철학의 입문서(a comprehensive introduction to East Asian philosophy)이기 때문이다. 첫째 글은 이미 많은 사람에게 알려져 있는 글이기 때문에 여기서 새삼 설명을 하지 않겠다. 본문에서도 말했지만 나는 방법론이라는 것을 어떤 독립적 실체로 생각하지 않으며 방법이란 그것이 쓰이는 대상과 쓰는 인간의 주체의 인식구조에 따라 가변적일 수밖에 없는 것이라는 것을 재차 명기해 두고자 한다. 방법론만 운운하다가 정작 실천해야 할 많은 삶과 사회의 문제들을 외면하는 현대철학의 오류를 반복해서는 안 될 것이다. 내가 말하는 "번역"이란 그것이 하나의 방법인 동시에 목적이며 이 역사의 이 시점에 있어서의 외면할 수 없는 실천적 당위다. 탈고를 하지 못했으나 『世界의 文學』에 연재되고 있는 "절차탁마 대기만성"이라는 논문 속에서 드러나고 있는 나의 해석학이론과 더불어 고찰되어야 할 것이다.

둘째 글, "번역에 있어서의 空間과 時間"은 첫째 글의 주제를 구체적으로, 즉 방법론의 시간적 공간적 문맥에서 전개한 것이다. 첫째 글이 『世界의 文學』에 발표되었을 때 가장 민감하고도 구체적인 반응을 보인 기관이 "民族文化推進會"라는 한국고전의 국역을 담당해 온 순수 학술기관이었다. 그들의 요청에 따라 그 會의 학술지인 『민족문화』에 둘째 글을 실었다. 그 동안 그들의 사업의 중요성이 너무 외면당해 왔으며 그들은 고독하게 국역사업의 막중한 부담을 걸메지고 왔다고 볼 수 있는데, 나의 첫째 글의 문장의 계기에 의하여 학계로부터 본격적이고 본질적인 평가를 받기 시작했다고 할 수 있다. 앞으로 그들의 사업의 중요성이 점점 더 인식되어 그 양과 질에 있어서 더 높은 수준을 확보할 수 있기를 바라며, 오로지 한국고전의 국역이라는 거족적 사업에만 매진해 줄 것을 이 자리를 빌어 당부하고 싶다.

세째 글, "中共學界에 있어서의 中國哲學史記述의 轉換"은 내가 귀국하자마자 고려대학교 아세아문제연구소의 연구 프로젝트에 참여한 결과로 나온 논문이며 나의 귀국 후 최초의 글이다. 동 연구소의 요청은 원래 나의 학위논문이 明末淸初의 大儒인 왕 후우즈(王夫之 ; 號를 따라 왕 츠우안산〔王船山〕이라고도 함)의 哲學에 관한 것이었기 때문에 왕 후우즈哲學의 現代 中共學界에 있어서의 평가에 관하여 논문을 써달라고 한 것이었는데 쓰다 보니 導論的 부분, 즉 王夫之哲學의 평가에 앞선 맑스·레닌주의 도입이래의 中國哲學史記述의 문제(the Marxist historiography of Chinese philosophy)에 관한 부분이 길어져서 그 導論的 부분에 해당되는 글로써만 독립논문을 구성하게 된 것이다. 이 논문의 주제는 매우 신선한 것이며 하바드대학의 뚜 웨이밍교수는 세계적으로 이러한 주제를 다룬 유일한 논문이라고 평하였다. 맑스와 孔子는, 엥겔스와 老子는 어떻게 결합되는가? 궁금한 과제가 아닐 수 있겠는가? 나의 논문은 주로 6·70년대의 추세를 대상으로 한 것이다. 그러나 80년대에 들어서서 中共학계의 맑스주의 평가가 또다시 본질적인 전환을 보이고 있으므로 앞으로 나의 논문에서 다룬 歷史記述이 또 어떻게 "轉換"할 것인가 하는 문제는 다시 재고되어야 한다 (84년 12월 8일자 『동아일보』 4면의 기사에 의하면 中共黨기관지 『人民日報』의 사설은 "정통 맑스주의 이론이 낡은 것이며 中共이 직면한 문제들을 해결해 줄 수 없다"고 선언했으며 이것은 건국이래 최초의 공식발언이다. 칼 맑스, 프리드리히 엥겔스, 블라디미르 레닌의 사고 방식이 진부한 것이며 "오늘날 세계에는 맑스, 레닌, 엥겔스 등이 결코 경험하거나 접해 보지 못한 일들이 많다"고 전제하고 "우리는 中共의 현대사회가 처한 문제의 해결을 맑스나 레닌의 이론에 의존할 수 없다"고 주장했다). 나는 이러한 흐름이 어쩔 수 없는 필연이라고 생각하고 있으나 나의 논문에서 다룬 주제, 즉 유물사관의 관점이나 방법론이 중국철학사 이해에 끼친 영향의 문제는 정치적 차원을 능가하는 매우 본원적인 문제이므로, 그러한 관점이나 방법론은 계속해서 중국철학사에 남을 것이며 쉽사리 사라질 수 없을뿐 아니라, 옛날로 복귀하리라는 안일한 망상은 절대금물이다. 이러한 문제에 대한 독자들의 깊은 통찰이 있기를 바란다.

마지막으로 다섯째 글의 문장, "崔玲愛-金容沃表記法 제정에 즈음하여"는 表記法이라는 단순한 테크니칼한 주제를 다루고 있다고 생각하지 말고 필독해 줄 것을 권고한다. 나보고 이 책에서 가장 값있는 글이 어느 것이냐라고 묻는다면 서슴지 않고 다섯째 글을 꼽을 것이다. 그리고 전글에 걸쳐 가장 충격적이고 강력할 수 있는 문장이 바로 다섯째 글이며, 타문장은 몇 개월씩밖에는 소요되지 않았지만 이 다섯째 글이 성립하는 데는 만 4년의 긴 광음이 소요되었다는 사실을 주지해야 할 것이다. 나의 표기법 제정의 밑바닥에 깔린 숨은 뜻에 독자들의 동참이 있기를 앙망한다. 그리고 다섯째 글의 註 I 의 글은 그 나름대로 독립된 글이며 각주라고 넘기지 말고 독자들이 꼭 한 번 읽어 주었으면 한다. 나의 글은 일반적으로 각주에 묘미가 있으므로 각주를 외면하면 반 이상의 의미를 유실케 된다.

끝으로 이 책이 나오기까지에는 이 자리를 빌어 감사하지 않으면 안 될 수 많은 사람들의 격려와 뜻이 숨어 있다. 나의 집회멤버들, 수강한 학생들, 음으로 양으로 나의 사업에 재정적 지원을 해준 친구들·사회유지들, 이루 헤아릴 수 없는 이 사회의 진리를 지켜 가는 이들의 뜻이 있다. 나는 이들의 뜻에 나의 존재의 유대(solidarity)를 걸고 싶다. 종교적 안위 아닌 그 유대 속에서 나의 신념의 길을 꿋꿋이 걸어갈 것이다.

1984 년 12 월 9 일
奉元齋에서
지은이 씀

우리는 동양학을 어떻게 해야 할 것인가

  우선 여기서 말하는 "동양학"이라는 것은 영어로 "East Asian Studies"라고 번역되는 개념인데, 주로 중국·한국·일본 三國의 학문체계를 의미하며, 그 중에서도 필자가 대상으로 삼고자 하는 것은 삼국의 한자문화권에서 형성된 학문체계, 더 구체적으로는 한문을 빌어 표현한 모든 지적 활동을 지칭한다. 기실 "East Asian Studies"란 개념 속에는 월남이나 북방민족의 문화적 성취도 포괄되어야 할 것이나, 필자의 지식의 범위가 그에 미치지 못함을 고백하지 않을 수 없다.

  우리나라 사람들이 동양학을 번역하는 것을 보면 "Oriental Studies"라는 술어를 무비판적으로 쓰고 있는데, 이는 검토의 여지가 있다. 東洋·西洋이란 말 자체가 매우 불분명한, 코에 걸면 코걸이, 귀에 걸면 귀걸이 식의 상대적 술어이며, 우리도 이 말을 포기해야 할 시점에 이르지 않았나 생각된다. 우리가 흔히 일상 언어 속에서 쓰고 있는 東洋이란 말자체가 넓게는 아시아, 좁게는 동아시아를 뜻하며, 결코 오리엔트를 의미하지 않는다. 오리엔트는 옥시던트(Occident)와 한 짝을 이루는 말로서, 라틴어로 "뜨는 해"를 뜻한다. 천문학적 술어로서 천체의 해 뜨는 부위를 오리엔트라 하고 해 지는 부위를 옥시던트라고 명명한 데서 오늘의 용법이 기인하고 있는데, 이때 동·서의 기준이 되는 것은 어디까지나 서구라파의 기독문화권(Christendom)이었다. 로마제국을 동·서로 대별하여 오리엔트·옥시던트라고 부르기도 하였는데, 이때 로마인들에게 동양(오리엔트)이라는 것은 주로 메소포타미아 문명권, 지금의 중동권이며 아무리 동쪽으로 범위를 넓혀 봐도 인도까지밖에는 오지 않는다. 그러므로 우리가 쓰고 있는 "동양"이란 말의 번역으로서는 오리엔트는 적합치 못하며, 그 말에는 이미 서구인 중심적인 생각이 내포되어 있다. 따라서 순수히 지연적인 시각에서 아시아 대륙의 동쪽이라는 의미에서 동아시아(East Asia)라는 말이 보다 보편적으로 부담없이 받아들여지고 있다.

近代化라는 멍에가 씌워진 20세기를 겪어 나오는 동안, 동양의 지성인들 자신이 암암리 근대화의 기준을 서양화로 생각하여 왔던 것은 차라리 역사적 필연성으로 간주하지 않을 수 없다. 서양화를 막스 베버가 말한 탈주술적 합리화(rationalization)로 규정하든, 서구과학에 기초한 새로운 물질문명의 건설로 규정하든간에 일단 그것은 전통적 가치의 근본적 부정이라는 데서 그 추진력을 발견하였던 것 또한 사실이다. 허나 서양화가 진행되면 될수록 많은 동양의 지성인들이 근대화에 대한 환멸감 내지 좌절감을 경험하게 되었는데, 이러한 현상은 일제 식민지시대라는 자기배반적인 역사의 공백으로 인하여 근대화의 좌표를 전통문화와의 완전한 단절 위에 설정하지 않으면 아니 되었던 한국의 지성인들에게 특히 두드러지게 나타났다. 따라서 근대화가 진행됨에 따라 근대화의 의미와 기준에 대한 자체 반성이 심화되고, 또 근대화가 필연적으로 국제화를 수반하면서 자기동일성(self-identity)에 대한 근본적 물음을 야기시켰고, 이에 따라 소위 동양학에 대한 관심도가 새로운 시각에서 급증하기에 이른 것으로 분석된다. 또 이러한 추세는 이와 같이 한국 최근세사의 내적 필연성 속에서 찾아지는 반면, 어떤 세계사적 기류에 편승하여 나타난 현상으로도 분석될 수 있다. 근대화란 명제는 서양 열강에 의하여 동양에게 부과된, 좀더 정확히 말하면, 강요된 멍에였으나, 서양 자신이 그러한 강요를 통해 부득불 동양을 이해하지 않으면 안 되게 되었다. 이러한 이해는 초기단계에 있어서는 제국주의적 침략의 공구로서의 이해에 불과했으나, 시간이 경과함에 따라 그러한 공구적 이해는 자기들 역사의 한계성과 취약성을 보완·극복하는 이해의 차원으로 전환하기에 이르렀다.

초기에는 개화시켜야 할 그 무엇이었던 것에 오히려 자기들이 개화당 하는 逆流현상이 두드러지게 나타난 것은 인류의 문화교류에 있어서 보편적으로 나타나는 현상인 동시에, 변증법적 역사발전 법칙으로 보더라도 지극히 당연한 귀결이라 할 것이다. 최근세에 있어서, 그러한 전환의 기축을 이룬 것은 역시 "월남전"이 아니었나라고 사료된다. 초강대국인 미국이 월맹이라는 미세한 존재에게 결과적인 판정패의 고배를 마시지 않으면 아니 되었고, 이로 인하여 미국 우월주의에 대한 신화가 미국인의 생활공간 속에서 둔화되었을 뿐 아니라, 反戰의 열기를 타고 동양에 뿌리를 가진 많은 신흥종교가 미국 사회의 전위적 低邊文化(sub-culture)를 지배하는 등 60년대 미국사회에는 어떤 본질적 전환이 생겨났다는 것은 부인 못 할 사실이다. 또한 6·70년대에 있어서 동양인 이민의 기하급수적 증가 또한 그러한 교류에 기여한 중요한 요소로 지적될 수 있다.

이렇게 서양인들 자신이 자성적으로 동양을 보다 깊게 이해해 보려는 노력이 동양에 역수입되어 동양인 자신의 반성을 촉구하는 계기가 된 것이다. 허나 냉철하게 동아시아 역사를 관망할 때에 이러한 종류의 도전—대응(challenge and response)의 교류가 일본이나 중국의 경우에는 開港 이래로 1910년대 20년대에는 이미 그들 나름대로 충분한 결실을 맺었고, 또 그 결실이 연속적으로 발전해 나왔기 때문에 6·70년대의 역류를 매우 여유있게 소화할 수 있었다. 그러나 한국의 경우에는 19세기 말·20세기 초에 활약한 지성인들이 어떠한 역사의 결실을 맺기 전에 일본 제국주의 침략에 의한 좌절을 경험해야만 했었기 때문에, 전통문화를 현대사에 접목시킬 수 있는 자생적 연계점을 조성치 못한 채 역사적 공백기로 사라져갔고, 그로 인하여 해방 후에도 지성인들은 서양화(여기서 서양화란 실제적으로 미국화를 뜻하지만) 라는 과제를 품에 안은 채 뿌리 없는 공전만 되풀이할 수밖에 없었다. 이러한 상황 속에서 6·70년대의 동양학에 대한 관심이란 서양에 암암리 가치의 우위성을 두어 온 지성인들이 서양에서의 동양학의 고조라는 물결에 편승하여 일으킨 일시적 "붐"의 현상으로, 뿌리를 못 박고 부동하는 부평초와 같은 기분이 없지 않다. 허나 전술한 바와 같이, 최근의 동양학에 대한 관심의 고조는 일시적 "붐"이라손치더라도 그 "붐"을 일으킬 만한 수용성의 내적 필연성이 잠재해 있었으므로 우리는 이 현상을 환영하지 않을 수 없다. 필자가 동양철학을 택하기로 결심한 15·6년 전만 하더라도, 동양철학이라 하면 대학가에서조차도 사주관상 정도의 인식밖에는 없었고, 전공 선택하는 학생이란 3년에 한 명꼴로 나올까말까하는 정도였던 것이 불과 10년 사이에 高大 철학과의 경우만 해도 동양철학 지망생이 서양철학 지망생을 우선 양적으로 능가하는 현상으로 급회전한 것을 볼 때 감회가 깊지 않을 수 없다. 긴요한 문제는 이러한 관심에 투여되고 있는 한국의 지적 활동을 민족사적 혹은 세계사적 시각 속에서 어떻게 조직화하고 활용하느냐 하는 "어떻게"에 달려 있는 것이다. 즉 동양학을 하는데 있어서 필요한 방법론적 제시가 선결되어야 한다는 결론에 귀착하게 된다. 본논고는 필자가 결코 짧지 않은 기간 동안, 동양학도로서 여기 저기서 얻은 문화적 체험을 토대로 이루어진 비교적 시각에서 한국에서의 동양학의 발전을 위하여 꼭 선결되어야 한다고 느끼는 몇 가지 방법론에 대한 소박한 견해를 전달하는 데 그치려 한다.

우선 나는 많은 사람들이 방법론(methodology)이라는 것을 어떠한 실체로, 굉장한 그 무엇으로 생각하는 데 저항감을 느끼지 않을 수 없다. 방법론이란 문자 그대로 무엇에 "대한"방법이며, 그것 자체로 어떠한 독립적 실체를 갖는 것은 아니다. 흔히들 동양학에 "서양학의 방법론"이 도입되어야 한다는 말을 거침없이 내뱉고, 또 그것을 아무 검토없이 자명한 진리로 받아들이고 있다. 인류역사를 통틀어, 이러한 문맥에서의 "서양학의 방법론"이란 실체를 제시한 사람을 나는 보지 못하였고, 설사 그런 제시를 한 사람이 있다 하더라도 그것은 아무런 설득력도, 유용성도 없는 헛소리에 지나지 않을 것임이 분명하다. 동양학에는 동양학에 대한 방법론이 있을 뿐이요, 그것은 동양학의 문제를 해결하기 위한 내재적 공구일 뿐이며, 그러므로 그 문제의 성격에 따라 가변적일 수밖에 없는 것이다. 서양에서 분석철학적 방법론은 서양의 재래적 형이상학(speculative philosophy)의 문제점을 비판하고 해결하기 위하여 제시된 것이며, 또 그러한 제시가 형이상학의 문제를 완전히 해결했다고 아무도 주장하지 않는다. 서구 형이상학에서 파생되는 언어의 혼동 내지 유희를 간단 명료화하는 데 그 방법론의 기능이 그치고 있다고 보아야 한다. 또 분석철학의 방법론 자체가 분석의 대상에 따라 무한히 다양화해 가고 있다. 누가 감히 서양 분석철학적 방법론이 동양의 형이상학의 문제점을 해결하는 바로 그 방법론이라고 도입 운운할 것인가? 그렇다면 동·서양은 서로 대화할 필요가 전혀 없는가?

그렇지 않다. 동·서는 끊임없이 대화를 계속해야 한다. 우리는 이러한 대화 속에서 그들이 그들의 문제를 해결하려고 노력한 성실한 태도를 배워야 한다. 그러한 태도 속에서 먼저 나의 문제를 정확히 이해하는 지적 결백성을 확립해야 하고, 그러한 이해를 누구든지 알아들을 수 있는 보편적 언어의 도구를 통해서 명료하게 표현할 수 있는 능력을 길러야 한다. 내가 말하는 방법론이란 이러한 학문의 태도, 즉 지적 결백성 내지 논리의 명료성에 토대한 보편적 인식, 그것 외에 아무것도 아니다. 흔히들, 방법론이라고 말할 때에 전제되었던 사상체계 사이의 類比(analogy)는 컬춰 쇼크의 초기단계에 나타나는 格意論的 理解에 불과하다(格意란 중국 철학의 특수용어로 인도 불교가 중국화하는 초기단계에서 인도 불교의 개념을 先秦 道家哲學 개념을 빌어 표현한 방법론을 지칭한다). 내가 말하는 비교론적 시각이라는 것도 그런 類比보다는 "자기논리의 심화·철저화"에 더 초점이 있다. 그렇기 때문에 여기서 말하고자 하는 방법론이라는 것은 구태여 서양학까지 건너갈 필요도 없다. 동양학 자체 속에서 계발된 방법론조차도 우리나라에서는 흡수되어 있지 않고, 또 인식하려고 하지도 않고 있다는 실황을 지적하는 것으로 족하다고 생각한다.

이러한 문제의식을 가지고 우리 동양학계를 쳐다볼 때 가장 먼저 부상되는 것은 번역의 중요성에 대한 새로운 인식의 문제이다.

여기서 번역이란 한문문화권을 한글문화권으로 옮기는 작업을 말하는데, 이 말에서 가장 주목되어야 할 것은 한문과 한글은 완전히 다른 두 별개의 언어체계이며 문화체계라는 전제이다. 언어학적으로도 우랄알타이語와 支那語는 뿌리를 공유하고 있지 않은 별개의 語族이다. 따라서 우리는 한문과 한글의 관계를, 한글과 영어의 관계처럼 똑같이 생소한 것으로 생각하지 아니할 이유가 없다. 예를 들면 新羅人들이 한문을 접하여 배웠을 때, 우리가 오늘 서양언어를 학습할 때 느끼는 것보다 오히려 고충이 더 심했으리라는 것은 쉽게 예상이 간다.

오죽 피로왔고 답답했으면 "이두"까지 만들어내지 않으면 안 되었겠는가? "이두"란 영어와 우리말 사이에서 성립하는 은어로 말하자면 "콩글리쉬" 정도에 해당되는 이야기가 아니겠는가? 삼국시대의 인간들이 느꼈던 그 고충과 답답함은 한문문화권의 침식이 뿌리를 깊게 내리면 내릴수록 굴러가는 눈덩이처럼 커지고 커져서 훈민정음 서문에까지 표출되지 않으면 안되었던 것이다. 세종대왕이 어여삐 여기지 않으면 아니 되었던 그 "답답함", 바로 그것은, 역사학적 해석은 차치하고라도, 그 얼마나 우리말과 한문 사이에 뛰어넘을 수 없는 괴리가 있는가 하는 것을 증명한다. 제아무리 한문의 도사라 할지라도 우랄알타이어적인 사유체계를 지나어적인 언어체계로 즉각즉각 환원하는 컴퓨터를 머리에 달고 산다는 것이 무의식 속에서나마 부담스럽지 않았을까? 이러한 이질적 괴리를 아예 양성화해서 자기에게 동질적인 어떤 새로운 체계를 창출하지 못했던 것이 자랑스러운 우리 조상들의 가장 큰 죄라고 필자는 생각한다. 우리는 더 이상 이 죄를 반복해서는 아니될 시점에 이르렀다. 그 속죄의 제일보로 오늘날 한국의 동양학도에게 주어진 사명이 곧 "번역"이라고 나는 생각한다.

번역이란 한문문화권을 한글문화권으로 옮기는 대작업인 동시에, 死語를 活語로, 文語를 口語로, 古代를 現代로, 다시 말해서 과거를 현재로 바꾸는 작업이다. 과거의 우리 조상들이 한문을 매개로 이룩한 문화적 성취는 기본적으로 한문문화권 속에서의 성취였다. 그리고 이것은 불과 7·80년 전만 하더라도 한국의 지적 활동의 99퍼센트를 점유하는 것이었다. "開化"란 일본사람들에 의하여 강요되었든 어쨌든 한문문화권으로부터의 탈출 내지는 한글문화로의 이행을 의미한다. 이러한 이행을 가능케 하는 것은 번역이란 수단밖에는 없다. 다시 말해서 한문문화가 번역이 되지 않는 한 과거는 현재로 이행되지 않는 채 과거로서만 매몰되어 버리고 만다. 우리나라의 경우, 개화기에 활약한 역군들이 이러한 번역의 역군들로 등장하질 못했다. 따라서 개화 이전의 수백 년을 통해 차곡차곡 이루어진 찬란한 문화적 성취는 하루 아침에 몹쓸 것으로 퇴색하여 버리고 개화 이후의 역사에 긍정적인 에너지를 제공할 수가 없었다. 나는 이 점이 바로 근세 민족사의 최대의 비극이며, 이러한 각도에서 식민지사의 비극을 새롭게 관망할 필요가 있다고 생각한다.

중국의 예를 들어 봐도 영국의 그리니치해군대학에서 공부를 하고
돌아와 스펜서, 다윈, 헉슬리, 존 스튜아트 밀, 아담 스미쓰 등, 서
양의 고전을 해박한 중국 고전의 실력을 토대로 수없이 번역해 낸 옌
후우(嚴復)라든지, 百日天下(戊戌新政)의 주역으로서 정치적 좌절을
경험하였으면서도 서구문화의 도전에 응하여 중국 고전의 세계를 새
롭게 해석하여 방대한 학문체계를 구축한 리앙 치츠아오(梁啓超), 캉
여우웨이(康有爲)와 같은 인물들을 쉽게 상기할 수 있으며, 이들의 업
적을 토대로 우리나라가 식민지 암흑기 속에서 지적 활동이 밀폐되고
있는 1920·30년대에 이미 방대한 학문체계를 구축한 후 스(胡適), 훵
어우란(馮友蘭), 치엔 무(錢穆), 리앙 쑤밍(梁漱溟)과 같은 지적 거성
들을 수없이 기억한다. 일본의 예를 들어 봐도 요시다 쇼오인(吉田松
陰)의 私塾에서 明治維新의 막강한 主役들이 배출된 것을 기억하며,
蘭學에서 출발하여 歐美 근대문명을 도입한 啓蒙思想家 후쿠자와 유
키찌(福澤諭吉), 루소의 『民約論』을 漢譯한 "東洋의 루소" 나카에 쵸
오민(中江兆民) 등의 활약을 기억한다. 그 외로도 『大漢和辭典』을 편
술한 모로하시 테쯔지(諸橋轍次)나 『大正新修大藏經』을 편찬한 타카
쿠스 쥰지로오(高楠順次郎)의 20세기 세계동양학의 발전에 이바지한
찬란한 공헌은 구태여 부연할 필요가 없을 것 같다. 그렇다면 우리나
라의 當代의 지성인들, 예를 들면, 서재필, 김옥균, 유길준 등등의 인
물들에게 이들과 필적할 수 있는 어떤 업적이 있었는가? 나는 확언
한다. 대답은 "노우"라고. 동양학도의 입장에서 조망할 때, 우리나라
의 20세기는 학문의 황무지, 자생적 축적이 거의 없는 텅빈 시간의 창
고에 불과하다. 그렇다면 우리는 이러한 공백을 뛰어넘어야 하는가?
그렇지 않다! 지금이라도 늦지 않다. 우리는 공백의 起點으로 되돌
아가 그 공백을 차곡차곡 메꿔 나가야 한다.
　우리나라에 있어서 번역사업이란 일본인들이 제국주의적 침략의 수
단으로 한국을 이해하기 위하여 일으킨 조선총독부의 사업을 기점으
로 하고 있다. 물론 이때의 번역의 대상은 한국의 원사료이며, 중국
고전을 포괄하지 않는다. 또한 그것은 어디까지나 일본인을 위한 것
이므로, 일역(和譯)이나 일본식 한문구두점(카에리텐)을 찍어 정리해
놓은 것에 불과하다. 따라서 중국고전이나 한국고전을 막론하고 이것
들이 韓譯되기 시작한 것은 우리 역사에서 조선조시대의 몇개의 언해를

제외하고는 극히 최근의 일이다. 우리 민족이 장구한 역사를 통해 그렇게 오랫동안 중국과 접촉을 하였음에도 불구하고 그 나라 고전이 20세기 중엽이 지나서야 우리말화되기 시작하였다는 이 엄연한 사실을 우리는 새삼 생각해 볼 필요가 있지 않을까? 혹자는 질문할지 모른다. 그것은 한문문화권의 변방민족에게 공통된 운명이 아니냐고. 허나 그것은 오해다! 중국 변방민족 중에서 우리나라는 자기 문자를 창출한 것이 가장 늦은 편에 속한다. 몽고, 거란, 西夏, 回紇(우이그르) 모두 우리보다 수세기 빠르다. 일본의 경우에 한정하여 이야기한다 하더라도, 일본의 문자인 카나(假名)가 씌어지기 시작한 것은 헤이안(平安)시대 초기이므로, 세종의 한글창제보다 무려 600년이 빠르다. 바꿔 말하면 일본인은 자기말을 있는 그대로 표현할 수 있는 문자수단을 우리 민족보다 600년이나 더 빨리 가진 것이다. 뿐만 아니라 그들에게는 카나에 대한 경시감이 없었으므로, 그 언어의 활용도는 양적으로 질적으로 우리의 경우와 비교될 수 없다.

카나의 생성 자체가 한문을 자기말화하려는 노력에 기인한 것이다. 히라카나(平假名)는 漢字를 극단적으로 略하여 草書化한 것이고, 카타카나(片假名)는 중국經文의 傍訓으로서 개발된 것이다. 이것은 한문문화의 수용과정에 있어서 일본사람과 한국사람의 수용태도의 중대한 차이를 드러내 준다. 일본인은 한문을 訓讀(reading by meaning)으로 받아들인 데 반하여, 한국인은 音讀(reading by sound)으로만 받아들인 것이다. 音讀이란 한자음을 원래의 중국 발음대로 발음하여 변형된 중국 사투리에 지나지 않는다. 訓讀이란 한자를 써놓고 그것을 그 말의 뜻에 해당되는 자기말로 읽는 것이다. 星을 써놓고 "성"이라 읽으면 음독이고, "별"이라 읽으면 훈독이다. 애석하게도 우리나라에서는 통일신라 후 이러한 훈독이 사라졌다(『朝鮮王朝實錄』, 戶籍이나 民間文書의 고유명사 표기에 간간이 나타나기는 하지만). 오늘날 우리 언어생활에서도 七星을 "칠성"이라고만 읽지, 아무도 "일곱별"이라고 읽지 않는다. 따라서 조선조의 科擧지망생은 『論語』의 첫 장을 펼 때 "자왈학이시습지불역열호"라고 읽지만, 일본의 사무라이는 "시이와쿠 마나비테 토키니 코레오 나라우 마타 요로코바시카라즈야"라고 밖에는 읽을 수가 없다. 일본어에서 개별단어는 음독이 가능할 때가 있지만, 한문문장에서는 음독이 존재할 수가 없다(카나 음역의 제한이 심한

탓도 있음). 따라서 일본인은 애초부터 한문을 완전히 자기말로 풀어 이해했던 것이다. 이렇게 "푸는" 작업에서 그들의 문자가 태어났고, 그 문자는 상당히 일찍부터 넓게 보급되어 있었다. 淨土眞宗의 開祖인 신란(親鸞, 1173~1262)이 자기 자신의 福音主義的 信仰체계를 카나를 매개로 민중 속에 보급시켰던 것만 보아도 일본의 카나는 우리 한글보다 훨씬 앞서 대중 속에 파고들었던 것이다. 일본의 경우에도 (江戶) 초기에는 이미 카나를 읽을 수 있는 인구, 즉 識字人率이 전 인구의 반을 점령하고 있었다는 엄청난 사실을 인식해 주기 바란다. 이렇게 본다면 우리의 한문 번역의 역사는 이·삼십 년밖에 안되는데 반하여 일본은 천 년의 역사를 가지고 있다고 말해도, 나의 논점을 반박키 힘들 것이다. 필자가 소장하고 있는 『朱子語類』는 寬文 8년, 즉 1668년에 출간된 和刻版이다. 이것은 江戶의 대표적 儒學者인 이토오 진사이(伊藤仁齋)가 『語孟字義』를 쓴 것보다도 빠르다. 朱子學의 王國이며, 정통유학의 윤리적 최후 보루라고 자처한 우리나라, 四端七情論爭·洛湖論爭 등 朱子學의 문제를 안고 두 세기 이상이나 논전을 벌여야만 했던 그 자랑스러운 우리나라에 오늘날까지 번역은 고사하고 구두점 하나 제대로 찍힌 『朱子語類』가 존재치 않는데, 일본에는 完譯에 가까운 『朱子語類』가 朱子學이 본격적으로 도입되기 이전에 이미 출판되어 있었다. 그들은 朱子의 學問을 논하기 앞서 朱子의 著作들을 정확히 자기말로 번역하여 이해하였던 것이다. 물론 이러한 태도의 차이가 양국에 있어서의 주자학의 전개에 전혀 다른 양상을 나타내게 한 것은 두말할 나위도 없다.

한국사료를 좀 들여다본 사람이라면 다음과 같은 나의 말에 동의하지 않을 수 없을 것이다. 오늘날 한국학자들이 정리해 놓은 사료보다 일제시대 때 일본학자들이 정리해 놓은 사료가 훨씬 더 신빙성이 높다는 것을……. 일제시대 때 나온 카에리텐(일본식 구두점)이 찍힌 사료만 보아도 교열자가 그 한문을 어떻게 이해했나 하는 것을 정확히 이해할 수 있을 뿐 아니라, 모두 排印本인 데도 불구하고 거의 오식이 없다. 요즘 한국에서 나오는 사료는 99퍼센트가 옛날 책 사진복사일 뿐이며, 排印本의 경우에도 정확한 구두점이 없을 뿐더러 오식투성이일 뿐이다. 결국 우리나라의 동양학계가 일제시대의 수준을 따라가지 못한다는 결론인데, 이는 냉정하게 살펴본다면 너무도 당연한 결론이다. 흔히 이런 현상을 상식적으로 그들이 일찍 개화하여 서양문물의 영향을 받고 학문수준이 급히 높아진 때문인 것으로 오해하고 있으나 기실 그들에게는 한문을 객관화해서 자기말화하는 데 이미 천년의 전통이 있었다는 史實을 망각하고 있었던 것이다. 정확한 통계는 없으나 일제시대 때 이미 현대적 의미에서의 일본인 동양학자의 인구가 오늘날 한국의 동양학자의 수를 훨씬 능가한다고 본다. 필자가 수학한 東京大學의 츄우테쯔(중국철학과)만 하더라도 일 세기의 역사를 통하여 수없는 동양학의 재목들을 길러냈던 것이다.

이러한 반성 속에서 우리 학계를 회고할 때, 우리 동양학계야말로 "번역의 시대"에 놓여 있다는 것을 주장하지 않을 수 없다. 번역을 토대로 하지 않은 모든 지적 활동은 공중누각에 불과하다. 제아무리 훌륭한 논문을 썼다 하더라도, 관계된 고전의 번역이 없이는 그 논문의 아이디어는 우리 문화 속에 축적되어 가지 아니한다. 그것이 뿌리를 내릴 수 있는 토양이 없기 때문이다.

어떤 독자는 나에게 다음과 같이 반박할지 모른다. 우리나라에 많은 번역이 이미 기존해 있지 않은가라고……. 나는 그 독자에게 단한 마디의 반문을 던지고 싶다. 우리나라에 『성경』번역에 견줄 수 있는 『論語』번역이 있느냐고……. 기존의 『論語』번역판들은 원문의 대조 없이 한글만 그대로 읽어서는 그 상식적 뜻조차 파악하기가 힘들다는 나의 말에 이·삼십대 독자라면 누구든지 동의할 것이다. (구체적인 예는 기성 역자들의 노고를 존중하는 뜻에서 생략함.) 그러나 성경은 아무리 무식한 사람이라도 한국사람이라면 이해할 수 있도록 번역되어 있다. 성경번역이 가치 있다는 것은, 누구든지 이해할 수 있는 쉬운 일상언어로 풀어 번역했을 뿐 아니라, 많은 사람들의 집단적 노력과 정성에 의하여 이루어졌고, 또 시대의 변천과 더불어 계속 개역되었다는 데 있다. 그리고 모든 기독교 신학적 활동이 이 번역본들을 토대로 이루어졌다는 데에 있다. 성서주해서류, 성서사전류, 성서신학적 논쟁 등 그 모두가 개역본 성서의 통일된 우리말로 이루어져 있다. 이렇게 본다면 동·서 고전을 통틀어 번역다운 번역으로 우리말 속에서 존재하는 것은 성경 단 하나일지도 모른다. 우리가 서양을 한 세기를 접했다고 하면서, 아리스토텔레스나 플라톤전집의 권위 있는 번역 하나가 존재하는가? 그러면서 과연 우리는 서양을 알고 있다고 말할 수 있는가? 우리나라의 서양철학도들은 여태까지 과연 무엇을 해 왔는가?

이런 관점에서 본다면 동양국가인 우리나라의 동양학계는 우리나라 의 서양 기독교 신학계보다도 훨씬 뒤져 있다고 확실하게 말할 수 있 다. 그리고 우리나라의 동양학도들은 이러한 아이러니에 충격을 받아 야 마땅하다.

필자의 지금까지의 논리의 전개는 우리나라 학계에 고질화되어 있 는 번역 경시의 통념을 匡正하자는 데 초점이 있다. 이러한 통념이 언 제 어떻게 생겼는지 나는 이해할 수가 없다. 다시 되풀이해서 강조하 지만 우리말 번역이 없이 우리문화는 생성되지 아니한다. 혹자는 필 자가 너무 지나치게 번역만을 앞세우는 데 거부감을 느낄지 모른다. 허나 이 문제는 나의 개인 주장이 아니라 온 인류역사의 문화교류에 공통된 보편적 선결문제라는 것을 인식해 주었으면 한다. 과연 성서 의 번역이 없이 우리나라의 기독교문화가 성립할 수 있었을까? 과연 인도불전의 漢譯이 없이 중국불교의 전개가 가능했을까? 여기서 말 하는 "중국불교"(Chinese Buddhism)란 "중국화된 불교"(Sinicized Buddhism)를 말하는 것이며, 전문술어로는 "格意化된 大乘佛敎" (Mahayana Buddhism)를 말한다. 魏晋南北朝시대의 중국의 최고급 지성인들의 지적 활동이 바로 이 佛典의 번역사업에 투여되었던 것이 다. 후우 지엔(苻堅, 338~385)의 비호 아래 長安에 살면서 百餘萬言 의 經典을 번역해낸 따오안(道安, 312~385)을 선두로, 계속해서 長 安에서 활약한 쿠마라지바(鳩摩羅什)가 벌인 空前의 大譯經사업(74部 384卷), 또 그를 도운 중국의 天才 성자오(僧肇, 384~414), 安息人 아버지와 중국인 어머니 사이에서 태어나 三論을 완성한 지짱(吉藏, 549~623), 『손오공』의 주인공으로 우리에게 익히 알려진 쉬앤짱(玄 奘, 602~664)이 俱舍·唯識계통의 경전을 I,335卷(75部)이나 번역 해 낸 일 등등, 이루 헤아릴 수 없는 중국의 지성인들이 그들의 청춘 과 인생을 모두 이 "번역"을 위해 불살랐던 것이다.

그들에게 제시된 佛典은 北方印度의 인도아리안 계통의 表音言語인 산스크리트어나 그것의 통속형태(vernacular)인 파리어로 씌어진 것 이었으므로, 광범위하게 말하면 인도유러피안 語群에 속한다. 이러한 표음문자를 口語文이 생겨나기 이전의 표의문자인 古典中國語로 번역하는 작업이란, 오늘 셰익스피어를 우리말로 번역하는 작업보다도 훨씬 피로움이 더했으리라는 것이 쉽게 상상된다. 산스크리트어는 다음절어이며 굴절하는 반면에 중국어는 단음절어이며 굴절하지 않는다. 그것은 "*nirvana*"를 『老子道德經』의 "無爲"로 번역하는 "完全번역"이었으며, 산스크리트·파리어의 모든 낱말에 대응하는 古典漢文을 찾아내는 일이란 오늘 우리가 생각해 봐도 얼마나 힘든 일이었나 하는 것은 쉽게 짐작이 간다. 불가능에 가까운 이러한 사명을 그들은 종교적 열정을 가지고 차곡차곡 완수해 나갔던 것이다. 이 어려운 과정 속에서 중국의 聲韻學(Chinese phonology)이 태어나고 중국 고전의 해석학이 발달한 것은 두말할 나위가 없다.

나는 묻고 싶다. 그 당시 중국의 지성인들이 현학주의(pedantism)에 빠져 좋은 산스크리트·파리어 학원이나 세우고 산스크리트·파리어로 저술이나 했다면 오늘의 저 찬란한 중국불교가 존재할 수 있었을까? 天台宗, 華嚴宗, 禪宗이 모두가 중국의 불교이지 인도의 불교가 아니다. 요새 우리나라 사람들은 영어 배우는 데 광분하고 있는데 제아무리 영어의 도사들이 대거 속출해도 그들이 유려한 우리말로 그들의 학식을 표현할 수 없는 한, 그들은 "우리" 문화와 아무런 관계가 없다. 佛典 번역의 주역이었던 중국 지성인들은 인도어인 외국어에 능통했을 뿐 아니라, "자기" 언어와 문화에 정통한 천재들이었던 것이다. 마찬가지로 제아무리 한문의 도사들이 우리나라에 많다하더라도 그들이 우리말로 그들의 생각을 표현할 수 없다면 그들의 성취는 우리 문화 속에 뿌리를 내리지 못한 채 사라져간다. 번역의 능력이 없는 한문의 도사님들, 나는 그들을 존경하지 못한다. 일본의 예만 들어 봐도, 이미 明治 시대 때 활약한 한학자들이 오늘날 교육을 받은 사람에게도 조금도 부담이 없는 정확한 일본어로 저술을 하고 있는 데에는 경탄을 금하지 않을 수 없다. 영문과의 학위논문이 우리나라에서 우리나라 사람에 의하여 우리나라 사람을 위하여 씌어지는 한 반드시 우리말로 씌어져야 한다는 김우창 교수님의 말씀에 나는 공명한 적이 있다. 이 논리는 우리 동양학계에도 그대로 적용되어야 한다. 많은 사람들이 한문으로 씌어진 것은 "우리 것"이고, 영어로 씌어진 것은 "외국 것"으로 생각하는 착각에 빠져 있다는 것을 지적하지 않을 수 없다.

　나는 우리나라 학계에 전반적으로 깔려 있는 번역 경시의 고질이 왜
타당시되고 있는지 이해할 수가 없다. 한 학자의 학문성취를 평가하
는 데 있어서 번역은 부차인 것이 아니면 아예 평가에서 제외된다.
교수승급논문에 있어서도 번역은 제외되며, 문교부에서 매년 써내라
는 것도 번역이 아닌 "창조적 논문"으로 기억하고 있다. 물론 석사·
박사 학위논문으로 번역을 인정하는 전통도 없는 것으로 알고 있다.
모든 학술재단의 보조에 있어서도 번역은 제외되거나, 그 지원 금액
이 반감된다. 이것은 우리 학술계의 무지와 후진성을 드러내는 수치
스러운 악법의 전통이다. 이러한 전통이 뒤집어지지 않는 한 "우리
학문"은 발전할 수 없다. 제도적 장치가 개혁되어야 하고, 학자들 자
신의 관념이 변화되어야 한다. 번역이란, "창조적 대가리가 없는 이
삼류 학자나 하는 것," "일본놈들 것이나 베끼는 짓," "돈에 궁색한
대학원생들이나 하는 짓"인 것이다. 이러한 악습이 해방 후 30 년 우
리 학계를 지배해 오는 동안 만연된 질병이 "표절"이라는 것이었다.
해방 후 우리나라의 많은 지성인들이 歐美유학을 갔다고 하지만, 그
들이 본격적으로 활약을 개시한 것은 70 년대의 일이고, 그 이전의 학
문활동은 대부분 일본 자료에 의존하고 있었다. 해방 후 학계를 지배
한 계층의 대부분이 보고 들은 토양이 일본 식민지 교육이었기 때문
에 그것은 너무도 당연한 역사적 운명이었다. 그들의 서재는 일본어
책으로 메워져 있으면서도 묘한 반일감정의 분위기를 핑계로 그들은
학문활동의 출전을 밝히지 않은 것이다. 따라서 일본자료에의 의존은
"표절적 의존"이 되어 버리고 만 것이다.

　필자는 선배학자들의 피맺어린 성취를 "표절"이란 이름하에 매도하
려는 뜻은 추호도 없다. 단지 우리나라 근대학문의 흐름을 관망할 때
반드시 딛고 넘어가야만 할 중요한 문제를 반성해 보자는 데에 뜻이
있다. 이 "표절"의 문제는 우리 동양학계에 매우 심각한 문제였으며,
나·너를 가릴 수 없는 문제이다. 중국어, 일본어자료를 읽을 수 있
는 젊은 학도들의 수가 급증함에 따라 이러한 수치는 모두 노출되고
있기 때문에 구체적 지적은 회피하겠으나, 많은 경우 선구자로서의
존경보다는 가혹한 역사의 평가를 받아야 할 운명에 놓여지리라라고

본다.

동양학의 경우 표절의 대상은 兩大分되는데, 그 하나는 古典類이고 또 하나는 現代論著類이다. 前者의 경우는 결코 표절이 아니다. 예를 들면 일본 사람들의 中國古典 번역은 우리가 얼마든지 베껴도 좋은 것이다. 그들이 몇 세기를 거쳐 이룩한 집단적 노력을 우리는 부지런히 베껴야 한다. 이 시점에서 그들의 성취를 흡수하지 않는다는 것은 시간의 낭비일 뿐이다. 淸代考證學者들의 註疏에 의존치 않고 중국 고전을 이해하는 것이 거의 불가능하다면, 마찬가지로 일본사람들의 번역을 考證學的 註疏의 한 流派로 생각해도 무방할 것이다.

註疏를 일일이 밝히지 않듯이 일본번역을 일일이 밝히지 않아도 고전번역인 한에 있어서는 표절로 간주될 수는 없다. 이 경우 대두되는 문제는 "표절"이 아니라, 여태까지 우리나라의 고전번역이 일본사람들의 번역조차 "제대로 베끼지"못했다는 데에 있다. 우리나라의 삼십년 식민지 일본어 교육이 일본의 한학자들의 성취를 "제대로 베낄 수" 있는 인재를 양성하기에는 너무도 미흡했던 것이다. 문화적 전달이 그렇게 짧은 시간에 이루어지지 않는다는 역사적 교훈을 새삼 실감한다. 쉽게 실례를 들어 이야기하자면 일제시대 때 교육받은 우리나라 사람들 중에서 한문을 정통적 "카키쿠다시"(書き下し: 일본식 古語訓讀)로 풀어낼 수 있는 사람은 거의 없다. 그러한 정도의 실력으로 일본말을 좀 한다고 해서 일본이 고전번역이 제내로 베껴질 리가 만무했던 것이다.

후자의 경우, 즉 현대 일본학자들의 論著의 경우는 전혀 이야기가 다르다. 그것을 베낄 경우, 한 자 한 줄이 모두 출전으로서 밝혀져야만 한다. 서양학자들의 책을 인용할 때는 자랑스럽게 출전을 밝히면서, 일본학자들의 책은 몽땅 베끼다시피하면서도 그 출처를 내비치지도 않았던 많은 기성학자들의 사고방식을 이해하기 힘들다.

그러나 또 돌이켜보건대, 이러한 표절의 현상은 번역의 단계를 거치지 않은 학문활동의 너무도 당연한 귀결이라고 할 수 있다. 일본학자들의 논술은 그 논술과 관계된 고전들의 번역이 토대가 되어 이루어지고 있는 데 반하여, 우리는 그러한 토대가 없이 갑자기 역사적 공백을 메꾸려고 하니까, 그러한 학문의 흡수는 표절이라는 형식을 빌 수밖에 없었던 것이다. 玄奘의 『成唯識論』(*Vijñaptimātratā-siddhi-*

śāstra)의 번역이 없이 法相宗의 唯識논쟁이 일어날 수 있었겠는가? 우리나라 국사학계에서 가장 많이 연구되고 있는 實學의 최고봉이라고 부를 수 있는 정약용의 연구를 실례로 들어 보더라도, 『與猶堂全書』의 정확한 번역이 없이는 정약용에 대한 연구는 일정 수준을 능가하지 못한다. 우리는 정약용의 정치사상의 배경을 이루고 있는 인성관이나 우주관에 대해서 거의 알지를 못한다. 그 이유는 간단하다. 정약용의 경학서적이 번역되어 있지 않기 때문이다. 우리나라 학계의 정약용 연구가 기껏해야 二書一表(『牧民心書』·『欽欽新書』·『經世遺表』)의 주위를 맴돌고 있을 뿐이다.

일본학계에서는 한 학자를 평가하는 데 있어 번역을 제일의 업적으로 평가한다. 한국사람들은 암암리 이러한 일본의 학풍을 창조성을 결여한 "모방민족"의 소치라고 경시한다. 허나 일본사람들이 번역을 제일의 업적으로 평가하는 가장 명백한 이유는 번역이 학문활동 중에서 가장 긴 시간과 가장 수준 높은 스칼라십을 요구하기 때문이다. 정약용의 易學에 관하여 논문을 쓰는 일보다 정약용의 『周易』 해석인 『周易四箋』을 완역하는 일이 훨씬 더 어렵다는 사실을 아무도 부인하지 못할 것이다. "관한 논문"을 쓰는 일은 그것에 대한 철저한 지식이 없더라도 가능하다. 해석이 안 되는 부분은 슬쩍 넘어갈 수도 있고, 또 책을 다 읽지 않더라도 東抄西抄하여 적당히 일관된 논리의 구색만 갖추면 훌륭한 논문이 될 수도 있다. 허나 번역의 경우는 전혀 이야기가 다르다. 그 작품의 문자 그대로 "완전한" 이해가 없이는 불가능하다. 모르는 부분을 슬쩍 넘어갈 수도 없고, 또 전체에 대한 지식이 없이는 부분의 철저한 해석조차도 불가능하다. 그리고 모든 인용 출전에 대한 완전한 조사를 강요당한다. 그야말로 에누리없이 그 번역자의 스칼라십이 완전히 노출된다.

이러한 "노출"을 두려워한 한국 학자들은 여태까지 창조적 "논문"이라는 표절행각에만 분주했던 것이다. 이런 현상은 비단 동양학계에만 국한되지는 않는다고 본다. 이런 문맥에서 해방 후 30년간의 한국학계를 넓은 의미로 "표절의 시대"라 불러 무방할 것이다. 이제 우리는 이 표절의 시대를 청산해야 할 시점에 이른 것이다.

나에게는 또 하나의 신비가 있다. 왜 바로 일본사람들에게 교육을 받고 또 일본학풍을 이어받은 그 사람들이 그다지도 번역을 경시했어야만 했고, 오늘날까지 교수승급 논문으로 번역을 인정하지도 않고, 또 그에 대한 반성조차 일어나지 않는가? 이것을 우리 역사에 내재하는 뿌리깊은 원인으로써 설명해야 하지 않을까? 나는 이 질문에 대하여 두 측면으로부터 해답을 발견한다. 하나는 언문전통의 빈약이요, 또 하나는 조선조 지성사의 고질적인 엘리티즘이다.

일본의 경우는 전술한 바와 같이 訓讀이라는 것이 있어서 두 이질적인 한문문화와 일본문화가 부드럽게 짬뽕될 수 있었지만, 우리나라의 경우는 音讀만이 존재했으므로 한문과 한글은 물과 기름과 같은 것이었다. 즉 양자택일의 관계였으므로 대부분의 지성인들이 한문을 택했고, 따라서 우리말문화는 그만큼 마멸되어 간 것이다. 『三國史記』를 보면 신라의 "거서간"이나 "니사금"과 같은 순수 우리말이 통일신라를 기점으로 "王"으로 대치되어 있는데, 이것은 비단 그 시대에 그쳤던 비극이 아니다. 人名·地名의 표기에 있어서 오늘날까지 우리를 괴롭히는 문제다. 일본사람들은 大田이라고 漢字로 써놓고 읽기는 "한밭"이라고 읽는다. 허나 우리나라의 경우는 원래 한밭이었던 것이 文書化되면서 한자로 표기되고, 그렇게 되면 한밭이라는 말은 없어지고 대전(大田)이라는 말만 남게 된다. 조선조 시대에도 地方誌가 편찬되면 그 원지명은 사라져간다. 戶籍을 편찬할 때 우리말식의 인명도 똑같은 운명에 놓여졌었다. 오늘날 서울시에서 새로운 행정구역 이름을 붙이는 데 있어서도 마찬가지고, 옛이름을 알 수 있는 거리는 거의 없고 또 없어지고만 있다.

이러한 현상은 비단 인명·지명에만 국한되는 것이 아니라 철학적 추상개념들에도 똑같이 적용된다는 데 더 큰 문제가 있다. 일본사람들은 중국철학의 근본개념인 "道"를 "도오"라고 읽지 않고 "미찌"(길)라고만 읽는다. 道를 "도"를 인지하는 것과 "길"로 인지하는 것은 분명 차이가 있다. 조선조말까지 훈민정음이 학대를 받았던 사실은 너무도 잘 알려져 있으므로 더 이상 부연할 필요가 없다.

이와 곁들여 말할 수 있는 것은 한국사회에 만연된 엘리티즘인데, 내가 말하는 엘리티즘이란 학문이나 지적 활동이 선택된 소수에게만 한정된다는 생각을 지칭한다. 번역이란 정보의 대중화·민중화, 즉 민주화를 뜻한다. 내가 알고 있는 민주화란 "누구든지 같이 참여한다"는 것이다. 칸트의 번역은 우리말을 하는 사람이면 누구든지 칸트철학에 같이 참여할 수 있다는 것을 전제로 한다. 따라서 역설적으로, 같이 참여할 수 있게 한다는 그러한 전제가 없는 번역은 참다운 번역이 되지 못한다. 칸트의 저작이 우리말로 번역되어 있지 않은 상황에서 칸트에 대하여 강의한다는 것은 칸트를 독점한 자가 그러한 능력이 없는 자들에게 칸트를 강요하는 일방적 부과에 불과하다. 이것이 바로 해방 후 오늘날까지 우리 학계를 지배해 온 "주입식 교육"이라는 것의 정체다! 정보가 민주화되지 않은 상황에서는 그 정보를 독점한 자만이 특권을 누리게 된다. 그리고 그들은 말한다. "칸트를 알고 싶으면 독일어를 나만큼 마스터해라. 나는 이 무기를 얻기 위해 독일에서 십 년이나 배를 굶주렸는데 너희들이 감히 칸트 운운해? 시건방지게……" 이런 말을 하는 사람들의 사고방식으로는 칸트는 아무나 알 수 없는 것, 알아서는 아니 되는 것, 선택받은 특정한 소수가 일정한 과정을 거쳐서만 알 수 있는 그 무엇인 것이다. 이런 상황에서는 수강자가 강의자의 칸트에 대한 이해의 타당성을 확인할 길이 전혀 없다. 논쟁에 있어서도 그들의 발언은 절대적 권위를 지닐 뿐이다. 이런 상황에서는 진정한 의미에서의 토론(dialectic)이 부재하며 상호간의 자극·발전이 없게 되고, 따라서 그러한 학계는 정체되고 마는 것이다.

이러한 심리가 바로 훈민정음을 반대했던 한학자들의 사고방식이었고, 최근까지 『사서삼경』을 줄줄 외고 한시를 휘갈기는 것을 장기로 알았던 도학자들의 태도였다. 아마도 이것은 근대적 시민의 해방적 이데올로기로까지 평가되고 있는 양명심학(Yang-ming School of Mind)이 실제적으로 부재했던 주자학 일변도의 조선조성리학의 가장 큰 병폐 중의 하나로 봐야 할 것이다. 주자학의 格物致知觀은 『사서삼경』의 "工夫"에 관통한 자에게만이 格物(Investigation of Things)과 致知(Attainment of Knowledge)가 가능하다는 엘리티즘을 암암리에 전제하고 있었기 때문이었다. 필자가 누누히 강조해 온 "번역"이란 것은, 이와 같이 조선조사회에서부터 오늘날까지 면면히 흘러내려오는 엘리티즘의 청산, 진정한 의미에서 근대적 시민사회로 도약하기 위한 필요불가결한 학문적 노력, 그 외에 아무것도 아니다.

필자는 우리나라 동양학계의 발전을 위하여 불가불 하나의 구체적 제안을 하지 않을 수 없는데, 각 대학의 동양학 부문에서 나오는 석사・박사 학위논문을 가급적인 한 번역 위주로 회전시켜 주었으면 하는 것이다. 얼핏 생각하기엔 학위논문이 어떻게 번역이 될 수 있느냐고 지금까지의 통념으로 저항감을 느낄지 모르겠지만, 일본을 실례로 들지 않더라도, 우리나라 교육체제가 모델로 생각해 온 歐美 諸國의 대학에서는 지극히 상식으로 받아들여지고 있는 사실이다. 이것은 특히 논문의 대상이 번역이 부재하는 古典일 경우에는 거의 백퍼센트에 가까운 기정사실이다.

우리나라에 지금 동양학도의 수가 급증하고 있다. 그리고 각 대학에서 동양학 관계 논문들이 쏟아져 나오고 있다. 많은 인재들이 창조적인 청춘의 중요한 시기를 논문 쓰는 데 바치고 있다. 그런데 재미있는 사실은 그들의 귀중한 노력이 연결점을 가지고 계속 축적되어 가는 것이 아니라 항상 새롭게 원점에서 다시 시작한다는 것이다. 다시 말해서 대부분의 논문이 자기 혼자 읽고 마는 논문이 되어 버린다는 것이다. 우리는 이러한 낭비를 좀더 창조적으로 조직화해야 하지 않을까?

왕 츠옹(王充)에 관한 논문을 쓰는 것보다는 『論衡』의 몇 장이라도 정확하게 주를 달고 해설을 붙여 번역하는 것이 이 시점에서는 王充 硏究家로서의 正道일 것이며, 학위논문으로서 더 값어치 있는 것이다. 註釋과 해설 속에 저자의 王充을 보는 눈이 다 드러나고, 또 그러한 번역은 계속해서 후학의 참고서가 될 것이다. 이런 식으로 한 사람이 완역을 못한다 하더라도 선배가 못한 부분을 후학들이 계속 번역해 나가면 그러한 碩士論文이 모여서 『論衡』 번역의 결정판이 나올 것이고, 그 토대 위에서 王充에 대한 연구는 무궁히 펼쳐 나갈 것이고, 또 『論衡』 번역 자체도 연구성과와 발 맞추어 계속 개역되어 갈 것이다. 지금 영어문화권에 기존하는 동양 고전의 번역서의 대부분이 이러한 과정을 거쳐서 이룩된 것이다.

필자가 수학한 하바드대학의 경우만 하더라도 동양학 관계의 박사학위 논문의 반 이상이 번역으로 점유되고 있다. 혹자는 서양사람들이 동양학에 대한 소양이 없으니까 번역밖엔 못한다라고 빈정댈지 모르겠으나, 지난 백 년 동안 우리가 그들을 배운 것보다는 그들이 우리

틀 배운 태도가 훨씬 더 철저하고 치밀했다는 사실을 정확하게 인식해 주었으면 한다.

우리에게는 괴이한 신화들이 많다. 그 중의 하나가 이런 것이다. "서양사람들이 어떻게 그 심오한 중국의 철리를 이해해? 아니 그 저차원적인 영어로 그 함의가 심원한 한문이 과연 번역될 수 있단 말인가?" 나는 그런 생각을 하는 사람에게 한 마디의 반문을 던져 보고 싶다. "아니 그 심오한 희랍철리가 어떻게 한국사람에게 이해될 수 있으며 어떻게 그 저차원적인 한국말로 번역이 될 수 있단 말인가?" 우리나라 사람으로서 역사를 통해서 생판 듣도 보도 못하던 희랍어를 열심히 공부하면 희랍어에 정통할 수 있다는 생각은 하면서도 서양사람이 고전한문에 정통할 수 있다는 생각은 하지 않는다. 기실 서양인의 동양 이해는 우리가 생각하는 것보다는 훨씬 더 역사적 뿌리가 깊고, 또 심원한 이해의 폭을 가지고 있다.

제노아(Genoa)의 감옥 속에서 루스티첼로(Rustichello)가 마르코폴로의 25년 동안의 중국여행담을 기록한 것이 이미 13세기 말이었고, 그 『동방견문록』(Il milione)이 유럽에 끼친 영향은 새삼 부연할 필요가 없다. 제수이트 선교사 마테오 리치(Matteo Ricci, 1552~1610)는 중국에서 『天主實義』, 『交友論』, 『乾坤體義』, 『幾何原本』 등의 저작을 통해 서양을 소개하는 데 심혈을 기울였지만, 또 역으로 그의 활동은 서구라파에 많은 영향을 끼쳤다. 그의 死後에 (1620) 라틴, 이탈리아, 독일, 프랑스, 스페인어로 출판된 『중국에 있어서의 기독교 포교에 관하여』라는 그의 일지식 저작은 중국문명에 관한 매우 포괄적인 소개였다. 그는 이 책 속에서 이미, 중국에 있어서의 기독교는 중국의 문화전통을 관용하고 포섭해야 한다는 타협적 주장(accommodationist position)을 하고 있다. 리치의 활약은 당대 서구라파 지성인에게 많은 영향을 주었는데, 그 중에 가장 대표적인 예가 대륙합리론의 최고봉이라고 불릴 수 있는 라이프니츠(Leibniz, 1646~1716)에의 영향일 것이다. 라이프니츠의 모나드이론이 중국의 易學과 관계가 깊다는 것은 잘 알려진 사실이고, 더 구체적으로 말하자면 그의 이진법적 수의 이론이 주역의 卦이론에서 실증되고 있다는 것을 알려준 사람은 당시 北京에 살고 있던 제수이트 神父 부베(Joachim Bouvet,

1656~1730)였다. 부베는 康熙大帝에게 유크리트기하학과 유럽 해부학을 進講한 大帝의 측근자였으며, 생전에 『康熙帝傳』(*Portrait historique de l'Empereur de la Chine présenté au Roy*. Paris, 1697) (平凡社 東洋文庫 155, 後藤末雄가 日譯, 矢澤利彦가 注)을 公刊하여 우리에게 중국역사의 귀중한 자료를 제공한 인물이다. 이들 사이에는 상당히 높은 수준의 중국 철학에 관한 대화가 장문의 서신형식으로 오갔던 것이다. 이외로도 그리말디(Claudio Grimaldi, 1638~1712), 롱고바르디(Nicholas Longobardi, 1565~1655), 쌍뜨마리(Antoine de Sainte-Marie, 1602~1669)와 같은 중국 선교사들이 라이프니츠에게 많은 영향을 끼쳤다. 라이프니츠 자신이 70세의 원숙한 나이에 불어로 『中國人의 自然神學에 관한 講議』(*Discours sur la Theologie naturelle des Chinois*)란 저술을 남겼는데, 그 책에 인용되고 있는 중국 고전만 해도 『易經』, 『書經』, 『詩經』, 『禮記』(『大學』·『中庸』), 『論語』, 『孟子』, 『孔子家語』, 『性理大全書』등이며, 토론되고 있는 개념들만 일별해 봐도 理·禮·太極·上帝·天道·氣·元氣·太虛·魂魄 등등이니, 그의 중국에 대한 조예가 결코 아마튜어적 유희가 아님을 쉽게 알 수 있다. 17세기 유럽에는 『중국으로부터의 최근 뉴스』(*Novissima Sinica*)와 같은 잡지가 기존하고 있었다.

옥스퍼드大學의 초대 중국학 교수를 역임한 바 있는 영국의 런던 傳道會士 제임스 레게(James Legge, 1815~1897)가 방대한 중국의 고전을 영역하여 정본화한 것이 이미 19세기 중하반기의 일이다. 바꾸어 말하자면, 오늘날 우리가 기독교 성경을 가지고 있는 것처럼, 영어문화권에 중국고전의 정본(Standard Texts)이 확립된 것이 백 년을 더 넘는다. 이 레게의 번역은 왕 타오(王韜, 1828~?)라는 당대 중국의 해박한 저널리스트의 도움을 받아 홍콩과 스코틀랜드 等地에서 이루어진 것인데, 이 번역 사업은 『論語』, 『大學』, 『中庸』, 『孟子』, 『書經』, 『詩經』, 『春秋左傳』, 『易經』, 『禮記』 그리고 『老子道德經』, 『莊子』를 포괄한다. 이 레게의 번역은 이 古典들의 전통적 註疏의 완전한 이해에 뒷받침되어 상세한 주해가 붙어 있으며, 번역의 정확성은 물론, 이 번역 자체가 중국의 註釋學史上 그 나름대로 一家를 이룬다. 나의 판단으로는 우리나라에 지금까지도 레게에 필적할 수 있는 번역은 존재치 아니하며, 심지어 20세기 중국에서도 그에 미칠 수 있는 白話번역이 존재치 아니한다. 그리고 아이러니컬하게 영어문화권에서조차도 레게 번역을 능가하는 번역이 그 뒤로 별로 나오질 않았다. 이렇도록 완벽한 번역이 19세기에 성립된 뒤로는 서양에서의 모든 동양학 연구가 그 번역을 토대로 이루어져 있다. 오늘날까지도 모든 논문이 古典引用의 경우에는 그 유명한 레게本의 頁項을 정확하게 인용한다. 막스 베버의 중국 연구도 레게의 번역이 없이는 불가능했었다는 사실을 기억해야 할 것이다. 이런 의미에서 우리나라의 동양학은 서양에 일세기 이상을 뒤져 있다는 사실을 정확히 인식해야 할 것이다. 지금 영어문화권에서 쏟아져 나오고 있는 동양학 연구는 그 질과 양에 있어서 우리나라와 비교가 되질 않는다. 우리나라에는 아직까지도 중국학연구의 제일 기본서적이라고 평가되는 쓰마 치엔의 『史記』의 완역이 부재한 실정인데 프랑스에서는 샤방느(Édouard Chava-nnes)가 상세한 해제와 텍스트크리틱을 첨가한 『史記』의 완역을 시도한 것이 19세기 말의 일이다. 우리는 한문문화를 우리 혼자 독점하고 있는 듯한 착각에서 빨리 벗어나야 한다. 우리가 통념적으로 서양인의 동양(중국)연구를 경시하는 것은 우리가 우리 전통으로부터 소외된 그 느낌을 他에게 투사하는 것밖에는 되지 않는다. 레게 이후로도 영국에서는 그에 필적할 만한 대사업들이 계속 이루어졌다. 지금 아홉 권에 이르고 있는 죠세프 니이담(Joseph Needham)의 『중국과학문명사』(Science and Civilization in China)의 연구는 세계 과학사의 가장 거대한 업적으로 평가되고 있다. 古今中外를 통하여 가장 완벽한 중국역사책이 케임브리지大學의 역사 시리즈(Cambridge History)로 편찬되고 있는 사실을 상기할 때, 필자는 그 조그만 섬나라의 문화적 저력에 경탄을 아낄 수 없다. 현대적 의미에서의 중국언어학이 중국인이 아닌 스웨덴의 한 碩學에 의하여 시작되고 완성되었다는 사실도 아울러 기억되어야 할 것이다. 칼그렌(Bernhard Karlgren; 高本漢)은 『詩經』을 비롯한 古書의 韻과 形聲字를 토대로 中國上古音을 재구성해냈을 뿐만 아니라, 中國方言學·考古學 등의 분야에 혁혁한 공을 남겼다. 그의 『詩經』 硏究는 中國人들의 업적을 능가하는 면이 많으며 그의 『中國音韻學硏究』(Etudes sur la Phonologie Chinoise)와 『中文解析字典』(Analytic Dictionary of Chinese and Sino-Japanese)은 오늘날까지도 그 방면에 無匹의 必讀書이다. 후 스(胡適)도 그의

『語粹』속에서 칼그렌을 평하여 프랑스의 펠리오(Paul Pelliot) 이래 西洋支那學의 第一人者라고 극찬을 아끼지 않고 있다.

　이 상태로 나가면 우리는 동양학마저 서양에 의존하게 될 것이다. 희랍사람들이 희랍철학을 배우려면 영국이나 독일로 유학가야 한다든가 인도사람이 인도철학을 배우러 일본으로 유학간다는 사실이 이상하게 들리지 않듯이, 한국사람도 한문을 배우러 한국할아버지를 찾아가는 것이 아니라 뉴욕의 코 큰 신사를 찾아가게 되는 것도 그리 이상하게 들리지 않을지도 모른다. 동양인인 우리가 동양학마저 서양에 뒤진다면 우리가 그들에게 무엇을 주장할 수 있으며 무엇을 내세울 수 있겠는가? 번역이란 어느 특정기관에서 단기 코스를 밟은 사람들이 하는 짓이라는 통념에서 우리 학계가 하루 속히 벗어나지 않는 한 우리나라의 동양학은 영원히 답보상태를 면하지 못할 것이다.

　마지막으로 번역의 구체적 방법론에 대하여 언급하기로 하자. 첫째로 내가 말하는 번역이란 "완전번역"을 뜻한다. 우리나라 동양학자들에게는 아직도 "완전번역"이란 개념조차 없는 듯하다. 『中庸』의 첫머리는 "天命之謂性, 率性之謂道, 修道之謂敎"라는 문구로 시작된다. 이것을 보통 "天이 命한 것, 그것을 性이라 謂한다"라고 번역해 놓으면 우리나라 사람들은 별로 이상하게 받아들이지 않을지 모른다. 그런데 이 번역은 "I go to school"을 "I는 school에 go한다"라고 번역한 것과 조금도 다름이 없다. 이러한 번역은 이 구문의 문법적 구조만을 밝혔을 뿐, 주부·술부의 내용에 대해서 전혀 알려주는 바가 없다. 50년 전의 한국인에게 그렇게 번역을 해주기만 해도 어느정도 의미가 전달됐을지 모른다. 허나 지금 이·삼십대의 독자에게는 『中庸』의 저자가 전달하려 했던 메시지가 전혀 전달되지 않는다. 그야말로 비트겐슈타인의 말을 빌자면, "무의미명제"(non-sense syllable)의 나열일 뿐이다. 사실 이런 번역은 문법적 구조조차도 잘 밝히지 못한다. 이 짧은 "天命之謂性"이란 문구 속에만 해도 너무나 많은 문법적 문제가 숨어 있다. "之"라는 지시대명사가 "命"이라는 동사의 목적으로 쓰였는지, 아니면 "謂"라는 동사의 목적으로 "天命"을 받은 것인지, 예를 들면 동시대쯤의 문장으로 간주될 수 있는 주역계사에는 "形而上者謂之道"라 했는데 이때 "之謂"와 "謂之"는 어떻게 다른지……등등의 문제는 간단히 넘어갈 수 없는 심각한 중국학의 主題들이다. 우리나라 한학자들에게는 관심의 대상조차도 안 되는 것일지 모르지만……

이런 말을 하는 필자를 혹자는 "배꽃계집큰배움터"를 주장하는 국어순화주의자(purist)로 생각할지 모른다. 나는 단언하지만, 국어순화주의자는 아니다. 물론 "국어"의 단어가 늘어나고 다양해지는 것을 희망하는 사람이긴 하지만, 나는 이 "국어"라는 것의 기준 자체가 고정적인 것이 아니라고 생각한다. 이 "국어" 속에는 시대의 변천에 따라 중국어도 영어도 불어도 일본어도 얼마든지 들어와도 상관없다고 생각한다. 즉 내가 말하는 "완전번역"이란 "한문을 비한문계 순수 옛 우리말로 바꾸는 것"을 의미하는 것이 아니라, 오늘날 통용되고 있는 "일상언어", 즉 누구에게든지 의미전달이 가능한 보편적 언어로 바꾸는 것을 의미한다. "天이 命한 것, 그것을 性이라 謂한다"는 분명히 일상언어가 아니다. 天의 내용, 命의 내용, 性의 내용이 일상언어로 풀어져서 전달이 되어 있질 않다. 天(하늘)이란 과연 무엇인지, 인격적인 것인지 비인격적인 것인지, 命(명령)한다는 것은 과연 무슨 뜻인지, 性(본성)이란 과연 무엇을 대상으로 하는 것인지, 이 모든 것에 대한 반성을 거쳐야만 비로소 번역이 가능해지는 것이고, 그것이 한마디로 대응되어 풀어질 수 없을 때는 반드시 상세한 註解를 첨부하여 자기가 이해한 바를 논리적으로 풀어 놓아야 한다. 이런 의미에서 西洋人의 동양고전 번역은 훨씬 더 정확성이 있고 논리적이며 현대적이다. 『論語』란 책이름은 젊은 세대에게는 "소피아 로렌"이라는 배우 이름, 그 이상의 아무 의미를 던져주지 못하는 고유명사일 뿐이다. 그러나 미국사람은 "The Confucian Analects"라고 기억하고 있기 때문에 "콩쯔라는 사람의 語錄集"이라는 뜻을 쉽게 파악할 수가 있다. 梁나라 皇侃이 쓴 『論語義疏叙』에 보면 論語는 원래 倫語이었고 이 倫에는 次(次序), 理(만물의 사리), 綸(옛과 오늘을 經綸함), 輪(圓轉無窮)의 뜻이 있었다고 한다. 이 설을 따르면 『論語』는 "무궁한 경륜의 말" 정도로 번역될 것이다. 또 一說에 의하면 語라는 것은 孔子가 살았을 때의 대화(論難曰語)를 말하고, 論이란 죽은 뒤에 그 語에 대한 論述을 의미한다고 한다. 이 설을 따르면 『論語』란 "孔子의 대화와 그에 대한 論述" 정도로 번역될 수 있을 것이다.

이러한 예는 추상적 철학의 개념에 있어서도 마찬가지이다. 서양인은 理를 "Principle"이라 번역하고, 氣를 "Vital Force", "Material Force", "Life Energy" 등등으로 번역하고, 仁은 "Human-heartedness", "Benevolence" 등으로 번역한다. 君子는 "Superior Man" (Legge), "Gentleman"(Waley), "Man of Virtue" 등으로 번역된다. 이런 번역이 매우 번쇄하게 느껴질지 모르지만 이런 번역은 이미 그 나름대로 일관되게 약속이 되어 있고, 그러한 명사의 선택에 대한 이유가 다 제시되어 있다. 나는 타이지(太極)를 "태극"이라고만 알고 있는 한국인보다는 "the Supreme Ultimate"(최고의 궁극적인 것)로 알고 있는 미국인이 그 의미에 더 가까이 접근하고 있다고 생각한다. 우리나라 인구의 과연 몇 퍼센트가 태극기의 태극의 의미를 알고 있을 것인가? 모든 한문은 "완전히" 번역되어야 한다. 이제는 더 이상 한국말 번역을 읽는 것보다 영어 번역을 읽는 것이 더 명쾌하게 뇌리에 들어온다는 부끄러운 이야기를 들어서는 안 될 것이다.

둘째로 한국 동양학 논문의 인용방식이 통일되어야 한다. 현재 한국에서 나오고 있는 논문들의 한문 인용이 大家이건 小家이건을 불문하고, 모두 다닥다닥 글자를 붙여서 나열하거나, 一律的인 쉼표만 찍거나, 아무 기호도 없이 쉼표 자리에 한 칸씩 띄어놓거나 하는 세 가지 방식으로되어 있다. 이것은 국제상식에 벗어나는 수치스러운 일이다. 이러한 인용으로는 도저히 저자가 어떻게 그 인용한 한문을 이해했는지를 알 수가 없다. 이런 식 인용은 인용하고 있는 한문을 다 이해 못해도 할 수 있다. 이것은 한 마디로 학문적 사기다! 최소한 쉼표, 마침표, 병렬을 나타내는 세미콜론, 주종관계를 나타내는 콜론, 명사들의 단순 나열을 나타내는 중간쉼표, 물음표, 느낌표, 인용을 나타내는 쿄테이션마크, 인명과 지명 등의 고유명사의 구분표기(언더라인) 정도는 "句讀"라는 의미 속에 포함되어야 한다. 동양학도는 누구든지 알 것이다. 1949년 이래 中共(중화인민共화국)에서 나온 모든 중국 원사료와 관계논문들이 이러한 약속을 지키고 있다는 것을……. 前述한 모로하시의 『大漢和辭典』13卷이나 타카쿠스의 『新修大藏經』 100卷이 모두 이런 류의 정확한 구두점을 가지고 있다는 것을…… 왜 우리 동양학도들은 그러한 구두점 표기 때문에 크나큰 덕을 입고 있으면서, 자기들의 논문 속에서는 그 구두점을 모두 지워버리는가? 그렇게도 자신이 없단 말인가? 毛澤東이 중국대륙을 석권한 이래 벌인

공전의 최대 문화사업은 『二十五史』의 구두작업이었다. 이것은 20년에 걸친 거국적 사업이었으며, 그것이 완성되었을 때 黨으로부터 공식성명과 함께 『人民日報』에 대서특필되었고, 그것은 日本의 『아사히新聞』에도 대대적으로 보도되었던 것을 기억한다. 지금은 그것이 完刊되었으며 우리나라에서도 景仁文化社에서 中共版 네 페이지를 한 페이지로 만들어 영인해 내었다. 이 二十五史의 구두점 방식이 지금 세계적으로 통용되고 있는 기준방식이다. 우리나라의 동양학 관계 문헌의 모두가 앞으로 한문을 인용할 때, 또 번역서적에 원문을 실을 때도, 모두 이 句讀方式을 기준으로 해야만 한다고 본다.

세째, 脚註를 달 때도 정확성과 일관성(consistency)이 있어야 한다. 이제는 "語見孟子"(이 말은 맹자에 보임)와 같은 式의 脚註方式은 탈피되어야 한다고 본다. 미국에서는 모든 논문 脚註方式이 대강 시카고大學에서 나온 *Manual of Style* 第12版을 기준으로 통일되어 있다. 이 말은 『孟子』에 나온다든가, "『說文解字』에 의하면"이라는 式의 불친절한 脚註는 出典을 확인하기가 힘들다. 아무리 고전이라 할지라도 자기 자신이 보고 있는 版本이 있을 것이고, 그 版本에 의거하여 누구든지 정확하게 출전을 알 수 있도록 세심한 배려를 해야 할 것이다. 가장 바람직한 방식은 자기가 보고 있는 版本을 책 뒤의 引用書目에 상세히 밝히고, 그것의 略號를 만들어 정확한 페이지를 표시해주는 방식일 것이다. 모든 책에는 한문고전이라 할지라도 저자, 서명, 출판지, 출판사, 출판년도, 페이지수 등의 정보가 일관되게 표시되어야 한다. 동양학계의 기존하는 각분야별 학회에서 이에 대한 통일방안을 협의해야 할 것으로 본다.

네째, 모든 고전을 대할 때 반드시 版本의 문제를 고려해야 한다. 우리나라에서는 조선조 實學에 있어서조차도 淸代 考證學的 版本의 硏究가 본격적으로 도입되지 않았고, 또 현대에 와서도 우리나라에는 圖書의 未備로 인하여 이런 판본의 문제가 전혀 고려되지 않은 상태에서 고전의 이해가 횡행하고 있는데, 이것은 시정되어야 한다. 各版本에 따라 글자가 다르고 따라서 의미가 달라진다는 것, 그리고 僞作·改作의 문제 등 여러 가지 문제가 대두된다는 것을 이해해야 한다. 가장 비근한 예로 흔히 나돌고 있는 『與猶堂全書』만 해도, 그것이 가장 믿을 수 있는 판본이 아니라는 사실, 現存하는 手稿와의 대조에 의하여 많은 史實이 뒤바뀔 수 있다는 것을 알아야 한다. 판본의 연구는 日本이 가장 발달되어 있기 때문에 일본사람들의 연구를 참조하지 않을 수 없다. 그리고 상식적으로 동양학도들이 알아두어야 할 것은 上海 商務印書館에서 나온 『四部叢刊』에 수록된 版本이 대체로 가장 신빙성이 높은 판본이라는 것이다. 宋代 木版本을 중심으로 1920~22년, 1934~35년 兩次에 걸쳐 편집한 寫石版本(photolithographic edition)이다. 우리 학도들은 자기들이 가지고 있는 책과 이 『叢刊』의 版本과 대조해서 보는 습관을 길러야 할 것이다.

다섯째, 소위 정통적 유교경전 외의 외전적 경전에 대한 폭넓은 이해가 시급하다. 중국문화의 요람인 春秋戰國시대의 문화의 특색이란 한 마디로 "다양성"으로 요약된다. "百家共鳴"이란 오늘 말로 풀자면 "아무나 제멋대로 떠들 수 있었던 언론의 자유가 백프로 보장된 사회"란 뜻이 될 것이다. 그래서 중국문화는 古代 인류문화 중에서도 특히 그 다양성을 자랑한다. 매우 이질적인 사유체계들이 장소와 시간의 차이를 가지고 혼재해 있다. 이런 의미에서 헤겔이 그의 『歷史哲學』에서 말한 "지속의 왕국"(Ein Reich der Dauer)이라는 중국의 정의는 너무도 피상적 견해다. 우리나라는 정통유교, 그 중에서도 배타적인 朱子學의 영향하에 소위 말하는 四書三經(이 말 자체도 우리나라에서만 잘 쓰는 말이며 중국에서는 거의 안 쓰는 말이다. 중국에서는 六經·五經·十三經·宋代 이후의 四書 등의 말이 쓰였을 뿐이다)이외의 경전에 대해서 그리 깊은 조예가 없었다. 十三經이란 말 자체가 보편적으로 쓰이지 않는 것만 봐도 우리나라 사람들의 중국경전 이해가 얼마나 국부적이었나 하는 것을 알 수 있다. 더구나 외전으로 가면 말도 안 된다. 옌 링훵(嚴靈峰) 선생이 편집한 『無求備齋老子集成』속에 편집된 일본사람들의 註는 百種를 넘지만, 우리나라 사람의 註로서는 朴世堂 一人이 들어가 있을 뿐이다. 우리나라 歷史를 통해서 존재하는 유일한 老子註가 朴世堂의 것으로 알고 있다. 그나마 그는 그러한 성향 때문에 反朱子라는 斯文亂賊의 낙인이 찍혀 관작을 삭탈당하고 유배되는 비운에 처해졌던 것이다. 老莊에 대한 이해가 이 지경인데, 法家哲學이나 墨家, 兵家, 農家, 陰陽家, 醫家, 雜家(예를 들면 淮南子) 등등의 사상체계에 대한 이해는 전무에 가깝다 해도 과언이 아닐 것이다. 그리고 『道藏』(明나라 正統年間에 편찬된 道教의 대장경이며 5,305

卷이나 됨)을 중심으로 한 道敎의 硏究도 全無한 실정이다. 나는 동양인인 우리 한국인의 사유를 다양화시키는 데 있어서 서양을 배우는 것도 중요하지만, 동양 자체의 사유체계를 다양하게 吸收하는 작업이 매우 중요한 급선무라고 본다. 이 작업이야말로 우리가 앞질러 나가야 할 텐데, 이미 영어문화권 속에 보다 더 훌륭한 外典의 번역서들이 무수히 존재한다는 사실 또한 새롭게 인식해야 할 것이다. 그리고 주자학에 필적하는 陽明學과 淸代考證學에 대한 새로운 시각에서의 연구가 좀더 활발히 진행되었으면 한다. 필자는 귀국한 후로 계속 이런 외전에 대한 세미나를 가졌는데, 학생들의 진지한 호응을 얻었고 또 그들도 중국철학을 보는 새로운 안목을 길렀다고 자부한다(세미나 참석자들은 고대 동양철학 대학원생, 윤천근·권태일·권순철·이동철·장숙필, 그리고 연대 중문과의 함종원이다. 그들의 진지한 준비는 나에게 많은 시사를 던져 주었다). 예를 들면 우리가 읽은 경전으로 『韓非子』의 「解老」「喩老」篇과 『墨子』의 「經」과 「經說」篇 등이 있는데, 韓非子를 통해 이해하는 老子는 우리가 상식적으로 이해하는 老子와는 너무도 큰 거리가 있다. 우리가 상식적으로 이해하고 있는 老子는 魏晋南北朝時代의 玄學(Neo-Taoism)의 영향하에서 생겨난 王弼의 註를 準하여 형성된 것인데, 『韓非子』속에서 이해되고 있는 老子는 그것과 무관한, 적어도 B.C.3 세기에 중국사람에게 이해된 老子의 원형을 살펴볼 수 있다. 『老子』에 관한 最古의 註일 뿐만 아니라 모든 中國古典에 대한 최초의 註解라는 성격을 갖는 이 귀중한 문헌이 韓非子의 異端的 성격 때문에 중국 역사 속에서조차도 잊혀져 있었다. 그리고 特記할 사실은 「解老」속의 『老子』는 『道德經』이 아니라 『德道經』이라는 점, 즉 「德經」(38章~81章)이 「道經」 앞에 놓여 있다는 것, 그리고 이러한 版本의 문제가 1973年 湖南省 長沙의 漢나라의 분묘군인 馬王堆 第三號 墳에서 老子帛書 二種이 『德道經』의 형태로 발견되면서, 『韓非子』의 「解老」篇 版本의 진실성이 입증되었다는 점이다. 「道經」을 통해서 「德經」으로 들어갔던 老子의 이해가 「德經」을 통해서 「道經」으로 들어갔을 때의 이해와 어떻게 달라지는지, 그리고 韓나라의 非先生이 이해한 『老子德道經』의 사상체계의 정체는 과연 무엇인지——너무도 흥미진진한 문제가 아닐 수 없고, 너무도 많은 새로운 해석이 그 두 편 속에서 튀어나왔기 때문에 우리는 세미나 도중 환호성을 낸 것이 한두

번이 아니었다. 「墨經」의 경우에도 그 속에서 중국인의 기하학적 관념의 문제라든가 보편개념의 정의 문제 등은 전혀 비윤리적인 중국사유의 패턴에 접할 수 있는 좋은 기회였다. 오늘날의 새로운 문제의식의 시각 속에서 새롭게 발굴해 낼 수 있는 중국 고전이 무궁무진하게 숨어 있다는 사실을, 그리고 그것이 우리의 "번역"을 기다리고 있다는 사실을 우리는 깊게 인식해야 할 것이다.

여섯째, 우리 동양학에서 가장 결여되고 있는 부문이 일본학이라는 사실을 지적하고 싶다. 일본철학, 역사, 문학, 정치, 사회, 경제에 대한 이해가 우리에게는 결여되고 있다. 서양에서는 "East Asian Studies"라고 하면 반드시 일본학을 포괄할 뿐 아니라, 최근 미국에서는 일본학이 중국학을 능가하는 추세로 전향하고 있다. 하바드大學의 사회학 교수 에즈라 포겔(Ezra F. Vogel)이 쓴 *Japan As No. 1: Lessons For America* 라는 책은 그 자체대로 가진 문제점을 차치하더라도 그러한 추세를 단적으로 나타내 주는 작품이다. 서양 우월주의에 대한 자체 반성을 위하여 그러한 자극적 이름이 붙은 것으로 알고 있다. 우리 철학계에만 하더라도 중국철학과 한국철학은 있는데, 일본철학은 부재한다. 물론 우리나라 철학과 커리큘럼 속에서 일본철학이 과목으로 설정되어야 한다고 본다. 이런 주장을 하는 필자는 "일본에도 철학이 있는가?"라는 식의 무식한 질문을 많이 받았다. 또 혹자는 "동경대학에서 한국철학을 과목으로 설정하지 않는 한 일본철학을 우리나라 대학에서 강의할 수 없다"라고도 말하였다. 나는 그에게 묻는다. "영국의 옥스포드대학에서 한국철학을 과목으로 설정해 줬기 때문에 우리나라 대학에서는 영국철학을 그렇게 열심히 배우고 있는가?" 동경대학에서는 한국철학을 강의할 사람을 못 찾고 있을 뿐, 우리가 갖는 식의 타부는 없다. 1928년 東京大學 中國哲學科를 졸업하여 1941년 京城帝國大學의 助敎授로 부임하여 한국 儒學을 공부했던 아베 요시오(阿部吉雄)는 해방 후 동경대학에 돌아가 東京大學出版會에서 『日本朱子學と朝鮮』이라는 작품을 남겼고, 中國哲學科 학생들에게도 계속 한국철학의 연구 없이는 일본철학의 연원을 알기 힘들다는 것을 역설하였고, 또 한국유학 즉 조선조성리학을 계속 강의하였다. 동경대학에 한국철학이 없다는 말 자체가 어폐가 심하다. 일본철학계의 巨星 마루야마 마사오(丸山眞男)의 후계로 알려진 東京大學 法學部敎授

인 와타나베 히로시(渡邊浩)는 필자와 같이 하버드에서 수학하는 동안 한국언어와 한국철학의 공부에 전념했으며, 귀국 후 일본사상사 강의와 더불어 한국철학을 강의하고 있다. 東京大學의 東洋史學, 國史學界의 한국전문가는 잘 알려져 있으므로 구태여 언급할 필요가 없고, 文化人類學科에만 해도 13년에 걸쳐 진도에서 휠드웍을 했으며 한국말을 완벽하게 구사하는 정통적 한국학 교수 이토오 아비토(伊藤亞人)씨가 있다. 과연 우리나라 대학에서 이런 일본 전문가들을 찾아 낼 수 있겠는가?

필자가 가장 관심을 갖는 일본의 철학의 문제는 중국철학의 일본적 전개인데, 이것은 구체적으로 에도(江戶)시대 때 이토오 진사이로부터 시작하여 오규우 소라이(荻生徂徠, 1666~1728)에서 완성된 古學派(혹은 古文辭學派)의 사상운동을 말한다. 이 코가쿠(古學)에 대한 연구는 戰後 일본학계의 혜성이라고 불리는 東京大學의 마루야마 마사오(丸山眞男)교수의 『日本政治思想史硏究』(그의 제자 Mikiso Hane에 의하여 *Studies in the Intellectual History of Tokugawa Japan* 이라는 제목으로 영역됨)라는 연구를 기점으로 전세계에 소개가 된 것이다. 그 뒤로 수없는 연구가 진행되었으나 아직도 마루야마교수의 후레임웍을 본질적으로 탈피하지 못하고 있다. 나는 우리 동양학 학도에게 꼭 마루야마교수의 책을 읽을 것을 권한다. 日本思想과 日本文學의 現代的 硏究도, 日本 二十世紀 出版史의 금자탑이라고 불리는 이와나미서점(岩波書店)의 『日本思想大系』 全 67 卷과 『日本古典文學大系』 全 100 卷의 一大 日本古典 "번역"사업이 完成됨으로 궤도에 오르기 시작했다는 사실도 아울러 함께 기억해 주었으면 한다.

일곱째, 古典번역에 대해 한 마디만 더 부연하겠는데, 古典번역은 반드시 상세한 註解가 붙어야 한다. 이러한 의미에서 중국에서 나온 특히 대만에서 나온 白話번역은 거의 참고의 가치가 없다. 그만큼 중국인의 중국학에 대한 스칼라십이 떨어진다는 아이러니를 나 자신의 체험 속에서 고백하지 않을 수 없다. 우리 동양학 학도가 번역의 모델로 삼을 수 있는 책은 최근 일본에서 나온 슈우에이샤(集英社)의 『全釋漢文大系』가 좋은 예가 되리라고 보는데(總 33 卷), 일본학계의 정예진들에 의하여 이루어진 것이다. 그 중 내가 특히 애독한 책은 나의 스승이며 이미 故人이 되신 오노자와 세이이찌(小野澤精一) 교수의 『韓非子』上・下卷인데, 그 책을 예로 들자면 한 段의 원문에 정확한 句讀點이 찍혀 실려 있고, 每段마다 다음의 네 부분으로 구성되어 있다.

1) 원문의 문법구조를 정확하게 알 수 있는 문자 그대로의 직역부분, 2) 그것을 완전한 일상언어로 풀어낸 의역부분, 3) 번역과정에서 생기는 각 전문용어・용법에 대한 문법적・개념적・주석부분, 4) 그 段을 전체적으로 조망하여 그것의 사상적・역사적・체계적 의의를 설명하는 번역자 자신의 해설부분. 나는 이 정도의 구색을 갖추어야 참된 번역이 이루어진다고 본다.

마지막으로 언급하고 싶은 것은 한문을 보는 과학적 태도에의 요청이다. 한문은 死語이며, 배우고자 하는 자에게는 누구에게든지 열려져 있는 언어이다. 한문은 "한문에 도통한 자"만이 하는 것이라는, 다시 말해서 산속에 몇십 년을 쑤셔 박혀야만 습득할 수 있는 언어라는 생각에서 벗어나야 한다. 工具書籍(reference works)의 발달은 우리에게 그렇게 많은 量의 암기를 요구하지 않는다. 그리고 우리는 이러한 공구서적을 정확히 운용하는 방법을 습득함으로써 옛사람보다 더 정확한 스칼라십에 도달할 수 있다. 그리고 한문학도에게 가장 괴로움을 주는 것은 한문이 가지는 함의의 포괄성(comprehensiveness)의 문제인데, 이 문제는 번역의 문제와 더불어 항상 다음과 같은 질문을 야기시킨다. 어떻게 그렇게 포괄적이고 입체적이고 다각적인 언어를 단순하고 평면적인 현대어로 납작하게 눌러 뽑아낼 수 있을까? 한문의 英譯에 대하여 갖는 의구심도 이러한 데서 연유한다. 이 문제에 대하여 나는 다음과 같이 대답하고 싶다.

지금 우리에게 던져져 있는 고전의 세계는 확실히 난삽하고 애매모호하며 그렇기 때문에 더욱 심원한 것처럼 보인다. 그러나 나의 요즘 생각은 『論語』가 孔子라는 歷史的 實存人物의 語錄이라면, 그것은 분명히 그 사람의 "일상언어"를 기록한 것일 것이고, 그의 언어는 그 당시에는 분명히 그렇게 난삽하고 어려운 말은 아니었으리라는 것이다. 그 당시 그 말이 말하여졌을 때는 분명히 구체적으로 지칭한 것이 있었으며, 그것은 또 오늘날 느껴지는 바와 같이 다각적이고 입체적이기보다는 보다 단순하고 평면적인 언어였으리라는 것이다. 오늘 우리에게 포괄적이고 입체적으로 느껴지는 것은 원래의 단순하고 평면적인 의미가 시간이 흘러 정확히 전달되지 않고 유실됨에 따라 오히려 그것의 해석이 다각적으로 난삽하게 되었기 때문이 아닌가 생각한다. 이러한 정신 속에서 고전을 바라본다면 우리는 고전을 무한히 새롭게 해석할 수 있고, 또 그 고전이 갖는 궁극적으로 단순한 진리를 찾아낼 수 있고, 그렇게 된다면 오늘날 우리말로도 "쉽게" 번역이 될 수 있지 않을까 생각한다. 日本의 古文辭學派들의 한문을 보는 태도 또한 이러한 눈이었으며, 이러한 과정에서 그들은 매우 독창적 고전해석을 이룩했으며, 그것은 그들의 코쿠가쿠(國學)를 낳는 직접 계기가 되었다. 이런 의미에서 오규우 소라이의 『論語徵』이란 책은 『論語』에 대한 재래의 해석을 완전히 뒤바꾼 책이다. 例를 들면 『論語』의 第九「子罕」篇은 "子罕言利與命與仁。"이라는 말로 시작되는데 朱子를 포함하여 모든 재래적 해석은 "콩쯔는 利와 命과 仁에 대해서는 참 드물게 말하였다"라는 뜻으로 푼다. 이에 대하여 오규우 소라이는 "利"字 다음에 終止符를 찍고 다음과 같이 해석한다. "콩쯔는 利에 대해서는 매우 드물게 말하였다. 命과 더불어 하고 仁과 더불어 하였다." 전자의 해석은 "與"를 접속사로 풀었지만 후자의 해석은 "與"를 동사로 푼 것이다. 孔子는 분명히 『論語』속에서도「堯曰」篇에 "命을 모르면 君子가 될 수 없다"(不知命, 無以爲君子。)라고 하였고,「里仁」篇에서는 "君子가 仁을 떠나면 어찌 이름을 이룰 수 있겠는가?"(君子去仁, 惡乎成名?)라고 말하였으니, 君子가 君子됨에 가장 중요한 문제가 命과 仁이었는데 어찌 드물게 말했다고 할 수 있겠는가? 라고 오규우 소라이는 반문하고 있다. 최소한 이 句文의 해석에 관한 한 朱子와 그 이전의 古注보다 소라이의 해석이 뛰어난 것으로 보인다. 이것은 古典을 얼마든지 새롭게 해석할 수 있다는 극적인 실례를 보인 데 불과하지만, 이런 극적인 경우가 아니라 하더라도, 모든 고전해석에 있어서 우리가 오늘날 우리의 눈에서 얼마든지 새롭게 독창적으로 우리의 사고를 運用해 나갈 수 있다는 것을 나 자신의 체험 속에서 고백하고 싶다. 이렇게 고전을 새롭게 보는 눈은 우선 고전을 "단순하고 애매모호하지 않게 명확히"(simple and clear) 볼 수 있어야 하고 나는 이런 눈을 "과학적"이라고 부르고 싶다. 데카르트의 방법론적 회의도 결국 이러한 태도가 아니었나 생각한다.

우리는 한국인·동양인이기 전에 현대를 사는 현대인(Modern Man)
이다. 이 현대는 과학의 시대이며, 또 이 현대 속에는 동·서의 구분
이 존재치 아니한다. 우리가 동양학을 한다는 것은 결코 전통에로의
복귀를 의미하지 않는다. 크로체의 말대로 모든 역사는 현대사일 뿐
이다. 현대적 관점에서 항상 새롭게 다시 쓰어져야 한다. 역사를 새
롭게 쓰기 위하여 우리 동양학도가 경계해야 할 가장 무서운 함정은
한문을 공부하는 동안에 암암리 시대착오적 가치관(anachronism)에
사로잡힌다는 것이다. 우리는 전통을 찬미하기 위하여만 전통을 공부
하는 것은 아니다. 전통을 청산하기 위하여서도 전통을 공부해야 하
는 것이다. 어쩌면 우리에게는 좋은 것을 보존하는 일보다 나쁜 것을
버려야 하는 일이 더 시급히 요청되고 있는지도 모른다. 그렇기 때문
에 과거를 알기 위해선 오늘 우리가 선 곳을 더 정확히 알아야 한다.
우리는 한문만을 공부하고 있을 수는 없다. 현대인으로서 갖추어야
할 모든 인문·사회·자연과학에 대한 지적 훈련을 쌓는 데도 결코
게을리해서는 안 될 것이다. 오늘의 나의 실존 속에서 과거를 새롭게
파내고 또 그것에 의하여 미래를 창조해야 하는 것이다. 실로 오늘날
우리 동양학 학도에게 주어진 사명은 막중하다 할 것이다. 任重而道
遠일진저!

飜譯에 있어서의 空間과 時間

수년 전의 일이다. 내가 공부하던 하바드대학에는 동양학도서가 하바드-옌칭연구소 속에 자리잡고 있는 하바드-옌칭도서실에 수집되어 있다.[1] 나는 전공이 중국철학이 되어 놓고 보니 디비니티 애배뉴 2 번지(2 Divinity Ave.)의 그 붉은 벽돌건물 속에 들어가도 중국책이나 일본책이 있는 동네를 주로 뒤지게 되지 그 어두컴컴한 지하실 한 구석에 자리잡고 있는 한국책 섹숀에는 본업(?)상의 업무로는 별로 발길이 옮겨질 기회가 없다. 그래도 한국사람이라는 피를 못 속여 공연

---

1) 하바드-옌칭도서관(Harvard-Yenching Library)은 원래 하바드-옌칭연구소(Harvard Yenching Institute)의 부설기관으로 발족하여 유구한 역사 속에서 성장한 것인데, 하바드-옌칭도서관의 규모가 워낙 방대하여지니까 몇년전 도서관과 연구소를 완전히 분립시켜 도서관은 하바드大學자체 총도서관시스템의 일부로 편입시켜 버렸다. 지금도 연구소와 도서관은 한 건물 속에 있지만 재정적 상관관계가 전혀 없다. 동양학도서란 중국책·일본책·한국책·월남책·몽고책 그리고 서양언어로 씌어진 동양학 관계도서를 포괄하는데 약 60만권을 넘는다. 지하실 일층과 지상 일층에 중국책, 이층과 삼층에 일본책이 있고, 한국책은 지하 이층과 지하 일층에 서자처럼 천대받으며 한다리 끼어 있다. 한국책이 꽂혀 있는 열람테이블이 있는 곳은 지하실이라서 공기가 텁텁하고 오래 앉아 있기에는 답답한 느낌이 든다. 하바드-옌칭도서관의 최대 강점은 중·일·한·서양책들이 한곳에 모여 있다는 점인데 이런 규모의 장서는 세계 어느 곳에도 유례가 없다. *An Introduction to Harvard* (1976)란 소책자의 소개구절은 "여기에 소장된 중국古書의 대부분은 구텐베르크 바이블 이전에 인쇄출판된 것이다" 라는 재미있는 문구로 장식되어 있다.

히 한국책이 읽고 싶을 때가 있고 또 내 본업의 종착역이 우리 국학이 라는 생각은 나의 오딧세이 여정 당초부터 있었던 것이어서 한국에서 나오는 신간도 때때로 점검해 볼 겸, 또 오가는 한국사람과 만나 푸 념이나 잡담도 내가 가장 잘하는 한국말로 신나게 뇌까릴 겸, 겸사겸 사 옆집에 마실가듯 그 지하실 큰 테이블 앞에 앉아 있게 마련이었다.

그러던 어느날 서가에 꽂힌 글자 중에 "韓國人의 意識構造"라는 거 창한 제목의 형상이 눈길을 자극하길래 그 밑을 내려다보니까 "李圭 泰"라는 이름으로 著者가 되어 있었다. 李圭泰라 하면 72 년 出國이전 에 이미 「人脈」이라는 장편연재 신문기사로 나에게 문제점을 던져 준 적이 있고,[2] 또 그 분이라면 무엇인가 재미있는 재담이 흘러나올 것 같고, 또 60年代 "意識構造"라는 제목의 책들이 일본의 出版界를 자 극시켰던 사실을 알고 있었던 나로서는 한국에서도 그런 주제가 어떻 게 유행으로 부상하고 있는가 하는 것을 알아보고 싶은 복합적 호기 심 속에서 그 책을 펼쳐 보게 되었다.

희미한 기억이지만 내가 펼쳐 본 곳은 "齊合意識"인가 "완 세트主 義"인가 하는 곳이었다. 한국인의 의식형태의 하나로서 모든 것을 세 트로 장만하는 이야기가 써 있었다. 책을 사도 한 전집을 세트로 사 꽂아 놓고 혼수를 장만해도 일절 한 세트로 장만하고, 가구를 살 때 도 한 세트가 아니면 상대도 안하고 등등의…… 이런 이야기는 한 민족의 의식구조의 가변성을 전제로 한다면 요즘 병폐로 나타나는 사

---

2) 여기서 말하는 문제점은 결코 긍정적인 문맥은 되지 못한다. 대학시절 나는 어린 所 見이지만, 「人脈」이란 글의 민족사학적 가치나 에세이로서의 수려함을 충분히 인정 하면서도 과연 그러한 글이 공공의 목탁구실을 하는 신문의 기사로서 그렇게 어마어 마한 페이지를 계속 점유해야만 하는가에 대해서 매우 의문을 가졌다. 전라도·경상 도·이남사람·이북사람……동서 남북의 지역감정으로 찢어질 대로 찢어지고 학벌·족 벌·문벌·재벌·파벌·관벌·당벌·규벌(閨閥)로 갈라질 대로 갈라지 이 사회에서 지 역적 인맥을 운운하는 사람들의 민족사관은 과연 어떤 것인지 나는 요즘 자랑스럽게 연재되고 있는 『中央日報』의 「姓氏의 고향」에 대해서도 동일한 감정을 감추지 못한 다. 그 고향의 知名人士에 실리지 못하는 사람은 知名人이 아닌지……. 그렇게도 서 로 자기 姓氏자랑에 열을 올려야 할 이 사회윤리의 당위성이 어디에 있는지……. 그 러한 작업의 지적가치를 부정하는 것은 절대로 아니고 그것이 발굴되어야 할 민족 사의 부분이라는 것도 나는 잘 알고 있다. 그러나 그러한 기사를 쓰는 지성인들이 이 사회 이 민족 이 역사에 대해서 가지고 있는 비견이 과연 무엇인가를 나는 묻고 싶 은 것이다. 姓氏는 오늘의 우리 역사의 이 시점에서 발전되어야 할 그 무엇인가? 극 복되어야 할 그 무엇인가? 이것은 우리의 좀더 깊은 고민을 필요로 하는 문제다. 뿌 리의 인식이 곧 편파주의(parochialism)로 연결되어서는 아니된다. 우리는 이 사회 의 작폐를 부채질해서는 안 된다.

회병리학적 현상에 대한 피상적 분석에 지나지 않을 뿐 아니라, 과연 이렇게 세트를 갖추어야 직성이 풀리는 의식구조에 지배되고 있는 계급이 한국인구의 몇 퍼센트나 차지하고 있는지 그것은 매우 궁금한 문제가 아닐 수 없다. 그러나 이러한 문제는 지금 나의 논쟁의 대상은 아니다. 그 밑에 더 희한한 언급이 있다. 한국사람은 자동차가 지나가다 서로 살짝 스쳐도 죽일놈 살릴놈하고 주먹을 휘두르는 아우성을 벌이게 되는데 미국에 가 보면 자동차란 자동차는 모두 우그러져 있고 따라서 미국사람은 외형에 전혀 신경을 쓰지 않는다는 것이다. 즉 아우성치는 한국인의 의식구조 속에서는 자동차를 완 세트로 즉 하나로 고스란히 보존하려는 세트의식이 발동했다는 것이다. 그런데 반해서 미국인은 약간의 충돌로 상처를 입어도 그저 웃고 지나가는 것이 상례로 되어 있다는 것이다. 이러한 기발한 대비에 나는 쓴웃음으로 그 책을 덮고 말았다.

　미국서 단 일 년이라도 생활을 해보고 차를 굴려 본 사람이라면 제일 마지막 언급에는 기가 막혀 머리를 휘저을 것이다. 약간의 충돌로 웃고 지나가는 미국인은 없다. 머리털만큼 스쳤어도 반드시 일단 정지를 해야 한다. 그러나 차에 내려서 싸움은 하지 않는다. 이규태선생은 부딪쳤다 내려 서서 무엇인가 주고받고 웃으며 헤어지는 장면을 목격했을지 모른다. 그러나 그들이 싸우지 않은 것은 전혀 싸울 필요가 없도록 보험제도가 보장되어 있기 때문이고 그들이 웃으면서 주고받은 것이 보험번호라는 사실을 간과하고 있다. 그들은 웃으면서 헤어지지만 나중에 그 문제는 반드시 보험회사를 통해 돈을 더 받아내기 위한 악랄한 경쟁으로 전개된다는 사실을 그는 알 수가 없었다. 미국은 法治國家이며 法을 통해서 개인이 감정적 대립을 해소시킨다는 생각이 생활화되어 있다. 미국에서는 싸우려면 아무리 사소한 문제라도 법정으로 가기 마련이다. 이런 경우 고학의 짠 살림에 자동차보험에 가입하지 못한 사람이 당하는, 이가 갈리는 경험은 비단 나 혼자만의 쓰라림은 아닐 것이다. 그렇게도 웃을 수 없고 그렇게도 인정이 없고 그렇게도 철저히 제도적인 사회가 미국사회라는 한 측면도 엄존한다는 사실을 그는 보지 않았던가, 못 보았던가이다.

　둘째로 미국에서는 반 년에 한 번씩(주마다 법이 다름) 정비검사(sticker)를 받아야 하는데, 이때 검사의 기준은 차의 운행 자체의 안정성

에만 관계된 것이고 외모는 그 대상에서 제외된다. 즉 차가 우그러져도
안전운행할 수 있다면 상관없다는 것이 제도적으로 즉 법적으로 보장되
어 있다. 만약 한국에서 이런 법적 보장이 되어 있다면 차가 우그러진
것을 돈 내고 시간 버리면서 정비공장에 가서 굳이 다시 펴야만 직성
이 풀리는 해괴한 의식구조를 가진 한국사람이 벤쯔나 퓨죠를 굴리는
사람을 제외하면 몇 사람이나 될는지 매우 의심스럽지 않을 수 없다.

마지막으로 우리의 논쟁에 있어서 결정적으로 중요하게 고려되어야
만 할 사실은 자동차란 존재가 그 사회의 생활인의 의식구조 속에서 지
니는 의미(structural significance)에 관계된 것이다. 미국의 "자동차
란 의미가 한국의 자동차란 의미로 동차원에서 대비될 수 있는 것으
로 번역될 수 있는가?" 라는 심각한 문제의 제기다. 하이데가의 실
존주의적 용어를 잠깐 도용하자면 인간은 世界-內-存在이며 모든 대
상사물은 인간에게 대하여 도구로서 의미를 갖는다. 다시 말해서 모
든 世界內의 存在는 인간을 포함해서 도구연관이라는 의미체계(the
meaningful system)의 場 속에 있게 된다. 따라서 그 연관구조가 달
라질 때 그 도구로서의 사물은 인간에게 있어서 그 의미가 달라지게
마련이다. 즉 미국인의 도구연관구조 속에서의 자동차의 의미와 한국
인의 도구연관구조 속에서의 자동차의 의미는 그 연관구조의 차이를
인정할 때 필연적으로 달라지지 않을 수 없다. 농부에게 있어서 땅의
의미와 천문학자에게 있어서 땅의 의미와 군사전략가에게 있어서 땅
의 의미가 다르다. 나는 미국서 자동차를 안 사고 버틸려고 했지만,
자식을 천문학적 숫자(셋)로 거느리고 있었던 고학생의 신분에서의
비능률성 때문에 마침내 거대한 스테이숀 왜곤을 사게 되었는데 단돈
50불에 얻었고(이것은 사실이지만 좀 과장된 특수 경우이긴 하다), 50불
짜리 자동차로 3년을 잘 굴렸다. 우그러져도 굴러만 가면 자동차라
는 생각 속에서의 자동차의 의미와 사치품적 귀중자산으로 들어가는
자동차의 의미는 물론 다르다. 그리고 미국은 인구밀도가 낮은 대지
적 특성 때문에 공공교통수단(public transportation)을 기준으로 해
서 말한다면 세계에서 가장 후진국가 중의 하나로 꼽힌다. 미국이라
고 해서 모든 것이 선진이 아니다. 그들은 일본의 신칸센(新幹線)을
미래학적 교통수단(futuristic transportation)이라고 선망하고 있다.
신칸센을 설치할 기술과 재력이 없는 것이 아니라, 그 사회의 도구연

괄 속에서는 그러한 존재가 의미가 없고 따라서 재정적으로 유지가
되질 않기 때문이다. 내가 살던 보스톤은 자가용이 없이도 생활할 수
있는 희유의 도시 중의 하나로 꼽히지만 대부분의 도시에서(로스안젤레
스가 가장 후진적 경우에 속함)는 자동차가 없이 문밖 출입을 할 수가 없
다. 구멍가게에 가는 것도 이발소 가는 것조차도 불가능하다. 그럼
그러한 사람에게 있어서의 자동차는 우리가 외출할 때 신는 신발 이
상의 의미를 갖지 못한다. 농촌에는 돈이 없으니 자동차가 없을 것이
아닌가? 천만에! 미국의 농가에서는 식구 1人당 한 대 꼴의 자동
차가 필요하다. 한 식구마다 자기 자동차가 없이는 꼼짝을 할 수가
없다. 이런 현상은 교외에 사는 사람의 경우 보통 있는 일이다. 그럼
그것이 잘 사는 것이라고 부러워 보여야만 하겠는가? 그것이 오히려
불편한 것이라고 생각해 보지는 않았는가? 매식구마다 자동차를 하나
씩 가져야 기동력이 생기는 그 사회를 우리는 이상사회로 쳐다봐야만
하겠는가? 신발치고는 너무도 거추장스러운 쇠뭉치를 우리 발에 달
고 다녀야만 하겠는가? 70~80 노인네들이 직접 자동차를 몰면서 고
속도로에서 벌벌 떨며 핸들을 잡고 있는 모습이 부럽게만 보이는가?
가련하게 보여야 마땅하지 않는가?

이러한 실존적 삶의 도구연관구조 속에서 그 의미를 파악할 때 나
는 미국의 자동차는 한국의 구두 정도로 번역되어야 할 것이라고 본
다. 삐까번쩍하는 구두를 지나치다가 살짝 스쳤다 해서 주먹을 휘두
르며 아우성치고 싸울 의식구조에 지배되고 있는 미친 한국놈이 몇
명이나 되는지 그것은 미지수다!

내가 말하는 번역이란 곧 문자의 옮김이 아니라 의미의 옮김이다. 미
국의 자동차를 한국의 자동차와 동일시하여 그 의식구조를 논한 이
규태라는 한국인의 의식구조에는 "번역"이라는 인식과정이 결여되어
있다. 물론 나의 지적은 재치와 박식으로 그리고 또 시의적절한 언변
으로 천하에 이름을 얻은 이규태선생의 의식구조일반에 대한 개인적
공격이 아니다. 이것은 나의 논지 전개에 있어서 부상된, 지극히 특
수한한 사례에 불과하다. 나의 공격의 화살은 오히려 번역을 담당하
고 있는 우리 번역인들에게 향하여진 것이며 우리에게 공통적으로 나
타나는 결여현상에 대한 자기 반성이다.

필자처럼 외국에 좀 살다 왔다고 으시대는(?) 사람에게 평범한 한국사람은 다음과 같이 핀잔을 줄 것이다. "빠다 먹는 미국놈과 김치 먹는 한국놈이 어디 같을 수 있니?" 한국말을 하는 사람이라면 누구든지 쉽게 "이해"할 수 있는 이 일상 언어명제 속에는 빠다라는 개념과 김치라는 개념 사이에 아나로기가 성립한다. 빠다(버터)와 김치는 분명히 다르다. 맛도 다르고 화학원소의 구성도 다르다. 그리고 "어디 같을 수 있니?"라는 질문은 "다르다"는 것을 강조하기 위한 것이다. 분명히 빠다와 김치가 다르고 미국과 한국이 다르다는 "다름"을 전제로 하고 있는 이 문장구조 속에서 빠다와 김치는 대비될 수 있는 동일한 것이라는 "같음"을 나타내고 있다. 그럼 무엇이 같은가? 빠다에 주어지고 있는 도구연관과 김치에 주어지고 있는 도구연관이 같다. 바꾸어 말하면 빠다라는 의미체의 콘텍스트(context)와 김치라는 의미체의 콘텍스트가 동일하다. 즉 이러한 일상언어의 대중적 판단 속에는 우리가 생각하는 것보다 훨씬 고차원의 "번역"이 이루어지고 있다. 즉 빠다가 서양문화를 대변하는 식생활의 전형적 상징(symbol)이라면 김치는 한국문화를 대변하는 식생활의 전형적 상징이다. 兩者는 대변한다는 의미에서 서로 매우 이질적인 것임에도 불구하고, 동일한 콘텍스트에서 아나로기로서 등장한다. 만약 이 문장을 "빠다 먹는 미국놈과 빠다 먹는 한국놈이 어디 같을 수 있니?"라든가 "김치 먹는 미국놈과 김치 먹는 한국놈이 어디 같을 수 있니?"라고 바꾼다면 전혀 무의미한 명제가 되어 버리고 만다. 의미론적 콘텍스트(semantic context)의 동일성이 문자의 동일성에 의하여 파괴되어 버렸기 때문이다. 李圭泰님의 오류도 이러한 오류의 한 예이고, 시중에 나와 있는 번역물의 대부분도 이런 오류를 범하고 있다고 생각한다.

이러한 특정한 콘텍스트를 떠나서 빠다나 치즈라는 食物을 번역할 때 나는 된장이나 고추장이라는 개념을 쓸 것이다. 전자가 유목민족의 낙농에서 주어진 보존식품의 대표라는 문맥을 생각할 때 그에 아나로기로서 대응하는 농경민족의 田耕에서 주어진 보존식품의 대표로서는 된장이나 고추장을 생각하지 않을 수 없기 때문이다. 유목민족 식물의 핵은 우유고 농경민족 식물의 핵은 콩이다(양자의 칼로리 비례는 물론 다르다 하더라도). 미국의 빠다가 요즘에야 우리나라에서 생산되고 있는 빠다와 비교될 수 없음은 미국의 자동차가 우리나라의 자동차와 비교될 수 없는 것과 같다. 보스톤 심포니 오케스트라를 서울의 시향과 비교할 수는 물론 없다. 음악이라는 보편적 문화의 수준을 이야기한다면 그것은 반드시 장충동 아악이나 민속악과 대비되어야 한다. 음악이 이제는 더이상 도레미로서만 정의될 수 없다는, 다시 말해서 궁상각치우나 중림무황태도 음악의 정의함수가 되어야 한다는 생각이 보편화될 정도로 이미 이 세계는 개화되어 있기 때문이다. 스테레오에서 울려나오는 베토벤 바이올린 콘체르토 디메이저에는 엄숙하게 심취하면서 함동정월의 가야금 산조는 술집에서나 가끔 뚱땅거리는 소리라는 정도의 식별력밖에는 못 가진 사람은 단순히 덜 개화된, 그렇지 않으면 잘못 개화된 사람이다. 아마 모르긴 몰라도 내가 아는 베토벤은 함동정월의 가야금소리에 최고의 경의를 표했을 것이고 어마어마한 예술적 직관을 얻었을 것이다. 이러한 문화적 상대주의(cultural relativism)는 우리가 항상 상식적으로 거론하고 있으면서도 실제적으로 실생활에서 외면하고 있는 문제라는 점만을 명기해 둔다. 그 누가 몇 사람이나 진정 최옥산 산조의 그 아름다움을 이해해 보려는 진지한 노력을 기울였는가?

우리의 본 주제인 "번역"의 문제로 되돌아가자. 빠다를 된장으로 번역한다 할 때 "의미의 옮김"이라는 차원에서만 문제는 완결되지 않는다. 과연 빠다는 된장으로 번역되는 것이 정당화될 수 있겠는가? 된장으로 번역될 때 오히려 빠다라는 원의를 손상시키는 우려는 발생치 아니할까? 방금 전의 빠다와 김치의 경우에는 그 두 개념의 아나로기를 성립시킨 빠다와 김치를 초월한 제삼의 콘텍스트가 있었고, 그 문장의 의미론에 있어서는 그 콘텍스트야말로 주제였다. 그러나 번역은 이러한 아나로기적 대비·비교와는 또 다른 한 차원을 가지고 있다. 번역이란 번역의 대상이 되고 있는 문자의 원의(원래의 의미)를 드러내는 것을 제일의로 삼는다는 데에서 그 차원이 밝혀진다. 아나로기에서는 나의 이해가 제일의적인 것이지만 번역에서는 나의 이해에 앞선 그 문자 자체의 참 뜻의 드러냄이 제일의적이라는 것이다. 쉬운 예로 로렌스(D.H. Lawrence)의 『차타레이부인의 戀人』(*Lady Chatterley's Lover*)에 나오는 대화 중에 빠다라는 말이 있다면 그것을 된장으로 번역할 수 있겠는가? 이 질문에 독자는 누구든지 부정적인 반응을 보일 것이다. 이것은 역시 너무도 어색하게 들리는 결합이다.

즉 차타레이 부인(코니 Connie)의 생활공간 전체가 된장이라는 개념
과 일관성을 이루도록 번역되기에는 너무나 어려운 난점을 가지고 있
을 뿐 아니라, 그렇게 될 수 있다 하더라도 차타레이 부인의 삶의 체
험 그 자체의 원 문맥이 드러났는가 하는 데는 의심의 여지가 남는다.
물론 코니가 獵場지기인 멜로스와 첫 성교하는 장면 같은 것은 순수
한 우리말로 마치 우리의 생활공간에서 일어나는 일처럼 번역되는 것
은 어렵지 않다. 그러한 것은 거의 시공을 초월하는 인간이라면 누구
든지 경험할 수 있는 內存在的인 것이기 때문이다. 그러나 또 궁극적
으로 차타레이 부인과 된장의 결합이 하나도 이상하지 않을 수도 있
다. 나는 이러한 예를 일본 영화감독으로서 세계적으로 금세기 최고
봉의 하나라는 영광을 차지한 쿠로자와 아키라(黑澤 明)의 "쿠모노스
죠오"(蜘蛛の巢城, The Throne of Blood 라고 영역)라는 걸작에서
발견한다. ³⁾ 이 작품은 셰익스피어와 『맥베쓰』를 씨네마타이즈한 것
인데, 맥베쓰의 비극적 이야기가 일본 역사무대 속에서 일본인의 일
본적인 사건으로 전개되고 있다. 이것은 일본의 전통 드라마인 "노오"
(能)의 세트와 연기의 스타일을 빌어 일본역사의 고전적 분위기 속에
서 각색한 것인데, 셰익스피어의 원작의 한 구절도 직역하지 않고 있
다. 그러나 이것은 완전히 셰익스피어의 『맥베쓰』를 일본인에게 전달
키 위한 작품이며, 어디까지나 『맥베쓰』이지 쿠로자와의 창작이 아니
다. 나는 이 작품을 보지 않은 사람에게 내가 이 작품으로부터 받은
감동을 전달할 수는 없다. 그리고 『맥베쓰』라는 비극작품의 정신세

---

3) 쿠로자와는 1910년 東京에서 태어났으며 生存해 있을 뿐 아니라 아직도 계속 걸작을
내고 있다. 최근 1981년도에 아카데미 외국 영화상을 수상한 "카게무샤"(影武者)는 오
다 노부나가(織田信長)와 대결한 타케다 신겐(武田信玄, 1521~73)이라는 戰國大名의
죽음을 둘러싼 이야기를 창조적으로 개작한 것인데, 사무라이의 세계와 일본인의 특유
한 감정을 여실히 표현한 걸작이다. 쿠로자와는 1950년에 "라쇼오몬"(羅生門)이라는
불교인식론을 주제로 한 작품을 만들었고 그 작품은 1951년에 비엔나 영화제에서 그
랑프리를 획득하였다. "라쇼오몬" 이래 그는 세계적 명성을 얻어 영화예술계에서는 이
탈리아의 휄리니(Federico Fellini, 1920~)와 더불어 금세기 양대 거봉으로 꼽힌다.
휄리니의 작품으로는 그의 초기작 "길"(La strada, 1954년작)이 우리나라에 소개되어
있다. 필자는 영화예술에 각별한 취미를 가지고 있는 사람 중의 하나로 쿠로자와와
휄리니의 작품은 거의 다 보았다. 그 외로도 10여 년의 유학생활 동안에 공부는 하
나도 않고 영화만 보았다고 말들어도 할 말이 없을 정도로 많은 영화에 접하였고 심
취하였다. 그 많은 작품들 중에 쿠로자와의 작품처럼 나의 마음을 사로잡은 작품은
드물다. 쿠로자와는 국적을 떠나서 우리의 존경을 받고도 남을 금세기의 천재다. 그
의 작품 대부분이 연기를 제외한 모든 것을 그 자신이 담당하는 그 자신의 작품이다.

계를 일본인에게 전달하기 위한 방법으로 이 이상의 작품이 있을 수 없다고 판단한다. 나는 이 작품을 일본서 본 것이 아니다. 바로 하바드대학 영문학과의 셰익스피어 특강 속에서 소개받고 감상할 기회를 가졌다.

이 "쿠모노스죠오"(1957)는 일본인의 개작임에도 불구하고 셰익스피어 드라마의 영화화 역사상 최고의 걸작으로 서양의 셰익스피어 연구가에 의하여 평가되고 있다는 쇼킹한 사실은 우리가 생각하고자 하는 번역의 문제에 새로운 차원을 제공하기에 충분한 것이다.[4] 이 "쿠모노스죠오"의 경우에는 셰익스피어의 비극적 주인공 맥베쓰가 일본의 미소(일본 된장) 속으로 완전히(일관되게) 들어와 있다. 다시 말해서 "쿠모노스죠오"의 차원에서 이야기한다면 차타레이부인의 생활공간이 한국 된장 속으로 일관되게 흡수된다는 것도 결코 불가능한 것은 아니라는 것이다. 그러나 우리가 대상으로 삼고자 하는 번역은 흔히 제이의 창작이라고 불리는 창조적 개작만을 지칭하는 것은 아니다. 주제의 전달이라는 측면만을 고집한다면 "쿠모노스죠오"적인 번용이야말로 가장 이상적인 방편이라고 여겨질 수밖에 없다. 그러나 우리의 번역은 원 텍스트 자체를 우리의 이해 앞에 드러내는 것이다. 이때 그 텍스트 자체가 자신을 드러낸다고 하는 그 드러냄이 우리의 이해됨과 무관할 수 없는 이상 그 드러냄의 절대적 객관성을 보장할 수는 없다. 그러나 우리는 그 텍스트가 그 자신을 드러낼 수 있도록 최선의 성의를 보여야 한다는 데에 이의를 제기해서는 안된다.

차타레이부인의 빠다가 된장으로 번역되는 데 이의를 제기하는 사람의 생각 속에는, 즉 된장이라는 번역이 빠다라는 원의를 오히려 왜곡시킬 수 있다는 생각 속에는 이미 빠다가 빠다라는 음역만으로도 충분히 우리에게 의미를 가질 수 있다는 사실이 주장되어 있다. 즉 빠다가 이미 영국인의 것만이 아니라, 빠다라는 존재가 의미를 갖는 영국인의 도구연관구조가 상당부분 이미 우리 한국인의 생활공간 속에 침투되어 있다는 사실, 우리가 그들의 체험에 공감할 수 있도록 변모되어 있다는 사실이 주장되어 있다. 그러나 이 주장은 거꾸로 빠다가

---

4) *The Throne of Blood*, which reflects the style of the sets and acting of the Japanese *Nō* play and uses not a word of the original, has been called the best film of all the countless cinematized Shakespearean dramas. *Encyclopedia Britannica*, 10 : 546h.

의미를 갖는 도구연관이 우리의 체험세계 속에서 발견되지 않을 때는 빠다가 빠다로 음역될 수 없다는 사실을 반증한다. 예를 들면, 백년 전 한국에서 서양 문학작품이 번역되었다면 빠다는 된장으로 번역될 수밖에 없는 운명에 놓이게 된다. 즉 빠다라는 의미형상이 전혀 의미 내용을 가지지 않는 문자의 배열에 그치고 말 때, 우리는 빠다라는 의미를 전달할 방도가 없다. 이런 경우에는 빠다에 해당하는 의미연관 구조를 한국언어 속에서 찾을 수밖에 없다. 이러한 번역방식을 나는 格義라고 부른다. 印度에서 불교가 처음 중국에 수입되어 왔을 때 그 교리의 핵심인 "니어바나"(Nirvana)는 中國發音으로 "니에판"(涅槃) 으로 음역되는데(물론 한역 당시의 정확한 발음이 니에판이었는지는 좀더 깊은 성운학적 연구가 필요하다), 이 涅槃은 중국인에게 아무런 의미 내용을 지닐 수 없었다. 그러므로 "니어바나"에 해당되는 중국인의 생활공간 속에서의 의미체계를 찾다 보니까 등장한 것이 『老子』와 『莊子』에서 빈번히 쓰는 "無爲"(wu-wei)라는 개념이었다. 그러므로 초기 불교에 있어서는 "니어바나"는 "우웨이"로 번역되고, "우웨이"는 중국인에게 의미를 갖게 된다. 그러나 이러한 格義的 번역방식의 난점은 "니어바나"라는 개념이 "우웨이"에 의하여 변질되는 위험성이다. 즉 불가의 "니어바나"가 도가의 "우웨이"의 내연 속으로 들어와 버리는 것이다. "니어바나"와 "우웨이"가 개념상 동일하다면 문제는 없다. 그러나 개념상의 차이가 나타날 때 이러한 번역은 문제성을 드러낸다.

"니어바나"와 "우웨이"는 인간의 도덕적 시비선악을 떠나서 고통이 없는, 모종의 단련을 거쳐 도달하는 경지라는 의미에서는 동일할 수 있지만, 전자는 제거의 대상인 고통이 개인적 측면이 강하다고 한다면 후자는 사회적 측면이 강하고, 전자는 종교적 판단에 기초하고 있다고 한다면 후자는 심미적 판단에 기초하고, 전자는 苦를 대상으로 하는 데 반하여 후자는 欲을 대상으로 하는 등, 兩者의 개념상 차이는 무시될 수 없는 것으로 남는다.

이러한 변질을 두려워하는 입장에서는 "니어바나"의 원의를 고집하게 되고, 그렇게 됨에 따라 "涅槃"이라는 음역을 쓰게 된다. 불교 전래 초기에는 "無爲"가 쓰였다가 점점 "涅槃"으로 바뀌어 가는 과정을 겪게 되는 것은 이러한 연유에서이다. 즉 "니어바나"가 "涅槃"으로 쓰여도 의미가 통할 수 있다는 사실은 이미 불교가 중국인에게 친숙해졌다는 사실, 즉 중국인의 도구연관 세계 속에 이미 인도인의 도구연관성이 침투했다는 사실을 방증한다. 이렇게 되면 "니어바나"는 "涅槃"으로 되고 "無爲"의 의미는 "涅槃" 속에 남게 된다. "우웨이"라는 의미형상은 사라지고 그 의미내용만 "涅槃" 속에 담겨 보존된다. 이러한 개념상의 변용과정은 "Butter"가 "된장"에서 "빠다"로 옮겨 가는 것과 동일한 변용과정이다.

한문을 아무리 도사같이 하시는 독자라 할지라도 지금 "陡斯"의 의미를 모르실 것이다. 이 떠우쓰(陡斯)는 利瑪竇(마테오 릿치)가 그의 力著 『天主實義』(하늘의 주인에 관한 참다운 교의)에서 神에 해당되는 라틴어인 "Deus"를 음역한 것이다.[5] 하물며 그 당시 어느 중국인이 이 떠우쓰의 의미를 알 수 있었으랴! 마테오 릿치의 고민은 바로 이 떠우쓰라는 개념을 중국인에게 전달하는 것이었다. 릿치가 고민 끝에 쓴 방법은 역시 빠다를 된장으로 옮기는 것 외에 별 도리가 없었다. 그가 1608년에 刊行한 別著에 『畸人十篇』이란 것이 있는데, 여기서 畸人이란 말은 오늘말로 "求道者"나 "세인트"(saint)에 가깝게 오는 개념이다. 그런데 이 말은 『莊子』의 「大宗師」篇에 孔子와 子貢의 대화로서 나오고 있다. "子貢曰, 敢問畸人。曰, 畸於人而侔於天。故曰, 天之君子, 人之小人; 人之君子, 天之小人也。"(자공이 공자에게 말하였다: 아 畸人이란 말이 마침 떠오르는데 畸人의 뜻을 감히 여쭈어 보겠습니다. 공자가 대답하였다. 사람에게서 벗어나면서 하늘과 하나가 되는 사람을 畸人이라고 하는 걸세. 왜 그래서 하늘의 君子는 사람에게는 小人이고 사람의 君子는 하늘에게는 小人이라는 말이 있지 않나.)[6]

이 부분만을 斷章取義하여 본다면 畸人은 世俗的 人間世를 초월하여 天上的 彼岸의 世界를 冀求하는 카톨릭적 求道者를 의미하는 것처럼

---

5) "天即天主, 吾西國所稱陡斯是也。" 『天主實義』, 首篇. 『天主實義』는 1596년에 稿本(monoscritto)이 完成되었고 1603년에 初刊된 것으로 고증된다. (方豪, 顧保鵠說).

6) 以上의 引用節에서 마지막 句文은 通用版本에는 "天之小人, 人之君子; 人之君子, 天之小人也。"로 되어 있다. 그러나 이 문장은 轉寫上의 錯誤로 보여진다. "天之小人, 人之君子"와 "人之君子, 天之小人"은 단순한 반복일 뿐 아무런 새 의미를 제공하지 않는다. 이 문장에서 이 구절이 등장하고 있는 문맥은 天의 가치체계와 人의 체계가 다르다는 것을 대조시키기 위한 것이므로 전자의 "天之小人, 人之君子"는 "天之君子, 人之小人"으로 바꾸어야 마땅하다. 이렇게 바꾸는 데 있어서 나는 시 통(奚侗)의 說을 따랐다. 唐代의 텍스트에도 "天之君子, 人之小人"이 원모습이었던 것같이 보이게 하는 形迹이 있다. 福永光司, 『莊子: 內篇』(東京: 朝日新聞社. 昭和 50), pp. 275~6.

보인다. 분명히 위의 문맥에서는 사람과 하늘이 대립적 관계(antithetical relationship)를 지니는 두 실체로 등장하고 畸人은 사람을 부정하고 하늘과 합치되는 존재로 파악되었기 때문이다. "사람에게서 벗어나기 때문에" 역설적으로 하나님을 참으로 믿는 신앙인이 될 수 있다는 그 역설성(paradoxicalness)을 강조하기 위하여 릿치는 교묘하게도 『莊子』속에서 "畸人"이라는 회한한 말을 格義의 틀로 끄집어내었다. 그래서 이 『畸人十篇』을 이태리어로는 『열개의 逆說』(*I dieci paradosi*)이라고 그 자신이 번역하고 있다. [7]

그러나 미안하게도 이것은 릿치의 무지가 아니면 선의의 사기에 불과하다. 『天主實義』의 전편에 나타나고 있는 릿치의 神觀 자체에 매우 보수적인 토미즘의 틀, 즉 현세와 피세의 완연한 二分 속에서 인간을 규정하고 현세의 창조자로서의 초월적 존재인 神을 말하고 있기 때문에, 그러한 神의 초월성을 전제로 하는 한, 畸人에 있어서의 天은 절대로 그러한 틀 속에서 파악될 수 없기 때문이다. [8] 畸라는 말은 옛날 井田法에서 井字 밭의 구획에서 벗어나는 땅을 원래 지칭한 것으로서 "일정한 틀에서 벗어난"이란 뜻을 갖는다. 莊周가 畸人이란 말을 썼을 때, 더 정확히 말해서, "畸於人"이라고 했을 때의 人은 凡庸의 뜻을 가지는 것임에는 틀림이 없다. 즉 畸人이라는 말 속에는 人間의 庸俗性(commonality)에 대한 揶揄가 들어 있다는 의미에서 기독교가 인간의 현세성을 부정하고 초극하려는 의지를 보이는 것(회개하라는 외침)과 同一視될 수 있을지 모른다. 莊周의 畸人이란 말 속에는 現世的 道德價値觀에 집착하는 인간들에 대한 경고가 들어 있다. 이런 의미에서 東洋思想을 단순히 현세적으로 평면적으로 파악하는 태도는 불식되어야 마땅하다. 이 畸人은 「大宗師」에 나오는 說話 중 세째번의 것인데, 이것은 子桑戶, 孟子反, 子琴張 三人의 莫逆之友(이말 자체가 이 故事에서 유래됨)됨을 그린 것이다.

---

7) 後藤基巳. 『天主實義』(東京 : 明德出版社, 昭和 46), p. 20.
8) 나는 1982년도 1학기 고려대학교 철학과 학부강의로 "서양인의 중국에 대한 이해의 역사"라는 강의를 설강하였고, 마르코 폴로, 마테오 릿치, 라이프니츠, 헤겔, 막스 베버, 칼 융의 중국관을 다루었다. 이 강의의 준비과정에서 릿치의 『天主實義』를 세밀히 검토할 기회를 가졌다. 릿치의 『天主實義』는 高大哲學科 崔東熙敎授가 매우 깊은 연구를 하셨고, 또 그 책의 우리말로의 완역을 이미 다 끝내신 것으로 알고 있다. 나는 崔東熙敎授와 릿치의 中國觀에 대하여 상당히 자세한 토론을 수차에 걸쳐 행하였다. 상세한 譯註를 가지고 있는 崔敎授의 완역본의 조속한 출판을 기대한다.

子桑戶가 죽었을 때 孔子는 그의 제자인 子貢을 조문객으로 보내게 되는데, 子貢은 子桑戶의 尸身 앞에서 북을 두드리고 가야금을 타면서 五言詩를 즐겨 노래부르고 있는 孟子反과 子琴張을 발견하고 충격을 받게 된다 : "아아, 상호야(嗟來桑戶乎)! 아아, 상호야(嗟來桑戶乎)! 너는 일찍 너의 진실로 돌아갔구나(而已反其眞)! 우리는 이 人世의 속박에 아직 머물러 있거니(而我猶爲人) 아~(猗)." 충격을 받고 돌아온 子貢에게, 孔子는 子貢을 조문객으로 보냈던 자기의 실수를 깨닫고 다음과 같이 설명한다. 孔子 자신은 이 世俗的 가치에 집착되어 있는 方內人이라면 그들은 死生先後의 所在를 모르는 方外人이라는 것이다. 그리고 이 말에 대한 긴 설명을 "魚相忘乎江湖, 人相忘乎道術"(고기는 큰 물 속에 살면서도 물 속에서 자유로이 헤엄치고 있다는 사실을 잊고 있고, 인간은 대자연의 질서 속에서 살면서도 그 질서 속에서 자유로이 살고 있다는 사실을 잊고 있다)이란 멋들어진 숙어로 공자는 끝맺고 있다. 그리고 바로 릿치가 인용한 畸人에 관한 대화가 연결된다. 이렇게 전후 문맥에서 살핀다면 畸人에 있어서의 현세적 가치의 부정은 不道德的인 것(惡; the evil)에서 道德的인 것(善; the good)에로의 이행을 의미하는 것이 아니라 道德的인 것 그 자체의 벗어 버림을 의미한다. 그가 부정하는 現世的 道德規範은 모두 仁하고 義로운 것이며 사도 바울의 하나님이 사랑하시는 그러한 것들이다. 우리는 孔子의 설명에 있어서의 "方之外"와 "方之內"의 구분을 릿치의 왜곡처럼 "하늘나라"(the Kingdom of God)와 "이 세상"(the World)의 구분에 대응시킬 수는 없다. 왜냐하면 莊子가 말하는 "方外"는 究極的으로 世俗的 內와 外의 구분이 본질적으로 해소되어 버리는 "無方"을 말하기 때문이다. 초월할 그 무엇이 없는 상태에 도달한 "無方之人"이야말로 畸人의 본뜻이 된다. [9] 따라서 畸人의 주제는 초월자에서의 冀求·복속이 아니라 "自由"다. [10] 그러나 이 자유는 초월

---

9) 福永光司, 『莊子內編』, p. 272.

10) 나의 글에 접하는 많은 기독교인들은 이러한 대비 속에서 내가 전제한 기독교 교리의 본질의 이해가 매우 천박하다고 반박을 할지 모르겠다. 그러나 우리는 여기서 어디까지나 마테오 릿치가 이해한 기독교 교리를 대상으로 삼고 있다는 것을 상기해야 한다. 그리고 내가 독자에게 경고하고 싶은 것은 우리의 지적 세련이 결코 명백한 것을 명백한 것으로 파악하는 정직한 눈을 흐리게 해서는 안 된다는 것이다. 기독교의 어떠한 교리의 형태에 있어서도 그 궁극적 멧세지는 반드시 윤리적 이원성(ethical dualism), 신의 초월성과 인격성을 전제로 하고 있다는 매우 명백한 사실을 인정하

자에의 신앙으로써 얻어지는 것이 아니라 초월자에의 신앙 그 자체의 망각에서 얻어지는 것이다. 초월자에의 신앙, 역설적으로는 인간의 원죄에 대한 깨달음, 바로 그 죄의식으로부터의 해방에서 얻어지는 자유, 그것이야말로 동양적 사유의 특질이다. 도덕적으로 선해지려고 하는 인간적 의지에서 자유가 얻어지는 것이 아니라 그 도덕적 의지가 발생시키는 의식상태로부터의 본원적 해방에서 자유가 얻어진다고 莊周라는 천재는 파악했던 것이다. 따라서 畸人은 릿치가 번역한 대로의 求道者가 아니라 오히려 求道의 의식을 벗어난 자유인이며, 거꾸로 릿치가 畸人이란 개념 속에서 주입시키려 했던 기독교적 전제를 근원에서 붕괴시키는 그러한 사람의 모습이다. 『莊子』에 나오는 다음과 같은 극적인 장면을 연상해 보라!

　　孔子가 呂梁(江蘇省 銅山縣, 彭城에 있는 것을 지칭한다고 여겨짐)이라는 곳에 제자들과 놀러 나갔다가 엄청나게 큰 폭포를 발견한다. 높이가 240尺(30仞)이나 되고 물보라가 휘날리는 激流가 40里나 계속된다. 격류가 어찌나 센지 자라, 거북이, 악어조차도 헤엄치기 힘든 그러한 곳이었다. 그런데 순간 그 엄청난 폭포의 격류 속에 뛰어드는 한 남자를 발견한다. 공자는 이 세상을 비관하여 자살을 시도하려는 사람이거니 생각하고 가슴이 덜컹하여 제자 한 사람을 시켜 달려가 구출케 한다. 그런데 그 남자는 그 동안 수백 보를 떠내려가더니 훌쩍 강둑으로 헤엄쳐 나와 머리를 풀어헤친 채 유유히 노래를 부르며 강둑을 노닐고 있었다. 공자는 분명 귀신이거니 생각하고 가까이 가보니 역시 사람이라는 것을 발견하고 놀란다. "아니 헤엄치는 데도 무슨 도가 있소?" 하고 공자가 물으니 그 사람이 "나에겐 도라고 하는 것은 없소. 소용돌이 속에 같이 들어가고 용솟음치는 파도와 함께 나오고, 물의 길을 따를 뿐 내가 물 속에 있다는 생각조차 없기 때문에 억지로 허우적거리지 않을 뿐이요(不爲私焉). 나는 故에서 始하고, 性에서 長하고, 命에서 成하오."라고 유유작작 대구할 뿐이었다. 공자가 마지막 문구의 뜻을 물으니 그가 다음과 같이 대답했다. "내가 어쩌다가 이렇게 폭포가 있는 동네에 태어나 이런 환경에서 편안하게 느끼는 것이 내 故요, 물 속에서 큰 놈이 되어 놔서 물이라면 아무 두려움이 없는 것이 나의 性이요, 내가 어떻게 헤엄치는지를 모르면서 헤엄치는 것이 나의 命이올시다(不知吾所以然而然, 命也). "[11]

　　고 출발해야 한다고 본다.
11) 『莊子』의 「達生」篇 第十九에 나오는 여덟 번째의 說話. 孔子觀於呂梁, 縣水三十仞,

莊周가 말하는 畸人은 孔子의 求道的 진지함을 무색하게 만드는 그러한 사람, 수천 길의 폭포에 뛰어들면서도 두려워서 발버둥치지도 않고, 또 이런 곳에서까지 헤엄칠 수 있다고 자만하지도 않고, 물 속에서 물길따라 물 속에 있는 자기를 잊어버리는 그러한 사람이다. 과연 기독교의 聖子가 이러한 畸人의 모습과 짝지어질 수 있을까? 聖과 俗의 이랑이 없어진 그러한 畸를 기독교 성자 속에서 발견할 수 있을까? 聖아우구스티누스보고 呂梁의 폭포에 뛰어들라면 과연 그는 유유히 뛰어들 수 있겠는가?

최근 강원도 전방 디엠지에서 졸병으로 근무하고 있는 제자에게서 다음과 같은 재미있는 이야기를 들은 적이 있다. 그가 산속에서 보초를 서면서 떨고 있는데, 갑자기 군인복장을 한 사람이 부스럭거려서 총을 들고 있던 자기 자신이 오히려 바스라지게 겁이 나서 손들라고 소리치며 총대를 드리대었다. 자세히 보니 다 떨어진 군복들을 되는 대로 주워 입은 노인 할머니였는데, 등에 업은 배낭에는 약초가 가득하더라는 것이다. 물론 총칼에도 무서워하기는커녕 어린애 작대기만큼도 생각 않고 총대를 밀치면서 유유히 걸어 올라오더라는 것이다. 그 약초 캐는 할머니는 완전한 자연인, 완전한 자유인, 남한도 없고 북한도 없고, 디엠지도 인가도 구분 없고, 총칼의 위협도 문명의 장난도 통하지 않는, 먹고 자고 입는 것도 있는 그대로 되는 대로, 산다는 것과 죽는다는 것의 구분조차도 잊어버린, 어느날엔가 디엠지 어느 산속에서 장례식 없이 홀로 죽어갈 그러한 인간의 모습이었던 것이다. 심마니들처럼 일확천금을 벌기 위해 산삼에 미쳐 돌아다니는 것도 아니고, 때가 되면 산에 올라오고 때가 되면 인가에 내려가는 그러한 할머니였던 것이다. 莊子가 말하는 畸人은, 莊子가 말하는 聖人은 이러한 강원도 산골의 약초 캐는 할머니, 한국판 "데루스 우자라"를 연상케 하는 이 할머니에 가깝다. [12] 그 할머니의 현실적 물질적

流沫四十里, 黿鼉魚鼈之所不能游也. 見一丈夫游之, 以爲有苦而欲死也, 使弟子竝流而拯之. 數百步而出, 被髮行歌而游於塘下. 孔子從而問焉, 曰:「吾以子爲鬼, 察子則人也. 請問, 蹈水有道乎?」曰:「亡, 吾無道, 吾始乎故, 長乎性, 成乎命. 與齊俱入, 與汨偕出, 從水之道而不爲私焉. 此吾所以蹈之也.」孔子曰:「何謂始乎故, 長乎性, 成乎命?」曰:「吾生於陵而安於陵, 故也;長於水而安於水, 性也;不知吾所以然而然, 命也.」

12) "데루스 우자라"는 쿠로자와 아키라가 감독한 소련영화의 제목이다(1975년작). 아카데미 외국영화상을 받았다. 이 영화는 제정 러시아의 지형측량 장교였던 아르세니

실존에로의 지향이 아니라 그 할머니의 실존이 우리에게 주는 삶의 의미가 우리가 우리의 실존을 초극하면서 노력해야 할 "工夫의 理想"으로 구현되고 있는 것이다. 莊子 자신 우리에게 그 산할머니가 될 것을 명령하고 있는 것은 아니다. 莊子 자신, 『莊子』라는 一書가 보여주는 바와 같이, 엄청난 문자의 유희를 즐길 줄 아는 文明人이었다면, 이미 그는 개념적 인식의 오염에서 벗어날 수 없는 운명에 있었다는 의미에서 우리와 동일하다. 허나 그 강원도 산할머니나 폭포에 뛰어드는 呂梁의 젊은이의 존재(영＋육) 세계의 실존적 의미는, 막스 베버의 개념적 규정을 빌리자면, 우리 동양인의 삶의 양식에 있어서 하나의 이데아티푸스를 제공한다. 그리고 여기서 확실한 것은 이 莊子의 이데아티푸스와 릿치가 말하고자 하는 세인트적 이데아티푸스는 그 含意에 있어서 너무 이질적인 것이며, 따라서 동차원에서 번역될 수 있는 것이 아니라는 점이다. 그런데도 불구하고 릿치가 당시 내어 놓을 수 있는 카드의 선택범위는 너무도 좁았다. 세인트를 畸人으로 번역한 것이 릿치의 의도적 행위였다면 그것은 다음의 두 가지 역동적 관계를 가지는 문제를 파생시킨다. 이러한 의도적 행위, 즉 앞서 말한 사기(詐欺)술은 인류문화교류 역사상 모든 창조적 상상의 원천이 되고 있다는 사실을 우리는 함께 기억하지 않으면 안된다. 첫째로 릿치의 사기는 중국인에게 기독교적 求道(신앙)의 궁극이 莊子的 逍遙경지라는 친근감을 먼저 줌으로써 중국인들이 기독교 신앙에로 전향하는 착오적 계기를 마련하는 데 일단 성공했다고 보여진다. 그러한 매개조차도 없었다면 이 세상이 이 세상 밖 하늘 꼭대기에 사는 어떤 완전한 존재에 의하여 만들어졌다든가, 사람은 다 罪人이라든가(중국인에 있어서 罪人이라는 말은 刑法을 저촉한 사람이라는 의미 이상을 갖지 않는다), 救世主가 처녀의 자궁 속에서 나온 사람이라든가, 죽었던 사람이 다시 살아난다든가(쓰마 치엔의 『史記』에 나오는 「扁鵲列傳」에 扁鵲은

에프가 쓴 그의 탐험기 『우스기地方 探驗記』(1902)에 기초하고 있는데 아르세니예프가 탐험에 결정적인 도움을 받은 "Dersa Uzala"라는 한 시베리아의 山사람의 세계를 그린 것이다. 쿠로자와는 기계문명 사회에서 소외되어 가는 인간의 자연성의 회복이라는 주제의식 속에서 이 작품에 손을 대게 되었는데, 주인공이 북방계 동양인이었기 때문에 소련영화계가 쿠로자와를 감독으로 초청한 것이다. 내가 동경대학 유학시에 申一澈 교수가 早稻田大學 교환교수로 와 계셨고, 그 당시 나의 소개로 申교수는 이 작품에 접하게 되었다. 이 작품은 申교수의 隨想集, 『主體性의 危機』(서울 : 修文書館, 1977) 속에 소개되어 있다(pp. 205~218).

虢나라에 가서 죽은 太子를 살려 놓고 太子는 완전히 죽었던 것이 아니라 침으로 陰陽脈의 회생이 가능한 가사상태에 있었을 뿐이라고 놀란 관중들에게 설법한다)라는 등등의 미신적 비합리적 神話구조를 기간으로 하는 기독교의 교리가 철저히 합리주의에 기초하고 있는 儒者층에게 먹혀 들어갈 수 있는 방도가 없다. 그러나 둘째로 이러한 계기는 역으로 세인트가 畸人의 中國土着的 의미구조 속에서 흡수되어 버리는 위험성을 동반한다. 릿치는 이러한 위험성을 해결하지 못했다. 그리고 그가 중국인에게 기독교를 전파하기 위하여 우선적으로 중국사상을 이해하려는 성실한 노력을 기울였다는 사실에 우리는 경의를 표시하지 않을 수 없지만, 그의 중국 이해가 매우 아전인수격이고 또한 기독교사상의 정당성을 주장키 위한 부정적 문맥에서 중국사상이 이해되었다는 사실을 명확하게 간파하지 않으면 안 된다. 그는 처음에 佛教에 자신을 동일시했다가 佛教가 중국 지성인에게 비정통적 위치밖에 차지하지 못한다는 사실을 깨닫고 그 아이덴티티를 유교로 옮겼다. 유교를 알아야 중국 상층계급의 마음을 사로잡을 수 있다는 생각, 즉 기독교의 전파가 중국에서는 上에서 下로의 전략이 아니면 실패로 끝나고 말 것이라는 예측 속에서 그는 철저히 유교를 이해하려 했다. 웃도 사대부의 사모관대를 입었고 韶州에 있을 때부터 (1589) 『四書』를 공부했다. 그리하여 그는 1594 년에 『四書』의 라틴어 번역을 完成한다. 그는 『四書』의 라틴어 번역에서 유교의 이해를 성숙시키고 난 후에야 『天主實義』의 집필에 들어갈 수 있었다. 『四書』의 번역과정이 없었다면 『天主實義』와 같은 걸작은 물론 탄생될 수 없었다. 그리고 그의 이러한 진지한 태도는 그후 본국에서 오는 물자에 기생하여 중국이나 한국에서조차 빠다를 발라먹고 살았던 대다수 서양선교사들의 파렴치한 태도와는 대조적이다. 그러나 릿치 자신은 궁극적으로 유교의 假面을 썼지 유교의 本面을 쓰지는 않았다. 쉽게 말해서 그가 과연 畸人의 궁극적 의미를 도가적 문맥 속에서 이해했는지는 의문이다. 단적으로 표현해서, 그의 무지・무식이야말로 창조적 변용의 원천이었던 것이다.

그는 陡斯가 그들의 선배들에 의하여 "天主"로 의역된 것을 일단 받아들였으나 "天主"가 중국인의 도구연관 속에서 별 큰 의미를 지니지 않는다는 것을 깨닫고 그 "天主"라는 의역 자체를 中國古典에 내재적인 콘텍스트로 바꾸려고 노력하였다. "天主"라는 말은 中國의 先

秦古經 속에는 나오지 않는 말로서 철저히 불교적 용어다. 즉 인도의
베다경전에 나오는 最高神인 인드라의 타이틀인 다바파티(Davapati)
의 漢譯에서 생겨난 말이며 따라서 순 중국적 개념은 아니다. [13] 릿치
는 1578년에 인도에 왔다가 1582년(明나라 萬曆 10년, 31세)에 澳門
에 渡來하여 이듬해 1583년 廣西省 肇慶(Chao-ch'ing)에 最初의 宣教
基地를 확보하게 되는데, 이것은 先任의 제수이트(耶蘇會士)였던 미
케레 룻지에리(Michele Ruggieri: 中國名이 羅明堅이다)의 도움에 의
하여 가능했다. 즉 32세의 릿치는 羅明堅의 조수로서 1588년 羅明
堅이 歸歐할 때까지 활약한다. 릿치가 처음에 불교에 심취한 것은 바
로 羅氏 때문이었다. 羅明堅이야말로 자기의 아이덴티티를 철저히 불
교에 박고 있었던 人物이었다. 羅氏는 1584년에 肇慶에서『天主實錄』
이라는 책을 발간했는데,『天主實義』와 마지막 한 글자밖에 틀리지
않는 이 책의 편집과정 속에 릿치가 조수로 활약한 것은 틀림이 없다
고 보여진다. 이『實錄』은 稀覯의 書로 판본을 얻기 힘들어 연구가들
에 의하여 억측이 심했으나 1966년『天主教東傳文獻續編』第二册(梵
諦岡圖書館藏本) 속에 수록됨으로써 공개가 된 책이다. 兩書의 비교
연구결과 이 兩書가 佐伯好郎氏의 說처럼 전혀 별개의 두 책이 아니
고 서로 밀접히 관련된 책이라는 것이 밝혀졌다. 릿치의『天主實義』
가 완전한 릿치의 단독작품이 아니라 기존하고 있던『天主實錄』을 改
補·修整한 작품이라는 사실이 밝혀졌다. 릿치의 改補 내용은 불교적
콘텍스트를 유교적 콘텍스트로 바꾸는 작업이었다.『實錄』속에는 佛
敎的 語彙가 주축을 이루고 있고 儒敎에 대한 관심과 고려가 결여되
어 있었기 때문이었다. 그러한 결여가 기독교를 중국문화의 비주류적
인 것으로 만들 뿐만 아니라 그러한 불교적 기독교 이해로는 당시 중
국의 "고무신부대"는 동원할 수 있을지 몰라도 상층의 紳士계급을 끌
수는 없다고 판단했기 때문이었다. 그는 이러한 上으로부터 下에로의
전도방식을 철저히 밀고나가기 위해 1601년 北京 이주의 숙원을 성공
시켰고, 그후 北京에서 많은 고위관료들을 기독교로 전향시킨 후 1610
년 향년 59세로 북경에서 去世하였다.

---

13) 拙論, "절차탁마대기만성(제이편)," 『世界의 文學』(서울 : 民音社, 1983, 겨울), 통
권 30, p. 174 참조.

릿치가 "天主"라는 불교적인 개념을 유교적 개념으로 환원시키면서 등장한 것이 바로 "上帝"이다. 즉 "天"이라는 개념은 그것이 荀子的 문맥이든 孟子的 문맥이든간에 人格性이 철저히 배제되어 있는 자발·자족적 자연(Nature)의 개념이었기 때문에 先秦古經 속에서 인격성이 드러나는 天의 개념을 찾다보니까 등장한 것이 『尙書』『詩』『易』 『禮記』에 나오는 "上帝"라는 개념이었다. 그 일단을 소개하면 다음과 같다.

西士曰：" 雖然天地爲尊之說，未易解也。夫至尊無兩，惟一焉耳。日天日地，是二之也。吾國天主，華言上帝，與道家所塑玄帝玉皇之像不同。彼不過一人修居于武當山，俱亦人類耳。 人惡得爲天地主耶， 吾天主乃古經書所稱上帝也。中庸引孔子曰：「郊社之禮， (所)以事上帝也。」 朱註曰：「不言后土者省文也。」 竊意仲尼明一之以不可爲二，何獨省文乎？ 周頌曰：「執競武王， 無競維烈， 不顯成康，上帝是皇。」又曰：「於皇來牟， 將受厥明。明昭上帝。」商頌云：「聖敬日躋。昭假遲遲。上帝是祇。」雅云：「維此文王，小心翼翼，昭事上帝。」易曰：「帝出乎震。」夫帝也者非天之謂。蒼天者抱八方，何能出於一乎？ 禮云：「五者備當，上帝其饗。」又云：「天子親耕，粢盛秬鬯，以事上帝。」湯誓曰：「夏氏有罪，予畏上帝。不敢不正。」又曰：「惟皇上帝，降衷于下民。若有恆性，克綏厥猷惟后。」金縢周公曰：「乃命于帝庭， 敷佑四方。」上帝有庭則不以蒼天爲上帝可知。歷觀古書，而知上帝與天主，特異以名也。"[14]

이 인용절 자체 내에서만 보더라도 릿치의 논쟁은 자가당착적 모순에 빠져 있다. 그는 우선 서양에서 말하는 天主가 道家(Religious Taoism)에서 말하는 玄帝(*hsüan-ti*)나 玉皇(*yü-huang*)과 다르다고 주장한다. 그러한 道家의 神들은 사람의 類(人類)에 불과하다는 것이다. 즉 道家의 神의 否定이 그 人格性 때문에 이루어지고 있다면 그가 말하는 天主도 철저히 非人格的인 그 무엇이 되어야 할 것이다. 그리고 그가 玄帝나 玉皇을 단순히 살아 있는 현세적 仙人(Taoist adept) 정도로 이해했다면 그것은 물론 誤解다. 그리고 마지막에 그는 자기가 말하는 天主가 中國古經의 上帝와 동일한 것임을 證明하는 근거로 上帝의 인격성을 들고 있다. 중국인의 "天地" 개념은 天과 地를 두 개

14) 이것은 『天主實義』 第二篇에 나오는 구절인데 전체의 번역은 상당한 지면을 차지하므로 생략한다. 상세한 구두점 표기를 붙였음으로 쉽게 판독되리라고 본다.

의 독립적 실체로 파악하고 있기 때문에 至尊한 一者일 수 없다는 터무니없는 가설하에 진정한 一者는 天과 地를 초월하는 것일 수밖에 없고 그 一者는 인격적인 것이라는 것이다. "天"이라는 개념은 단순히 물질적 자연적 개념, 즉 푸른하늘(蒼天)에 불과함으로 "天主"가 될 수 없고 天主는 天을 초월하는 天의 造物主인 上帝일 수밖에 없다. 上帝가 蒼天을 초월하는 존재라는 것을 증명하기 위하여 『尙書』「金縢」에 周公이 武王의 病을 고치기 위해 제사를 지낼 때 史官이 지은 冊文 속에 나오는 "乃命于帝庭, 敷佑四方"이란 구절을 인용하고 있다. 이 文句 자체의 명확한 뜻에는 필자 자신 의문점이 있으나 릿치는 武王이 하늘 꼭대기의 上帝의 宮庭에서 命을 받아 이 땅에 내려와 四方을 평정했다라고 해석하고, 上帝에게 宮庭이 따로 있다는 것만 보아도 上帝가 蒼天 이상의 것임이 증명됨으로 곧 기독교에서 말하는 天主와 동일하다고 주장하고 있다. 道家의 玄帝·玉皇은 그 인격성 때문에 부정해 놓고 儒家의 上帝는 그 인격성 때문에 긍정하는 자기 모순적 엉터리 논리를 펴고 있다.

그의 논리의 정당성을 오늘의 관점에서 평가하는 문제는 차치하고 하여튼 기독교적 데우스의 번역이 동양 삼국에서 이루어진 개념적 변용만 살펴보더라도 의미의 공간성과 그 문화적 특이성이 잘 나타나 있다. 같은 데우스가 중국에서는 "上帝"로, 조선에서는 "하느님"(하나님은 유일성을 강조하기 위하여 기독교도들이 지어낸 말로서 원래 우리 말은 하느님이다. 최근 신구교 공동번역 『성서』에서 하나님을 하느님으로 고친 것은 타당하다)으로, 일본에서는 "카미"(神)로 번역된 것은 格義의 좋은 실례라 할 것이다. "上帝"는 儒敎的이고 "하느님"은 巫敎的이고 "카미"는 神道的이다. 그리고 데우스는 各各의 콘텍스트 속에서 변용되지 않을 수 없다.

릿치의 후계자들에게 논쟁의 불씨로 릿치가 남겨 준 문제는 바로 이러한 변용에 관한 것이었다. 릿치는 陡斯를 중국인에게 인식시키기 위하여 중국인에게 내재하는 上帝를 업었으나, 그것은 다시 세인트—畸人의 경우와 마찬가지로, 陡斯가 上帝에게 업히는 결과를 초래할 수 있다. 그러나 이것은 중국인에게는 필연적인 것이었다. 『天主實義』의 序(1601)를 쓴 횡 잉징(馮應京)의 경우만 해도 바로 릿치가 유교적 가면을 썼다는 그 점에 매혹당하고 있다. 횡氏의 序에 나오는 "以西

政西, 以中化中"이란 말은 당시 중국인 入信者들의 『天主實義』에 대한 感受를 단적으로 나타낸다. "以西"의 西는 기독교요 "政西"의 西는 불교다. "以中"의 中은 완전히 유교화된 기독교요 "化中"의 中은 유교다. 중국인에게 있어서는 불교나 기독교가 모두 서양에서 건너온 것임으로 모두 "西"다. 그러나 기독교라는 "西"는 불교라는 이단을 다스리는 데 매우 강력한 수단이 될 수 있다고 『實義』는 중국 유자들을 유혹하고 있다. "以中化中"(중국을 빌어 중국을 변화시킨다)이라는 말은 天主教의 教說이 결국 중국 고래의 유교사상과 일치됨으로 중국인에게 이질적인 것이 아니라는 안도감을 주는 데 『實義』가 성공했다는 것을 의미한다. 그런데 "以中化中"의 릿치적 방법에 제동을 걸기 시작한 것은 중국인에서부터가 아니라 중국선교의 헤게모니를 둘러싼 카톨릭 선교사 내부의 갈등에서부터였다.

1597년에 來華하여 릿치의 傳道에 協力하였고 드디어 릿치의 後任으로서 中國傳道會 會長이 된 니코라스 롱고바르디(Nicolas Longobardi, 中國名은 龍華民)는 릿치의 生前부터 릿치의 天主即上帝說에 회의를 품고 있다가 그가 죽은 후로는 會長이라는 責任者의 권한으로 "天" 혹은 "上帝"라는 용어로 데우스를 표현하는 것을 오류로 인정하고 사용을 금지시켰다. 이 天主即上帝說은 릿치가 기독교 신앙의 전파를 위한 중국문화적 매체로 인정한 孔子崇拜, 祖先崇拜와 함께 三大禁忌로 간주되어 이 문제는 그 유명한 典禮論爭(Rites Controversy)을 유발시켰다. 이러한 龍華民의 어리석은 결정은 제수이트 선교사 내부에서조차 贊反의 議論을 일으켰다. 그래서 그는 1628년과 35년의 두 회에 걸쳐 江蘇省 嘉定에서 宗教會議를 개최했으나 의견의 통일을 보지 못한 채 끝나 버렸다. 그후로 뒤늦게 中國의 傳道戰線에 참가한 도미니칸宗派(the Dominicans: 1631年 來華)와 프란시스칸宗派(the Franciscans: 1633년 來華)의 선교사들은 먼저 중국 전도에 성공한 제수이트들을 질시하여 중국의 儀禮에 妥協的 전도방침을 세우고 있는 제수이트를 비난하면서 이 儀禮문제를 물고 늘어졌다. 그리고 이 문제를 로마법왕청으로 가지고 감으로써 문제는 커지게 되었다. 중국에서의 도미니칸—프란시스칸 對 제수이트의 패싸움은 1645년(도미니칸 승리), 1656년(제수이트 승리), 1669년에 발한 教書의 조정에도 불구하고 해소되지 않고 악화되어 갔다. 1693년에는 福建에 있던 法王 代理

司敎로부터 典禮否認의 訓令이 發하여지고, 1699년에는 법왕 인노센트 12세에 의하여 典禮問題調査會가 개최되고, 드디어 1704년에는 法王 크레멘트 11세(Pope Clement XI)에 의한 典禮禁止의 勅令이 반포되기에 이른다. 문제가 이쯤되고 보니 被告의 궁지에 몰리게 된 제수이트들은 그들의 국면을 타개하기 위하여 法王廳 및 歐州의 宗敎界·學界에 그들의 입장을 열심히 호소하는 동시에 傳道地인 中國의 最高權威者인 康熙大帝의 支持를 구하여 정치적 차원에서 문제를 해결하려고 획책하였다. 이렇게 하여 典禮論爭은 로마법왕 對 康熙帝, 法王廳 對 北京朝廷의 정치외교적 문제의 양상을 띠고 발전하기 시작한다. 康熙帝는 릿치의 『天主實義』를 6개월 동안 머리맡에 놓고 탐독했다고 할 정도로(Joachim Bouvet의 『康熙帝傳』에 의함) 릿치를 존숭했던 인물이었기 때문에, "利瑪竇的規矩"(마테오 릿치의 법칙)라는 법령을 만들어 "利瑪竇的規矩"를 준수하는 자에게만 중국 체류를 윤허하는 강경한 방침을 세워 法王廳과 대립하였다. 크레멘트 11세는 1715년에 典禮禁止의 勅令을 다시 발하여 팽팽히 대립하였다. 그나마 기독교에 조예가 깊었던 康熙帝가 崩御하고 雍正帝가 등극한 1723년에는 기독교가 엄금되고 선교사들은 마카오(澳門)로 추방되는 불행한 사태를 빚게 된다. 法王廳도 계속 法王權의 절대를 주장하고 典禮否認의 태도를 굽히지 않다가 1742년(乾隆 7年)에 이르러서 法王 베네딕트 14세(Benedict XIV, 1675~1758)가 "엑스 쿠오 싱구라리"(Ex quo singulari)라는 유명한 敎書를 발하여 典禮否認의 태도를 확인하고 이에 관한 모든 논의를 금지시킴으로써 이 논쟁은 종지부를 찍게 된다. 이 1742년의 교서 이후에는 제수이트를 포함한 모든 선교사가 그 결정에 따르지 않을 수 없게 되고 이렇게 됨에 따라 많은 중국의 기독교도들을 제자리로 환원시키는 역효과를 빚어낸 것은 두말할 나위도 없다. 릿치의 절충주의적 수고마저 완전 수포로 돌아가게 된 것이다. 따라서 1742년이후에 출판된 『天主實義』의 版本에는 "天主"를 의미하는 뜻으로 "上帝" "天"으로 쓴 곳은 모두 削除改訂되어 버렸다. 이러한 改竄의 문제는 方豪氏의 논문 "天主實義之改竄"(『方豪六十自定稿』 下册)에 상세히 다루어져 있다. 이러한 문화상대주의(cultural relativism)적 당위성을 무시한 법왕청의 독단적 결정은 두 세기 동안을 지속되다가 1939년 10월 8일의 법왕청의 결정에 의하여 부분적으로 다시 번복되었다.

孔子崇拜와 祖先崇拜가 종교적 의미를 떠지 않는 한 기독교도들이 참여해도 무방하다는 결정을 내린 것이다. 그리고 제 2 차 바티칸공의회 (The second Vatican Council 1962~65)에 와서야 土着的 儀禮를 敎會의 典禮(liturgy)로 할 수 있다는 원칙이 정식으로 수립되게 되고 이에 따라 라이츠 콘트로버시(典禮論爭)의 긴 역사는 마테오 릿치의 승리로 끝나게 되었다. 동양인의 立場에서 본다면 카톨릭은 1960 년대에나 와서야 개화된 것이다. [15]

우리 동양학도들은 번역이라는 문제가 단순히 문자의 옮김에서 끝나는 것이 아니라 이와 같이 전세계적인 정치사건까지 유발시킬 수 있는 거대한 그리고 심원한 事象들의 연계 속에서 이해되어야 한다는 사실을 새삼 자각해야 할 필요가 있다. 다시 말해서 의미의 공간성 속에는 우리 삶의 모든 도구연관이 화엄론적으로 얽혀 있다는 사실, 따라서 그 공간의 소통이라는 것이 단순한 문자적 의미의 전달이 아니라 우리 삶의 모든 체험의 전달이라는 사실을 다시 한 번 깊게 깨달아야 할 것이다. 그리고 이러한 의미의 공간성에서 생기는 문제가 의미의 시간성 속에서도 똑같이 문제시된다는 것도 아울러 기억할 필요가 있다. 번역은 해석학적 행위(hermeneutic acts)이다. 그리고 우리는 다음의 사실을 간과해서는 안 된다. 인도에서 중국으로 불교가 수용되는 과정에서, 서양에서 중국으로 기독교가 전래되는 과정에서, 맑시즘·레닌이즘이 중국으로 이식되는 과정에서 인류역사상 유례를 보기 힘든 엄청난 해석학적 행위가 번역이라는 매개를 통하여 이루어졌다는 사실을——.

여태까지 필자는 서양의 문자가 동양의 문자로 번역되는 과정에서 생기는 격의문제를 중심으로 다루었다. 하나 그 逆의 경우는 어떠한가? 어떠한 재미난 문제가 파생될 것인가? 우리의 호기심을 끄는 문제가 아닐 수 없다. 필자는 이러한 질문에 대답할 수 있는 충분한 자료를 소장하고 있지는 못하다. 서양에 있는 동안 學位論文이 明末淸初의 哲學思想에 관계되었기 때문에 그 제약 속에서 자료수집의 방향이 규정되었기 때문이다. 그러나 우리는 이 문제를 서양인이 동양

---

15) 이상의 典禮論爭에 관한 정보는 後藤基巳의 前揭書의 해설 부분과, 이 주제와 관계되는 *Encyclopedia Britannica* 의 여러 항목 속에서 뽑았다.

을 어떻게 이해해왔는가 하는 일반적 인식의 역사로부터 실마리를 풀어나가지 않으면 안 된다. [16] 개괄적으로 조감하여 말한다면 동양인이 서양의 인식에 있어서 저지른 오류가 서양인의 동양의 인식에 있어서도 반복되고 있다는 점에 있어서는 동일하다. 그러나 명백히 다르다고 할 수 있는 것은 서양인은 우월감 속에서 동양을 내려다본 데 반하여, 동양인은 자비감 속에서 서양을 올려다보았다는 것이다. 그러나 이러한 대조는 외면적으로 나타나는 현상으로 분석하면 매우 모순되는 발언같이 보여진다. 왜냐하면 동양인의 자비감은 唯我獨尊의 극단적 우월감이나 국수주의로 표현되기도 하고 서양인의 우월감은 상대방을 환상적으로 낭만화・이상화하기도 하고 궁극적으로 자기를 비하시키는 형태로 표현되기도 하기 때문이다. 동서교류의 수세기를 지나온 오늘날 이 양자를 평가한다면, 우월감이든 자비감이든, 모두 인류역사의 발전을 그르치는 병든 의식임에는 의심의 여지가 없다.

중국은 고대 로마시대로부터 (紀元 전후) "비단의 나라"를 뜻하는 "세라"(Sera)의 명칭으로 기억되어 왔으나, [17] 이 명칭은 비단을 생산하는 遠方의 未知國을 가리킬 뿐 구체적 位置나 種族의 의미를 지니지는 못했다. 중국이 서구인에게 본격적으로 소개되기는 역시 마르코 폴로(Marco Polo, 1254?~1324)의 『동방견문록』 이상을 거슬러 올라가지 않는다. 물론 이 폴로의 역사적 사건 이전에도 동서교류에 관한 기록이나 사실은 많다. 그러나 『동방견문록』이 가지는 가장 결정적 의의는 그 내용의 여하를 막론하고 서구역사상 처음으로 서구인에게 중국(동양)에 대한 개념인식 즉 일반적 이미지를 형성시켰다는 것이다. 그럼 『동방견문록』이 부각시킨 개념적 이미지는 무엇이었나?

우선 폴로의 중국여행이 동서의 교통을 가로막고 있었던 중동의 사라센 문명이란 철의 장막이 "옐로우 테러"라고 불리우는 몽고의 西征에 의하여 붕괴되는 계기에 의하여 이루어진 세계사적 사건이라는 점

---

16) 이러한 방면의 연구에 절호의 논문이 하나 있다. 영국 옥스퍼드대학의 중국학 교수인 도오슨이 세계 각 문명권의 전승(legacy)을 개괄적으로 소개하는 시리이즈 중 중국편으로 편집한 『中國의 전승』이란 책의 서론에 해당되는 글이다. Raymond Dawson, "Western Conceptions of Chinese Civilization," *The Legacy of China* (Oxford University, Press, 1971), pp. 1~27. 나의 연구는 이 논문과 기타 관계되는 자료에 의한 것임을 밝혀 둔다.

17) W. 프랑케, 金源模, 『東西文化交流史』, 서울 : 檀大出版部, 출판연도미상(譯者再版序文 1978), 제일장을 참조.

을 의식할 필요가 있다(아랍문명권의 중심이었던 美都 바그다드는 1258년에 몽고의 征軍에 의하여 초토화되었다. 당시 약 80만의 市民이 남김없이 학살되었다). 우리가 알고 있는 『동방견문록』이란 冊題는 일본인의 창작으로 原作과 아무런 관련이 없다. 그 책이 13세기 말에 첫선을 보였을 때(1299?)의 題名은 *Divisament dou Monde* (*Discription of the World* 세계의 기술)이었고, 그 뒤로는 *Il Milione* 라는 別名으로 계속 불렸으나 이 別名의 뜻을 아무도 정확히 알지 못한다.[18]

그것이 폴로의 집안에서 내려오는 별명인 "Aemilione"(Big Emil)의 와전이라는 설도 있고, 그 "미리오네"가 "과장된 이야기" 혹은 "거창한 이야기"라는 뜻이라는 설이 있다. 전자의 뜻을 취한다면 『동방견문록』의 내용이 허풍이 심하다는 풍자가 될 것이고, 후자의 뜻을 취하면 그 견문록의 스케일이 광대한 범위에 걸치고 있다는 긍정적 의미가 될 것이다. 그러나 위의 세 설 중 가장 유력한 것은 두번째의 과장설이다. 폴로와 완전히 동시대며 이 "미리오네"를 누구보다도 잘 알고 있었을 그 유명한 플로렌스의 시인 단테(Dante Alighieri, 1265~1321)는 이 작품에 대하여 일언반구의 언급도 그의 저작 속에 남기지 않았다. 1553년에 인쇄된 『동방견문록』에 서문을 쓴 16세기 이태리의 지리탐험가 라무지오(Giambattista Ramusio 혹은 Giovanni Battista Ramusio)의 증언대로 이 견문록이 처음 세상에 나온 지 몇달 안에 이태리 전역에 보급되었음에도 불구하고.[19] 단테는 이 책을 환상적이고 과장적이며 무근거한 僞書로 간주했음에 틀림이 없다. 이러한 태도는 당시 서구인들이 基督敎世界 밖에 또 하나의 고도의 文明世界가 존재한다는 엄연한 사실 자체를 부인하려는 我執的 偏見에 기인한 것이지만, 『일 미리오네』(동방견문록) 그 자체가 가지고 있는 문제점에서도 그 원인을 찾을 수 있다.

『일 미리오네』가 西歐人에게 심어 준 중국의 일반개념은 한 마디로 물질적 풍요(material prosperity)이며 엄청난 부의 환상이었다. 폴로는 과장의 천재였다. 우리는 여기서 매우 명백한 사실을 하나 환기

---

18) 이 *Il Milione* 란 冊名은 1305년에 이미 이태리의 공식기록 속에 나오고 있다. Marco Polo, *The Travels*, tr. Ronald Latham(Penguin Books, 1976), p. 19.

19) *Tutta Italia in pochi mesi ne fu piena:* In a few months it spread throughout Italy. *EB* 14 : 759e.

하지 않으면 안 된다. 폴로는 셰익스피어의 작품에서도 풍자되고 있듯이, 그 유명한 베니스 상인의 후예며 여행의 장본인인 그의 아버지와 삼촌은 바로 이 상인이라는 카테고리 밖을 한치도 벗어나지 않는다. 폴로는 아버지가 不在한 상태에서 소년시절을 보냈고 라틴어를 전혀 몰랐다. 그리고 여행을 떠난 것이 17세(1271년)였으므로 그의 교육수준으로 보아 일자무식의 상인이라고 보아도 별 무리가 없다. 우리 속담에 개눈에는 똥만 보인다는 말이 있다. 무식한 상인 눈에 보이는 것은 황금밖에 없다. 너무 심한 표현일지는 모르지만, 그의 관심의 범위가 상업적 가치에 한정되어 있었다는 것은 확실하다. 즉 폴로의 『일 미리오네』의 가장 핵심적 주제는 富에 번뜩이는 중국도시들의 모습의 과시적 기술이었다. 그가 쓰고 있는 가치판단적 어휘들, "좋은 도시" "좋은 지방" 등의 "좋음"은 궁극적으로 생산성(productivity)을 기준으로 하고 있다.[20] 도시의 건물이나 공예품들의 묘사에 있어서도 그것들의 예술적 감수성보다는 상품적 가치라는 측면, 즉 빛깔의 현란함, 값비싼 재료, 효용성 등의 측면에 더 강조를 두고 있다. 그리고 이러한 측면이야말로 이전에는 아랍인들에 독점되어 있던 해외모험을 서구라파 상인들에게 촉발시키는 계기를 만들었고, 그 방면에 막대한 영향력을 발휘했다. 콜럼버스가 바로 이 『일 미리오네』의 신봉자였으며 그가 항해를 통해 세부적으로 주석을 단 이 책을 정독하고 있었다는 사실은 재미있는 한 예일 것이다.

또 하나의 과장성과 관계된 사실은 『일 미리오네』가 폴로 자신의 작품이 아니라는 것이다. 폴로는 무식한 상인이었으므로 이 방대한 작품을 다시 말해서 그의 25년 동안의 별세계에 있어서의 체험의 세계를 조직화하여 문자로 옮길 수 있는 고도의 지적 실력을 갖춘 그런 사람이 아니었다. 『일 미리오네』의 序文(Prologue)의 첫부분에 의하면 폴로는 東方의 긴 여행을 끝내고 자기 고향인 베니스로 돌아갔다가(1295) 다시 이태리의 지역전쟁에 연루되어 1298년에 제노아(Genoa)의 감옥에 갇히게 된다(라탐版 p. 33). 16세기의 라무지오의 고증에 의하면, 그것은 1298년 9월 6일의 일이고, 그가 그 감옥에서 풀려난 것은 1299년 5월 25일일 것이라고 한다.[21] 이 감금사건이야

---

20) Ronald Latham tr., *Ibid.*, p. 20.
21) 라탐의 조사에 의하면 1298년 9월 6일 說은 소문이 아니면 추측일 뿐 정확한 근

말로 인류역사의 주요한 한 페이지를 탄생시킨 계기가 되었던 것이다. 폴로는 같은 감방에서 이미 십 년 전에 갇혀 버린 피사(Pisa) 지방 출신의 루스티첼로(혹은 루스티챠노라고도 함. Rustichello or Rusticiano)를 만나게 되는데, 루스티첼로야말로 『일 미리오네』를 탄생시킨 장본인이었다. 루스티첼로가 없었다면 폴로는 인류역사서의 각주에도 이름 석자나 낄까 말까 하는 정도의 인물로 끝나 버렸을 것이다. 루스티첼로가 없이 『일 미리오네』는 무식한 상인 폴로의 손에서 탄생될 수는 없었다. 25년의 이국여행에서 돌아온 폴로의 언어는 엉망이 되어 있었기 때문이다. 폴로는 원래 자기말인 베니스 방언이나 당시 유행어인 불어도 유창하지 못했고, 그의 중국말도 몽고어와 중국어가 뒤섞인 土話였을 것이다. 루스티첼로는 당시 꽤 명성을 얻은 로맨스 스토리 作家中一人이었다. 이 作家 루스티첼로의 필봉에 같은 감방에서 벌어지는 꿈과 같은 나라에 대한 이 덥수룩한 44세 수인의 횡설수설이 놓쳐질 리 없다. 우리는 『일 미리오네』의 최초 사본을 가지고 있질 못하다. 따라서 이 책의 최초의 언어가 무엇이었는지도 추측에 불과하다. 뿐만 아니라 이때는 서구라파에 인쇄가 발달되기 이전이었기 때문에 모든 당시의 판본은 수사본으로서의 유통에 불과하다. 이 책은 나오자마자 극적인 인기를 얻었고, 10여 개 국어로 번역되었다. 轉寫・번역과정에서의 改作, 潤色, 왜곡, 加減 등의 현상은 말할 나위도 없다. 한 사람 손을 거칠 때마다 그 사람의 도덕적・종교적 가치 판단에 의하여, 또 인기적 흥행의 수단으로서 왜곡되고 또 왜곡되었다. 우리는 지금 140여개의 다른 판본을 가지고 있고, 그 중 어느 하나도 완전한 우월성을 주장할 수는 없다. 『일 미리오네』야말로 서구 중세기 판본학의 가장 복잡한 유산 중의 하나이다.

루스티첼로가 쓴 언어는 라틴어(라무지오說), 프랑스식 이태리어(Franco-Italian; 마라이니說), 이태리식 프랑스어(Italinate French; F 판본), 프랑스어(라탐說)였다는 說들이 있으나, 피사 출신의 루스티첼로가 이태리인이라는 점을 감안할 때 역시 당시 로맨스 스토리를 쉽게 담을 수 있는 이태리어의 변태로서의 마라이니說이 설득력 있는

거가 없다. 그러나 폴로가 제노아 감옥에 갇혔던 시간이 길지 않았던 것은 확실하다. *Ibid.*, p. 16.

것으로 받아들여진다.[22] 우리의 관심을 끄는 것은 매체가 된 언어 그 자체가 아니라 루스티첼로가 폴로의 口談을 기록할 때의 인식구조에 관한 것이다. 루스티첼로는『일 미리오네』라는 作品을 역사서나 기행적 사실사의 관점에서 쓴 것이 아니라, 그의 로맨스 스토리 작품들의 일환으로 쓰고, 그러한 구조 속에서 폴로라는 주인공을 등장시키고 있다. 예를 들면 쿠비라이칸이 폴로를 환영하는 장면은 루스티첼로 이전의 로맨스 작품의 장면의 기술, 즉 트리스탄이 카메롯에 있는 아써왕의 조정에 도착하는 장면의 묘사의 기술을 모델로 하고 있으며, 이러한 식으로 폴로를 로맨틱한 騎士로 기술하는 장면은 수없이 발견된다. 그리고 또 명백한 사실은 이『일 미리오네』가 당시에 베스트셀러가 된 것도 이국풍에 대한 호기심도 호기심이지만, 무엇보다도 당시 유럽인들이 이 作品을 아써왕 이야기나 트리스탄과 이슐트와 같은 로맨스 스토리의 하나로 받아들인 데 기인한다는 사실이다. 다시 말해서 西歐人에 있어서 최초로 형성된 중국의 보편개념은 로맨스의 틀 속에서 이루어졌다는 로맨틱한 사실이다.

이러한 이유로 서구인의 최초의 중국개념 속에는 역사라는 사실적 시각이 결여되어 있었다. 일반적으로 문맹인이 대상을 인식하는 방식에는 역사라는 시각이 결여되어 있다. 識者들은 어느 마을을 방문할 때 우선 그 마을의 내력(=역사)이나 현시점에서 나타나는 현상과 과거 사실과의 관계에 탐구의 촛점을 맞춘다. 그러나 문맹인은 있는 그대로의 색깔이나 형상이나 자기 느낌을 전달하는 데 만족할 뿐이다. 識者의 경우에도 그 기술에 있어서 개념적 왜곡이나 중요한 감각적 사실에 대한 생략의 위험성이 있지만, 文盲人의 경우에도 그 기술이 지나치게 표피적이고 지역적이고 환상적이고 주관적일 수 있다.

예를 들면 우리 농촌의 시골 농부에게 거리를 물으면(요새는 상황이 달라졌지만), 매우 먼 거리나 짧은 거리나 다 시오리 가면 된다고 말하여 우리를 골탕먹이는 경우가 많다. 즉 그들에게 있어서는 거리가

---

22) 프랑스식 이태리어와 이태리식 프랑스어의 차이를 나는 잘 모르겠으나, EB(대영 백과사전)의 "Marco Polo"의 著者인 Fosco Maraini는 이태리어에 중점을 두고 있고, 라탐은 당시 불어가 로맨스作家들의 유행된 매체였다는 점에서 불어에 역점을 두고 있다. 라무지오의 라틴어說은 그 책의 신빙성을 높이기 위한 위장된 발언에 불과하다. F판본이라는 것은 14세기 初의 것으로 추정되는 파리手稿本(Paris manuscript)인데 이 F판본이 원본의 문제를 가장 잘 보존하고 있다고 믿어지고 있다.

大地의 기하학적 공간처리에 기초하고 있는 것이 아니라 그들의 주관적 의식의 흐름에 기초하고 있다. 따라서 그들이 말하는 시오리는 엄청난 신축성을 가질 수 있다. 폴로의 구술방식은 이와 같은 인식구조에 기초하고 있다. 폴로가 가장 즐겨 쓰는 "하루걸음 거리"(day's journey)라는 거리단위의 표현은 엄청난 신축성을 갖는다. 폴로의 地理 기술에서 旅程을 추출하는 것은 가능해도(시간적 흐름), 地圖를 구성해 내는 것은 불가능하다. 폴로의 비역사적 태도는 다음과 같은 엄청난 실수를 유발시켰다.

당시 중국문명의 특징이며 상징이라고 할 수 있는 것들, 비슷한 年代의 다른 여행자들에 의하여 기록되었던 눈에 띄는 사실들이 생략되었다. 중국의 문자, 인쇄술, 纏足, 茶문화, 만리장성[23] 등에 대한 언급이 일체 없다. 그래서 19세기까지도 한 독일학자는 『일 미리오네』가 완전한 허구의 僞書임을 증명하려고까지 했다. [24] 이렇게 해서 서구인에게 돈으로 도배를 한 동양의 이미지가 부각되었다(일본의 황궁은 전지붕이 순금으로 덮혀 있고, 방바닥은 두 손가락 두께의 두꺼운 황금으로 되어 있고, 창이나 기타 부분도 모두 황금으로 장식되어 있다고 기술). [25] 이러한 환상은 후대에 와서 서구경제가 급성장하고 중국이 상대적으로 쇄락함으로써 시들어 버리긴 했지만, 1798년 말사스의 『人口論』에서까지도 中國은 이 세계에서 가장 풍요한 나라로 기술되고 있다. [26] 이것이 사실이 아니라는 것을 입증하려는 것이 아니라 서구인들의 중국 이해가 신화적이었다는 것을 지적하려는 것뿐이다. 물질적 풍요에 대한 환상은 그것이 신화적이기 때문에 객관성을 결여하고 또 그렇기 때문에 정반대의 환상을 지어내기도 한다. 그 유명한 『로빈슨 크루소』(1719년 출판)의 저자 다니엘 데포(Daniel Defoe, 1660~1731)는 그의 주인공의 입을 통하여 다음과 같이 말하고 있다.

---

23) 라탐의 序文에 의하면 당시 아랍인들이 만리장성을 The Wall of Gog and Magog 이라고 불렀다고 한다. 폴로는 Gog and Magog과 Ung and Mungul이라는 고유명사를 단 한 번 언급하고 있는데 이것이 바로 만리장성을 뜻한 것일 것이라고 주장하고 있다(Latham, Ibid., p. 106).

24) Dawson, Ibid., p. 5.

25) 이러한 폴로의 기술은 당시 몽고인들이 일본에 대해 가지고 있던 환상적 통념을 반영하고 있다고 보아야 한다(EB 14 : 760a).

26) T.R. Malthus, First Essay on Populaton, Royal Economic Society reprint, with notes by James Bonar (London, 1926), p.335.

내가 항해에서 돌아왔을 때 사람들이 중국사람들의 권력, 영광, 찬란함, 무역과 같은 멋들어진 이야기를 하고 있는 데 나는 놀라지 않을 수 없었다. 왜냐하면 내가 가서 목격한 한에 있어서는, 그들은 무지하고 더러운, 경멸할 수밖에 없는 노예의 군중일 뿐이었고, 그들은 그따위 인간들밖에는 다스릴 수 없는 형편없는 정부에 귀속되어 있었기 때문이었다.

西歐人에게 있어서 중국의 第二의 개념형성은 앞서 말한 제수이트 선교단에 의하여 이루어졌다. 좀더 구체적으로 말해서 서구라파의 전역사에 있어서 중국의 이미지 부각, 다시 말해서 두 개의 거대한 신화는 두 이태리인의 활약에 의하여 상징적으로 나타난다고 해도 과언은 아니다. 그 두 이태리인은 폴로와 릿치였다. 전자의 신화가 돈으로 도배한 중국의 환상이었다면, 후자의 신화는 근본적으로 성격을 달리 한다. 전자가 철저히 물질적인 것이었다면 후자는 철저히 정신적인 것이었다. 릿치의 생전과 사후에 잇달아 일어난 典禮문제를 둘러싼 제수이트교단의 이해관계는 이미 상세히 전술한 바 있다. 즉 그러한 이해관계는 제수이트교 선교사들에게 어떠한 특정한 중국의 이미지를 서구인에게 심어야만 하는 당위성을 제공하였다. 우리 한국사람들이 최근세사를 통하여 경험한 외국의 이미지 부각과정을 살펴본다면 제수이트의 상황은 쉽게 유추될 수 있다. 1950년대와 60년대의 미국 유학생들에게 있어서 미국의 개념이란 것은 매우 낭만적이고 환상적이고 이상적인 그 무엇이었다. 그리고 그들은 그 무엇을 한국인의 心象 속에 심으려고 안간힘을 썼다. 미국가는 패스포트를 얻기까지 도장이 한 말이 필요하다는 특수한 상황, 범인이 못 얻는 매우 특수한 권리를 독점했다는 우월의식·선민의식, 자기들의 희소가치를 극대화하기 위한 자기들의 이국체험(대부분 주관적이고 개별적 事象에 불과한 것이지만)의 이상화에 대조적으로 뒤따르는 한국의 卑小化, 그리고 6·25 후의 특수한 정치상황, 즉 이승만 정권이 강력히 추진하지 않으면 아니되었던 반공이라는 이데올로기와 함께 역동적 함수관계를 지니는 미국이라는 파워의 정신적 물질적 우월성의 확보 등등의 복합적 요소가 뒤범벅을 이루어 혼미한 가운데 그들의 의식구조를 강력히 지배했던 신화 속에서의 미국은, 지금 로스앤젤레스의 한국촌 슬럼가를 일자리 찾아 헤매는 교포들에게 심상으로 부각되는 개념적 미국과는 너무도 거리감이 있는, 문자 그대로의 "지상천국"이요 "지상낙원"
이었다. 17세기의 서구라파 제수이트들이 바라보았던 중국은 1960년
대까지의 한국 유학생들이 바라보았던 미국과 그 근본구조에 있어서 동
시성이 성립한다. 초기 제수이트들에게 있어서 중국은 타락한 서구에
대해 정신적으로 우월한 이상적 그 무엇이었다. 릿치에 의하여 부
각된 중국의 개념은 "통짜배기 유교국가"(a monolithic Confucian
state), 즉 유교의 정신가치에 의하여 모든 정치제도와 도덕이 일사
불란하게 움직이는 강력하고 통합된 자족한 국가라는 신화였다. 이제
중국이라 하면 서구인들에게는 신성한 유교경전 속에 확보된 도덕적·
정치적 공식에 조화를 이루어 정치를 행하는 인자한 전제군주의 모습
과 그를 보좌하는, 古經의 진리를 마스터하고 그 실력을 科擧라는 독
특한 정치제도에 발휘함으로써 선발된 철학자관료(士=philosopher-
bureaucrats)들의 모습이 떠오르게 되었다. 릿치는 다음과 같이 쓰고
있다. "광막한 황국의 전역이 흔히 철학자(the philosophers)라고 알
리어진 지혜인(the Learned)들의 질서(명령)에 의하여 다스려지고
있다. 中國 全域의 질서정연한 다스림에 대한 책임은 전적으로 그리
고 완전히 그들의 보호와 권한 속에 위임되어 있다."[27] 이때의 철학
자라는 의미에는 물론 희랍 전통으로부터 내려오는 개인적 지혜의 사
랑(필로+소퍼이)이 아니라 집단적 전통의 고수라는 뜻을 지녀야 한
다. 그러나 서구인들에게 릿치의 "철학자"라는 개념은 희랍적 개념으
로, 혹은 당시 계몽주의 사상가들에 있어서 이성의 구현자라는 특수
한 의미를 지니는 필로조프(philosophe)의 이성주의적 개념으로 받아
들여졌고, 이러한 번역상의 格義性은 중국을 플라톤의 哲人王의 理想
이 실현된 나라로 만들어 버리고 중국인의 도덕적·정치적 우위성을
강화시켜 준다. 이러한 신화는 당시 서구라파 현실에 불만을 품고 변
화를 희구했던 계몽주의 사상가들에 의하여 자기비판의 강력한 무기
로 둔갑하게 된다. 이러한 서구라파 계몽주의의 경향성의 전형을 우
리는 17세기부터 18세기 초에 활약한 철학자 라이프니츠(Gottfried
Wilhelm Leibniz, 1646~1716)에게서 발견하는데, 앞으로 동양학이
세계적인 시각으로 발전함에 따라, 또 우리 한국학계에 새롭게 본격적

---

27) L.J. Gallagher, S.J., tr., *China in the Sixteenth Century* (New York 1953),
p. 55.

으로 소개됨에 따라 우리가 생각했던 것보다는 훨씬 더 넓은 범위에 걸쳐 중국 문화·문명·철학사상이 서구 계몽주의를 발전시킨 계기를 마련해 주었다는 未聞의 사실들을 듣게 될 것이다. [28]

릿치는 그와 동일한 사상조류의 공간에 속해 있었던 宋明 儒學者 (Neo-Confucians)들을 유물론적 무신론자로 규정하고 그들의 "理" 개념을 철저히 비판하고 중국의 때묻지 않은 고대철학의 광맥 속에서 고대 유대이즘의 유일신관(monotheism)을 발견하려 했다. 그리고 그의 중국문화관은 유교와 도불(道敎＋佛敎)의 대립적 이원론에 입각하고 있고, 도불이야말로 유교의 원래적 유일신관을 타락시키고 無神化한 장본인이라고 보았다.

이러한 유교—도불의 이원론은 그 내용이 여하하든간에 막스 베버에까지, 아니 오늘날 중국문명을 바라보는 우리의 시각에까지 전승되어 내려오는 신화의 원형이 되고 있음 또한 놀라운 일이다. [29] 이러한 이원론이야말로 제수이트들이 중국인들은 "신의 빛"을 결여하고 있다고 판단했음에도 불구하고 그들을 존중해 줄 수 있었던 이유였다. 릿치는 다음과 같이 쓰고 있다.

유럽문명권에 여태까지 알려진 모든 이방인들 중에서 그 古代에 있어서 중국인들처럼 불경하지 않은 민족을 나는 알지 못한다. 그들의 역사의 바로 첫 시작부터 그들은 하나의 지고한 존재(one supreme being)를 인정하고 경배하였다고 그들의 경전에 기록되어 있다. 그리고 그 존재를 하늘의 왕(上帝＝the King of Heaven)이라고 불렀다……. 하나님의 은총 속에서 많은 古代 중국인들은 양심의 빛에 따라 행동하는 모든 사람에게 주어지는 특별한 권능에 힘입어 그들의 구원을 自然法(natural law) 속에서 발견하였다. 그들의 이러한 노력은 그들의 사천 년이 넘는 긴 역사 속에서 쉽게 분별될 수

---

28) 라이프니쯔의 哲學과 中國哲學과의 관계는 매우 광범위하고, 복잡한 철학문제를 제기하므로 시간이 나는 대로 독립주제로 논문을 발표하기로 하고, 본 논문에서는 생략한다. 관심있는 동양학도가 이 방면에 연구를 하고 싶다면 나는 하와이대학에서 나온 다음의 책의 일독을 우선 권한다. David E. Mungello, *Leibniz and Confucianism: The Search for Accord*, Honolulu: The University Press of Hawaii, 1977. 이 방면의 연구로는 발군이다.

29) Max Weber의 그 유명한 *The Religion of China* 라는 책의 이름은 영역과정에서 생겨난 이름이고(영역자 Hans H. Gerth 에 의함), 독일어의 원명은 『유교와 도교』(*Konfuzianismus und Taoismus*)이다. 그래서 日語번역도 『儒敎と道敎』라는 제목을 가지고 있다.

있으며, 그들의 사천여 년의 역사야말로 그들의 국가와 공공의 선을 위하여
쌓아올린 善業의 기록인 것이다(a record of good deeds).[30]

우리는 이 짧막한 문장 속에서 간과할 수 없는 많은 재미있는 사실
을 발견하게 된다. 첫째 그는 "데우스"를 "上帝"로 한역하였는가 하
면 "上帝"를 다시 "하늘의 왕"이라는 성서적 개념으로 바꾸어 서구인
들에게 소개하고 있다. 이것은 제수이트들이 당시 서구인들에게 자기
들의 포교의 정당성을 주장키 위하여 이용한 「창세기」(11 : 1~9)의 바
벨탑 신화의 실증성을 내보이기 위하여 그렇게 소개한 것이다. 즉 고
대 중국인들은 시날平地의 바벨탑에서 흩어진 종족 중의 하나이며, 그
들도 동일한 여호와를 경배하였다는 사실이 中國古典에서 실증된다는
황당무계한 논법으로 中國人들이 예수의 福音을 받아들일 수 있는 도
덕적 바탕이 이미 조성되어 있다는 인상을 줌으로써 그들의 포교의
입장을 정당화하려 꾀하였던 것이다.

둘째로, "양심의 빛"이라는 단어는 토미즘의 神學理論 체계내에서
이해될 수 있는 것으로, 토마스 아퀴나스가 말하는 "은총의 빛"(lūmen
grātiae)과 중국 古經의 心性論과의 관련성을 시사하는 개념으로 보
인다.

세째로 "自然法"이란 당시 계몽주의 사조에 유행되었던 "自然"의
개념 속에서 중국인의 우주관을 파악했다는 방증이 된다. 즉 중국인
의 上帝神觀과 더불어 중국인 우주의 現象性·現實性을 강조함으로써
당시 서구라파에 유행하던 理神論的 世界觀(Deism)에 중국철학사상
을 어필시키려고 노력했다는 흔적이 엿보인다.

우리가 17·18세기 서구 계몽주의(Enlightenment) 사조의 3대 기
둥을 理性(Reason)·自然(Nature)·進步(Progress)라고 한다면 제수
이트들이 소개한 유교국가 중국의 문물과 사상은 그들의 진정한 의
도가 어디에 있었든지간에 제 3 의 개념을 제외한 양대 개념을 충족시
켜 주기에는 충분했다. 그래서 당시 계몽주의 사상가들은 유교의 순
수한 본질을 그들이 부정하려고 했던 "계시종교"로서의 기독교에 대하
여 그들이 이상시한 "자연종교"(natural religion)의 전형으로 보았다.
라이프니쯔의 末年著作,『中國人의 自然神學에 관한 講議』(Discours

---

30) Gallagher, op. cit., p. 93.

sur la Theologie naturelle des Chinois)는 神學과 도덕을 보편적 언어 속에서 理性과 조화시키려 했던 그의 세계시민적 관심과 그러한 관심 속에 표명되고 있는 서구 계몽주의의 분위기라는 문맥 속에서 이해되어야 할 것이다. 그리고 오늘 우리가 체험하고 있는 민주주의 형태가 선택의 카드로서 주어지지 않고 있었던 당대에 있어서 중국의 仁政의 君主(benevolent despotism)라는 이미지는 "위로부터의 개혁" (Reform from above)을 주장하던 진보세력에게 이상적 형태로 아필되었던 것 또한 사실이다. 이렇게 해서 형성된 계몽주의 시대의 중국의 이상적 이미지는 그 유명한 장사꾼 선교사 쁘와브르(Pierre Poivre, 1719~1786)의 다음과 같은 말에 잘 나타난다 : "中國은 全世界의 매력적 미래상을 제시한다. 그 帝國의 법칙은 곧 모든 국가의 법칙이 될 것이다. 北京으로 가라 ! 유한한 인간의 最强의 형상에 눈길을 돌려라. 北京이야말로 天國의 거짓 없고 완전한 모습이다 ! "[31] 제수이트들이 당시 부각시켰던 중국의 이미지와 결부하여 우리가 간과할 수 없는 중요한 사실은 淸末民初에 극성하여 오늘날까지도 우리의 사고를 암암리 강력히 지배하고 있는 神話, 즉 "中體西用論"의 근원이 제수이트들에게서 역수입된 것이라는 것이다. 初期 기독교 선교가 배타적 北京朝廷에까지 깊게 침투할 수 있었던 이유의 실마리는 바로 기독교를 팔아먹기 위하여 입었던 서구 과학문명이라는 외투, 특히 서양의 天文學(曆法, 望遠鏡 등의 器械)의 성과에 있었다면, 당시 서구 물질문명의 우위를 인정하지 않을 수 없었던 중국인들에게 상대적으로 강화된 것은 자기 정신문명의 우위에 대한 신념이었고, 또 제수이트 선교사들의 중국 연구는, 그러한 신념을 부채질해 주었다. "물질은 서양에서, 정신은 동양에서 ! "라는 구호, 오늘날 우리 주변에서 비단 우익적 민족주의 성향을 띤 지식분자들에게서뿐만 아니라 진보적 인사들의 입에서까지 반성 없이 오르내리는 이 구호는 어디까지나 신화에 불과하다. 물질적 서양과 정신적 동양이 대립적 이원성으로 파악되는 한, 즉 서양에 정신성이 부정되고 동양에 물질성이 부정되는 한에 있어서 그것은 한낱 신화에 불과하다. 물질성 즉 과학문명의

---

31) Quoted in A.H. Rowbotham, *Missionary and Mandarin*(Berkeley, 1942), p. 223; and G.F. Hudson, *Europe and China* (London, 1931), p. 318. 쁘와브르는 선교사로서 무역행위에 전념하여 인도차이나에서의 불란서 식민지 개척에 혁혁한 공을 세운 인물이다.

진보라는 측면에서 본다 하더라도 서양이 동양을 앞지른 것은 길게 잡아야 최근 2세기 이상을 거슬러 올라가지는 않는다. 니이담博士와 왕 링의 연구에 의하면 明末淸初의 중국인들은 서구의 科學文明이 우월하다고 생각했는지 모르지만, 오늘날에 와서 총평을 내리자면 당시 중국 과학문명의 수준은 서구 과학문명을 훨씬 더 능가하는 것이었다. 중국인을 매혹시켰던 曆만 하더라도 당시 서구의 曆이 日蝕·月蝕을 예언하는 데 더 효과적이었는지는 모르나, 종합적으로 평가하면 당시의 中國의 曆보다 더 열등한 것이었다. 초기 제수이트들은 갈릴레오(Galileo Galilei, 1564~1642)나 케플러(Johann Kepler, 1571~1630)와 동시대 사람들이었으며, 그들은 코페르니쿠스 지동설의 신봉자들이 아니었다. 다시 말해서 그 당시 유럽 천문학의 새로운 두 국면, 즉 1) 망원경의 발견과 사용, 2) 코페르니쿠스(Nicolaus Copernicus, 1473~1543)의 지동설의 시인, 중에서 제수이트들은 전자만 가르치고 후자는 중국인에게 가르치지 않았다. 당시 서구인들이 가르친 天文學이 재래의 중국인들 것과 똑같은 天動說일진대 그들의 천체관의 우수성이 확보될 수 있는 과학적 근거가 없다. 그리고 중국의 천체관은 周極星들의 운동을 관찰하여 얻은 極一赤道 中心(polar and equatorial)의 체계인 데 반하여 유럽의 천체관은 太陽의 出沒의 年中變化를 관찰하여 얻은 黃道中心(ecliptic)의 체계라는 것이며, 이 양 체계는 그 나름대로의 정당성을 지닌다. 제수이트들은 자기들의 희랍—중세 전통 이외의 어떠한 天文체계도 있을 수 없다는 환상, 그리고 그러한 天文체계의 立證이 곧 기독교 신학의 우수성을 방증한다는 종교적 열정에 가리어 이미 수천 년을 면면히 내려온 중국 曆法의 우수성을 전혀 이해할 수 없었을 뿐더러, 또 중국의 복잡한 曆法을 그들에게 설명시켜 줄 수 있는 권위 있는 중국인이 부재했었다. 따라서 그들은 各各의 曆法이 가지고 있는 理論的 가설의 相對性의 이해가 없이 현상적인 차원에서 그들의 이론을 중국의 역법에 도입시켰기 때문에 중국의 天文學은 그들로 인하여 거꾸로 혼미의 와중으로 쇠퇴하여 버렸다.[32]

이러한 사실은 물질적 서양의 우위성의 신화를 깨어버리는 극적인

---

32) 이 방면의 연구로는 니이담의 연구가 발군이다. 그의 『中國의 科學과 文明』 시리즈 중에서 제 3 권이 天文學에 관한 것인데 이 부분은 東西古今의 천문학을 망라한

예 중의 하나지만, 또 우리는 동양이 서양보다 정신문명에 있어서 우월하다는 국수주의적 신화에서도 벗어나지 않으면 안된다. 우리가 물질적으로 뒤지고 있다면 똑같이 정신적으로도 뒤지고 있다는 엄연한 사실을 담백하게 받아들이지 않으면 안된다. 정신적 우월감이 현실의 패배감에서 오는 도피의식이 되어서는 안된다는 것이다. 하여튼 "물질적 서양" "정신적 동양"이라는 신화는 우리의 미래를 개척하는 데 있어서 결코 도움을 주지 못하는 가설이라는 것을 강조하고 싶다. 예를 들면 막스 베버의 자본주의 발생론에 초점을 맞춘 사회학적 분석의 기준에 의하여 동·서양을 평가하자면 물질적 서양—정신적 동양의 이해방식은 오히려 정신적 서양—물질적 동양의 이해방식으로 변용되지 않을 수 없다. 베버에 의하면 서양의 퓨리타니즘이나 동양의 콘휴시아니즘(유교)이나 모두 이 現世의 合理性을 강조한다는 의미에서는 같은 합리주의적 성격을 띠나 퓨리타니즘의 합리주의는 이 세계의 합리적 제어를 의미하는 데 반하여 콘휴시아니즘의 합리주의는 이 세계에로의 합리적 적응을 의미한다고 한다(Confucian rationalism meant rational adjustment to the world; Puritan rationalism meant rational mastery of the world).[33] 이 말을 쉽게 풀자면, 퓨리탄들은 이 세계에 살면서도 이 세계에 속하지 않았으며(to live "in" the world and yet not be "of" it), 초월적인 신의 소명에 따라 현세적 삶을 초극하려는 의지를 보였으므로 현세적 금욕주의로 그들의 생활철학이 나타났고, 유교의 신봉자들은 이 현세 밖에 어떤 신앙의 대상이 없었기 때문에 그들의 생활방식은 내면적이라기보다는 외면적이었고, 따라서 현세적 향락에 빠지기 쉽다는 것이다. 전자의 현세적 금욕주의는 결국 자본의 축적을 가져오는 데 반하여, 후자는 그러한 금욕주의가 결여되어 합리적 자본의 운영에 실패하게 된다. 이 말을 바꾸어 말한다면, 서양 사람들은 철저히 정신적이었기 때문에 오히려 자본주의라는 물질적 富를 이룩할 수 있었고, 동양사람들은 철저히 현세적이고 실용적이고 물질적이었기 때문에 물질적 富를 축적할 수 없었다는 파라

역작이다. 나의 언급과 관계되는 부분은 다음 페이지에 산재되어 있다. Joseph Needham and Wang Ling, *Science & Civilization in China*, Vol. Ⅲ, pp. 172, 173, 258, 259, 442~450, 458~461.

33) Max Weber, *The Religion of China*, tr., Hans H. Gerth (New York: Free Press, 1964), p. 248.

독스가 된다. 더욱 속되게 풀어 말하자면, 동양의 자본가들은 돈이 적당히 모여지면 적당히 酒色이나 風流를 향락하는 것을 최고의 보람으로 삼고 가족단위의 출세나 향락에 돈을 탕진하여 버리는 경향이 강하지, 그 돈을 神의 소명이라는 보편적이고 합리적 제도, 즉 나나 가족의 단위를 초월한 넓은 구조 속에서 운영할 생각을 하지 않았다는 비판이 된다. 이러한 베버의 비판은 우리 주변의 많은 부자들의 사고방식을 검토해 볼 때 적중하는 측면도 많다는 사실을 아무도 부정하지는 못할 것이다. 그러나 베버의 공식 또한 동아시아의 유교문화권에서 유독 자본주의척 급성장이 성공함에 따라 지금은 매우 낡아빠진 쓸모없는 모델로 파기되어 버리기에 이르렀다. [34] 이러한 변화무쌍함은 동양·서양이라는 개념적 일반화(generalization)에 근본적 회의를 제기하지만, 우리는 동·서양의 문명을 고찰하는 데 있어서 보다 개방적이고 신축성 있는 자세를 견지해야 할 것이다.

제수이트 선교가 사양길에 접어들고 불란서혁명으로 인하여 중국으로 유입되던 선교비가 두절됨에 따라 중국에 있어서의 기독교 세력자체가 약화되고, 따라서 서구에 있어서의 중국의 이미지는 시들어갔다. 제수이트 선교사들의 중국관은 그나마 매우 우호적인 것이었으나 그 뒤로 서구인이 동양에 대해 갖는 개념은 매우 침략적이고 경멸적이고 또 순수한 무지에서 오는 편견으로 가득차 있다. 19세기로 접어들면서부터는 유럽과 중국의 접촉이 다방면으로 빈번해지고, 따라서 유럽인의 중국관도 일률적으로 설명할 수 없을 만큼 다양해졌다고도 말할 수 있겠으나, 그 시대를 특징짓는 공통된 신화가 부각되고 있었으니, 그것은 정체사관(stagnation)이었다. 중국문명의 정체성이야말로 유럽인의 제 3 의 중국개념이었다. 이 제 3 의 신화는 랑케와 헤겔에 의하여 대변된다. 베를린 대학의 교수였으며 근대 西洋史學의 아버지(the father of modern historiography)라고 불리는 랑케

----

34) 하바드大學의 중국사상사 교수 뚜 웨이밍(杜維明)은 이런 관점에서 막스 베버를 신랄하게 비판한다. 필자는 뚜 웨이밍 교수와 1983년 12월 13일(火) 韓國社會科學圖書館에서 공동세미나를 열었는데, 뚜교수의 주제강연은 "유교의 제 3 의 물결"(The Third Epoch of Confucianism)이었다. 이 강연의 내용은 유교문화의 현대자본주의 체제 속에서의 수용과정과 미래학적 발전가능성에 관한 것이었다. 이 세미나에는 高大·서울大·延大·西江大의 哲學科 學部生과 大學院生이 참석했고 약 4시간에 걸친 진지한 토론이 오갔다.

(Leopold von Ranke, 1795〜1886)는 중국을 가리켜 "영원한 정지" (eternal standstill)의 상태에 있다고 말했다. [35] 헤겔(Georg Wilhelm Friedrich Hegel, 1770〜1831)은 그의 『歷史 속의 理性』속에서 "지속의 왕국"(Ein Reich des Dauer)이라는 표현을 쓰고 있다. [36] 그리고 그는 그의 유명한 『歷史哲學』속에서 중국의 역사를 "비역사적 역사"(unhistorical History), 즉 쉬운 말로 풀자면, 역사가 없는 나라라고 규정하고 있다. [37] 유명한 영국의 공리주의 윤리사상가 존 스튜아트 밀(John Stuart Mill, 1806〜1873)은 중국의 정체성을 전제하고 그 원인론적 설명으로써 "統治權力에 대한 조직적 저항"(organized opposition to the ruling power)의 결여라는 견해를 제출하고, 그렇기 때문에 중국의 역사는 정체(stationariness)와 해체(dissolution)의 반복일 뿐이라고 보았다. 上海에서 聖書의 중국어 번역을 완수한 영국교회 선교사 메드헐스트(Walter Henry Medhurst, 1796〜1857)는 다음과 같이 썼다. "중국의 언어와 풍습은 변하지 않고 지속되어 내려왔다. 이 민족의 特質과 精神은 族長時代의 그것과 변함이 하나도 없다." [38] 이러한 19세기의 오해와 왜곡과 경시로 가득찬 서양 중국관은 아렌트(C. Arendt)라는 한 작가가 1886년에 *Journal of the Peking Oriental Society*(『北京東方協會雜志』)에 쓴 다음과 같은 말에 단적으로 요약되어 있다. "중국의 역사는 몇몇의 에피소드를 제외하고는 人類의 보편사의 주요부분으로 취급될 자격을 영원히 취득치 못 할 것이다." [39]

이와 같이 19세기를 뒤덮고 있었던 정체사관은 오늘 우리에게 있

---

35) Leopold von Ranke, *Weltgeschichte* (Leipzig, 1881), Vol. 1, p. vi.

36) G.W.F. Hegel, *Die Vernunft in der Geschichte*, ed. G. Lasson (Leipzig, 1930), pp. 234〜235.

37) G.W.F. Hegel, *The Philosophy of History*, tr., J. Sibree (New York: Dover Publications, 1956), pp. 105〜106.

38) W.H. Medhurst, *China: its State and Prospects, with Especial Reference to the Spread of the Gospel* (London, 1840), p. 7. 메드헐스트는 英語를 말하는 사람들을 위한 日本語辭典과 中國語辭典을 만든 것으로 유명하다(1830; 1843). *EB* IV:744. 그리고 1846년에는 『尚書』의 英譯을 내어 놓았다. W.H. Medhurst. *The Shoo King, or Historical Classic* (Ch. text and Eng.), Mission Press, Shanghai, 1846.

39) I do not think that the history of China(with the exception of a few episodes) will ever be considered as forming an essential part of the *general* history of *mankind*. 위의 인용문 중 이태릭체는 아렌트 자신의 것임. 그리고 이것은 필자가

어서는 특별한 의미를 지닌다. 내가 이 글을 쓰고 있는 1984년 이 시점에 이르기까지 우리가 우리의 과거를 바라보는 눈은 이 정체사관에서 일보도 벗어나지 못하고 있다는 나의 혹평에 많은 사람들이 동의할 것이기 때문이다. "中體西用論"의 뿌리가 서구에서 반사적으로 역수입되어 온 것이라면, 이 "진보사관" 또한 "中體西用論"의 裏面으로서 19세기부터 20세기에 걸친 소위 중국의 洋務派나 한국의 開化派를 지배했던 자학적 측면의 정체일 것이며, 그것이 결코 자생적인 것이 아니라 서구에서 수입되어 온 것이라는 엄연한 사실에 우리는 역사적 성찰의 눈을 돌려야 한다. 19세기 말기의 한국의 지성인들이 자기의 과거 역사를 전체적으로 파악하여 서양의 역사와 대비시켜 세계사적 안목에서 전자는 정체적이고 후자는 진보적이라고 말할 수 있는 근대적 의미에서의 학문적 사관의 뿌리가 그들의 과거를 지배했던 학문과의 필연적 연속성에서 생겨난 것이 아니라는 것, 즉 그러한 관점이 순수히 외래적(exogenous)이라는 것은 명백하다. 나는 최근까지도 나의 일상체험 속에서, 내가 동양철학을 전공하는 사람이라는 것을 밝힐 때 소위 서양학문을 했다고 하는 사람들이(우리 근대교육이 모두 서양적이긴 하지만) 나에게 던지는 질문·비판·주장은 결국 한 포인트로 어김없이 귀착된다는 것을 잘 알고 있다 : 서양의 역사는 발전적이고 진보적인 데 동양의 역사는 정체적이고 퇴보적이라는 것이다.

서양은 동적(dynamic)인 데 반해 동양은 정적(static)이라는 것이다. 그래서 철학, 종교, 윤리, 예술, 과학 모든 분야에 걸쳐 그러한 대비가 성립된다는 것이다. 나는 때때로 그렇지 않다고 "나"를 변호해야만 하는 궁색함에 빠지게 되지만, 나는 나와 같은 궁지에 자주 몰릴 동양학 동업자들을 위해서 다음과 같은 주장을 제시하고자 한다. 단도직입적으로 말해서, 우리는 우리에게 던져진 질문이 그 자체가 부당한 것일 때 그것을 해답해야만 할 당위성을 느끼지 않는다. 청자담배를 즐겨 피우는 사람과 신탄진담배를 즐겨 피우는, 기호가 다른 두 사람 사이에서 청자를 피우는 사람이 신탄진을 피우는 사람에게 부정적 문맥에서 "너는 왜 하필 신탄진을 태우는가?"라고 욕을 퍼붓는다면 과연 그 질문에 신탄진을 피우는 사람이 이성적으로 과학적으

『北京東方協會雜誌』에서 직접 인용한 것이 아니라 上揭의 도오손의 문장에서 인용한 것이다.

토 신탄진을 피워야 할 당위성 혹은 우수성을 입증해야 할 필요를 느끼는지는 의문이다. 막스 베버가 중국인에게 던진 질문, "왜 너희들은 우리와 같은 훌륭한 자본주의를 만들어 내지 못했는가?"는 이와 같은 홍두깨 같은 부당한 질문이다. 베버는 "왜 어떻게 우리 서양인들은 이렇게 멋들어진 자본주의를 만들어냈는가?"라는 질문에서 그의 학문을 출발시켰고, 그 질문에 대한 자기류의 해답의 정당성을 강화시키기 위한 反證으로서 중국인에게 그러한 질문을 던진 것에 불과하다. 그러나 우리가 간과해서는 아니되는 역사적 아이러니는 바로 이와 같은 부당한 질문을 억울하지만 받아야만 했던 역사적 상황 속에 우리들의 선배 즉 개화파 지성인들은 몰려 있었고, 오늘의 우리도 아직은 그러한 상황을 탈피하고 있지 못하다는 사실이다. 나는 1984년 이 시점에서, 즉 개화의 1세기를 지내 온 이 시점에서 서양이 진보적이고 동양이 정체적이라는 질문에 대하여 꼭 해답을 해야만 한다고 생각하지는 않는다. 그러한 규정은 부분적으로 참일 수도 있고 부분적으로 거짓일 수도 있고, 또 임마누엘 칸트의 분석방식을 빌리자면, 그것이 전적으로 참일 수도 있고 동시에 전적으로 거짓일 수도 있는 안티노미(이율배반)에 빠지기 때문이다. 결국 그러한 그 자체에 대하여 (Ding-an-sich) 不可知論的 태도를 취할 수밖에 없는 사태에 대한 논쟁은 결국 형이상학적 유희에 불과하기 때문이다. 동양이 정체적이라는 생각의 정당성이나 부당성을 증명하는 데 우리의 지적 에너지를 낭비할 것이 아니라, 그러한 생각·질문, 그 자체의 역사적 발생론적 분석에서부터 실마리를 풀어나가지 않으면 안된다. 우리가 보아 온 바와 같이 18세기까지만 해도 그렇게 이성적이고 그렇게도 이상적인 철인왕국이 19세기에 갑자기 인류사의 가장 幼年的이고 퇴보적인 최악의 모습으로 둔갑했다는 사실에 대해 우리는 객관적 타당성을 부여할 수는 없다. 중국의 정체성이 사실적 인식에 기초하고 있는 것이 아니라 서구 역사의 진보성 (Progress)이 19세기에 갑자기 두드러지게 부각됨에 따라 부수된 상대적 개념규정에 불과하다는 역사적 사실을 정직하게 받아들이지 않으면 안된다. 즉 서구라파의 산업혁명의 성취가 누적됨으로써 생겨난 세계관의 상대적 관계성의 문맥 속에서 이해하지 않으면 안된다는 것이다. 18세기 중엽에 영국에서부터 시작하여 전유럽에 파급되어 세계 제1차대전까지를 지배한 이 서구라파 경제사의 "산업혁명"이라는 한 단위는 농업적이고 수공업적인 경제 형태에서 산업적이고 공장제기계공업적인 경제형태로의 이행이라는 생산수단의 변화로서 특징지어진다. 이러한 생산수단의 변화를 급격히 진행시킨 가장 중요한 사실은 생산성(productivity)의 제고였다. 다시 말해서 勞動, 資本, 材料 등의 인푸트의 요인에 비례하여 측량할 수 있는 아웃푸트가 꾸준히 증가했다는 사실에서 오는 연속적 진보의 환상이 서구인들이 역사를 보는 눈을 색칠하기 시작했다는 것이다. 인간이 자기를 둘러싼 세계를 인식하는 눈은 자기가 쓰고 있는 도구에 의하여 구조지어진다. 기계를 쓰고 있지 않았던 인간과 기계를 쓰고 있는 인간들 사이에는 그 세계를 파악하는 인식구조에 있어서 엄청난 피리가 존재한다는 것은 부인하지 못한다. [40] 산업혁명이 서구인에게 가져다 준 두 개의 거대한 신화는 내가 판단하는 한에 있어서는 다음의 두 가지로 귀착된다. 하나는 이 우주가 하나의 거대한 기계라는 착각, 하나님은 시계를 만든 사람이고(Clockmaker God) 이 우주는 시계고 하나님이 이 시계를 창조할 때 영원히 돌아갈 수 있는 태엽을 감아 놓았기 때문에 그 뒤로는 시계 자체의 법칙에 의하여 어김없이 움직인다는 합리적 가설, 즉 철학에서 理神論(Deism)이라고 부르는 신화이고, [41] 그 또 하나는 바로 이 진보라는 신화다. 다원의 진화론도 궁극적으로 이 신화의 생물학적 표현에 불과하다는 것은 이미 斯界에서 충분히 거론된 것이다. 동양이 정체적이고 서양이 진보적이라는 가설은 그것이 상대적인 타당성을 지닐 수 있다손치더라도 그러한 타당성을 지닐 수 있는 세계사의 부분이 근세 150년 이상을 넘지 못한다는 엄연한 사실을 우리는 인정치 않을 수 없다. 동양이 정체적이라는 생각은 서양이 진보적이라는 가설에 대하여 상대적으로만 의미를 갖는 것이기 때문에 그 상대적 의미 콘텍스트를 떠나서 동양이라는 시간과 공간의 전체가 정체적이라는 확대적 해석은 곧 그것이 하나의 논리적 오류라는 것은 정상적 두뇌구조를 가진 사람이라면 누

---

40) 이러한 시각에서 르네상스이래의 서구인의 자연판을 파악한 저작 중에서 내가 가장 명쾌하게 읽은 책, 독자들에게 주저않고 추천할 수 있는 책은 옥스포드大學의 形而上學 교수였던 콜링우드(1889~1943)의 책이다. R.G. Collingwood. *The Idea of Nature*, London, Oxford; Oxford University Press, 1976. 이 책 중 第二部 "The Renaissance View of Nature"를 읽을 것.

41) *EP*(*The Encyclopedia of Philosophy*) 2 : 522.

구든지 수긍할 수 있는 것이라고 본다. 물론 서양 역사 전체를 진보의 콘텍스트에서 파악하는 것 또한 오류임을 서양사를 깊게 공부한 사람은 누구든지 이해할 것이다. 19세기 서구인들은 근세 서구라파에 있어서의 자본주의와 민주주의의 성립이라는 사건, 즉 근대 유럽의 국가제도의 발전이라는 하나의 문맥에만 집착하여 모든 인류사를 처리해 버렸기 때문에 그 외의 인류사의 체험의 상대적 가치를 전적으로 묵살해 버리고 그들의 세계관을 협소하게 만들었다. 그리고 그들이 동양의 정체관을 내걸지 않으면 안되었던 필연적 이유는 산업혁명의 신속한 발전에 따른 공장제 산업의 대량생산에 의하여 자기 파멸을 초래하지 않으면 안되었던 상황의 돌파구로서의 식민지 개척이라는 정언명령적 제국주의의 합리화에 있다. 다윈의 진화론도 결국 이러한 약육강식의 제국주의 침략의 가면적 이론이라는 것도 이미 상식화되어 있는 정설이다. 西勢東漸의 제국주의적 총칼의 부리 앞에 눌린 동양의 개화파 지성인들은 바로 그들의 적들이 그들의 제국주의적 침략을 타당화하기 위하여 만든 가설들을 오히려 자기 반성의 계기로 혹은 자기 비판의 자학적 탄식으로 받아들였다. 옌 후우(嚴復)도 『周易』의 "自强不息"을 빌어 스펜서의 進化論을 부르짖지 않으면 안되었고, 「是日也放聲大哭」을 쓴 張志淵도 自强論을 역설하지 않으면 안되었다.

그러나 그러한 시대의식의 시대적 상황이 변한 오늘, 즉 제2차 산업혁명(20세기 전반)과 제3차 산업혁명(20세기 후반)을 거치면서 이 우주가 모두 量化되어 설명될 수 있다는 신화와 또 시간의 흐름과 더불어 더 좋은 세상으로 진보해 나간다는 신화가 여지없이 깨져 버린 오늘에서까지 구태의연하게 제국주의적 유물에 의존하여 우리를 파악하고 있을 수만은 없다. 산업혁명 그 자체가 생태학적·환경론적 문제 또 그와 부수된 엄청난 가치관의 회전을 야기시켰기 때문이다. 19세기에 만약 동양이 서양을 침략하여 식민지화해 버렸다면 서양의 전역사는 정체적인 것이고 동양의 전역사는 진보적인 것이 되었을 것이다. 20세기의 유기체 철학자 화이트헤드(A.N. Whitehead, 1861~1947)는 서양철학의 전역사를 가리켜 플라토니즘의 후트노우트에 불과하다고 지적했다. 서양인들이 동양사상사에 있어서 유교의 일원론적 지배를 정체적이라고 파악한다면(실제로는 그렇게 일원론적인 것이 아니다), 그와 똑같은 정체성은 서양사상사에 동일하게 적용될 수 있다.

나는 서양철학사를 가르칠 때마다 소스라치게 놀란다. 어쩌면 그렇게
도 철저하게 서양의 철학사조가 헤겔에 이르기까지 플라토니즘의 틀
을 벗어나지 않고 있는가 하는 것에⋯⋯. 아리스토텔리아니즘이 현상
론적 구조를 가지고 있다고는 하지만 궁극적으로 플라톤의 이원론 속
에 흡수되어 버릴 수 있다. 그리고 기독교의 영육이원론이라든가 그
에 따른 본체와 현상의 이원론적 철학표현은 서양 전 사상사에 철저
히 지속적이라는 사실, 기독교의 종교적 도그마가 서구 역사를 지배
한 후로 말틴 루터의 약간의 변조가 있었다고는 하지만 달나라에까지
올라가는 오늘 이 시점에까지 서구인들을 철저히 지배한다는 사실 등
등의 관점에 착안하고 볼 때 서구 역사야말로 철저히 정체적이라고
말할 수는 없겠는가? 나는 객관적으로 아니 종합적으로 평가하여 말
한다면 동양역사가 서양역사보다 더 다원적이고 다양하며 더 심한 다
이나믹스를 갖는다고 확신한다. 최근세사에만 국한하여 말한다 하더
라도 동양인들은 동양을 래디칼하게 부정할 수 있는 기회를 가졌지만,
서양인들은 자기 역사를 과감히 부정할 수 있는 기회를 얻지 못했다.
서양은 자만과 오만 속에서 전통과의 연관성 속에 안주한 경향이 우
리보다 강하다. 진보라고 표현하든 말든간에, 최근세사의 변화의 진
폭이 동양이 서양보다 훨씬 컸다는 것을 그 누가 부정할 것인가?

　나는 上記한 바와 같이 동양인들이 그들 자신의 과거를 바라보는
안목에 심오한 영향을 끼친 서구 정체사관의 편견의 전형을 헤겔의
『역사철학』에서 발견한다. 나는 이 일서의 비판은 매우 중요하다고
생각한다. 헤겔의 『역사철학』은 동양에게 많은 영향을 주었고 데칸쇼
철학(데카르트+칸트+쇼펜하워)이라는 日帝 식민지 관념론적 철학교
육을 받은 많은 우리나라 지성인들에게 헤겔은 절대적 권위를 지니기
때문이다. 일본에서만 해도 일본학계의 텐노오(天皇)라고 불리는 마
루야마 마사오(丸山眞男)가 동양역사에 있어서 중국역사는 정체적이
었고 일본역사는 진보적이었다는 가설을 합리화하기 위해서 바로 헤
겔의 중국관(=지속의 왕국)을 중국에 덮어씌워 중국을 도매금으로
처리해 버리고 있는데,[42] 이러한 거대한 음모를 밝히기 위해서도 우
리는 헤겔 관념론의 허구성을 철저히 인식할 필요가 있다. 마루야마
는 헤겔의 중국관을 무비판적으로 받아들일 뿐 아니라 자기 논리를

---

42) 丸山眞男, 『日本政治思想史研究』(東京 : 大學出版會, 1975), pp. 3~4.

입증키 위한 방편으로 쓰고 있다.

헤겔이 쓰려고 하는 역사는 그가 서문에서 밝히고 있는 바와 같이 기술적 역사(Original History)도 아니고 반성적 역사(Reflective History)도 아니며, 철학적 역사(Philosophical History)를 일컫는다(p. 1).[43] 철학적 역사란 역사의 사유적 성찰(thoughtful consideration)을 의미하여, 이성(Reason)이 주인이 되는 그러한 역사이다. 즉 이성의 자기 전개과정으로서의 역사이다. 즉 역사라는 세계는 이 이성의 영광을 드러내는 것으로서만 의의를 지닌다(That this "Idea" or "Reason" is the *True*, the *Eternal*, the absolutely *powerful* essence; that it reveals itself in the World, and that in that World nothing else is revealed but this and its honor and glory——is the thesis which, as we have said, has been proved in Philosophy, and is here regarded as demonstrated. pp. 9~10). 즉 역사를 그 자체의 사실적 파악에 중점을 두기보다는 이성의 보편사(Universal History)의 관념적 법칙의 도식에 따라 꿰맞추겠다는 그의 편견적 자세를 명백히 밝히고 있다. 이성의 자기 전개과정의 법칙적 도식의 사료의 분류방식에 의하여 다음의 네 단계로 정리된다고 본다(Classification of Historic Data, pp. 105~110). 1) 동방세계, 2) 희랍세계, 3) 로마세계, 4) 게르만세계. 이러한 동방세계 기술의 한 구석을 차지하고 있는 중국은 바로 인류역사의 최유년기(the childhood of History)의 고고학적 유물에 해당된다. 그가 보고 있는 중국역사는 자기를 소외시킬 수 있는 反의 계기를 자체내에 갖지 못한 단순한 正의 단계이며, 다시 말해서 아우후헤벤이 없는 역사이므로 단순한 공간만 갖지 시간을 갖지 못한다. 시간을 갖지 못하므로 역사가 있을 수 없다. 이러한 억지춘향이의 논리는 반박할 만한 가치조차도 없음을 우리는 "상식적으로" 알고 있다. 그리고 게르만역사야말로 인류역사의 최종적 단계이며 이성의 완전한 실현태라고 보는 그의 철학적 주장 속에 들어 있는 "비이성적 태도"는 그 논리적 오류를 지적하기도 전에 저절로 백일하에 드러난다. 그의 『역사철학』은 객관적 보편사가 아니라 독일의 군주제 정치체제를 합리화하기 위한

---

43) 페이지 수는 前揭의 히브리의 영역서의 페이지 수를 나타낸다.

국수주의 情調의 철학적 윤색에 불과하다는 것은 이미 누차 지적된 사실이다. 동방세계에서는 一人만이 자유롭고, 희랍-로마 세계에서는 소수만이 자유롭고, 게르만세계에서는 모든 사람이 자유롭다는 것이다(p. 104).

이러한 음모의 도식 속에서 조작된 중국에 관한 그의 정보는 완전히 허위로 가득차 있다. 이러한 나의 가혹한 발언을 나 개인의 감정적 감상으로 생각해서는 안된다. 이미 니이담과 같은 서구의 양심적 지성인들에 의하여 가차없이 지적된 것이다(His chapter on China in the *Philosophy of History* was, alas, almost entirely composed of errors and misapprehensions).[44]

헤겔의 中國章은『書經』(*Shu-King*),『易經』(*Y-King*),『詩經』(*Shi-King*),『禮記』(*Li-Ki* or *Li-King*),『樂經』(*Yo-King*),『春秋』(*Tshun-tsin*)의 六經의 해설로부터 시작되고 있는데, 19세기 초기의 독일 철학자 헤겔 입에서 중국 六經이 운운되고 있었다는 사실에 놀라움을 금할 수 없을지 모르지만, 좀더 깊게 당시의 상황을 이해하고 있는 사람이라면 헤겔에게 중국에 관하여 주어질 수 있는 당시까지의 누적된 정보의 양을 생각한다면 헤겔의 스칼라십이 얼마나 엉성하고 불성실한 것인가를 쉽게 알아차릴 수 있다.『역사철학』의「中國章」의 세밀한 분서은 지면의 제약과 주제로부터의 이탈성 때문에 생략하지 않을 수 없다. 그러나 나는 독자들에게 다음과 같은 사실을 주지시키지 않을 수 없다. 헤겔이란 사상가를 이해하는 데 있어서 그의 이름이 갖는 권위에 눌려 그를 쳐다봐서는 안된다. 헤겔철학이 독일관념론에서 갖는 위치나 서양철학사에 있어서의 그의 학문적 성취, 즉 그의 형이상학적 논리가 우리에게 주는 사고의 계발이라는 측면에서 그에게 찬사

----

44) Joseph Needham, *Science & Civilization in China*, Vol. 2, p. 530. 마지막 장인 "Human law and the laws of nature in China and the West"에서 언급하고 있다. 이「中西洋에 있어서의 法律과 自然의 法則」이란 글은 동양철학도 및 법학도에게는 빼어놓을 수 없는 명문이며『과학사상사』전권(Vol. 2)중에서도 가장 탁월한 글이라고 나는 평가한다. 나는 현재 이 글을 번역하고 있는 중이며, 수년내로 제 2권에 해당되는『과학사상사』전권을 완역하여 출판할 계획이다. 이 책이 완역되면 한국의 동양학은 새로운 비젼을 얻게 되리라고 확신한다. 니이담의 책 9권은 대만에서도 중역되었고 일본어로도 완역되었을 뿐 아니라 최근 중공에서조차도 가장 완벽한 번역작업을 끝내고 출판중에 있다는 정보를 하바드대학의 뚜 웨이밍 교수로부터 입수하였다.

를 보내는 데 인색해서는 아니되지만, 최소한 우리가 검토하고 있는
『역사철학』의 문맥 속에서, 구체적으로 「중국章」의 문맥 속에서 나타
나고 있는 헤겔이란 인간의 모습은 너무도 관념적이고 너무도 철저히
자기합리적이고 자기의 논리의 변호를 위해 타에 대한 이해 없이 타
를 마구 왜곡하는 저열하기까지 한 인간의 모습이다. 어쩌면 니이담
박사가 "아! 어쩌면 그렇게도 왜곡할 수 있는가!"라는 탄식의 표현
까지 써야만 했었겠는가? 헤겔은 다음과 같이 말한다. "중국인들은
사람을 속일 수 있을 때면 언제든지 어느 곳에서나 속이는 것으로 악
명이 높다. 그들의 친구관계가 서로 속이는 관계이며 친구가 친구를
속인다는 사실을 속임을 당할 뻔했던 친구가 알게 되거나 그 사기가
성공하지 못했다 하더라도 아무도 그러한 시도를 분개해하지 않는다.
그들의 사기술은 가장 놀라운 수준으로 정교롭게 실행된다. 그렇기
때문에 유럽인들은 그들과 상거래를 하는 데 있어서 피로울 정도로
조심스러워야만 한다. 그들의 도덕적 타락, 포기의 의식은 佛의 종교
가 유행한다는 사실에서도 여실히 증명된다. 불교라는 종교는 至高의
絕對者 즉 神으로서 순전한 無(Pure Nothing)를 숭상한다. 그리고
無는 개인성 즉 개성적 존재를 완전히 부정한다(이상 p. 131.)"

헤겔의 『역사철학』이 엄숙한 철학책, 다시 말해서 인식론적 반성
위에서 치밀한 논리를 전개한 책이라고 생각하는 사람에겐 상기의 대
목은 매우 쇼킹할지 모르겠다. 「중국章」은 산만한 상식적 야담 정도
의 차원에서, 중국이 인류문화의 유년기적 형태의 고고학적 유물이라
는 것을 입증하기 위하여 동원할 수 있는 모든 악담을 아무 신빙성
없는 논리로 꿰어 맞추어 놓은 것 이상의 의미를 갖지 않는다. 중국
인들이 모두 사기꾼이라는 그의 험담은 당시 제국주의적 경제침략의
당위적 구조 속에서 중국인들을 사기쳐 먹어야만 했던 유럽의 장사꾼
들이 중국인들이 그들의 사기술에 쉽게 넘어가지 않는다고 불평을 토
로한 야담적 이야기 이상의 아무것도 아니다. 헤겔은 그의 「중국장」
을 다음과 같은 저열한 언사로 끝내고 있다.

"유럽인들은 그들의 고도의 이성적 지식 때문에 중국인들의 매우
표피적이고 지극히 자연스러운 영리함(교활함)(the superficial and
perfectly natural cleverness)을 아직 흉내내지 못하고 있다(p. 138)."
과연 헤겔이 오늘날까지 우리의 존경을 받아야만 하겠는가? 헤겔의

연구가 헤겔의 찬미가 되어야만 하겠는가? 우리는 매우 소박한 사실로부터 문제를 생각하지 않으면 안 된다. 헤겔은 중국말도 몰랐고, 중국의 문자를 한 글자도 몰랐고, 당시 존재하는 많은 서양언어로 된 중국학 문헌을 조사해 보지도 않았다. 그리고 그럴 의사도 없었다. 그는 럿셀이나 듀이처럼 중국을 가 본 경험도 없고 베버처럼 중국 고경들을 영역으로라도 다 읽어 보지도 않았다. 동시대의 쇼펜하워처럼 힌두사상에 심취하는 마음의 여유를 가진 사람도 아니었다. 그렇게 무지한 헤겔의 중국관이 우리에게 왜 권위를 지녀야만 하는가? 필자는 헤겔에게 분노를 느낄 가치조차 발견할 수가 없다. 헤겔의 관념적 유희는 논리실증주의자들에 의하여 비판되었고, 그의 언어적 혼란은 언어분석철학자들에 의하여 비판되었고, 그의 실존적 허구성은 실존주의자들에 의하여 비판되었다. 그러나 헤겔연구가 새로운 시각에서 새롭게 각광을 받고 있는 이 시점에, 우리는 그의 역사를 보는 눈이 우리 동양학도들에 의하여 철저히 경계, 비판되어야 한다는 사실을 상기하지 않으면 안 될 것이다. 그러나 우리의 이러한 비판이 우리가 더 잘났다고 하는 국수주의적 환상을 불러일으켜서는 안 된다는 것을 또한 경계하지 않을 수 없다. 그리고 역사의 진보를 자기결정의 의식 (Consciousness of self-determination) 즉 "자유"라는 관점에서 파악하는 그의 태도의 추상적이고 보편적 가치성을 부정하는 데까지 이를 필요까지는 없다고 본다. 우리 자신의 과거를 미화하는 환상에 사로잡히기 쉬운 우리 동양학도들은 다음과 같은 소박한 사실을 재인식해야 할 것이다. 헤겔이 하이델베르그大學의 강단에서 당시의 운집한 독일 청년들 앞에서 中國의 六經을 강론하고 전 세계역사의 보편이성적 전개과정을 통론하고 있을 바로 그 당시 은자의 나라 조선에서는 洪景來亂으로 전국이 폭동의 열기 속에 휩싸였고 민심이 피폐하고 哲學者 丁若鏞은 茶山의 중턱 유배지에서 康津(道岩面 橘洞) 앞바다를 쓸쓸히 내다보며 탄식의 숨만 쉬고 있었다. [45)]

---

45) 이 단락에 뒤이어 필자가 쓰려고 했던 주제는 中國의 古典이 西洋語로 번역되는 과정에서 생겨나는 主要 哲學槪念의 變容과정을 譯本들의 구체적인 실례 속에서 밝히는 것이었다. 本論文의 주제가 의미의 공간과 시간이고 보면 실상 이러한 실례의 고찰이야말로 본론이 되어야 하겠으나 그 본론적 기술을 가능케 하기 위한 導論的 부분, 즉 西歐人이 東洋을 어떻게 개념적으로 파악해 왔나 하는 인식의 역사를 조금 소상히 다루다 보니까 이미 할당된 지면이 엄청나게 초과되고 말았다. 따라서 제수이

우리가 여태까지 보아 온 것은 그것이 비록 역사학적 접근방법을 취했다 하더라도 주로 "의미의 공간성"에 관한 것이었다. 서양이 동양으로 어떻게 번역되며 동양이 서양으로 어떻게 번역되는가? 그에 따라 어떠한 의미의 변용이 일어났는가? 그러나 이제부터 다루려는 주제는 주로 "의미의 시간성"에 관한 것이다. 즉 동일한 공간 내에서 시간의 선후에 따라 의미가 어떻게 달라지는가 하는 문제에 관한 것이다. 이러한 의미의 시간성도 공간성의 경우와 마찬가지로 쌍방적 관계를 지닌다. 동일한 공간 내에서 옛것이 어떻게 지금의 것으로 번역되며 지금의 것이 어떻게 옛것으로 번역되는가 하는 두 방면에서 시간성을 고찰해 볼 수 있다는 뜻이다. "민족문화추진회"에서 추진하고 있는 사업은 의미의 네 방면, 즉 공간적 두 방면과 시간적 두 방면 중에서, 주로 古를 今으로 바꾸는 시간적 한 방면에 관한 것이다. 한국의 古典을 오늘의 우리말로 바꾸는 번역작업이야말로 추진회의 핵심적 노력의 전부라고 규정하여도 이의가 없을 것이다. 고전의 번역이 古를 今으로 바꾸는 작업이라면 漢詩를 짓는다든가 時調를 짓는다든가 한동안 없어졌던 씨름경기를 다시 한다든가 하는 것은 今을 古로 바꾸는 작업이다. 전자가 오늘의 의미형상에 옛을 담는 작업이라면 후자는 옛의 의미형상에 오늘을 담는 작업임에 틀림이 없다. 그러나 현명한 독자라면 나의 발언에 다음과 같은 어폐가 있다는 것을 알아차릴 수 있을 것이나. 古를 今으로 바꾸는 작업과 今을 古로 바꾸는 작업이 이원적으로 구분이 될 수 없다는 것을——. 씨름이라는 과거의 운동형식에 오늘의 경기를 담는다는 행위는 곧 씨름이라는 옛 형식을 오늘에 살리는 행위라는 사실은 누구든지 납득할 수 있을 것이다. 古와 今이라는 개념은 이와 같이 구분될 수 없는 역동적 함수관

트들의 번역의 실례, 제임스 레게의 번역, 그리고 『老子』『莊子』의 英譯書들에 나타난 "道" "天"개념 등의 西洋的 파악의 역사 등등의 문제를 다른 기회에 독립 논문으로 다루기로 하고 각필한다. 하고 싶은 말이 너무도 많았는데 안타깝기도 하고 또 독자들에게 미안한 마음 그지없다. 억수같이 쏟아져 나오는 아이디어를 담기에는 논문이란 형식이 너무 협소한 공간을 제공할 뿐이라고 느낀다. 그렇지 않다면, 항상 서론과 본론이 뒤바뀔 정도로 언어의 경제성을 터득하지 못한 나의 어리석음이 비판되어야 할 것이다. 그러나 어찌되었던 上記의 서구인의 중국(동양)인식 역사의 삼단계적인 구분(1. 폴로의 물질적 풍요의 신화 2. 릿치의 유교국가의 이성주의적 신화 3. 헤겔의 정체사관적 신화)은 필자의 독창적 사관이라고까지는 주장할 수 없지만 우리가 우리 자신의 역사적 위치를 자각하는 데 필요불가결한 무기를 제공하는 것임에는 틀림이 없다.

계를 지닌다. 古를 今으로 바꾸는 일은 곧 今을 古로 바꾸는 것이며, 今을 古로 바꾸는 일은 곧 古를 今으로 바꾸는 것이다. 이러한 역동적 함수관계는 공간성에 있어서도 동일하게 성립하고 있었다. 마테오 릿치가 西를 東으로 바꾸는 작업이 표면에 부각되어 있었는가 하면, 그 이면에는 東을 西로 바꾸는 작업이 거대한 역사적 성취로 서구라파 역사에 나타났다고 하는 재미있는 사실을 우리는 살펴보았다. 西를 東으로 바꾸는 것과 東을 西로 바꾸는 것은 어디까지나 동시적이다. 마테오 릿치의 경우에는, 굳이 구별해서 말한다면, 西를 東으로 바꾸는 작업이 東을 西로 바꾸는 작업보다 오히려 후행하는 것이었을 것이다. 『天主實義』를 쓰기에 앞서 그가 『四書』를 라틴어로 옮겼다는 사실은 우리에게 많은 것을 시사해 준다. "데우스"를 "上帝"로 바꾸기에 앞서 "上帝"를 서양의 어떠한 神的 개념 즉 "데우스"로 바꾸는 인식행위가 그에게 존재했다. 다시 말해서 "上帝"를 "데우스"로 바꾸는 인식행위가 없이 "데우스"를 "上帝"로 바꾸는 번역작업이 성립될 수 없었다. 궁극적으로 이 兩者는 동시적인 것이다. 모든 공간적 문화교류관계에 있어서도 예외적 특수한 상황을 제외하고는 이러한 쌍방성·동시성은 거의 어김없이 존재한다. 우리가 표면적으로는 미국이나 일본의 영향을 일방적으로 받고 있는 것같이 보이나 이러한 관계에 있어서조차도 역사의 판결은 궁극적으로 쌍방적이었다는 결론에 도달하지 않을 수 없으리라고 본다. 우리가 미국에 대해 무지했고 따라서 개화되지 않았다고 하는 한에 있어서는 미국도 우리에 대해 무지했고 또 개화되지 않았다. 미국은 해방 직후에 우리 나라에 대해 매우 무지한 짓을 많이 했다. 그러나 그것은 거꾸로 우리가 너무도 미국에 대해서 무지했다는 것을 증명하는 것이다. 요즈음 조금 우리가 미국을 배우고 알게 되고 그 정체를 파악하게 되자 자연히 미국도 우리를 배우고 알게 되었다. 한미수교 백 년간의 역사를 통해서 우리가 꾸준히 개화되어 온 만큼 미국도 꾸준히 개화되어 왔다.

이러한 공간적 동시성은 시간적으로도 동일하게 성립한다는 것을 나는 이미 지적했다. 씨름이라는 옛날의 경기형식 속에 경기라는 행위를 할 때 그것이 곧 200 년 전, 즉 과거의 어느 시점으로 물리적으로 되돌아간다는 것을 뜻하지 않는다. 경기가 일어나고 있는 시점은 영원히 오늘이다. 내가 漢詩의 形式을 빌어 詩作을 할 때, 그것은 분명히 오늘 20세기 나의 감정을 唐나라 때 李太白(리 타이뻬)의 언어로 번역하는 작업이지만, 이 작업이 일어나고 있는 시간은 어디까지나 오늘이다. 이 오늘이라는 것은 곧 나의 의식의 흐름을 의미한다. 즉 시간이라는 것을 우리는 그리니치 천문대에서 움직이는 바늘에 의하여 측정될 수 있는 고정된 실체들의 연속이라고 파악하는 것은 매우 어리석은 일이다. 이것은 뉴튼 물리학이 근대인에게 안겨다 준 과학적 환상 중의 하나이다. 그것은 어디까지나 우리의 대중적 삶을 量化하기 위한 방편(means of quantification)에 불과하며, 비록 우리의 일상적 시간파악이 우리 손목에서 움직이는 크로노그라프에 의존하고 있다 하더라도 그것이 곧 절대적인 객관성·타당성을 지니는 것이 아니다. 시간은 어디까지나 우리의 의식을 떠나서 존재할 수 없다. 우리의 의식과 무관한 시간은 우리에게 시간으로 파악될 수 없다. 옛 것을 지금것으로 바꾼다 할 때에도 그 옛것과 지금것은 모두 나의 의식 속에서 진행되는 사건들일 뿐이다. 옛것이 나의 의식과 무관한 어떤 것이라면 그것은 옛것이라는 단어를 빌어서 나의 의식 속에 등장하지조차도 않는다. 이러한 시간성은 동양인의 언어생활을 분석해 보면 잘 드러난다. 이러한 典型을 나는 중국어에서 발견한다. "我去"라는 하나의 완전한 센텐스에서 "去"라는 동사는 시제의 변화에 따라 변하지 않는다. "我去"는 쓰이는 문맥, 감정의 분위기에 따라 과거도 되고 현재도 되고 미래도 된다. 다시 말하면 "去"(to go)라는 행위는 현재 오늘이라는 나의 의식 속에서 일어난 사건이며 그러한 오늘의 의식 속에 과거와 미래가 용해되어 버린다는 것이다. 영원한 현재가 있을 뿐이기 때문에 과거와 미래라는 시점의 구분이 생겨나지 않는다. 과거나 현재나 미래를 특정지어 말할 때는 행위를 나타내는 동사 자체가 활용되는 것이 아니라 시제를 나타내는 부사가 그 동사를 수식할 뿐이다. "我昨天去" "我現在去" "我明天去", 여기서 昨天·現在·明天은 모두 부사적 용법으로 동사 자체의 시제를 변화시키는 것이 아니다. 이 점은 "went" "go" "will go"의 영어적 동사활용과는 매우 이질적인 것이다. 즉 중국어에서는 "went"라는 영어의 한 단어 속에서의 시제성이 부사로 분리되어 버리고 동사는 불변의 형태로 남는다. 그리고 중국어에서 과거나 미래를 나타낼 때 일상회화에서 많이 쓰는 방식은 어디까지나 完了的인 것이다. "我昨天去"보다는 "我昨天去了"

라고 "了"(le)가 말미에 붙는 것이 자연스럽다. 이 "了"는 "終了" "完了"를 의미하는데, 이때 "了"의 의미는 지나가 버린 한 시점의 과거가 아니라, 現在의 나의 의식에 닿아 있는 과거를 뜻한다. 중국어에 있어서의 과거는 철저히 모두 이러한 過去完了를 의미하며 미래 또한 完了를 의미한다. "我明天去"라는 미래에 있어서의 "去"는 오늘에 있어서의 간다는 행위에 대한 의지를 나타내는 데 강조가 있지 미래행위의 기술이 아니다. 중국어에서는 보통 미래를 나타낼 때도 과거와 현재를 동원할 뿐이다. "他來了, 我們開始"(when he comes, we will start. 그가 오면 시작하자). "그가 온다"는 행위는 분명히 미래의 어느 시점에서 일어날 사건이고, "우리가 시작한다"라는 행위도 동일하게 미래에 속한다. 그러나 "他來了"라는 구문에서의 "來了"는 과거의 행위가 오늘의 나의 의식에 닿아 있는 것과 마찬가지로, 미래가 철저히 현재화되어 있는 완료형이다. "그가 온다"라는 미래의 시점은 윗문장에서 현재의 나의 의식을 떠나서는 아무런 의미가 없다. 그렇기 때문에 "그가 온다"라는 구문은 과거형과 동일하다. 과거가 되었건 미래가 되었건 오늘의 나의 의식의 흐름에 닿아 있는 전체라는 의미에서는 동일한 완료이기 때문이다. "그가 왔을 때 우리는 시작했다"라고 말하려면 "他來了, 我們開始了"라고 해서 마지막에 "了" 하나만 더 붙이면 그만이다. 他來了라는 구문은 시제상의 변화가 없고 본동사인 "開始" 자체에도 물론 시제의 변화가 없다. 이러한 언어의 구조는 바로 중국인의 시간관을 나타내 준다. 그리고 내가 든 用例는 白話文이지만 이러한 문법구조적 시간관은 文言 즉 古典中國語에서도 同一하다(실례는 너무 복잡해지므로 생략한다).[46] 그리고 이러한 문법구조는 西洋言語에 대비하면 명백히 나타나는데, 중국어나 古典漢文은 그 시

___

46) 언어의 문법적 구조의 분석을 통해서 그 언어의 사용자들의 시간관과 공간관을 밝히는 분석방식은 요즘 나를 매혹시킨 아이디어 중의 하나이다. 상기의 나의 중국어 분석은 나의 家人 崔玲愛 敎授(延大 中文科)와의 대화 속에서 우연히 힌트를 얻어 착상하게 된 것이고, 나의 분석의 대부분이 崔교수의 정확한 문법학적 지식에 힘입은 것이다. 이러한 분석방식의 한 분야만 밀고 나가도 방대한 학문분과가 동양학 내에서 성립할 수 있는 가능성을 나는 보며, 崔교수의 판단에 의하면 이러한 방면으로 방대한 자료를 우리는 이미 가지고 있다고 한다. 동양학도들의 이러한 언어학적 관심을 촉구한다. 나는 부끄럽게도 우리말을 분석할 능력을 갖고 있지 못하다. 우리 現代語는 너무 서양의 오염이 심한 것이라 우리의 분석의 대상이 되기는 위험스럽다. 우리 순수 古語에 대한 분석이 이러한 철학적 측면에서 국문학자들에 의하여 이루어져야 할 것이라고 본다.

간관에 한정지어 말하는 한 희랍어보다는 히브리어에 가깝다. [47) 희랍어에서는 과거·현재·미래의 時相이 뚜렷하며, 현대 서양문물의 주류를 이루고 있는 인도게르만 언어구조 또한 그러하지만, 히브리인과 셈인들의 언어에서는 完了(Factum)와 未完了(Imperfectum)의 時相이 있을 뿐이다.

시간을 순수히 시간적으로 파악할 때는 고정된 時點이 발생하지 않는다. 우리의 의식의 흐름이라는 내적 경험 속에 時點은 상대화되어 버릴 뿐이기 때문이다. 내가 존경하는 老선생의 말씀에 다음과 같은 말이 있다 : "前後相隨"(『老子道德經』, 第二章). 즉 前과 後라는 時間上의 시점은 흐르는 시간 속에서 서로 관계지어진 것이라는 뜻이다. 즉 道라는 時間의 全體相에서 파악할 때는 前과 後라는 고정된 절대 시간관념은 성립하지 않는다는 문맥에서 쓰여진 말이다. [48) 과거와 현재와 미래라는 시점이 구분된다는 것은 시간을 시간적으로 파악한 것이 아니라 오히려 空間的으로 파악한다는 것을 의미한다. 이때 말하는 공간성이라는 것은 기하학적 공간을 말하며, 이것은 희랍 사유에 매우 특유한 것이다. 대체적으로 우리 동양에는 이러한 기하학적 사유가 중시되지 않는다. 동양인들은 공간 자체도 시간적으로 파악해 버리는 경향이 강하기 때문에 공간이라는 외적 형태의 절대성을 인정하지 않는다. 이런 공간개념은 동양 건축양식의 공간처리에서 특수한 관계적 양상(relational mode)으로 나타나게 되는데, 물론 이런 문제는 본론의 주제에서 어긋나므로 그 논지를 여기에 전개할 수는 없다. 절대시간의 성립이라는 것은 시간의 공간화라는 문맥에서 이해될 때 가장 정확히 이해된다는 추상적 언급으로만 만족할 수밖에 없다.

나는 우리 유학자들을 연구하면서, 그들이 중국의 『四書五經』에는 주석을 열심히 달면서도 바로 자기 나라의 고전인 『三國史記』나 『三國

---

47) 이 방면으로 탁월한 저서가 이화여대의 許漵교수에 의하여 번역되었다. 동양학도들에게 이 책의 일독을 권한다. 커다란 사고의 계발을 받을 수 있으리라고 확신한다. 토를라이프 보만, 허혁 옮김, 『히브리적 思惟와 그리스적 사유의 比較』(서울 : 분도출판사, 1975). 이 책 중에서 제 3 부 "時間과 空間"이라는 부분은 매우 잘 쓴 것이다. 우리 철학계에서도 기호논리학적 언어분석방식 일변도에서 벗어나 이와 같은 언어분석도 배울 필요가 있다고 생각한다. 물론 그 다른 차원이 혼동될 수는 없겠지만──.

48) 天下皆知美之爲美, 斯惡已 ; 皆知善之爲善, 斯不善已。故有無相生, 難易相成, 長短相較, 高下相傾, 音聲相和, 前後相隨。인간이 집착하는 언어적 가치의 상대성을 말하고 있다.

196

遺事』에는 같은 방식으로 주석을 달고 연구한 사람이 없다는 데 불만과 의아심을 품게 된다. 물론 어떠한 主題를 論究하는 데 있어서 인용은 되지만──. 이러한 國學 경시의 풍조는 여러 측면에서 비판될 수 있지만, 굳이 그들 편에서 변호를 한다면, 중국이란 공간성은 탐구의 대상으로 객관화 될 수 있었지만, 자기 자신들의 과거는 그들의 의식 속에서 객관화될 수 없는 현재로서만 존재했기 때문에 그것이 주석의 대상이 될 수 없었을지 모른다. 즉 번역해야 할 그 무엇이 아니라 그들의 현재 의식 속에서 살아 움직이는 그 무엇이었을 것이다. 과거가 나에게 완전히 살아 있는 현재일 적에는 그것이 번역되어야 할 언어로 대상화되지 않는다. 우리가 지금 고전의 번역을 운운하는 것은 그 고전들이 우리의 현재와 관계없는 과거로 떠나 버렸기 때문에, 죽어 버렸기 때문이다. 즉 고전의 번역이라는 것은 그 떠나 버린 것을 잇는 작업이요 죽어버린 것을 살려내는 작업이다. 우리의 현재의 의식 속으로 과거를 집어넣는 작업이다. 그러나 죽은 것을 살린다는 것은 예수의 나사로를 살려내는 행위대로 완전히 죽어 버린 것을 다시 살려내는 것이 아니라, 편작의 虢太子를 살리는 행위처럼 가사상태에 있던 것을 살려내는 것이다. 완전히 죽어 버려 냄새나는 썩은 송장을 다시 살렸다는 거짓말을 나는 믿지 않는다. 완전히 죽어 버린 과거는 살려낼 수 없다. 우리가 번역이라고 하는 것은 최소한 문자라는 매개를 빌어 가사상태로라도 보존된 것을 다시 살려내는 것이다. 프로이드의 표현을 빌리자면 무의식에서 의식에로의 이행을 뜻할 뿐이다.

과거와 미래가 오늘의 나의 의식과의 관련 속에서만 유의미하다고 할 때 결국 古를 今으로 바꾸는 작업은 今을 古로 바꾸는 작업과 동시적이라고 본다. 漢詩를 오늘말로 완전히 번역하기 위해서는 오늘의 나의 감정을 漢詩로 표현할 수 있는 능력을 기르는 것이 가장 이상적이라고 생각한다. 과거를 오늘의 의식 속에서 철저히 체험해 보지 않고서는 과거는 오늘화될 수 없다. 나는 이런 의미에서 동양학도들에게 漢詩作이나 古文으로 作文을 하는 습관을 가질 것을 강력히 추천한다. 엣것을 오늘에 살리는 작업이 이러한 구체적 행위에서부터 출발하지 않으면 안 된다고 본다. 이러한 나의 제언을 고리타분한 망상이라고 생각하는 사람들에게 나는 다음과 같은 나의 체험을 전하고 싶다. 외유 십여 년 동안 나와 가장 절친했던 친구이며 텔아비브大學

의 중국철학 교수인 요아브 아리엘(Yoav Ariel)[49]이 나의 희망에 따라 뉴욕 맨하탄 한복판에 살고 있는 종교적으로 극보수적인 유대인콤뮤니티에 내가 방문할 수 있는 기회를 마련했다. 나 같은 이방인·동방인으로서 얻기 힘든 기회였다. 그때 나의 친구 요아브가 나에게 방문전에 다음과 같은 충고를 주었던 것을 기억한다. "그들이 20세기의 뉴요크에 살고 있다고 해서 네가 보통 사람을 대하는 식으로 그들을 쳐다봐서는 안 된다. 모세가 지금 뉴요크의 이 식탁에 그들과 같이 앉아 있다고 가정해도 모세는 조금도 그들의 언행에서 이질감을 느끼지 않을 것이다." B.C. 13세기의 모세의 의식세계와 3000년 이상의 물리적 시간을 隔한 오늘 맨하탄 한복판의 유대인의 의식세계와의 사이에 거의 완벽한 동시성이 성립한다는 사실을 히브리문화를 좀 깊게 이해하고 있는 사람이라면 과장된 거짓말이라고 일축해 버리지 않을 것이다. 그것은 엄연한 사실이며, 그것이 유대인을 무섭게 만드는 그들의 특유한 문화라는 것이다. 그리고 이러한 동시성에 관한 철학적 문제는 上揭의 보만(Thorleif Boman)의 책 속에(pp. 153~182) 잘 지적되어 있다.

누가 나에게 우리 고전 국역의 第一의 原則(First Principle)이 무엇이냐고 묻는다면 나는 서슴지 않고 同時性(contemporaneity)이라고 대답할 것이다. 이 同時性의 原則만 지켜진다면 우리 고전은 再活의 길을 얻을 것이고 그렇지 못하면 영원히 죽음의 길을 걸을 것이다. 번역 속의 동시성이란, 번역이란 행위가 번역의 대상이 되고 있는 책의 작자의 의식세계와 나의 의식세계와의 사이에 동질감이 성립할 수 있도록 다리놓아 준다는 뜻이다. 물론 이때의 나는 순 주관적 개인적 나가 아니라 오늘이라는 時間과 空間을 共有하는 "間主觀的 나"(inter-subjectivity)이다. 이 말을 좀 쉽게 풀면 다음과 같은 것이다. 추진회에서 번역한 『退溪集』 중에 나오는 어떤 論을 아무 내력도 모르는 어느 고등학교 교실에 가서 낭독하고 그들에게 이것이 누구의 글이겠냐고 물었을 때, 우리 주변의 살아 있는 소설가나 교수의 이름이 튀어나온다면 이때 우리는 "동시성"이 성립했다고 말할 수 있을 것이다. 그렇기 때문에 동시성이 성립하기 위해서는 살아 있는 오늘의 언

---

49) 요아브 아리엘 교수에 관해서는 拙稿 "철타닥대기만성 제이편," 『世界의 文學』, 통권 30 (서울: 민음사, 1983 겨울), p. 149의 註 25를 읽어 주기 바란다.

어를 과감하게 써야 한다.

　필자는 최근에 발표한 "절차탁마대기만성"이라는 漢文解釋學(Chinese hermeneutics)을 論하는 글 속에서, 中國의 傳統的 "讀書法"에 관해 이야기하면서 程子의 말을 인용했다 : "…… 平其心, 易其氣, 闕其疑, 則聖人之意可見矣." 나는 이 구문을 다음과 같이 번역했다 : "마음의 편견을 없애고 육체적 콘디션을 평온하게 하고 의심을 풀어 버리면 성인의 뜻이 스스로 드러난다."[50] 이 번역의 最好可能性에 관하여 많은 논란이 있을 수 있고 또 당연히 있어야 하지만, 종래의 번역과 이질적으로 느껴질 부분은 "易其氣"를 "육체적 콘디션을 평온하게 하고"라고 번역했다는 대목일 것이다. 11세기에 중국의 河南省에 살았던 사람의 문장을 초현대적 외래어를 섞어 푼다는 데 많은 사람이 반발을 느낄지 모른다. 그러나 나는 의도적으로 그러한 언어를 택했다. 그러한 택함의 원칙은 "동시성"이다. 한문을 전혀 모르는 사람에게 "그 氣를 쉽게 하고"라고 말해 보았자 그 사람이 그 뜻을 알아들을 리 없고, 또 그 번역자가 과연 "易其氣"의 뜻을 이해했는지를 확인할 길이 없다. 程子는 한국사람도 아니고 중국사람이다. 외국사람의 말을 외국말을 섞어 풀었다고 해서 그것이 그렇게 大逆스럽다고 느껴지지는 않는다. 英譯을 한다면 분명히 "to ease physical condition"이 될 것이고 이것은 좋은 번역이다. 가장 중요한 두 문제는 "육체적 콘디션"이라는 말이 오늘의 우리의 삶의 공간에서 통용되는 정확한 의미를 전달할 수 있다는 것과 번역자 자신이 "氣"라는 의미의 많은 內包 속에서 "육체적 콘디션"이라는 구체적 의미로 한정시켜 그 말이 주어진 문맥을 성립시키고 그것을 정확히 밝혔다는 것이다. 철학적으로 말한다면 "氣"라는 것은 정확히 서양적인 의미에서 정신적인 것도 육체적인 것도 아닌 양자를 다 포괄하는 원질적 그 무엇이다. 그러나 이러한 폭넓은 형이상학적 실체관 속에서, 程子가 그 文章을 쓸 때, "易其氣"라는 말을 썼다고 판단되지는 않는다. 분명히 "易其氣"라는 말을 쓴 일상적이고 구체적인 문맥이 있었을 것이고 그 문맥에서의 "氣"의 개념은 정신적인 것이라기보다는 물질적인 것, 보다 더 구체적으로는 신체적인 것이라고 나는 파악했다. 물론 이러한 나의 파악은

---

50) 『世界의 文學』 30 (서울 : 민음사, 1983 겨울), p. 125. 인용문의 앞뒤 문맥은 원문에 나타난다.

程子의 원래의 문맥과 일치되지 않는 것일 수도 있다. 그렇다고 "氣를 쉽게 한다"라는 명제로 옮긴다는 것은 번역자 자신의 "이해"를 거부하는 것이다. 그것은 그야말로 무의미 문자형상의 나열일 뿐이다. 번역자 자신의 의미파악이 원래의 의미와 틀릴 수도 있다는 가능성에 대한 두려움의 감정이 오늘날의 과감한 현대어를 사용하기를 거부하는 많은 古典 번역인들을 지배하고 있다고 나는 생각한다. 그것은 도피며 자기기만이다! 그리고 지적으로 결백하지 못한 태도다! 이 짧은 상식적 문구에 한정해서 이야기하더라도 우리는 程子의 原意에 영원히 도달할 수 없을지 모른다. 그러나 우리는 그 수없는 파악의 가능성 중에서 "나의 파악" 즉 "나의 주관"을 정확히 밝혀야 한다. 이것을 나는 정직(integrity)이라고 부른다. 나의 이러한 주장에 대해서 다음의 두 가지 가능성이 열려진 채로 남는다.

그 첫째는 "육체적 콘디션을 평온하게 한다"라는 동일한 의미를 지니는 더 좋은 우리말 표현이 없겠는가라는 것이고, 둘째는 타인에 의하여 "易其氣"가 다른 뜻으로 파악될 수 있지 않겠는가라는 질문이다. 나는 이 두 질문은 철저히 정당하다고 느낀다. 이 두 질문은 "영원한 번역"(perennial translation)이라는 나의 특유한 번역론을 성립시킨다. 번역은 일회에서 종결되는 것이 아니다. 번역은 영원한 것이다. 끊임없는 인류의 해석학적 행위이다. 객관은 궁극적으로 주관과 주관의 맞부딪침에서밖에는 성립할 수 없다. 그렇기 때문에 모든 가능한 주관은 끊임없이 번역행위를 통하여 제기되어야 하고 그러한 제기를 통하여 성립되는 객관은 획시대적(paradigmatic)이며 따라서 유동적이다. 우리의 번역행위가 어차피 이러한 "영구번역"의 일환일진대, 그 시점에 처한 철저히 현재적 언어를 써야 한다. 丁奎福교수(高大 國文科)가 최근에 발굴한 신자료로서 『鏡花新飜』이란 번역소설이 있다. 이 소설은 槐山 사람 豊山洪氏 洪羲福(1794~1859)이 中國의 유명한 李汝珍(Li Ju-chen)의 소설 『鏡花緣』(Ching-hua-yüan)을 당시 우리말로 번역한 것이다. 후 스의 추정에 의하면 이 소설은 1825년에 쓰여졌고, 1828년에 芥子園 影本으로 출판되었는데, 출판된 지 불과 7년만에 (1835년) 우리말로 번역되었다는 놀라운 사실이 丁교수에 의하여 밝혀졌다. 우리나라에 번역소설이 많다고 하지만 이렇게 정확하게 저자와 연대가 밝혀진 유례가 없다고 한다. 뿐만 아니라 羲福은 이 외에도 『삼국지연의』『서유기』『수호지』 『열국지』『西周演義』 등의 작품을 모두 국역했다고 서문에 씌어져 있다(他 작품들은 유실). [51] 이 번역 작품에 쓰인 우리말은 1835년 당시의 어김 없는 우리말이며, 이 작품의 분석에 의하면 그 당시의 전래된 옛말과 당시에 통용되었을 오늘 우리가 사용하는 말들이 혼용되고 있음이 드러난다고 한다. 여름과 열매가, 남기와 나무가 같은 뜻으로 동시에 사용되고 있는 것은 좋은 例 중의 하나이다.

우리가 『鏡花新隲』에 대해 관심을 갖는 가장 큰 이유는 그 작품이 철저히 당시의 통용되는 "현재어"로 씌어졌다는 데 있다. 만약 그 작품이 한문에 토씨나 붙여 둔 것이라면 판본학적 가치 이외로 아무런 문학적 가치를 지니지 않을 것이다. 우리는 그 작품을 통해 1835년 당시의 우리말을 알 수가 있고, 그 방대한 『鏡花緣』의 내용이 당시 한국의 아낙네들에게 어떠한 방식으로 어떠한 의미형상을 빌어 전달되었나 하는 것을 알 수 있다. 『鏡花新隲』의 제일의적 가치가 그 작품의 현재성에 있다고 할 때, 우리는 "육체적 콘디션"이라는 식의 표현에 타부를 걸 필요는 전혀 없다고 생각한다. "육체적 콘디션"이 오늘의 우리의 의미형상일진대——. 요즘의 한문 번역자들은 古를 今으로 바꾸는 것이 아니라 古를 今과 무관한 족보없는 古로 바꾸고 있을 뿐이다. 과연 우리는 19세기 초의 洪羲福의 수준을 능가하고 있는가?

다음으로 내가 우리 한문 번역자들이 범하고 있는 가장 큰 오류라고 느끼는 것은 옛말과 오늘말의 혼동이다. 여기서 말하는 혼동이라는 것은 古語와 現代語가 동일한 文字를 취하고 있을 때에 한정해서 말하는 것이다. 이것은 "동시성"이란 제일원칙의 위배란 측면에서 이해될 수도 있지만, 무엇보다도 철학적 개념의 개념적 성찰의 결여에서 오는 무지에서 비롯된다. 즉 漢文 속의 "自然"이란 말과 現代語 속의 "自然"이란 말이 동일한 文字形象을 지니고 있다고 해서, 또 現代

---

51) 이상의 정보는 丁敎授와의 대화를 통하여 얻은 것이다. 더 자세한 정보는 84년에 高大에서 출판될 『中國學論叢』에 실린 丁奎福교수의 논문 "第一奇諺에 대하여"를 참조하기 바란다. 〔追記〕 출판되었다 : 丁奎福, "第一奇諺에 대하여,"『中國學論叢』(高麗大學校 中國學硏究會, 1984년 4월), 第一輯, pp. 73～100.

語의 "自然"이란 단어가 漢文의 "自然"에 文字的 語源을 지니고 있다고 해서 "漢文"의 "自然"이 現代語의 "自然"으로 대치 혹은 그대로 이전될 수 있다고 생각하는 망상에 대부분의 성찰 없는 지식인들이 사로잡혀 있다. 이것은 정말 우리 동양철학의 수준을 드러내는 부끄러운 일이며, 아직까지 한문의 대가라는 사람들에 의하여 인식조차도 되지 않고 있는 문제이다. 漢文 속의 "自然"은 『老子道德經』에서 비롯되는 단어이지만, 그것은 명사로 쓰인 적이 없는 형용사(狀詞)이다. 그러나 우리가 쓰고 있는 現代語 속의 "自然"은 그러한 漢文에서 유래된 것이 아니라, 서양의 "nature"라는 명사의 번역으로서 동일한 외연과 내연을 갖는 명사이다. 漢文 속의 "自然"은 한 자 한 자의 훈 그대로 "스스로 그러하다"라는 기술(description)이지 그것 자체가 명사로 쓰인 적이 없다. 즉 그것 자체로 하나의 실체가 아닌 상황의 묘사에 불과하다. 그래서 漢文의 "自然"은 "self-so" "naturally-so" "what-is-so-of-itself" 등으로 영역되지 "nature"로 영역되지 않는다. 우리 현대 말의 "自然"(nature)은 漢文으로는 "天地"에 해당되지 "自然"에 해당되지 않는다. 漢文의 "自然"을 "自然"으로 번역하는 것은 "tiger"를 "개"로 번역하는 것보다도 더 심한 오역이다. 漢文의 "自然"은 현대어로 번역될 때는 반드시 "스스로 그러하다"로 번역되어야 한다. 漢文 속의 "天地自然"이란 말도 "Nature"의 뜻인 "自然"으로 번역한다. 이것은 오역이다. "天地自然"은 하나의 명사가 아니라 주부와 술부를 갖춘 하나의 센텐스이다. "天地自然"은 반드시 "自然은 스스로 그러하다"로 번역되어야 한다. 이 방면으로 철학적 관심을 경주해 온 사람이라면 이러한 주장이 뒷받침될 수 있는 자료는 무궁무진하다는 것을 잘 알 것이다. 나의 말을 듣고 "自然"이란 말이 나올 때마다 "스스로 그러하다"라는 말로 대치해 본다면 나의 주장이 거짓이 아님을 누구든지 깨닫게 될 것이다. 예를 들면, 한문 속의 "工夫"와 현대어의 "工夫"(study), 한문 속의 "經濟"와 현대어의 "經濟"(economy) 등등의 예 또한 동일한 오류 속에서 대치될 수 없는 성질의 것이다. 朴鍾鴻교수의 잘 알려진 論文으로 "崔漢綺의 經驗主義"란 論文이 있는데 이 論文 속에서 朴敎授는 惠崗(崔漢綺)의 작품 속에 나타나고 있는 주요 술어들을 現代語의 西洋哲學 술어와 文字的 同一性 때문에 혼동하는 오류를 범하고 있다. 惠崗이 漢語로서 쓰고 있는

"經驗" "知覺" "推測" 등등의 술어를 現代語와 同一視하여 논리를 전개하고 있는데 이것은 문헌학의 가장 기초적 반성을 거치지 않은 데서 연유한 것으로 보인다. 惠崗이 漢文 속에서 쓰고 있는 "經驗"은 근세 경험론哲學의 개념인 "experience"로, "知覺"은 "sense-perception"으로, "推測"은 "inference"로는 절대 번역될 수 없는 것이다. 이 漢語는 모두 復合語로서 "經驗"은 "徵驗을 經過한"의 뜻이며 經驗一般을 말하는 것이 아니라 좁은 의미의 감관의 인지행위를 말하는 것으로, 직역하자면 "proven by the senses"가 된다. 惠崗의 "經驗"은 오히려 "perception"에 가깝다. 惠崗의 "知覺"은 "知"와 "覺"의 復合語로서 현대어의 "sense-perception"과 전혀 다른 의미를 지닌다. 그리고 漢語의 "覺"은 感覺의 覺이 아니라, "知"의 높은 상태를 말하는 것으로, 우리말의 "깨달음"의 뜻에 가깝다. 孔子가 由에게 아는 것을 안다고 하고 모르는 것은 모른다고 하는 것이 곧 아는 것이다라고 말했을 때의 아는 것(知)도 좁은 의미에서의 지각행위를 지칭하는 것은 아니다. 그리고 惠崗이 논지의 기저로 삼고 있는 『孟子』의 경우에도 知覺의 용법은 현대어의 지각과 전혀 무관한 것이다. 萬章이 伊尹에 관한 고사의 신빙성을 확인하는 과정에서 孟子가 인용한 伊尹의 말로서 "하늘이 이 백성을 낳음에 있어서, 먼저 안 사람으로 하여금 뒤에 안 사람을 깨우치게 하고 먼저 깨달은 사람으로 하여금 뒤에 깨달은 사람을 깨우치게 한다. 나는 하늘의 백성 중에서 먼저 깨달은 사람이다." (天之生此民也, 使先知覺後知, 使先覺覺後覺也。予天民之先覺者也。)라는 유명한 구절이 있는데, 여기에 있어서도 知와 覺의 용법은 현대어의 지각과 상관이 없다. 이는 朱熹가 知와 覺을 識과 悟로서 대치하며 설명하고 있는 것을 보아도 잘 알 수 있는 것이다. "知覺"은 우리 주체의 내면에서 일어나는 知識作用 전체를 가리키는 포괄적 용어이며, 구태여 한 마디로 惠崗의 哲學的 性向을 살려 직역하자면 "experience" 혹은 "knowledge"가 그에 해당될 것이다. 이렇게 본다면 惠崗의 "經驗"은 현대어의 "지각"으로, 惠崗의 "知覺"은 현대어의 "경험"으로 오히려 뒤바꿔 번역하는 것이 타당하다. 朴鍾鴻교수는 이러한 漢語의 특수성과 역사성을 무시한 채, 즉 漢語가 中國哲學史의 문맥 속에서 가지고 있는 개념적 역사에 무지한 상태에서 漢文 속의 "經驗"을 현대어의 "경험"과 漢文 속의 "知覺"을 현대어의 "지각"과 완전 동일시하여 뒤죽박죽 논리를 전개하고 있다. 惠崗의 『神氣通』에 "經驗少者, 知覺亦少；經驗多者, 知覺亦多……"云云하는 句節이 있는 데, 이것을 "經驗이 적으면 知覺 또한 적다"라고 번역한다면 이것은 그야말로 넌센스 명제가 되거나 지독히 관념적이고 연역적 명제가 되고 말 것이며, 惠崗의 哲學精神에는 위배될 뿐이다. "經驗少者, 知覺亦少"라는 말은 "직접 감관에 의하여 증험하는 감각인식 행위가 좁으면 좁을수록 우리 경험의 세계는 좁아진다"라는 뜻이다. [52] 이러한 방면의 연구는 복잡한 개념적 분석을 별도로 필요로 하기 때문에 여기서는 더이상 논지를 전개하는 것을 삼가고자 한다. 단 이러한 오류는 文字의 同一性 때문에 同時性을 파괴하는 것이라는 것을 밝혀 둔다. 同時

---

52) 上記의 朴鍾鴻교수의 논문은 亞細亞問題硏究所 韓國硏究室編, 『實學思想의 探究』 (서울 : 玄岩社, 1974), pp. 318~380에 수록되어 있다. 이 論文은 崔漢綺의 哲學을 한 국학계에 처음으로 체계적으로 소개한 글로서 많은 사람의 공명을 불러일으켰다. 사실 崔漢綺는 朴교수의 연구에 앞서 이북 학자들에 의하여 유물론 사상가로 어필됨으로써 국제적으로 소개가 된 인물이나 이북학자들이 연구할 당시 惠崗의 遺作들이 이북에 충분히 보존되어 있지 않았기 때문에 매우 피상적 수준에 그쳤다. 그러므로 朴교수의 논문은 崔漢綺의 哲學思想을 체계화한 최초의 논문으로 높게 평가되지 않을 수 없다. 崔漢綺哲學의 최대 강점은 儒敎哲學에 흔히 빈약하다고 여겨지는 "인식론적 탐구"와 시스템 빌더로서의 조직적 사고력이라고 말할 수 있는데, 최씨의 인식론은 朴교수가 접근하듯이 존 록크 이래의 영국 경험론의 입장에서 분석하기보다는 宋明儒學의 최대 쟁점 중의 하나였으며, 張橫渠(장 형취)로부터 發芽된 見聞之知와 德性之知의 인식론적 논쟁상의 입장에서 분석함이 더 타당하다. 惠崗은 孟學系列의 心學의 문제점을 예리하게 파헤치고 들어간 것으로 보인다. 영국의 경험론이란 思潮의 규정 자체가 하도 복잡다단하며 새로운 시각이 많이 제출되고 있기 때문에 일률적으로 규정할 수 없으나, 惠崗의 인식론은 결코 영국 경험론자들이 흔히 말하는 그러한 수동적 감각능력에 기초하고 있지 않다. 인간의 인식이 감각과 더불어 시작한다는 입장은 고수하고 있는 것 같이 보이나 그의 인식론은 인간의 능동적 오성능력까지를 포괄한 매우 방대하고 포괄적인 체계를 이루고 있다. 朴교수는 惠崗의 체계의 극히 일부적인 국면만을 아필시키고 있다. 물론 崔氏의 체계를 북한 학자들이 주장하듯이 유물론의 틀이나 모사설적인 인식론으로 규정하는 데는 곧 한계에 봉착한다. 朴교수는 특히 필자가 지적했듯이, 漢語가 가진 그 자체대로의 맥락의 깊은 이해가 없이 자신이 가지고 있는 서양철학적 지식을 너무 섣불리 漢文에 부과시켜 부회하는 오류를 범하고 있을 뿐 아니라, 漢文의 術語를 오늘날의 우리말로 정확히 환원하는 일관된 개념적 정리작업을 선행시켜 논지를 전개하고 있지 않다. 그러므로 朴교수의 논문은 그 나름대로 개척자의 고심의 결실로 평가되어야겠지만, 후학들에 의하여 철저히 비판되어야 마땅하다. 이러한 논문의 오류가 전혀 검검되지 않은 채 오늘날까지 버젓이 그 권위를 인정받고 있는 우리 학계의 현실이 매우 통탄스럽다고 아니할 수 없다. 서양 철학에 능한 사람은 한문에 어둡고, 한문에 능한 사람은 서양철학적 개념에 어두워서 생기는 묘한 허점이 이제는 더이상 방치될 수 없다고 생각한다. 현대 학문의 수련을 철저히 거친 보다 본격적인 중국철학 학도가 앞으로 배출됨에 따라 이러한 허점은 점차 자연히 극복되리라고 확신한다.

性이란 번역의 대상이 되고 있는 문자와 번역의 주체가 되고 있는 문자에 각각 얽혀 있는 도구연관구조의 상대성의 철저한 인식 위에서만 성립한다.

이러한 상대성의 문제는 우리에게 의미의 공간성과 시간성에 대해 매우 재미있는 새로운 시각을 제공한다. 동일한 공간 내에서 동일한 문자가 시간적 변화에 따라 他者化했다는 사실, 즉 동일한 "自然"이란 말이 중국적 의미체계에서 서양적 의미체계로 異質化해 버렸다는 사실, 다시 말해서 우리의 時間이 他空間化해 버렸다는 사실을 주목하지 않으면 안 된다. 우리가 살고 있는 오늘이라는 시점은 이미 동일한 공간 내에서 시간적 변화만을 일으킨 것이 아니라 이미 그 변화가 他공간들과의 錯綜(mutual appropriation) 속에서 이루어졌다는 時空의 不可分離性을 새롭게 인식하지 않으면 안 된다. 번역이 죽은 과거를 현재 속에 되살리는 작업이라고 할 때 이미 그 과거는 우리에게 他者化한 과거라는 것, 이미 공간화되어 버린 시간이라는 것이다. 즉 그 과거라는 시간적 他者性(otherness)은 오늘 우리에게 있어서의 공간적 他者性과 그것이 他者라는 측면에서는 아무런 질적 차이가 없다는 것이다. 우리의 과거 전통을 사랑하고 아끼는 우리 동양학도들은 다음과 같은 유령에 홀리기 쉽다. 동일한 공간 내에서 일어난 과거의 사실과 현재의 사실이 갖는 모종의 親和感(affinity)을 빙자하여 과거의 발굴이 곧 나의 현존의 전부를 규정한다는 환상, 즉 전통문화의 발굴이 우리 민족 전체의 당위라는 환상에 사로잡히기 쉽다는 것이다. 나 자신 한때 그러한 환상에 사로잡히어 나의 환상을 이해 못하는 많은 사람들을 증오하고 그들에게 분노를 느꼈다는 사실을 고백하지 않을 수 없다. 그러나 우리는 새로운 문제의식에서 문제를 보지 않으면 안 된다. 필자보다 후에 오는 후학들은 내가 고민했던 문제를 되풀이하는 것보다는 그 차원을 넘어선 새로운 문제의식 속에서 고민을 하고 발버둥치지 않으면 안된다. 우리의 궁극적 관심은 과거라는 골동품이 아니라 어디까지나 오늘 우리의 모습을 앞으로 올 시간과 공간 속에 어떻게 남기느냐 하는 창조적 미래에 관한 것이다. 이러한 미래 앞에서 공간적 他者나 시간적 他者는 동일한 자격으로 등장하지 않으면 안 된다. 우리가 우리의 전통문화야말로 나의 참모습이라고 가까이 느낄 때, 바로 동일한 공간 내에 살고 있는 같은 민족의 많은 사람들이 그 전통을 미국이라는 공간적 소원감보다도 더 극심한 소원감 속에서 자기와 무관한 他者로 느끼고 있다는 엄연한 사실을 왜곡해서는 아니될 것이다. 예를 들면 이조시대의 유교문화가 앞으로 새로 오는 미래를 다 독점할 수는 없다. 과거에 우리의 것이었다 해서 그것이 他 외국문물에 대해 우월적 권위를 주장할 수 없다. 그 과거조차도 그 과거라는 시간 속에서 이미 他공간과 무수히 교류된 것이다. 우리의 미래에 있어서 유교나 불교나 기독교나 이슬람교나 미국의 째즈 문화나 아프리카의 문화나 모두 동등한 자격으로 경쟁하지 않으면 안된다. 親和感을 빙자로 적당히 빽써서 뒷구멍으로 이길 생각을 하지 말고 정정당당하게 훼어프레이를 통해 우리의 승리를 주장하지 않으면 안 된다. 이러한 훼어프레이의 방식은 내가 이미 주장한 "완전번역" "영구번역"이라는 해석학적 행위를 떠나서는 그 어떠한 방식도 존재하지 않는다. 고전을 번역하라! 그 번역의 행위 속에 세계를 포용하라!

나는 기독교를 비판하는 사람이다("절차탁마대기만성 제이편"을 참조). 그리고 될 수 있다면 우리가 원래 가지고 있는 전통 속에서 우리 민족의 미래적 종교성을 찾고 싶어하는 사람이다. 그러나 나의 기독교 비판이 곧 기독교의 배타를 의미하지는 않는다. 과연 유교문화는 우리 민족에게 그러한 배타의 권리를 주장할 수 있겠는가? 과연 유교문화가 孔孟의 至高한 哲理를 이해 못하는 서민대중에게 무슨 종교적 안식을 제공하였단 말인가? 구한말에 있어서 기독교의 전래가 우리 민족사에 얼마나 참신한 생동감을 불러일으켰는가? 삼정의 문란, 동학란, 임오군란, 아관파천, 청일·노일전쟁, 한일합방 등으로 점철된 엄청난 민족사의 비극에 과연 누가 책임을 져야 하는가?

우리는 공존의 시대에 살고 있다. "푸른 대리석 구슬"(blue marble)이라고 불리우는 지구의 모습을 육안으로 쳐다볼 수 있는 시대에 살고 있다. 그렇기 때문에 더욱 우리의 한계를 자각하지 않는 한 우리의 한계를 초월할 수 없다. 배타나 독점으로는 이미 나를 유지시킬 수 없는 대리석 구슬 위에서 살고 있다. 하나의 세계공동체라는, 시공이 錯綜된 전체 속에서 살고 있다. 내가 쓰고 있는 한국말이 이미 한국말이 아닌 시대에, 가장 고전을 잘 안다고 하는 사람들이 자기가 쓰고 있는 "自然"이 곧 서양언어라는 사실을 망각할 정도로 변해 버린 시대에 살고 있다. 우리는 공존의 논리에 철저히 입각하여 우리의 미래를 구축하지 않으면 안 될 것이다.

　본 논문은 원래, 『世界의 文學』(1983 봄호)에 실린 "우리는 동양학을 어떻게 해야 할 것인가?"라는 논문에 대하여 민족문화추진회로부터 호의적 반응이 있었고, 또 동회로부터 그 논문의 내용을 발전시켜 나의 "번역" 자체에 대한 방법론과 이론을 밝혀 달라는 요구에 부응하여 기획된 것이다. 그렇기 때문에 "우리는 동양학을 어떻게 해야 할 것인가?"는 번역의 민족사적 중요성을 밝히는 데 역점을 두었다면 본논문은 번역 자체의 논리와 방법 등의 문제점에 역점을 두었다는 의미에서 양자는 자매편이라고 할 것이다. 그러나 그동안 이 拙才를 여러모로 격려해 주신 李啓晃 局長(님)이나 辛承云 次長(님)과 협의하여 이 論稿를 수락할 때 원래 내 마음에 품었던 생각들은 본회의 조직과 사업자체에 대한 평가와 제언에 관한 것이었다. 불행히도 지면의 제약으로 나의 원래 생각을 다 펼 수는 없으나 사족인 줄 알면서도 몇 자를 보태고 본 논문을 끝내려 한다. 나의 비판이 비판을 위한 비판이 아니라 동업자로서의 격려라고 생각하고 읽어 주기 바란다.

　우선 나는 본회에서 출판한 번역물들을 일람할 시간적 기회가 없었다. 그래서 본회의 번역에 관한 일괄적 평가를 내릴 수는 없다. 그러나 최근 本會에서 증정해 준 『국역 산림경제 I』(고전국역총서 231)이 때마침 수중에 있기 때문에 이 번역이 최근의 성과라는 점을 감안하여 이 책을 샘플로 한정하여 論究하겠다.

　먼저 이 책의 앞에 매우 상세하고 정확히 考證된 辛承云의 「解題」가 붙어 있고 뒤의 原文이 排印으로서가 아니라 古本의 影印으로 句讀點과 함께 실려 있다는 것은 극찬의 값어치가 있다. 解題야말로 가장 쓰기 어려운 글이며 긴 시간의 수고를 요하는 글인 동시에 解題가 없는 古書는 가치가 없다는 것을 명기하고자 한다. 그리고 흔히 보듯 誤植투성이의 排印 原文을 句讀點 없이 싣는 것보다는 原文인 底本을 影印하여 그대로 실어 주는 것이 낫고, 더 좋은 것은 물론 日本・中國 사람들이 하듯 誤植이 없이 완벽한 구두점을 찍어 活字排印하는 것이다.[53] 그리고 이 책에는 版本이 조사되어 있고 또 甲乙本의 校照가

---

53) 구두점 방식은 "우리는 동양학을 어떻게 해야 할 것인가?"라는 一文에서 밝혔다. 부언하면 中共에서 나온 『二十五史』의 구두점 방식이 그 표준이 되어야 한다.

되어 있고 또 校勘記가 別紙로 붙어 있다는 것은 가히 그 功과 勞를 치하할 만하다.

그러나 만약 내가 이 책을 번역한다고 하면, 우선 이 책의 책명부터 문제가 되었을 것이다. 분명히 『山林經濟』를 『산림경제』라는 한글로 옮겨 놓는 한 산림경제란 번역은 부당하다. 산림경제란 한글의 제목은 분명히 오늘날 우리말로 받아들여질 것이고 그렇다면 누구든지 요새 農科大學 林學科의 교재 정도로 생각할 것이다. 산림도 원의와 무관한 현대어고 경제도 원의와 무관한 현대어이기 때문에 산림경제라 하면 "forestal economy"나 "dendrology"를 생각할 것이다. 이러한 誤謬는 이미 앞에서 지적하였다. 번역자들은 『山林經濟』란 原名의 서지학적 일관성을 위해서 『산림경제』라 옮김은 불가피하다고 변명할 것이다. 허나 이러한 변명은 무의미하다. 그러한 의식이 있었다면 『산림경제』라는 문자적 약속을 내걸어 놓고 반드시 부제나 괄호 속에 현대어로 의미전달이 가능한 제목을 표기할 수가 있었기 때문이다. 문제는 그러한 의식이 번역자들에게 없다는 데에 있다. 『山林經濟』라는 뜻을 알 수 있는 발언으로서 가장 가깝게 오는 것이 辛承云의 「해제」에 "말하자면 농촌생활에 필요한 가정보감(家庭寶鑑)인 셈이다"라는 一句이다. "농촌생활에 필요한 家庭寶鑑"과 "林學的 經濟學"과는 너무나 엄청난 거리가 있다.

누가 이 책을 英譯한다면, "Sallim Kyŏngje"라고 내놓는 것은 근본적으로 불가능한 미친 짓이다. 漢文書籍들의 英譯에 있어서는 인명·지명을 제외한 모든 고유명사가 "번역" 즉 "해석"되어야 한다. 우리말 번역에 있어서도 이 원칙은 지켜져야 한다.

"山林經濟"의 뜻은 著者의 從兄 洪萬宗이 쓴 序文에 잘 나타나 있다고 본다. 물론 著者 자신이 "隨意而裁花竹, 適性而養禽魚, 此是山林經濟"라는 古人의 말에서 그 뜻을 음미하여 자기 책의 이름을 삼았다고 못박아 밝히고 있으나 이 句節로는 山林經濟의 뜻을 헤아리기 어렵다. "원예" 정도의 뜻밖에는 안 나온다. 그러나 萬宗의 序에는 "山林與經濟異途"라 하여 山林이란 개념과 經濟라는 개념을 대립적으로 파악하고 있다. 그리고 그 대립적 개념의 정의를 다음과 같이 내리고 있다 : "山林獨善其身者樂之, 經濟得意當世者辨之, 其異若是而亦有所同者存焉。盖經者, 經理庶務 ; 濟者, 普濟群品。廊庙而有廊庙之事業,

則是廊廟之經濟也。山林而有山林之事業，則是山林之經濟也。所處之地雖異，其爲經濟則一也。"(번역 생략.)

萬宗은 山林과 經濟란 두 개념의 같음과 다름을 매우 포괄적인 문맥에서 요연하게 剖析하고 있다. 우선 여기서 山林의 실제 의미는 forest가 아니라 "獨善其身者"란 말이 함축하듯 "정치를 떠난 在野의"라는 뜻이 강하다. "벼슬에 뜻을 두지 않고 草野에 묻혀 사는 處士"라는 이미지가 강력히 부각되어 있다. 그에 반하여 "經濟"라는 것은 "經國濟世"라는 말이 있듯이 "정치권력을 얻어 세상을 다스린다"라는 뜻이다. 山林이 "to retire"의 뜻이라면 經濟는 "to rule"이고, 요새 말로 전자는 野요, 後者는 與다. 이렇게 대립적 관계, 즉 전자는 정치권력을 싫어하는 사람들이 즐기는(樂) 바고, 후자는 정치권력을 좋아하는 사람들이 분별해야(辨)할 것이면서도 양자는 결코 대립적이지 않다는 것이다. 왜냐하면 정치행위 즉 다스린다(經과 濟)는 행위를 보다 구체적으로 보다 근본적으로 분석해 들어가면, 결국 庶務群品 즉 모든 구체적 현상을 질서지우는 것에 불과하다는 것이다. 조정에는 조정의 다스림이 있고, 재야에는 재야의 다스림이 있으며, 이것은 모두 "다스림"의 동등한 자격을 갖추는 중요한 측면들이다. "其爲經濟則一也"라는 표현은 바로 "다스림"에 있어서는 정치권력을 쥐고 있는 자의 행위나 쥐고 있지 않은 자의 행위가 모두 "다스림"이라는 측면에 있어서는 동일하다라는 강력한 메시지를 전하고 있다. 이러한 발언에는 지배권력에 대한 강력한 항거정신이 깃들어 있고, "山林經濟"라는 말 자체가 "조정에서 권력을 휘두르는 너희들의 다스림보다 나와 같이 山林에 묻혀 사는 사람들의 다스림이 더 중요한 것이며 이것이야말로 민중의 생활을 실제적으로 다스리는 생활철학과 기술, 경제의 전부다"라는 조소적이고 저항적이고 애민적인 저자의 논조를 응변해 주고 있다고 할 것이다. 이것이야말로 실학의 정신이 아니고 무엇이겠는가? 벼슬을 마다하고 山林에 묻힌 洪萬選의 깊은 뜻이 여기에 있지 않았겠는가? 그래서 이 책은 요새 말로 경제학 책이 아니다. 민중(농민)의 생활에 실제적 도움을 줄 수 있는 모든 지혜를 가르치고 있다. 심지어 식생활, 건강관리, 성교하는 방법까지 가르쳐 준다. 요새 경제학에서 이런 성생활의 지혜, 매일 밤 안하고 못 사는 인류생활의 엄청난 부분을 학문의 대상으로 삼고 있는가? 卜居·攝生

・治農・治圃・種樹・養花・養蠶・牧養・治膳・救急・救荒・辟瘟・辟蟲・治藥・選擇・雜方의 目次만 보아도 저자의 생각의 심원함, 광범함, 자상함을 쉽게 엿볼 수 있다. 그렇다면 "山林經濟"는 "산과 들에 사는 사람들의 다스림에 관한 전부"라고 하던가 아주 래디칼하게 "민중 속의 생활지혜"라고 번역해도 이상할 것은 아무것도 없다. 나보고 영역하라면 "Administration of Our Daily Life in Mountains and Woods" 정도로 해 놓을 것이다. 물론 山林經濟란 原義가 갖는 풍자적이고 해학적인 의미는 충분히 살리지 못했다 하더라도……

그리고 얼핏 일별하기에 오역이 눈에 띄고 註解에 정확성이 부족하다. 「攝生」章 p. 50에 "너무 슬퍼하면 包絡이 끊긴다"라고 했는데, 原文에는 "悲哀太甚, 則胞絡絕"로 되어 있으므로, 包絡은 원문 그대로 胞絡으로 해놓고 胞絡에 대한 註를 달았어야 더 정확성을 기할 수 있었을 것이다. 왜냐하면 "悲哀太甚, 則胞絡絕"의 出典이 되고 있는 『黃帝內經素問』에 있어서도 胞의 用法이 胞의 보통의 의미와 다르고 모든 校에 그 용법의 특수성이 정확히 지적되고 있기 때문이다. 그 原文의 전문은 "悲哀太甚, 則胞絡絕, 胞絡絕則陽氣內動, 發則心下崩數溲血也。"로 되어 있는데 『黃帝內經素問』의 가장 권위 있는 註釋家라고 여겨지고 있는 唐代의 왕 삥(王冰)은 "悲則心系急, 肺布葉擧, 而上焦不通, 榮衛不散, 熱氣在中, 故胞絡絕而陽氣內鼓動, 發則心下崩數溲血也。心下崩, 謂心包內崩而下血也。溲, 謂溺也。"라고 註를 달았으며 胞絡의 정확한 의미를 지적해 놓고 있지 않으나 前後文脈에 나오는 "上焦不通"이나 "心包內崩"으로 미루어볼 때 胞絡이 心包에 관계된 것임은 틀림없다. 人民衛生出版社(北京 : 1963)版의 「新校正」에는 "按《楊上善》云 : 胞絡者, 心上胞絡之脉也。詳經注中胞字俱當作包, 全本胞又作肌也。"라고 하여 胞絡이 心上胞絡之脉임을 명기하고, 또 『內經』本文과 王冰注中의 胞字는 모두 包로 고침이 당연하다고 부기하고, 隋나라 때의 全元起의 版本上에는 胞가 肌로 되어 있음을 지적하고 있다. 이 「新校正」은 11세기 중엽 北宋初 嘉祐年間에 國子博士臣 高保衡과 光祿卿直秘閣臣 林億 등에 의하여 이루어진 것으로 퍽 신빙성이 높은 것으로 여겨진다. 또한 최근의 天津科學技術出版社(1980)版의 郭靄春 編著의 『黃帝內經素問校注語譯』 속의 「校」에는(p. 267) "則胞絡

絕 : 高世栻說 : "胞應作 '包'。悲哀太甚, 則心氣內傷, 故包絡絕, 包絡, 心包之絡也。"로 되어 있어 까오 스스의 說에 의하여 그 명료한 뜻이 드러나고 있다. 『산림경제』 제 I 권 p. 50에 包絡으로 된 번역문에 주를 달기를 "포락(包絡) : 심장(心臟)을 싸고 있는 얇은 막, 즉 심장막(心臟膜)이다. 《素問 厥論》"라고 하여, 胞絡을 心臟膜 곧 心包와 同一視하고 있는데, 대체적으로 文意를 크게 벗어나고 있지는 않다고 할 것이나 胞絡을 곧 心臟膜과 同一視하는 것은 많은 곡해를 유발시킬 우려가 있다. 高世栻의 說을 따르자면 胞絡의 胞만으로 心胞의 뜻이 되며, 胞絡이란 정확하게는 心包의 絡脈을 의미한다. 그러나 『黃帝內經靈樞』卷三 經脈 第十에 十二經脈을 설명하면서 그 중 一經으로 "心主手厥陰心包絡之脈"을 들고 있는데, 『靈樞』가 漢代의 古經이라는 점을 생각할 때 꽤 오래 전부터 心包와 心包絡은 동일한 의미로 쓰인 것임을 알 수 있다. 그럼에도 불구하고 後代의 注釋에 의존치 않고 『內經』의 原義에만 卽하여 해석할 때 "胞絡絕"의 "胞"가 과연 "心包"를 정확히 의미했는지는 매우 의심스럽다. 왜냐하면 『黃帝內經素問』卷第三 靈蘭秘典論篇 第八에 十二藏之相使(열두 腑臟의 서로 부림)를 논하는 곳에서 十二經脈의 하나로서 心包에 해당되는 장기를 心包라 하지 않고 膻中이라고 하고 있기 때문에, 心包와 膻中이 동일한 것인가 아닌가 하는 데에는 많은 논란의 여지가 있다. 다시 말해서 『內經素問』이 씌어진 그 당시 心包라는 장기의 개념이 정확히 성립하고 있었는가 하는 것 자체가 논란의 대상이 될 수 있다는 뜻이 된다. 그리고 心包를 心臟膜이라고 해설하는 것은 결코 바람직하지 못하다. 心臟膜이라고 하면 現代語로서는 꼭 心臟의 瓣膜을 의미하는 것처럼 들릴 수도 있기 때문이다. 앞에 "심장을 싸고 있는 얇은 막"이라는 단서가 붙었기 때문에 그러한 오해가 발생치 않는다고 변명할 수 있겠으나, 내가 지적하고 싶은 것은 일반 독자들에게 心包의 해설로서 "심장을 싸고 있는 얇은 막"이라는 해부학적 정의 자체가 적합치 못하다는 것이다. 心包라는 장기가 漢醫學에서 차지하는 총체적 의미가 먼저 밝혀졌어야 했을 것이다. 心包는 결코 심장을 싸고 있는 얇은 막이라는 심장의 부속기관적 해부학적 실체가 아니다. 心包는 심장과 독립된 별개의 독립 장기이다. 즉 漢醫學의 人體論의 最基本인 十二經脈 중에서 五臟六腑를 제외한 나머지 하나의 經脈으로서 六腑의 三

焦에 副應하는 하나의 독립장기가 곧 心包이다. 心包가 과연 實體的으로 무엇을 지칭하느냐 하는 것은 譯者의 해설처럼 그렇게 간단치 않다. 오늘날까지 心包의 實體에 관해서는 논란이 많기 때문이다. 우선 心包라는 장기의 개념성립 과정이 心包라는 해부학적 실체가 먼저 발견되고 거기에서 시작되는 經脈이 상정되었다고 보기보다는 十二經脈이 먼저 성립하고 난 후에 十二經脈中 하나에 해당되는 어떠한 기능적 단위로서의 장기가 상정되었다고 보아야 하기 때문이다. 이러한 발생론적 고찰은 中國醫學 術語에 대한 매우 중요한 일반가설을 성립시킨다. 즉 漢醫學에서 말하고 있는 장기의 명칭이 實體的 규정으로 이해되어야 할 것이 아니라 機能的 규정으로 이해되어야 한다는 것이다. 다시 말해서 漢醫學의 장기들은 오늘날 西歐醫學에서 발달시킨 病理解剖學的 인식 위에서 성립한 실체가 아니라 경락상의 기능을 담당하는 어떠한 개념적 단위로서 이해되어야 한다는 것이다. 예를 들면 漢醫學에서 말하는 腎은 곧바로 오늘날의 腎臟(kidney)이라는 實體와 同一視되기 힘든 면이 많다. 腎은 신장 그 자체라고 보기보다는 先天의 元氣가 모이는 곳이며, 生殖機能과 관련되어 있는 어떠한 기능상의 기관으로, 오늘날의 서양의학적 해부적 실체로 말하자면 副腎과 性腺의 복합적 기능을 상징하는 그 무엇으로 보아야 할 것이다. 또 脾도 오늘날의 脾臟(spleen)과 전혀 무관한 것이다. 현대 서양의학에서 취급하는 비장은 일종의 조혈기관으로, 여기서 적혈구가 파괴되고 헤모그로빈이 유리되어 간으로 수송되어 빌리루빈으로 전화하는데, 이 임파성 기관은 한의학에서는 독립장기로 확연히 인식된 적이 없고 개념적으로 肝의 개념 속에 포섭되는 종속된 그 무엇이었을 것이다. 內經學에서부터 명시되고 있는 脾는 오늘날의 의학술어로는 膵臟(pancreas)을 의미한다. 膵臟 중에서도 外分泌(즉 랑게르한스섬의 기능을 제외한) 관계의 소화효소분비 기능을 지칭하며, 胃라는 腑와 相應하는 臟이다. 우리 속말에 "그 녀석 脾胃도 좋다"라고 할 때 脾와 胃는 모두 土에 屬하며 모두 소화관계 기관이다. 이때 脾는 물론 비장(spleen)이 아니라 췌장(pancreas)이다. 古典 속의 脾를 "비장"으로 번역하는 것은 문자적 동일성 때문에 개념적 동시성을 파괴하는 좋은 일례 중의 하나이다. 이러한 장기의 실체성에 관한 문제 또한 번역과정에서 생겨나는 문제이다. 우리 古典上의 漢醫學 개념을 西洋醫學 개념과 대비시키는 작업은 日本의 蘭學者(란가쿠샤)들이 화란에서 수입된 의학서적을 번역하는 과정에서 이루어진 것이며 膵臟의 膵란 말도 중국 글자가 아니라 日本人들이 만들어낸 擬字이며, 그들이 "spleen"을 낮은 卑字가 들어간 脾로 번역하고 "pancreas"를 새롭게 발견함에 따라 모인다(集, 聚)의 의미를 갖는 萃자를 고기肉변에 붙이어 새로이 만들어 "pancreas"를 지칭하게 하였다. 膵臟의 해부학적 인식은 유명한 蘭學者 杉田玄白(스기타 겐파구, 1733~1817)에 의하여 이루어졌으며, 그후 우다가와 겐신(宇田川玄眞, 1768~1834)의 『醫範提要』(1805)에 膵라는 글자로 최초로 등장한다. 西洋에서도 팬크리아스의 기능을 발견한 것은 최근의 일이며, 19세기 중엽에나 프랑스 병리학자 베르나르(Claude Bernard, 1813~1878)의 토끼 해부로 인하여 시작된 것이다.

이러한 일련의 사실들은 역사적으로 검토해 볼 때 우리가 漢醫學의 술어들을 번역할 때도 함부로 오늘날의 개념으로 단순한 문자상의 동일성으로 인하여 대입시킬 수 없다는 새로운 인식을 불러일으킨다. 인체에 대한 개념의 토폴로지가 전혀 다른 가설적 기반 위에 서 있다는 확연한 인식이 없이 그 文義의 정확성이 기술될 수 없을 뿐만 아니라 오늘날 漢方의 많은 오류가 이러한 개념적 혼동에서 발생하고 있다는 임상적 현실 또한 지적됨이 마땅하다.

무엇보다도 결정적인 譯者의 부주의는 "悲哀太甚, 則胞絡絕。"이란 구절의 出典을 《素問 厥論》이라고 한 것이다. 『素問』의 「厥論」에는 王冰注에 心包라는 말이 한 번 나오기는 하지만 原文에 이와 관계된 언급은 전무하다. 厥論은 痿論의 잘못이다. 따라서 出典은 "『黃帝內經 素問』卷第十二 痿論篇第四十四"로 되었어야 한다. 痿論은 厥論의 바로 앞 篇이다.

다음에 出典引用方式의 일관성이 부족한 점이 지적되어야 할 것이다. 지금 문제가 되고 있는 페이지의 바로 앞 페이지(p. 49)에 "榮衛"를 해설하는 註 10에는 出典을 그냥 《黃帝內經》으로만 해놓고 그 다음의 註 13에는 《素問 厥論》이라고 出典을 밝혔다. 물론 譯者는 잘 알고 있었겠지만 漢醫學에 어두운 독자들은 『黃帝內經』과 『素問』이 동일한 책이라는 것을 알 길이 없을 것이다. 뿐만 아니라 『素問』에서 「厥論」이라는 篇名을 밝혀 주었다면 『黃帝內經』에서도 똑같이 篇名을 찾아 밝혀주었어야 했을 것이다. 『黃帝內經』이란 방대한 분량의 책

속에서 책 이름만 밝혀 준다면 "榮衛"에 관한 정보가 그 책 어느 구석에 박혀 있는지 알 길이 막연하다. 榮衛에 관한 언급은 『黃帝內經』의 여러 곳에서 발견되나 그 대표적인 例는 「痺論篇」 第四十三에 나온다.

또한 『黃帝內經』과 『素問』을 독립된 책 이름으로서 동일시하는 것은 엄밀한 의미에서 그릇된 것이다. 『黃帝內經』이란 책 자체가 『素問』부분과 『靈樞』부분의 두 부분으로 이루어져 있다. 『素問』과 『靈樞』는 그 문체나 체제에 있어서 매우 다르며 王冰은 전자에만 註를 달고 후자는 註를 달지 않았다. 후자를 전자에 대한 일종의 註로 간주했던 것 같고 『素問』의 해설에 있어서 『靈樞』의 지식을 많이 활용하고 있다. 著者도 물론 다르다고 보아지며 前者의 성립연대가 後者보다 빠른 것이 확실하다. 전자가 주로 이론에 관한 것이라면 후자는 임상적 실제에 관한 것이 주가 되어 있고, 전자는 매우 복합적이고 다체계적인 데 반해 후자는 동질적이고 단체계적이며 주로 針學(acupunctural science)에 관한 것이다(이러한 연유로 『靈樞』의 別名으로 『黃帝針經』이란 이름이 있다). 그러므로 책명으로 인용할 때는 반드시 『黃帝內經素問』 『黃帝內經靈樞』라고 하여 전책명을 정확히 밝혀 주어야 한다. 후자의 경우 습관적으로 『靈樞經』이라고 부르는데, 정확한 책명은 역시 『黃帝內經靈樞』가 되어야 한다. 그 이유는 다음과 같다.

『黃帝內經』이라는 책의 최초의 명확한 문헌적 언급은 빤 꾸의 『漢書』「藝文志」에서 발견되는데, 醫經七家二百一十六卷 속에 하나로 『黃帝內經』十八卷이라고만 되어 있다. 여기에 대해 啓玄子 왕 삥은 「重廣補注黃帝內經素問序」에서 "班固 『漢書』「藝文志」曰：『黃帝內經』十八卷。『素問』即其經之九卷也，兼『靈樞』九卷，迺其數焉。"이라고 十八卷을 해설하고 있다. 이것은 곧 唐代에 있어서까지 『黃帝內經』이라는 책의 전반이 『素問』이고 후반이 『靈樞』라는 생각이 『黃帝內經』이라는 책의 구성체계에 대해 보편적인 설이었으리라는 가설을 성립시킨다. 그러나 물론 이 가설 자체도 회의의 여지는 많다. 지금 현존하는 『黃帝內經』의 版本으로서 내가 알고 또 소지하고 있는 한 가장 믿을 만한 版本은 『四部叢刊』의 子部에 실려 있는 『重廣補注黃帝內經素問』 (明나라 때 顧從德이 宋本을 기초로 하여 刻한 것을 上海涵芬樓에서 影印한 것을 다시 影印한 것)과 『靈樞經』(上海涵芬樓소장의 明나라 趙府 居敬堂 刊

本을 다시 影印한 것)인데, 전자가 24卷으로 되어 있고, 후자가 12卷으로 되어 있어, 『漢書』「藝文志」의 18卷과는 出入이 있다. 이 차이를 정확히 설명할 수 있는 권위는 물론 부재한다. 그러나 왕 삥을 신뢰하는 한에 있어서는 『靈樞』가 『黃帝內經』이라는 책의 일부라는 가설은 성립할 수 있다. 『黃帝內經素問』이란 책의 성립연대에 관해서는 제설이 분분하다. 내가 그럴듯하게 생각한 설은 東京大學 文學部의 中國言語學의 교수였으며 사계의 세계적 권위인 토오도오 아키야스(藤堂明保)의 생각인데, 그는 『素問』의 押韻형식이 先秦의 『詩經』式이 아니고 前漢時代의 詩賦방식에 더 유사함을 들어 그 성립연대가 秦으로부터 前漢의 末까지를 下限으로 하고 있음을 밝히고 있다. 筆者 역시 "方士" 등의 술어가 나오는 것을 보아 그 텍스트의 성립은 秦 이후로 보는 것이 타당하다고 보나 『黃帝內經素問』의 내용을 이루고 있는 체계의 성립은 훨씬 古代로 소급될 수 있다고 보며, 특히 우리가 유의할 점은 『黃帝內經素問』이 결코 一人의 단일저작이 아니라 어느 학파의 논문집으로 볼 수밖에 없다는 점을 간파할 때 그러한 대규모의 학파의 성립가능 시기를 세심하게 추정해봄이 바람직하다고 할 것이다. 이에 대해 필자는 아직 전문적 연구를 진행시키지 못했다.

또한 註 10에서 "榮衛"를 해설한 것을 보면 "영위(榮衛): 몸을 보양(保養)하는 혈기, 영(榮)은 혈(血)을 뜻하고 위(衛)는 기(氣)를 가리킨 것이다."라고 되어 있는데, 그 대체는 전문적 지식에서 벗어나 있다고 보여지지 않지만 榮=血, 衛=氣식의 해설방식은 註로서의 본래의 기능을 전혀 하고 있지 못하다고 할 것이다. 血과 氣는 절대로 현대적 어법이 아니며, 그 뜻에 있어서도 "血"이 우리가 상식적으로 알고 있는 서구해부학적 관점에서 파악된 뻘건 피를 의미하지 않는다. "氣"라는 개념의 애매모호성은 더 말할 나위도 없다. 모르는 말은 또 하나의 모르는 말로 바꾸는 것이 註라면 그 존재 이유가 성립하지 않는다. 하나의 암호를 또 하나의 암호로 푼다면 암호를 모르는 이에게 과연 푼다(注釋)는 의미가 성립할 수 있겠는가?

"榮衛"란 개념은 시대적으로 "血氣"보다 늦게 형성된 개념이며, 榮과 衛는 血과 氣의 기능적 특성을 기술하는 데서 생겨난 서술적 개념으로 보아야 한다. 血氣라는 복합어적 개념은 古代中國에 있어서 人體의 기능적 구조에 대한 최초의 체계적 지식을 나타내고 있다. 우리 현대어에도 "血氣 왕성하다"라는 구어가 반성 없이 통용되고 있지만, 이 血氣는 인간의 생명현상의 총체를 나타내는 말로서 『黃帝內經』의 성립 훨씬 이전부터 유행하고 있던 말이었다. 즉 古代中國人들은 人體가 血과 氣로 형성되어 있다고 본 듯한데, 이때 血은 단순한 피가 아니라 인체의 액체적 물질의 전체를 지칭하며 오늘말로는 넓은 의미에서 "體液"에 해당될 것이다. 氣는 이에 관해서 人體의 기체적 물질(이때 물질이란 뉴튼물리학적 물체개념이 아니다)의 전체를 가리킨다. 인체의 액체적 부분과 기체적 부분의 양면성을 血氣라고 표현한 것이다. 이 用例를 보면, 이미 『左傳』昭十年에 齊나라 晏子가 "凡有血氣, 皆有爭心。"이라고 하였고, 『論語』「季氏」에 "君子有三戒。少之時, 血氣未定, 戒之在色。……" 운운한 구절은 너무도 잘 알려져 있는 구절이고, 『中庸』에도 "凡有血氣者, 莫不尊親。" 『禮記』「玉藻」에도 "凡有血氣之類, 弗身踐也。" 또 『禮記』「樂記」에도 "夫民有血氣心知之性……。"이라고 되어 있는데, 이때의 血氣는 모두 動物의 生理현상으로서의 구체적이고 물질적인 개념으로 쓰이고 있다. 이러한 고찰에서 우리가 알 수 있는 것은 『黃帝內經』의 기본 골간을 이루고 있는 인체의 해부학적 지식이 이미 『左傳』시대에까지 소급해 올라갈 수 있다는 것을 의미한다. 이런 문맥에서 비로소 『孟子』의 「公孫丑上」에 나오고 있는 氣의 문제, 浩然之氣나 養氣 등의 개념이 좀더 구체적으로 파악될 수 있는 길이 열린다. 다시 말해서 孟子의 哲學的 개념을 분석하는 데 있어서도 孟子가 당시에 가지고 있을 수 있었던 人體에 대한 의학적 지식을 도외시하고서 孟子의 언어를 이해할 수 없다는 엄연한 사실이 재인식되어야 한다는 것이다. 이만큼 血氣나 榮衛의 개념하나가 先秦哲學 전체와 관련되어 있는 매우 중요한 기초개념이라는 사실이 번역자에게 인식되어 있어야 한다는 것이다.

"營"은 문자 그대로 "營爲한다"는 뜻이며, "衛"는 문자 그대로 "보호한다, 막는다"는 뜻이다. 營은 인체를 營爲하는 체액 즉 血의 개념이며 우리가 現代語에서 "營養"이라는 말도 결국 이 營의 內經學的 의미에서 유래한 것이다. 즉 "營血"이란 몸의 內에서 몸을 營爲하면서 생명에 필요한 영향을 공급하는 체계의 총체를 의미한다. 이에 반해서 衛는 주로 外界와의 관계에서 성립하는 것으로, 몸을 막고 보호하는 힘(氣力)을 의미한다. 우리 일상용어에 "感氣"라는 말은 "大氣

의 邪氣에 감염된다"는 뜻인데, 이렇게 體內의 氣와 體外의 氣는 서로 감응하는 관계에 있다고 파악한 것이다. 이처럼 감응관계에 있어서 邪氣로부터 몸을 보호하는 작용이 바로 衛氣인 것이다. 營血과 衛氣는 陰과 陽의 관계로서 표현되기도 하고, 水穀(음식물)의 氣化과정에서 淸한 것이 榮이고 濁한 것이 衛가 된다는 설명도 있으며, 榮은 脈 속을 운행하며 衛는 脈 밖을 운행한다는 설명도 있다. 이러한 榮血衛氣의 설명방식은 주의해서 살펴보면 宋明儒學의 諸哲學書에서도 수없이 발견되며, 新儒學의 先河라고 불리우는 張橫渠의 『正蒙』도 그 중의 하나이다. 중국문학비평서의 백미라고 불리우는 『文心雕龍』 「體性」篇에도 "才力居中, 肇自血氣。"라는 말이 있다.

이상의 나의 지적은 한문술어의 번역이 각 방면에 있어서 매우 전문적인 지식을 요구하며 그러한 지식의 바탕 위에 설 때야 비로소 漢文의 著者가 나타내고자 했던 의미체계가 우리에게 유의미한 것으로 드러날 수 있다는 실례를 보이려는 데 목적이 있지만, 기실 『산림경제』의 역자에게는 너무도 걸맞지 않은 과도한 주문일지도 모른다. 이러한 譯者의 부실함이 지적되기 이전에, 상세한 註釋을 달 수 있는 紙面의 허용, 그리고 그렇게 모든 出典을 조사해 볼 수 있는 시간적 여유, 그리고 손쉽게 활용할 수 있는 도서 시설의 확보 등등의 경제적이고 제도적인 뒷받침이 더 시급한 것으로 지적되어야 할지 모른다. 그러나 궁극적으로 인간의 문제는 인간의 내면적 노력에 의하여 그 태반이 극복될 수 있다는 논리에 역자들 자신이 충실하여 우리 문화의 악순환을 극복하는 계기를 자신들이 만들어가야 하리라고 본다. [54]

54) 이상의 漢醫學에 관계된 論述은 『민족문화』 제 9 집의 pp. 57~58에 걸친 한 段을 크게 改正補完한 것이다. 관심 있는 독자들은 양자를 대조해 보기를 바란다. 개정보완하지 않으면 안되었던 가장 큰 이유는 필자 자신이 "悲哀太甚, 則胞絡絕。"의 胞를 心包가 아니라 여자의 애기포(uterus)로 파악하고 "胞絡絕"을 "애 떨어진다"라는 뜻으로 풀어 마땅하다라고 지적한 오류를 범한 까닭에서였다. 이것은 "悲哀太甚, 則胞絡絕。"이 「厥論」에 나오지 않으므로 그 出典이 『黃帝內經』 속에 없다고 판단하고 나 나름대로 해석을 내린 데서 발생한 오류였다. 『黃帝內經』의 索引(日本에서 나왔다고 하는데, 아직 구입못했다)만 가지고 있었다 하더라도 이러한 오류는 범하지 않았을 것이다. 어찌되었든 나의 오류는 명백히 오류다. 필자는 정직하게 고백하지만, 『黃帝內經』의 『素問』과 『靈樞』를 모두 王冰注와 張馬合注를 포함해서 세밀하게 1년에 걸쳐 完讀하였다. 학생들과 세미나로 진행시켰던 것이다. 그리고 『民族文化』의 原文을 쓸 당시에 나는 完讀직후였기 때문에 『黃帝內經』에 관한 한 기억이 희미하다고 자신하고 정확히 出典을 조사해 보지 않은 상태에서 운운한 데서 발생한 오류였던 것이다. 나의 오류가 나 개인에서 끝나는 것이 아니라 역자의 노고의 결실을 독자

이 외로도 많은 오역이 지적될 수 있을 것이다. 막상 자기가 번역하는 것보다 지적은 쉬우니까……. 그러나 그 큰 功에 비하여 이 작은 過는 그 큰 功까지 무색하게 만드는 경향이 있다. 한번이라도 엉터리 註를 만나면 그 뒤로는 그 책을 대하거나 인용할 때마다 신빙성을 문제삼게 된다. 일반적으로 日本책에서는 이와 같은 식의 실수를 거의 만나지 않는다. 인용한 것을 오용하고 또 오용하고 하는 악폐를 하루 속히 우리 동양학계는 벗어나야 한다. 필자가 東京大學에서 공부하는 동안 일본인에게서 배운 교훈은 단 한마디였다. "시라베요!" 문헌을 통해서, 많은 工具서적을 통해 조사해 보고 또 조사해 보다는 뜻이다. 우리는 漢文 해독과정에 있어서 너무도 그 잘난 "실력" "물리"에 의존하지만 말고 "조사해보는" 정신이 필요하다. 모로하시 테쯔지의 『大漢和辭典』 한 질만으로도 우리는 무궁히 "조사하고" 또 "조사해 볼 수" 있다. 한문 실력 좋은 사람들의 구술에 의존하지 말고 가급적 정확한 문헌적 근거에 의하여 自力으로 터득함으로써 자기의 스칼라십의 정밀성을 높이는 엄밀한 태도를 우리 동양학도들은 길러야 할 것이다.

마지막으로 추진회의 번역자들에게 하고 싶은 목전의 두 가지 부탁은 다음과 같다. 첫째 너무 형식에 구애되지 말고 번역자 자신들의 아는 모든 출전을 밝혀 달라는 것이다. 예를 들면 아까 홍만선이 "古人曰"하고 인용한 "隨意而裁花竹, 適性而養禽魚, 此是山林經濟"의 出典이 本文의 註에서 밝혀지지 않고 있는데, 辛承云의 「解題」에 許筠의 『閑情錄』에 나온다고 밝혀져 있다. 번역자들은 한국고전을 많이 다루었으므로 이런 식의 출전에 대해 밝을 것이다. 이런 출전은 아는 대로 모두 밝혀 달라는 것이다. 정확한 출전이 아니더라도 서로 대비

<hr />

들에게 그릇 인상지우게 하는 누를 끼쳤다는 사실에 대해 나는 역자 및 관계된 제현에게 미안한 마음을 금할 수 없다. 그리고 이러한 오류를 지적해 주신 慶熙大漢醫科大學의 洪元植교수와 나의 지적을 둘러싸고 여러모로 조사를 진행시켰던 李啓晃 국장 이하 관계직원 모두에게 감사의 뜻을 표한다. 그러나 아마도 이러한 오역의 문제를 둘러싸고 이렇게 공식적 비판의 왕래가 있었다는 사실 자체가 바로 내가 주장하는 "완전번역" "영구번역"의 원칙에 접근하는 것이며, 내가 알기로는 해방 이후 문서화된 희유의 기록 중의 하나일 것이다. 이러한 교류가 우리의 학문활동의 엄밀성을 높이는 좋은 계기가 되기만을 희망하며, 漢文古典 번역자들이 이러한 류의 문제에 관하여 새로운 경각심이 생기기를 바랄 뿐이다. 학문의 세계에 있어서는 타인을 과감하게 비판하고 또 타인에게서 과감하게 비판을 받는 데 주저하지 말아야 할 것이다. 비판은 받으면 그만이다. 어찌 일신의 私가 개재할 수 있으랴!

비교될 수 있는 출전들이라도 밝혀 달라는 것이다. 나같이 한국고전에 어두운 사람은 그러한 출전은 백번 죽었다 깨어나도 밝히지 못한다. 후학을 위해서 얼마나 엄청난 낭비며 손실인가? 자기는 쉽게 알 수 있는 것을 밝히지 않음으로써 타인은 엄청난 수고의 낭비를 해야 한다는 것을 의식하고 있어야 한다.

지금 고전국역총서가 230권이 넘었는데, 내가 말한 식으로 출전을 열심히 밝힌다면 그 주해들이 일종의 交叉引得(cross reference)의 역할을 할 것이다. 현재 『大英百科辭典』이 세계적 권위를 자랑하는 가장 큰 이유 중에 하나가 바로 이 交叉引得 시스템이 완벽하기 때문이다. 동서고금을 통하여 학문이 발달하려면 辭書가 발달해야 한다. "일본놈"들이 소위 사전 따위나 잘 만드는 놈들이라고 욕하는 사람은 사전의 수준이 곧 그 문화수준이라는 사실을 망각하고 있다. 훌륭한 사서가 없이는 전대의 업적이 축적되기가 힘들고, 그것을 발판으로 다른 차원으로 뛰어넘는 행위가 이루어지지 않는다. 일본에 훌륭한 사전이 많다는 것은 일본에 훌륭한 학자가 많다는 것이요, 창조적 문화가 성행한다는 지침이다. 영문학에 있어서조차 영국사람들보다 더 짜임새 있고 쓸모있는 사전을 만들어내는 데야 어떻게 하겠는가? 또 중국의 十三經 中에서 『爾雅』는 무엇이며 『淵鑑類函』『佩文韻府』『康熙字典』은 그 무엇인가? 우리나라에 좋은 辭典이 부족하다는 사실, 좋은 引得이 발달되지 않았다는 사실을 깊게 반성하고 이렇게 눈에 보이지 않으면서 거대한 밑거름이 될 수 있는 작업에 우리가 희생을 하지 않는다면 미래의 발전은 기대할 수 없다는 것을 재인식해야 한다. 이름만 휘날리고 재치가 번뜩이는 "창조적" 논문을 쓸 꿈만 꾸다가 결국 자기 혼자 읽고 마는 논문 몇 권 끌어안고 무덤으로 들어가는 가련한 인생이 되지 말아야 할 것이다.

둘째로, 나는 우리나라가 앞으로 中國學에 관한 한에 있어서는 과거보다 뒤질 것이라는 생각을 조금도 하지 않는다. 많은 사람들이 가지고 있는 우려, 즉 한문 잘 하시는 노인들께서 그나마 돌아가시면 우리나라 漢學은 망하는 것이 아니냐라는 생각을 나는 한낱 환상에 지나지 않는다고 본다. 물론 漢學도 漢學나름이지만 나는 앞으로 올 미래의 세대가 朱子의 理解에 있어서 退溪를 못 미친다고 생각하지 않는다. 퇴계가 朱子에 대해서 가질 수 있었던 모든 정보를 우리는 다가지고 있을뿐더러 퇴계보다 훨씬 더 광범위한 자료를 우리는 지금 동원할 수 있다. 우리는『四庫全書』를 마음대로 볼 수 있고 『朝鮮王朝實錄』을 내 잠자리 곁에 놓고 사는 시대에 살고 있다. 司馬遷보다도 더 정확하게, 아니 콩쯔(孔子)보다도 더 정확하게 夏殷周 시대를 알 수 있는 고고학적 발굴자료를 가지고 있다. 갑골문을 읽어『尙書』의 기록과 맞추어 볼 수 있고, 秦始皇의 분묘를 열어 육안으로 볼 수 있는 시대에 살고 있다. 역사가 퇴보한다는 망상,『四書五經』을 잘 아는 사람이 다 없어져간다는 망상에서 우리는 하루 속히 벗어나야 한다. 丁若鏞보다 나는 더 정확히『周易』을 이해할 수 있는 자료를 가지고 있다. 우리의 漢學 실력이 과거의 儒生보다 떨어진다는 자기 비하는 우리가 잘못 받아 온 권위주의적 교육의 세뇌에 기인하는 것이다. 우리는 조선조의 어느 유생보다도 더 과거 中國文化를 철저히 알 수 있는 너무도 행복한 환경 속에서 태어났고, 또 그러한 성취는 현대의 중국·일본 학자들에서 얼마든지 발견된다. 나는 탕 쥔이(唐君毅)가 朱子보다 각 방면으로 못하다고 생각하지 않는다. 우리는 우리 존재의 가능성을 비소화해서는 안되고 또 과거에 대한 향수에 사로잡혀서도 안된다. 단 한 가지의 두려움이 있다면 우리나라에 관한 것이다. 우리나라 고전은 우리나라에 특유한 용법이 있고, 고유명사가 있으며, 우리나라 사람들만이 알 수 있는 문자화되지 않은 기억들이 많다. 이러한 측면은 노인분들의 쇠퇴와 함께 쇠퇴하는 경향이 명백할 수밖에 없기 때문에 이것을 막는 것은 이러한 방면의 工具서적들을 확립하는 일이다. 예를 들면 한국고전에 특유한 한문용법과 그 용례들을 알 수 있는 사전이 절대적으로 필요하다고 본다. 이러한 사전의 확립을 위해 노력해 줄 수 있는 최적의 기관이 민족문화추진회라고 생각한다. 그리고 원로분들이 후학을 위해서 남은 여생을 힘써 주셔야 할 분야가 바로 이런 사서류의 정립이라는 것을 말씀드리고 싶다.

마지막으로 추진회와 관계되는 모든 분과 당국자에게 다음의 두 가지 사항을 제의하고자 한다.

본회에서도 거론된 적이 있다고 하는 말을 들었기 때문에 용기를 내어 말하는 것이지만, 앞으로 여론이 성숙하여 기회가 닿을 수만 있다면 본회의 명칭은 꼭 갈 필요가 있다고 생각한다. 명칭의 개정이란 어디까지나 부차적이긴 하겠지만, "민족문화"라는 말 자체가 너무도 본회에 어울리 않으며, 특히 대외적으로 불순한 이미지를 준다. 현재의 명칭을 직역하면 "The Committee on the Advancement of National Culture" 정도가 되겠지만 이 "National Culture"라는 말이 좀 어색한 말이다. "문화민족"이라고 하면 "civilized people"이란 뜻이 되고, 문화는 형용사가 되고 민족이 명사가 되며, 이것은 매우 자연스러운 표현이 된다. 그러나 "民族文化"처럼 文化가 명사가 되고 민족이 형용사가 됐을 때 文化를 규정하는 단위가 民族이 된다는 것은 아무래도 너무 국수주의적 냄새가 불필요하게 풍긴다. 文化라는 보편적 현상이 민족이라는 단위에 의하여 규정된다는 것이 자연스러운 것이긴 하나 구태여 그것을 의식화할 필요는 없다. 우리 민족문화란 문화라는 세계사적 時空의 錯綜 속에서 개방적으로 확립되는 것이기 때문이다. "민족문화"라는 개념 규정 자체가 불필요하게 배타적이고 열등의식적 아집의 표현으로 들릴 수 있기 때문이다. 본회에 가장 어울리는 그리고 영원히 후세에 남겨줄 수 있는 이름은 "한국고전국역원"이다. 이 이름은 "한국—고전국역원"과 "한국고전—국역원"의 뜻을 다 포함한다. 그리고 실제적이고 구체적이며 순수하고 학구적이다. 내가 추진회의 사업을 귀하게 느끼는 것은 바로 해방 후 한국역사를 통틀어 민족문화에 관한 한 가장 큰 공헌을 소리없이 해 온 기관이라고 판단하기 때문이다. 번역이란 결코 쉬운 것이 아니다. 번역에 대하여 비판을 가하는 것은 쉽지만 비판을 가할 수 있는 대상이 이루어졌다는 사실, 그리고 실제적으로 그 대상으로부터 막중한 도움을 얻고 있다는 사실을 우리는 결코 간과해서는 안된다. 『국역 산림경제』가 없었다면 그렇게 짧은 시간 내에 내용을 파악한다는 것은 전혀 불가능하다.

모든 문화적 투쟁, 그리고 윤리적 가치판단의 승패를 가름지우는 것은 인식론적 보편적 논리의 진리함수치에 의하여 결정되는 것이 아니라 오히려 인간의 의식구조 자체에 영향을 주는 비논리적 생활환경이다. 기독교적 진리와 유교적 진리의 갈등이 있을 때 그 善·惡을 가리는 것은 궁극적으로 감정적이다. 즉 기독교에 더 많이 젖어 있고 그것이 더 기분좋다고 생각하는 사람에게는 언제나 기독교적 진리가 우위를 차지하게 마련이다. 여기에는 철학적 진리명제가 무기력한 것이다. 우리가 민족문화를 서양의 문명의 도전 앞에 대결시키는 길은 민족문화의 인식론적 기반을 철학적으로 논증하는 것도 중요하지만, 과거 전통문화의 분위기를 새 세대에게 계속 접촉시켜 주는 행위를 하는 것이 더 중요하다. 그것은 새 세대에게 새 언어로서 우리 고전을 읽히고 그들로 하여금 선택하게 하는 길밖에는 없다. 이러한 의미에서 나는 추진회의 사업이야말로 고등교육기관에서 성취해야 할 민족사의 당위를 대신 걸머져 왔다고 생각한다.

우리는 지금 "육체문화" 아닌 "정신문화"를 부르짖고 "충효"를 노래하고 있을 때가 아니다. 孝行에 상을 주고 장한 어버이를 뽑고 있을 때가 아니다. 인간이라면 孝行은 당연히 있는 것이요, 어버이라면 장하지 않을 수 없다. 賞을 주고 뽑고 한다는 것 자체가 그 도덕이 이미 붕괴되었다는 것, 그리고 그러한 행위가 오히려 그러한 도덕의 타락을 가속화시킨다는 것을 깨달아야 할 때다! 老선생의 교훈을 잊었는가? 大道廢有仁義(큰 道가 없어지니까 仁義가 생겨나고), 慧智出有大僞(큰 지혜가 생겨나니까 큰 거짓이 생겨나고), 六親不和有孝慈(육친이 화목하지 못하니까 孝다 慈다 하는 말이 생겨나고), 國家昏亂有忠臣(국가가 혼란하니까 충신이 있는 것이 아닌가)?

민족문화는 그러한 상장 상품 속에서 튀쳐나오지 않는다. 민족문화의 담당자라는 의식을 가진 지성인들이 항상 자신을 경계해야 할 것이다. 우리는 소리없이 민족문화의 본질을 숨김없이 꾸밈없이 있는 그대로 드러내는 해석학적 행위에 우리 자신을 몰두시키고 민중 앞에서 심판받아야 한다.

마지막으로 본회의 재정적 지원에 관계당국자들은 인색해서는 안될 것이다. 과연 우리가 문화민족임을 자랑한다면, 경제개발에 관계되는 연구기관의 지원이 전폭적인 것이라면, 문화개발연구기관에도 거기에 상응되는 지원이 있어야 한다고 본다. 그리고 그 지원의 방향이 추진회와 같이 구체적인 성과를 중심으로 이루어져야 한다. 국제적 학술회와 같이 공중으로 날려버리는 돈은 국고의 낭비라고 생각한다. 허례허식을 버리고 구체적 학술행위에 대한 세부적 지원에 보다 원대한 눈길을 돌려야 한다. 그리고 추진회와 같은 기관은 정책적 차원에서 우왕좌왕 되지 않도록 독립재정을 확보시켜 주고 보다 충실한 번역이 나올 수 있도록 연구원들의 생활을 보장해 주며 높은 수준의 미래 인원을 확보하는 방향으로 계속 유도해 나가야 마땅하다고 본다.

나는 이 논문 속에서 너무도 많은 말을 하였다. 짧은 시간에 쫓기어 촉박한 붓을 옮겨야만 했기 때문에 극도로 피곤해 있다. 나의 절규는 단 하나, 우리 고전이 살아 있는 우리 말로 정확히 번역되어 많은 사람에게 읽혀져야 한다는 것이다. 이것은 비단 나 홀로만의 소망은 아닐 것이다. 다 잊어버린 東坡의 「赤壁懷古」의 첫 구절이 생각난다.

　　—大江東去 浪淘盡 千古風流人物—

中共學界에 있어서의 中國哲學史記述의 轉換

——王船山哲學의 評價를 中心으로——

1

중국철학의 세계적 석학으로 널리 알려진 후쿠나가 미쯔지교수는 1975년에 東京大學 中國哲學科 대학원에서 행한 "中國哲學における佛敎の受容"이라는 강의 속에서 다음과 같이 말하였다. [1]

중국사람들은 先秦時代에 이미 독자적인 문화를 완숙시켰기 때문에 외래문화의 수용에 있어서 매우 까다로왔다. 중국문화에 결정적인 영향을 준 외래

[1] 筆者의 수강필기에 의한 인용임을 밝혀둔다. 후쿠나가敎授는 1918년(大正 7년) 일본국 大分縣 下毛郡에서 태어났다. 昭和 17년 京都帝國大學 哲學科를 졸업하고, 昭和 36년 京都大學 助敎授로 就任하였다. 就任전후 그는 道家哲學(Philosophical Taoism) 및 玄學(Neo-Taoism), 道敎(Religious Taoism), 그리고 中國大乘佛敎(Chinese Mahayana Buddhism) 方面에 주옥같은 귀중한 논문과 저서를 수없이 남겼다. 昭和 49年부터 東京大學 中國哲學科에 초빙되어 교수생활을 하다가 昭和 54年에 停年退職하여 京都大學 人文科學研究所 所長으로 다시 換置되었다. 現在 大阪大學 名譽敎授로서 학문활동을 계속하고 있다. 아사히新聞社 出刊의 新訂 中國古典選 시리즈에 들어가 있는 그의 『老子』와 『莊子』(3卷) 번역은 不朽의 勞作으로 널리 알려져 있다. 氏는 柔道 8段의 巨軀를 자랑하는 豪傑之士이기도 한데 『大藏經』과 『道藏經』에 해박한 지식을 가지고 있다. 특히 佛敎와 道敎의 교섭관계사 方面에 있어서 그의 연구는 타의 추종을 불허한다.

문화는 두 줄기밖에는 없다고 볼 수밖에 없는데, 그 하나는 불교요, 또 다른 하나는 맑스·레닌主義이다. 그리고 兩者의 受容過程에 있어서 매우 유사한 패턴을 발견할 수 있다.

위 말에 있어서 "독자적"이란 말은 "自生的"이란 말로 대치될 수 있을 것이다. 1950년대에서 1970년대에 걸친 중국대륙에 있어서의 눈부신 고고학적 발굴로 인하여 중국문화가 반드시 후앙허(黃河)유역을 중심으로 발생하였다는 선입견은 깨져 버렸지만,[2] 구석기·신석기시대로부터 청동기시대로 이르기까지 중국문화가 타문화에 의존하여 발생하였다기보다는 자생적으로 발전하였다고 보는 데는 큰 이의가 없는 것 같다. 또 "결정적인 영향"이라는 말은 보다 구체적으로는 "정치·경제·사회적 제도의 변혁까지를 초래한 영향"이라는 말로 대치되는 뜻일 것이다. 중국의 긴 역사를 통하여 우리가 상식적으로 생각하는 것보다는 중서교류의 범위가 넓고 또 중국문화에 영향을 준 외래문화도 상당히 많다고 봐야겠지만 상기의 의미에 있어서 결정적인 영향을 운운할 수 있는 외래사상으로는 역시 그 양자밖에는 없다고 할 것이다. 예를 들면, 에베소公會(A.D. 451)에서 추방당한 후 페르시아를 중심으로 성장한 기독교의 이단인 네스토리안교파(중국에서는 景敎로 알려짐)가 7세기 아랍 문명권 속에서 크게 번성하여 중국에 전도되어 長安에 大秦寺[3]를 세우는 등 교세가 사뭇 번창하여, 14세기 元代에까지 지속하여 많은 교도(특히 蒙古人들)를 보유하고 있었음에도 불구하고 오늘날 중국인들의 기억 속에 그림자도 남기지 않고 사라져 간 것은 너무도 좋은 예라 할 것이다. 이러한 외래문화는 중국에 어

---

2) 이 方面에 우리나라 학자의 연구로는 檀國大學校의 尹乃鉉教授의 硏究가 唯一한 것으로 보여진다. 氏는 西洋에서 활약하는 중국고고학 방면의 제일인자로 알려진 하바드 大學의 장 꾸앙즈(張光直)教授 밑에서 하바드옌칭圖書館에 소장되어 있는 방대한 자료를 이용하여 2년간 연구하였다. 『文物』, 『考古』 등의 大陸 잡지에 실린 최신정보들이 그의 저서 속에 활용되어 있다. 參見, 尹乃鉉, 『中國의 原始時代』, 서울 : 檀大出版部, 1982.

3) 舊名은 波斯寺인데 波斯는 "Persia"이다. 大秦은 로마帝國을 의미하는데 원래 네스토리아니즘의 發生地가 페르시아가 아니고 로마帝國임을 알고 改名됐다고 전해진다. 이 절은 唐 貞觀 12년(638年) 長安 義寧坊에 세워졌고, 그 뒤로도 同名의 寺院이 洛陽을 비롯해 各地에 세워졌다. 建中 2년(781)에 長安 義寧坊 境內에 세워진 「大秦景敎流行中國碑」는 지금까지도 유명하다. 이 方面의 硏究로는 佐伯好郎의 『景敎の硏究』가 으뜸이다.

떠한 "制度的 變化"를 주는 데 실패했던 것이다.

후쿠나가교수의 언급 중에서 가장 우리의 관심을 끄는 것은 "유사한 패턴"(similar pattern)이란 말일 것이다. 언뜻 보기에 시대적으로나 사상적 내용으로나 너무도 이질적인 불교의 수용과 맑스·레닌주의의 수용사이에 과연 어떠한 유사한 양식이 존재한다는 말인가? 이러한 의문을 풀기 위하여 우리는 먼저 후쿠나가교수의 중국불교에 대한 재미있는 하나의 가설을 이해하지 않으면 안 된다. 교수에 의하면 中國佛敎는 포괄적 의미에 있어서 格義佛敎라는 것이다. 이 발언, 즉 中國佛敎=格義佛敎라는 公式은 언뜻 보기에 매우 충격적으로 받아들여질지도 모른다. 중국불교의 정통성을 주장하는 학자들은 "格義"라는 뜻을 불교의 수용과정에 있어서 초기에 나타난 매우 유치한 이해방식으로 풀며, 따라서 결코 긍정적일 수 없는 함의(connotation)를 지니기 때문이다. 바꾸어 말하자면, 생소하고 이질적인 타문화의 언어를 본격적으로 이해하기 이전에 자문화에 기존하는 언어를 빌어 "方便的"으로 이해하는 방식을 "格義"라고 규정하고, 따라서 이 "格義"는 타문화의 언어가 본격적으로 이해됨에 따라 사라져가는 일시적이고 초기적인 현상으로 보는 것이다. 이러한 통념에 대하여 후쿠나가교수는 "格義"를 중국불교의 전개과정의 전역사에 내재하는 가장 근원적 수용방식으로 규성하여 그 개념의 외연을 확대시킬 뿐 아니라, "格義"야말로 중국불교의 본질을 이루고 있다고 적극적 의미를 부여한다. 格義야말로 중국의 大乘佛敎를 大乘佛敎답게 만든 본질적 원천이라는 것이다. 더 구체적으로 말하자면, 格義의 주체가 된 老莊思想(Taoist Philosophy) 이야말로, 중국불교를 인도불교와 대조시켜 특수성을 부여한다면, 그 중국 대승불교의 대승적 성격의 實內容이 된다는 것이다. 따라서 道家哲學의 철저한 이해가 없이 중국불교의 이해가 불가능한 것은 두말할 나위도 없다. 인도아리안語族에 속하는 表音文字인 산스크리트나 파리어의 有神論的 언어사유체계 속에서 이해된 佛敎와 支那語族의 表意文字인 漢文의 道-無神論的(Tao-atheistic) 言語思惟體系 속에서 이해된 불교의 괴리는 결코 무시될 수 없는 것이다. 기실 이러한 격의론적 해석은 중국불교에 독특한 현상으로 오인해서는 안 된다. 인류의 모든 문화교류에 있어서 정도의 차이가 있을 뿐 보편적 현상으로 이해되어야 할 것이다. 이에 우리는 오스왈드 슈펭글러(1880~1936)의 상대주의적 문화철학을 상기치 않을 수 없다. 슈펭글러에 의하면 文化란 自己動力에 의하여 생사의 주기(life-cycle)를 갖는 유기체로서 타에로 환원할 수 없는 그 자체의 특성을 지닌다. 그러므로 그 유기체를 그 유기체답게 만드는 본질은 타유기체에로 전환되지 아니한다. 그 유기체는 "그 자체에 고유한 생각, 자기 자신의 정열, 자기 자신의 생명·의지·느낌, 그리고 자기 자신의 죽음"[4]을 가질 뿐이다. 그러므로 한 문화와 타문화와의, 다시 말해서, 한 유기체와 타유기체와의 교섭(appropriation)은 결국 "정교한 오해의 기술"(art of deliberate misunderstanding)일 뿐이라고 한다. 한 문화와 타문화 사이에 그 형식(forms)은 전달 가능하지만 그 정신(spirit)은 불가능하다고 보고, 이에 대한 예로서 중국불교의 경우를 지적하고 있는 것은 우연의 일치라고 보아 넘기기엔 너무 심오한 뜻이 숨어 있는 것 같다. 『서구의 몰락』에서 그는 다음과 같이 말한다.

불교가 인도에서 중국으로 건너간 것은 아니다. 단지 어떤 특정한 정신적 성향을 지닌 중국인들에 의하여 인도의 불교인들의 사유의 창고의 일부분을 받아들인 사건만 있을 뿐이고, 또 그 중국인들은 중국인들 또는 중국의 불교인들에게만 적합한 의미를 갖는 새로운 형태의 종교적 표현을 창출해 낸 것이다. 이때 중요한 것은 그 형식의 원래의 의미가 아니라 형식 자체이며, 또 그 형식이 수용자의 이해와 적극적 감성에 제공하는 그 자체의 창조적 잠재양태인 것이다. 내포는 전달되지 않는다. 다른 두 종류의 인간은 그 자신의 정신적 고독감 속에서 건널 수 없는 심연의 도랑에 의하여 헤어져 있다. 당시 인도인과 중국인은 똑같이 불교도라고 느꼈지만, 그들은 정신적으로 여전한 이방인들이었다. 같은 말, 같은 의례, 같은 상징을 지니고 있었지만 그들은 자기 자신의 길을 걸어갈 뿐인 두 다른 영혼이었다.[5]

중국에 대한 전문적 지식을 갖지 못했던 슈펭글러에게서 이러한 통찰을 발견한다는 것은 매우 놀라운 일이기도 하지만, 또 한편 인류문화교류의 보편적 양태의 범주 속에서 개별적 사건을 규정해 나갈 때 도달하는 매우 자연스러운 결론일지도 모른다. 슈펭글러가 좀더 구체

---

4) Oswald Spengler, *The Decline of the West*, trans. C.F. Atkinson (New York: Knopf, 1939), I, p. 21.
5) *Ibid.*, II, p. 57.

적 지식을 갖고 있었더라면 분명 이 格義의 문제를 언급했을 것이다. 정교한 誤解의 技術인 創造的 潛在樣態야말로 격의 외의 다른 것이 아니다.

이렇게 격의론을 이해하고 볼 때 우리는 후쿠나가 교수가 말한 "유사한 패턴"이란 말의 뜻을 쉽게 짐작하게 된다. 즉 격의야말로 중국의 문화수용에 내재하는 원초적 틀을 말한다면, 이 틀이 똑같이 맑스·레닌주의의 수용에 있어서도 작용했다는 함의를 지닌다. 그럼 과연 맑스·레닌주의의 受容에 있어서의 격의란 과연 무엇인가? 인도 불교의 수용에 있어서의 격의와 같은 점은 무엇이며, 다른 점은 무엇인가? 印度佛典이 漢語로 번역되는 과정에서 인도사상의 중국사상, 특히 노장철학에 의한 격의가 있었다면, 서구어로 씌어진 유물주의 경전이 현대중국어로 번역되는 과정에서 중국사상에 의한 격의가 동재했다는 가설은 별 무리가 없는 것 같다. 예를 들어, 니어바나(Nirvana, 涅槃)가 老莊哲學槪念인 "無爲"로 번역될 때 니어바나개념의 老莊的 變容이 있었다면, 프롤레타리아(Proletariat)가 "無產階級"으로 번역될 때 발생하는 개념적 변용은 똑같이 전제될 수 있다는 것이다. 古代 로마사회에 있어서 종족번식밖에는 국가에 제공하는 것이 아무것도 없는 최하층 인민이라는 어원을 갖는 프롤레타리아라는 말이 근대 서구사회에 있어서는 자본가와 대립하는 도시노동자를 의미하는 데 반하여, 중국에 있어서는 오히려 서구공산운동에서 혁명의 주체세력으로 가장 부적격하다고 낙인이 찍힌 농민을 의미하는 것으로 변용된 것은 좋은 한 예가 될것이다. 외국어를 전혀 몰랐던 毛澤東에게 "無產階級"이라는 말이 문자그대로 "재산이 없는 계급"을 의미했을 것이고, 그렇다면 그 말이 생겨난 서구의 사회구조적 맥락과 무관하게 중국적인 사회현실 속에서 우츠안지에지(無產階級)라는 중국어가 의미하는 실제적 내용인 "農民"을 뜻하게 된 것은 너무도 자연스러운 것이었으나, 陳獨秀나 李立三과 같이 서구공산주의 원문맥에 노출이 되었던 사람들에게는 매우 거부반응을 일으키는 것이었다. 이러한 개념의 격의론적 시각에서 毛澤東이 쓴 "中國社會各階級的分析"(1926)이나 "湖南農民運動考察報告"(1927)를 분석해 볼 필요가 있다고 생각한다. [6] 그러나

---

6) 『毛澤東選集』, (北京 : 人民出版社, 1969), 第一卷, pp. 3~44; p. 3과 p. 12에 실린 小註를 參考.

이러한 격의는 불교 수용과 공산주의 수용에 있어서는 현격한 차이가 있다. 전자의 주체가 된 언어는 文言文인 데 반해 후자의 경우는 口語文이다. 전자의 경우는 意(義)譯이 불가피한 데 반하여 후자의 경우는 直譯이 훨씬 수월하다. 따라서 후자는 전자만큼 격의의 여백을 가지고 있질 못한다. 허나 양자는 다음과 같은 점에서 일치한다. 산스크리트어나 파리어로 쓰어진 불전이 일단 漢譯되면, 漢譯된 경전의 이론적 발전은 산스크리트·파리原典에 卽하여 (with reference to) 이루어 지는 것이 아니라, 오히려 漢譯의 언어체계의 사상적 원전으로 그 레훠런스가 올라가 버린다는 점이 지적될 수 있다면 공산주의 수용에 있어서도 똑같은 점이 지적될 수 있다는 것이다. 漢譯佛典의 註釋 내지 새로운 해석에 있어서 중요한 것은 산스크리트·파리原典이 아니라, 한역의 기조를 이루고 있는 先秦諸經典, 漢代哲學書 또는 玄學系著述이었던 것과 마찬가지로, 중국공산주의 발전에 있어서 중요한 것은 공산주의서적의 서구적 원의를 밝히는 작업보다는 공산주의강령들이 중국사회의 내재적 문맥에서 의미하는 것을 밝히는 작업이나 그 漢譯된 共産主義가 中國의 傳統思想과 어떻게 관련을 갖는가 하는 것을 밝히는 작업이었던 것이다. 이것이 바로 格義된 中國共産主義, 즉 마오이즘(Maoism)의 정체라 하여도 큰 무리가 없을 것이다. 중국의 공산주의는 그 레훠런스가 서구로 건너간 것이 아니라 곧바로 중국의 傳統哲學史로 올라가 버린 것이다. 이런 의미에서 공산주의 수용에 있어서 이루어진 格義는 쌍방적이었다고 할 수 있다. 맑스·레닌주의가 중국언어와 사상에 의하여 格義되었다고 한다면, 또 동시에 그 格義된 맑스·레닌주의가 또 다시 중국의 전통사상을 格義하기 시작했던 것이다. 맑스·레닌主義에 의한 中國哲學의 格義야말로, 곧 逆으로 맑스·레닌主義의 中國哲學的 格義를 의미하는 것이다. 毛澤東은 1940년에 쓴 "新民主主義論"에서 이미 이러한 자세를 밝히고 있다.

중국은 장기에 걸친 봉건사회 속에서 찬란한 고대문화를 창조하였다. 이 고대문화의 발전과정을 정리하여 봉건성의 糟粕을 골라내어 버리고 그 민주성의 精華를 흡수하는 것이야말로 민족의 새 문화를 발전시키고 민족의 자신심을 제고시키는 필요조건이다. 단지 무비판적으로 흡수하여 같이 쌓아두면 절대로 안 된다. 고대 봉건통치계급의 일체의 부패한 생각과 고대의 우수한 人民文化, 즉 民主性과 革命性을 띠고 있는 생각을 구분해 내어야 한다.

중국의 현재의 새로운 정치와 새로운 경제는 고대의 구정치와 구경제에서
발전해 내려온 것이다. 중국의 오늘날의 신문화는 고대의 구문화에서 발전
해 내려온 것이다. 그러므로 우리는 자기 자신의 역사를 존중해야만 하며,
歷史를 割斷해서는 안 된다. 이러한 존중은 역사에게 일정한 과학의 지위를
허락하는 것이며, 또 이것은 역사의 변증법적 발전을 존중하는 것이다. 옛
을 찬양하고 지금을 비난하는 것도 아니고 어떠한 봉건적 독소를 찬양하는
것도 아니다."[7]

중국철학사를 맑스·레닌주의적 관점에서 새롭게 해석하는 작업, 毛
澤東 자신의 말대로 구문화와 신문화를 연결하는 작업은 곧 맑스·레
닌주의적 원리가 서구적인 것일 뿐만 아니라 중국의 전통적 사유체계
속에 내재하는 것이라는 것, 좀더 강하게 말하자면 마오이즘이 서양
에서 건너온 것이 아니라 중국역사에 뿌리박고 있는 것이라는 것을
밝히는 格義의 작업이었으며, 이러한 작업은 마오가 대륙을 석권한
1949년 이래 활발히 진행되었고 中共哲學的 發展의 主流를 이루었다.

2

맑스·레닌주의의 도입에 따라 중국철학을 보는 눈은 어떻게 달라
졌는가? 즉 맑스·레닌주의와 중국철학을 역사적 연속성을 갖는 하
나의 整體로 묶는 작업은 어떻게 이루어졌는가?
맑스·레닌주의, 일반적으로 말해서 변증법적 유물론이라고 불리는
이론체계의 제일원칙은 무어니해도 상부구조는 하부구조의 반영이라
는 주장일 것이다. 다시 말해서, 인간의 "의식의 형태"는 "삶의 물질
적 조건", 좀더 정확하게는 "존재의 물질적 수단의 생산양식"에 의하
여 결정된다는 것이다. 따라서 인간의 사회문화, 즉 철학·종교·예
술·문학 등등의 지적활동은 그것 자체로서 탐구되어야 할 것이 아니
라 그것의 탄생을 결정시킨 사회의 생산양식의 분석에 후행해야 한다
는 것이다. 이러한 분석이야말로 추상적이 아닌 "구체적"인 분석이며,
형이상학적이 아닌 "과학적" 분석이라는 것이다. 생산양식의 분석이란
생산계급의 구조를 밝히는 것이며 그 구조 속에서 일어나는 생산관계
를 밝히는 것이다. 이러한 분석방식을 "階級分析"(*chieh-chi fen-hsi*)

<hr />

7) 『毛澤東全集』, pp. 667~668.

이라고 중공학자들은 부른다. 르언 지위(任繼愈)는 중공에서 나온 가장 대표적 철학사 중의 하나인 『中國哲學史簡編』「序文」에서 다음과 같이 못을 박고 있다.

계급분석의 方法이야말로 계급사회 속에서 일어나는 일체 사회 역사현상을 연구하는 데 보편적 적용방법이며, 또한 유일 정확하고 가장 기본적인 과학 방법이다. 이러한 계급분석방법을 한 발자욱이라도 떠나게 되면, 곧 資產階級의 客觀主義 및 唯心主義의 진흙구덩이에 빠져 버리게 된다.[8]

이러한 주장의 教條主義的 성격에 대한 비판은 차치하고라도, 소위 "階級分析的 方法"은 중국철학사의 기술에 있어서 하나의 혁명을 불러 일으키기에 족한 것이었다. 계급분석에 의하면 중국에 존재했던 모든 사상가의 철학체계가 특정한 계급의 이익을 대변하는 것으로밖에 이해될 수 없으며, 따라서 그 사상가가 속해 있는 계급을 찾아내야 하고, 그 작업을 위해서는 그 사회 전체의 계급적 구조를 밝혀야 한다. 毛澤東은 이미 1937년에 저술한 『實踐論』에서 다음과 같이 말하였다.

계급사회에 있어서, 모든 개인은 일정한 계급지위 속에서 생활하며, 어떠한 사상도 계급의 낙인이 찍히지 않은 것은 없다.[9]

우리는 이러한 언술을 너무 教條主義的 특수용어의 정식 속에서만 이해할 필요는 없다. 칼 맑스나 마오 쩌뚱까지 들먹이지 않아도, 철학에서 흔히 말하는 주관주의나 상대주의의 관점에서 볼 때도 모든 사상은 궁극적으로 사상가의 일정한 "立場"을 갖게 되는 것이며, 상기한 마오씨의 주장은 그 "立場"의 "社會的 性格"을 밝히자는 것 외에 아무것도 아니다. 엥겔스는 다음과 같이 말한다.

맑스야 말로 제일 먼저 위대한 歷史的 運動規律을 발견하였다. 이러한 규율에 근거하여, 일체의 역사상의 투쟁은 그것이 정치·종교·철학의 영역 중

---

8) 任繼愈主編, 『中國哲學史簡編』, (北京 : 人民出版社, 1974), p. 14. "階級分析的方法是研究階級社會裡一切社會歷史現象的普遍適用的方法, 也是唯一正確的最基本的科學方法。只要離開階級分析方法一步, 就必然會墮入資產階級客觀主義和唯心主義的泥沼。"

9) 『毛澤東選集』, p. 260. "在階級社會中, 每一個人都在一定的階級地位中生活, 各種思想無不打上階級的烙印。"

에서 진행되었든, 어떠한 타의식형태의 영역 중에서 진행되었든간에, 실제적으로는 각 社會階級의 다소를 막론한 투쟁의 명백한 표현일 뿐이다. [10]

물론 이러한 언명 속에는 너무도 교조주의적이고 획일적인 "계급투쟁"이라는 개념이 포함되어 있기는 하지만, 이러한 관점에서 중국철학사를 바라볼 때 재미난 새로운 문제들이 파생한다. 우리나라의 대부분의 기독교 교회 목사들은 예수를 단순한 역사적 실존인물로 본다든가, 당시 유대사회의 특정한 계급의 이익을 대변한 사상가 내지는 행동가로서 본다든가, 불트만(Rudolf Bultmann)처럼 신화적 요소를 제거해서 성경을 이해한다든가 하는 이해 방식에 거부반응을 일으키리라고 본다. 마찬가지로 동양인의 전통적 관념 속에서의 孔子나 孟子의 위치 또한 그에 상응되는 감이 있다. 지금도 우리나라의 현존하는 儒林의 儒生들은 孔子를 春秋시기에 살았던 단순한 역사적 인물로, 바꾸어 말해서 희랍의 파르메니데스나 헤라크레이토스와 같은 옛사상가로서 보는 눈을 거부할 것이다. "孔子님"은 암암리에 역사를 초월한 지고지엄한 존재이며, 孔子님·孟子님의 말씀이 담긴 "經"은 문자 그대로 천지만물의 緯經이며 "時間을 초월한 永久不變의 眞理"로서 그들의 의식 속에 존재한다. 이러한 위대한 공자가 이 계급분석에 의하면 어느 특정한 시대의 특정한 사회에 있어서의 특정한 계급의 이익을 대변한 사상가로서 격하되지 않을 수 없는 운명에 놓이게 된다. 이러한 새로운 해석의 정치적 의도가 여하했든지간에 이러한 "格下"의 수난은 부정적 측면도 있지만 새로운 관점을 도입시켰다는 점에서 하나의 역사적 진보라 하지 않을 수 없다. 즉 중국철학사의 기술방식에 새로운 사회과학적 방법론이 추가된 것이다.

1949년 이전의 중국철학사들은 훵 여우란(馮友蘭) 박사의 『中國哲學史』를 비롯해서 모두 사상 자체의 사상적 구조 내지는 사상과 사상간의 사상적 흐름을 밝히는 데 그쳤다. 번쇄잡다한 일차자료들 속에서 철학적 "構造"를 밝혀내는 훵박사의 작업도 퍽 소중한 필요불가결의 역사적 단계이긴 했지만, "階級分析"이란 새로운 관점을 첨가시켜 놓고 볼 적에 그 작업은 모두 상부구조 자체 내에서만 이루어진 작업이

---

10) 『卡·馬克思「路易·波拿巴的霧月十八日」一書德文第三版序言』, 『馬克思恩格斯全集』 第21卷, p. 291.

었던 것이다. [11] 그러한 철학사는 "流"(흐름)만을 밝혔지 "源"(뿌리)를 밝히지 못했다고 르언 지위는 말하고 있다. [12] 사상으로부터 사상에로의 흐름(從思想到思想)은 유심주의의 착오이며, 그러한 착오는 "당시 사회 역사적 조건하의 생산관계와 계급관계 및 그 기초 위에서 발생한 계급투쟁의 실제정황"[13]을 무시하고 있다고 한다. "철학의 진정한 源은 사회의 물질생산과 계급투쟁 속에 깊게 隱藏되어 있다." 르언교수가 말하는 중국철학사의 流(liu)와 源(yüan)의 문제는 곧 上部構造와 下部構造의 문제와 같은 지평을 이루고 있다고 보아야 할 것이다. 이렇게 관심의 방향이 상부에서 하부로 급회전함에 따라 사상들 그 자체의 이론적 구조(theoretical framework)보다는 그 사상의 배경을 이루는 사회의 물질적 구조를 밝히는 데 모든 학적 노력이 경주되었고, 그러한 관심에 부응하는 많은 새로운 자료들이 부상되기에 이르렀고, 또 그러한 문헌학적 탐색과 더불어 고고학적 발굴이 시작되었던 것이다. 우리는 근 30년 동안 중공에서 행하여진 눈부신 고고학적 발굴의 성과가 이러한 철학적 이론의 바탕 위에서 이러한 관심과 보조를 맞추어 이루어진 것이라는 사실을 망각해서는 안 될 것이다. 고고인류학적 발굴의 解釋작업과정에서 문헌적으로 제약되어 있던 옛사회의 實際的 情形에 보다 더 근접해 갈 수 있었던 것이다.

1970년에 열기를 떠었던 소위 "批林批孔運動"(The "Criticize Lin Piao and Confucius" Campaign)[14]이라는 것도 그것의 정치적 계기가 어떻게 주어졌든간에 49년 이래로 진행되어 온 중국철학의 계급분석의 필연적 결과로 보아야 할 것이다. 계급분석의 방법론에서 周代社會를 분석할 때 孔子는 노예제 생산방식을 갖는 周王朝가 무너지면서 격동적으로 변화하는 시기에 있어서 신흥봉건지주계급의 등장에

---

11) 횡박사는 緖論에서 다음과 같이 말하고 있다. "講哲學史之一要義, 卽是要在形式上無系統之哲學中, 找出其實質的系統." 『中國哲學史』, 대만영인판, p. 14.

12) 任繼愈, 『中國哲學史簡編』, p. 17.

13) 同上.

14) 린 빠오(林彪)事件에 관하여 가장 잘 제반정보가 수집되고 분석된 책은 브라운大學의 정치학교수로 있는 까오氏의 著書다. Michael Y.M. Kau Ed., *The Lin Piao Affair*, N.Y.: International Arts and Sciences Press, 1975. 하바드大學出版社 (Harvard University Press)에서 1971년에 나온 Donald W. Klein과 Anne B. Clark이 편집한 *Biographic Dictionary of Chinese Communism* (1921~1965)도 많은 도움이 되기는 하나, 이 책은 60年代중반에서 모든 정보가 그치고 있으므로 린 빠오事件(리우 사오치의 失權조차도)에 대해서는 기술이 없다.

반동하는 구세대의 몰락한 노예주계급을 대변하는 극우적 유심주의 사상가의 불명예스러운 위치를 점유하게 되고, 마오추종자들이 비판하려 했던 린 빠오의 속성 또한 그에 상응되는 것이었다. 1971년 9월 13일의 린씨의 죽음으로 좌절로 끝나 버린 쿠데타 계획은 중공 내에 있어서의 군부와 당의 갈등, 마오의 후계자문제를 둘러싼 권력정치의 암막, 경제계획의 부진으로 인한 역사적 관점의 상이 등등의 요인이 그것을 분석하는 데 결정적인 함수가 되겠지만, 린 빠오 일파가 1966년 5월부터 (the Enlarged Meeting of the Politburo, May 4-18) 제창하기 시작했던 "天才史觀"(大衆運動에 있어서의 창조적 영웅들의 역할의 결정성 강조)이나, 린 빠오일파들의 혁명음모계획서에 나타나고 있는 경제·정치·사회노선은 "자본주의의 부활"이라는 낙인이 찍히기에는 충분한 것이었다. 그리고 그러한 린 빠오 혁명노선이 어느 정도 마오체제하에 있어서 국민들의 숨은 불만의 반영이라는 것이 인식되자, 마오추종자들은 문화혁명 이래로 다시 한 번 "批林批孔"의 일대 사상운동을 전개하지 않으면 안 되었고, 그에 따라 중국철학의 계급분석은 더욱 강화되었고 교조화되어 갔다. 1973년 8월에 북경에서 열린 第10次黨大會에서 저우 언라이(周恩來)는 처음 공식적으로 린 빠오를 지명하여 "부르죠아 기회주의자, 음모자, 탈당자, 반역자"로 부르고 9월부터 "批林批孔"운동을 전국가운동으로 선포하기에 이르렀다. 바로 1973년 10월에 출판된 르언 지위 主編의 『中國哲學史簡編』의 緖論에서 그는 다음과 같이 말하고 있다.

　　린 빠오反黨集團은 역사상의 반동철학의 무기고로부터 진부한 무기를 찾아내어 당을 진공하는 罪惡的 工具로 쓰고 있다. 그들은 착취계급의 반동철학을 이용하여 맑스·레닌주의(馬列主義)와 마오 쩌뚱 사상을 왜곡개찬한다. 그들은 유심론적 선험론을 선양하고 유물론적 反映論을 반대하며, 영웅이 역사를 창조한다는 유심사관을 고취하고 노예대중이 역사를 창조한다는 유물사관을 반대하며, 지주자산계급의 인성론을 팔아먹고 맑스주의의 계급투쟁설을 반대한다. 무릇 이러한 모든 것은 無産階級의 專政을 전복하고 또한 자본주의의 반혁명 수정주의 노선을 위하여 꾸며진 것이며, 그들이 黨을 簒하고 나라를 훔치는 음모활동을 위하여 반동여론을 제조해 내는데 쓰여진 것이다. 때에 맞추어 린 빠오反黨集團이 맑스주의에 역행한 그 참모습을 간파하여 그들의 속임수에 꾀넘어가지 않기 위해서는 우리는 맑스·레닌주의와 마오 쩌둥 사상을 진지하게 학습해야 하며 동시에 (중국)철학사상에 있어서 유물론과 유심론의 양대 노선의 투쟁을 이해해야 한다. 그렇게 함으로써 무엇이 유물론이고 무엇이 유심론인가를 확실히 분별해서 인식해야 한다. [15)

르언씨의 『中國哲學史簡編』이 방대한 체계를 갖추었음에도 불구하고 批林批孔에 때를 맞추어 출간된 것만 보아도, 批林批孔의 정치적 선전의 필요성에 의하여 새로운 중국철학사가 주목된 것이 아니라, 49년이래로 계속 진행되어 온 계급분석의 성과가 정치적 선전을 규정하고 주도해 나갔다고 보아야 할 것이다. 즉 린 빠오란 존재는 중국철학의 계급분석 방법론에 있어서 모든 부정적 측면의 화신으로 아필된 것이며 중국철학에 있어서 콩쯔란 반동분자의 충실한 후계자(a reactionary follower of Confucius)로서 상징화되어 등장한 것이었다. 또한 우리는 유물사관에 의한 중국사상사의 정립이 허우 와이루(侯外廬), 자오 지삔(趙紀彬), 두 꾸어시앙(杜國庠)에 의하여 『中國思想通史』란 제목으로(전 5권 6책) 1956~1958년 사이에 이미 완간되었다는 사실을 기억해야 할 것이다. 이 허우 와이루의 『通史』야말로 毛政權 수립 이래 오늘날까지도 필적할 사업이 부재한 명실공한 금자탑인 것이다.

3

계급분석의 방법론을 중국철학사에 적용할 때 우리는 다음과 같이 상충모순되는 두 개의 측면을 탄생시킨다. 맑스의 유물주의는 보통 재래의 유물론과 구별지어 "辯證法的 唯物論"(中國에서는 辯證唯物主義라고 부름)이라고 불리는데, 이것은 또 "歷史的 唯物論"이라고도 말하여지듯이 역동하는 인간역사의 구체적 물질 현실의 변화 흐름 속에서 변증법적으로 법칙을 찾아낸다는 것이다. 레닌에 의하면 재래적 "형이상학적 유물주의는 그 인식론에 있어서 유심주의의 直線性과 片面性과 主觀主義의 오류를 범하고 있다"는 것이다. [16) 중국의 전통적 우주관 (Cosmology)은 『易經』(The Book of Changes) 혹은 『周易』(The I

15) 任繼愈, 『中國哲學史簡編』, p. 2 (이후부터는 『任中』으로 축약함.)
16) 『談談辯證法問題』, 『列寧選集』, (北京 : 人民出版社, 1972), 제 2 권, p. 715.

of Chou)에 의하여 집약되어 있다고도 볼 수 있는데, "變化"를 의미하는 易의 세계관이 파르메니데스의 존재(Being)의 세계관보다는 헤라크레이토스의 생성(Becoming)의 세계관과 훨씬 더 쉽게 유비가 될 수 있다는 것은 우리가 상식적으로 잘 알고 있는 것이다. 헤라크레이토스의 로고스(λογος) 개념에 내재하는 투쟁(Strife)의 개념이나 희랍인 특유의 정의(Justice)의 개념에서부터 칼 맑스의 소위 말하는 변증법의 연원을 찾을 수 있다면, 변화의 실상에 즉하여 법칙을 찾아낸다는 우주론적 명제는 易의 세계관을 지녀온 중국인에게는 매우 쉽게 이해될 수 있는 것이었다. 中共 학자들은 形而上學과 辯證法이란 용어를 대립되는 한 짝의 개념으로 사용하고 있는데, 전자를 파르메니데스적 불변의 세계관으로, 후자를 헤라크레이토스적 생성의 세계관으로 이해하면 무방할 것이다.

이러한 변증법적 이해방식에 철저하면 첫째 두드러지게 나타나는 것은 "歷史相對主義"라고 아니할 수 없다. 역사에 영원불변한 절대적 보편적 진리는 있을 수 없고, 그때그때 역사에 주어진 상황에 따라 상대적 가치를 지니는 진리만 존재하고, 그러한 상대적 진리의 역동적 관계로서 역사의 흐름을 파악하는 것이다. 따라서 콩쯔나 멍쯔의 말은 그 역사적 상황 속에서 상대적 가치를 지니는 국부적 진리 이상의 권리를 주장할 수 없다. 이러한 진리의 상대성개념 자체가 지니는 논리적 모순은 차치하고 볼 때, 이러한 상대성은 진리의 폭을 넓히고 더 많은 다양한 사상을 수용하는 데 기여할 수가 있다고 본다. 예를 들면, 기독교의 종교적 독단론(dogma)의 진리체계 속에서는 그 진리의 도식을 벗어나는 어떠한 진리체계도 허용될 수가 없는 데 반하여, 이러한 변증법적 이해방식은 그러한 독단의 장벽을 허물어뜨리는 데 크게 기여할 수도 있는 것이다. 中共의 中央 『通知』는 다음과 같이 말한다.

깨지 않으면 세우지 못한다. 깨는 것은 곧 비판이며 곧 혁명이다. 깬다는 것, 그것은 곧 진리를 말한다는 것이며, 진리를 말한다는 것, 그것은 곧 세우는 것이다. 깬다는 말 그 말 속에 이미 세운다는 말이 들어 있는 것이다 (1966년 5월 16일자). [17]

17) 『任中』 p. 12에서 인용.

이렇게 해서 "舊制度, 舊思想, 舊文化, 舊習慣"을 깨어버린다는 의미에 있어서 새로운 의의를 지니기도 했지만, 가장 문제가 되는 것은 "破"와 "立"의 두 측면 사이에서 존재하는 이론적 모순이다. 破에서 다양한 상대적 진리체계를 포용할 수 있는 길이 열렸는데도 불구하고 그 破를 규정하고 있는 立자체가 너무도 교조주의적으로 제한되어 있다. 破의 진보적 성격이 立의 교조주의적·독단적 법칙도식에 의하여 말살되고 있다. 이러한 점은 칼 포퍼의 "개방성의 결여"라는 변증 유물론비판에 있어서도 잘 지적이 되고 있다고 본다. [18]

좀 더 구체적으로 말해서, 모든 철학사는 지배계급과 피지배계급의 투쟁의 역사이며, 그것은 유심론과 유물론의 투쟁으로 표현되고 있다고 본다. 이에 따라서 중국철학사가 유심론과 유물론의 양대진영에 의한 투쟁으로 규정되어야 함은 물론이다. 르언씨는 다음과 같이 단언하고 있다.

모든 철학사는 유물주의와 유심주의, 변증법과 형이상학의 투쟁사이다. 이러한 철학상의 양군대전은 사회상의 각개 적대계급 사이의 이해충돌을 철저히 반영한다. [19]

여기서 우리는 칼 맑스에게서 두드러지게 나타나고 있는 이분적 사유의 영향을 쉽게 감지할 수 있는데, 시공을 달리해서 그 나름대로의 특유한 사회구조와 사유구조를 가지고 발전해 나온 중국철학사의 전부를 유물(materialism)과 유심(spiritualism)의 두 카테고리에 의하여 규정짓는다는 일이 얼마나 독단스러우며 얼마나 무리가 많은 작업인지 우리의 상식에 호소해 볼 때 그 오류는 명백히 드러난다고 본다. 그러나 우리는 냉철한 학적 견식을 가지고 중공학계를 쳐다볼 때 그 오류를 지적하는 것만으로 만족하는 오류를 범해서는 아니 된다. 唯物과 唯心이라는 용어적·정치선전적 가면을 벗기고 그 내면에 진정 어떠한 변화가 일어났는지를 통찰할 수 있어야 한다.

우선 유물과 유심의 투쟁사라는 소박한 관념적 정의는 중국철학사의

---

18) 칼 포퍼(Karl R. Popper)의 *The Open Society and Its Enemies* 나 *The Poverty of Historicism* 은 우리나라에 너무도 잘 알려진 책들이다.
19) 『任中』, p. 3.

많은 문제를 은폐시키고 다양한 사유체계를 획일화시키는 오류를 범하기도 하지만 또 동시에 일관된 맥락 속에서 중국철학의 흐름을 유기체적 통일성을 주어 가면서 엮어 갈 수 있는 방법론적 도식을 제공하였다. 잡다한 사유체계가 각 사상가들이 속한 사회구조가 밝혀짐에 따라 그 사유체계의 소재지가 분명해졌고 또 그에 따라 체계화되었다.

다음으로 중국철학사를 유심과 유물로서 규정한다는 것은 유심과 유물에 해당되는 중국철학적 개념을 찾는다는 것이지 유심과 유물을 그대로 적용한다는 것은 아니다. 또 유심과 유물에 상응하는 중국철학적 개념을 찾는다는 것은 거꾸로 중국철학적 개념에 의하여 주체적으로 서양철학의 유심·유물개념을 격의한다는 뜻도 되는 것이다.

예를 들면, 夏王朝시대로부터 春秋시대까지를 노예제사회로 규정하고 그 시대에 존속했던 "天命論"을 이 세계를 上帝(Shang-ti)가 주재한다는 종교적 유심주의로 보고, 그러한 天命論은 商王朝 노예주계급의 통치의 "自然合理性"을 정당화하는데 쓰였다고 본다. 그에 반하여 보다 진보적 노예주계급에 의하여 장악된 周王朝에서는 五行說이 탄생되었는데 이것은 자연물질 本身中에서 만물의 근원을 탐구하는 素朴한 唯物主義라는 것이다. 이 사상은 일상생활의 대상 중에서 몇 종의 형체를 갖는 특정물질을 찾아내어 자연현상의 무한한 다양성을 통일하는 基礎原理로 삼았으며, 또한 이것은 종교유심주의인 天命論과의 대립투쟁 속에서 발전된 철학이라는 것이다. 만물의 현상을 五行이라는 다섯 개의 구체적 물질을 상징하는 근본원소의 상관법칙에 의하여 모두 설명하려는 노력은 실제와 부합되지 않는 측면이 너무도 많았으므로 과학적 설득력이 적었고 따라서 노예주계급의 통치이념에 부합하는 宗敎天命論이 계속 우위를 점했던 것이다. 춘추전국시대에 들어오면 부패한 노예제 생산관계가 파괴되고 새로운 봉건제 생산관계에 의하여 생산력의 발전을 보게 되었고 이에 따라 몰락해 가는 노예지주계급과 신흥봉건지주 계급사이의 대립이 치열하게 첨예화되어 갔다고 본다. 文王과 周公의 道를 항상 夢想하며 正名을 부르짖고 克己服禮를 부르짖으며 천하를 周遊한 孔子는 확실히 보수적 성향의 구도덕체계의 옹호자임에는 틀림이 없다. 오히려 天子의 舞樂을 僭用한다고 孔子가 분개히 여겼던 季氏야말로 노예제시대의 體制의 속박을 타파하려는 진보적 신흥봉건세력의 대표적 인물로 간주되어야 한다고 주장한다. 孔子가 평생을 통해 옹호하려고 분투했던 禮는 분명히 지나가 버린 周禮였으며, 그 禮는 명확한 계급내용을 갖는다는 것이다. 예를 들면, 孔子의 제자인 有子(若)는 孔子의 禮사상을 "禮之用, 和爲貴" (「學而」 12)라고 평했는데 이 때의 "和"라는 것은 당시 첨예화되어 가고 있는 계급투쟁의 모순을 은폐하여 노예제의 구질서를 穩定시키는 정치적 의도를 내포하고 있다는 것이다. 이러한 식의 분석방식에 의하여 춘추전국시대의 사상가들이 유심주의와 유물주의 양대 진영으로 대분되게 되는데 유심주의의 일파로서 孔孟이 손꼽히게 된다. 그들은 유심주의 천명론을 부르짖고 노예주계급의 통치이념인 "禮"와 "仁"을 선양하고 인식론에 있어서는 유심론적 선험론을 고취하고 사관에 있어서는 "法先王"의 復古主義를 주장한다고 본다. 또 다른 유심주의의 일파는 老莊인데 숙명론을 선양하고 新사회제도에 대하여 소극적 대항태도를 취했으며 자연에 대하여 인간은 아무런 作爲를 하지 않아야 한다고 주장했다고 본다. 필자 자신 이러한 주장이 매우 추상적이고 천박한 老莊思想의 이해에 기초하고 있다고 생각하고 있으나 과연 老子의 자연관이 유물적인가 유심적인가? 적극적인가 소극적인가? 하는 데에 대해서도 중공 학계에서는 일단 논란을 거친 후에 도달한 결론이라는 것만을 환기시키고자 한다. 1959년 중공의 주요 사상지인 『哲學研究』를 중심으로 휭 여우란박사의 『貞元六書』의 성격문제와 先秦道家의 자연관의 성격에 관하여 휭 여우란과 꾸안 휭(關鋒) 사이에 일대 논란이 벌어졌는데 결국 꾸안 휭이 이끄는 극좌파적 견해가 공식적 승리를 거두었고 老子의 道는 絶對精神이며, 그 우주관은 "客觀唯心主義"라는 결론으로 못을 박았다. [20] 예를 들면, 『道德經』에 나오는 "萬物之宗"

---

20) 다음의 논문들은 모두 1959년 일년 동안 『哲學研究』에 실렸던 것이다. 汪子嵩, 「馮友蘭的哲學是爲誰服務的?」(第一期). 馮友蘭, 「『新理學』的原形」(第 1 期). 關鋒, 「揭露 『新原人』的 原形——兼論馮友蘭先生的哲學系統」(第二期). 馮友蘭, 「質疑和請敎」(第三期). 馮友蘭, 「先秦道家三派的自然觀的異同」(第四期). 關鋒, 「論宋尹學派」(第五期). 關鋒, 林聿時, 「論老子哲學體系的唯心主義本質」(第 6 期). 關鋒은 60年代 70年代 中共의 哲學界를 휩쓸었던 極左派(四人幇계열)의 理論정립가였다. 老學者 馮友蘭先生이 關鋒의 서슬이 시퍼런 필봉 아래서 벌벌 떠는 모습은 위의 문장에서 역력히 나타난다. 그러나 極左派 四人幇이 鄧小平의 登場으로 失脚하자마자 關鋒은 종적을 감추고 말았다. 最近 하바드대학의 학자들이 訪中時에 계속 關鋒에 대한 소식을 물었으나 아무도 전혀 알 길이 없었다고 한다. 關鋒은 論點의 極烈함을 且置하고 學問的으로 잠재력을 가지고 있는 유능한 젊은 학자였다. 關鋒事件은 學問活動의 자유가 보장되지 않은 共產社會의 문제점과 또 너무 極烈하게 政治의 이데올로기에 편승하여 학문활동을 하는 사람들의 비애로운 운명의 길을 예시하여 준다.

이라든가, "吾不知誰之子, 象帝之先"과 같은 문구의 해석에 있어서 道를 우주만물의 창조주로서 신비화했다고 보고 "無"를 第一性的인 것으로 보고 "有"를 第二性的인 것으로 보는 데에 老子의 유심성이 있다고 본다. [21] 이러한 식의 老子이해는 맑시즘과 상부할 수 있는 老子哲學의 적극적 사회철학적 일면을 무시하는 것으로 중국철학사의 새로운 이해의 폭을 좁힌 유감스러운 일이라 아니할 수 없다.

이러한 孔孟·老莊의 유심적 노선과 대별되어 부각된 춘추전국의 유물주의사상가의 대표가 墨子, 荀子와 그의 제자 韓非 등이다. 荀子는 유심주의적 천명론을 직접 공격했으며, "天"의 관념으로부터 만물을 주재하는 의지적 上帝의 개념을 완전히 탈색시켜서 자연계를 뜻하는 物質的 天으로 환원시켰다고 한다. 荀子의 "戡天"사상은 인간의 주관능동작용을 발휘하여 자연계를 정복할 것을 주장했으며, 이러한 사상은 당시 신흥봉건지주계급의 적극적 진취정신을 충분히 표현한 것이라고 본다. 이렇게 해서 荀子는 法家사상의 기초를 닦아 주는 작업을 했다고 본다. 韓非는 荀子의 反天命思想을 계승·발전시켜서 객관적 통치법률인 法에 의하여 철저히 사회를 변혁시킬 것을 주장했고, 복고를 반대하는 현실긍정적 진취적 사관을 제시했으며, 法先王을 반대했다. 認識論에 있어서는 유심론적 先驗論을 반대하고 유물론적 反映論을 제시했다. 그리고 『韓非子』의 「解老」篇에서 나타나는 "理"의 概念이야말로 老子의 道라는 추상적 보편적 개념을 구체적 사물의 구분근거로서의 유물론적 철학범주로 발전시킨 혁신적 개념이라는 것이다. [22] 그리고 또 『墨子』 중에서도 「經上」「經下」「經說上」「經說下」「大取」「小取」 등의 6편을 戰國후기에 성립된 "後期墨家"의 사상저작으로 보고 『墨子』의 제편과 분리해내어 당시 신흥지주계급의 대표적 철학으로 본다. 이 6편의 내용은 주로 인식론, 논리학, 자연과학 방면의 지식에 관한 것인데, 이 後期墨家들은 墨子의 사상 중에서 天·鬼 등의 종교의식을 포기하고 또한 묵자인식론 중의 협애한 경험주의 경향을 극복하여 새로운 유물론적 체계를 구축했을 뿐만 아니라, 논리학 방면에 있어서는 궤변론과의 투쟁 속에서 先秦諸家의 논리사상을 총결하여 상당히 完整한 논리학설을 수립하는 데 성공했다고 본다.

---

21) 註 20)에서 열거한 제일 마지막 文章을 參考. 『哲學硏究』, 1959年, 第6期, p. 25.
22) 『任中』, pp. 201~202.

이상의 새 관점에 의한 선진사상의 개괄적 스케치에서 드러나는 것은 맑시즘은 매우 명백한 윤리적 포폄을 전제로 하고 있다는 것이다. 쉽게 말해서, 유물적 사상은 좋은 것이고 유심적 사상은 나쁜 것이라는 것이다. 이러한 포폄적 선택으로 인하여 소위 유물적 사상은 연구의 대상으로 크게 부상할 뿐만 아니라, 철학사의 흐름에 있어서 가장 정통적 위치를 부여받게 되고 소위 유심적 사상은 그 반대의 정황에 놓이게 된다. 이것은 中國哲學史의 記述에 있어서 하나의 코페르니쿠스적 轉換을 이룩하는 것이다. 여태까지 철학사의 정통성이 기존의 官學중심으로 이해되어 왔고 특히 漢武帝가 "罷黜百家, 獨尊儒術"을 표방하여 儒敎를 百家의 宗主로 승격시킴에 따라 그 이전의 역사도 儒家중심으로 기술되었고 그 이후의 역사에 있어서도 유가의 정통성은 본질적인 도전을 받지 않았다. 허나 실제적으로는 先秦시대에 있어서는 孔孟의 학파는 결코 顯學的 위치를 점유하지 않았고 지리적으로도 그 영향권이란 북방의 편동의 지극히 협소한 魯나라의 일부에 그쳤다. 기실, 法家나 墨家가 儒家보다는 그 세력이나 영향력에 있어서는 비교될 수 없는 우위를 차지하고 있었던 것이다. [23] 어쨌든 유물사관이 중국철학계에 도입된 이래로 일어난 가장 큰 변화는 재래적으로 정통성을 굳건하게 인정받았던 대부분의 사상들이 유심주의로 낙인을 찍히면서 철학사에서 별로 중요한 위치를 차지하지 못하는 반면, 여태까지 별로 중요하게 인식되어 있지 않았던 많은 비정통계의 사상가들이 유물주의의 낙인과 함께 정통적 주류의 위치로 승격한 사실이다. 결국 연구의 관심이 비정통계 사상가로 옮겨지면서 결과적으로 중국철학의 이해의 폭을 넓히는 데 큰 공헌을 한 것도 사실이다. 사실 墨子, 荀子, 韓非子 정도의 연구만 해도, 이들은 중국역사를 통해서 어디까지나 外經的 이단자들이었을 뿐 아니라 별로 학적 관심의 대상이 되질 않았다. 이러한 의미에서 이들의 새로운 연구, 즉 隱顯의 전환은 맑스·레닌주의가 중국철학에 가져다 준 가장 큰 선물이라고 아니할 수 없다.

중앙집권적 봉건전제국가의 확립시기로 보는 秦漢시대에 있어서는

---

23) 이 方面의 研究로는 蕭公權氏의 研究가 으뜸이다. 그의 『中國政治思想史』(臺北 : 中華文化出版事業社, 民國 43年 初版, 民國 57年 五版)의 第一章에 「先秦政治思想之流派」가 歷史背景, 地理分佈, 交互影響, 時代先後로 나뉘어 詳述되어 있다.

董仲舒의 유심주의 형이상학체계와 王充의 유물주의 철학사상이 대립하고, 封建門閥地主階級의 통치시기로 보는 魏晉南北朝시대에 있어서는 王弼·郭象의 유심주의철학(貴無論)과 裵頠·歐陽建의 유물주의철학(崇有論)이 대립하고 또 范縝의 유물주의무신론(神滅論)이 佛敎의 因果報應說과 대립한다.

　결국 유물론의 중국적 전개에 있어서 결정적 전환점을 이룬 것은 漢代에 있어서의 氣 혹은 元氣槪念의 出現이다. 이것은 결국 古代에서부터 존속했던 五行觀의 발전이라고 볼 수 있는데, 이것은 일용생활에서 볼 수 있는 구체적 물질원소로써 만물현상을 설명하는 것이 아니라, 보다 포괄적인 직접관찰 불가능한 미세한 原質로써 설명하는 것이다. 이것은 漢代에 있어서의 자연과학, 특히 醫學의 발달에 힘입은 것이었다. 인체의 각 기관을 오행에 종속시켜 설명하는 과정에서 각 기관의 상관관계를 총괄하는 원초적이고 포괄적인 보편개념이 氣라는 原質로 등장하게 된 것이다. 이 氣論을 철학적으로 표현한 대표적 사상가가 王充이었다고 본다면 결국 그 이후의 유물사상적 발전은 王充의 氣論을 종주로 하지 않을 수 없다. 이러한 氣論은 隋唐佛學의 형이상학과 인식론에서 다시 제련되어 宋·元·明시대에 있어서는 理·氣의 대립적 철학 범주로 나타나고 이를 기축으로 하여 고도화된 형이상학을 구축한 新儒學이 성립하게 된다. 따라서 新儒學에 있어서의 理·氣의 문제는 유심·유물의 문제로 대입되게 된다.

　이렇게 되면 主理의 입장으로 기울었던 程朱學은 객관유심주의라는 낙인과 함께 수난을 겪게 되고 또한 그와 鵝湖論爭을 벌렸던 陸象山 일파의 철학도 버클리(Berkeley)류의 주관유심주의로 함께 매도당해 버린다. 소련학자들이 버클리의 "존재하는 것은 지각되는 것이다"(*esse est percipi*)라는 경험주의적 인식론을 가장 반동적 유심주의로 공격의 화살을 퍼붓는 것과 마찬가지로, 중공학자들은 陸象山과 그를 잇는 王陽明계열의 心學에서 그 공격의 화살의 과녁을 발견했던 것이다. 反映論(copy theory)[24]이라는 단순한 인식론의 기초 위에 서 있는 변증법적 유물론의 입장에서 볼 때는 너무도 당연한 귀결이라 아니할

---

24) 한국에서는 日本번역을 따라 模寫說로 불리운다. 이 反映論은 인간의 認識은 外部의 實在의 映像이라는 것인데, 플라톤의 想起說, 中世스콜라哲學, 近世經驗論에 있어서는 록크의 타부라라사, 프랑스의 唯物論者들에게서 局部的으로 나타나는 說이다. 허나 이 說은 辯證法的 唯物論의 체계 속에서 철저히 이론화되고 조직화되었다.

수 없다. "致良知"의 해석에 있어서 "良知"를, 만물의 이치를(=天理) 모두 具有한 인간의 선험적(a priori) 능력으로 보고 "心外無物"을 주장한 王守仁(陽明)은 『傳習錄』(下) 속에서, 버클리의 주인공들 하이라스(Hylas)와 필로누스(Philonous)가 벌린 것과 비슷한 논쟁을 벌리고 있다.

　선생이 南鎭으로 여행을 가셨을 때 한 친구가 岩中의 花樹를 가리키며 여쭈었다. "천하에 마음밖에는 物이 없다고 하셨읍니다. 예를 들면 이 花樹는 深山 속에서 혼자 피었다가 혼자 져 버리는데 이것은 나의 마음(我心)과는 어떠한 상관관계를 갖는 것입니까?" 선생이 대답하셨다. "네가 이 꽃을 보고 있지 않을 때는 이 꽃은 너의 마음(汝心)과 함께 모두 적막으로 돌아간다(同歸于寂). 네가 이 꽃을 보고 있을 때는 이 꽃의 형태와 색갈이(顔色) 일시에 명백하여지므로, 곧 이 꽃이 너의 마음 밖에 있지 않음(不在你的心外)을 알게 된다. "25)

　이 문장의 진의를 어떠한 문맥에서 어떻게 파악해야 하는가에 대해서는 많은 견해가 가능하다. 중공학자들은 이 "同歸于寂"을 버클리가 말하는 "神의 意識"으로 풀고 "顔色이 明白하여진다"라는 것을 인간의 주관적 감각이 物自體의 存在性을 규정하는 것으로 본다. 이렇게 되면 王陽明의 인식론에 있어서는 사물은 완전히 인간의 감각에 의존하게 되고 인간의 感覺知覺이 정지하면 천지만물도 不存在하게 된다. 이것은 감각은 의식과 외계와의 직접적 연관이며, 감각에 의하여 외계의 자극이 의식의 사실로서 전화한다는 반영론과 정면으로 위배되게 된다. 결국 陽明心學이 갖는 진보적 성격도 이러한 주관유심론적 낙인 때문에 중공철학사에서 누려야할 지위를 못 누리고 실격 탈락해 버리고 만다. 단지 明末사상을 논하는 데 있어서 近代資本主義萌芽論爭을 둘러싸고 陽明左派의 철학이 크게 아필되기는 하였으나(예를 들면, 시대의 反抗兒 李卓吾의 연구가 활발했던 점), 그들의 연구조차도 중국 역사에 대한 전통적 윤리적 판단을 뒤엎은 史家로서의 연구가 활발할뿐, 26) 그들의 心學的 이론이 갖는 이론적 자세는 너무 개인주의적이고 너무도 무정부주의적(아나키스틱)이라서 마오독재체제를 통해서

25)『任中』, p. 429에서 再引用.
26) 예를 들면, 이들을 당치도 않게 法家로 규정하여 연구하는 식의 태도를 말한다.

244

질서정연한 공산사회를 건립하려 했던 그들의 구미에는 잘 맞지 않았던 것 같다.

이렇게 본다면 新儒學 혹은 宋·元·明철학시기에 있어서 유물론자로서의 영관을 차지할 인물들은 모두 孔丘—孟軻—董仲舒—王弼—韓愈—李翶—周敦頤—二程—朱熹—陸王系의 유심주의 道統의 밖에 있는 비정통계인물들이었다. 朱熹(1130~1200)와 동시대인물들로서 朱熹의 철학에 반기를 들었던 陳亮(Ch'en Liang, 1143~1194)과 葉適(Yeh Shih, 1150~1223)이 그 영관을 차지했는데, 이들은 우리 朝鮮儒學史에 있어서 退溪學의 권위에 눌려 朴世堂(西溪)이나 尹鑴(白湖) 같은 사상가들이 사장되어 있던 것과 마찬가지로 朱熹의 권위에 억눌려 각광을 받지 못했던 人物들이었다. 800년 동안이나 야당생활을 하다가 이제 여당으로 그 위치가 바뀐 것이다.

陳亮이나 葉適에 앞서, 近世儒學에 있어서 유물론의 왕관을 차지하게 된 인물은 근대적 主氣論(Chi-monism)의 先河이며 또 완성자인 張橫渠(Chang Heng-ch'ü, 1020~1077)였다. 또한 橫渠와는 정치적 노선을 달리했지만 공전의 개혁정치의 단행을 시도한 中國의 趙光祖, 王安石(Wang An-shih, 1021~1086)이 유물론의 거장으로 등장한다.[27] 정치적 이데올로기로 본다면 張橫渠는 二程 즉 程顥(1032~1085), 程頤(1033~1107)와 함께 모두 王安石變法을 극구 반대한 司馬光, 蘇軾 계열의 舊法黨이지만 橫渠를 二程洛學派들과 분리시켜 王安石과 같은 유물론자로 묶어 버린 것은 좀 아이러니칼한 면이 있다.

중국의 유물론은 張橫渠의 "太虛卽氣"(우주의 공간은 氣라는 물질적 원질로서 充塞되어 있다라는 입장)의 이론에 이르러 새로운 국면으로 비약하기에 이른다고 본다. 王安石이나 張載(橫渠) 모두 物質的 "氣"나 "器"를 第一性的이며 본원적인 것으로 보고, "理"나 "道"를 第二性的이며 파생적인 것으로 본다. 그들은 현상사물을 초월하여 사물 위에서 도도하게 존재하는 "理"나 "道"는 있을 수 없고, 오히려 "氣"나 "器"에 내재하는 第二性的인 법칙으로서 존재할 뿐이다. 道는 器의 道일 뿐이며, 逆으로 器는 道의 器라는 命題는 成立하지 않는다. 이와같이 道·理를 器·氣에 종속시키는 관점에서 출발하여 종래의 유심주의 본체론

---

27) 레닌자신이 "王安石은 中國 11세기의 改革家"라고 높이 평한 것은 매우 흥미있는 일이다. 『修改工人政黨의土地綱領』, 『列寧全集』第10卷, p. 152.

이 제출해 놓은 "體用"과 "心性" "知行"의 문제 등에 대하여 매우 명쾌한 유물론적 해답을 제시하였으며, "이에 근거하여 자연관, 인식론, 방법론 등 철학 각 방면의 문제들을 聯繫貫通하여 完整한 朴素唯物主義體系를 구성해낸 자"가 바로 明末淸初의 위대한 사상가 王夫之(Wang Fu-chih, 1619~1692)라는 것이다. 이렇게 중국철학사의 흐름을 전관하고 볼 때 王夫之는 商周에서부터 내려오는 수천 년의 중국유물주의 전통의 頂點을 차지한다. 商周시대에 있어서 『易經』과 『洪範』에서 변증법과 유물주의의 싹을 발견하고 그 싹이 墨子, 孫子, 荀子, 韓非子에 의하여 철학적으로 표현되고 이것이 통일왕조인 漢나라에 내려와서는 王充의 無神論的 元氣自然論의 朴素唯物主義에서 개화된다고 보았다. 王充이야말로 중국유물론의 中始祖적 위치를 차지하게 된다. 王充에서 王夫之에 이르기까지 약 1600 년 동안의 중국의 氣의 思想의 흐름을 원류로 해서 중국의 유물주의철학사를 완성시킨 것이다. 王充─裵頠·歐陽建─范縝─柳宗元·劉禹錫─王安石─張橫渠─陳亮·葉適─王夫之─顏元─戴震의 계보 중에서 물론 王夫之는 최고봉의 위치를 차지하며 朱熹나 王守仁은 그의 권위에는 얼씬거리지도 못한다. 르언 지위교수의 『中國哲學史簡編』에서 그 수많은 철학가를 논하는 중에서 王夫之철학에 가장 많은 페이지가 할당된 것만 보아도 그 분위기를 엿볼 수 있다. 王夫之의 위치는 서양근대철학사에 있어서의 헤겔의 위치와 상응한다. 서양근세철학사를 데카르트의 근대시민적 자아(Ego) 속에서 발현한 이성의 빛이 헤겔의 절대정신으로 확대완성되어 가는 것과 마찬가지로 中國의 氣論이 王充에서부터 발아하여 王夫之에서 확대완성되는 듯한 느낌을 받는다. 王夫之의 뒤꽁무니에 달라붙는 顏習齋(元)나 戴東原(震)은 王夫之 氣學의 국부적 측면의 심화이지 그를 초월하여 발전시킨 사상가들은 아니다. 우리는 王夫之철학의 중공에서의 평가를 운운하는 데 있어서 이러한 格義된 唯物史觀을 정확히 이해하여야 하며 또 이러한 사관에 의한 철학사의 전 흐름을 全觀할 수 있을 때에만이 그 철학의 위치에 대한 뚜렷한 윤곽을 드러낼 수 있다고 단언할 수 있다. 곁들여 말해 두고 싶은 것은, 北韓에서 鄭鎭石, 鄭聖哲, 金昌元에 의하여 1962 년에 출간된(第 I 版 서문은 1960 년) 『朝鮮哲學史』는 중공에서 계발한 그러한 氣論의 方法論을 차용하여 그대로 한국철학에 적용시킨 것이라는 점이며, 中共의

氣唯物論(Ch'i-materialism)을 이해하면 그 정체가 쉽게 파악된다는 것이다. 어떠한 사상의 형태를 비판하기에 앞서 그 사상형태의 정확한 모습과 현주소를 파악하는 과학적이고 엄밀한 태도야말로 우리 자신을 정립해 나가는 데 필요불가결한 학구인의 자세일 것이다.。

4

중공의 학자들은 중국의 모든 전통적 유물주의를 논하는 데 있어서 모두 朴素(naive)라는 단서를 붙인다. 朴素라는 단서를 붙이는 가장 큰 이론적 이유는 중국전통에 있어서는 唯物論과 辯證法이 따로따로 분리되어 있기 때문이라고 한다. 유물론은 무엇이고 변증법은 무엇인가? 유물론이란 물질(matter)을 제일차적인 것으로 보고 정신(mind)을 제이차적인 것, 종속적인 것으로 보는 세계관을 말한다. 변증법이란 대립의 통일이란 규율을 찾는 방법론을 말한다. 중공학자들에 의하면 중국에서는 유물론은 꽤 많이 찾아낼 수 있는데 변증법이 항상 불철저하다고 한다. 다시 말해서 중국의 변증법사상가들은 矛盾的 對立과 투쟁을 주도위치에 놓는 것이 아니라, 항상 모순의 통일이라는 측면을 수위에 놓는다고 한다. 모순간의 투쟁을 강조해서 揚棄(aufheben)하는 것이 아니라 모순을 항상 조화시켜 버리기 때문에 形而上學의 結局으로 치닫는다고 한다. 변증법사상가로서 가장 성취가 큰 王夫之조차도 동일한 오류를 범하고 있는데야 딴 사람은 더 따져 볼 필요도 없다고 한다. (以我國朴素的辯證法思想家中最有成就的 王夫之爲例, 就有這樣的缺陷, 更不用說其他人了.)[28] 이러한 중공학자들의 불평은 마오 쩌뚱 사상(혹은 맑스·레닌주의)의 도래의 필연성을 부가시키려는 데 숨은 정치적 의도가 있기는 하지만 지적으로 매우 결백한 태도인 것만은 틀림없다. 다시 말해서 중국의 전통적 유물주의자들을 완벽한 수준으로 찬양하는 것이 아니라 그들의 사상의 한계점과 취약성을 드러내는 데 조금도 주저하지 않는다. 그렇게 함으로써 시대적 거리는 많이 있지만 王夫之를 세례요한 정도로 눌러놓고 毛澤東을 예수로 등장시키자는 의도를 쉽게 눈치챌 수 있다. 그렇기 때문에 중공에서 씌어진 철학사는 전통적 유물주의자들에게 절대적 권위를 부여하

---

28) 『任中』, p. 32.

고 있지 않고 있고, 따라서 꽤 자유로운 비판의 여지는 중공학계 내에서도 존재한다. 예를 들면, 1965년 曹伯言(Ts'ao Po-yen)이 『歷史研究』에 쓴 『王船山歷史觀硏究』(1965年, 第 5 期, pp. 61~80)란 一文은 王船山의 봉건지주계급적 제약성을 통렬히 비난하며 그는 기존질서에 타협하려고만 했던 보수주의자이며, 그를 혁명적 유물론자로 아필시키는 것은 있을 수 없는 일이라고 경계하며 그의 유물론적 철학체계 내의 유심적 요소를 드러내는 데 주저하지 않는다. 하여튼 이와 같이 毛澤東 이전의 모든 사상가들은 한 격이 낮다. 淸末 民國初年에 걸쳐 變法自强을 부르짖었던 洋務改革派들도 資産階級의 계몽사상가들로서 모두 機械唯物主義 아니면 庸俗進化論 아니면 形形色色의 唯心主義에 호소했을 뿐이라고 한다. 毛澤東思想에 이르러서야 비로소 변증법이 유기적인 통일을 이루고 무산계급의 민주혁명이 주도되어 나갔다고 한다. 이렇게 해서 중국철학사 자체가 원초로부터 毛澤東사상에 이르기까지 하나의 유기적 통일을 이루게 된다. 중국철학에서 完整한 변증법을 찾을 수 없다는 중공학자들의 투정은 중국철학과 서양철학을 대비시켜 놓을 때 발생하는 가장 재미있는 한 문제를 제시하고 있다. 중공학자들은 이러한 대비에 있어 선결되어야 할 가장 근본적 우주본체론적 물음을 은폐하거나 무시하고 있는 것밖에는 되지 않는다. 중국인의 우주관에 있어서는 실체와 현상의 이원적 분리가 이루어지고 있질 않다. 즉 현상을 초월한 어떤 독립적 본체에 아무런 실체성을 부여하지 않는다. 따라서 실체의 초월성을 인정하는 이데아론적인 기하학적 사유나 절대적 도그마를 주장하는 기독교적 신학(theology)이 실제적으로 부재한다. 따라서 현상은 실체의 규제를 받거나 혹은 현상이 실체에 접근하여 발전해 나간다는 목적론적인 사유(teleology)가 없다. 『周易』에서 말하는 "生生"이란 것은 현대물리학적 자연관에서 말하는 "變化"의 개념이지, 아리스토텔레스나 헤겔이 말하는 合目的的 進化를 의미하는 것이 아니다. 그렇다고 보면, 『周易』의 陰陽의 역동적 변화관계에 있어서도 華嚴論的인 無限緣繫는 있어도 헤겔적인 직선적 揚棄를 갖는 第三의 "合"은 없다. 음양의 관계에 헤겔적 아우후헤벤(Aufheben)의 개념을 도입하려는 어떠한 시도도 실패로 끝날 것은 뻔하다. 맑시스트들이 찾고 있는 對立矛盾이라는 것 자체가 중국철학의 관점에서 볼 때에는 성립하지 않는다. 모순관계의 양극은 現象論的 차원에서 이야기할 때는 어디까지나 조화될 수 있는 양극이며 合目的的으로 비약해야 할 제삼의 존재를 요구하지 않는다. 현상을 조화될 수 없는 모순(contradiction)으로 규정하는 것은 형식논리와 물리법칙을 혼동하는 오류밖에는 되지 않는다. "1+1=2"라는 형식논리가 현상물질 세계에서 그대로 실증될 수가 없듯이, "A·Ā"라는 모순의 형식논리가 그대로 현상물질세계의 법칙화될 수가 없다. 하얀색에 대한 까만색은 있지만 하얀색과 모순되는 하얀색이 아닌 색깔의 존재를 우리는 현상 속에서 발견할 수 없다. 하얀색과 까만색은 절대로 모순관계로 규정될 수 없다. 그리고 하얀색과 까만색은 얼마든지 조화될 수 있고 제3의 색으로 변화할 수 있다. 이때 제3의 회색이 결코 하얀색과 까만색의 모순관계를 揚棄한 第三의 合(synthesis)으로 이해될 수는 절대 없다. 여자와 남자의 관계도 그렇고, 공산주의와 자본주의의 관계도 그렇고, 이성과 감정의 관계도 그렇다. 중국인들의 사유방식에 있어서는 이러한 대립물들이 투쟁을 거쳐서 부정되어야만 할 모순관계에 놓일 수가 없다. 이러한 사유형태의 본질적 상이성에 우리는 모두 상대적 가치를 부여해야지 그것을 동일차원에서 획일적으로(conformism) 일자에 환원할 수도 없고, 해서는 아니된다. 목적론적 우주론이 근원적으로 부재한 사유체계 속에서 직선적 발전법칙을 고집하는 변증법을 찾으려는 시도 자체가 상대적 타당성을 무시한 誤置의 오류(fallacy of misplacement)일 뿐이며, 더구나 맑스주의적 변증법 부재의 책임을 과거의 중국철학자에게 묻는다는 것은 동쪽에서 뺨맞고 서쪽에서 뺨때리는 식의 억지춘향이밖에는 되지 않는다. 서구식 변증법의 부재 자체가 중국철학의 진면모를 드러내는 것이며, 그것의 부재로 인하여 형성된 다른 면에서의 성취에 오히려 연구의 초점을 맞추고 그러한 성취를 긍정적으로 평가할 수 있는 안목을 기르는 것이야말로 중국철학사를 올바르게 평가하는 것이라는 것을 잊어서는 안 될 것이다. 서양에 있어서조차도 헤겔류의 모든 직선적 역사관이나 자연관이 현대물리학의 발전, 구체적으로 하이젠베르그의 量子물리학에서부터 최근의 統計물리학에서 말하는 사이너제틱스(synergetics)에 이르기까지의 새로운 세계관의 발전에 의하여 크게 도전을 받고 있을 뿐 아니라, 희랍비극에서부터 근대 理神論的 자연관에 이르기까지 깔려 있는 종교적 허구성이 과학적 세계관과 대조되면서 새롭게 드러남에 따라 그 변증법의 과학적 타당성이 붕괴되어 가고 있는 이 시점에 그러한 변증법적 세계관만 획일적으로 구태의연하게 고집한다는 것은 역사의 아이러니라 하지 않을 수 없다. 변증법적 유물론이 중국철학에 도입됨에 따라 많은 생산적 성취가 있었음에도 불구하고 그러한 가치관의 획일성으로 인하여 중국철학이 갖는 상대적 특성 내지 그것이 가지는 미래학적 가치를 충분히 드러내지 못한 것이야말로 중공철학사 기술의 최대 약점일 것이다. 필자는 이러한 중공 철학사의 문제점을 하바드대학을 방문한 르언 지위 교수에게 "以今窒古"란 한 마디로 지적한 적이 있었다(1980년 4월 30일). 르언 교수는 빙그네 웃는 얼굴로 和答할 뿐 아무 말도 하지 않았다. 여기서 지적되어야 할 점은 정치권력이 지나치게 철학을 지배할 때 생기는 문제점들이다. 우리는 서구 중세기를 통하여 철학이 神學의 奴婢(ancilla theologiae)로 전락되면서 교조화되고 정체되었던 것을 기억한다. 민주를 표방하는 오늘날의 시대에 있어서 철학이 政治의 奴婢로 전락되어서는 아니 될 것이다.

5

본 논고는 원래 中共學界에 있어서의 王船山철학의 평가를 중심으로 기획되었다. 그러나 王船山철학의 평가를 이해하기 위해서 선결되어야 할 문제, 즉 중국철학사의 흐름 속에서의 王船山철학의 위치가 밝혀져야 하고 그러기 위해서는 중국철학사의 기술이 중공에서 어떻게 이루어지고 있는가라는 문제가 밝혀져야만 한다. 본 논고는 지면의 제약으로 王船山철학 자체의 평가라는 본론에 진입하기 위한 序章的 성격에서 끝맺지 않을 수 없게 되었다. 船山철학의 평가를 위해서는 다음과 같은 점이 논구되어야 하는데 이는 별도로 제이의 續編을 기대하지 않을 수 없다.

1) 夫之(船山)의 경우, 그의 학문은 사후 계승·발전되지 못했는데 어떠한 경로로 그의 학문이 전수되었는가? 이를 위하여 우선 그의 저작이 출판된 역사를 더듬어야 하고 『船山遺書』의 版本考를 통해 그의 저작물이 19세기·20세기를 통해 일반독자에게 알려지게 된 경유를 밝혀야 한다.

2) 曾國藩(Tseng Kuo-fan) 형제에 의하여 『船山遺書』의 南京刻本이 1866년에 長沙에서 완간된 후로, 船山哲學에 대한 중국 지성인들의 반응과 평가가 어떠했나 하는 것을 특히 19세기말 20세기초에 걸친 洋務開化派 運動과 결부시켜 밝혀야 한다.

3) 1930년대, 중국의 학문이 서양학문의 도전 속에서 성장하여 근대적 학문으로서의 규모와 내실을 구비하며 등장했을 때 활약한 지성인들, 예를들면 『王船山學譜』를 쓴 張西堂(Chang Hsi-t'ang), 『中國哲學十講』을 쓴 李石岑(Li Shih-ts'en), 『中國哲學史』를 쓴 馮友蘭, 『中國政治思想史』를 쓴 蕭公權(Hsiao Kung-ch'üan), 혹은 중국역사의 대학자 錢穆(Ch'ien Mu) 등등에 의하여 船山철학이 어떠한 평가를 받았는가가 밝혀져야 한다.

4) 그리고 毛澤東 개인의 사상 편력 속에 있어서의 船山철학과의 해후, 또 그것을 둘러싼 湖南人脈의 純學問外的 要素 또한 함께 고찰이 되어야 한다.

5) 본논문에서 제시한 변증유물론적 중국철학사의 사관 속에서 비추어본 船山철학의 구조를 중공에서 나온 철학사들과 논문들을 중심으로 분석하여 밝히고 그것이 가지고 있는 문제점들을 宋明淸儒學의 각 분과별로 밝혀야 한다.

6

이상의 과제가 본 논고와 함께 남아 있다고 할 수 있겠으나 우선 중공철학계에서 다루어지고 있는 船山철학의 문제점만을 필자 나름대로 간략히 제시하겠다.

1) 船山철학을 유물론으로 규정할 때 그러한 관점의 타당성의 한계를 어디서 그어야 하는가? 다시 말해서 船山철학체계 속에서 과연유물론적 물질(matter)의 개념이 성립할 수 있을까? 그러한 개념을 船山의 氣(Ch'i) 개념에서 발견한다면, 船山이 말하는 氣개념의 진정한 정체는 무엇이며, 그의 선배들의 氣論과 어떻게 다르며, 또 그것이 과연 물질의 개념과 상부될 수 있을까?

2) 船山철학은 표면적으로 "反陽明復朱子"를 표방했는데 이에 대한중공학자들의 평가는 어떠한가? 船山자신이 陽明학도들에게 망국의

책임을 묻고 그들의 학문을 "陽儒陰釋, 誣聖之邪說"(『張子正蒙注』序論) 이라고 비판하고 있는데 과연 船山學에 있어서 陽明學의 영향을 찾아 볼 수가 없을까? 또 朱子를 종주로 했다면 朱子哲學을 어디까지 신 봉했으며, 船山철학체계 속에서의 朱子學的 측면은 과연 무엇일까?

3) 船山이 自題墓石의 銘에서 "希張橫渠之正學而力不能企"(張橫渠의 올바른 배움을 추구했으나 내 힘이 그에 미치지 못하였다)라고 밝히고 있는 바와 같이 흔히들 船山學을 橫渠學의 계승·발전으로 규정하고 있는 데, 과연 이런 관점이 어디까지 타당한가? 船山이 자신의 학문 발달 과정 속에서 橫渠를 언제 만났으며 과연 船山의 氣論이 처음부터 橫渠 의 氣論을 모델로 하여 발전한 것으로 볼 수 있겠는가? 그렇게 볼 수 없다면 船山 氣論의 출발점은 어디서 찾아야 하는가?

4) 船山 철학을 흔히 唯氣論, 主氣論으로 규정한 근거 위에서 唯物 論이라고 규정하고 있는데, 船山철학을 唯氣·主氣로 규정하는 것이 과연 어디까지 타당할 수 있겠는가? 다시 말해서 船山철학에 있어서 의 主理的 측면이 과연 무시되어 좋은가? 무시될 수 없다면 그의 人 性論的 倫理學說에 있어서의 主理的 입장은 어떻게 이해가 되어야 하 며, 그것의 主氣的 우주론과의 관계는 어떻게 설명되어야 할 것인가?

5) 船山철학을 논하는 데 있어서 그의 生涯에 있어서의 思想의 演 變過程, 즉 過程이라는 時間性을 무시하고 논해도 좋은가? 대부분의 船山철학의 이해가 이러한 과정을 무시하고 이루어지고 있는 현실에 대한 반성은 중공의 船山 硏究家들에게 있는가?

필자는 지금까지 中外의 船山철학의 연구성과를 일별해 본 사람의 입장에서, 이러한 문제점들이 수없이 산적해 있다는 것을 지적하고 싶다. 지금까지 中外古今을 막론하고 船山철학의 연구가 그의 政治· 歷史的 저작에서 끝나고 있을 뿐 그의 經學思想(Interpretation of Classics)에 대해 이해가 매우 부족하다는 점을 지적하고 싶고, 그의 중국 고대 경전들의 해석과정에서 나타난 우주관과 인생관에 대한 보 다 본격적이고 심오한 연구가 요청된다는 것을 지적하고 싶다. 아마 도 중공학계에 있어서의 船山철학에 대한 지대한 성취는 그 철학의 해석에 있는 것이 아니라, 船山의 저작의 많은 부분을 정확한 판본고 를 통하여 정확히 구두점을 찍고 排印해냄으로써 후학들이 보다 손 쉽게 船山철학을 공부할 수 있는 길을 연것이라고 할 수 있다. 船山

철학의 세계는 廣大無際하다. 그리고 무한히 새로운 해석의 가능성을 예시하고 있다. 그리고 중국철학사에서 진정한 의미에 있어서의 "哲學者"라는 타이틀을 붙여 내놓을 수 있는 유일한 인물일지도 모른다. 『船山遺書』 358 卷은 철학·문학·역사 전반에 걸쳐 우리 중국학 학도들의 날카로운 손길을 기다리고 있다.

  * 이상의 글로써는 독자들은 왕 후우즈라는 인물에 대하여 매우 궁금하게 느낄 것이다. 내가 후우즈를 알게 된 것은 대학교 4학년 때 金忠烈 교수의 "淸代哲學" 강좌 속에서였다. 그 뒤로 나는 하바드대학에서 왕 후우즈로 학위논문을 쓰기까지 무려 12 년 동안 그의 『遺書』를 항상 머리맡에 놓고 살았다. 지금도 中國船山學會·自由出版社에서 나온 22 권으로 정장된 빠알간 『遺書全集』이 내 책상 곁에 꽂히어 있다. 나는 가끔 그를 꿈속에서 만나기조차하였으나 아직도 그 『全集』을 完破하지 못했다. 그만큼 내 학문이 아직 성숙치 못하였고 또 그만큼 막대한 분량이며 또 그만큼 난해하기로 악명이 높기 때문이다. 나는 한때 후우즈를 미치도록 사랑하기도 했으나 지금 나의 관심은 그의 연구에만 집중하기에는 너무도 진박하고 절박한 현실이 있는 것 같다. 생각하면 생각할수록 그리워지는 님, 나의 가장 정열적 청춘의 삶의 시기를 지배했던 그 인물, 그 인물에 대해서는 언젠가 시간이 허락되는 대로 새로이 연구를 하여 독자들에게 소개하고 싶다. 그러나 때마침 독자들이 손쉽게 접할 수 있는 그의 주요저작에 대한 나의 解題가 『新東亞』 1984 년 1 월호 별책 부록, 『역사를 움직인 100 권의 철학책』에 내가 귀국한 후 강요당하다시피하여 쓴 것이 있기 때문에 여기에 부록으로 싣는다. 간결한 글이지만 독자들이 후우즈라는 인간의 생애와 저작활동에 대하여 일가견을 얻을 수 있으리라고 본다. 그리고 연이어 나의 박사학위논문 『王夫之哲學』(The Philosophy of Wang Fu-chih)의 要約(Abstract)을 싣는다. 그 논문은 王夫之哲學을 영역하여 체계화했다는 데에 더 특수성이 있으므로 要約은 영어를 읽을 수 있는 독자들을 위하여 영문으로 싣고 뒤에 쉽게 그 뜻을 알아 볼 수 있는 우리말 번역을 붙인다. 이 要約은 Dissertation Abstract International에 실린 내용이며 나의 논문의 구입을 원하는 독자들은 UMI (University Microfilms International, 300 N. Zeeb Road, Ann Arbor, MI 48106)로 편지를 쓰면 구할 수 있다. 구입번호는 Order No. DA 8222655 이다.

王夫之(1619~1692) 『周易外傳』(1656~ ?) 解題

1

자연계도 그러하듯이 인간의 삶의 공간인 역사 속에는 반드시 隱顯의 기복이라는 것이 있다. 역사적 상황의 변화, 즉 인간의 인식적 구조의 변화에 따라 숨어 있던 사상이 영향력 있는 지배적 사상으로 아필되어 등장하기도 하고 세상을 떠들썩하게 하던 사상이 뭇사람들의 기억 속에서 갑자기 사라지기도 한다.

근대중국철학사상 가장 획기적 인식의 구조의 변화의 계기는 정치사회의 변혁과 병행한 것이지만, 맑시즘·레닌이즘의 도입이라는 역사적 사건이다. 이 사건은 변증법적 유물론이라는 상투어로서 철학적으로는 요약될 수 있는데, 이 변증법적 유물사관에 의하여 중국철학사를 재정리했을 때, 사람들의 귀에 익지 않았던 인물로서 최고의 철학적 권좌를 갑자기 차지하게 된 인물이 바로 王夫之이다.

1949년 毛澤東의 대륙석권 이후에 나타난 모든 철학사에서 왕 후우즈는 서양철학의 "헤겔"에 해당된다. "헤겔"을 "플라톤"의 이데아적 이원론에서 출발한 관념론 전통의 완결이라고 본다면, 왕 후우즈는 중국고대 『詩』, 『書』, 『易』 등에서 단편적으로 나타나는 유물사상 및 음양오행에 바탕을 둔 氣論的 세계해석 전통의 철학적 집대성으로 보고 있는 것이다.

근세유학을 二程에서 朱子로 대성되는 理學과 陸象山에서 王陽明으로 이어지는 心學으로 大別할 수 있다면, 반드시 추가되어야 할 하나의 엄존하는 체계가 있으니, 그것은 바로 張橫渠에서 시작하여 왕 후우즈에로 연결되는 氣學이다. 근세유학은 반드시 이 "理學" "心學" "氣學"이 정립되어야만 비로소 제 모습을 드러냈다고 할 수 있다.

그러나 지금까지 이 기술에는 두 가지 어폐가 있다. 그 첫째는 과연 왕 후우즈가 유물사관의 도입에 힘입어 비로서 등장한 혜성인가 하는 점이고, 그 둘째는 과연 왕 후우즈 철학을 유물론의 도식 속에서

올바르게 이해할 수 있는가 하는 점이다. 이 두 질문에 대한 결론은
모두 부정적이다.

2

왕 후우즈는 1619년 9월 朔旦(음력) 胡南省 衡州에서 태어났다. 그
의 출생지는 정확하게 長沙에서 湘江을 따라 약 50리를 내려가면 나
오는 衡陽의 남쪽에 자리잡고 있는 廻雁峰 밑이다. 남쪽에서 북상하
는 기러기가 이 봉우리를 세 바퀴 돌고 가는 습성이 있다는 낭만적 광
경에서 회안이라는 이름이 붙었다. 왕 후우즈 자신도 雁字時를 많이
지었다. 雁字란 줄지어 날아가는 기러기의 모습을 글자로 연상했다는
뜻이다.

그리고 그는 출생지에서 동북방으로 약 50km 밖에 떨어지지 않은
石船山이라는 곳에서 1692년 우리 나이 74세로 비분강개의 생을 마
치었다. 그의 가장 널리 알려진 雅號 船山은 바로 이 지명에서 유래
되는데, 현지답사 결과보고로 그 산꼭대기에 큰 바위들이 몇 개 모여
배의 형상을 이루고 있음을 알 수 있다.

왕 후우즈가 살았던 泰昌, 天啓, 崇禎, 順治, 康熙의 다섯 연호 시
기는 중국 역사상 가장 심한 혼란과 격동의 시기 중의 하나였다. 결
코 평범이나 정체로 규정될 수 없는 이 시기는 말세의 경종을 들으면
서도 새로운 여명의 탄생을 목격한 창조적 시기였다. 漢族의 政史가
종말을 고하고 女眞이라는 야만족(?)에 의하여 국토가 짓밟히고 끝
내 상투를 자르고 편발을 해야 했고, 복식까지도 갈아 입어야 하는 수
치와 굴욕을 감수해야만 했던 자기 모순적 고민의 시대였다.

우리는 왕 후우즈를 약 40년간 산골에서 생강을 갈아 생계를 유지하
면서 방대한 저술을 남긴 隱者노인으로서 생각하기 쉽다. 그러나 필
자가 본 왕 후우즈는 너무도 정력적이고, 적극적이고, 사회의 부정의
에 비분하고, 능동적으로 정치에 참여하고, 의병을 일으켜 치밀한 군
사전략을 세우고, 적에 포로가 된 아버지를 구출하기 위해 苦肉計로써
자기 몸을 스스로 칼로 찔러 수없는 상처를 내고, 국가가 위태로울 때
는 물불을 가리지 않고 대의를 위해 정적과 대결하고, 또 화해하고,
또 사직의 멸망을 통탄하면서 눈물 속에 비분시를 쓰고, 사랑하는 아내

를 잃어야만 했고, 그러면서도 그의 아들 敵의 존경을 한몸에 입었던 근엄한 바로 그러한 인물이었다.

문장 속에서의 그는 매우 사변적이고 논리적이고 독단적이며 또 창조적이다. 아마도 현대적 의미에서의 철학을 인식론적 반성과 논리적 일관성으로 규정하는 범위 내에서는 철학자라는 타이틀에 가장 가깝게 올 중국인이 바로 왕 후우즈일 것 같다.

그는 1651년 정계에서 은퇴한 후로 죽을 때까지 41년간 저술에만 몰두하고 은자로 산 것이 사실이지만, 그것은 그가 새 정권에 정조를 팔지 않겠다는 신념에서 그렇게 한 것이고, 그의 40년간의 철학적 고투를 자극시킨 지속적 에너지는 33세 이전의 그의 정치적 삶의 투쟁의 체험에서 주어지고 있다. 따라서 그 시기에 대한 세밀한 검토가 없이 왕 후우즈의 철학 세계를 이해하기란 힘들다.

왕 후우즈는 결코 은자가 아니다. 이미 젊은 시기에 그 시대의 사상가들이 거쳤던 모든 경험을 똑같이 거쳤고 또 그만큼 교류의 범위도 넓었다. 왕 후우즈의 친구 중에 明史의 유명한 인물은 얼마든지 있다. 철학자로서는 質測之學(empirical science)으로 이름을 날렸던 方以智를 꼽을 수 있다.

흔히 왕 후우즈의 대표작이라 하면 그의 69세의 저작으로 추정되는 『張子正蒙注』(張선생이 쓴 『어리석음을 바로잡음』이란 책의 주석)를 든다. 그리고 왕 후우즈의 학문은 장 횡취의 기론을 계승하여 발전시킨 것이라고 말한다. 이것은 매우 피상적 견해다. 사실 『張子正蒙注』는 어디까지나 『正蒙』의 주석서에 불과하여 어디까지가 張子의 사상이고 어디까지가 왕 후우즈의 사상인지 분간키 힘들다. 오히려 『張子正蒙注』보다는 그와 거의 동시기에 씌어졌다고 생각되는 『思問錄』(내가 생각하고 의문한 것을 기록함)을 들어야 마땅하다. 『思問錄』이야말로 순수히 자기 생각을 텍스트에 구애없이 자유롭게 발휘한 완숙한 주제별 작품이다.

3

그러나 왕 후우즈의 진정한 대표작, 즉 가장 창조적 걸작품은 역시 『周易外傳』(周나라의 『易』을 그 밖에서 해석함)을 들지 않을 수 없다. 그 작품은 그가 37세 晋寧寺라는 절간에서 쓰기 시작한 것으로 밝혀져 있는데, 이 시기에 그의 道家계열 저작인 『老子衍』(『老子』의 뜻을 풀음)이 완성되기도 하였다.

"밖에서 해석한다"(外傳)는 뜻은 텍스트에 구애없이 자유롭게 뜻을 푼다는 뜻으로, 그가 『周易』을 읽고 해득한 후에 자유롭게 자기의 창조적 발상을 조직적으로 편다는 것이다.

그래서 이 책에는 『周易』 원문이 실려 있지 않고 卦단위, 朱子의 分章단위로 종합해설이 되어 있다. 즉 이 책의 체제 자체가 저자 자신의 사상을 마음껏 발휘할 수 있게 되어 있다.

『外傳』이 있으면 『內傳』도 있는가? 물론 있다! 『周易內傳』(주역을 그 속에서 해석함)은 그가 67세의 원숙한 나이에 쓴 것으로 『外傳』과 대조를 이루는데, 이 책은 『周易』 원문이 실려 있고 매 줄마다 주석이 붙어 있다. 문자 그대로 텍스트 그 속에서 쓴 것이다. 그러므로 『外傳』과 『內傳』은 불가분의 관계에 있다.

『外傳』은 중국철학사상 가장 난해한 책 중의 하나로 악명이 높다. 그는 28세 때부터 『周易』의 연구에 손을 대었는데 그 동안 약 10년간의 연구를 집약해 놓은 것이 이 책이다.

그가 他學人과의 대화를 거쳐 쓴 것이 아니라 홀로 생각하여 창조적 발상으로 쓴 것이기 때문에 다듬어지지 않은 문장의 癖이 심하게 노출되고 있다. 그래서 이 책은 반드시 『內傳』과 같이 읽어야 읽힌다. 『內傳』의 문장은 평이하고 노숙하다.

왕 후우즈가 상식적으로 추론되는 것과는 반대로 『內傳』을 먼저 쓰지 않고 『外傳』을 먼저 쓴 것은 그의 독특한 학문적 개성을 나타낸다. 창조적 발상을 먼저 유감없이 뱉어 놓고 나중에 차근차근 재검증해 나가는 방식은 그의 모든 저술에 기본적 패턴을 이룬다.

그러나 『外傳』에 앞서 그가 『周易稗疏』(『周易』에 나오는 문제가 되는 개념을 해설함)와 『周易考異』(『주역』의 문헌비판)라는 고증학적 저작을 쓴 것만 봐도 함부로 『外傳』에 착수한 것은 아니며, 또 淸代考證學의 선구적 엄밀성의 일단을 엿볼 수 있다.

왕 후우즈의 易學의 이해를 위하여 빼놓을 수 없는 소논문이 『周易內傳發例』(*Prolegomena to the Inner Commentary on the Book of Changes*)라는 책인데 이것은 『內傳』을 완성하고 난 후 다음 해인 1686년작이다.

이 『發例』(프롤레고메나)는 그의 평생의 『周易』연구에 대한 총론적인 성격을 띤다. 그러므로 『外傳』을 이해하기 위해서는 제일 먼저 이 『發例』를 읽어야만 한다.

왜 그렇게도 이 『周易外傳』이 중요한가? 왜 이것이 그의 대표작이 되어야만 하는가? 그것은 왕 후우즈의 학문이 易學 중심이라고 생각하기 때문이다.

즉 『易』의 창조적 해석과정에서 그의 철학체계가 새롭게 구성되었기 때문이고, 바로 이 점이 번쇄하고 지리하기 짝이 없는 理氣논쟁에 휘말려들지 않은 船山學의 참신함이기 때문이다.

그리고 이 『易』의 해석은 그가 橫渠와 만나기 이전에 이미 완숙되었기 때문에 결코 왕 후우즈 학문을 橫渠의 계승·발전이라고 할 수 없는 까닭이 있다. 즉 『外傳』속에 그의 전생애에서 나타나는 방대한 작품의 철학체계의 직관적 원형이 다 발견되기 때문이다.

『外傳』의 내용은 여기서 언급이 회피되어야만 한다. 짧은 언사는 그의 철학적 심오성을 오도할 뿐이기 때문이다. 그러나 역학사상 象數之學과 義理之學의 창조적 결합이 곧 그것의 위치라는 말만은 할 수 있을 것 같다.

관심있는 독자는 필자가 하버드대학 학위논문으로 제출한 *The Philosophy of Wang Fu-chih*(1982)를 읽어 주었으면 한다. 『外傳』의 철학적 분석으로는 拙論이 세계적으로 최초의 시도이기 때문이다.

The Philosophy of Wang Fu-chih(1619~1692)

Order No. DA8222655

Kim. Young-Oak, Ph. D. Harvard University. 1982. 399 pp.

Reprinted from *Dissertation Abstracts International*, Volume 43, Number 7, 1983.

This is basically a systematic approach to Wang Fu-chih's (1619 ~92) interpretation of the *Book of Changes* or *I-ching*, but nevertheless has the more general title, *The Philosophy of Wang Fu-chih*. There are several reasons for my choice. First, the methodology adopted for the analysis of Wang's *I* learning is, for the most part, "philosophical." That is to say, careful consideration is given to present his study of the *I* in a general philosophic language, hopefully common to both China and the West, while not disregarding its emblemo-numerological significance peculiar to the tradition of *I* studies. Second, the title suggests my own philosophical position as well as my methodology of equating his *I* learning with his whole philosophical system. My belief has been that the latter can be deduced from the former; that is, unless his *I* learning is clarified, one can hardly grasp the essence of his philosophy. It is Wang's own belief that "the essence of the *I* is to govern Man by Heaven, not to infer Heaven from Man." Therefore, in his system, ethics is subject to "objective" cosmology. This philosophical posture can best be understood as a reaction against the subjective idealism of the "left-wingers" of the Wang Yang-ming School. And in this reaction, Wang tried to go beyond the confines of Neo-Confucian categories. Third, even though this research is rather narrowly focused on Wang's *I* learning, it attempts to explicate it in the general context of his overall philosophy. Thus, the title.

The first chapter is designed as an introduction to my general philosophical approach to analyzing Wang's works. The second chapter is a general introduction to Wang's life, works, and times, in which a particular emphasis is laid on the critical appraisal of the generative phases of his thought system, revealed by the method of the chronological enumeration of his works. Similarities and dissimilarities between Chang Tsai (1020—77) and Wang are also explored. The third chapter deals with Wang's peculiar *I* methodology characterized by the "juxtaposition of *ch'ien* and *k'un*," which must be regarded as the central theme in his interpretation of the *I*, and from which his so-called "Yin-yang Dual Dualism" is derived. The significance of this idea is discussed in a broad perspective of Chinese philosophy in general and of the history of *I* annotations in particular. Wang's emblemo-numerological concepts such as "alternation," "reversion," and "doubling" are also clarified in the organic relation of his philosophy. The fourth chapter aims at elucidating Wang's notion of the Supreme Ultimate, one of the most important issues in Neo-Confucian writings which is a fine example of his application of the *I* method of the aforementioned "juxtaposition." Chapter 5 consists of Wang's philosophical categories such as "movement and quiescence," "form and matter," "what-is-above-form and what-is-within-form," "*chu-ch'ih* and *fen-chi*," and "Tao and goodness and nature." It examines how his idea of the juxtaposition and the Supreme Ultimate evolves in these correlated categories. A detailed account of the publication history of Wang's works is appended at the end.

——왕 후우즈의 哲學——

이 논문은 왕 후우즈(王夫之, 1619~1692)의 『변화의 성경』 즉 『易經』에 대한 그 자신의 해석을 체계적으로 탐구해 들어간 것을 주내용으로 삼고 있지만, 제목은 『왕 후우즈의 철학』(*The Philosophy of Wang Fu-chih*)이라는 매우 일반적 성격을 나타내고 있다. 이러한 제목을 내가 선택하게 된 것에는 몇가지 간과할 수 없는 이유가 있다.

첫째로, 왕 후우즈의 易學(『변화의 성경』을 탐구하는 학문)을 분석하기 위하여 채택된 나의 방법론이 철저히 "철학적"이라는 것이다(이 말에는 여태까지 영어문화권이나 중일문화권에서 진행되어온 왕 후우즈의 연구가 "철학적"이지 못하다는 나의 비판이 서려있다. 문학과 역사학적 측면에서의 접근이 주를 이루어 왔다). 이것은 다른 말로 바꾼다면, 그의 『易經』에 대한 탐구의 성과를 동양인과 서양인에게 보편적으로 인식될 수 있는 일반적 철학언어를 빌어 체계화하는 데 매우 신중한 고려를 했다는 것이다. 그러면서도 동시에 中国易學史의 전통에 고유한 象數學(『易』에 특유한 형상과 수치로 『易』을 푸는 학문)적 의미의 특수성을 무시하지 않고 보존하려고 노력했다.

둘째로, 그러한 일반적 제목속에는 그의 易學을 그의 전 철학체계와 일치시키는 나의 방법론과 또 나자신의 그의 철학에 대한 견해를 암시하는 역동성이 숨어있다. 그의 전 철학체계가 곧 그의 역학에서 연역될 수 있다는 것은 나의 신념이다. 그것은 뒤바꿔 말해서 그의 역학이 명료히 분석되지 않는 한 그의 철학의 정수는 파악될 수 없다는 결론인 것이다. 왕 후우즈 자신이 『易』의 성격을 규정짓는데 있어서 다음과 같이 말하고 있다 :

"『易』의 존재이유는 하늘을 가지고 사람을 다스릴려고 하는데 있는 것이지 사람을 가지고 하늘을 헤아리는데 있지않다."(易之所以以天治人, 而非以人測天也。『周易內傳』, 6/2b). 그러므로 그의 체계에 있어서는, 윤리학이 그가 말하는 소위 "객관적" 우주론에 종속되고 있다. 이러한 철학적 자세는 明代를 휩쓸었던 陽明學 "좌파"의 주관적 관념론에 대한 하나의 반동으로서 가장 잘 이해될 수 있다. 이러한 반동의 과정을 통하여 왕 후우즈는 新儒學의 철학범주의 한계를 뛰어 넘으려고 노력하였던 것이다.

세째로, 본 연구는 왕 후우즈의 易學에 국한하여 그 초점을 선명하게 하려고 노력하였지만 동시에 그의 전 철학체계의 일반적 의미맥락을 넓게 밝히려고 시도한다. 바로 이러한 이유들로 『왕 후우즈의 철학』이라는 제목이 탄생하게 된 것이다.

제 1 장은 왕 후우즈의 작품을 분석하는데 적용되는 나 자신의 철학적 방법에 대한 일반적 서론이다. 나는 그 속에서 내가 동·서의 철학을 어떻게 이해하고 있는가하는 것을 밝히고 있다.

제 2 장은 왕 후우즈의 생애와 작품, 또 그가 산 시대의 모습에 대한 개괄적 입문이다. 이 개괄적 입문에서 특기할 것은 그의 방만한 작품을 연대순으로 추정·나열하는 방법에 의하여 그의 사상체계의 생성단계를 드러내고, 또 그러한 분석에 의하여 이전의 천박한 견해를 비판하였다. 그리고 왕 후우즈사상과 장 짜이(張載, 1020~77) 사

상의 異同(다름과 같음) 또한 탐구되었다.

제3장은 왕 후우즈의 "乾坤並建"이라는 특수용어로 특징지워지는 易學方法論을 탐구해들어가고 있는데, 나는 이 "乾坤並建"이야말로 그의 『易經』해석의 중추적 틀이며 그에게 고유하면서도 매우 창조적 인 우주관의 기초라고 본다. 나는 "乾坤並建"을 "陰陽의 重層的二元論"이라고 명명하였는데 여기서 말하는 "重層的二元論"이라는 말은 데카르트이래 정립한 근세서구라파사상의 二元의 의미와는 매우 다른 것이다. 이러한 이원론의 의의를 나는 넓게는 중국철학일반의 보편적 관점에서 또 좁게는 주역해석사의 특이한 맥락에서 서술하였다. "乾坤並建"을 기반으로하여 구축된 그의 상수학(象數學)을 이해하는데 빼 놓을 수 없는 개념들, 즉 "錯"과 "綜"과 "重"의 실제 의미가 그의 전 철학의 유기적 관계속에서 명료하게 이해되도록 분석되었다.

제4장은 왕 후우즈의 "太極"觀을 천명하는 것을 주안점으로 삼고 있는데 이것은 주지하는 바와 같이 宋明儒學者(新儒學)들의 모든 논 의의 가장 중요한 핵을 이루는 논제인 것이다. 우리는 이러한 왕 후 우즈의 太極觀을 통하여 상기한 바 "乾坤並建"의 易學方法論이 어떻 게 新儒學의 철학논쟁에 적용되고 있는가하는 것을 통찰할 수 있게된 다. 그리고 화이트헤드의 세계관과 왕 후우즈의 태극관이 매우 유사 한 우주의 모습을 달리 표현하고 있음을 대비하며 설명하였다.

제5장은 왕 후우즈철학체계에 있어서 특유하게 규정된 범주들, "動과 靜," "形과 質," "形而上者와 形而下者," "主持과 分劑," 그리 고 "道와 善과 性"등의 제문제가 집약적으로 토론되었고, 이를 통하 여 그의 乾坤並建사상과 태극관이 이러한 철학범주들과 어떠한 유기 적 통일성을 가지고 전개되고 있는가하는 것을 면밀히 검토하였다. 마지막으로 『船山遺書』의 출판역사와 판본考 그리고 20세기 오늘에 이르기까지의 단행본의 고찰이 부록으로 실려있는데, 많은 사람들이 이러한 부록은 철학적 가치가 없다고 말할지 모르지만, 아마도 이 논 문전체에서 가장 정교하고 유용하며 공력이 많이 들은 부분일른지도 모른다.

네째 글

"東洋的"이란 意味*

I. 序言

근래에 "동양적"이란 어휘가 민족주의의 형성과 더불어 지식인들의 입에서 자주 오르내리고 있다. 이 "동양적"이란 말이 어떠한 의미에서 사용되어질 때 가장 올바른 內包를 가질 수 있을까 하는 것을 밝히는 것이 이 글의 취지다. 따라서 여기서는 논리적 정의를 내리기 보다는 철학적 성찰 위에서 이렇게 이해되어서는 안 되겠다고 생각되는 常見들을 기술하는 데 그치려 한다.

우선 동양적이란 말 자체가 상대적이다. 즉 서양적이란 말에 대해서 상대적으로 생겨난 말이고 보면 圓融的・包括的・和諧的인 동양사

<hr/>

* 이 논문은 이끄는 글에서 밝혔듯이 저자의 대학교 4학년 때의 논문으로서 嶺南大學校 東洋文化硏究所 발행의 『東洋文化』(제12집)에 실렸던 것이다. 14년의 세월이 흐른 오늘, 오늘의 입장에서 볼 때 엉성하고 조야한 느낌이 없지 않지만, 나의 옛생각을 있었던 그대로 드러낸다는 의미에서 원문에 충실한 모습으로 교정하고 쉽게 풀어 싣은 것이다. 그리고 지금 나의 사상과 이 논문의 사상과는 거리가 있을 수도 있지만 이 논문에 담긴 사상은 지금 나의 사상의 원류이며 소박한 본래 모습이라는 생각에서 부끄러운 대로 여기에 싣는다. 독자들은 내가 金忠烈교수의 강의에 접한 후 만 1년, 동서 철학의 사유형태에 비교적 시각을 얻기 시작하면서, 참신한 자극으로 왕성한 사고력과 학문적 정열에 불타 있었던 그 당시의 애띤 모습을 읽을 수 있으리라.

263

상의 진수를 막바로 "이러이러한 것이 동양적이다"라고 꼬집어 말하기에는 어려움이 있을 뿐 아니라 그 진가를 잃어버릴 위험성마저 있다. 원을 나타내는 데도 가장자리를 시커멓게 칠해서 원을 하얗게 두드러지게 하는 방법과 가운데부터 시커멓게 칠해 나가 동그랗게 원을 나타내는 방법의 두 가지가 있을 수 있다. 동양사상을 전체적으로 드러내기에는 전자의 방법이 가장 효과적이라고 생각된다. 동양화에서 흔히 쓰는 烘雲托月法(구름을 물들여 달을 드러냄 : 烘托이라고도 함)이 곧 이것이다. 이러한 부정적 방법론 자체가 이미 동양적이며 특히 老 · 佛에서 두드러지게 나타나고 있는 方法이다. 印度哲學의 『우파니샤드』 사상가들에 의하여 주장되는 "neti, neti"의 방법, "이것도 아니고, 이것도 아니고……" 하면서 개념의 실체를 찾아 나가는 방법은 그 대표적 예이며,[1] 이러한 論法은 佛家에서도 상투적인 것이다. 大乘佛敎의 精華라고 불리우는 『大乘起信論』(The Awakening of Faith in the Mahayana)에 心眞如와 관련지어 空(Śūnyatā)을 설명하는 데서 "이른바 空이라는 것은 원래부터 일체의 染法에 相應하지 않는 까닭에 일체법의 차별을 가진 모습을 떠나 있다. 虛妄한 마음의 생각이 없기 때문이다. 사람들은 본성에 있어서 스스로 그러한 眞如가 다음과 같다는 것을 알아야만 할 것이다 : 그것은 모습이 있지 않으며, 모습이 없지도 않다. 모습이 있지 않지도 않으며, 모습이 없지 않지도 않으며, 모습이 동시에 있고 없고 하지도 않다. 한 모습도 아니며, 다른 모습도 아니다. 한 모습이 아닌 것도 아니며, 다른 모습이 아닌 것도 아니며, 또한 동시에 한 모습도 다른 모습도 될 수 있는 것도 아니다"라고 말하고 있는 것도 그 전형적인 논법의 한 예이다.[2] 동양

---

1) 『챠한도기야 우파니샤드』(Chāndogya Upaniṣad)에서 인드라(Indra)와 프라자파티 (Prajāpati)가 "自我"(Self)의 개념을 대화를 통해 찾고 있는 방법론은 이의 대표이다. 『브르하다라냐카 우파니샤드』(Bṛhadāraṇyaka Upaniṣad)에서 야즈냐발키야 (Yājñavalkya) 또한 같은 방법론을 쓰고 있다. 『우파니샤드』의 영역본으로 막스 뮐러(F. Max Müller)의 것이 있다. 전자는 "The Sacred Books of the East" 시리즈의 제 I 권에 후자는 제15권에 수록되어 있다. 필자가 참고한 판본은 Max Müller, The Upaniṣads, Part I and Part II, New York: Dover Publications, Inc., 1962.

2) 所言空者, 從本已來一切染法不相應故, 謂離一切法差別之相, 以無虛妄心念故. 當知眞如自性, 非有相, 非無相, 非非有相, 非非無相, 非有無俱相. 非一相, 非異相, 非非一相, 非非異相, 非一異俱相.〔Suchness is empty〕because from the beginning it has never been related to any defiled states of existence, it is free from all

264

인은 인도문명권에서든 중국문명권에서든 절대적 그 무엇을 언어문자로써 고정화시킬 수 없다는 것을 일찍부터 파악하고 있었으며, 이는 현상과 실체 자체를 모두 고정불변한 것으로 보지 않는 緣起에 바탕을 둔 세계관의 불가피한 방법론이기도 한 것이다. 헤라클레이토스(Heraclitus, 540?~470? B.C.)적인 "판타레이"(萬物流轉, πάντα ρεΐ)의 세계관을 연상하면 동양적 세계관의 전제가 쉽게 이해될 수 있을 것이다. 老子가 "道를 道라고 언표하면 그것은 이미 참된 道가 아니다"(道可道, 非常道。)라고 말한 것이라든가 "말할 수 없으니 억지로 문자로 표현해서 道라고 한다"(字之曰道)라고 한 것은, 말하려고 하는 대상을 한 개념의 內包 속에 고정화시킬 수 없음을 말한 것이다. 존 록크(John Locke, 1632~1704)는 그의 주저 『인간오성론』(An Essay Concerning Human Understanding)에서 우리 언어의 대부분이 일반술어이며 (The far greatest part of words that makes all languages are general terms), 이 일반술어는 특정한 존재물에서 시간성과 공간성을 분리시켜 抽象・固定化해 놓은 것임을 논증해 주었다.[3] 우리가 쓰

---

marks of individual distinction of things, and it has nothing to do with thoughts conceived by a deluded mind. It should be understood that the essential nature of Suchness is neither with marks nor without marks; neither not with marks nor not without marks; nor is it both with and without marks simultaneously; it is neither with a single mark nor with different marks; neither not with a single mark nor not with different marks; nor is it both with a single and with different marks simultaneously. Yoshito S. Hakeda, *The Awakening of Faith* (New York: Columbia University Press, 1967), pp. 34~35.

3) 다음에 우리가 고려해야 할 문제는 어떻게 일반술어들이 만들어지고 있는가 하는 것에 관한 것이다. 실제로 존재하는 모든 것들은 단지 특정한 개체들일뿐이므로, 어떻게 우리가 일반술어를 획득하는가? 어디서 그 특수개물들이 묶여지고 있는 일반적 성격을 발견할 수 있는가? 하는 문제는 매우 흥미로운 것이다. 술어는 일반관념의 기호로 되어질 때 비로소 일반적 성격을 갖게 된다. 그리고 우리의 관념은 그 관념으로부터 시간과 공간이라는 조건과 그 관념을 이것이나 저것이라는 특수한 존재에게로 국한시키는 모든 관념을 떼어내 버릴 때 비로소 일반적이 된다. 이러한 추상의 방법에 의하여 그 관념들은 하나 이상의 개체들을 표상할 수 있게 된다. 이러한 추상적 관념(=개념)을 나타내는 모든 말들은 이러한 종류의 것이다. The next thing to be considered is,—How general words come to be made. For, since all things that exist are only particulars, how come we by general terms; or where find we those general natures they are supposed to stand for? Words become general by being made the signs of general ideas: and ideas become general, by separating from them the circumstances of time and place, and any other ideas that may determine them to this or that particular existence. By this way of abstraction they are made capable of representing more

는 일반술어적 표현은 시·공의 조건과 분리된 추상성 때문에 일반성을 지닐 수 있게 되며, 또 그러한 추상성·일반성 때문에 실체적으로 정의될 수 없는 것이다.

그렇기 때문에 동양적이란 일반술어를 밝히기 위해서도 그것의 상대적 술어인 서양적이란 의미와 병행시켜 포괄적으로 烘托하지 않을 수 없다. 또 한편 현재 우리가 쓰고 있는 언어의 모든 술어 자체가 서양적인 것과 혼동되어 분리될 수 없도록 씌어지고 있음을 간과해서는 안될 것이다. 소위 현대한국어가 정립된 지가 불과 반 세기의 역사밖에는 되지 않는다. 1908 년 『少年』지에 나타난 崔南善의 한국 최초의 신체시, 「海에게서 소년에게」도 구개음화현상이 이루어지기 이전의 문장으로 씌어졌다. 1915 년의 『青春』지에 와서야 비로소 구개음화현상이 완결되고 서간체문장이 나온다. 그후 1919 년에 발간된 『創造』지에 와서야 終止詞, 三人稱, 標準語가 등장한 言文一致의 문장이 생겨난다. 즉 우리가 쓰고 있는 언어가 1910 년대에 정립된 것임을 알 수 있으며 이러한 정립이 우리 민족의 정신사적 내적 욕구에 의하여 자각적으로 또 연속적으로 이루어진 것이 아니라, 외적 자극에 의하여 피동적으로 또 불연속적으로 이루어진 것이며, 당시 이러한 언어운동의 구심점은 기독교 선교사업이었으며, 찬송가 운동과 『新約四福音』의 번역에서부터 시작되었던 것이다. 즉 우리의 현대언어의 대부분이 서양언어의 번역술어라는 엄청난 사실에 우리는 새삼 깊은 자각이 있어야 할 것이다. 기독교사상은 서구문화를 함축적으로 대변하고 있다 해도 과언이 아니고 보면 우리의 현대언어 자체가 처음부터 서구화된 번역술어들을 자재로 구성된 것이다. 현대 언어철학(linguistic philosophy)에서는 인간의 사고와 언어의 관계를 다각적으로 분석하고 있는데, 우리의 사고가 언어라는 매개체를 통하여 성립하며 궁극적으로 그 매개체의 한계를 벗어나지 못함을 말하고 있다. 언어라는 재목으

---

individuals than one; each of which having in it a conformity to that abstract ideas, is (as we call it) of that sort. John Locke, *An Essay Concerning Human Understanding*, Book Ⅲ of Words, Chap. Ⅲ of General Terms, No. 6 (New York: Dover Publications, 1959), Vol. Ⅱ. pp. 16~17. 아이사이아 베르린 (Isaiah Berlin)은 이 장을 해설하면서 록크의 입장은 개념론(conceptualism)의 계보에 서 있다고 한다. 록크의 인식론적 입장은 표상론(representationalism)으로 규정된다. Isaiah Berlin, *The Age of Enlightenment* (N.Y.: Mentor Book, 1956), pp. 83~85.

로 우리의 사고라는 건축물이 구성된다고 할 때, 현재 한국인의 의식구조가 어디까지가 동양적이고 어디까지가 서양적인지 구분하기가 불가능에 가까운 실정이다. 20세기에 들어서면서부터 서양적이란 제국주의적 요소가 동양적인 것에 대한 몰이해 위에서 육박하여 왔고, 수용자들 자신이 자기문화에 대한 자비·자학으로 서양적인 것을 비판없이 받아들여 동양적인 것까지도 퇴색·변모시켜 놓았다. 이에 대하여 동양과 서양 모두가 깊은 반성이 있어야 할 것이다.

철학을 시간과 공간의 제약성과 특수성하에서 일정한 문화권에 살고 있는 사람들의 생활양식 내지 사회의식구조를 표상하고 있는 것으로 본다면, 동양적·서양적이란 의미를 양대 철학의 입장에서 밝히는 데는 무리가 없으리라고 생각한다. 이때 서양을 헤브라이즘·헬레니즘·게르마니즘이 서양철학사 속에서 표현된 것으로 이해하고, 동양을 儒家·佛家·道家의 3대사상을 會通하여 그 공통성을 찾아 묶어 이해한다면, 서양적·동양적이란 구분근거가 성립할 수 있다고 생각한다. 이러한 근거 위에서 필자가 택하는 방법론은 동양철학과 서양철학의 사고체계를 대조분석하여 서양철학의 논리에 동양철학을 一致시키는 것(a conformist attitude)이 아니라, 오히려 서양철학을 비판적으로 분석함으로써 역으로 동양적인 것이 부각되도록 해보자는 의도에서 앞서 논술한 부정의 "neti" 방법을 써서 주어진 "동양적이란 의미"의 문제를 다루고자 한다.

2. 東洋的 一元論

동양적 세계관을 철학적으로 이해하는 관건은 동양적 일원론이 무엇을 의미하는가를 파악하는 데 있다. 일원론(monism)이란 그 술어 자체가 서양철학의 실체개념에서 도출된 것이다. 실체(substance)의 어원은 sub(아래에)+stance(놓인 것)이며 감각에 나타나는 세계의 아래에 놓인 즉 감성계의 원인이 되는 세계를 말하는 것으로 서양철학에서는 형이상학의 주요 관심이 되어 왔다. 형이상학은 모든 사물의 궁극적 실재성을 탐구하는 철학의 분과로서, 존재를 존재로서 연구한다. 다시 말해서, 존재하는 개물들의 본질인 존재 그 자체 또는 존재일반을 연구하는 것이다. 고대 희랍인들의 자연(*physis*)은 "살아 있는 자연"을 뜻했으나 자연학 뒤에 있는(meta) "존재"에 관심을 가졌을 때 자연계의 피안에 있는 자연계의 원인이 되는 영원불변한 절대존재에 관심이 경도되어 플라톤의 이데아론이 등장하게 된다. 허나 동양에서는 "존재"에 관심을 갖지 않았으며 따라서 실체개념에 대하여 서양적 유형의 명료한 인식을 갖지 않았다. 현상(phenomena)과 실체(noumena)를 분리하는 플라톤주의적 전통 속에 서양철학의 전 흐름이 자리잡고 있다는 사실을 부정할 수 없다면, 그러한 사고체계 내에서의 일원·이원은 현상과 분리된 실체 그 자체의 규정에 관한 것이다. 따라서 서구 근대철학 전통에서 실체를 정신(mind)으로 규정할 때 성립하는 唯心論, 실체를 물체(matter)로 규정할 때 성립하는 唯物論 식의 일원론은 동양사상에서는 찾아볼 수가 없다. [4]

그러므로 동양적 일원론은 현상과 실체의 二分(bifurcation)을 근본적으로 허용하지 않는 全元的인 일원론이며, 情理圓融(감정과 이성의 세계가 하나로 조화된다), 天人無間(하늘 즉 자연과 인간이 간격이 없이 하나다), 空即是色 色即是空(본체계가 곧 현상계이며 현상계가 곧 본체계이다) 등으로 표현되는 일원론이다.

老子의 『道德經』(*The Way and Its Power*) 1장의 다음과 같은 말은 여기서 말하는 "동양적 일원론"의 대근거이며 이에 대하여 많은 논란이 지속되어 왔다. "無名은 天地의 시작이며, 有名은 萬物의 어머니이다. 그러므로 항상 無欲함으로써 우주의 오묘함을 볼 수 있고, 항상 有欲함으로써 우주의 변화의 언저리를 볼 수 있다. 그러나 이 兩者는 같은 것이다. 단지 우리의 인식으로 나와서 비로소 다른 이름을

---

4) 宋四子(中國 宋代의 子字가 붙는 넷의 대표적 철학자를 말하는데 程子가 형제이므로 실은 5인이다 : 濂溪周子, 明道程子, 伊川程子, 橫渠張子, 晦庵朱子)의 철학에 내려오면 서양의 실체관에 가까운 일원·이원의 의식이 생긴다. 즉 불교의 영향을 받아 우주의 궁극적 本體가 무엇인가 하는 질문이 있으며 그 본체를 규정하는 데 있어서 엇갈린 견해를 보이고 있다. 그러나 "唯"라는 말은 배타적 개념이며(exclusively one entity) 또 논리적 일관성과 연역적 사유를 전제로 하고 있으므로 宋四子의 哲學에 "唯"라는 말은 쓸 수가 없다. 그러므로 중국 학자들은 보통 "主"라는 말을 쓰고 있는데 나는 이러한 규정이 타당하다고 본다. 橫渠의 철학을 唯氣論이라 말할 수 없으며 主氣論이라고 하는 것이 타당성을 갖는다고 본다. 허나 宋四子철학의 주요개념인 理·氣 등을 놓고 일원론·이원론으로 카테고라이즈하는 것은 많은 문제성을 내포한다. 理·氣의 세계관에 있어서도 현상과 실체의 구분이 서양철학적으로는 이루어지지 않고 있기 때문이다.

가질 뿐이다. 같음 그것을 일컬어 검은 신비라고 해두자. 검고 또 검다. 이 세상의 모든 묘한 이치가 여기서 나오지 않는가?"5) 우선 老子는 "無名"과 "有名"의 두 境界를 구분한다. 1장은 道體論(道의 本體論)에 해당되며, 씌여진 문맥으로 보아 우주발생론(cosmogony: cosmology와 구분됨)으로 이해되어야 한다. 발생이라 할 때는 이미 시간 개념이 들어간 것이다. 잠시도 쉼 없이 변화하는 현상계 그 자체의 생성과정을 설명한 것이며, 이때 시간상의 선후인과적 설명은 필수적인 것이다. 허나 서양철학에서처럼 현상의 배후의 궁극자(the Ultimate)를 설명키 위한 인과성과는 다르다. 이는 뒤에서 말하려는 동양적 프래그머티즘의 태도와 관련되고 있다. 동양에서 말하는 현상적 시간성은 생명성과 더 깊은 관계가 있다. 만약 시간성이 배제된다면 그것은 "살아 있는 자연"을 "죽은 자연"으로 표현하는 것이다. 앞에서 록크가 말한 바 시간·공간의 현실에서 분리되어 抽出固定된 우리의 언어개념으로서는 변화하는 실재(reality)의 진면목을 드러낼 수 없기 때문이다. 이런 의미론적 문맥에서 老子의 인식론의 전범을 이루고 있는 제1장 제1구를 이해하여야 할 것이다. "道를 道라고 언표하면 그것은 이미 참된 道가 아니다. 이름을 이름지으면 그것은 이미 참된 이름이 아니다"(道可道非常道;名可名非常名。)라고 한 것은 우리의 인식의 한계와 언어의 고정성을 우주발생론적 언급에 앞서 경고한 것이다. 6)

"無名"과 "有名"의 시간선상에 있어서의 분별은 『道德經』40장의 "하늘과 땅 사이의 모든 사물은 有에서 생기고, 有는 無에서 생긴다"

---

5) 無名天地之始, 有名萬物之母。故常無欲以觀其妙, 常有欲以觀其徼, 兩者同, 出而異名。同謂之玄, 玄之又玄, 衆妙之門。이 구문의 해석은 다른 구두방식에 의하여 여러 갈래로 달라질 수 있다. 나는 본논문의 문맥과 일치되는 문맥을 택하여 의역하였다.

6) 현대의 불란서 철학자 베그르송(Henri Bergson, 1859~1941)은 우리의 지식을 기호적 지식(symbolical knowledge)과 직관적 지식(intuitive knowledge)으로 나누고 기호적 지식은 참 실재를 기호나 개념으로 번역하여 그를 凝固(to petrify)시킬 뿐이라고 하였다. 즉 "살아 움직이는 실재의 움직이지 않는 그림"(a motionless view of the moving reality)을 우리에게 제공할 뿐이다. 따라서 형이상학의 기능은 직관의 능동적 구사에 있으며, 대상을 기호를 통하지 않고 그 전체성(entirety)에 있어서 직관적으로 파악하는 것이라 하였다. 이러한 베그르송의 입장은 시간의 공간화와 실재의 개념화를 거부하는 노자철학에 매우 가깝게 접근하고 있다. 베그르송의 이러한 주장은 그의 『형이상학 서론』(Introduction to Metaphysics)에 잘 나타나 있다.

(天地萬物生於有, 有生於無)와 같은 구절에서도 명백히 나타나는데 이러한 兩境界의 구분은 베르그송이 말하는 생명적 시간성 속에서의 구분에 불과하며 동양적 일원론의 테두리를 벗어나지 않는다. 王弼은 제 I 장에서 말하는 "兩者"를 "無名"과 "有名"으로 보지 않고, "始"와 "母"로 보고 "앞머리에 있을 때는 始라고 일컫고, 뒷꽁지에 있을 때는 母라고 일컫는다"(在首則謂之始, 在終則謂之母)라고 했는데, 이것은 一體의 多面性을 말한 것이며 또 그 多面性은 시간의 유기체적 흐름 속에서 분별되는 것임을 말한 것이다. 이와 동일한 문제를 다루고 있는 宋代의 저우 리엔시(周濂溪, 1017~1073)의 『太極圖說』(Diagram of the Supreme Ultimate Explained)은 다음과 같이 말미를 열고 있다.

無極, 그리고 太極! 太極이 움직여 陽을 낳고, 움직임이 極에 달하면 다시 고요하게 된다. 고요하여 陰을 낳고, 고요함이 極에 달하면 또 다시 움직이게 된다. 한 번 움직였다 한 번 고요하여 서로 그 뿌리가 되니, 그러한 과정에서 陰과 陽이 分化되고 이로써 우주의 두 기준이 확립된다. (無極而太極, 太極動而生陽, 動極而靜, 靜而生陰, 靜極復動。一動一靜, 互爲其根。分陰分陽, 兩儀立焉。)[7]

이때 가장 문제가 되는 것은 "無極而太極"이라는 첫 구의 分辨인데 여기서의 無極과 太極의 문제는 실상 앞서 말한 無名과 有名, 無와 有, 始와 母와 동일한 논리적 문맥에서 이해되어야 하며 이 兩者에 있어서의 시간성은 배제될 수 없다. 주 시(朱熹, 1130~1200)는 『太極圖說』을 해석하면서 다음과 같이 말했다.

저 위 하늘에 실린 모든 것은 소리도 없고 냄새도 없다. 그러면서도 실제

---

7) 이 유명한 구절의 보드(Derk Bodde)의 번역을 소개하면 : The Ultimateless (wu chi)! And yet also the Supreme Ultimate(t'ai chi)! The Supreme Ultimate through movement(tung) produces the yang. This movement, having reached its limit, is followed by quiescence(ching), and by this quiescence it produces the yin. When quiescence has reached its limit, there is a return to movement. Thus movement and quiescence, in alternation, become each the source of the other. The distinction between the yin and yang is determined, and their Two Forms(liang yi) stand revealed. Fung Yu-lan, A History of Chinese Philosophy Vol. II (Princeton: Princeton University Press, 1953), pp. 435~437.

적으로 우주의 모든 造化의 樞紐가 되며 또 모든 개물의 근본 뿌리가 되고
있다. 그렇기 때문에 無極이 곧 太極이다라고 말한 것이니 太極의 외로 또
다시 無極이 있는 것이 아니다. 둘 중에서 만약 無極을 말하지 않으면 太極
은 특수개물이 되어 버려 萬物의 변화의 根本이 되기에는 부족하고, 만약 太
極을 말하지 않으면 無極은 空寂한 데 빠지어 萬物의 변화의 근본이 될 수
가 없다. (上天之載, 無聲無臭, 而實造化之樞紐, 品彙之根柢也。故曰無極而
太極, 非太極之外復有無極也。不言無極則太極同於一物而不足爲萬化根本, 不
言太極則無極淪於空寂而不能爲萬化根本。)[8]

주 시는 "而"를 "等"(같다)으로 해석하고 太極과 無極을 하나로 묶
어 道 即 理의 세계(形而上의 세계)로 보았으나 이러한 해석은 無極
과 太極의 발생론적 시간선상의 분별을 도외시하고 있다. 주 시는 太極
을 陰陽과 다른 차원에 놓고, 陰陽이라는 氣의 이념적 질서로서의
太極을 理와 동일시하고 있기 때문에, 太極을 궁극적인 그 무엇, 陰
陽의 動靜을 초월하여 있는 그 무엇으로밖에 볼 수 없었고 따라서 太
極 이상에 어떠한 실체도 허용할 수 없었다. 그러므로 無極은 太極과
동일한 것이며 太極의 포괄성을 설명키 위한 형용사밖에는 되지 않는
다. 주 시의 해석은 외면적으로 보면 하자는 없는 듯이 보이나 그의
맹점은 太極 자체에 운동성을 귀속시킬 수 없다는 이원론적 결백성에
있다고 보여진다. 『道德經』 42장에서 老子는 "道는 一을 낳고, 一은
二를 낳고, 二는 三을 낳고, 三은 萬物을 낳는다"(道生一, 一生二, 二
生三, 三生萬物。)라고 발생론적 해석을 했는데, 이 과정에서 道를 無
로 보고 一부터 萬物까지를 有로 본다면, 無極을 道로 보고 太極을
一로 보는 것이 타당하다고 생각한다. 太極은 有의 世界에서 우리의
인식이 미칠 수 있는 極限點으로 생각하는 것이다. 太極(가장 큰 극
한)의 極에는 極限의 의미가 있으며 가장 큰 극한은 모든 것을 포괄
하는 극한이 되어야 할 것이다. 無極은 원래 『道德經』 28장에 나오
는 말인데 왕 삐는 無極을 가르켜 "궁극이 없음을 말한 것이다"(不可

---

8) 칸트는 감성(Sinnlichkeit)과 오성(Verstand)의 相補的 인식 성립을 논하는 데 있어
"내용 없는 사유는 空寂하고, 개념 없는 감성적 直觀은 맹목적이다"(Gedanken ohne
Inhalt sind leer. Anschauungen ohne Begriff sind blind)라고 했는데, 물론 朱熹
의 발언과는 전혀 다른 문맥이지만, 朱子의 "無極을 말하지 않으면 太極은 특수개
물이 되어 버리고 太極을 말하지 않으면 無極은 空寂한 데 빠진다"라는 발언과 그 논
리적 패턴이 비슷한 것은 재미있게 부각이 된다.

窮也)라고 하였고 또 그가 "自然"을 가리켜 "더 일컬을 수 없는 말, 그 한계를 다한 말"(無稱之言, 窮極之辭)이라고 한 것과 일맥상통한다. 물론 "無極而太極"의 "而"를 "與"로 보아 無極과 太極을 두 개물로 볼 수는 없다. 無極과 太極은 하나의 道體의 양면을 나타내는 말이며 無極은 太極 이전의 우리 인식이 닿지 않는 極이 없는 광대무변한 무한정의 자연계를 말한다. 머우 쫑싼(牟宗三) 교수의 표현대로 太極은 道體의 表詮(드러난 말)이며, 無極은 道體의 遮詮(가려진 말)이며,[9] 발생론적인 시간선상에서 말한다면 無極과 太極은 방편적으로 선후관계를 가질 수 있다. 그러나 동양에서 말하는 생성론적 시간관은 궁극적으로 직선적이거나 일방적이 아니므로 無極과 太極은 두 개물이 될 수는 없다. 老子 역시 無와 有가 두 개의 독립된 실체임을 말하지 않았다. 제1장에서 "此兩者同, 出而異名"이라고 한 것은 이러한 이원론적 해석에 대하여 쐐기를 박은 발언이다. 이 兩者는[10] 無分別의 경지에서 全觀하면 같은 것이며(同), 우리의 分別的 인식작용에 접할 때만이 다른 이름을 갖게 된다(出而異名)고 말한다. 有와 無의 境界를 兼顧하는 整體的 眞常이 바로 "玄"(검은 신비, 검음)이며, 이 玄의 일원론이야말로 동양적 일원론이다. 감각계와 예지계의 서양적 이원세계와는 달리 統攝과 全觀의 종합적 세계관을 구성하고 있는 것이다. 玄이 우리의 인식계를 넘어서 있다는 것을 명백히 하였으면서도 칸트(Immanuel Kant, 1724~1804)와 같이 불가지론(agnosticism)의 태도를 취하지 않고 "無欲함으로써 우주의 오묘함을 볼 수 있다"(無欲以觀其妙)라고 하여 전체적 玄의 세계를 마치 미네르바의 부엉새처럼 소요자적하고 있는 듯이 말하는 것은 모순되는 발언이 아닐까? "검고 또 검다. 이 세상의 모든 묘한 이치가 여기서 나오지 않는가?"(玄之又玄, 衆妙之門)라고 玄의 무궁성을 언어로 표현하고 있

---

9) 내가 보건대 "無極而太極"이란 한 마디는 "太極" 자체를 어떻게 이해하느냐는 문제에 걸리고 있으며 양자는 원래 하나이다. "無極"을 더하여 太極을 형용하여도 무방한 일이다. 太極은 正面에 대한 언표이며 無極은 負面에 대한 언표이다. 또한 太極은 道體의 表詮이며 無極은 道體의 遮詮이라고 말하여도 아무 지장이 없을 것이다. 太極은 實體를 나타내는 명사이며 無極은 형용사이다. 依吾觀之,「無極而太極」一語是對于「太極」本身之體會問題, 本是一事, 加「無極」以形容之, 本無不可。太極是正面字眼, 無極是負面字眼。似亦可說太極是對于道體之表詮, 無極是對于道體之遮詮。太極是實體詞, 無極是狀詞。牟宗三,『心體與性體』(臺北：正中書局, 1968), 第一册, p. 358.

10) 王弼은 兩者를 始와 母로 보았으나 필자는 兩者를 無名과 有名으로, 더 포괄적으로는 無와 有로 본다.

272

는 것은 논리적 오류가 아닐까?

이를 규명하기 위하여 필요한 것이 "無"의 개념분석이다. 동양에서 말하는 無와 有의 관계를 명료히하기 위해서는 우선 無가 정확히 규정되어야 한다. 老子는 앞서 인용했듯이 "有는 無에서 생긴다"(有生於無)라는 매우 애매하고 『구약』의 「창세기」를 연상하는 발언을 하였다. 無에서 有가 어떻게 나오는가? 없는 것이 어떻게 있는 것을 낳는가? 이러한 老子의 발언에 대한 비판적 질문은 서양까지 건너가지 않아도 이미 11 세기에 宋四子 중의 한 사람인 장 짜이 (張載, 1020～1077)에 의하여 던져졌다. 그는 그의 철학의 주요개념인 虛와 氣의 관계를 논구함에 있어서 다음과 같은 중요하고도 명쾌한 언질을 하고 있다.

　　만약 虛가 氣를 낳을 수(창조할 수) 있다고 전제한다면 이러한 상황에서는 虛는 끝이 없는 무한자가 되지만 氣는 끝이 있는 유한자가 되어 버리므로 몸뚱이와 그 몸뚱이 자체가 가지는 기능이 완전히 나뉘어 아무 연결이 없게 된다. 이렇게 되면 老선생이 말하는 "有가 無에서 생겼다"는 그의 소위 "自然"철학에 빠지게 된다. 이것은 이른바 有라는 것과 無라는 것이 둘이 아닌 하나로 된 변화하는 실재라는 것을 모르는 데서 오는 것이다. (若謂虛能生氣, 則虛無窮, 氣有限, 體用殊絕, 入老氏有生於無自然之論, 不識所謂有無混一之常。)[11]

그러나 객관적으로 논평하자면 장 짜이는 老子를 오해한 것이다. 아니, 오해했다기보다는 자기 주장의 타당성을 강화하기 위하여 자기가 주장하고자 하는 바로 그 관점이 노자의 관점이라는 것을 허용하기를 거부한 것이다. 위 구절에 앞서 장 짜이는 다음과 같이 말한다: "虛空이 곧 바로 氣라는 사실을 알게 되면 有(있음)와 無(없음), 隱(숨음)과 顯(나타남), 神(신묘한 본질)과 化(변화), 性(본성)과 命(천명)이 모두 하나로 통하는 것이며, 둘이 아니라는 것을 알게 될

---

11) 이 구절은 장 짜이의 대표작 『正蒙』의 「太和」篇에 나온다. 『正蒙』은 Correct Discipline for Beginners(보드), Correcting Youthful Ignorance(찬)로 영역되듯이 "몽매함을 바로잡는다"는 뜻이다. 『正蒙』의 가장 권위있는 주석서로서는 明末淸初의 大儒 왕 후우즈(王夫之, 1619～1692)의 『張子正蒙注』가 있다. 바로 위의 인용구절에 대한 왕씨의 注에는 有와 無에 대한 인식론적 문제와 앞서 언급된 太極의 動靜문제에 관한 기발한 자기류의 해석이 붙어 있다.

것이다. 모임과 흩어짐, 나옴과 들어감, 형체가 있음과 형체가 없음의 양면을 모두 잘 살피어, 그러한 현상이 나타나게 되는 본래성을 잘 살피면 곧 세상의 변화의 이치(易)에 깊게 달통하게 되는 것이다."[12]

여기서 분명하게 서양철학체계와 대비되어 다르게 드러나듯이, 老子가 되었든 張載가 되었든 有와 無는 두 개의 독립된 실체가 아니며 섞여 있는 하나의 實在(混一之常)라는 것이다. 장 짜이가 말하는 대로 有와 無는 모임(聚)과 흩어짐(散), 나옴(出)과 들어감(入), 형체가 있음(形)과 형체가 없음(不形)과 동계열의 아나로기일 뿐이다.

동양에서 말하는 無는 有를 초월한 서양의 "Nichts"가 아니다. 無는 無形의 無요, 虛의 無요, 空의 無다. 서양적 표현으로는 "Nothing" 아닌 "Something"의 無다. "一分萬殊"(一에서 萬物의 殊相이 나뉘어져 나왔다)의 "一"이니, 形相化되어지고 差別化되어진 萬殊(the particular)가 分化되기 이전의 無差別的 圓融의 無다. 고대 서양의 희랍철학에서도 순수 "Nothing"의 無의 개념은 찾아볼 수 없다. 밀레토스 학파가 추구한 원질(archē), 헤라크레이토스가 추구한 로고스(logos: 理法), 아낙사고라스의 정신(nous), 데모크리토스의 원자(atom), 아리스토텔레스의 형상(eidos)과 질료(hyle) 등이 모두 有의 개념이지 無의 개념은 아니다. 다시 말해서 有에서 有가 나올 뿐이지 無에서 有가 나오는 것은 아니다. 엘레아학파의 파르메니데스는 "있는 것(有)만이 존재하며, 있지 않은 것(非有)은 존재하지 아니한다"라고 했는데, 엘레아학파의 주장은 비록 사유와 존재의 일치와 만물의 불변성을 주장하기 위한 것이지만, 위의 말은 희랍인들의 有의 관념의 철저성을 단적으로 나타내 주는 것이다.[13]
이러한 희랍사상은 기독교 사상이 전파됨으로써 변질되었다. 「창세

---

12) 知虛空卽氣, 則有無隱顯, 神化性命, 通一無二。顧聚散・出入・形不形, 能推本所從來, 則深於易者也。

13) "一者"는 파르메니데스에 있어서 우리가 神을 생각하듯이 생각되어진 것은 아니다, 그는 "一者"를 물체적이고 공간을 점유하는 것으로 생각했다. 왜냐하면 그는 그것을 영역으로 보고 있기 때문이다. 전체가 전체에 常在하기 때문에 분할되어질 수 없다. "The One" is not conceived by Parmenides as we conceive God; he seems to think of it as material and extended, for he speaks of it as a sphere. But it cannot be divided, because the whole of it is present everywhere. B. Russell, *A History of Western Philosophy* (New York: Simon & Schuster, 1972), pp. 48~49.

기」에 나오는 구약신관이나 「요한복음」 첫머리에 나오는 신약신관은 본질적으로 "無로부터의 創造"(Creatio ex nihilo)라는 매우 비이성적 성격을 근본으로 하고 있다. 「요한복음」에서 나타나는 말씀(로고스, Λóγos), 神과 同格으로 並存하면서도 또 神 그 자체인 매우 모순적 성격을 가지는 그 말씀이[14] 만물(πάντα)을 창조하였다면, 동양식의 논리를 빌린다면, 창조와 더불어 말씀의 존재는 사라졌어야 한다. 허나 "無에서의 創造力"을 과시하는 神 즉 말씀은 만물이 生한 후에도 존재하며 만물을 주재하고 사랑하고 질투한다. 이러한 헤브라이즘의 비합리적 세계관이 헬레니즘의 합리적 세계관과 충돌하는 모습은 「사도행전」 17장에서 사도바울과 에피큐리안 그리고 스토익철학자들이 논변을 벌리는 데서도 찾아볼 수 있다. 희랍인의 다신론적 내재적신관에 대해 유대인의 초월적 유일신관을 계속 주장한다.

순수한 "Nichts"는 인간의 사유적 산물일 뿐이며 현상에서는 발견될 수 없다. 현상적 일원론을 기반으로 하는 동양사상에서는, 無(nihil)에서 有로의 비약이 있을 수 없으며 오히려 有에서 동양적 無에로의 확충이 있을 뿐이다. 우주발생론적 입장에서 보더라도 無와 有는 無形과 有形의 일원적 연속성(continuity)의 관계이다. 이러한 道의 연속성을 老子는 다음과 같이 시적으로 표현한다. "면면히 흐르는 것처럼 있는 것 같다"(綿綿若存。6장). "그 위는 밝지 아니하고 그 밑은 어둡지 아니하다. 위와 아래가 새끼줄처럼 이어지고 있어서 무어라고 이름지을 수 없다. 또다시 物이 없는 곳으로 되돌아간다. 이것을 일컬어 모습 없는 모습이요, 物이 없는 형상이라고 한다"(其上不曒, 其下不昧, 繩繩不可名, 復歸於無物, 是謂無狀之狀, 無物之象。14장).

여기서 老子가 어두운 위의 세계(形而上界)를 밝지 않다라 하고 밝은 밑의 세계(形而下界)를 어둡지 않다라고 반어적 어투를 쓴 것은 그 양자의 연속성을 나타내기 위하여 그 양자를 하나로 결속시키는 문장기법상의 트릭이다. 그의 우주발생론은 유출설(Emanatio theory)의 형태를 취하고 있다고 볼 수 있을 것이나 신플라톤학파의 플로티누

---

14)「요한」1:1은 다음과 같다 : 태초에 말씀이 계시니라. 이 말씀이 하나님과 함께 계셨으니 이 말씀은 곧 하나님이시니라. "A가 B와 같이 있었다"와 "A는 곧 B다"라는 명제가 동시에 주장되는 것은 논리적 모순이다. 이러한 논리적 모순은 영지주의 신비주의적 세계관에서 파생한 것이며 말씀이 갖는 두 기능, 즉 우주생성론적 기능과 구속론적 기능이 동시에 주장됨에 따라 파생된 모순이다.

스(Plotinus, A.D. 204~269)와 같이 神(唯一者 : *to hen*, das Eine)을 모든 대립과 차별을 초월한 유일절대의 실재로서 상정해 놓고 유출시키는 것이 아니라, 현상 자체의 운동변화를 시간상에서의 유출로 본 것이다. 물론 플로티누스의 유출처럼 일방적인 것도 아니다. 이때 "生成"되는 萬物은 서양적 "創造"의 산물은 아니다. 엄밀하게 말하자면, 동양의 "生"의 개념은 서양적 창조(creation)의 개념이 아니며 단지 變形過程(process of transformation)의 뜻이다. [15]

따라서 주재하는 道가 萬物 밖에 따로 있는 것이 아니라 內在的(in-nature) 實相 그 자체로 일원화되고 있는 것이다. 이러한 일원론에 가장 가깝게 접근하고 있는 서양사상으로는 스피노자(Baruch Spinoza, 1632~77)의 神 즉 實體 즉 自然(*Deus sive Substantia sive Natura*)의 사상을 들 수 있다. 그의 『倫理學』(*Ethica*)에서 나타난 일원론에로의 도달과정이 데카르트에서 명확히 정의된 실체개념에서 출발한 기하학적 논증의 개념분석과정이므로 그와 다른 사유동기와 과정을 가지는 동양사상과 비교할 수 없는 곤란함이 있으나, 그가 도달한 결론이 "자연의 일원론"이라는 점에서 유사성을 발견할 수 있다. 스피노자는 데카르트의 유한실체(정신과 물체)와 무한실체(신)를 자기원인적(*causa sui*) 독립적 실체개념으로 일원화시켰으며, 또한 실체의 독립성은 무한성(*infinitum*)을 가질 때 비로소 가능하다 하였다. 따라서 무한한 실체는 필연적으로 자연이라는 總相(totality)을 의미할 수밖에 없으므로 자연 밖에 따로 실체, 곧 신이 있는 것이 아니다. 그러므로 자연—즉—신(*Natura sive Deus*)이 될 적에 비로소 유일·절대·무궁한 실체관이 성립된다고 하였다. 汎神論(Pantheismus)이라고도 불리우는 그의 사상의 특징은 실체(=신)와 자연의 경계(gap)를 두지 않고 總相(totality)으로 묶었다는 데 있다. [16]

15) 『周易』「繫辭上傳」에 "한 번 음이 되었다, 한 번 양이 되었다 하면서 계속 변화하는 것, 그것은 만물의 길(道)을 일컬음이다… 生하고 또 生하는 것 그것이야말로 우주의 변화 그 자체 곧 易이다"(一陰一陽之謂道… 生生之謂易。)라고 한 말 중에서 "生"은 바로 이러한 생각을 잘 반영하고 있다. 위의 두 구절의 레게의 영역은 : The successive movement of the inactive and active operation consitutes what is called the course (of things)... Production and reproduction is what is called (the process of) change.

16) 스피노자사상의 의도를 명확히 이해했다면 汎神論(Pan-theismus)이라는 따위의 말은 쓰지 않았을 것이다. 스피노자 자신은 분명 이 말에 불만을 표시할 것이다. 有神論(Theismus)의 하나의 형태로서의 汎神은 아니다. 또 종래의 초자연적 신관을

나는 이러한 스피노자적 사상의 한 유형을 우리나라의 창조적 사상가인 원효(元曉)의 사상에서 발견한다. 원효는 馬鳴이 "대승의 바른 가르침을 뚜렷이 드러내기 위해서는 하나의 心法에 두 종의 門이 있다는 것을 알아야 한다. 그 둘이란 무엇인가? 하나는 心眞如門(the aspect of Mind in terms of the Absolute)이요, 또 하나는 心生滅門(the aspect of Mind in terms of phenomena)이다. 이 두 종의 門은 모두 각각 一切의 法을 總攝한다. 이 뜻은 어떻게 이렇게 말하여질 수 있는가? 두 門이 서로 분리되어 있지 않기 때문이다"[17]라고 一心二門을 설법한 데 대하여 다음과 같은 別記를 붙였다.

眞如門은 모든 法의 通相(전체적으로 본 모습)이며, 通相 外에 따로 모든 法이 있는 것이 아니다. 모든 法은 모두 通相에 포섭되는 것이다. 이것은 예를 들자면, 微塵(진흙)은 瓦器(개와장)의 通相인데, 微塵이라는 通相 外에 따로 瓦器가 있는 것이 아닌 것과 같다. 瓦器는 모두 微塵에 포섭되는 것이다. 眞如門도 또한 이와 같다. (眞如門是諸法通相, 通相外無別諸法, 諸法皆爲通相所攝。如微塵是瓦器通相, 通相外無別瓦器, 瓦器皆爲微塵所攝。眞如門亦如是)。[18]

여기서 말하는 "通相"은 스피노자가 말하는 무한성·독립성·전체성과 완전히 일치하는 개념이며 자연의 總相(Totality of Nature)을 말한다. 이 通相 外(super)에 따로 諸法(Substantia)이 있는 것이 아니라 諸法은 모두 通相에 포섭되는 바이며 瓦器(particular existence 혹은 the World of Differentiation) 外에 따로 微塵(existence in general 혹은 the World of Nondifferentiation)이 있는 것이 아니라 모든 瓦器는 微塵에 포섭된다. 여기서 瓦器란 진흙(微塵)으로 빚어진 모든 그릇(개와장, 화병, 자기, 항아리 등)을 말하며 형상지어지고 분별되어진 세계를 말한다. 개와장이건 화병이건 항아리이건 부서지면 다시 진흙의 본 모습으로 환원된다. 그러므로 진흙은 그릇의 通相이

거부했다는 의미에서의 법신이란 용어도 적당치 않다.

17) 顯示正義者, 依一心法有二種門。云何爲二? 一者心眞如門, 二者心生滅門。是二種門皆各總攝一切法。所義云何? 以是二門不相離故。心眞如門과 心生滅門의 영역은 앞에서 인용한 하케다(Yoshito S. Hakeda)교수의 번역이다.

18) 李箕永, 『元曉思想 : I 世界觀』(서울 : 弘法院, 1967), p. III 을 참조하라. 原文도 本書의 뒤에 붙어 있는 『大乘起信論海東疏記會本』을 썼다.

되는 것이다. 微塵과 瓦器는 『周易』「繫辭」에서 말하는 "形而上者謂之道, 形而下者謂之器"의 道와 器와 같은 개념이다. 微塵은 道요, 瓦器는 器다. 진흙이 그릇을 창조할 수 없으며 진흙이 그릇이 되면 진흙은 그릇속으로 들어와 버리고 진흙 자체는 독자적 존재를 갖지 않는다. 진흙에서 그릇으로 그릇에서 진흙으로의 변형과정의 "生"이 있을 뿐이다. 이것은 기독교의 창조론(Creatio ex nihilo)과 정면으로 충돌되는 사상이며 우리 조상들은 신라시대부터 이미 이러한 고차원적 사상을 굳게 믿고 있었다. 馬鳴의 말을 빌리면 진흙은 眞如門이며 그릇은 生滅門이다. 眞如門이란 문자 그대로 "같고 같은 것"(tathatā: Suchness)이라서 늘 변하지 않는 진흙의 모습이다. 그릇의 변형에 구애받음이 없이 진흙은 항상 진흙이다. 이에 반하여 그릇은 生하고 滅함이 있으나 여기서 말하는 生이 순수無에서 有에로의, 滅이 有에서 순수無에로의 이행을 의미하지는 않는다. 그러므로 生滅과 眞如는 二門(두 면모)이지만 一體(한 몸)인 것이다. 서양철학적 용어를 빌리자면 아니 인도아리안의 용어를 빌리자면, 진흙 즉 眞如門은 실체이며 그릇 즉 生滅門(samsara)은 현상이다. 그릇을 진흙의 通相에 포섭시킨 원효의 일원론은 스피노자의 일원론과 같은 철학적 문제맥락에서 이해될 수 있고, 되어야 마땅하며, 앞서 말한 玄의 일원론과 일치하는 것이다. 이러한 有·無의 統攝的 일원론은 佛學의 空개념에서 뚜렷해진다.

"空" 한 자는 有와 無를 포함하여 어느 일변에만 著住하지 않는 全觀的인 것이므로 지식론상으로는 無知의 知, 即 인식하는 "能我"와 인식되는 "所象"이 일치된 "全有"의 뜻이 되고, 實相論상으로는 본체와 현상을 兼攝한 實相(본래면목)을 가리키는 것이므로, 아무것도 없다든가 아니다라는 부정을 위한 부정의 뜻이 아니라 差別이나 對待를 包括融會한 것이 된다. 空의 自體相은 시간의 流變性과 공간의 廣延性, 즉 물질의 차별성을 抽出함으로써 얻어질 수 있다. 말하자면 空은 어느 한 사물을 구별하고 그를 집착한 데서 얻어지는 것이 아니라 시공관계, 다시 말하면 운동관계를 넘어서서 보는 本來相에서 얻어지는 것이라는 말이다. 이 空이야말로 一切法이 生滅現顯할 수 있는 存在理由이다. 『首楞嚴經』에 의하면 空은 般若智慧의 큰 깨달음에서 얻어지고, 이는 마치 大海와 같아서 한 거품의 일어남도(生起) 모두 이 큰 바다에 근원된다고 하였다. 一切의 世間의 모습이 이와 같이 모두 空에서 生起되는 것이므로 萬法이 生할 때 우리는 이 분별된 萬法을 통해서 空의 본래 모습을 상상할 수 있다. 또한 一切法의 形相이 滅하면 空 또한 본래 없는 것이 된다. 다시 말해서, 一切同一相이 되는 것이다. 文殊師利法王子는 불타의 뜻을 받들어 다음과 같은 偈頌을 썼다. "空은 큰 깨달음에서 생겨난다. 바다에서 한 거품이 發하는 것 같이, 有漏의 微塵 세상이 모두 空을 따라 생겨나네. 거품이 없어지니 空 또한 본래 없는 것이 아닌가." (空生大覺中, 如海一漚發, 有漏 微塵國, 皆從空所生, 漚滅空本無。)[19]

그러므로 "空"은 삼라만상으로 형상화한 물질의 공간계, 즉 인식대상의 경계에서는 찾을 수 없다. 그렇다고 實相이 그대로 불변하고 있는 것이 아니므로 生과 滅, 有와 無의 兩邊을 一觀해야만 얻을 수 있는 것이다. 空은 一切萬有를 다 빼어 버린 虛空(Nichts, Vacuum)의 뜻이 아니라 一切萬有를 包括統攝한 充實이라는 것을 잊어서는 안 될 것이다. 이러한 空개념을 "三法印"에서 고찰해 본다면 우선 "諸行無常"(All conditioned things are impermanent : sarva-sanskara-anityam)의 "空"은 一切萬有가 변화하는 시간면에서의 空이며 우리 의 인식면에 있는 일체가 虛妄임을 보여주어 스스로 그를 부정하게 하자는 方便의 空이며 부정의 空이다(大聖說空法, 爲離諸見故, 若後 見有空, 諸佛所不化). 다음, "諸法無我" (All laws [elements] are selfless : sarva-dharma-anatman)의 空은 공간상에 나열되어 있는 존재들을 彼此관계상에서 관찰한 空인데 이것은 因緣聚散으로 있었다 없었다 하는 一切相이 진실성을 가지지 못한다는 뜻의 空이다. 소위 "我"라는 관념은 자기 나름대로 자기가 形相化된 시간을 고집하고 과거와 미래를 절단해 놓고 본 自己에서 생기는 것이다. "我"를 두렷하게 내세우는 것은 시간을 무시하는 것이며, 이로 인하여 자기의 위치

---

19) 『首楞嚴經』이란 책은 현존하는 梵本은 없고 384~417년간에 鳩摩羅什에 의하여 漢 譯된 『首楞嚴三昧經』이 현존한다. 이 책은 『大正大藏經』제15册, pp. 629~645에 실 려 있다(經集部二). 허나 여기 인용한 『首楞嚴經』은 『大佛頂如來密因修證了義諸菩薩 萬行首楞嚴經』10卷의 略號로 당나라 때 般剌密帝가 번역한 것인데 이 책은 보통 중 국에서 쓰여진 僞書로 판명나 있다(望月信亨說). 이 僞書는 『大正大藏經』, 第十九册, pp. 105~155에 실려 있으며 密敎部에 들어가 있다. 위의 偈는 매우 긴 것의 일단으 로 p. 130에 있다.

가 설정되는 것이 아니라 오히려 시간성 자체를 부정하는 결과가 되어 자기의 現有, 즉 我는 사실상 그 잠시나마의 존재마저 상실하게 되는 것이다. 왜냐하면 자기의 현존재는 어디까지나 시간성, 즉 自他 主伴과 相卽相入의 因緣上에서 존재되고 있기 때문이다. 그러므로 "我"의 긍정은 因緣上에서 假立된 것이며 眞實性・長久性・自性性을 가질 수 없다. 그러므로 "諸法無我"일 수밖에 없는 것이다. 요언해서 "諸行無常"의 空은 운동의 實在性을 부정한 空이고 "諸法無我"의 空은 사물의 實存性을 부정한 空이다. 그러므로 三法印(three law-seals) 중에서 앞의 二法印은 虛妄의 空이며 부정되어야 할 空이다. 이 二空이 虛妄임을 알고 이를 般若의 힘으로 부정하고 破除하고 나면 "涅槃靜寂"(Nirvana is quiescence : nirvana-santam)의 진실한 空을 얻게 된다. 다시 말하면 이 세상의 모습이 幻化임을 알고 여기서 執着을 떼고 떠나는 것을 말한다. 다시 말하면 一法의 固執이나 一我의 固執을 버리고 統攝全觀한 幻化界 그 자체이니 事實上의 流變性이나 空間上의 起滅性을 抽出해 버렸다기보다는 그것을 그대로 肯定해서 如如視한 "空"이다. 집착함이 없는 이 "空"은 有니 無니 하는 固執性・偏邊性을 떠나면서도 한꺼번에 包攝하는 것이며 眞과 俗의 同一性을 성립시키는 空인 것이다. 『般若心經』(Prajñāpāramitā-hṛdaya-sūtra)에서 말하는 "色卽是空, 空卽是色"은 色(appearence)을 포용한 空(reality)이라야 眞空이요 空을 바탕으로 한 色이라야 眞有라는 卽相見性(나타난 모습에 즉하여 본래 모습을 본다)의 결론을 말한 것으로, 실체와 속성, 실재와 현상의 二分을 허용치 않는 동양적 일원론의 최극치라고 하겠다.

이러한 일원론은 사상 그 자체에 가치가 있는 것이 아니라 그 사상이 우리의 실생활 속에서 살아 움직이는 구체적 표현을 얻을 때 가치가 있다. 이러한 일원론이 종교적 표현을 얻었을 때 나타나는 것은 "眞俗不二" "天人無間"의 境界다. 서양에서는 플라톤의 기하학적 이데아관이 기독교의 초자연적 영적 신관과 결탁하여 인간과 신 사이에 넘어갈 수 없는 鴻溝가 생겼다. 인간의 한계를 당초부터 설정하였다는 그 자체가 오히려 인간을 불완전하고 죽음의 공포 속에서 자각을 강요당해야만 하는 모습으로 만들었는지 모른다. 그렇기 때문에 서양적 인간상은 과정적 존재일 뿐이요, 목적적이고 자족적인 존재가 아니다. 항상 절대자에게 귀속함으로써 존재가치를 찾을 수 있는 비굴한 존재다. 이를 개탄하여 기독교의 모랄을 노예도덕 (Sklavenmoral) 이라고 비판하고 초인 (Übermensch) 의 군주도덕 (Mastermoral) 을 외친 니체 (Friedrich Wilhelm Nietzsche, 1844~1900) 까지도 인간을 하나의 과정적 존재로 볼 수밖에 없었다. [20] 이러한 니체의 고뇌 속에서 우리는 서양이 얼마나 깊게 중세 일천 년을 통하여 인간의 유한성과 불완전성을 체험했는가를 알 수 있다. 칸트 (Immanuel Kant, 1724~1804) 는 『실천이성비판』(Kritik der praktischen Vernunft) 에서 最高善 (Das höchste Gut) 을 그의 辯證論 (Dialektik) 의 방법으로 논구하고 있다. 最高善은 最上善 (Das oberste Gut; 최상은 supremum 의 의미) 과 完全善 (Das vollendete Gut; 완전은 consummatum 의 의미) 의 두 의미를 다 충족시키는 것이어야 하며, 最高善은 의지와 도덕률이 일치하는 경지이다. [21] 이와 같이 의지와 도덕률이 일치하는 경지는 이성적이며 유한한 인간의 생존시에는 일순간도 경험할 수 없고 단지 聖 (Heiligkeit) 의 경지에서만 가능하다고 하였다. 이는 우리의 현실 속에서는 불가능하지만 이념 (이상) 속에서 부단히 영구히 의지와 도덕률의 일치를 위해 노력해야만 하며, 이러한 실천이성의 노력의 方便的 근거로서 요청 (Postulat) 되는 것이 영혼불멸 (Die Unsterblichkeit der Seele) 이라고 하였다. [22] 그러나 孔子는 자기의 인생을 자서전적

---

20) daß der Mensch eine Brücke und kein Zweck, daß er ein Übergang und ein Untergang ist. F. Nietzsche, Werke, Groß-und Kleine oktavausgabe, zitiert mit Band-und Seitenzahl, Ⅵ. 16.

21) Immanuel Kant, Kritik der praktischen Vernunft (Hamburg: Felix Meiner Verlag, 1967), pp. 127~128. Erster Teil, Ⅱ. Buch, 2. Hauptstück: Von der Dialektik der reinen Vernunft in Bestimmung des Begriffs von höchsten Gut.

22) 이 세상에서의 최고선의 성취는 도덕률에 의하여 결정지어지는 의지의 필연적 대상이다. 그러나 그러한 의지에 있어서는, 우리 마음의 의도가 도덕률에 완전히 일치하는 것이 최고선의 최상의 조건이다…. Die Bewirkung des höchsten Guts in der Welt ist das notwendige Objekt eines durchs moralische Gesetz bestimmbaren Willens. In diesem aber ist die völlige Angemessenheit der Gesinnungen zum moralischen Gesetze die oberste Bedingung des höchsten Guts.... 그러나 도덕률에 의지가 완전히 일치하는 것은 聖의 경지이며 이 경지는 감관계에 있는 어떠한 이성적 존재도 어떠한 순간에도 달성할 수 없는 완전성이다. 그러나 이것은 실천적으로 필요한 것으로 요구되기 때문에 그것은 그 완전한 일치에로 끊임없이 전진해 나가는 데서만 발견된다. 순수한 실천이성의 원칙상에서 본다면, 그러한 실천적 전진을 우리의 의지의 구체적 대상으로 간주하는 것이 필요하다. Die völlige Angemessenheit des Willens aber zum moralischen Gesetze ist Heiligkeit, eine Vollkommenheit, deren kein vernünftiges Wesen der Sinnenwelt in keinem Zeitpunkte seines Daseins fähig ist. Da sie indessen gleichwohl als praktisch notwendig gefordert

으로 스스로 평가하는 자리에서 "내가 일흔 살이 되었을 때는 나의 마음의 의지대로 행동하여도 도덕률에 어긋나는 법이 없었다(즉 일치되었다)"(七十而從心所欲不踰矩)라는 매우 과감한 발언을 하고 있다. [23] 여기서 孔子가 말하는 "心"은 칸트가 말하는 "Gesinnung"이나 "Wille"와 동일한 내포를 가지며, 곡척(사물의 기준)의 어원을 갖는 "矩"는 칸트의 "moralische Gesetz"와 동일하다. 孔子에게 있어서는 분명히 살아 생전에 의지와 도덕률이 일치된 것이다. 이러한 경지를 『中庸』에서는 "힘쓰지 않아도 저절로 도덕률에 들어맞고, 의식적으로 생각하지 않아도 저절로 깨달아진다"(不勉而中, 不思而得。)라고 표현하고 있다. [24] 명실공히 칸트가 말하는 일치(Angemessenheit)의 경지다. 칸트는 孔子의 이런 말을 들으면 위선자라고 할 것이고 예수는 아마도 건방지다고 욕할 것이다.

이러한 드라마틱한 대조는 결국 동양적인 세계관과 서양적인 세계관의 근본적 차이에서 파생된 것이다. 우리는 사상을 분석할 때 그 사상이 뿌리박고 있는 세계관을 근원적으로 규명하지 않으면 안 된다. 칸트는 어려서부터 기독교적 세계관에 깊게 젖은 사람이며 어머니로

---

wirt, so kann sie nur in einem ins Unendliche gehenden Progressus zu jener völligen Angemessenheit angetroffen werden, und es ist nach Prinzipien der reinen praktischen Vernunft notwendig, eine solche praktische Fortschreitung als das reale Objekt unseres Willens anzunehmen. 이러한 끊임없는 전진은, 그러나, 무한히 지속되는 존재성과 동일한 이성적 존재의 인격성이 전제될 때에만 가능하다. 이것을 바로 영혼불멸이라고 부르는 것이다. 그러므로 최고선은 영혼불멸의 전제 위에서만 실천적으로 가능하다. 그리고 영혼불멸은 도덕률에 분리되어질 수 없도록 묶여져 있는 것과 같이, 순수한 실천이성의 요청이다…. Dieser unendlich Progressus ist aber nur unter Voraussetzung einer ins Unendliche fortdauernden Existenz und Persönlichkeit desselben vernünftigen Wesens (welche man die Unsterblichkeit der Seele nennt) möglich. Also ist das höchste Gut praktisch nur unter der Voraussetzung der Unsterblichkeit der Seele möglich; mithin diese, als unzertrennlich mit dem moralischen Gesetz verbunden, ein **Postulat** der reinen praktischen Vernunft…. 도덕적 완성의 저차원에서 고차원으로의 끊임없는 전진만이, 이성적이지만 유일한 존재에게 있어서 가능할 뿐이다. Einem vernünftigen, aber endlichen Wesen ist nur der Progressus ins Unendliche, von niederen zu den höheren Stufen der moralischen Vollkommenheit möglich. 이상은 『전게서』, Erster Teil, Ⅱ. Buch, 2. Hauptstück. Ⅳ: Die Unsterblichkeit der Seele als ein Postulat der reinen praktischen Vernunft에서 뽑은 것임.

23) 『論語』,「爲政」第二, 베게본, p. 147.
24) 『中庸』, 베게본, p. 413.

부터 경건주의교파(Pietısmus)의 보수적 교육을 받은 사람이다. 즉 인간으로서 넘겨다볼 수 없는 神(聖)의 존재를 뼈저리게 체험한 사람이다. 그러나 孔子의 경우에는 미안하게도 그런 종류의 神이 계시지 않았다. 동양에서는 인간을 주재하는 초월적 절대자의 미신은 이미 周代(Chou Dynasty)에 벗겨져 버렸다. 중국의 『舊約』이라고도 불리울 수 있는 『春秋左傳』에 鄭나라의 명재상 쯔츠안(鄭子產)의 말에 다음과 같은 명언이 있다. 昭公 十八年 夏五月에 큰 불이 일어나 宋나라, 衛나라, 鄭나라를 불길 속에 휘몰아넣었는데, 그때 裨竈(P'i Tsao)라는 예언자가 나타나 자기말을 안 들으면 또 다시 큰 불이 일어날 것이라고 예언한다. 이에 대하여 쯔츠안은 "天道는 멀고 人道는 가깝다. 대저 天道라는 것은 우리 인간으로서 미칠 바가 못 되니 어찌 알 수 있겠는가? 예언자인들 어찌 天道를 알 수 있으리오? 협박적 잔소리일 뿐이다. 그의 말이 참말인가 하고 걱정할 필요는 없다"라고 말한다. 25) 물론 불은 다시 일어나지 않았다. 또 定公 元年에 宋나라의 仲幾를 京師로 잡아들이는 장면에 士伯이 노하여 하는 말에 다음과 같은 것이 있다. "薛나라는 사람에게서 증험을 구하고 宋나라는 귀신에게서 증험을 구하니 宋나라의 죄가 크다."26)

이것은 모두 "天"이나 "神"이나 "鬼"의 힘보다도 "人"과 "民"의 힘을 믿어야 한다는 것이며 먼 "天道"(하늘의 길)보다 가까운 "人道"(사람의 길)가 더 신뢰성이 있다는 사상태도를 표시한 것이다. 또 桓公 六年에 楚나라와 隨나라의 싸움이 한창일 때, 지 리앙(季梁)이 楚나라의 계책을 분쇄하기 위하여 隨王에게 간언하는 말 가운데 "대저 民은 神의 주인이며, 神은 民을 섬기기 위하여 존재할 뿐입니다. 그러므로 훌륭한 왕이라면 먼저 民生을 해결한 후에야 神에게 힘을 쓸 것입니다"라는 대목이 있다. 27) 또 襄公 十四年에 衛나라 사람들이 그들의 군주를 몰아낸 사건을 너무 심했다고 여긴 晉侯가 유명한 악사인 曠(師曠)에게 자문을 구하니까, 曠이 百姓에게 소망을 못 준 군주를 몰아내는 것은 당연한 일이라고 백성의 입장을 옹호하면서 다음과 같이 말한다. "대저 군주는 神의 주인이며 民의 바람이다. 만약

---

25) 子產曰, 天道遠, 人道邇, 非所及也。何以知之？ 竈焉知天道, 是亦多言矣, 豈不或信。『春秋左傳』, 레게본, pp. 669~671.

26) 士伯怒, 謂韓簡子曰, 薛徵於人, 宋徵於鬼, 宋罪大矣. 레게본, pp. 743~744.

27) 夫民神之主也。是以聖王先成民, 而後致力於神. 레게본, pp. 47~48.

군주가 民의 삶을 곤욕스럽게 하고 神의 제사를 결핍하게 하면 백성은 바람이 끊길 것이요 사직에는 주인이 없을 것이다. 그따위 군주를 어디에 쓰겠는가? 쫓아내 버리지 않으면 어떻게 되겠는가?"[28]

이러한 말들은 民이나 君이 神의 호스트이며 君도 民을 잘 섬기지 못할 때는 神을 곧 욕되게 하는 것이라고 함으로써(民이 곧 神의 호스트이니까), 이 三者관계에 있어서 궁극적인 힘과 권위를 民에게 주고 있다. 이러한 『左傳』의 사상에서 미신적이고 초자연적 존재에 대한 경외감이 전적으로 배제되어 있는 것은 아니지만 『구약』에서 나타나고 있는 신권정치와는 매우 대조적이며 어디까지나 神本主義에 대한 人本主義의 우위를 확보하고 있다. 이 모든 사상이 孔子 이전에 확립된 생각이고 보면 동양문화의 인문주의 전통은 결코 서구적 사유에 의하여 엄폐될 수는 없다. 民이 神의 主인 곳에서 敎權의 정당화를 위하여 성립한 배타적 護敎論的 사유가 궁극적으로 설득력을 지닐 수는 없을 것이다. 동양적 인간상은 孟子가 말하는 "大人" "大丈夫"와 같은 것이다. 왜 같은 인간인데 大人과 小人의 구분이 생기느냐의 公都子의 질문에 孟子는 小體를 따르면 小人이 되고 大體를 따르면 大人이 된다고 말한다. 왜 같은 인간인데 大體를 따르는 사람이 생기고 小體를 따르는 사람이 생기느냐고 계속 추구해 오는 公都子에게 孟子는 인간에게 자연적으로는 耳目之官(감각능력＝小體)과 心之官(사유능력＝大體)이 동시에 주어져 있는데 인간은 먼저 큰 것에 섬으로써 작은 것이 침범할 수 없는 우위를 확보하는 길밖에는 없다고 대답한다.[29] 여기서 孟子가 말하는 "먼저 큰 것에 선다"(先立乎其大者)라는 삶의 태도야말로 한계에 도전하는 동양인의 사유체계를 잘 나타내 주고 있다. 작은 데서부터 큰 것으로 나아가 작은 것의 한계를 인정하는 태도가 아니라 큰 것에 먼저 섬으로써 모든 작은 것의 한계를 극복하자는

---

28) 夫君神之主而民之望也。若困民之主, 匱神乏祀(困民之生, 匱神之祀로 고쳐 읽을 것), 百姓絶望, 社稷無主, 將安用之, 弗去何爲？ 레게본, pp. 462와 466.

29) 公都者問曰, 「鈞是人也, 或爲大人, 或爲小人, 何也？」孟子曰, 「從其大體爲大人, 從其小體爲小人。」曰, 「鈞是人也, 或從其大體, 或從其小體, 何也？」曰, 「耳目之官不思, 而蔽於物。物交物, 則引之而已矣。心之官則思, 思則得之。不思則不得也。此天之所與我者, 先立乎其大者, 則其小者不能奪也。此爲大人而已矣。」『孟子』,「告子上」, 레게본, pp. 417~418. Let a man first stand fast in *the supremacy of* the nobler part of his constitution, and the inferior part will not be able to take it from him. It is simply this which makes the great man.

매우 우주적이며 광대한 사상이다. 이렇게 "먼저 큰 것에 선" 인간은 "하늘 아래 가장 넓은 영역에 살며, 하늘 아래 가장 바른 자리에 서며, 하늘 아래 가장 큰 道를 실천하고, 벼슬을 하게 되면 민중과 더불어 진리를 실천하고, 벼슬을 하지 못하면 홀로 그 길을 지켜 나간다. 돈도 명예도 그를 타락시킬 수 없고, 가난도 무명도 그를 움직일 수 없고, 권세도 무력도 그를 굴복시킬 수 없는" 大丈夫가 되니,[30] 이러한 大丈夫의 모습은 서양적 각도에서 보면 自大狂(자기를 스스로 완전 위대하다고 생각하는 미친 놈)에 지나지 않을는지도 모른다. 孟子는 公孫丑과의 대화에서 이러한 大丈夫의 浩然之氣(the vast, flowing passion-nature, 레게 역)를 다음과 같이 말하고 있다 : "호연지기를 말로 표현하기란 매우 힘드나 한번 시도를 해보자. 그것의 氣됨이 지극히 크고 지극히 강건하여, 곧은 삶의 태도로 그것을 길러 해를 끼치지 않으면 곧 그 氣가 하늘과 땅 사이에 가득 들어차게 된다. 그것의 氣됨이 또한 도덕적 행위와 자연의 길에 합치한다. 합치하지 않으면 그것은 시들어 버린다. 그것은 도덕적 행위가 쌓아져서 생겨나는 것이며, 도덕적 행위라는 것이 갑자기 밖에서 뺏어오는 식으로 생겨나는 것은 아니다. 행동을 하여 마음에 만족스럽지 못한 점이 있으면 그것은 시들어 버린다."[31] 氣가 하늘과 땅 사이에 가득 차는 대장부의 호연지기의 경지를 많은 서구 사상가들이 동양적 신비주의의 한 전형으로 보고 있으나 이것은 동양적 일원론의 세계관이 빚어놓은 당연하고도 너무도 합리적인 귀결이다. 이러한 인간은 인간과의 관계에 있어서 "不動心"(*ataraxiā*)의 자세를 유지할 뿐만 아니라, 對宇宙와의 관계에 있어서도 堂堂히 自立하여 俯仰無愧하며 유한한 六尺之

---

30) 居天下之廣居, 立天下之正位, 行天下之大道. 得志, 與民由之 ; 不得志, 獨行其道. 富貴不能淫, 貧賤不能移, 威武不能屈. 此之謂大丈夫.『孟子』,「滕文公下」, 레게본, p. 265.

31) 難言也. 其爲氣也, 至大至剛, 以直養而無害, 則塞于天地之間. 其爲氣也, 配義與道, 無是餒也. 是集義所生者, 非義襲而取之也. 行有不慊於心, 則餒矣.『孟子』,「公孫丑上」, 레게본, pp. 189~190. 이 단의 해석은 여러 문법적 문제가 있다. "至大至剛, 以直養而無害"는 "至大至剛以直, 養而無害"로 할 수도 있다. 가장 큰 문제는 "非義襲而取之也"의 해석인데 車柱環교수의 번역처럼 襲而取之의 주어를 義로 보고 마지막 之를 氣로 보는 것(정의가 밖에서 엄습해 와서 그것을 잡아내는 것은 아닐쎄)은 전체 문맥의 주어가 어디까지나 氣가 되어야 하므로 약간 어색하다. 일본인 猪飼敬所(이가이 케이쇼)의 說처럼 義를 아예 없애 버리고 나를 주체적으로 해서 해석하는 편이 문맥에는 더 어울린다. 나는 양자를 절충하였다.

軀의 고기덩어리가 아니라 頂天立地(하늘을 이고 땅을 더디는)하여 "하늘과 땅의 변화와 양육을 도울 수 있으며, 하늘과 땅과 더불어 삼위일체가 되는", [32] 그러한 인간이다. 서양에서 말하는 神(데우스)의 자리를 동양에서는 이러한 인간이 차지하고 있는 것이다. 인간은 하늘과 둘이 아니다. 이러한 天人無間의 경지는 宋明儒學(Neo-Confucianism)에 가장 널리 영향을 미친 美文 중의 하나로 잘 알려진 헝취(橫渠＝張載)의 『西銘』(Western Inscription)에 잘 표현되고 있다.

하늘은 아버지라 부르고 땅은 어머니라 부른다. 나는 그 속에서 싹터 퍼졌으니 그 가운데에 혼연히 살고 있다. 그러므로 하늘과 땅 사이에 가득 찬 것이 나의 몸이며, 하늘과 땅의 운행을 거느리는 것이 나의 본성이다. 모든 사람은 나와 탯줄을 같이하고 모든 물체는 나와 더불어 살아간다. … 〔우주가 다 한 가족일지니〕 나보다 나이가 더 많은 사람을 존중함은 어른을 어른으로 대하는 까닭이요, 고독하고 허약한 자에게 자비를 베풂은 어린이를 어린이로 대하는 까닭이다. 聖人은 하늘과 땅과 덕이 일치되는 사람이요, 賢人은 하늘과 땅의 빼어난 정기를 탄 사람이다. 하늘 아래의 피곤하고, 노쇠하고, 잘라지고, 골병들고, 형제없고, 자식없고, 아내없고, 남편없는 모든 사람들이 나의 형제이니 괴롭고 호소할 곳 없는 사람들이다. …부와 명예와 복과 은택이 있음은 나의 삶을 풍부하게 하지만, 가난과 무명과 근심과 재난은 나에게 시련을 줌으로써 나를 완전케 다듬기 위함이라. 살아 있을 동안 나는 하늘과 땅을 부모처럼 거역함 없이 섬기고 죽을 때는 편안하게 그 속에 안기리. [33]

---

32) …則可以贊天地之化育。可以贊天地之化育，則可以與天地參矣。『中庸』, 22 章. 레게본, pp. 415~416. Able to assist the transforming and nourishing powers of Heaven and Earth, he may with Heaven and Earth form a ternion.

33) 乾稱父，坤稱母。予玆藐焉，乃渾然中處。故天地之塞，吾其體，天地之帥，吾其性。民吾同胞，物吾與也。…耆高年，所以長其長，慈孤弱，所以幼其幼。聖其合德，賢其秀也。凡天下疲癃殘疾惸獨鰥寡，皆吾兄弟之顚連而無告者也。…富貴福澤，將厚吾之生也；貧賤憂戚，庸玉汝於成也。存，吾順事；沒，吾寧也。이 글은 원래 장 짜이가 자기 서재의 서쪽 창문 있는 곳에 써놓았던 것이라서 西銘이라는 이름이 붙었다. 전체적으로 난해한 글이다. 天人合一의 웅혼한 정신과 孝를 중심으로한 유가의 가족중심주의 사유를 우주로 펼쳐 융합시켜, 그것을 구체적인 사회문제, 오늘말로 표현하면 사회복지(social welfare)의 문제로 연결시킨 매우 특이한 박애주의적 문장이다. 天人合一의 사상이 이와 같이 동양인의 우주와 사회에 대한 깊은 우려를 바탕으로 하고 있다는 심오한 차원이 이해되어야 할 것이다.

하늘과 땅을 위하여 자기의 마음을 세우고 살아가는 모든 사람을 위하여 자기의 사명을 세우라! 지나간 성인을 위하여 끊어져가는 학문을 잇고 모든 세대를 위하여 큰 평화를 이루라!"[34]

이러한 형취의 『西銘』정신은 비록 가족중심주의적 기반을 이탈하지 않지만 우주만물과 나와 하나가 되어 버리는 梵我一如論(브라만과 아트만이 하나다)과 같은 경지에 도달하는 것이며, 閑邪存誠(사특함을 막고 하늘과 땅의 성실함을 나 속에 보존함)하여 見聞之知(감관적 앎)를 넓혀 德性之知(덕성적 앎)에로 擴充시킨 大心哲學의 골자이며 氣의 일원론의 總結이다. 이러한 인생관은 스피노자의 일원론에서도 귀결된 바 있다. 그는 인간의 지식을 경험지(imaginatio), 이성지(ratio), 직관지(scientia intuitiva)의 3단계로 나누고 인간은 인식의 최고경지인 직관지에 도달할 때에 모든 세계를 일목요연하게 全觀할 수 있다 하였고 이를 "永遠의 相 아래서"(sub specie aeternitatis) 관망하는 것이라고 불렀다. 그에게 있어서 神에 대한 직관적 지식은 이 우주를 전체적으로 파악하여 편파적 감정에 사로잡히지 않는 것이므로 형취의 見聞과 德性에 대한 사상과 비슷한 논지를 가지고 있다. 그렇기 때문에 그는 인간오성의 확충(emendatione)의 가능성을 신뢰하였으며 영속적이고 완전한 행복(amor dei intellectualis)을 누릴 수 있다고 생각하였고 윤리적 질서와 자연적 질서의 일치를 주장하였으니 儒家의 創進主義와 상통하고 있다고 말할 수 있을 것이다.

3. 東洋的 一, 中, 和

"一"은 "全"이요, "二"는 "異"다. 一은 배타함이 없이 포괄하는 특성을 가지며 다른 것(異)은 부정과 배타성을 가진다. 허나 동양에서는 二를 끌어들일 때도 萬物의 生成變化를 설명키 위한 兩儀(Two Forms: 보드 역, Two Modes: 찬 역)로서만 파악했지 배타와 부정을 위해 끌어들인 것은 아니다. 『易傳』(Ten Wings of the Chou I)의

---

34) 爲天地立心, 爲生民立命; 爲往聖繼絕學, 爲萬世開太平。이 四句는 『西銘』과 별개의 것으로 그의 語錄 중의 하나. 黃宗羲, 『宋元學案』(臺北: 世界書局, 1966), 上册. p. 441.

陰과 陽이 그것이다. 이 「傳」(*Appendices*. 레게 역)의 陰陽사상은 궁극적으로 『周易』의 본텍스트인 卦에서 온 것으로 乾卦와 坤卦야말로 陽과 陰의 대근거인 것이다. 陰과 陽은 대우주의 변화 속에서 대등한 位를 가지면서도 각기 그 功能(function 혹은 operation)이 다른 것으로 보았다. 陰은 수동적 공능(Passivität)의 상징이며 陽은 능동적 공능(Activität)의 상징이다. 「象傳」(*Treatise on the Judgments*, 레게 역)에 의하면 乾元은 "萬物이 그것을 바탕삼아 시작되는 것이며, 하늘의 모든 것을 통솔하며"[35] 坤元은 "萬物이 그것을 바탕삼아 생성되는 것이며 하늘의 공능을 순화롭게 이어가는"[36] 것이다. "乾道의 변화는 物이 하늘로부터 받아 이룩한 본성과 하늘이 物에게 주는 命이 각각 제자리를 찾아가도록 바르게 해주며 그런 가운데서 전 우주의 거대한 질서를 보존하고 조화롭게 하니 利하고 貞한 것이다."[37] 이와 나란히 "坤은 그 모습이 두껍고 두터워서 모든 만물을 신기에 부족함이 없고, 그 德이 광대하고 끝이 없는 능동적 乾에 잘 배합하고, 포용력과 넓음과 찬란함과 거대함이 모두 갖추어져 있어서 땅에 사는 萬物이 모두 그것으로 인하여 완전히 가능성을 드러낸다."[38]

이러한 『周易』의 사상은 고대 중국인의 우주관(cosmology)을 집결해 놓은 것으로 볼 수 있는데 후대의 모든 철학적 발전은 이 우주관의 결구를 한 발자국도 벗어나지 않는다. 그러므로 서양철학사가 플라톤의 각주인 것처럼 중국철학사는 『周易』의 해석의 역사라고 해도 과

---

35) 大哉乾元, 萬物資始, 乃統天。 레게 번역은 : Vast is the 'great and originating (power)' indicated by Khien! All things owe to it their beginning: —it contains all the meaning belonging to (the name) heaven.

36) 至哉坤元, 萬物資生, 乃順承天。 레게 역 : Complete is the 'great and originating (capacity)' indicated by Khwän! All things owe to it their birth; —it receives obediently the influences of Heaven.

37) 乾道變化, 各正性命, 保合大和, 乃利貞。 The method of Khien is to change and transform, so that everything obtains its correct nature as appointed (by the mind of Heaven); and (thereafter the conditions of) great harmony are preserved in union. the result in 'what is advantageous, and correct and firm.') 레게의 번역은 이 구절에 있어서 易占의 논리를 의식하고 있다.

38) 坤厚載物, 德合无疆, 含弘光大, 品物咸亨。 Khwän, in its largeness, supports and contains all things. Its excellent capacity matches the unlimited power (of Khien). Its comprehension is wide, and its brightness great. The various things obtain (by it) their full development.

언이 아니다. 이러한 사상의 물줄기에 있어서 近世儒學의 발전의 일단을 소개하면 우선 二程(程明道와 程伊川, 註 4 참조)을 들 수 있다. 이츠우안(伊川)은 陰陽과 道의 관계를 설명하여 다음과 같이 말한다.

"한 번 음이 되었다 한 번 양이 되었다 하면서 계속 변화하는 것, 그것은 萬物의 道(길)를 일컬음이다"라고 했을 때, 道는 음과 양 그 자체는 아니다. 한 번 음이 되었다 한 번 양이 되었다 하게 하는 원리적인 것이 道이다. "한 번 닫혔다 한 번 열렸다 하게 하는 것이 변화이다"라고 말할 때와 같다. [39]

이츠우안은 陰陽을 氣(원질적)로 보고 道를 理(원리적)로 보려고 하고 있기 때문에 陰陽과 道를 일치시키지 않고 道를 음양의 所以然(그렇게 하게 하는 것)으로 보는 것이다. 이에 반하여 그의 兄이 되는 밍따오는 陰陽이 곧 道이고 道가 곧 陰陽이다라고 하여 形而上者(what-is-above-form: the metaphysical)와 形而下者(what-is-within-form: the physical)를 근원적으로 구분하지 않는 입장을 취하여 일원론의 전통을 재확립하고 있다. 그러나 이츠우안이나 주 시의 경우에도 서양에서처럼 본체와 현상을 이원적으로 가르는 그러한 식의 확연한 이원적 세계관은 찾아 볼 수 없다. 이츠우안의 다음과 같은 말을 깊게 살펴보자.

"한 번 음이 되었다 한 번 양이 되었다 하면서 계속 변화하는 것, 그것은 萬物의 道(길)를 일컬음이다"라고 했을 때 그 문맥의 이치는 명백히 심오한 것이기 때문에 그리 구구한 설명이 필요없다. 음이 되었다 양이 되었다 하게 하는 것이 道이다. 이미 氣를 말한 즉은 곧 二가 될 수밖에 없으며, 열렸다 닫혔다 하는 것을 말한 즉은 이미 感을 말하지 않을 수 없다. 다시 말해서 이미 二가 있으면 곧 感이 있을 수밖에 없다. 그것으로써 열렸다 닫혔다 하는 것이 바로 道이며, 열림과 닫힘 그 자체는 陰陽이다. 老선생이 虛가 氣를 生했다고 하는 것은 잘못된 것이다. 음과 양, 열림과 닫힘에는 본래 선과 후가 없다. 오늘 음이 있고 내일 양이 있다는 식의 말을 상식적으로 할

---

39) 一陰一陽之謂道, 道非陰陽也, 所以一陰一陽道也, 如一闔一闢謂之變。보드역 : (As to the statement that) "the alternation of the *yin* and *yang* is called Tao": this Tao is not itself the *yin* and *yang*, but it is that whereby the alternation of the *yin* and *yang* is caused. 위의 인용문장은 『二程全書』 (臺灣中華書局四部備要版) 중에 수록되어 있는 『二程遺書』, 卷三, 六a 에 있다. 그런데 馮友蘭氏가 그의 『中國哲學史』에 이 구절을 인용하면서 "如一闔一闢謂之變"의 마지막 구절을 생략했듯이 그 해석에 있어서 철학적으로 좀 문제가 된다. 여기서는 이런 문제는 생략함(校).

수 있겠는가? 이것은 사람에게 있어서 몸체와 그림자가 항상 한 시각에 같이 있는 것과 같다. 오늘 몸체가 있고 내일 그림자가 있다고 말할 수 있겠는가? 있으면 반드시 같이 있을 뿐이다. [40]

송명유학의 난삽한 제논란이 지금 우리의 관심은 아니다. "한 번 닫혔다 한 번 열렸다 하게 하는 것이 변화"(一闔一闢謂之變)라고 한다면 "변화"가 곧 신과 같은 초월적 실체가 될 수는 없다. 변화는 문자 그대로 실체가 없는 것이다. 그러므로 道 역시 실체를 갖는 것이 아니다. 변화는 다름(異)이 전제되어야 하며, 다름(異)은 곧 둘(二)이다. 둘은 곧 음과 양이며, 음과 양은 반드시 반응을 일으키게 된다. 이 정감적인 반응을 『周易』에서는 "感"이라고 부르는 것이며, 그것은 곧 "creative feeling"(창조 그 자체의 작용을 갖는 느낌)이다. 「象傳」에서 말했듯이 乾(天)은 만물을 덮는 것이며(覆), 坤(地)은 만물을 싣는 것이다(載). 즉 고대 중국인들은 우주를 평면적으로 파악하지 않고 입체적으로 파악했으며 땅 자체만을 자연으로 본 것이 아니라 땅과 하늘을 포괄해서 엎고 덮는 양면을 갖추어 우주라는 불가분의 전체를 구상하였던 것이다. 그러면서 우주는 기계적이고 물리적인 것이 아니라, 하나의 생명체이며 이 생명체에 있어서 生成의 계기를 만들어 주는 것이 다름아닌 하늘과 땅 자체의 "感"이다. 즉 유기체의 특징은 생명의 창조능력이 그 자체에 具有되어 있고 창조능력의 계기는 수학적 계산능력이 아니라 정감 곧 느낌에서 주어진다. 앞서 언급한 『太極圖說』의 중반부에 이와 같은 철학적 입장이 매우 명료하게 표현되고 있다.

하늘의 길(乾道)은 남자의 원리를 이루고 땅의 길(坤道)은 여자의 원리를 이룬다. 이 두 氣가 交感(서로 느낌)하여 萬物을 생성변화시킨다. 萬物이 이렇게 해서 창조(生)되고 또 창조(生)되며, 變하고 化하는 것이 끝이 없다. [41]

---

40) 一陰一陽之謂道, 此理固深, 則無可說。所以陰陽者道。旣曰氣則便是二, 言開闔已是感, 旣二則便有感。所以開闔者道, 開闔便是陰陽。老氏言虛而生氣, 非也。陰陽開闔本無先後, 不可道今日有陰明日有陽。如人有形影, 蓋形影一時。不可言今日有形明日有影, 有便齊有。『遺書』, 15/13b。『遺書』란 책은 두 형제의 말들을 섞어서 한 책으로 편찬한 것이기 때문에 어느 말이 누구의 것인지 확실히 알 수 없으며 이것은 근세유학을 하는 사람에게 있어서 항상 논란이 되는 문제이다. 이 15장은 "伊川先生語"로 되어 있으나 또 각주에 "或云明道先生語"로 되어 있기 때문에 明道의 말일 가능성도 배제할 수 없다. 필자는 伊川의 말로 간주했으나 아직 확신은 없다 (校).

41) 乾道成男, 坤道成女, 二氣交感, 化生萬物, 萬物生生, 而變化無窮焉。보드 역: The

이것은 「繫辭」의 "창조하고 또 창조하는 것 그것이야말로 우주의 변화 그 자체 곧 易이다"(註 15 참조)라는 사상을 계승발전시킨 "交感說"인데 필자는 이를 "The Doctrine of Comprehensive Interaction" 이라고 영역한다. 변화하는 현상의 근원작용(ultimate power)을 음양의 어느 한 면에서 구하지 않고 양자 사이에서 交流되는 感에서 구한 것이다. 이것이야말로 동양적 "感의 일원론"이다. 비교적 후기에 속하며 다른 학파의 존재을 의식하며 써어졌다고 믿어지는 유교 우주관의 대표적 바이블인 『中庸』(*The Doctrine of the Mean*, 가운데 길의 가르침)의 우주관은 老莊(Taoism)의 "스스로 그러한 하늘"(自然之天)을 인간의 純粹情感을 통해서 파악한 것이며, 形相이니 法則이니 하는 외적인 것에 대한 이해보다도 내적인 생명을 感受함으로써 "하늘"(자연)을 이해하고 있다. 인간의 본성을 "天命之謂性"(하늘이 명령한 것 그것을 일컬어 본성이라 한다)으로 규정하고 있으니 결국 우리의 본성(만물의 본성도 포함)은 하늘이 명령하여 이루어진 내재적 경향성을 말한다. "명령한다"하면 하늘이라는 인격적 주재자가 명령하는 식으로 기독교인들은 오해할 것이지만, 여기서 말하는 "명령함"(命)은 『周易』「繫辭」에서 말하는 "感하여 天下의 모든 사물(이치)에 通한다"(感而遂通天下之故)는 뜻이며 바로 앞서 말한 交感에 의하여 稟賦되는 것을 말한 것이다. 그러므로 이러한 순수감정을 통하지 않고서는 유가가 말하는 세계가 파악되지 않는다. 유가의 근본정신은 순수한 인간의 "情"이니, 어린아이(孺子)가 모르고 우물에 엉금엉금 기어가는 것(入井)을 보고 달려가서 건질 수밖에 없는 惻隱之心의 자연적 발로 또한 인간이 生具한 "情"이다 (『孟子』의 비유). 理論理性 (theoretical reason)으로 따져서 가치판단을 내리는 것이 아니라 자연감정의 自內로부터의 流露에 따라 좋고 나쁨이 가려지는 것이다. 그러므로 동양에서는 기독교의 수도사처럼 抑情揚性(감정을 억누르고 도덕적 본성을 드러냄)하는 것이 아니라, 오히려 揚情시킴으로써 情理一貫(감정과 이성이 하나로 꿰뚫림)의 圓融세계로 이끌어 올리는 것이다. 인간은 情을 느낌(感)으로써만 生活(살아 활동함)할 수 있는 것이며 理

ch'ien principle becomes the male element, and the *k'un* principle becomes the female element. The two ethers (i.e., the *yin* and *yang*) by their interaction operate to produce all things, and these in their turn produce and reproduce, so that transformation and change continue without end.

에 契合함으로써 存續할 수 있기 때문이다.

이러한 情理圓融·性情和諧야말로 心物合一·天人無間에 도달하는
길이며 구체적 방법론이다. 이런 문맥에서 볼때, "동양적"이란 것은
어떻게 情을 충돌없이 소통시키느냐에 가장 큰 관건이 달려 있는 것이
다. 孔子가 말하는 "仁" 자체가 情의 세계며 理法의 세계가 아니다.
孔子의 仁 이래로 오늘날까지 동양사상의 물줄기에는 이 끈적끈적한
情이 흐르고 있다. 情을 인간을 인간답게 만드는 본질로 간주한 것이
바로 동양에서 경험과학이 발달치 못한 가장 중요한 원인의 하나라고
비판받을 수 있을지 모르나 오늘날 미국사회에서 히피족이 날뛸 수밖
에 없는 현실을 바라볼 때 감정의 현실이 무시된 사회가 가지는 보편
적 문제를 제기하고 있다고 할 것이다. [42] 근대서구문명은 데카르트철
학으로 상징되는 형식주의적이고 기하학주의적인 사유의 주체로서의
코기탄스(cogitans)적 자아가 합리주의적 지반을 굳혀가면서 헤겔의
神的理性에까지 확대되어 나간 계몽주의의 산물이라고 해서 과언이 아
니고 보면, 서구적 合理性·論理性·實證性은 콤프리헨시브한[43] 情理
圓融의 세계관을 망각한 편파적 발전의 결과라고 볼 수 있다.

이러한 情의 세계관이 빚어내는 사회구조는 퇴니스(Ferdinand
Julius Tönnies, 1855~1936)의 말을 빌면 공동사회(Gemeinschaft)의
특징을 지니고 있다. 아니, 보다 정확하게 표현하자면 동양이란 공
동사회가 지니는 "자연적 의지"(Wesenwille)가 情의 철학으로 표현
되었는지 모른다. 즉 陰陽의 交感化生이 夫婦之情에서 이루어지는 것
이며 이를 통하여 세계는 구성된다. 『中庸』 12장에 다음과 같은 명구
가 있다.

위대한 사람(君子)의 길은 넓고 멀면서도 또한 가물가물 숨겨져 있다. 그
러나 바보 같은 보통 夫婦라 할지라도 그 위대한 길을 더불어 알 수 있다.
그러면서도 그 평범한 夫婦의 앎이라도 지극한데 이르면 비록 성인이라 할
지라도 또한 알지 못하는 바가 있는 것이다. 못난 夫婦라 할지라도 그 위대

---

42) 이 글이 쓰여진 원 시점을 반영한다(校).
43) 이 영어적 표현은 方東美교수의 노작, *The Chinese View of Life*에서 그 충분
한 의미가 드러난다(校).

한 길을 잘 실천할 수 있다. 그러면서도 그 못난 夫婦의 행동이라도 지극한 데 이르면 비록 성인이라 할지라도 또한 못 실천하는 바가 있는 것이다. 그러므로 이렇게 보통의 인식을 벗어난 광대한 하늘과 땅의 움직임에 대하여 보통 사람들은 유감을 가지고 있을 수 있다. 그러므로 道를 실천하는 위대한 사람이 큰 것을 말할 때는 이 세상의 아무도 그것을 포용할 수 없도록 크고, 또 그가 작은 것을 말할 때는 이 세상의 아무도 그것을 잘라낼 수 없도록 작다. 『詩經』에 "솔개가 하늘로 날고 고기가 연못에 뛴다"라고 한 것은 이러한 위대한 길이 위(하늘)와 아래(땅)에 모두 명백히 드러남을 은유한 것이다. 위대한 사람의 길은 남편과 아내의 평범한 性交에서부터 발단되어 이루어지는 것이니 그 평범한 세계라 할지라도 지극한 데 이르면 하늘과 땅에 꽉 들어차 빛나는 것이다.[44]

이 글에 우리가 볼 수 있는 것은 현대실존철학이 저주하는 평범성·일상성(Täglichkeit)의 예찬이다. 공동사회를 유지해 나가는 선남선녀들의 평범성 속에 가장 위대한 진리가 숨어 있다는 이 철학적 주장은 우리가 평범하게 지나칠 수 없는 심오함이 있다. 『中庸』의 저자는 그 진리의 극치를 夫婦의 화합 속에서 발견하고 있다. 天과 人의 合一도 바로 夫婦의 和合에서만이 발단되어 인식될 수 있는 것이다. 따라서 이러한 세계관 속에서는 신부나 수녀가 설 자리는 한치도 없다. 그들은 夫婦의 和合을 체득하지 못하는 까닭이다.[45] 이와 같이 가정이라는 단위를 중심으로 하여 인생과 사회와 우주를 보는 전통이 일찌기 확립되었으며, 夫婦의 仁義愛敬(어짐과 의로움과 사랑과 존경)이야말로 하늘의 길과 사람의 길이 화합하는 묘리로 보았다. 동양의 문화는 "情의 문화"이며, 이것은 가정이란 단위를 통해서 형성된 사회구조이며, 『西銘』에서 말하고 있듯이 이러한 사회구조는 우주구조와 일치한다.[46] 이러한 이유로 해서 동양에는 修身―齊家―治國―平天下

---

44) 君子之道, 費而隱。夫婦之愚, 可以與知焉; 及其至也, 雖聖人亦有所不知焉。夫婦之不肖, 可以能行焉; 及其至也, 雖聖人亦有所不能焉。天地之大也, 人猶有所憾。故君子語大, 天下莫能載焉; 語小, 天下莫能破焉。詩云, 「鳶飛戾天, 魚躍于淵」, 言其上下察也。君子之道, 造端乎夫婦。及其至也, 察乎天地。레게본, pp. 391～393.

45) 바로 이 점이 유교와 불교가 싸우게 되는 가장 큰 원인이었다. 불교는 독신(celibacy)을 인정하기 때문이다. 이 문제에 관하여는 梁나라때 僧祐(445～518)가 撰한 『弘明集』(『大正대장경』(55/1～96)을 참고할 것(校).

46) 바로 이 점을 헤겔이 오해한 것이다. 중국문명을 가부장중심제적 역사 유년기로 보고 중국의 독재군주체제의 지속을 비역사적(시간성이 배제된 역사)으로 보았으나 헤

라는 인성본위적 공동사회 그 자체 외로 神聖(Divinity)을 위주로 하는 위계적 종교조직의 성립을 별도로 필요로 하지 않았다. 이러한 의미에서 동양사회에서는 서양적 패턴의 종교는 찾아볼 수 없고 다만 가정을 중심으로 한 생활공간(Lebensraum)에 무조직적으로 침투된 禮나 慣習의 의식이 내려오고 있는 것이다. [47]

동양적 일원론의 또 다른 구체적 표현은 "中"과 "和"이다. 『中庸』 제 I 장에 :

　　기쁨과 성남과 슬픔과 즐거움이 아직 발현하지 않은 [마음의 상태] 그것을 中이라고 말한다. 발현하여 모든 상황에 [척척] 들어맞는 것, 그것을 和라고 말한다. 中이라는 것은 인간 사회의 모든 행위가 이루어지는 큰 뿌리며, 和라는 것은 인간사회에서 언제 어디서나 달성되어야 할 길이다. 中과 和의 지극한 데 이르게 되면 하늘과 땅이 각기 바른 위치와 공능을 갖게 되고 그 사이의 만물이 자라 번식하게 된다. [48]

희로애락이 아직 발현하지 않은(未發) 상태를 中(Equilibrium, 레게 역)이라 하였는데 이를 단순한 심리적 차원에서 인간의 감정이 노출되지 않은 嬰兒의 상태로 해석하기보다는 우주론적 관련에서 풀어나가야 하는데 이를 위해서 老子를 잠깐 인용해 보자. 앞서 말한 "道生一, 一生二, 二生三, 三生萬物"에 있어서 道生一은 無差別의 公相(the totality of nondifferentiation)이요, 一生二는 分化過程(the phase of differentiation)이요, 二生三은 單位母形成過程(the phase of stabilization)이요, 三生萬物은 增殖過程(the phase of proliferation)이다. 이때 喜怒哀樂之未發의 中을 二(異)의 分化가 일어나기 이전의 一로 본다. 즉 老子는 "一"을 순수한 자연상태에서 인간의 가치판단이 개입되지 않은 스스로 그러한 모습으로 보았고 『中庸』의 저자(孔子

　　겔은 중국인이 깔고 있는 세계관을 본질적으로 이해하지 못했다. 그의 절대정신이 오히려 『西銘』的 철학에서도 도출될 수 있다는 것을 그는 상상할 수도 없었다(校).
47) 이 주장은 유교의 전통에 있어서 가장 타당성을 지닌다. 우리가 가장 가깝게 느끼는 조선조 사회가 유교사회였다는 사실을 상기할 때 이러한 주장은 어느정도 보편성이 보장된다(校).
48) 喜怒哀樂之未發, 謂之中。發而皆中節, 謂之和。中也者, 天下之大本也；和也者, 天下之達道也。致中和, 天地位焉, 萬物育焉。

의 손자)가 말한 "中"은 그 "一"을 인간의 情・感・性 위에 묶어서 설명한 것이다. 동양에서의 中개념은 一의 개념이며 전체를 포괄통섭하는 원융의 모습이다. 흔히 아리스토텔레스의 中庸(mesotēs)과 비교하기도하나, 그의 中이나 서양의 기타 中개념은 거의 직선적이고 평면적인 중간의 의미가 강하다. 용기는 만용과 비겁의 중간이며 자존은 허영과 굴욕의 중간이라는 식의 중용이므로, 그것은 개념적 반성이 없고 우주론적 관련성을 결핍하고 있기 때문에 동양에서 말하는 원융적이고 中節적인 중용과는 심도나 규모에 있어서 비교될 수 없는 것이다. [49] 孔子・孟子에서 주장되고 있는 仁・義・禮・智가 모두 이 "中"의 다른 표현이라 할 때, 中이 어떠한 욕심 멀내는 중간이 아니라 일원적 인격의 완성에 있어서 달성해야 할 지고의 이상임을 알게 된다. 이러한 서양적 中, 아리스토텔레스적인 상식적 中은 이미 孟子에 의하여 통렬히 비판된 것이다. 孟子의 철학 자체가 그 당시 현학이었던 楊子와 墨子에 대한 유교의 아폴로기로 탄생한 것이며 그 당시 많은 사람이 孟子를 그 양자의 중간노선으로 이해하였던 것 같다. 楊子는 정강이 털을 하나 뽑기만 하면 이 세상이 구원될 수 있는 상황이 있을지라도 내 다리 털은 못 뽑겠다는 극단적 이기주의(爲我)이고 墨子는 대가리부터 발끝까지 몸을 다 닳아 없앨지라도 남을 이롭게 하는 짓이라면 무엇이든지 서슴지 않겠다는 극단적 애타주의(兼愛)였다. 그러면 孟子사상은 아리스토텔레스식으로 이기와 애타의 중용인가? 그 당시 子莫이라는 사상가는 이러한 아리스토텔레스식의 중용의 길을 걸었다. 그러나 孟子는 子莫을 비판하여 다음과 같이 말한다.

中을 잡는다는 것(중간노선을 걷는다)은 매우 그럴싸하게 들린다. 그러나 中을 잡고서 權이 없으면 그것은 〔편파적〕 一을 잡는 것과 같다. 내가 一을 잡는 것을 증오하는 이유는 그것이 道를 해침이 크기 때문이다. 一을 들어 百을 없애버리기 때문이다. 執中爲近之。執中無權, 猶執一也。所惡執一者, 爲其賊道也。擧一而廢百也。[50]

49) 럿셀은 아리스토텔레스의 중용론(the doctrine of the golden mean)이 당시 희랍 사회의 매우 관습적 상식의 테두리를 벗어나지 못하고 있다고 비판하면서 그 따위 평면적 중간이 입체적 도덕개념을 규정할 수 없다고 본다. 어느 市長의 퇴임인사를 인용하면서 아리스토텔레스를 조롱한다 : "나는 공정과 불공정의 힘들고 위대한 중용의 길을 걸어왔다." B. Russell, *A History of Western Philosophy*, pp. 173~174.
50) 『孟子』, 「盡心上」, 레게본, pp. 464~465.

여기서 말하는 一은 여태까지 우리가 논한 一이 아니다. 편파적이고 배타적인 구별적인 一이다. "中을 잡고서 權이 없다"할 때의 權은 시간성(temporality)이며 상황성(situationality)을 말한다. 孟子는 자기의 철학이 애타와 이기의 중간이 될 수 없다고 선언한다. 그러한 中과는 다른 차원에서 그의 철학체계를 구축했음을 밝힌다. 시간성과 상황성이 고려된 전체적 조화의 세계이다. 동양적 일원성에서 성립하는 모든 철학개념은 현상성이 배제될 수 없기 때문에 항상 시간성이 배제될 수 없다. 그래서 유가가 말하는 "中"을 보통 "時中"이라고 표현한다. [51]

혼히 "동양적"이라하면 고리타분하고 케케묵은 도덕관을 가리키는 것으로 생각한다. 사회에서 규범적으로 지어 놓은 예절을 지키고 순종하기만 하면 되는 것으로 생각한다. 동양 예론의 성전이라고 할 수 있는 『禮記』에서도 禮가 성립하기 위한 여러가지 조건(속성)을 나열해 놓고 그중에서 시간성보다 더 중요한 것은 없다고 하였다(禮, 時爲大). [52] 이를 보더라도 동양인은 禮를 時·空에 따라 변천하는 상대적인 것으로 파악했음을 알 수 있다. 禮는 칸트의 정언명령도 아니며 모세의 십계명도 아니다. 不同한 事變에 사회적 인간이 상황적으로 應해야 할 도덕 방면의 "中"이다.

『中庸』에 나타난 中개념의 기술에 있어서 가장 주목할 사실은 和를 동반하고 있다는 것이다. 未發之中이 發하여 節에 들어맞는 것을 "和"라고 하였다. 여기서 말하는 "節"이란 인간이 인간이기 때문에 지켜야 하는 절도이며 분수이며 상황 상황의 마디다. 孟子가 말하는 "權"과 상통한다. 義라는 것도 마땅함(宜)이요, 道라는 것도 사람이 사람으로서 마땅히 걸어가야 할 길(人之路)이다. 『中庸』식으로 말하면 사람의 본성을 따라가는 것이 道다(率性之謂道). 그러나 그 길은 히틀러의 독일에서처럼 누구나 다 똑같이 걸어가야 하는 획일적 외길

---

51) "時中"은 『中庸』2 장에 나옴(校).
52) 禮, 時爲大。順次之、禮次之、宜次之、稱次之。禮에는 時가 으뜸이요, 그 다음이 順이요, 그 다음이 禮요, 그 다음이 宜요, 그 다음이 稱이다. 順이란 예가 성립하는 인륜질서를 말하고 禮란 예가 적용되는 대상이며 宜는 예가 행하여 지는 타당성을 말하고 稱은 예에 쓰여진 물건들의 적당한 분배를 말한다. 『禮記』, 「禮器」.

이 아니라 시공의 變樣과 성품의 位와 節에 맞는 저마다의 길이다.
그러나 이 모든 길은 서로 같이 가면서도 어긋나지 않는다. 그것은 저
하늘 아래 大地에서 무럭무럭 자라나고 있는 초목이 서로 같이 크면서
도 해치지 않는 것과 같다(萬物並育而不相害, 道並行而不相悖).[53] 이
우주에 그렇게 많은 길이 있어도 서로 충돌하지 않는다. 해는 해대로
달은 달대로 별은 별대로 사계절은 사계절대로 제각기 다 길이 있어
도 어긋나는 법이 없이 조화로운 운행을 지킨다. 잔디밭의 풀포기도
큰 풀이 작은 풀을 억누르지 않고 작은 풀이 큰 풀을 시기하지 않는
다. 크면 큰대로 작으면 작은대로 자기의 길이 따로 있으면서도 서로
같이 자라고 또 서로 해치지 않는다. 이러한 이상향이야말로 동양적
일원론의 자연관의 극치적 표현이다. 이와 같이 서로 어긋나지 않고
서로 해치지 않는 순수한 자연상태, 즉 하늘의 길의 조화를 중국의
지혜인 莊子(Chuang Tzu)는 天倪(the Heavenly Equalty: 왓슨 역,「齊物
論」,「寓言」), 天鈞(「齊物論」,「庚桑楚」), 天均(「寓言」, 天機(「大宗師」,
「秋水」) 등의 말로 표현하고 있다. 그는 획일적인 느낌이 들 수 있는
"一"(물론 이 글자도 많이 씀)보다는 모든 다양성을 조화시키는 의미의
"均" "倪" "齊"와 같은 글자를 즐겨 쓰니 이것은 모두 우리말로 고르
게 한다는 것이다. 그의 유명한「齊物論」도 "모든 사물을 고르게 하
기 위한 논변"이란 뜻이다. 즉 인간의 是是非非를 어떻게 고르게 하
는가, 어떻게 해결하는가에 관한 그의 논문이다. 齊物에 대한 결론
으로서 그는 다음과 같이 말한다.

(각자가 서로 옳으니 그르니 하는 주장을 내세우는 것보다는) 그것을 天
倪로써 조화시키고 그것을 曼衍(心知의 구분 판단 이전의 渾沌한 경지)으로
서 참여시킨다. 그렇게 함으로써 인간정신을 해방하고 각자 자기의 주어진
명을 다 살 수 있게 한다. 그러면 무엇이 "그것을 天倪로써 조화시킨다"고
하는 것인가? 이에 대답하건대, 이 세상에는 옳다는 것과 옳지 않다는 것,
그렇다는 것과 그렇지 않다는 것이 있다. 만약 옳다는 것이 참말로 옳다고
주장된다면 그 옳다는 것에 대하여 상대적인 옳지 않다는 것이 항상 존재하
므로 그것이 참말로 옳지 않음은 말할 건덕지도 없는 것이다. 만약 그렇다
는 것이 참말로 그렇다고 주장된다면 그 그렇다는 것에 대하여 상대적인 그

---

53)『中庸』30 장. 레게본, pp. 427~428.

렇지 않다는 것이 항상 존재하므로 그것이 참말로 그렇지 않음은 말할 건덕지도 없는 것이다. 그러므로 시간의 허구인 나이의 의식을 잊어버려라! 옳다 그르다하는 세속적 판단은 잊어버려라! 그리고 끝이 없는 절대의 경지에서 날개를 펴라! 그리고 끝이 없는 절대의 경지에 자기를 세우라! [54]

인간의 시비는 시비 그 자체의 논리로써는 해결될 수 없다는, 논리에 대한 불신감이 莊子에게는 강하다. 그러한 상대적 가치판단에 대한 초극은 바로 그러한 인간의 가치판단이 생기기 이전의 혼돈, 그러면서 그 자체에 진정한 조화를 내포하는 天倪에로의 복귀이다. 그는 또한 「天地」편에서 다음과 같이 말한다.

태초에 無가 있었다. 그것은 있음도 없으며 이름도 없다. 無에서 우주의 원질을 이루는 一氣의 一이 일어나매, 一은 있으나 형체는 없었다. 그러면서도 모든 物이 이것을 얻어서 생성되니 이것을 일컬어 德이라 한다. 아직 형체를 갖추지 않았으나 만물이 거기서 자기의 몫(分)을 얻고 그러면서도 사이가 없이 연속되어 있다. 이것을 일컬어 命이라 한다. 그 큰 氣가 움직이어 物을 生하매, 物이 이루어지면서 그 物의 이치가 생겨난다. 이것을 일컬어 形이라 한다. 모든 형체가 우주의 신비로운 작용을 담고 지속하며, 제각기 질서와 법칙을 지닐 때, 이것을 일컬어 性이라 한다. 이러한 性이 닦아지면 형체가 갖추어지기 이전의 德의 상태로 돌아간다. 또 그러한 德이 다 발현되면 태초의 상태와 같아진다. 같아진다는 것은 비었다는 것이요, 비어 있으면 곧 위대한 모든 것을 담게 된다. 그렇게 되면〔우리의 모든 언행이〕무심코 지저귀는 새소리와도 자연스럽게 합치된다. 무심코 지저귀는 새소리와 합치되게 되면 하늘과 땅의 대조화와도 합치를 이룬다. 그 합치됨이 그냥 멍처엉한 모습이어서 바보스럽기만 하고 어두운 것 같이만 보인다. 이것을 일컬어 어두운 德(玄德)이라고 하니, 분별이 없이 고름(同)이여! 큰

54) 和之以天倪, 因之以曼衍, 所以窮年也。何謂和之以天倪? 曰, 是不是, 然不然。是若果是也, 則是之異乎不是也亦无辯。然若果然也, 則然之異乎不然也亦无辯。忘年忘義, 振於无竟, 故寓諸无竟。이 부분은 판본에 따라 이본이 있다. 또 해석도 여러 가지가 가능하다. 나는 레게본의 수정된 문장구조를 따랐다. 그러나 해석에 있어서는 후쿠나가의 설을 따랐다. "是不是"를 "세상에서 옳다고 하는 것은 옳지 않은 것이다"로, "是若果是也, 則是之異乎不是也亦无辯"을 "옳음이 참말로 옳다면 옳지 않은 것과는 명백히 구분될 것임으로 논란의 여지가 없다"로 해석할 수도 있는데 (왓슨의 경우), 이러한 해석은 장자의 是非의 근원적 초월이라는 철학사유체계에 합하지 않으므로 좋지않은 해석이다. 福永光司, 『莊子, 內篇』(東京 : 朝日新聞社, 1975), pp. 100~104. Burton Watson, *The Complete Works of Chuang Tzu* (New York: Columbia University Press, 1970), pp. 48~49. (校).

따름(大順)이로다! [55]

여기서 「天地」의 저자는 중국철학의 기본개념인 "德" "命" "形" "性"을 매우 포괄적이고 추상적인 언사로 설명하고 있는데 여기서 필자의 관심을 끄는 것은 "性이 닦아지면 형체가 갖추어지기 이전의 德의 상태로 돌아간다"(性脩反德)인데 이는 『中庸』의 "率性之謂道"와 상통한다는 점이다. 또 『中庸』의 "中"은 여기서 "玄德"(겸은 未形의 상태)으로 표현되었고, "和"는 "大順"(Grand Submission, 큰 따름)으로 표현되었다. 즉 玄德이 天倪에 맞을 때 大順이 되는 것이니, 中이 節에 맞을 때 和가 되는 것과 같다. 大順이라는 것은 우주의 만물이 스스로 자기의 길을 따라가는 것(順)이니 老子가 『道德經』 25장에서 "우주의 길은 스스로 그러함을 본받을 뿐이다"라고 한 道法自然의 사상을 계승·발전시킨 것이다. 그렇기 때문에 동양에서는 자연정복 사상이 미약하였다. [56]

하늘을 거스르는 자는 망하고 하늘을 따르는 자는 존한다(順天者

---

55) 泰初有無, 無有無名。一之所起, 有一而未形, 物得以生, 謂之德。未形者有分, 且然無間, 謂之命。留動而生物, 物成生理, 謂之形。形體保神, 各有儀則, 謂之性。性脩反德, 德至同於初。同乃虛, 虛乃大, 合喙鳴。喙鳴合, 與天地爲合。其合緡緡, 若愚若昏。是謂玄德, 同乎大順。 제일 마지막 句는 "大順에 같아진다"로 할수도 있고, "同乎! 大順"으로 해석할 수도 있다. 후자를 따랐다. 福永본, 『外篇』, pp. 171～177. (校).

56) 영국의 르네상스시기에 최대의 사상가, 베이컨(Francis Bacon, 1561～1626)은 인간의 참된 지식·인식(science)은 자연을 대상으로 하여 알고 지배함으로써 인간의 생활의 질을 개혁하는 것이라고 하였다. 베이컨에 의하여 대변되는 이러한 자연정복 사상은 과학주의(scientism)와 더불어 내려온 서구 근대문화의 가장 큰 전통이다. 베이컨이 말하는 새로운 자연철학이 당시 스콜라철학의 질곡에 빠져 있던 르네상스 사상가들, 기껏해야 희랍고전의 재해석에 급급했던 당시 지성인들을 과감히 비판하고 마르코 폴로, 코페르니쿠스, 갈릴레오, 케플러 등에 의한 새로운 발견을 새롭게 이론적으로 뒷받침해 보자는 그의 정열과 선지자적 자세는 평가해 줄 수 있지만, 그가 말하는 새로운 논리방법에 의한 대담한 자연개조의 설계는 서구 근대 자연정복 사상의 원류라고 하지 않을 수 없다. 오늘날의 환경론(Ecology: environmental disruption)의 제문제가 우리의 생활의 질을 파괴하는 되돌이키기 힘든 마력으로 우리를 위협하고 있는 이 시점에 이러한 서구문물이 초래한 세기의 진통의 진원인 자연정복 사상에 대해 깊은 사상적 반성이 없을 수는 없다. 앞으로 다가올 세기의 최대의 쟁점은 동양철학도 아니고 서양철학도 아닌 바로 환경론 그것일 것이라고 나는 확신을 가지고 예언한다. 혹자는 환경파괴가 야기된 가장 원초적 사상근원을 『創世記』의 창조적 인간관에서 찾기도 한다. 무로부터의 창조의 능력을 가진 신의 형상을 닮은 인간이 그 신의 창조능력을 남용한 데서 생긴 문제라는 것이다. 서구의 창조론과 동양적 생성론의 관계가 단순한 이론적 대립이 아니라 이와 같이 우리의 구체적인 실생활과 깊게 연관되어 있다는 사실에 대해 다시 한 번 각성이 있어야 할 것이다.

存, 逆天者亡)[57]는 孟子의 말도 있거니와 자연의 이치에 순응하여 합일되는 경지는 儒·佛·道에 공통된 귀일점이다. 이런 각도에서 『中庸』Ⅰ장의 마지막 구절을 재음미해 볼 수 있다 : "中이라는 것은 인간사회의 모든 행위가 이루어지는 큰 뿌리며, 和라는 것은 인간사회에서 언제 어디서나 달성되어야 할 길이다. 中과 和의 지극한데 이르게 되면 하늘과 땅이 각기 바른 위치와 공능을 갖게되고 그 사이의 만물이 자라 번식하게 된다."

또 『中庸』Ⅰ장에서 특기할 것은 "發展"개념이다. "發而皆中節"의 해석에 있어서, 희로애락이 아직 발현하지 않은 상태의 中이 發하여 節에 들어맞는다할 때의 "發"을 인간의 인식작용에서 보면 칸트적 觸發(affizieren)에 가깝고,[58] 또한 우주론적으로 말해서, 中을 老子가 말하는 形而上적 "一"로 파악한다면 이때의 "發"은 헤겔의 止揚(aufheben)에 가까운 듯이 보인다(注 : 中節의 中은 우리가 말하는 명사적 中이 아니고 들어맞는다는 第四聲의 단순한 동사임을 주의할 것). 허나 發而皆中節에서의 發은 자기소외적 부정과 대립적 투쟁을 배태하지 아니한다. 즉 우주발생론적으로 말하든 역사발전론적으로 말하든 인식의 전개과정에서 말하든 和의 형식으로 發하는 것이므로 동양적 발전개념은 서구적 "止揚"의 요소를 내포하지 않는다. 헤겔관념론에 빠

---

57) 『孟子』,「離婁上」, 레게본, p. 296. They who accord with Heaven are preserved, and they who rebel against Heaven perish.

58) Wenn das Vermögen sich bewußt zu werden, das, was im Gemüte liegt, aufsuchen (apprehendieren) soll, so muß es dasselbe affizieren, und kann allein auf solche Art eine Anschauung seiner selbst hervorbringen, deren Form aber, die vorher im Gemüte zu grunde liegt, die Art, wie das Mannigfaltige im Gemüte beisammen ist, in der Vorstellung/der Zeit bestimmt, da es denn sich selbst anschaut, nicht wie es sich unmittelbar selbsttätig vorstellen würde, sondern nach der Art, wie es von innen affiziert wird, folglich wie es sich erscheint, nicht wie es ist. (번역생략, 한국기존번역판 참조). Kant, *Kritik der reinen Vernunft*, p. 90, 19줄에서 28줄까지. "촉발"은 그의 선험적 감성론에서 나오는 중요한 개념이다. 칸트의 촉발은 우리의 시공이라는 직관 형식을 촉발하는 것으로 물자체에서 주어지는 그 무엇이므로 매우 수동적인데 반하여, 『中庸』의 發은 우리 마음 그 자체에서 發하는 것이므로 매우 능동적인 느낌이 강하다. 그러나 『中庸』의 發도 결국 외부에서 촉발을 받아 마음에서 發하는 것이므로 결국 같은 이야기가 된다. 그러나 양 개념이 쓰여지고 있는 문맥은 매우 다르다. 칸트에 있어서는 과학적 이성의 인식성립에 관한 것임에 반해서 『中庸』의 저자에 있어서는 情에 조화에 관한 것이다(校).

진 사람에게는 발전(progress)개념이 마치 역사의 필연적인 내재적 법
칙인 것처럼 큰 착각을 불러 일으키기 쉬우나, 그것은 産業革命 이래
로 비로소 생겨난 역사낙관론의 매우 자의적이고 왜곡적 표현일 뿐이
다. 발전이란 인간이 歷史에 부여한 인간의 관념이며 역사의 사실의
체계는 절대로 아니다. 여기서 잠깐 역사결정론자(historicist)들을 통
렬히 비판하는 칼 포퍼의 주장을 들어보자!

　　요약하건대, 일어난 사실 그대로의 역사라는 것은 없다. 역사에 대한 인
　간의 해석만이 존재하며 그 어느 해석도 최종적인 것이란 없다. 모든 세대
　가 자기의 역사를 자기식으로 꾸려나갈 수 있는 당당한 권리를 가지고 있
　다… 역사결정론자들은 인류 전체가 걸어갈 수밖에 없다고 생각하는 외길을
　발견하려고 광분하고 있다. "역사의 단서"를 발견하려고 하고 "역사의 의미"
　를 발견하려고 한다. 그러나 과연 그러한 단서가 있는가? 역사에는 과연 의
　미가 있는가? … 나는 말한다 : 역사는 의미가 없다… 만약 역사가 진보한다
　고 생각하거나 우리 자신이 진보할 수밖에 없다고 생각한다면, 우리는 역사
　의 의미가 우리에 의하여 주어진 것이 아니라 그 자체 속에 내재하는 그 무
　엇으로, 발견되어야 할 그 무엇으로 생각하는 것과 똑같은 오류를 범하게
　된다. 왜냐하면 진보한다는 것은 어떠한 특정한 목적을 위해서 움직인다는
　것을 말하는 것이며, 그 목적이란 인간으로서의 우리 인간의 삶을 위해서만
　이 존속하는 것이다. 역사는 발전하지 않는다. 단지 우리, 다시 말해서 인
　간 개인들만이 발전할 수 있는 것이다.[59]

발전개념의 오류는 이와 같이 이미 많은 서구사상가에 의해서도 청
산되어 버린 것이다. 발전개념이란 인간의 상대적 가치를 한 시점에

---

59) To sum up, there can be no history of 'the past as it actually did happen';
there can only be historical interpretations, and none of them final; and every
generation has a right to frame its own …. Historicism is out to find The Path
on which mankind is destined to walk; it is out to discover The Clue to History
(as J. Macmurray calls it), or The Meaning of History. But is there such a
clue? *Is there a meaning in history?*…, I answer: *History has no meaning.*
…If we think that history progresses, or that we are bound to progress, then
we commit the same mistake as those who believe that history has a meaning
that can be discovered in it and need not be given to it. For to progress is to
move towards some kind of end, towards an end which exists for us as human
beings. 'History' cannot do that; only we, the human individuals, can do it.
Karl Popper, "Has History Any Meaning," *The Philosophy of History in Our
Time*, ed. by Hans Meyerhoff(대만영인본, 1959), pp. 303~311.

고정시켜 놓고 직선적으로 역사를 파악할 때만이 생겨나는 것이다. 그 가치의 시점에 따라 역사는 동시에 진보할 수도 있고 퇴보할 수도 있고 제멋대로 갈 수도 있다. 기독교의 종말론적 사관(eschatological view)이나 아리스토텔레스의 순수형상적 위계질서는 이러한 직선적 발전사관의 오류의 대표이다. 이런 의미에서 아우구스티누스의 『神國論』(De Civitate Dei)에서 기독교의 종말론적 天國론과 희랍사유가 결합한 이래 헤겔의 변증법적 역사발전론에 이르기까지의 서양의 발전관은 하나의 폐쇄된 주관적 가치체계에서 발생하는 일대 오류이며 인류역사에서 무서운 죄악을 수없이 자행해 왔다. 헤겔류의 발전관은 우리 한국인의 정신 상태에 있어서도 日帝의 군국주의의 잔재를 불식한다는 의미에서도 철저히 청산되지 않으면 안 된다고 생각한다.

동양에서는 우리가 보아왔던 대로 인간의 가치판단의 상대성에 고집(불교용어로는 집착)하지 않고 "스스로 그러한" 자연이란 전체로 넓혔기 때문에 서구식의 발전개념은 생겨날 수 없었다. 포퍼의 지적대로 자연과 인간의 가치를 분리하는 전통이 고대부터 이미 성숙하여 있었다. 老선생 말씀에(제 2 장):

> 하늘 아래의 모든 사람들이 다 아름다운 것을 아름다운 것으로 알고 있다. 그러나 실상 그들이 알고 있는 아름다운 것은 추한 것이다. 모두 다 선한 것을 선한 것으로 알고 있다. 그러나 실상 그들이 알고 있는 선한 것은 선하지 않은 것이다. 그러므로 있는 것과 없는 것은 서로 생하며, 어려움과 쉬움은 서로 이루며, 긴 것과 짧은 것은 서로 비교될 때만 생겨나며, 높은 것과 낮은 것은 서로 기울어질 때만 생겨나며, 배율된 소리와 그냥 소리는 서로 화성될 때에 구분되며, 앞과 뒤는 직선적 시간에서만 구분된다. [60]

여기서 인용된 老子의 말씀은 아름다운 것이 추한 것이라는 모순적인듯이 보이는 명제를 타당화하려는 신비주의적 발언이 아니라, 아름답다 추하다고 하는 것이 어차피 인간의 주관의 상대적 소산이며 자연 그 자체는 아니라는 것을 주장하기 위한 것이다. 이것은 앞서 말한 그의 인식론적 명제인 "도를 도라고 언표하면 그것은 이미 참된 도가 아니다"라는 주장과 일치하는 것이다. 언어개념 속에 들어 와 버린 자

---

60) 天下皆知美之爲美, 斯惡已; 皆知善之爲善, 斯不善已。故有無相生, 難易相成, 長短相較, 高下相傾, 音聲相和, 前後相隨。

연은 곧 우리의 가치판단이며 그것은 살아 있는 자연 그 자체는 아니
다. 그렇기 때문에 동시에 아름답다고 해도 추하다고 해도 아무 상관
없는 것이다. 환언하면 역사가 발전한다든가 퇴보한다든가 하는 것은
역사 그 자체가 아니므로 발전한다 해도 퇴보한다 해도 아무 상관이
없다. 서구적 발전개념을 역사에서 빼놓고 볼 때에 동양의 사관에 남
는 것은 자연의 순환밖에는 없을 것이다. 그러면 서양학의 논리에 집
착되어 있는 사람은 동양적 "발전관"이란 기껏해야 순환적 필연사관의
한 형태에 지나지 않는다고 비판할 것이다. 그러나 동양에서 말하는
자연의 순환 자체가 우리가 봐왔듯이 직선적인 것이 꼬부라져서 맴맴
맴도는 그 따위 또 하나의 일직선적(linear) 형태의 길(道)을 말하는
것이 아니다. 그것은 원융적인 것이며 동시적인 것이며 연계적인 것
이며 상황적인 것이며 전체적인 것이다. 또한 동양에서는 관념적으로
필연(necessity)과 자유(free will)가 대립되지 않았고 自然이란 실재
(如如란 뜻에서) 속에서 모두 融和시켰기 때문에 필연이란 규합개념
(organizing concept)은 성립할 수가 없다. 자유와 필연의 대립은 반
드시 서구적 신관의 전제에서만 성립하는 것이며 필연성이라는 것 자
체가 理神論(deism)적 세계관을 전제하지 않고는 성립하지 않는 것이
다. 단지 확실히 지적해 둘 수 있는 것은 서양인은 역사의 목표를 역
사 밖에 두었는데 반해 동양인은 역사의 목표를 역사 안에 두었다는 점
이다. 그러므로 동양인의 역사는 내재적이고 상황적이고 양태적이고
현세적이다.

헤겔의 절대정신의 발전양식인 삼분법적 변증법의 중핵은 생성변화
의 원동력을 모순(Widerspruch)으로 본 것이다. 그의 변증법의 내적
구조는 대립의 통일 또는 모순의 지양이다. 자기와 非자기의 대립이
모든 변증법적 운동의 발단(Ansatz)이다. 이러한 운동이 부정의 부정
(Negation der Negation)의 형식으로 지양되어 合(an-und-für-sich)
으로 성립된다. 이렇게 부정하고 부정당하는 투쟁적 사관을 동양적
"中"과 "和"의 세계관에서 본다면 그 얼마나 끔찍하고 무서운 사상인
가? 이러한 헤겔리안의 논리는 헤겔이라는 六尺之軀의 독점소유물인
가? 서양인의 일반적 사고를 대변하고 있는 것일까? 상부구조는 하
부구조를 반영한다고 보고 역사를 지배계급과 피지배계급의 계급투쟁

으로 보아 변증법적 유물사관을 제창한 공산주의는 바로 어디서 생겨난 것이며 그것은 현대세계지도를 어떻게 그려놓고 있는 것인가? 그러한 투쟁적 발전사관이 동양의 풍토에서 자라나지 않는 것은 오히려 당연한 것이 아닐까? 1848년에 출판된 『공산당 선언』의 첫머리를 보라! "하나의 도깨비가 유럽을 배회하고 있다——공산주의라는 도깨비가. 낡은 유럽의 모든 세력들은 이 도깨비를 내쫓기 위해서 대동굿을 벌이고 있다."[61] 그렇다면 이 도깨비는 어디서 누가 만들어낸 것이며 이 도깨비를 대적의 과녁으로만 생각할 수 있겠는가? 세계평화와 전 인류의 구원을 부르짖는 기독교의 하나님이 바로 헤겔의 절대정신의 모습이며 공산주의라는 도깨비의 모습이라는 명명백백한 사실을 과연 누가 부정할 수 있을 것인가? 그러면서 전 세계의 기독교인들은 반공만을 찬송할 수 있겠는가? 과연 이러한 비참한 이데올로기의 분극현상은 누구에게 책임이 물어져야 하겠는가? 우리는 지성의 양심을 안고 이러한 문제에 대하여 대적적인 차원을 넘어선 심오한 차원에서 포용적으로 해결해나가는 침착한 자세를 견지해야 할것이다.

이와 대비하여 동양적 "精神"(Geist)의 모습은 老子의 道, 그리고 그것의 필연적 귀착점이며 출발점이기도 한 사회철학으로서의 無爲사상(The Doctrine of Non-striving)[62]에서 극단적 표현을 얻을 수 있다. 『道德經』 3장에:

賢人을 숭상하지 말라! 그리하여 백성으로 하여금 다투지 말게 할지어다. 얻기 어려운 재화를 귀하게 만들지 말라! 그리하여 백성으로 하여금 도둑놈이 되지 말게 할지어다. 욕심날 물건을 보여주지 말라! 그리하여 백성으로 하여금 마음이 어지럽지 않게 할지어다. 그러므로 내가 말하는 이상적 통치자의 정치는 백성의 마음을 비우게 함으로써 그들의 배를 채워주고, 백성의 불필요한 의지를 약화시킴으로써 그들을 지탱하는 뼈대를 강화시킨다.

---

61) A specter is haunting Europe—the specter of Communism. All the powers of old Europe have entered into a holy alliance to exorcise this specter:... Robert Bierstedt ed., *The Making of Society* (New York: The Modern Library, 1959), p. 212.

62) Non-action이나 Inaction의 보통의 영역은 매우 소극적이며 부정적이고 수동적인 느낌이 강하므로 나는 그러한 뉴앙스를 배제한다는 뜻에서 Non-striving이라고 번역했다.

항상 백성으로 하여금 지식에만 빠지지 않게 하며 욕심을 부리지 않고 순박한 상태를 지니게 한다. 소위 지혜인들이라고 말하는 자들로 하여금 감히 무엇한다고 까불지 말도록 할지어다. 내가 말하는 "함이 없는"정치를 행하면 다스려지지 않는 것이 없을 것이다. 不尙賢, 使民不爭 ; 不貴難得之貨, 使民不爲盜 ; 不見可欲, 使民心不亂。是以聖人之治, 虛其心, 實其腹 ; 弱其志 强其骨。常使民無知無欲, 使夫智者不敢爲也。爲無爲則無不治。[63]

그 얼마나 통렬하고 현대인의 폐부를 찌르는 독설인가? 우리는 이러한 老子의 말, 그 言外에 숨은 날카로운 욕망론과 문화론의 전체계를 심도있게 파악하지 않으면 안 된다. 많은 사람들이 여태까지 논술되어 온 동양적 일원론이나 中和의 이론을 사회적 모순을 은폐하거나 투쟁적 의지를 말살시키는 매우 나이브하고 무기력하고 낭만적인 사상형태로 간주하기 쉽다. 그러나 분명히 "一"의 소박한 원용론은 매우 날카로운 사회비판철학임을 잊어서는 아니될 것이다. 즉 "一"의 철학은 사회의 불평등을 근원적으로 해소시키자는 철학이며 인간의 분별적 지혜와 인식에서 나오는 문명의 모순을 극소화하자는 철학이다. 老子가 지적하고 있듯이, 현대 자본주의 사회는 인간의 욕망의 인센티브를 자극시켜 사람들로 하여금 경쟁하게 하고(爭) 욕심날 물건을 계속 생산하고(見可欲) 재화를 귀하게 만들어 서로 잘 도둑질해먹고 살도록(爲盜) 구조적으로 장치해 놓은 사회다. 어느 놈이 덜 도둑질해 먹었나에 양심이 달려 있는 그러한 사회다. 그래서 현명한 인간과 못난 인간의 구분이 생겨나고, 정신노동하는 사람은 다스리고 육체노동하는 자는 다스림을 받고(勞心者治人, 勞力者治於人), 다스림을 받는 자는 사람을 먹여야 하고 다스리는 자는 사람에게 편안하게 먹임을 받기만 하면 되는(治於人者食人, 治人者食於人), 그러한 불평등 구조가 생겨난다.[64] 그렇기 때문에 노자는 主知주의에 반대하며 엘리트 의식을 철저히 거부한다. 老子가 보면 엘리티즘의 최고 구현체라고 할 수 있는 聖人이야말로 큰 도둑놈일 뿐이다. 聖人이 나타나고 나서야 大盜가 일어난 것이다(聖人生而大盜起). 莊子의 말대로 "聖人에 대한 존경을 끊어 버리고 소위 지식이라는 것을 내던져 버리면

---

63) 王弼本『老子道德經』에 의함.
64) 『孟子』, 滕文公上. 孟子 자신은 이 말을 긍정적으로 썼으나 老子에서 보면 물론 부정적이다.

큰 도둑놈이 없어질 것이요, 다이아몬드를 시궁창에 던져 버리고 옥구슬을 바수어 버리면 작은 도둑놈이 일어나지 않을 것이다"(絶聖棄知, 大盜乃止。擿玉毁珠, 小盜不起). [65] 인간을 인간의 분별적 지식에만 맡겨둔다면 인간이 세워가는 문명은 욕망의 극대 속에서 자기파멸의 곤국으로 휘몰려 갈 것이 뻔하기 때문이다. "인간의 지식·지혜에 맡기면 사람들은 서로 도둑질하고, 千世 후에는 반드시 사람이 사람을 잡아먹는 일이 있을 것이다"(任知則民相盜…千世之後, 其必有人與人相食者也)라는 장자의 말 속에는 인류문명의 비참한 말로에 대한 너무도 통절한 예언적 경고가 숨어 있음을 놓치어서는 아니될 것이다. 서구의 근세문명이 인간의 욕망의 무한한 긍정과 이론이성의 자연착취의 적극적 긍정 속에서 자본주의적 풍요를 이룩하였다고는 하지만 그러한 풍요 속에 인간의 정신의 뼈대(骨)가 삭아가고 배(腹)를 곯주리는 빈곤의 계급이 성장하고 지식을 획득한 자들은 감히(敢) 무엇을 한다고 하면서 정치적 실권을 휘둘러 사리만 취하는 현실이 벌어진 것을 볼 때, 이러한 문명의 현상을 근원적으로 거부한 사상이 B.C. 6세기에 이미 동양에 난숙해 있었는다 사실, 그것이 바로 동양적 일원론의 혼돈의 우주관에서 싹텄다는 사실을 다시 한 번 우리 현실의 문제와 관련지어 음미해 보아야 할 것이다. 즉 老子가 말하는 "無爲"는 아무것도 하지 말고 산중에나 앉아 있으라는 은둔의 사상이 아니다. 그러한 인상은 완전히 왜곡일 뿐이며, 도대체 그러한 문귀는 『老子道德經』속에서 한 구절도 찾을 수 없다. 老子의 "無爲"는 인간이 이룩하는 문명의 "爲" 즉 "僞"에 대한 본질적 도전이다. 정신적 문명이 되었건 물질적 문명이 되었건 문명 그 자체의 발전이 인간의 행복의 증진과 일치한다는 매우 경박한 사유에 대한 본질적 회의다. 서양인들에게는 동양적 일원론의 세계관이 근본적으로 결여되어 있기 때문에 현금 너무도 많은 문명의 문제점을 안고 있으면서도 "文化 자체에 대한 의식적 역류"의 사상이 없다. 나는 『道德經』 제 3 장을 反文化主義라고 題하고 싶고 "Counter-culturalism"이라는 영역으로 명명하고자 한다.

또한 老子는 그의 精神(헤겔의 Geist; 칸트의 Das höchste Gut; 노

---

65) 『莊子』, 「胠篋」, 福永本, 外編, p. 66.

자에게 있어서는 上善)⁶⁶⁾을 물의 모습을 들어 시적으로 표현하였다(上善若水). 그가 그린 물의 모습을 몇 가지로 나눠 고찰해 보자.

1) 물은 위에서 아래로 흐른다. 즉 자기를 내세우지 아니하며(後其身) 자기를 우월하다고 생각지 않는다.

2) 사람들이 가기 싫어하는 卑俗한 데 까지 즐겨가면서도(處衆人之所惡) 또 산꼭대기까지 안 가는 곳이 없다. 자기를 낮추기 때문에 오히려 높아진다.

3) 안 가는 곳이 없이 다 가면서도 만물과 다투지 않는다(不爭). 바위가 있으면 점잖게 슥 비켜 갈 뿐이다.

4) 또 가는 곳마다 萬物을 利롭게 한다(水善利萬物).

5) 만물에게 생명력을 부여하면서도 부여한 대상을 소유하지 않으며 모든 것이 되어 가도록 하면서도 권위나 권리를 주장하지 않는다(作焉而不辭, 生而不有).

6) 만물이 되도록 해주면서도 거기에 기대하거나 의뢰치 않는다(爲而不恃).

7) 功이 이루어져도 그 공 자체를 초탈해 버리고 그 속에 안주하려고하지 않는다. 그럼으로써 오히려 영원하다(功成而弗居, 夫唯弗居, 是以不去).

8) 높은 것은 깎아내고 낮은 것은 메우는 평형작용이 있다. 이것은 노자의 사회평등관을 나타낸다(損有餘而補不足).

이와 같이 물과 같은 道의 모습은 하늘나라에 군림하고 있는 초자연적 실재도 아니며 세계사를 처음부터 끝까지 다 꿰뚫어 반장통장 다 해먹으려는 헤겔의 절대정신도 아니다. 단지 소박한 스스로 그러한 대로의 자연의 모습이며 우리가 친근히 접하여 볼 수 있고, 느낄 수 있고, 또 일상적 삶 속에서 실천할 수 있는 그러한 모습이다. 로마의 형틀에 매달려 "엘리 엘리 라마 사박다니"를 외치는 예수의 배반

---

66) 이 대비는 이해를 돕기 위한 것이지 그것이 같다는 것은 아니다.
67) 「마가」, 15 : 34. 「마태」, 27 : 46. "나의 하나님, 나의 하나님, 어찌하여 나를 버리셨나이까"라는 뜻으로, 원문은 예수가 당시 일상생활에서 썼던 아람어인데, 「마가복음」의 "엘로이"가 「마태복음」에는 히브리어형 "엘리"로 변형된 것만 다르다. 많은 사람이 이 말은 「시편」 22 : 1에 나오는 구절의 아람어 번역이라고 하고, 또 이 말을

당한 가련한 모습은 여기에 없다. [67] 인간의 자유의지를 완전히 실현하기 위하여, 자기가 신이라는 것을 인류에게 선포하기 위하여 권총자살을 해야만 했던 자기모순적 무신론자, 끼릴로프의 모습도 여기엔 없다. [68] 서양에서 자유 (Freiheit)와 필연 (Notwendigkeit), 사실 (Sein)과 가치 (Sollen)의 대립관계의 일치가 신의 자리에서 이루어지고 있다면 동양에서는 그 일치가 소박하게 인간 속에서, 자연 속에서 和諧的으로(comprehensively) 이루어지고 있는 것이다. 서양 사유에 전반적으로 깔려 있는 이러한 二分을 현대의 유기체철학자 화이트헤드(Alfred N. Whitehead, 1861∼1947)는 "自然二分의 오류"(The fallacy of the bifurcation of nature)라고 비판하고 있으니, 물리학적 세계

─────────────────────

「시편」 22 장과의 관련성 속에서 구구히 해석하려고 하지만, 그것은 매우 잘못된 해석이다. 만약 예수가 그 아픔 속에서 한 인간으로서 운명의 마지막 순간에 고전 한 줄을 암송하고 죽었다면, 그는 『四書三經』을 돌돌 외는 융통성없는 한학자보다도 더 답답한, 미처도 한참 미친 인간이다. "엘리 엘리 라마 사박다니"는 우리의 등골이 오싹하게 할 정도로 처절한 한 인간의 인간적 울부짖음이다. 죽음에 대한 공포와 거대한 하나님의 뜻을 순종한다는 것에 대한 인간적 어려움, 그러면서 자기의 현실과 이상이 피리되어 나가는 허탈감, 공허한 검은 나락의 심연에서부터 자연스럽게 터져나온 울부짖음이다. 이로써 그는 인간의 고뇌의 경험할 수 있는 최극한까지 경험한 것이며, 여기서 예수의 위대성이 있다고 보아진다. 스토커의 말대로 "낙망의 심저에서 나온 부르짖음"이다. 유대민족의 신관에 철저히 세뇌당한 유대인 예수에게 있어서 이러한 울부짖음은 당연한 것이며, 그것은 물론 "버림받음"이며, "배반"을 의미하는 것이다. 류형기, 『성서주해』(The Interpreter's Bible) (서울 : 한국기독교문화원, 1971), Ⅲ/339∼340, 521.

68) 현대 실존주의의 선구라고 일컬어지는 도스토예프스키의 『惡靈』에 나오는 주인공 중의 1인. If there is no god, then I am a god... If there is a God, then it is always His will, and I can do nothing against His will. If there isn't, then it is my will, and I am bound to express my self-will... I am bound to shoot myself, because the most important point of my self-will is to kill myself... For three years I've been searching for the attribute of my divinity, and I've found it: the attribute of my divinity is—Self-Will! That's all I can do to prove in the main point my defiance and my new terrible freedom. For it is very terrible. I am killing myself to show my defiance and my new terrible freedom. (신이 없다면 내가 곧 신이다… 신이 있다면 항상 그의 의지가 있을 뿐이며 내가 그 의지에 거역하지 않을 수 있는 것이라고는 아무것도 없다. 신이 없다면 항상 나의 의지가 있을 뿐이며 나는 나의 자유의지를 표현하지 않을 수 없다… 나의 자유의지의 최대의 증명은 나를 죽이는 것이기 때문에 나는 나를 권총으로 쏘지 않을 수 없다… 나는 삼년동안 나의 신성의 속성을 찾아 헤매었다. 그리고 드디어 찾았다! 그것은 나의 자유의지였던 것이다. 그것이야말로 나의 불굴과 나의 새로운 끔찍한 자유를 증명하는 중심이었다. 그것은 정말 끔찍하다. 그렇기 때문에도 나는 나의 불굴과 나의 끔찍한 새 자유를 선포하기 위하여 나를 죽일 것이다.) Dostoyevsky, *The Devils*, tr. David Magarshack (Penguin Classics, 1972), pp.612∼5 *passim.*

와 생물학적 세계의 二分을 근본적으로 허용하지 않는 그의 세계관을 여태까지 우리가 다루어온 일원론의 논지와 비교하여 본다면 재미있는 결론이 도출될 수도 있는 것이다.[69]

4. 東洋的 프래그머티즘

"프래그머티즘"이란 어휘 자체가 서양적이다. 동양적 특수성과 고유성을 오늘의 감각을 살려 표현해 보려는 노력에서 그렇게 명명한 것 뿐이다. 후진적 독일에서는 헤겔의 절대정신적 관념론이 발호하고 있을 그 시대에 약간 처지지만 프랑스에서는 신학과 형이상학을 반대하고 실험과학적 지식을 신뢰하여 인간정신의 진보를 꾀해 보자는 콩트(Auguste Comte, 1798~1857)의 실증주의 철학이 새로운 세력으로 등장하였다. 이러한 실증주의 경향성과 칸트 인식론의 경험과학적 재해석을 토대로 미국에서는 퍼어스(Charles Peirce, 1839~1914)가 프래그머티즘이란 새로운 미국적 철학방법을 창안하였다. 즉 프래그머티즘은 하나의 독자적 체계로서 정립되었다기보다는 인간의 언어개념이란 기호(signs)의 의미를 명료화하기 위한 방법으로서 시작된 것이다. 경험적 실험과 결과의 관찰에 의하여 불분명한 개념을 분명한 개념으로 환치해 나가는 의미의 명료화에 그가 말하는 프래그머티즘의 의도가 있었다. 그의 프래그머티즘은 "실험주의"라고 번역함이 타당하다. 그러므로 여기서 말하고자 하는 동양적 프래그머티즘과는 의

---

69) 화이트헤드는 이 "bifurcation of nature"를 논할 때 록크로부터 시작한 제일차성질과 제이차성질의 이분을 겨냥한 것이었으며, 일차성질을 객관적 자연의 영역에 두고 이차성질을 인간의 주관적 경험의 영역 속에 두는 이원적 태도, 혹은 전자를 실체로 후자를 속성으로 나누는 태도에 기초한 서구 근대의 물질관이 오류라는 것을 의미했다. 그러므로 우리가 논해 온 일원론과 화이트헤드의 비판을 막바로 일치시키는 것에는 좀 무리가 따른다. 그러나 우리가 신과 인간의 이분, 본체와 현상의 이분, 존재와 가치의 이분, 心과 身의 이분등을 동양적 일원론의 입장에서 비판해 온 우리의 논맥은 기실 서양적 근세자연관을 염두에 두고 이루어진 것이므로 기본적으로 화이트헤드철학의 입장과 일치된다. 단지 표현의 양식(modes of expression)에 있어서 화이트헤드는 현대 물리학·수학의 언어를 빌렸고 나는 동양고전의 언어를 빌렸을 뿐이다. 화이트헤드의 *Modes of Thought*를 정독해본 사람이라면 우리가 말해 온 "感"의 개념이 그의 "prehension"과 거의 일치하며, 그의 "concrescence" 또한 매우 안전하게 우리의 "生"의 개념으로 번역될 수 있다는 것을 알게 될 것이다. 철학은 결코 멀리 있는 것이 아니다. 우리의 일상생각 속에 내재하는 것이니 만큼 우리의 언어와 화이트헤드의 언어가 별개라고 생각하는 태도는 불식되어야 한다(校).

도와 방법, 그리고 적용범위에 있어서 매우 다른 것이다. 여기서 말하는 프래그머티즘은 하나의 이론적 체계가 아니라 동양사상 전반에 깔린 하나의 태도(an attitude)를 말하는데 군이 프래그머티즘이란 용어를 쓰는 것은 미국에서 퍼어스 후에 제임스(William James, 1842~1910)를 거쳐 듀이(John Dewey, 1859~1952)에 의하여 滿開한 미국의 프래그머티즘이 깔고 있는 기본정조가 재래의 서양철학과 다른 매우 구체적이고 실제적인 시각 즉 태도를 제공한다는 의미에서 동양적 프래그머티즘이란 용어가 조금도 어색할 필요가 없다고 판단되었기 때문이다. 기실 러브죠이(Arthur O. Lovejoy)는 프래그머티즘을 13형태로 나누었고, 쉴러(F.C.S. Schiller)가 프래그머티스트의 숫자 만큼의 많은 프래그머티즘이 있다고 말한 것만 보아도 프래그머티즘이란 용어는 한마디로 규정될 수 없으며, 프래그머티즘이란 현대사조속에 동양적 프래그머티즘 또한 강력한 현실로서 살아 움직이고 있음을 간과해서는 안될 것이다.

동양사상은 지식을 위한 지식이 아니라 실천(칸트의 용법으로 pragmatisch, praktisch의 두 의미를 동시에 포함한다)을 위한 지식이며 보다 조화되고 균형잡힌 정신-물질생활의 현실에 문제를 집중시킨 실생활의 태도로서의 철학이다. 지식을 위한 지식이란 말은 지식 자체의 명증성과 절대성이 전제되어 있다는 의미이며 이러한 명증성과 절대성은 동양사상에는 찾아 볼 수가 없는 것이다. 모든 지식은 실천 즉 행동과 분리될 수 없으며(王陽明의 知行合一) 지식은 그 자체로서 확실한 절대성이 보장되어 있는 것이 아니라 행동과의 연대 속에서 그 유용성을 확보해 나가는 과정이 있을 뿐이다. 그것은 동양철학의 근본정신인 동시에 듀이의 인식론의 기저이기도하다. 서양의 철학(philosophia)은 "지혜의 사랑"으로 번역될 수 없다. 동양에서 말하는 지혜는 서양철학의 대상이 된 적이 없으며 그들이 말하는 "소피아"는 지혜 아닌 지식인 것이다. 플라톤의 대화편에서부터 보여지고 있는 그들의 추구의 대상은 지식이다. "무지의 자각"은 곧 "확실한 지식의 획득"이다. 서양은 희랍인들의 기하학적 사유의 편중 경향에서부터 이미 지식을 지식 그 자체로 파악하였고 따라서 철학은 철학으로 끝나버리기 십상이었다. 사상과 생활의 일치, 철학과 종교의 일치(철학이 신학의 노비가 되는 그러한 일치가 아니다. 근원적 합일을 말한다)야말로 동양적 프래그머티즘이라고 할 수 있다. 이런 의미에서 동양사상의 위대성은 철학적 논리의 정교함에 있는 것이 아니라 그 기백의 웅혼함에 있으며 이는 다름아닌 詩의 세계며 예술의 경지다. 이것은 인간의 경험을 인식론적으로 국한지우지 않는다는 뜻이다. 서양철학 특히 유럽 근세철학에서는 인간의 총체적 "경험"을 자연과학의 정당화를 위하여 이론이성적 측면에서만 규정하였고, 경험을 지식(knowledge)이란 좁은 인간활동의 부분에 국한시켰기 때문에 그릇된 인식관을 형성시켰다. 인간은 알기 위해서만 존재하는 것이 아니라 행동하고 느끼고 기뻐하고 슬퍼하고 사랑하고 저주하기 위해서도 존재한다. 인간이 산다는 것, 그것은 근세 서양철학정신으로만 해결될 수 없는 매우 복합적이고 유기적인 전체이다. 그렇기 때문에 동양인은 인간의 경험을 명증성을 위한 인식론의 방식으로 접근한 것이 아니라 가치와 존재가 일치되는 심미적 인식방법으로 접근하였다. 그렇기 때문에 철학과 예술은 분리될 수 없다. 서양적 세계관에 있어서는 지고의 경계를 신이 차지한다면 동양에서는 항상 예술이 차지한다. 동양에서는 종교성이 예술성 속으로 융섭되어 버린다는 뜻이다. 즉 인간과 인간을 둘러싼 대자연에 대한 심미적 인식, 그 이상의 것에 대하여 아무런 유용성을 부여하지 않았다. 고대 히브리인이나 종교적 성향의 희랍인들은 자연을 초자연계를 빌어서 파악하였지만 고대 중국인들은 자연과 인간 사이에 아무런 매체(사유의 블럭)를 두지 않고 직접 소통하였다. 이러한 무매개적 소통방법에 의하면 초자연성에 억눌림이 없이 인성은 우주로 확대되어 나갈 수밖에 없고, 이것은 곧 直觀(직접 봄, 즉 무매개적으로 봄)의 형태로 나타난다. 그러므로 서양에서는 매개적 기호성 즉 논리성이 발달한 대신 동양에서는 직관성이 발달하였다. 直觀이란 흔히 생각하듯 절대적 진리의 신비적 주장이 아니다. 도대체 절대적 진리라는 것은 없다. "生生之謂易"(창조하고 또 창조하는 것 그것이야말로 우주의 변화 그 자체 곧 易이다)의 끊임없이 변하는 우주 속에 어떻게 절대불변의 진리가 있을 수 있단 말인가? 이 세상 어느 사람도 절대적 진리를 안 사람도 없고 또 그것 때문에 산 사람도 없다. 인간은 어차피 불완전하게 태어나서 불완전하게 죽는 것이다. 인간의 완전이라는 망상 그 자체가 불완전의 테두리 속의 일부라는 명백한 사실을 사람들은 망각하고 있다. 즉 절대적 진리라는 생각은 절대적 신관이 낳은 오류이며 근대 대륙합리론과 영국경험론과 독일관념의 모든 인식론이 이러한 오류가 理神論의 가면을 쓰고 계승된 소산이다. 直觀이란 객관적이고 과학적인 진리를 요구하는 것이 아니라 자기 몸으로 몸소 찾을 수 있는 주관적 진리를 말하며 생활에 "근원적으로 도움을 주는" 진리를 요구한다. 이때 말하는 주관적이란 물론 개인적이란 의미가 아니다. 이러한 직관적 진리, 그러면서도 그것을 논리적 타당성에 의하여 입증하려는 것이 아니라, 그 진리가 소속한 공동사회의 의견의 일치(이것이 곧 禮라는 것이다)에 의하여 교육적으로 그 타당성을 형성시키려는 태도, 그러한 실천적 진리의 추구야말로 동양적 프래그머티즘의 정의라 할 수 있다. [70]

그러므로 동양적이라고 말할 수 있는 사상의 줄기 속에는 신을 논구하는 신학이라든가, 본질·존재를 그 자체로서 규명하려는 존재론이 없다. 『論語』에 나타난 孔子의 말은 플라톤의 『대화편』에 나오고 있는 쏘크라테스처럼 어떠한 문제를 놓고 대화의 방법을 통해 변증법적으로(산파술적으로) 집요하게 추구해 들어감으로써 이데아를 향한 사변적 체계를 세우려는데서 생겨난 것이 아니라, 경귀며 탄사며 깨달음이다. 그리고 그것은 모두 자연발생적으로 인간이 갖는 정서를 어떻게 자연의 법칙과 인간의 도리에 조화시키느냐에 그 관심이 모아지고 있다. 고타마 신달타(Siddhārtha Gautama, 563~483 B.C.)의 출가(인도의 고유한 풍습)도 매우 구체적 삶의 문제들, 태어난다는 것(jāti), 늙는다는 것, 병든다는 것, 죽는다는 것(jarāmaraṇa)에서 출발한 실존적 발돋움이었던 것이다.

필자는 동양적 일원론을 논함에 있어서 우주발생론을 많이 언급하였다. 그러나 이러한 우주발생론에 있어서조차도 서양과 두드러지게 차이가 나는 것은 궁극적 실재나 자기원인적 不被動의 使動者(unmoved mover)를 논구하지 않고 인간의 경험의 흐름 속에서 성립하는 원초성

---

70) 동양적 프래그머티즘을 미국의 프래그머티즘과 구분한다는 의미에서 나는 프랙티칼리즘(Practicalism)이라는 용어를 만들어도 무방하다고 생각해 보았다. 그리고 영국사상 전반에 깔린 상식존중의 태도, 즉 진리의 기준이 건전한 의미에서의 상식을 벗어나지 않는다는 태도는 여기서 말하는 공동사회의 의견의 일치 즉 禮사상과 상통점이 있다.

을 방편적으로 규명할 뿐이며 그들의 결론은 항상 인간에게 나타나는 현상을 궁극적인 참 현상으로 긍정하고 예술화하는 방향이었다. 즉 궁정적 심미적 판단, 감성적 직관의 복합적 능력(칸트에서처럼 국획된 좁은 의미의 감성이 아니다)이 항상 궁극적인 것으로 깔려있다. 현상의 궁극적 원인으로서 자기원인적, 즉 무원인적 不被動의 使動者를 상정한 철학사유는 아리스토텔레스나 토마스 아퀴나스에 의하여 대표되는데, 이것은 럿셀이 『나는 왜 기독교인이 아닌가?』라는 책에서 통박하고 있듯이 논리의 부정직성에 기인한 철학의 소아병에 지나지 않는다. 럿셀의 말대로 "도대체 이 세계가 탄생의 원인을 가져야만 한다고 생각할 아무 이유가 없으며 모든 사물이 완전한 태초를 가져야만 한다는 생각 자체가 우리 상상력의 빈곤에서 오는 정신병에 불과하다."[71] 존재론자나 기독교인들은 대체로 이러한 정신병의 환각에 안주하는 경향이 있다. 그들이 말하는 신도 동양의 연기론적 실상론에서 말한다면 자기원인이 아니라 원인을 가질 수밖에 없으며, 不被造가 아니라 인간에 의하여 被造된 것이다(포이에르바하의 『기독교의 본질』을 참조하라). 이러한 관념론적 실재에 기초한 서양의 존재론은 화이트헤드의 지적대로 "自然二分의 오류"에서 오는 결과라고 해도 결코 과언은 아닐 것이다. 그렇다면 天人無間·有無統攝의 全觀的 경지에서 본다면, 음양의 존재는 무엇이냐? 그것은 어디서 왔느냐? 無明은 어디서 왔는가? 道는 어디서 왔는가? 인간은 태초에 어떻게 생겨났느냐? 우주의 태초는 무엇이냐? 어떻게 누가 만들었느냐?는 질문 자체가 성립하지 않는다. 이러한 문제를 회피한 것이 아니라 다른 우주관 위에서 다른 사유방법 위에서 프래그머틱하게 이러한 문제를 전개해 왔음을 동양사상에서 포착해야 할 것이다.[72] 『周易』, 「繫辭下傳」에 동양적 프래그머티즘을 단적으로 나타내주는 명귀가 있다. 앞서말한 "感"

---

71) There is no reason to suppose that the world had a beginning at all. The idea that things must have a beginning is really due to the poverty of our imagination. Bertrand Russell, *Why I Am Not a Christian* (New York: Simon and Schuster, 1957), p.7.

72) 듀이도 필자와 같은 논지의 말을 하고 있다 : 진정한 철학이라면 어떠한 절대적 원인이나 궁극성을 찾는 임무를 이제는 내던져야 할 것이다. 실제적이고, 도덕적이고, 사회적인 우리의 삶속의 특정한 가치를 규명하는 일에 전념해야 한다. A real philosophy must abandon absolute origins and finalities and explore specific values in practical, moral, and social life. (출전이 교정과정에서 확인되지 않았음).

(creative feeling)과 통하는 『周易』의 咸卦(Hexagram Hsien)의 九四의 爻辭를 孔子가 해설하는 과정에서 다음과 같이 말하고 있다 : "이 우주가 우리 삶에 주는 구체적 작용을 원활히 소통시킴으로써 우리 삶을 편안하게 한다. 그럼으로써 자연과 인간의 德을 높인다. 이 이상의 오묘한 세계로 넘어 들어가면 그것은 우리의 인식능력으로써 알 바가 못된다. 우주의 작용을 알 수 있는 데까지 다 파 헤치고 우주의 변화를 알면 德이 성대하게, 즉 우리의 삶이 풍요롭게 될 것이다." (利用安身, 以崇德也。過此以往, 未之或知也。窮神知化, 德之盛也。)

여기서 중요한 것은 "이 이상의 오묘한 세계로 넘어 들어가면 그것은 우리의 인간 능력으로써 알 바가 못된다"라고 한 것인데, 이 孔子(?)의 말에는 우리의 구체적 삶을 넘어서서 가는(過此以往) 형이상학적 세계에 대해서 유용성을 부여하지 않는 강한 프래그머티즘이 깔려 있다. 동양사상은 동양사상 나름대로 매우 질서 정연한 논리를 지녀왔던 것이다. 이러한 관점에서 보면 유용성(practical consequences)에 의하여 사상이나 이론의 진리가가 결정된다는 제임스의 논쟁조정철학이나,[73] 지식은 탐구의 결과로서만 주어지는 것이며, 탐구라는 것은 불확정한 문제상황을 그 상황이 처한 구조적 특징과 관계속에서 확정적으로 만들어 나가는 것인데 이렇게 함으로써 그 원래의 문제상황의 모든 요소들을 하나의 포괄적 조화체로 변화시키는 것이라는 듀이의 개념공구설(instrumentalism)[74] 등의 사유체계가 모두 전통직 합리론과 맹목적 관념론을 거부하고 구체적 실생활에 눈길을 돌려 역동적으로 현상을 파악했다는 데 동양적 프래그머티즘에 접근한다고 하겠다. 그러나 미국의 프래그머티즘은 이원적 대립성을 보지해 온 서구전통이 전통과학의 허구성의 발견과 함께 필연적으로 귀결되어야만 했던 교두보이고 보면 그 어프로우치방식이 이론의 유용성에만 매달려, 보다 깊은 生의 실존성을 全觀하는 동양적 프래그머티즘과는 예술적·문화적 전통에 있어서 약간의 차질이 있음을 부정할 수 없다. 중국에

---

73) "진리이기 때문에 유용하다"라는 말은 실상 "유용하기 때문에 진리이다"라는 말이다.

74) the controlled or directed transformation of an indeterminate situation into one that is so determinate in its constituent distinctions and relations as to convert the elements of the original situation into a unified whole. John Dewey, *Logic: The Theory of Inquiry* (New York, 1938), p. 104.

五・四文化運動이 발발하던 바로 그 당시에 북경과 남경에 상당기간 체재하면서 동양사상의 영향을 받았다고 사료되는 듀이의 사상에는 분명 동・서 접근의 시도가 엿보이고 있다. 그가 인간성을 이해하는 데 있어서 모든 區劃化(compartmentalization)에 반대하고, 변화와 과정, 그리고 동적이고 유기적 감응을 철저히 존중하는 그의 철학태도는 동양사상의 근본입장이라고 보아서 좋을 것이며, [75] 존재와 가치의 이분을 허용치 않으며, 문화와 철학의 능동적 불가분성을 주장하며, 사회를 일시에 혁명하는 만병통치약을 제시하기 보다는 개방적 교육을 통하여 꾸준히 인간성을 점진적으로 개선해 나가자는 그의 밀리오리즘(meliorism)은 종교적 세뇌나 절대적 지식에의 유혹에 의하여 인간을 묶기보다는 문화적(禮) 전통 속에서 인간의 존엄성을 우주에로 확대시켜 創進시키는 대장부적인 경지를 가르치는 유교의 德敎主義(the teaching of being human)와 일치한다고 하였다.

동양사상에 접근하고 있는 서양사상은 현대에 와서 크게 진전하고 있다. 대륙의 실존철학이 아직도 깊은 종교성에 빠져 있기는 하지만 재래적 초자연적 신관을 거부한 것이라든가, 자연과 초자연의 이분을 허용치 않는 근대 자연과학사상의 발전, 데카르트적 물체관을 사건(events)으로 바꿔버린 혁명적 상대성 이론과 양자역학의 등장 능이 바로 그것이다. 재래적인 물체관에 있어서는 우주의 근본단위를 어떠한 실체적 입자로 생각해 왔으나 상대성 이론이나 양자역학에서는 그러한 입자는 사건들의 연쇄로밖에는 생각되지 않는다. 즉 우리가 임의로 단위화할 수 있는 실체성이 보장이 되질 않으며 따라서 물체(matter)라는 것은 우주의 근원적 원질의 부분이 아니라 단순히 사건들을 다발지우는 방편적 개념일 뿐이다. [76] 더구나 양자역학은 물리적 현상이 비연속적이라는 것을 증명함으로써 운동의 齊一性을 부정하였고 따라서 재래적 시공개념과는 매우 판이한 시공관을 제시하고 있다.

---

75) 그의 주저, *Human Nature and Conduct*(1922)에 나타난 근본입장이다. 칸트의 『제일비판』, 『제이비판』, 『제삼비판』도 실체적 知・情・意의 실체적 三分법을 주장하는 능력심리학(faculty psychology)에 기초하고 있다. 듀이는 인간성을 구획화하는 모든 입장을 배척하고 있다.

76) Thus "matter" is not part of the ultimate material of the world, but merely a convenient way of collecting events into bundles. B. Russell, *A History of Western Philosophy*, p. 832.

럿셀은 이러한 양자역학의 세계관에 진정으로 상응하는 철학이 서양에서 아직 출현하지 못하고 있다고 개탄하고 있다. 그러나 중국적 세계관, 특히 도가적 세계관에 있어서는 죠세프 니이담박사가 정확히 지적한대로 비록 뉴톤적 세계관의 방법론적 기초가 결핍되긴 하였지만 아인슈타인적 세계관의 비젼에 의한 서양과는 아주 다른 가치관이 잘 확립되어 있었던 것이다. [77]

럿셀은 윌리암 제임스가 "의식"의 문제를 비판하면서 제기한 "중성적 일원론"(neutral monism)을 옹호하면서, 물리학은 물질을 꾸준히 비물질화해 왔고 심리학은 정신을 꾸준히 비정신화해 왔기 때문에 양극은 중성의 일점으로 접근하고 있다고 말한다. 즉 물질과 정신이라는 두 실체관에 기초한 모든 철학과 종교의 붕괴 내지는 전환을 의미하게 된다. 이렇게 되면 물질이나 정신이라는 것은 사건을 다발지우는 방편적 개념에 지나지 않는다. 다시 말해서 물질적 현상을 더 드러내는 사건의 다발, 정신적 현상을 더 드러내는 사건의 다발, 정신과 물질이 혼재하는 사건의 다발 등등의 구분밖에는 있을 수 없다. [78] 이러한 우주관은 우리가 여태까지 논의해 온 心物合一, 天人無間의 동양적 일원론의 다른 표현에 지나지 않는다. "중성적 일원론"이야말로 동양적 일원론에 가장 가깝게 오는 세계관이 아닐 수 없다. 더 구체적으로 말하자면, 이 세계의 모습을 일원화시키며 단순화시킬 수 있는 "사건의 다발"(group of events)이라는 개념이야말로 동양에서 말하는

---

77) It will be remembered that the Taoist thinkers, profound and inspired though they were, failed, perhaps because of their intense mistrust of the powers of reason and logic, to develop anything resembling the idea of laws of Nature. With their appreciation of relativism and the subtlety and immensity of the universe, they were groping after an Einsteinian world-picture, without having laid the foundations for a Newtonian one. Joseph Needham and Wang Ling, *Science and Civilization in China* (Cambridge University Press, 1956), Vol. II, p. 543.

78) While physics has been making matter less material, psychology has been making mind less mental... Thus from both ends physics and psychology have been approaching each other, and making more possible the doctrine of "neutral monism" suggested by William James's criticism of "consciousness." ... I think that both mind and matter are merely convenient ways of grouping events. Some single events, I should admit, belong only to material groups, but others belong to both kinds of groups, and are therefore at once mental and material. This doctrine effects a great simplification in our picture of the structure of the world. B. Russell, *A History of Western Philosophy*, p. 833.

"氣"(ch'i)의 개념과 상통하고 있음을 간과하여서는 안 된다는 말이다.

물론 현대물리학과 동양사상을 막바로 대비하는 것처럼 무리하고 어리석은 일은 없다고 생각한다. 상이한 전통 속에서 상이한 문제의 식과 상이한 파생된 동기의 맥락을 가지고 있기 때문이다. 그러나 이러한 모든 생각의 체계들이 인간이 인간 자신과 그를 둘러싼 환경을 이해하려는 노력에서 발생하는 것이라면 그것이 비록 매우 다른 언어를 빌리고 있다 할지라도 그 근본적인 사유구조에 있어서는 비교될 수 없다는 독단 또한 경계하지 않을 수 없다. 물리학에 있어서의 場이론이 재래적 실체관을 일원화하려는 노력의 산물이라든가, 사건 즉 "이벤츠"의 세계관은 물질을 죽은 물질이 아니라 살아 있고 관계적이며 기능적인 유기체로서 볼 수 있는 길을 연 것이라든가, 화이트헤드의 세계관이 물리학과 생물학의 구분, 즉 無機界와 有機界의 구분을 근본적으로 허용하지 않고 發現하는 가치의 단위로서의 유기체를 우주적 과정의 기저에 놓은 自己享有(self-enjoyment)의 생명적 자연을 주장하고 있는 것 등등은 동양적 감응의 創進적 세계관과 상통하고 있음을 시사하는 좋은 예라 할것이다. 오늘과 같이 엄밀하고 실증적인 과학의 세기에 있어서도 관념론의 전통이 우세하게 나타나고 화이트헤드의 차원높은 형이상학이 가능할 수 있었던 所以를 더듬어 볼 줄 아는 사람이라면 동양사상의 체계를 관념적이라든가 형이상학적이라고 규정한다 할지라도 그러한 측면이 황당무계한 비과학적·비논리적 체계라는 식의 편견은 버려야 할 것이다. [79]

동양적 프래그머티즘을 본원적인 데서 규명해보기 위하여 그 진수를 나타내고 있다고 사료되는 『中庸』의 誠論을 고찰해 보고 이 글을 끝맺으려 한다. 孔子사상을 가장 포괄적으로 그리고 가장 체계적으로 담고 있다고 생각되며 또 그의 손자인 子思에 의하여 孔子의 말로서 직접 인용되고 있는 문장이 바로 『中庸』 20장이다. [80]

---

79) 서양의 학자들은 老子사상을 화이트헤드의 유기체철학과 비교하기도 한다. Wing-Tsit Chan, *The Way of Lao Tzu* (Indianapolis: Bobbs-Merrill, 1963), p. 9. Chang Chung-yüan, "The Concept of Tao in Chinese Culture," *Review of Religion*, XVII (1953), pp. 127∼128.

80) 『中庸』 20장은 孔子의 시대의 魯나라의 제후인 哀公이 孔子에게 질문한 것에 대한

儒教사상의 핵심이며 동시에 동양문화의 정통이라고 일컬을 수 있는 誠論이 도출되고 있는 이 20장은 "政"(다스림 : government)이라는 문제의식으로부터 시작되고 있다. 이것은 동양적 프래그머티즘을 이해하는 데 결정적 단서를 제공한다. 즉 인간의 문제를 프래그머틱하게 다룰 때 인간의 삶이 구체적으로 이루어지고 있는 場인 사회의 운영, 즉 정치라는 문제를 떠나서 인간의 문제는 존재할 수 없다. 즉 인간을 인간의 지적 인식능력이나 절대적 객관적 진리의 획득이라는 측면에서 국한시켜서 다루는 것이 아니라 인간의 포괄적 삶의 전체를 항상 철학의 대상으로 삼지 않을 수 없다는 뜻이다. 인간의 삶, 그것은 곧 다스린다는 문제이다. 자기를 다스리고, 남을 다스리고, 物을 다스리고, 天地를 다스리는 모든 政이 곧 나의 삶이며 나의 프라그마(πράγμα)이다.

그러면 정치란 무엇인가? 이에 孔子는 또한 순환논법적으로 대답한다 : "정치를 행한다는 것은 곧 인간에 있는 것이다"(爲政在人). 즉 사회를 다스린다는 것은 인간을 다스린다는 뜻이며 인간을 다스린다는 것은 나를 다스린다는 것이다(取人以身). 바꾸어 말하면 주체적 나의 확립이 없이는 인간보편이 존재하지 않으며 따라서 사회도 존재하지 않는다는 것이다. 나를 다스린다는 것은 나의 몸을 닦는 것이며, 나의 몸을 닦는 것은 道로써 하며, 또 道를 닦는 것은 仁으로 하지 않을 수 없다(修身以道, 修道以仁). 결론을 먼저 말하자면 주체적 나의 확립이야말로 곧 나의 존재 속에 "誠"을 확립하는 것이며, 이때의 誠은 재래적 유가의 표현을 쓰면 포괄적 의미에 있어서의 "仁"이다. 나의 존재 속에 誠을 확립하는 것은 사회라는 네트워크를 이루고 있는 모든 인간관계 속에서 구체적으로 실현되지 않을 수 없다. 仁은 곧 人이기 때문이다(仁者人也). 誠이란 소박하게 말하자면 나의 존재의 성실성(Sincerity, Authenticity 등의 번역이 있음)이다. 그러한 존재의 성실성은 사회적 인간관계에서 일차적으로 성립하는 개념이라는 것을 『中庸』

孔子의 답변의 형식을 취하고 있는데 이것은 『孔子家語』 第十七「哀公問政」에도 그대로 실려 있다. 내용은 孔子라는 역사적 인물의 사상을 나타내고 있음에 틀림없다고 생각된다. 물론 편저자의 주관이 삽입되어 있음을 배제할 수는 없겠지만ㅡ. 哀公은 494 B.C., 孔子 59세의 해에 즉위하였다. 공자는 그 수년전부터 69세까지 魯나라를 떠나 있었기 때문에 이 20장의 대화는 孔子의 69세 이후부터 74세 사거의 사이에 이루어진 것으로 보아야 한다. 즉 말년의 완숙한 사상을 나타내고 있다고 보아야한다.

은 확실히 밝히고 있으며 이것이 道家사상과 다른 분기점이기도 하다.

하늘 아래 모든 사람이 지키지 않을 수 없는 길이 다섯이 있고 그 길을 실천하게 하는 인간의 조건은 셋이 있다. 임금과 신하, 아버지와 자식, 남편과 아내, 형과 동생, 친구 사이의 교제, 이 다섯이야말로 하늘 아래 모든 사람이 지키지 않을 수 없는 길이다. 知와 仁과 勇, 이 셋은 하늘 아래 모든 사람이 지키지 않을 수 없는 德이다. 그러나 이 세 덕을 행하게 하는 것은 하나이[니 그것이 곧 誠이]다.[81]

五倫의 達道와 知仁勇의 達德이 결국 나의 존재의 성실성으로 통섭되는 실존적 사상구조가 곧 유가적 프래그머티즘의 본질이다. 그러나 이러한 프래그머티즘은 나 개인의 존재의 現存에 국한되지 않는다. 나 개인의 성실성은 항상 우주적 성실성으로 확대되어 나가지 않을 수 없다. 즉 개인정신과 우주정신의 합일이야말로 『中庸』의 誠論이 펴하고 있는 궁극적 프라그마이다.

그러므로 다스리는 큰 사람은 자기 몸을 닦지 않을 수 없고, 자기 몸을 닦으려고 하면 자기 부모를 섬기지 않을 수 없고, 자기 부모를 섬기려고 하면 남을 알지 않을 수 없고, 남을 알려고 하면 하늘(대자연)을 알지 않을 수 없다.[82]

이 문장에서 엿볼 수 있듯이 나의 몸은 하늘에까지 연속되어 있다. 즉 나의 몸으로부터 하늘에 이르기까지의 모든 것이 하나의 시공의 연속체(one space-time continuum)를 이룬다는 뜻이다. 이 연속체 속의 모든 것은 유리될 수 없다. 그런데 여기서 가장 유가적인 특성이 드러나고 있는 것은 "親親"의 개념이다. 親이란 일차적으로 명사적 용법으로 兩親 즉 어버이를 말한다. 그런데 우리말에서는 朋友를 親舊라고 말한다. 親舊란 "나에게 친하고 오래된 그 무엇"이란 뜻이다. 또 두 인간의 사이가 가까운 것을 우리는 親하다고 한다. 이와 같이

---

81) 天下之達道五, 所以行之者三。曰君臣也, 父子也, 夫婦也, 昆弟也, 朋友之交也。五者天下之達道也。知仁勇三者, 天下之達德也。所以行之者一也。

82) 故君子不可以不修身；思修身, 不可以不事親；思事親, 不可以不知人；思知人, 不可以不知天。

親은 형용사로서 "친하다"의 뜻이 있고 동사로서 "친하게 하다"의 뜻이 있다. "親親"이란 "兩親을 친하게 한다"라는 뜻이다. 즉 나의 존재에 있어서 가장 가까운 것, 즉 나의 존재를 가능케 해준 핏줄, 그 핏줄이야말로 나에게서는 가장 가깝고 친한 것이 아닐 수 없다. 나의 몸을 닦고 하늘을 아는 것은 어떤 초월적 존재자에 대한 믿음으로써 이루어지는 것이 아니라 곧 事親으로써이다. 즉 나의 몸에 있어서 가장 가깝고 친한 존재를 섬김으로써 그 섬김의 마음으로 우주에까지 도달한다는 擴充의 논리는 앞서 논의한 『周易』의 陰陽的 生成觀이 도출시키는 필연적 귀결이 아닐 수 없다.

그러면 "어버이를 섬기고 따르는 것"은 어떻게 하는가? 어떠한 도리가 있는가? 도둑놈 아버지도 그냥 섬기고 따르기만 해야 하는가? 물론 『中庸』의 저자는 그러한 단순한 논리에 만족하지 않는다. 그의 답변을 들어 보자.

어버이에 따르는 것에는 방법(道)이 있다. 자기 자신을 반성해 보아서 성실함이 없으면 어버이에 따를 수 없다. 자기 자신을 성실하게 하는 데는 방법(道)이 있다. 善함에 명철한 인식을 갖지 못하면 자기 자신을 성실하게 할 수 없다. [83]

墨家학파의 사상가들은 유교의 "親親"사상을 편협한 훼미리즘(parochial familism)이라고 공박하고 자기 애비 에미만 알기 때문에 보편적 인류애가 결핍되어 있다고 비난을 서슴지 않지만, 결국 유교의 깊은 뜻은 親에 모든 것을 귀속시키는 것이 아니라 親으로부터 모든 것을 출발시킨다는 데에 있는 것이다. 그러므로 事親은 誠身이며 誠身은 明善이다. 투철한 도덕적 자아의 확립이며 그 기반 위에서 우주를 건설하자는 것이 곧 존재와 가치를 분리하지 않는 유가적 프래그머티즘의 본질이다. 그러므로 『中庸』의 저자는 다음과 같이 함축적 언사로서 말하고 있다.

성실함 그 자체는 하늘의 길이다. 성실하려고 하는 것은 사람의 길이다.

---

83) 順乎親有道：反諸身不誠，不順乎親矣。誠身有道：不明乎善，不誠乎身矣。

"성실함 그 자체"라는 것은 힘쓰지 않아도 들어맞고 생각지 않아도 깨달아지며 자연스럽게 길에 들어맞는 경지이니, 이것은 곧 聖人의 경지다. "성실하려고 하는 것"이라는 것은 善을 택하여 그것을 굳굳히 지키는 것이다. [84]

여기서 확연히 알 수 있듯이 유가의 프래그머티즘이 정립하고자 하는 인간은 편협한 家長的 존재가 아니라 우주적 인간(cosmic man)이다. 즉 修身의 본질인 성실함을 궁극적으로 우주에 귀속시키고 있다. 성실함 그 자체는 하늘의 길이다. 하늘의 길이란 하늘의 운행을 말하며 고대 중국인들은 자연의 관찰에 있어서 자연의 성실한 운행 그 자체에 일종의 타우마제인(taumazein : 놀람, 경탄)을 느꼈던 것이다. 해와 달, 별, 그리고 주야, 사시의 움직임이 몇 백만 년을 통해서 그렇게도 어김없이 일순간의 오류도 없이 성실하게 움직이는 그 모습, 그것은 경탄이며 예찬인 동시에 또 인간 삶의 최후보루라고 느꼈던 것이다. 그러한 성실한 자연의 경지는 "힘쓰지 않아도 들어맞고 생각지 않아도 깨달아지며 자연스럽게 길에 들어맞는" 경지이니, 곧 그것은 宇宙와 合一이 된 聖人의 경지이다. 그러나 인간의 현실은 聖人의 가능성을 항상 지니고 있으나 곧 聖人 그 자체는 아니다. 나의 현실은 "發現하여 모두 상황에 척척 들어맞는 것"도 아니고 "힘쓰지 않아도 들어맞고 생각지 않아도 깨달아지는" 그러한 현실이 아니다. 그러므로 인간이라면 모름지기 "성실함 그 자체"에 가까워지려는 노력을 꾸준히 경주해야만 한다. 그 노력의 과정을 『中庸』의 저자는 "성실하려고 하는 것"(誠之者)으로 표현하고 있으며 그것은 곧 "사람의 길"(人之道)이다. 『中庸』의 첫머리에 "인간의 본성을 따르는 것 그것을 일컬어 길이라 한다"(率性之謂道)라고 했을 때의 "길"이며 사람의 길이란 곧 자기가 타고난 본성을 따르는 길, 그곳에 돌아가려고 노력하는 길이다. 즉 그길은 "誠"이란 종착역을 향해 떠나가는 "誠之"號의 열차길이요, 그것이 곧 우리 삶의 과정(process of life)이다. [85] 21 장의 표현을 빌려 이를 다시 설명해 보면 :

---

84) 誠者, 天之道也 ; 誠之者, 人之道也。誠者, 不勉而中, 不思而得, 從容中道。聖人也。誠之者, 擇善而固執之也。
85) 화이트헤드의 과정철학을 상기하라. 그의 이 방면의 주저는 *Process and Reality* 임.

성실함으로부터 밝아지는 것을 본성이라고 일컬으며, 밝음으로부터 성실해지는 것을 가르침이라고 일컫는다. 성실하면 곧 밝고, 밝으면 곧 성실하다. 自誠明謂之性; 自明誠謂之敎。誠則明矣, 明則誠矣。[86]

여기서 "밝음"이라는 것은 우주론적으로 볼 때는 우리의 감각으로 감지할 수 있는 밝은 세상을 말하며, 그것을 인식론적으로 말할 때는 우리의 지적 판단 및 인식작용으로 볼 수 있다. "성실함"이란 이에 비해 이야기하자면 우주론적으로는 "어두움"이며 인식론적으로는 "그윽한 인식의 바탕", 즉 본성적인 것이며 물-그-자체이다. "성실함으로부터 밝아지는 것을 본성이라고 일컫는다"라는 명제는 제 I 장의 "하늘이 명령한 것 그것을 일컬어 본성이라 한다"(天命之謂性)라는 명제를 인식론적으로 바꾸어놓은 것이다. "성실함으로부터 밝아지는 과정"이 곧 "하늘이 인간에게 명령하는 과정"이며 그 과정의 바탕을 형성하는 것이 우리 인간의 본성인 것이다. 그에 반하여 밝음으로부터 성실해지는 것"(自明誠)은 그 출발 자체가 우리의 인식작용에서부터 이루어지는 것이기 때문에 이는 어디까지나 후천적 습득의 과정이며 "성실함 그 자체"에 도달하려는 誠之의 과정이다. 이러한 自明誠의 후천적 습득의 과정이 곧 교육(敎)을 의미하며 이것은 바로 인간의 길(人之道)이다. 교육 없이 인간의 길이 있을 수 없다는 유가의 德敎主義가 바로 이것이며, 존 듀이가 자기 프래그머티즘의 실현이 거의 전적으로 인간의 민주교육에 의존한다고 보며 모든 철학은 궁극적으로 교육철학이라는 슬로건을 내걸었던 소이와도 일맥상통하는 것이다. 한마디로 요약하자면 誠者는 自誠明이요, 誠之者는 自明誠이다. 전자는 인간과 우주의 본래적 모습이며 후자는 현실적 인간의 교육이다. 그러나 이 양자는 궁극적으로 이원화되지 않는다. 칸트가 이성능력과 물자체의 철저한 이분 위에 서 있는 것과는 대조적으로 『中庸』의 저자는 다음과 같이 말한다 : "성실하면 곧 밝고, 밝으면 곧 성실하다." 여기서 우리는 또 다시 우리가 일관되게 다루어 온 동양적 일원론

---

86) 레게번역을 참조하면 : When we have intelligence resulting from sincerity, this condition is to be ascribed to nature; when we have sincerity resulting from intelligence, this condition is to be ascribed to instruction. But given the sincerity, and there shall be the intelligence; given the intelligence, and there shall be the sincerity. 레게 본, pp. 414~415.

이라는 주제를 다시 한 번 확인할 수 있다. 인간의 본성과 교육은 둘이며 하나이고, 하나이며 둘이다. 그것은 상호보완적인 역동적인 변증적 관계이며 그 궁극에 있어서는 하나다. 단 인간의 교육이라는 것은 聞見之知를 버리고 德性之知로 돌아가는 것이요, 對應之感의 세계에서 自內感의 세계로 들어가는 것이며(이츠우안의 말), 氣質之性을 잘 돌리어 天地之性을 드러내는 것이다(횡취의 말).[87]

또 연이어 22장에 다음과 같은 誠論의 결론적 언급이 있는 것을 우리는 간과할 수 없다.

오로지 하늘 아래 더 이상 없는 지극한 성실을 가진 사람만이 그 자신이 가지고 있는 본성을 온전히 발휘할 수 있다. 자기 본성을 온전히 발휘할 수 있게 되면 타인의 본성 또한 온전히 발휘할 수 있게 한다. 타인의 본성을 온전히 발휘할 수 있게 하면 뭇 사물의 본성 또한 온전히 발휘할 수 있게 한다. 뭇 사물의 본성을 온전히 발휘할 수 있게 하면 하늘과 땅의 변화와 양육을 도울 수 있다. 하늘과 땅의 변화와 양육을 도울 수 있으면 그러한 사람은 하늘과 땅과 더불어 삼위일체가 된다.[88]

20장에서 이미 나의 몸과 하늘은 하나의 시공의 연속체라는 것을 말한 바 있다. 이와 같이 誠을 바탕으로 한 인간관·사회관·우주관의 최대결론은 또 다시 인간과 자연(하늘과 땅)이 合一(Einswerden)되는 경지다. 인간과 하늘과 땅은 셋이며(參 : 삼으로 발음될 때는 셋의 의미이고 참으로 발음될 때는 참여한다는 뜻이다) 동시에 하나로 참여한다. 이 合一은 어떠한 형이상학적 논리적 합일이 아니다. 이때 합일의 대상이 되는 자연은 정신과 물질, 주관과 객관, 인식하는 자와 인식되는 자의 이원성이 근본적으로 용해되어 버리는 스스로 그러한 自然主義적 인성관에 기초하고 있는 자연이다. 이러한 동양적 自然主義를 어떤 서구사상가들은 生哲學(Lebensphilosophie)의 낙관주의나 또는 서구의 신비주의와 비교하기도 한다. 그러나 모든 個別生(Einzelleben)이 모든 것을 포괄하는 全體生(Gesamtleben)에 의하여 끌려가는 존재(Ge-

---

87) 形而後有氣質之性, 善反之, 則天地之性存焉。故氣質之性,君子有弗性者焉。『正蒙』,「誠明」篇.

88) 唯天下至誠, 爲能盡其性 ; 能盡其性, 則能盡人之性 ; 能盡人之性, 則能盡物之性 ; 能盡物之性, 則可以贊天地之化育 ; 可以贊天地之化育, 則可以與天地參矣.

:ragensein)라는 느낌을 주는 生哲學의 범신론적 뿌리와는 등식이 성
립할 수 없다고 생각한다. 그리고 또 자기류의 사고구조 속에 들어오
지 않는 어떠한 심오한 사상은 모두 신비주의라는 렛델을 붙이는 식
의 오류는 반드시 시정되어야 할 것이다. 다시 한 번 강조하지만 동양
사상 속에는 全體生(Allleben)을 뒷받침할 만한 신관이 없으며 生哲學
은 헤겔의 반동이라고 하지만 헤겔의 사유패턴을 이어받은 그 아류라
는 점을 인정하지 않을 수 없을 것이다. 合一이라는 것이 서양의 신
비주의에 있어서처럼 절대자를 인정해 놓고 그 절대자에로 귀속되는
것, 즉 일자가 타자에게로 흡수되는 것을 의미하는 것이 아니라 樂天
의 경지임을 잊어서는 아니 될 것이다. [89] 밍따오(明道)의 말대로 "하
늘과 사람은 본래 둘이 아니므로 合을 운운할 필요가 없다"(天人本無
二, 不必言合)[90] 그야말로 一針見血(한 침에 나쁜 피를 뽑는다)의 명언
이라 아니할 수 없다. "參"은 無二의 참여(sharing)이다. 또한 25장
에 "성실함이란 스스로 이루어지는 것이며 길이란 스스로 길지우는
것이다"(誠者, 自成也, 而道, 自道也)라고 했으니 인간의 문제를 인
간이나 인간을 둘러싼 우주 밖의 外在的 一者에게 일치(to conform)
시킴으로써 해결하는 것이 아니라 그 자체의 내재적 자발성(intrinsic
spontaneity)에 그 이상을 두고 있다. 해와 달의 성실함도 그들 스스
로 이루는 것이며, 인간의 길 또한 인간이 스스로 길지우는 것이다. 이
것은 인간본성의 확충이며 인간자유의 최대실현이다. 우주만물이 생성
되는 원동력을 하나님이나 신령스러운 존재에 주지 않고 誠으로 파악
하였다는 것은 자연을 기계적인 것으로 보는 길을 허용-치 않았다는
뜻이며 인간의 感과 情을 투입하여 통섭적으로 파악한 생명적 자연관
만이 동양의 문화를 지배했다는 것을 뜻한다. 따라서 동양의 과학도
이러한 문화구조 속에서 새로이 탐구되어야 할 것이다. 『中庸』의 결

89) 마이스터 엑크하르트(Meister Eckhart, c. 1260~1327)의 신비주의가 천지창조 이
전의 神을 완전한 無로 인정하고 神은 被造的 世界 속에서만 비로소 자기자신을 자각
한다는 논리의 철저한 의미를 고수하기만 한다면 나는 그의 신비주의는 서양기독교
전통에서는 철저한 이단이며 오히려 동양의 전통에 더 가깝게 온다고 판단한다. 그
는 분명히 인간의 영혼이 피조된 것이 아니며 인간은 바로 그 영혼의 불꽃(Funken
der Seele)에 의하여 신이 될 수 있다고 믿고 있으며, 神과 人의 혈연상의 동질성을
주장하고 있기 때문이다. 그러나 그의 이론의 많은 부분이 가톨릭 정통주의자들에
의하여 호의적으로 곡해되어 왔기때문에 그의 신비주의의 진면목을 서양인들 자신은
이해못한다고 나는 생각한다(校).
90) 『二程全書』, 臺灣中華書局四部備要版, 册一, 「遺書」, (/1b.

324

론은 이것이다! "성실하지 않으면 우주가 없다"(不誠無物)!

5. 結論

산은 산이고 물은 물이다.
산은 산이 아니고 물은 물이 아니다.
산은 물이고 물은 산이다.
산은 산이고 물은 물이다.

어느 禪客의 이 네 구절은 우리의 삶이 결국 어린애이다(childish-
ness)에서 어린애답다(childlikeness)로, 상식에서 상식으로, 순박에
서 순박으로, 철학에서 예술로 돌아가는 것이라는 것을 체험적으로
전달해 준다. 기나긴 九雲夢도 현실로 되돌아왔으며 百尺이나 되는
휘영청거리는 긴 대나무 끝에 달랑달랑 매달렸던 禪客도 한 발자욱을
더 짚고 땅(本來地, 本來面目)으로 떨어졌다(百尺竿頭, 須進一步). 인
간이 의식을 가지게 되었을 때 그 의식은 자기의 자발성에 의하여 얻
은 것이 아니라 기존의 관습과 타성의 틀에 의하여 틀지어진 것이었
으며, 그때 보인 산과 물은 소박한 모습 그대로의 산과 물이었다(소박
실재론[naïve realism]의 단계). 그러나 인간은 문제상황 속에서 자발적
의식을 갖게 되고 그러한 의식 속에서 어떤 아포리아(aporia : 아리스토
텔레스의 철학용어로 길이 없다는 뜻)에 봉착했을 때 이미 산은 산이 아
니고 물은 물이 아니었다. 여기서 인간의 비극은 시작되고 인간의 탐
구(듀이가 말하는 "inquiry"를 연상할 것)는 시작한다. 이러한 탐구는 계
속 인간에게 문제상황을 안겨 주고 인간을 곤혹으로 이끈다. 동양적
인간은 곤혹을 해소시켜 줄 하나님이 안 계셨기에 산과 물 그 자체로
해결책을 구하지 않으면 안 되었다. 결국 그는 산이 물이 되어 버리고
물이 산이 되어 버리는 無差別의 空相으로 해탈·초월하지 않으면 안
되었다. 그러나 그는 또 다시 그의 해탈·초월 그 자체를 해탈·초월
하지 않으면 안 되었다. 산이 물이고 물이 산인 그 웅혼한 무차별의
경지에서 또 다시 산은 산이고 물은 물인 현실로 되돌아와야만 했다.
여기에 동양적 인간의 비극이 또 위대함이 있는 것이다. 동양인에 있
어서는 "하늘나라"(Kingdom of God)는 산이요 물이다. 산과 물, 그

것이야말로 알파요 오메가며 거기에 군더더기를 붙일 필요는 없다. 이 세계의 저주에서 이 세계의 사랑으로 되돌아가는(From the contempt upon this world to the appreciation of this world)[91] 大慈大悲의 현실긍정이야말로 동양의 지고한 예술경계다.

이 글에서 필자는 동양적이란 의미를 규명해 보려고 노력하였다. 허나 필자 자신도 동양적이란 의미가 얼마나 드러났는지는 자신이 없다. 단지 자신있게 말할 수 있는 것은 사람이 사람으로서 "誠"과 "樸"에 도달했을 때 그 의미는 저절로 이해될 수 있으리라는 것이다. 또한 이 글에서 동양과 서양을 철학적 관점에서 대비하는 데 많은 무리가 있었다고 생각된다. 동양이나 서양이라는 개념규정 자체가 특정한 사상들의 갈래의 세심한 고려가 없이 도매금으로 처리되는 위험성이 내포될 충분한 가능성이 배제될 수 없기 때문이다. 그러나 우리 일상언어 속에서 동양과 서양이라는 규합개념이 타당한 것으로 살아 있으니만큼 그 일상언어적 일반성을 무시할 수는 없다. 즉 여기서는 특정한 학파의 학설을 문제시하는 것이 아니라 일상언어 속에서의 전반적 조명이 가장 의미있는 문제로 등장하고 있는 것이다. 문화의 특성은 그 문화를 총체적으로 규정짓는 일반성(generality)을 지칭하기 때문에 그에 따른 일반화(generalization)는 사소한 오류가 발생할지라도 불가피한 것이다. 서양적, 동양적이라는 말은 모두 인간에게서 나온 구분이고 보면 문화적 유형의 차이에 불과한 것이며, 서양적 가치와 동양적 가치는 궁극적으로 제각기 특유성과 공능을 가지고 한 인간의 삶 속에서 종합적으로 작용하고 있다고도 볼 수 있을 것이다. 인간은 기질적 차이를 지닐 수 있어도 인간성이라는 보편성을 벗어나지는 않는다. 그러기에 더욱 동양인과 서양인은 서로의 발굴이 요구되는 것이다. 관념적 분별을 떠나 살아 있는 인간의 구체적 삶에 눈을 돌려 볼 때 가치의 다양성은 조화될 수 있는 것이다. 그러나 조화는 다름을 전제해야 한다. 필자는 이런 각도에서 양대 가치체계의 동질성보다는 이질성을 강조하려고 노력하였다. 이질성의 바탕이 없는 동질성은 팟쇼에 불과하다. 가치의 일양성만 고집된다면 특정한 가치의

---

91) 황 퉁메이(Thomé H. Fang) 교수의 말을 金忠烈교수가 강의 속에서 인용한 것을 필자가 필기해 둔 것임.

특수성과 우수성이 마멸되어 버릴 위험이 있기 때문이다. 서양사상을 배척하고 동양사상만을 이상시한다든가, 서양사상만을 신봉하고 자기에 대한 자비감, 패배감에만 젖어 있다든가 하는 불건강한 태도는 모두 불식해 버려야 할 것이다. 이 글의 의도는 동과 서의 벽을 무너뜨리고 서로 배타함이 없이 대등한 입장에서 이야기해 보자는 데 있다. 그러나 서에게 억울하게 당하기만 한 동의 맺힌 한을 푸는 작업 또한 게을리할 수 없었던 나의 입장 또한 솔직이 고백하지 않을 수 없다. "동양적"이란 어휘 하나 정확히 알고 쓰는 것이 우리 민족의 주체를 되살리는 길이며 더 나아가 동양인으로서 긍지와 자부를 가질 수 있는 길임을 잊어서는 안 될 것이다.

崔玲愛-金容沃表記法 제정에 즈음하여

우리가 동양학을 한다고 할 때에 제일 먼저 부딪히는 난관이 한문이라는 언어다. 그런데 우리 현대어법 속에서 "한문"이라는 말은 하나의 개념으로서 우리의 뇌리 속에서 매우 애매모호하고 아리까리하여 확연히 구분되지 않는 그 무엇이다. 많은 사람들이 한문을 "漢文"이라고 말하면서도 무의식중에 한문을 우리말이라고 생각하고 있는 것 같다. 다음과 같은 흥미있는 고사를 하나 들어 이러한 의식을 파헤쳐 보자. 내가 고려대학교에 부임하여 첫학기 「인간」 시간에 『老子道德經』을 가르쳤다. 하바드대학을 졸업했다 하는 젊게 보이는 선생이 한복 두루마기를 입고 한문책을 가지고 들어온다는 것 자체가 아직 학문 분위기에 익숙치 않은 학생들에게 야릇한 느낌을 불러 일으키기에 충분한 것이기도 했겠지만 대한민국에서의 나의 교수로서의 첫강단 첫시간의 경험은 나의 실존사에 있어서 너무도 강렬한 인상을 남기는 한 페이지를 장식했다. 나는 분필을 가지고 강단에 올라가자마자 아무 말 않고 칠판에 "道可道, 非常道, 名可名, 非常名。"이라고 썼다. 그리고 뒤돌아서서 그것을 "따오커따오 훼이츠앙따오, 밍커밍훼이츠앙밍"이라고 읽고 "If Tao can be conceptualized in words, it is not the constant Tao. If Name can be named, it is not the constant Name."이라고 번역해설을 붙였다. 나의 이러한 행위 속에는 물론 의도적 의식이 도사리고 있기도 한 것이지만 학생들의 뜻밖의 반응에 나는 당황하지 않을 수 없었다. 학생들은 배를 움켜잡고 내 고막이 터져나가라고 웃어대는 것이었다. 그 웃음을 분석해 보건대 그것은 물론 매우 복합적인 성격의 것이었을 것 같다. "따오커따오 훼이츠앙따오"라는, 짱꼴라의 입에서나 튀져나오는 묘한 공기의 진동이 징그럽게 느껴지거나 요상하게 느껴져서 웃는 학생도 있었을 것이고, 테레비 사극에 나오는 대가집 도령 방에서나 보여질 道可道非常道라는 문자적 형상이 맥도날드 햄버거 하우스의 쟁반에서나 보이는 문자 형상과 결합한다는 기상천외의 전환이 빚어내는 숭고미에 웃음을 지어낸 학생도 있었을 것이고, 또 외국에나 좀 다녀왔다고, 여러 나라 말을 한다고 으스대는 김용옥의 점잖지 못한 현학을 혹독하게 야유하며 쓴웃음을 짓는 학생도 있었을 것이다. 나는 웃음이 한 바탕 지나고 난 뒤 다음과 같이 강의자로서 말문을 열었다. "나는 여러분들의 웃음을 누구보다도 더 잘 이해합니다. 그러나 내가 이 칠판에 플라톤의 『대화편』의 한 구절을 희랍어로 쓰고 그것을 희랍어 발음으로 읽고 또 그것의 이해를 돕기 위해 영어로 풀어 썼다면 그 어느 누구도 웃지 않았을 것이며 너무도 당연하게 받아들였을 것입니다. 老子는 플라톤보다 우리에게서 시간적으로 더 멀리 있읍니다. 老子는 플라톤보다 더 먼저 태어났읍니다. 그리고 老子를 楚나라 사람이라고 본다면 그가 살던 곳은 플라톤의 그곳보다 못지 않게 우리에게서 멀어져 있읍니다. 나는 도대체 왜 우리 한국인에게 있어서 오늘 이 시간 老子와 플라톤이 다르게 취급되어야 하는지를 알 수가 없읍니다. 여러분들의 웃음, 그 웃음이야말로 우리 민족사의 극복되어야 할 가장 고질적 독소이며 비극입니다!"

나의 유려한 호통에 장내는 갑자기 물 끼얹은 듯 숙연해졌다. 나는 그 첫시간의 숙연해진 분위기를 오늘 이 시간까지 이끌어 왔다. 그리고 그 첫시간의 나의 신념에 한 치의 양보도 허락지 않았다. 물론 앞으로도 이러한 나의 신조는 양보할 수 없다. 현대를 사는 우리 한국인에게 있어서 중국철학(문화)은, 희랍철학(문화)이 연구되고 인식되어지는 동일한 방법으로 연구되고 인식되어야 한다. 학생들의 웃음의 바탕을 이루고 있는 가장 치명적인 사실은 그들의 의식 속에서 "漢文"이란 他者化되어서는 아니될 그 무엇이며, 반드시 한국말로 발음되어야 할 그 무엇이라는 것이다. "道可道非常道"는 반드시 "도가도비상도"가 되어야 하며 "따오커따오훼이츠앙따오"가 되어서는 아니될 그 무엇이다. 다시 말해서 孔子는 헤라클레이토스처럼 타자화될 수 없는

나의 것이다. 그러한 의식에 사로잡혀 있으면서, 孔子를 "공자"라고
만 생각하면서, 바로 그러한 의식이 민족적이며 주체적이라고만 느끼
고 있다. 그리고 더더욱 한심한 사실은 바로 그 폭소가 터졌던 시점
이 1982년 9월이라는 것이다. 결국 우리 민족의 세계문화사적 위치
가 오늘 이 시간까지 우물 안의 개구리밖에는 되지 않는다는 것이다.
어찌 통분을 금할 수 있으랴!

"漢文"은 분명히 "漢나라의 文장"이며, 요샛말로 고치면 "고전중국
어"(Classical Chinese)이다. 孔子는 짱꼴라이며,[1] 孟子 또한 짱꼴라

---

1) 요즈음 한국학자들 가운데 매우 "민족주체적" 사상경향이 농후한 훌륭한 분들께서
孔子가 한국사람이라는 학설을 열심히 제창하고 계신 듯하다. 그러한 학설이 그 나
름대로 타당성이 없다고는 말할 수 없겠지만 나 개인의 소견으로는 일고의 가치도
없다고 생각하기 때문에 그러한 방면의 연구에 관심을 기울이지 않았다. 그러나 그
러한 주장의 논거가 될 만한 한 중국학자의 설을 소개하면 다음과 같다. 리우 지에
(劉節)氏는 「弁儒墨」(『古史考存』에 수록)이라는 일문에서 侏儒說을 펴고 있다. 中國
의 고대문화는 모두 東方(동쪽)에서 흥기하였다. 즉 沿海의 夷系의 문화에서 모든
중국문화가 발생하였다는 것이다. 後漢의 許愼이가 쓴 문자학 사서 『說文解字』에 夷
字를 해설하는 부분에 다음과 같은 재미있는 말이 있다. "夷는 東方의 人이다. 大字
와 弓字를 합치어 만든 글자이며, 會意字이다. 弓, 즉 활을 들고 있는 사람의 모습이
다. 딴곳에는 그 글자를 仨으로 쓰기도 하였는데 이 仨字는 古文의 仁과 동일하다.
생각건대 仨字는 尼字의 壞字일 것이다. 『孝經』의 제일 첫 구절에 "仲尼居"라 하였
는데 판본에 따라 尼字 대신 夷字를 쓴 것도 있다. 오랑캐 이름 가운데 蠻과 閩은
벌레虫字에서 온 것이고, 狄은 개犬字에서 온 것이고, 貉은 갖은돼지豸字에서 온 것
이고, 羌은 양羊字에서 온 것이며 이는 모두 사람과 種이 다른 동물이름에서 딴 것
이다. 僰과 僬의 경우만 사람人에서 왔다. 그러나 夷만이 유독 큰大字에서 왔으니
그 夷의 風俗이 仁하며 사람들이 모두 長壽하여 그 중에는 君子들이 長生不死한다는
나라가 있다고 한다. 그러므로 『論語』「子罕」篇에 보면 "孔子가 九夷에서 살고 싶
다"라고 한 것이다. 『後漢書』「東夷傳」에 보면 夷에는 九種이 있다고 하였는데, 畎
夷, 于夷, 方夷, 黃夷, 白夷, 赤夷, 元夷, 風夷, 陽夷를 들고 있다……." 쉬 선(許
愼)의 주장을 요약하면 字形상으로 夷→仨→尼→仁→大의 推論이 가능하고, 仲尼라
는 字를 갖고 있는 孔子는 바로 夷며 東方之人이며 東夷之人이다. 孔子는 東夷之人
이기 때문에 자기의 학설을 자기 나라 풍습을 좇아 仁이라 칭한 것이라고 리우氏는
말한다. 殷나라의 甲骨文에는 夷와 仁이 같은 字形으로 쓰여져 있으며 그래서 儒家
는 仁으로 自稱한 것이다. 또한 仁(인)과 儒(유)는 발음이 같으며 儒는 원래 侏儒
(키 작은 사람=小人)를 지칭하는 말이다. 그래서 儒家의 批判者로서 흥기한 墨家학
파 사람들은 儒家사람들을 仁이라 부르지 않고 "儒者"라고 부른 것이다. 그 호칭은
곧 小人의 뜻을 품은 侮蔑의 호칭이다. 孔子가 자기의 學을 大人의 夷의 學이라고 한
것을 墨家가 小人의 侏儒의 學이라고 부른 것은 仁과 儒의 同音異義(pun)적 말장난
으로 매우 통렬한 비판적 야유가 숨어 있음을 간과해서는 안된다. 이상이 리우氏의
기발한 新說이지만 이 말들을 자세히 뜯어보면 완전히 무근거한 허구임이 드러난다.
우선 夷와 仁은 字形이 완전히 발생론적으로 다르며 또 仁이라는 字는 甲骨文에도
金文에도 나오지 않는다. 다음 儒家가 자기들의 學을 仁이라고 지칭한 적도 없으며

仁과 儒는 古音에 있어서 동일하지 않다. 또한 儒라는 호칭을 사용한 것이 墨子學派라고 추론하고 있으나 墨子之學은 孔孟之學의 자체 내에서 반동적으로 발생한 민중적 유교의 한 형태로 보아 마땅하며 유교 밖의 순수 대립적 실체로 파악하는 것은 매우 소박한 견해에 불과하다. 그리고 孔子 자신이 "小人之儒"와 "大人之儒"라는 말을 쓰고 있지만 그것은 리우氏가 말하는 그러한 문맥과는 관계가 없으며, 또 儒의 原義가 侏儒라고 단정지을 수 있는 아무런 논거가 없다(이상은 白川靜, 『孔子傳』, [東京：中央公論社, 1972], pp. 70∼71 을 참조). 그리고 『說文解字』의 著者인 쉬 선이 漢代사람이라고는 하지만 그의 정보도 매우 허술하고 무근거한 추측에 불과한 경우가 태반을 넘는다. 그가 "夷俗仁壽, 有君子不死之國"이라고 말한 것만 보더라도 그의 추론이 얼마나 황당무계한 신화적 이야기에 의존하고 있는가 하는 것을 잘 알 수 있다. 그의 추론은 쉬 선이 살고 있던 당시에 유행했던 齊나라 계열의 方士之學에서 흘러나온 민담을 떠도는 孔子신화들과 결합하여 성립한 것으로 보이며 長生不死의 神仙사상과 夷와 仲尼의 연관구조가 명백히 드러나고 있다. 그리고 더우기 孔子가 東夷之人이라고 할지라도 그때 東夷의 개념이 조선반도를 지칭한다는 보장이 없다. 『論語』의 그 유명한 "子欲居九夷。或曰，陋如之何。子曰，君子居之，何陋之有。"(孔子가 九夷에 가서 살려고 하였다. 어느 제자가 말하기를 "그 누추함과 구차함에 어떻게 대처하시겠읍니까？"라고 말하자 孔子는 대답하여 "君子로서 거기서 사는데 무슨 누추하고 구차함이 있겠는가！"라고 하였다)라는 구절에 있어서 孔子는 분명히 九夷사람이 아닐 뿐더러 九夷에 대한 孔子나 당시 제자들의 통념은 더럽고 누추한 그 무엇에 지나지 않았으며, 孔子의 환상적 동경은 자기의 현실적 불만을 전위시킨 것에 불과하며, 東夷의 입장에서 본다면 이러한 孔子의 발언은 불쾌하기까지 한 것이다. 「公冶長」에 나오는 "子曰，道不行，乘桴浮于海，從我者，其由與。"(孔子가 말했다. 내가 살고 있는 이 中國지방에서 올바른 정치가 행하여지지 않으면 뗏목이나 타고 바다에 떠 보기나 할까나！ 그때 나를 따라 온다고 하는 놈은 子路녀석 정도겠지)와 같은 발언도 같은 심리적 문맥에서 이해되어야 할 것이다. 現實에 불만을 품은 이상주의 정치가 孔子에게 있어서 바다라는 하나의 광활한 인간해방적 공간개념이 환상적 의식으로 그의 심리에 등장하고 있고 그것이 夷라는 신화와 연결되고 있는 것 같다, "바다"라는 개념을 빌미로, 山東省에서 바다 건너인 海東의 조선이야말로 孔子의 출신지며 이상향이라는 억지 논리 또한 가능할 수도 있겠지만 전통석으로도 日本人은 九夷가 바로 日本이라고 생각하였고 孔子가 바로 일본에 와서 살고 싶어했다고 쓰고 있다. 토쿠가와시대의 大儒 이토오 진사이는 일본국의 太祖, 즉 神武天皇의 開國元年은 周의 惠王 17年에 해당되며, "그때부터 이미 개화된 일본의 문화가 오늘날에 이르기까지 君臣相傳하여 綿綿히 끊어지지 않고 있으며 그것을 尊하는 것이 하늘과 같고 그것을 敬하는 것이 하느님과 같다. 실로 中國이 미치지 못하는 바다. 夫子께서 華를 버리고 夷에 와서 사시겠다고 하신 것은 바로 이러한 우리 문화 때문이다"라고 『古義』에서 쓰고 있다. 사실 孔子를 조선사람이라고 주장하는 모든 생각은 이러한 일본의 유치한 국수주의의 아류에 지나지 않는다. 동시대 학자였던 소라이는 진사이의 이러한 발언을 통렬히 비판하여 다음과 같이 말하였다 : "우리나라의 아름다움은 이러한 孔子의 발언과 무관하게 그 자체로서 아름다운 데 있는 것이다. 왜 하필이면 『論語』에 傅會하여 황당무계한 妄言을 일삼는가？" 나는 소라이적 발상이야말로 진정한 주체적 민족주의가 되리라고 본다. 나는 孔子가 위대해서 감히 오랑캐인 조선사람이 될 수 없다는 것을 주장하는 졸부가 아니다. 나는 孔子라는 녀석이 한국놈이라도 상관없고 중국놈이라도 상관없다. 내가 문제삼는 것은 그 따위 아전인수격 고증이 아니라 왜 이 시점에서 우리 민족이 孔子를 한국사람이라고 해서 한국사람의 우수성을 입증하려고 안간힘을 쓰느냐하는 것이다. 왜 지금 바로 나의 실존이 孔子보다 더 위대하다는 생각은 할 수 없는가 하는 것이다. 바로 이러한 지성사적 반성의 문맥에서 내가 崔玲愛-金容沃表記法을 제정하게 된 동기가 이해되어이다(짱꼴라는 쭝꾸어르언[中國人]의 東北계열 발음의 한국적 俗化에서 생겨 난 말임). 한국사람이 제아무리 오랫동안 한문을 사용했다 하더라도 한문이 한문일 수밖에 없는 것은 인도사람들이 제아무리 영어를 사용 해도 영어는 영어인 것과 같다. 그렇다고 한문이라는 언어매개를 통해서 표현한 모든 우리문화가 중국문화라는 말은 아니다. 너무 편협한 "한글" 개념에 집착한 나머지 "국문학"을 잘못 규정했던 과거의 오류를 되풀이하고자 하는 뜻은 아니다. 언어매체수단이 "국문학"이라는 개념규정의 제일의적 기준이 될 수 없다는 것은 이미 거론할 필요가 없다. 우리 일상언어의 용법에서 "漢文"과 "漢字"는 구분되고 있다. 원래의 文과 字의 의미는 현대적 의미와는 매우 다른 것이지만,[2] 지금 우리말에서 漢文은 漢字로 이루어진 주부와 술부를 다 갖춘 센텐스 내지 센텐스의 집합을 의미하고, 漢字는 그 센텐스의 단위

야 한다. 日本 朱子學의 거두인 야마자키 안사이(山崎闇齋, 1618~82)가 그의 제자들과 토론하는 가운데 다음과 같이 물었다. "孔子가 그의 三千제자와 함께 군대를 조직하여 仁政의 깃발을 들고 日本을 쳐들어온다면 어떻게 하겠는가?" 한 제자가 대답했다. "그야 물론 仁政을 실현하기 위하여 그들을 쌍수로 환영해야지요." 이에 대하여 안사이는 "孔子라 할지라도 孔子가 무력적으로 조직하여 침입을 하는 것은 이미 그의 仁사상에 어긋난다. 孔子라 할지라도 바로 그 孔子사상에 의하여 처단되어야 마땅하다. 우리도 군대를 조직하여 孔子軍을 쳐 죽여 버려야 한다." 나는 물론 안사이의 생각이 옳다고 생각한다. 孔子가 孔子思想을 어겼을 때는 孔子는 孔子思想에 의하여 처단되어야 하며 마오가 마오이즘을 위반했을 때는 마오는 마오이즘에 의하여 처단되어야 마땅하다. 젊은 학도들은 모든 사상을 대할 때 그 사상의 현란함에 현혹되지 말고 그 사상이 깔고 있는 의도를 명백히 간파하여야 할 것이며 그 간파된 의도가 자기의 삶의 주체적 진리와 부합되는가 안 되는가를 주체적으로 판단해야 할 것이다. 한국의 지성풍토를 떠도는 허구적 사상의 농간에 농락되는 일이 있어서는 안 될 것이다. 孔子를 조선사람으로 만들려는 고증적 노력에 에너지가 남아 돌아간다면 그 에너지를 우리 자신이 孔子보다 더 위대하게 되는 데에 써주기를 간곡히 부탁하고 싶다. 이 한반도의 고조선 문화가 中原의 春秋戰國 문화에 상응하는 전체적 난숙도를 보이지 않는 한 孔子라는 어떤 부랑자를 조선반도 출신이라고 中國歷史에서 떼어낸온다 할지라도 그것은 아무 역사적 의미를 갖지 못하는 조롱거리에 지나지 않을 것이다.

2) 文의 개념은 매우 복합적인 것으로 古典에서의 用例 또한 일관되어 있지 않다. 그것은 象形字로 火의 모습을 하고 있어 앞가슴에서 접힌 의복의 옷깃(동정)의 모양에서 왔다고 생각되며, 모든 무늬(紋)·수식의 의미를 가지는 문자와 연결되어 있다. 그러나 字와 같이 작으로 사용될 때 현대적 어법에서는 외연에 있어서 文이 字보다 크다고 말할 수 있으나 古代 특히 漢代의 用法에 있어서는 文은 象形문자와 같이 독자적으로 성립하는 단순자를 말하며, 字는 形聲·會意문자와 같이 두 글자 이상이 함유하여 이루어진 복합자를 말하며, 字의 외연이 文의 그것보다 더 크다. 위 선의 『說文解字』는 "文을 설명하고 字를 푼다"라는 뜻이다. 그러나 『禮記』, 『國語』, 『論語』, 『孟子』, 『荀子』에 나오는 文의 개념이 모두 다르므로 文과 字의 의미가 위 선의 의미대로만 일관되게 사용되었다고는 말할 수 없다.

가 되는 문자 내지는 그 문자로 구성된 단어를 의미하는 것 같다. 이러한 구분에서 말한다면, 漢文은 한국사람이 한국식 냄새가 물씬나는 식으로 썼든 어쨌든 그것은 절대적으로 외국어이며 古典中國語이며 文言[文]이라고 하는 것이다. 그것은 우리말과 혼동될 수 없다. 한국사람이 영어로 자기 생각을 썼다고 그 영어가 한국어가 될 수 없으며 또 그 영어는 영국사람이나 미국사람이 쓴 영어와 맛이 다를 수 있는 것과 완전히 동일한 관계이다. 그렇기 때문에 그것은 기본적으로 중국말로 읽는 것이 "원칙"이다. 이 "원칙"이 편의상 융통성을 가질 수 있다 하더라도,[3] 원칙은 반드시 원칙으로서 고수되어야 한다. 따라서 앞으로 한문을 배우고자하는 새 세대는 예외없이 현대중국어를 먼저 배우고 그 바탕 위에서 고전중국어로서의 한문을 익혀야 마땅하다고 생각한다. 慕華사상에서 이렇게 하자는 것이 아니오, 바로 우리 文明의 독자성을 찾으려는 노력의 첫걸음으로서 漢文을 철저히 外國語化시키고 漢文에 담긴 모든 中國文明의 누적을 철저히 外國文明化시켜야 한다는 뜻이다.

나는 최근 주말에 집 아이들을 데리고 금곡에 있는 洪·裕陵에 가볼 기회가 있었다. 예정되었던 것도 아니고 지나가다 우연히 들른 발걸음이었는데 나는 高宗과 純宗의 王陵의 거대함에 놀라지 않을 수 없었다. 두 능 다 1897년 建元稱帝 이후에 건립된 것이기 때문에 재래의 陵이 中國皇帝에 예속된 諸侯國의 君의 격식임에 반하여 이 두 陵은 皇帝 즉 天子의 격식에 준하여 만들어졌으므로 그 규모에 있어서 유례가 없다는 것이다. 高宗 것보다 純宗 것이 더 크고, 재실, 침전, 문무·동물들의 석상이 모두 엄청난 규모의 것이었다. 나는 여기서 우리 민족사의 한 비애로운 장면을 절감했다. 建元稱帝를 한 번도 못 해 본 민족이 옛부터 天子國임을 자처해온 일본놈들 손에 의하여 억지로 建元稱帝를 당하고, 그 허울좋은 무덤 속에다 우리 조선민족의 마지막 비애를 다 파묻었던 것이다. 자의적으로 주체를 찾아보지 못한 사람에게 씌워진 주체의 허울, 그 아이러니의 묘한 감정을 느끼며 나는 좋아라고 깔깔대는 아이들의 웃음 소리를 들으며 陵園을 쏠

---

3) 우리나라 한자음이 중국말의 하나의 방언형태라는 것을 감안할 때, 과도기적 현상으로만 관용될 수도 있기는 하나, 나는 우리나라 과거 유습에서 우리가 적극적으로 떠나는 자세가 필요하다고 본다.

쓸히 산책했다. 거대한 침전의 침대에 밤마다 쓸쓸히 누워 있을 혼들이 매우 처량하게 보였다. 과연 우리는 지금까지 建元稱帝를 하고 있는가? 과연 독자적으로 우리의 문명을 건설할 수 있는 자신과 실력이 있는가? 이대로 좋은가? 과연 漢文을 古典中國語라고 생각하지 못하는 사람들의 의식구조 속에서 建元稱帝가 가능한가? 서양화의 물결에 염증을 느낀 지성인들이 이제 다시 중국의 제후국문명으로 복귀하려는 로맨티시즘에 빠져 있는 것은 아닐까?

漢子의 경우는 그것이 우리말의 구조에 借用된 것이기 때문에 그것을 중국말로 간주할 수는 없다. 그것은 어디까지나 우리말의 기본적 구조가 영향받지 않는 범위 내에서 어느 단위가 표현의 매체를 다양화하기 위해서 빌어진 수단일 뿐이기 때문이다. 그러나 이 경우에 있어서조차도 우리의 주체적 훈독방식이 없고 음독방식만 고집된 데서 오는 폐해는 이미 앞서 지적한 바와 같다. 그러나 漢字의 경우에 있어서도 고유명사에 관한 한 그것이 중국문명 자체에 소속될 경우에는 철저히 중국발음으로 표기하고 발음하는 것이 정당하다. San Francisco를 상항(桑港)으로, Los Angeles를 낙삼기(洛彬磯)로 고집하지 않고 샌프란시스코라고 표기하는 데 동의한다면 물론 같은 원칙에 의하여 鄧小平은 명 샤오핑이 되고 中曾根은 나카소네가 되어야 한다. 東京을 "동경"으로 읽는 것이 "토오쿄오"로 읽는 것보다 더 주체적이라고 생각하는 사람들도 많은 듯하나, 그것은 주체성이라는 주제에 동의해서 논한다 할지라도 한 수가 낮은 생각이라는 것만 밝히고자 한다.

나는 이러한 논쟁에 휘말려 그 일각을 담당하고 싶은 생각은 추호도 없다. 이러한 문제는 한 사람의 주장에 의하여 일시에 뜯어고쳐지는 것이 아니라 여러 사람의 중지에 의하여 자연스럽게 의견일치가 이루어질 때 민주적인 과정에 의하여 개변되어 나갈 수밖에 없는 문제이기 때문이다. 나는 나의 주장을 명백히 할 뿐이며 나의 주장에 진실이 있다면 그 진실은 점차 많은 사람들의 동의 속에서 힘을 얻어갈 뿐이다. 가장 결정적인 문제는 자기의 진실에 많은 사람이 동참할 수 있는 구체적 방법론을 제시할 수 있느냐 없느냐하는 데에 달려 있다. 구체적인 방법 없이 당위적 주장만 일삼아 무슨 소용이 있겠는가?

여기서 말하는 구체적 방법이란 중국어를 우리말로 어떻게 표기하느냐는 것에 관한 것이다. 내가 알기로 그 어느 누구도 이러한 구체적 방법을 음운학의 체계적 지식 위에서 포괄적으로 제시한 사람은 훈민정음 제정 이래로, 더 구체적으로는『洪武正韻譯訓』사업 이래로 아무도 없었다. 해방 이후에 꽤 많은 중국어사전이 편찬되었지만 그 편찬자들조차도 중국어의 우리말 표기법에 관해 신경을 쓴 사람은 아무도 없었다. 그들은 그러한 필요성조차 인식하지 않았던 것이다. 그리고 기존의 외래표기법에 의존했을 뿐이었다. 중국의 모든 고유명사를 한국말로 표기해야겠다는 강인한 의지를 보인 최초의 학자는 단국대학교 사학과의 윤내현 교수였다. 내가 알기로 檀大出版部에서 學術叢書 제 7집 (1982)으로 나온 윤교수의 저서『中國의 原始時代』는 그러한 시도로서 일관된 금세기 최초의 서적일 것이다. 나는 그의 정열과 집념 그리고 선구자로서의 용기에 찬탄을 아끼고 싶지 않다. 그 행위에 대한 어떠한 구구한 언론에도 나는 개의하고 싶지 않다. 기실 그는 1979년 7월부터 1981년 6월까지 하바드대학 도서관에 쑤셔 박혀 그 책을 썼고 그 당시 그와 나는 절친한 친구로 지냈다. 그리고 나는 그의 그러한 생각에 동조하였고 격려하였다. 그러나 유감스럽게도 그는 중국언어학에 대하여 깊은 조예를 갖고 있질 못했고 그 표기법에 관한 문제는 친구인 나에게 의뢰하였다.

『中國의 原始時代』의 「부록 2」로 수록된 중국음의 한글 표기 대조표(pp. 525~531)는 내가 1980년 겨울에 작성한 것이다. 그럼에도 불구하고 윤교수가 책 속에서 그것이 나의 작품인 것을 밝히지 않은 것은 심히 유감스러운 일이다. 윤교수 자신은 물론 무의식적으로 가볍게 생각하고 넘겼으리라. 그러나 후학들은 앞으로 어떠한 작은 부분이라 할지라도, 그것이 아무리 성문화되어 있지 않은 것이라 할지라도 그것이 자기의 것이 아닌 이상, 정확히 그 출전을 밝히는 데 인색하지 말아야 할 것이며 註라는 형식은 바로 그러한 정직성을 위하여 존재하는 것이라는 것을 재삼 인식해야 할 것이다.

결국 중국음의 한글표기는 나에 의하여 최초로 체계화된 것이고 그것은 윤교수가 최초로 활용했다고 말하겠지만, 그 최초의 표기법은 매우 중대한 결점들을 내포하고 있을 뿐 아니라 그 자체내로 검토되지 않은 자가당착적 모순이 많이 발견될 수 있다.

1) 聲母와 韻母를 나누어 그것을 결정하고 그 결정된 성모와 운모에 의하여 체계적으로 결합된 시스템이 아니다. 즉 기본적으로 음운학적 반성 (phonological reflection)을 거치지 않은 단순한 인상적 표기(impressionistic transcription)에 불과하다. 그러므로 성모와 운모의 결합에 있어서 지켜져야 할 일관된 약속이 결여되어 있다.

2) 모든 표기에 있어서 두 글자 원칙을 고수하였기 때문에 c 음과 ch 음, l 음과 r 음, 그리고 f 음과 h 음이 구분되지 않고 전혀 분간할 수 없는 동일한 표기로 나타난다. [4]

3) 기본적으로 拼音方案에 충실하고자 했으면서도 拼音方案에 일관되지도 못했고 또 웨이드-자일시스템의 장점도 살리지 못했다. "ian" 계열을 "이엔"이라고 표기한 것은 웨이드시스템을 따른 것이나 또 "üan"을 "위엔"으로 한 것은 웨이드시스템을 따르지 않았을 뿐 아니라, 원래음에도 가깝지 않다. "üan" 계열은 "위앤"이 되었어야 했다. 병음방안에 충실하고자 했으면 jiong 도 "지옹"이 되어야지 "즁"이 될 수 없다.

4) 하나의 韻母체계 내에서조차도 일관성이 결여되는 오류를 범했다. "ou" 가 "어우"로 약속되었다면 nou 가 "너우"로 rou 가 "러우"로 표기되어야 한다. 그러나 기타 성모와의 결합에 있어서는 모두 "어우"가 되었음에도 불구하고, 이 두 경우에 한하여 "노우" "로우"로 되어 있는 것은 단순한 착오에 불과하다.

이상과 같은 오류가 이외로도 또 지적될 수 있을 것이다. 윤교수는 이와 같은 나의 오류를 한 자도 틀리지 않고 그의 둘째 大著인 『商周史』(서울 : 民音社, 1984)에서도 반복하고 있을 뿐 아니라 『商周史』에서도 나의 작품임을 밝히지 않았다. 나는 그동안 나의 표기법이 잘못되었다는 죄책감을 가지게 되었고 내 자신이 한글로 집필을 하게 됨에 따라 표기법의 정밀도를 높이는 방안을 새로이 마련하지 않으면 아니되겠다고 생각하게 되었다. 그리고 새로운 표기법을 공표하여 만인이 공통으로 쓸 수 있게 하지 않으면 안 되겠다고 마음먹게 되었고 더이상 윤교수의 나로 인한 오류가 통용되는 것을 묵과할 수 없었다. 그

---

4) 이 논문에서 쓰이는 모든 로마자 음표기는 拼音方案의 그것을 따른다. 앞으로 다른 시스템을 병기할 필요가 있을 때 괄호 속에 약호를 표시하는데, 웨이드-자일표기법 은 W로, 병음표기법은 P로, 최영애-김용옥표기법은 C로 한다.

러한 부심의 결과로 "崔玲愛-金容沃表記法"이 탄생되게 되었고, 이 논문 뒤에 부착된 表記法테이블은 만 4년의 광음을 소요하여 꾸준한 개선작업을 거쳐 완성된 것이다. 실로 나로서는 감개가 무량하다.

그런데 나 김용옥은 중국음운학과 언어학에 대하여 깊은 전문적 지식을 갖지 못하였기 때문에 1980년 표기법의 수준을 능가할 수가 없었다. 그러나 다행히도 나의 家人인 최영애교수가 중국음운학에만 20년을 종사해 온 학자일 뿐만 아니라 그의 박사학위논문이 바로 이러한 표기법의 문제를 다룬 역저이기 때문에 이 방면으로는 명실공한 자격을 갖춘 인물이었다. 5) 나는 그의 음운학적 전문지식에 힘입어 나의 표기법을 수정하였고 현재의 표기법의 최종안은 그의 자문을 통하여 굳어진 것이므로 그의 공헌은 간과될 수 없다. 그러나 기본적 발

---

5) 최영애교수의 박사학위 논문은 『洪武正韻研究』(1975)이며, 여태까지 國立臺灣大學의 전역사에 있어서 한국인이 제출한 단 하나의 박사학위논문이다. 『洪武正韻』(1375)은 明太祖 朱元章이가 宋濂, 劉基, 樂韶鳳 등의 大臣들에게 명령하여 편찬케 한 官方韻書로서 中原雅音을 대변하는 체계를 취한다고 凡例에 밝히고 있으나 과연 어떤 음을 대변하는가에 대하여는 논란이 많다. 『洪武正韻』이란 韻書의 가치가 새롭게 주목된 계기는 湮滅되었다고 여겨진 『洪武正韻譯訓』(世宗 26년에 착수되어 端宗 3년에 완성)이 1972년에 高麗大學校 中央圖書館을 통하여(華山 李聖儀씨 소장) 발굴·公刊됨으로써였다. 『譯訓』은 새로 제정한 훈민정음의 우수성과 정밀성을 세계적으로 과시하기위하여 당대의 中原音의 제일 운서인 『洪武正韻』의 음가를 훈민정음으로써 체계적으로 나타내려고 한 申叔舟, 成三問 등의 勞作이다. 중국인들 자신은 漢字 이외로 漢子音을 표현할 기호를 갖고 있지 못하기 때문에 反切이라는 부정확한 수단밖에는 없었다. 反切이란 두 글자 두 음절로 구성되어 있으나 앞 음절에서는 성모만을 취하고 뒤 음절에서는 운모만을 취하여 한 음절로 결합시키는 체계를 말한다(例: 東=德+紅). 이에 비하여 우리 훈민정음은 표음부호로서 현대적 의미에서 발음부호에 해당되는 역할을 할 수 있기 때문에 모든 음가를 직접 표현할 수 있고, 反切보다 훨씬 더 정확성을 지니고 있다. 뿐만 아니라, 『譯訓』의 한글표기가 『洪武正韻』이라는 운서의 韻들을 기계적으로 대입한 것이 아니라 당시 중국음에 대한 연구를 바탕으로 하고 있기 때문에 『洪武正韻』이 中原音에 대하여 제공하지 못하는 새로운 정보를 제공할 수도 있다. 최교수의 논문은 『洪武正韻』 자체에 대한 중국음운[사]학적 연구이며, 『譯訓』이라는 새로운 한국자료를 중국음운학의 입장에서 『洪武正韻』 자체의 성격규명을 위하여 활용한 것이다. 요새는 이러한 방면의 연구인이 극소수에 한정되어 있으나 옛사람들은 한문을 배울 때 한자 한 글자 한 글자마다 모두 韻을 같이 익혔으며 이러한 음운학의 제문제는 일반상식의 범주에 속하는 것이었다. 淸나라의 大儒 꾸 옌우(顧炎武, 1613~82)는 哲學者이면서도 이러한 음운학에 혁혁한 업적을 남긴 인물이며, 우리나라 옛선비들도, 예를 들면 정약용도 경서를 논구하는 데 있어서 반드시 음운학적 측면을 중시했고, 중국의 古音에 대해 상당한 일가견이 있었다(그의 「讀易要旨」 18條에 察韻이 있다). 최교수의 학위논문이 우리말로 번역되어 일반독자들에게 읽힐 수 있게 되기를 희망한다.

상과 세부적 작업과정은 전적으로 나에 의하여 이루어진 것임을 밝힌
다. 그러나 그의 공헌을 생각할 때 우리 두 사람의 공동작업으로 간
주하여도 무방할 것이다. 대부분의 표기법이 그것을 만든 사람의 이
름을 따서 명명하는 것이 관례이기 때문에 그 관례를 따라 우리 두
사람의 표기법을 "최영애-김용옥표기법"이라고 명명한 것이다. 웨이
드-자일시스템이란 영국의 중국학학자(Sinologist)인 웨이드(Sir Tho-
mas Francis Wade, 1818~1895)가 1859년에 제정한 것을 후에 같은
영국의 중국학학자 자일(Herbert A. Giles, 1845~1935)이 수정한 것
이며, 20세기 중국어 표기법은 기본적으로 이 웨이드-자일시스템에
의하여 지배되었다.[6] 서양에서 중국어를 배우는데 가장 익숙한 사전
이었던 *Mathew's Chinese-English Dictionary*도 이 웨이드시스템을
채용하고 있다. 맥큔-라이샤워시스템이라는 것도 기본틀은 일제시대
때 우리나라에 와 있던 선교사였던 죠지맥큔씨가 만들어 놓은 것이
라고 보아야 한다. 후에 하바드 대학의 일본학 교수며 전후 일본의
미국대사를 지냈던 라이샤워(Edwin O. Reischauer)가 일본에서 유학
하고 있을 시절에 자기 학문연구를 위해 중국엘 건너가려고 했는데,
중국에 전쟁이 발발하여 건너갈 수가 없었고 새로운 패스포트를 신청
해 놓고 기다리는 동안 우연히 한국에 두 달 동안 들르게 되는 기회
가 있었는데, 이때 자기 논문에 쓰기 위한 한글의 로마자표기를 만들
기 위하여 당시 친구였던 맥큔과 합작하여 만든 것이다. 그것이 1937
년 가을의 일이었고, 라이샤워는 두 달동안 이 시스템을 만드는 데
전념을 한 것도 아니고, 주로 한국에서 견문을 넓히기 위해 여행을
하였고, 한국말도 전혀 몰랐을 뿐 아니라 자기 논문에 쓰려고 잠정적
으로 사적인 차원에서 만든 것이다.[7] 그리고 맥큔-라이샤워시스템은
국제적인 표기법의 자격이 없는 것이다. 즉 그 시스템은 음소적 표기
(phonemic transcription)가 아니라 음성적(phonetic transcription) 표
기이며, 따라서 상황에 따라 가변적인 실제음을 나타내려고 한 것이
다. 즉 그 당시 우리나라에는 우리말 자체의 랑그(langue)의 통일된

---

6) 자일의 책으로서 내가 소장하고 있는 책이 하나 있다. Hebert A. Giles, *Religions
   of Ancient China*, New York: Books for Libraries Press, 1905년 초판, 1969년
   재판. 매우 소박하고 빈약한 책이다.
7) 이상의 정보는 내가 하바드대학에서 유학하는 기간 동안 나 자신이 라이샤워교수와
   의 인터뷰에서 얻은 것이며, 그때 내가 수록해 놓은 녹음테이프에 기초하고 있으며
   나의 정보는 매우 정확한 것임을 밝혀 둔다.

표준표기가 결여되어 있었고 표준어의 문제가 정착되어 있지도 않았기 때문에 음소적 표기의 기준으로 삼을 만한 것이 없었다는 것이다. 그렇기 때문에 맥큔-라이샤워 시스템은 필연적으로 잠정적(tentative)일 수밖에 없는 것이다. 동양의 어느 언어의 표기법도 음성적 표기를 시스템으로 삼고 있는 것은 없다. 웨이드-자일, 拼音, 헵번, 니혼시키 시스템이 모두 음소적 표기이지 음성적 표기가 아니다. 50년 전의 어느 미국 대학원 학생이 한국말도 잘 모르면서 만든 잠정적 표기법에, 50년이 지난 오늘, 2000년을 눈앞에 두고 있는 오늘, 우리말의 표준어·표준표기법이 정착되어 있는 오늘, 그 원시적 체계에 국가시책으로서 전적으로 복귀하고 있는 현사태를 나는 개탄스럽게 관망하지 않을 수 없다. 우리나라의 모든 간판이 맥큔-라이샤워 시스템으로 뜯어 고쳐지고 있는 현실을 쳐다볼 때 나는 과연 우리 민족의 주체라는 것이 무엇인가 하는 것을 새삼 재고해보는 우울감에 빠지곤 한다. 일본인이나 중국인들은 자기들이 만든 시스템으로 전세계의 것을 뜯어고치는데 우리는 이제 와서 50년 전의 서양의 어느 대학원생 것으로 뜯어고침을 당하고 있는 것이다. [8] 한 마디로 단언하지만, 맥큔-라이샤워 로마자 표기법은 한글의 발음부호로나 사용될 수 있을지언정, 한글 표기의 일관성과 그 일관성이 체계를 달리하고 있기 때문에 우리말의 표기로 사용할 수 없는 것이다. 서양사람들이 간판을 쳐다보고 발음하는 데는 좀 편리하게 느낄지는 모르지만 표기법이라는 것은 그것 자체로서는 완벽한 발음을 어느 시스템의 경우도 기대할 수 없는 것이다.

"최영애-김용옥표기법"에 관한 음운학적 전문적 설명은 차제에 최교수에게 맡기기로 하고 여기서는 문외인들이 이해할 수 있는 차원에서 내가 아는 언어학적 지식의 범위 내에서 몇 마디 부언하고자 한다. 근자에 중국어의 표기에 관한 혁신은 중국의 공산정권에 의하여 이루어졌다. 마오가 1949년 대륙을 석권한 이래, 언어의 민주화·대중화를 사회운동의 주요기치로 내걸었고 그에 따라 簡字體가 고안되고 중국어 표기에 있어서 재래의 통용되던 웨이드-자일식을 파기하고

---

8) 이상의 기술에서 나의 스승 중에 한 분인 라이샤워교수의 스칼라십, 학자로서의 성취, 또 그의 인격에 대한 나의 존경을 조금도 손상하는 발언은 하지 않았음을 밝힌다. 단지 라이샤워교수 자신이 우습게 생각하는 것을 우리나라 사람들이 하느님 신주 모시듯이 모시는 비주체적 권위의식을 개탄하였을 뿐이다.

새로운 拼音方案을 만들었으며 이 새 방안은 1958년에 국제적으로 반포되었다. 현재 중국(중공)에서 나오는 모든 사서와 로마자 표기는 이 拼音方案을 쓰고 있고 최근에는 미국의 국제시사誌인 *TIME*도 이 拼音을 채택하였다.

대체적 추세가 국제적으로 1970년대로부터 拼音이 웨이드식에 대한 우세를 나타내고 있고, 중공정권의 강력한 추진하에 拼音이 계속 우위를 점해 갈 것임은 확연하다. 그러나 우리는 웨이드식을 무시할 수는 없다. 왜냐하면 20세기의 방대한 서양의 중국에 대한 고전적 가치를 지니는 문헌들이 모두 웨이드식으로 이미 성립되어 있을 뿐 아니라 구라파학계에 비하여 미국학계는 매우 보수적인 자세를 견지하고 있으며, 연구대상이 현대 중공에 관한 것이 아닐 경우 대부분 웨이드시스템을 여전히 채택하여 쓰고 있다. 다시 말해서 현대중공의 연구는 拼音으로 그 이전의 고전연구는 웨이드式으로 이원화하여 존속시키고 있다. 예를 들면, 필자의 1982년에 하바드대학에 제출한 학위 논문도 웨이드시스템으로 일관하고 있다. 그렇기 때문에 우리나라 동양학도들은 양 시스템을 모두 익혀야 할 것이며, 그래야만 자유롭게 문헌을 접할 수 있을 것이다.

웨이드式과 拼音案의 가장 큰 차이는 聲母에 있어서, 웨이드에서 帶氣(aspiration)를 나타내기 위하여 쓴 어퍼스트로피를 없애고, 撮口音을 나타내기 위하여 쓴 움라우트를 안 쓰는 방향에서 극소화시켰다. 즉 알파벳 이외의 모든 기호를 없애며 알파벳 자체에 있어서도 그 숫자를 간략하게 할 수 있는 대로 간략하게 하는 원칙으로 일관했다(例 : ts→z, ts'→c, ch'→q, hs→x).

그러나 이러한 경제성의 원칙은 실제 발음에 있어서 웨이드식보다 훨씬 열등한 결과를 낳았다. 상기의 例, ㄗ, ㄘ, ㄑ, ㄒ에 있어서는 웨이드식이 拼音案보다 더 실제음에 가깝다고 말할 수 있다. 그러나 웨이드식의 최대약점이었던 ㅁ음(j[w], r[p])과 ㄴ음(ch[w], j[p])의 경우에는 拼音 쪽이 실제음에 훨씬 더 가깝다고 말할 수 있으므로 일장일단이 있다. 韻母에 있어서도 웨이드식은 ㅡㄨㄥ음을 合口로 분류하였기 때문에 -ung로 표기하였었으나 拼音案은 그것을 開口로 분류하고 -ong로 표기하였는데, 이것은 拼音 쪽이 실제음에 더 가까운 것이며 잘된 것이라고 할 수 있다. 우리나라의 많은 학도들이 東을

tung(뚱)으로 알고 있으나 표준어로 발음하는 한 tong(똥)이 훨씬 가깝다. 따라서 毛澤東은 마오 쩌뚱이 아니라 마오 쩌똥이다. 우리 한자음이 "동"인 것은 바로 이 음이 옛부터 -ong음에 가까왔던 것으로 한국인이 감지했음을 알 수 있다(음운학사상으로 볼 때 지금의 -ong음 계열중에 "中"과 같은 것은 -ung에 더 가까왔던 것임을 알 수 있다. 拼音은 이를 -ong으로 통일한 것이다). 그 외로도 몇 가지, 拼音은 웨이드式의 결점을 현실화시키는 방향에서 보완하였다.

"최영애-김용옥표기법", 즉 씨케이시스템은 기본적으로 웨이드-자일시스템과 拼音方案의 장점만을 골라 취하여 현실음에 가장 가까울 수 있도록 보완한 것이며 그 제정의 기본원칙은 다음과 같다.

  1) 중국어의 모든 발음이 한 경우에도 우리말 표기에 있어서 중복되지 않게 한다. 다시 말해서 우리말 표기만 가지고 모든 중국어의 발음이 정확하게 중복없이 再構될 수 있다.
  2) 우리말에서 현재 통용되고 있는 알파벳 이외의 어떠한 기호도 사용하지 않는다(어퍼스트로피나 그 외의 음성학적 기호 등).
  3) 모든 표기에 있어서 세 글자를 초과하지 않으며 될 수 있는 대로 음절을 간략화하여 경제성의 원칙을 지킨다.
  4) 음소적 일관성을 지키면서 현실음에 가장 가까운 방식으로 조립한다.

결과적으로 이 원칙은 모두 무리없이 지켜졌으며 인류역사상 중국어 표기에 있어서 가장 완벽한 체계가 성립되었다고 자부한다. 일본어나 영어의 알파벳으로는 상상할 수 없는 수준의 표기가 우리말로 이루어졌다. 이것은 우리 한글의 우수성을 세계적으로 입증한 것이며, 또 우리말이 그 음가에 있어서 얼마나 중국어와 역사적으로 밀착되어 왔는가 하는 것을 방증한다. 훈민정음의 성립 이유 중에 중요한 측면의 하나가 바로 중국어, 즉 한자음 표기였다는 사실을 새삼 환기해 볼 필요가 있을 것이다. 최영애-김용옥표기법 테이블에 대한 간략한 법칙적 소개를 하면 다음과 같다.

  1) 가장 큰 난제는 舌尖音과 捲舌音을 어떻게 구분하느냐하는 문제였는데, 捲舌音에서 舌尖音과 우리말로 중복되는 ch와 r의 경우에

342

한하여 聲母 자체에 모음적 요소를 포함시킴으로써 우리말 체계에 없는 권설음의 효과를 나타냈다. 순치음의 경우도 마찬가지다. 이러한 문제는 우리의 고민만이 아니라 『洪武正韻譯訓』의 저자들에게 있어서도 큰 골치였던 것 같다. 그들은 舌尖音은 ㅅ ㅈ ㅊ 으로 捲舌音의 경우에는 ᅀ ᅎ ᅔ 으로 뻗치는 길이를 달리하여 인위적으로 표기하였다. 그리고 r(ㅿ)의 경우는 지금은 없어진 △으로 표기하였다. 독자들은 聲母에 들어가 있는 모음 "으"를 짧게 발음하면 捲舌의 효과를 낼 수 있을 것이다. 그리고 捲舌, 즉 혀를 감는 데는 시간이 걸리므로 으母音이 갖는 장음적 효과는 매우 합리적인 것이라고 할 수 있다. 捲舌音의 경우에 있어서도 zh와 sh는 他성모와 중복될 염려가 없으므로 경제성의 원칙을 살려 "즈와 스"로 하지 않고 "ㅈ와 ㅅ"으로 하였다. 따라서 聲母 "츠"와 "르"로 시작되는 발음에 한해서 세 글자의 표기가 발생한다. 세 글자가 너무 길지 않느냐고 반문할지 모르지만 注音符號가 대부분 세 글자로 되어 있다는 사실과 웨이드식에서는 ch'iung처럼 일곱 자, 拼音에서는 zhuang처럼 여섯 자로 되어 있다는 사실을 생각할 때, 우리 표기법은 대부분 한 자·두 자이며 경제성의 원칙에서 볼 때 가장 탁월한 체계임을 알아야 할 것이다. 다시 말해서 사용자들은 우리 표기법의 글자들이 독립된 음절이 아니라 한 음을 표기하기 위하여 유기적 관련성을 갖는 기호적 약속에 불과하다는 사실을 새로이 인식해야 할 것이다.

2) 捲舌音과 舌面音의 관계에 있어서 zh와 j가, sh와 x가, 그리고 舌尖音인 c와 舌面音인 q가 우리말 표기에 있어서는 동일한 자음을 취하고 있으나(zh,j→ㅈ; sh,x→ㅅ; c,q→ㅊ) 이 경우에는 전혀 중복의 가능성이 없다. 왜냐하면 韻母와 결합되는 부위가 다르기 때문이다(테이블을 참조하라). 그러므로 ji(chi)는 지로, qi(ch'i)는 치로 xi(hsi)는 시로, zha(cha)는 자로, ca(ts'a)는 차로, sha(sha)는 사로 표기되는데, 우리말이 비록 같은 자음을 취하고 있으나 모음과 다르게 결합되는 과정에서 음소적 변화는 없다할지라도 음성적 변화가 일어나므로 중국의 실제음에 가까와진다.

3) 가장 고민스러웠던 난제 중의 하나가 순치음(f)의 처리 문제였

으며 이 음을 舌根音인 h와 어떻게 우리말로 구분하냐는 것이었다. 『洪武正韻譯訓』에서는 f음을 "ᄫ"로 나타냈다(例 : 番→봔). f와 h는 본 표기법에서 聲母는 모두 "ㅎ"로 일관되어 있으나, 脣音에는 습口의 성분이 포함되어 있다고 할 수 있기 때문에 f의 경우에는 습口성분을 가미하여 h와 구분한다. 단 fa의 경우에는 우리말에 독특한 모음조화 법칙(양성모음은 양성모음끼리 음성모음은 음성모음끼리 결합하는 현상) 때문에 "화"가 되며 ha의 "하"와 구분된다. hua는 "후아"가 된다. fu와 hu의 경우, 권설음을 만든 것과 같은 원칙에 의하여 순치음에 모음적 요소를 가미하였으므로 fu는 "후우"로 hu는 "후"가 된다.

4) 拼音方案에서는 순음이 o(ㄛ)와 결합할 때 그것을 開口로 분류하여, 순음의 경우에 한하여 습口의 -uo(ㄨㄛ)에서 분리시키고 "o"로 표기하였다. 웨이드식에서는 두 경우를 모두 "o"로 일관하였다. 전통적 음운학사에서는 순음 자체가 o(ㄛ)와 결합될 때 그것을 開口현상으로 볼 것이냐, 습口현상으로 볼 것이냐에 대하여는 논의가 많았던 문제였다. 본 표기법에서는 순음 뒤의 "o"를 습口의 "uo"로 분류하여 "워"음으로 일원화시켰다. 단 순음과 기타음을 구분하기 위하여 순음은 "워"로, 기타음은 "우어"로 표기하였다. 따라서 fo는 "훠"로, huo는 "후어"로 말끔하게 구분된다. 이러한 이유로 "多"의 경우 웨이드는 "to"로 拼音은 "duo"로 표기되는데, 본 표기법에서는 拼音方案을 따라 "뚸"가 된다. 단 영성모의 경우는 "워"(我, wo)로 축약된다. 또한 의성어로서 "ㄛ"가 단독으로 쓰일 때는 "오"로 표기하였다. 따라서 yo(ㅣㄛ)는 "요"로 표기된다.

5) 일반적으로 앞에 성모가 있을 때는 운모를 길게 하고, 앞에 성모가 없을 때는 운모를 짧게 한다. 따라서 영성모의 경우에는 "이엔"이 "옌"으로, "이에"가 "예"로, "이양"이 "양"으로, "이옹"이 "용"으로, "우아"가 "와"로, "우안"이 "완"으로, "우앙"이 "왕"으로, "운"이 "원"으로 된다.

6) 앞에서 이미 언급하였지만 -ong(ㄨㄥ)을 과거에는 습口로 보았

344

으나 拼音에서는 開口로 집어넣었고, 단지 零聲母일 경우에는 분리하여 -ueng 으로 하여 合口로 분류하였는데, 이것은 웨이드식보다 현재 발음에 더 충실한 것이며, 따라서 본 표기법은 拼音을 따랐다. -ong 은 "옹"으로, 영성모의 경우는 "웡"으로 표기된다.

7) 齊齒의 ian 과 撮口의 üan 의 "a"음은 실제적 음가가 다르다. 전자는 [ɛ]며 후자는 [æ]이다. 그래서 웨이드식은 전자를 ien 으로, 후자를 üan 으로 표기하였다. 본 표기법에서는 웨이드식의 장점을 살려 ian 은 "이엔"으로, üan 은 "위앤"으로 표기하였다.

8) 合口의 -uei 의 경우는, 웨이드식이나 拼音방안이나 모두 성모와 결합될 때 그것을 -ui 로 축약시켰으나, 이것은 글자의 경제성을 인식한 것일 뿐 실제음과 거리가 멀다. 그러므로 본 표기법에서는 이것을 시정하여 "우이"로 하지 않고 "웨이"로 한다. "對"는 병음이나 웨이드에 있어서처럼 "뚜이"가 아니라, "뛔이"로 표기되어야 마땅하다. hui 의 경우에만 fei 와 구분되기 위하여 "후에이"로 풀어진다.

9) 그러나 齊齒의 -iou 는 聲母와 결합될 때 -iu 로 되므로 拼音案을 따랐다. "丟"는 "뗘우"가 된다. 그러나 영성모의 경우는 실제발음에 가까운 "여우"로 표기된다. 이러한 변화는 웨이드의 경우나, 병음의 경우에도 동일하다(丟 tiu→有 yu, 丟 diu→有 you). 이 齊齒음의 -iou 의 경우 전반적으로 말해서 음성학적으로 第一聲・第二聲과 같이 높은음의 경우는 "이우"에 가깝고, 第三聲・第四聲과 같이 낮은 음의 경우는 "여우"에 가깝다고 말할 수 있다. 많은 한국인이 "有"를 우리말의 "요우"로 알고 있으나, "요우"보다는 절대적으로 "여우"에 가까운 음이다. 이 점에 착오 없기 바란다. 따라서 철학자 馮友蘭은 "펑여우란"으로 표기된다.

10) de(떠)와 ge(꺼)의 경우에 한하여 경성일 경우 "더"와 "거"로 표기된다. 例: 我的→워더, 一個→이거.

이상으로 대강의 법칙적 설명을 마친다. "최영애-김용옥표기법"은 모든 자가 원칙에 의하여 설명되지 않는 것은 없으며 모든 체제가 유기적으로 관련되어 자의적 요소라고는 하나도 없다. 그리고 반복해서 강조하지만 중국어의 표기에 있어서 기존의 어느 국제 표기법보다도 실제음에 기준하여 볼 때 정밀도가 높다. 앞으로 가능하다면 우리말의 로마자화를 비롯해 일본어등 타 동양언어의 표기법도 우리 둘 손으로 만들어 쓸 작정이다. 학문에 있어서 스칼라십을 높이는 가장 결정적 관건은 형식적 일관성(consistency)이다. 우리나라의 대부분의 책들이 한 책의 체계 내에서조차도 지켜져야 할 모든 약속의 일관성이 무시되어 있는 경우가 허다하다. 외국학자들의 학문훈련과정에서 쌓는 이러한 일관성의 훈련은 매우 철저하다. 우리 학도들도 모든 자기체계에 있어서 일관성을 지키는 습관을 길러야 할 것이다. 작은 부호의 문제에 이르기까지 이 일관성의 문제는 매우 철저히 지켜져야 한다. 구두점의 약속을 비롯해 脚註에 나오는 모든 기호에 이르기까지 약속의 일관성을 지키지 않는 논문은 가치가 없는 작품이다. 나는 앞으로 중국학에 관한 모든 한자의 표기에 있어서 씨케이시스템을 일관되게 쓸 것이다. 그리고 앞으로 진행될 모든 중국고전 내지 한국·일본고전의 번역사업에 있어서 이 표기법으로 일관할 것이다.

孔子를 "공자"라고 부르던 시대는 지났다. 孔子는 우리의 의식 속에 "콩쯔"로 남아야만 한다. 우리는 문화적으로도 우리의 주권을 행사해야할 시대에 접어들고 있는 것이다.

崔玲愛－金容沃中國語表記法 Table of the C.K.System for Chinese

聲母			開口														齊齒										合口									撮口			
	母		a	o	e	-i	er	ai	ei	ao	ou	an	en	ang	eng	-ong	i	ia	iao	ie	iou	ian	in	iang	ing	iong	u	ua	uo	uai	uei	uan	un	uang	ueng	ü	üe	üan	ün
			아	워	어	으	얼	아이	에이	아오	어우	안	언	앙	엉	옹	이	이아	야오	이에	여우	이엔	인	이앙	잉	이웅	우	우아	우어	와이	웨이	우안	운	우앙	윙	위	위에	위앤	윈
脣音	b	ㅃ	빠	뿨				빠이	뻬이	빠오		빤	뻰	빵	뻥		삐		뺘오	삐에		삐엔	삔		삥		뿌												
	p	ㅍ	파	풔				파이	페이	파오	퍼우	판	펀	팡	펑		피		퍄오	피에		피엔	핀		핑		푸												
	m	ㅁ	마	뭐				마이		마오	머우	만	먼	망	멍		미		먀오	미에	미우	미엔	민		밍		무												
音	f	ㅎ	화	훠					훼이			환	훤	황	횡												후우												
舌尖音	d	ㄸ	따		떠			따이	떼이	따오	떠우	딴		땅	떵	똥	띠		땨오	띠에	띠우	띠엔			띵		뚜		뚜어		떼이	뚜안	뚠						
	t	ㅌ	타		터			타이		타오	터우	탄		탕	텅	퉁	티		탸오	티에		티엔			팅		투		투어		퉤이	투안	툰						
	n	ㄴ	나		너			나이	네이	나오	너우	난	넌	낭	녕	농	니		냐오	니에	니우	니엔	닌	니앙	닝		누		누어			누안					뉘	뉘에		
	ℓ	ㄹ	라		러			라이	레이	라오	러우	란		랑	렁	롱	리	리아	랴오	리에	리우	리엔	린	리앙	링		루		루어			루안	룬				뤼	뤼에		
舌尖前音	z	ㅈㅈ	짜		쩌	쯔		짜이	쩨이	짜오	쩌우	짠	쩐	짱	쩡	쫑											쭈		쭈어		쩨이	쭈안	쭌						
	c	ㅊ	차		처	츠		차이		차오	처우	찬	천	창	청	총											추		추어		췌이	추안	춘						
	s	ㅆ	싸		써	쓰		싸이		싸오	써우	싼	썬	쌍	썽	쏭											쑤		쑤어		쒜이	쑤안	쑨						
舌尖後音	zh	ㅈ	자		저	즈		자이	제이	자오	저우	잔	전	장	정	종											주	주아	주어	좌이	줴이	주안	준	주앙					
	ch	ㅊ	츠아		츠어	츠으		츠아이		츠아오	츠어우	츠안	츠언	츠앙	츠엉	츠웅											츠우		츠우어	츠와이	츠웨이	츠우안	츠운	츠우앙					
	sh	ㅅ	사		서	스		사이	세이	사오	서우	산	선	상	성												수	수아	수어	솨이	쉐이	수안	순	수앙					
	r	ㄹ			르어	르으		르아이		르아오	르어우	르안	르언	르앙	르엉	르웅											르우		르우어		르웨이	르우안	르운						
舌面音	j	ㅈ															지	지아	쟈오	지에	지우	지엔	진	지앙	징	지웅										쥐	쥐에	쥐앤	쥔
	q	ㅊ															치	치아	챠오	치에	치우	치엔	친	치앙	칭	치웅										취	취에	취앤	췬
	x	ㅅ															시	시아	샤오	시에	시우	시엔	신	시앙	싱	시웅										쉬	쉬에	쉬앤	쉰
舌根音	g	ㄲ	까		꺼			까이	께이	까오	꺼우	깐	껀	깡	껑	꽁											꾸	꾸아	꾸어	꽈이	꿰이	꾸안	꾼	꾸앙					
	k	ㅋ	카		커			카이		카오	커우	칸	컨	캉	컹	콩											쿠	쿠아	쿠어	콰이	퀘이	쿠안	쿤	쿠앙					
	h	ㅎ	하		허			하이	헤이	하오	허우	한	헌	항	헝	훙											후	후아	후어	화이	후에이	후안	훈	후앙					
	∅		아		어		얼	아이		아오	어우	안	언	앙			이	야	야오	예	여우	옌	인	양	잉	용	우	와	워	와이	웨이	완	원	왕	윙	위	위에	위앤	윈

崔玲愛-金容沃表記法 漢語拼音表記法 對照表(제 1 표)

다음의 대조표는 일반 독자들이 실제로 사용하기에 편리하도록 앞의 테이블을 푼 것이다. 제 1 표는 拼音의 알파벳순으로 풀었고 제 2 표는 웨이드식의 알파벳순으로 풀어, 서양책을 읽다가 중국음을 만날 때 어느 식이 되었든 기계적으로 씨케이시스템으로 대입할 수 있도록 만들었다. 注音부호까지 대조시켰으며, 字例를 표시하여 중국어를 모르는 사람들도 대강 이 표로서 한자음을 추측할 수 있도록 하였다. 따라서 例字의 선정에 있어서 중국사전의 것을 따르지 않고 우리에게 친숙한 글자로서 그 음을 대변한다고 생각되면서도 우리 한자음과 비슷한 것을 고르는 세심한 배려를 하였다. 제 1·2 성을 字例로 삼는 것을 원칙으로 하되 제 3·4 성도 경우에 따라 썼다. 그리고 웨이드·자일표기법에 있어서는 구미에서 통용되고 있는 실제적 표기법을 기준으로 하였기 때문에 ê에서와 같은 불필요한 기호는 사용하지 않았다. 그리고 테이블을 푸는 과정에서 테이블상에 나타나지 않는 음, chua, dia, ê, hm, hng, m, n, nia, ng, o, rua, yai, yo 등이 첨가되었으나, 이런 음들은 거의 실제적으로 쓰이지 않는다. 대부분이 의성어이다. 이 대조표의 기준으로 삼은 사전은 최근 중공에서 나온 사전중 가장 탁월하다고 간주되는 『新華字典』(1979年 修訂重排本, 北京 : 商務印書館, 1980)을 썼고, 이 『字典』에 없는 yai(崖)음 하나만 더 첨가하였다. 이 표만 가지고 있으면 TIME 誌를 보다가 중국어가 나올 때 그것을 우리말로 옮기는 데 아무런 불편이 없을 것이다. 뿐만 아니라 우리말표기에 의해서만도 정확한 한자가 再構될 수 있을 것이다.

漢語拼音표기법	웨이드자일표기법	注音부호	字例	씨케이시스템	漢語拼音표기법	웨이드자일표기법	注音부호	字例	씨케이시스템
a	a	ㄚ	啊	아	bin	pin	ㄅㄧㄣ	賓	삔
ai	ai	ㄞ	哀	아이	bing	ping	ㄅㄧㄥ	兵	삥
an	an	ㄢ	安	안	bo	po	ㄅㄛ	波	뽀
ang	ang	ㄤ	昂	앙	bu	pu	ㄅㄨ	不	뿌
ao	ao	ㄠ	熬	아오	ca	ts'a	ㄘㄚ	擦	차
ba	pa	ㄅㄚ	八	빠	cai	ts'ai	ㄘㄞ	猜	차이
bai	pai	ㄅㄞ	白	빠이	can	ts'an	ㄘㄢ	餐	찬
ban	pan	ㄅㄢ	班	빤	cang	ts'ang	ㄘㄤ	倉	창
bang	pang	ㄅㄤ	邦	빵	cao	ts'ao	ㄘㄠ	操	차오
bao	pao	ㄅㄠ	包	빠오	ce	ts'e	ㄘㄜ	策	처
bei	pei	ㄅㄟ	杯	뻬이	cen	ts'en	ㄘㄣ	岑	천
ben	pen	ㄅㄣ	奔	뻔	ceng	ts'eng	ㄘㄥ	層	청
beng	peng	ㄅㄥ	崩	뻥	cha	ch'a	ㄔㄚ	插	츠아
bi	pi	ㄅㄧ	逼	삐	chai	ch'ai	ㄔㄞ	拆	츠아이
bian	pien	ㄅㄧㄢ	邊	삐엔	chan	ch'an	ㄔㄢ	闡	츠안
biao	piao	ㄅㄧㄠ	標	삐아오	chang	ch'ang	ㄔㄤ	昌	츠앙
bie	pieh	ㄅㄧㄝ	別	삐에	chao	ch'ao	ㄔㄠ	超	츠아오

漢語拼音 표기법	웨이드자 일표기법	注音 부호	字例	씨케이이 시스템	漢語拼音 표기법	웨이드자 일표기법	注音 부호	字例	씨케이이 시스템
che	ch'e	ㄔㄜ	車	츠어	ding	ting	ㄉㄧㄥ	丁	띵
chen	ch'en	ㄔㄣ	塵	츠언	diu	tiu	ㄉㄧㄡ	丟	띠우
cheng	ch'eng	ㄔㄥ	稱	츠엉	dong	tung	ㄉㄨㄥ	東	똥
chi	ch'ih	ㄔ	喫	츠으	dou	tou	ㄉㄡ	兜	떠우
chong	ch'ung	ㄔㄨㄥ	充	츠옹	du	tu	ㄉㄨ	杜	뚜
chou	ch'ou	ㄔㄡ	抽	츠어우	duan	tuan	ㄉㄨㄢ	端	뚜안
chu	ch'u	ㄔㄨ	初	츠우	dui	tui	ㄉㄨㄟ	堆	뚸이
chua	ch'ua	ㄔㄨㄚ	欻	츠우아	dun	tun	ㄉㄨㄣ	敦	뚠
chuai	ch'uai	ㄔㄨㄞ	揣	츠와이	duo	to	ㄉㄨㄛ	多	뚜어
chuan	ch'uan	ㄔㄨㄢ	川	츠우안	e	e	ㄜ	鵝	어
chuang	ch'uang	ㄔㄨㄤ	窗	츠우앙	ê	eh	ㄝ	誒	에
chui	ch'ui	ㄔㄨㄟ	吹	츠웨이	ei	ei	ㄟ	欸	에이
chun	ch'un	ㄔㄨㄣ	春	츠운	en	en	ㄣ	恩	언
chuo	ch'o	ㄔㄨㄛ	戳	츠우어	eng	eng	ㄥ	鞥	엉
ci	tz'u	ㄘ	詞	츠	er	erh	ㄦ	兒	얼
cong	ts'ung	ㄘㄨㄥ	聰	총	fa	fa	ㄈㄚ	發	화
cou	ts'ou	ㄘㄡ	湊	처우	fan	fan	ㄈㄢ	飜	환
cu	ts'u	ㄘㄨ	粗	추	fang	fang	ㄈㄤ	方	황
cuan	ts'uan	ㄘㄨㄢ	竄	추안	fei	fei	ㄈㄟ	非	풰이
cui	ts'ui	ㄘㄨㄟ	崔	췌이	fen	fen	ㄈㄣ	分	훤
cun	ts'un	ㄘㄨㄣ	村	춘	feng	feng	ㄈㄥ	風	훵
cuo	ts'o	ㄘㄨㄛ	錯	추어	fo	fo	ㄈㄛ	佛	훠
da	ta	ㄉㄚ	答	따	fou	fou	ㄈㄡ	否	훠우
dai	tai	ㄉㄞ	待	따이	fu	fu	ㄈㄨ	夫	후우
dan	tan	ㄉㄢ	單	딴	ga	ka	ㄍㄚ	尬	까
dang	tang	ㄉㄤ	當	땅	gai	kai	ㄍㄞ	該	까이
dao	tao	ㄉㄠ	刀	따오	gan	kan	ㄍㄢ	干	깐
de	te	ㄉㄜ	德	떠	gang	kang	ㄍㄤ	鋼	깡
dei	tei	ㄉㄟ	得	떼이	gao	kao	ㄍㄠ	高	까오
den	ten	ㄉㄣ	撈	떤	ge	ko	ㄍㄜ	哥	꺼
deng	teng	ㄉㄥ	登	떵	gei	kei	ㄍㄟ	給	께이
di	ti	ㄉㄧ	低	띠	gen	ken	ㄍㄣ	根	껀
dia	tia	ㄉㄧㄚ	嗲	띠아	geng	keng	ㄍㄥ	耕	껑
dian	tien	ㄉㄧㄢ	顛	띠엔	gong	kung	ㄍㄨㄥ	工	꽁
diao	tiao	ㄉㄧㄠ	刁	땨오	gou	kou	ㄍㄡ	溝	꺼우
die	tieh	ㄉㄧㄝ	爹	띠에	gu	ku	ㄍㄨ	古	꾸

漢語拼音 표기법	웨이드자일 표기법	注音 부호	字例	씨케이 시스템	漢語拼音 표기법	웨이드자일 표기법	注音 부호	字例	씨케이 시스템
gua	kua	ㄍㄨㄚ	瓜	구아	jiong	chiung	ㄐㄩㄥ	迥	지옹
guai	kuai	ㄍㄨㄞ	乖	꽈이	jiu	chiu	ㄐㄧㄡ	究	지우
guan	kuan	ㄍㄨㄢ	官	꾸안	ju	chü	ㄐㄩ	居	쥐
guang	kuang	ㄍㄨㄤ	光	꾸앙	juan	chüan	ㄐㄩㄢ	捐	쥐앤
gui	kuei	ㄍㄨㄟ	規	꿰이	jue	chüeh	ㄐㄩㄝ	決	쥐에
gun	kun	ㄍㄨㄣ	棍	꾼	jun	chün	ㄐㄩㄣ	軍	쥔
guo	kuo	ㄍㄨㄛ	過	꾸어	ka	k'a	ㄎㄚ	咖	카
ha	ha	ㄏㄚ	哈	하	kai	k'ai	ㄎㄞ	開	카이
hai	hai	ㄏㄞ	亥	하이	kan	k'an	ㄎㄢ	刊	칸
han	han	ㄏㄢ	含	한	kang	k'ang	ㄎㄤ	康	캉
hang	hang	ㄏㄤ	杭	항	kao	k'ao	ㄎㄠ	考	카오
hao	hao	ㄏㄠ	好	하오	ke	k'o	ㄎㄜ	科	커
he	ho	ㄏㄜ	何	허	kei	k'ei	ㄎㄟ	尅	케이
hei	hei	ㄏㄟ	黑	헤이	ken	k'en	ㄎㄣ	肯	컨
hen	hen	ㄏㄣ	痕	헌	keng	k'eng	ㄎㄥ	坑	컹
heng	heng	ㄏㄥ	恒	헝	kong	k'ung	ㄎㄨㄥ	空	콩
hm	hm	ㄏㄇ	噷	흠	kou	k'ou	ㄎㄡ	口	커우
hng	hng	ㄏㄤ	哼	흥	ku	k'u	ㄎㄨ	苦	쿠
hong	hung	ㄏㄨㄥ	紅	홍	kua	k'ua	ㄎㄨㄚ	誇	쿠아
hou	hou	ㄏㄡ	喉	허우	kuai	k'uai	ㄎㄨㄞ	快	콰이
hu	hu	ㄏㄨ	呼	후	kuan	k'uan	ㄎㄨㄢ	寬	쿠안
hua	hua	ㄏㄨㄚ	花	후아	kuang	k'uang	ㄎㄨㄤ	匡	쿠앙
huai	huai	ㄏㄨㄞ	懷	화이	kui	k'uei	ㄎㄨㄟ	虧	퀘이
huan	huan	ㄏㄨㄢ	歡	후안	kun	k'un	ㄎㄨㄣ	昆	쿤
huang	huang	ㄏㄨㄤ	荒	후앙	kuo	k'uo	ㄎㄨㄛ	擴	쿠어
hui	hui	ㄏㄨㄟ	灰	후에이	la	la	ㄌㄚ	拉	라
hun	hun	ㄏㄨㄣ	昏	훈	lai	lai	ㄌㄞ	來	라이
huo	huo	ㄏㄨㄛ	活	후어	lan	lan	ㄌㄢ	蘭	란
ji	chi	ㄐㄧ	機	지	lang	lang	ㄌㄤ	郞	랑
jia	chia	ㄐㄧㄚ	家	지아	lao	lao	ㄌㄠ	勞	라오
jian	chien	ㄐㄧㄢ	尖	지엔	le	le	ㄌㄜ	勒	러
jiang	chiang	ㄐㄧㄤ	江	지앙	lei	lei	ㄌㄟ	類	레이
jiao	chiao	ㄐㄧㄠ	交	쟈오	leng	leng	ㄌㄥ	冷	렁
jie	chieh	ㄐㄧㄝ	街	지에	li	li	ㄌㄧ	里	리
jin	chin	ㄐㄧㄣ	今	진	lia	lia	ㄌㄧㄚ	倆	리아
jing	ching	ㄐㄧㄥ	京	징	lian	lien	ㄌㄧㄢ	連	리엔

漢語拼音표기법	웨이드자일표기법	注音부호	字例	씨케이시스템	漢語拼音표기법	웨이드자일표기법	注音부호	字例	씨케이시스템
liang	liang	ㄌㅣㄤ	良	리앙	na	na	ㄋㄚ	挐	나
liao	liao	ㄌㅣㄠ	療	랴오	nai	nai	ㄋㄞ	乃	나이
lie	lieh	ㄌㅣㄝ	列	리에	nan	nan	ㄋㄢ	男	난
lin	lin	ㄌㅣㄣ	林	린	nang	nang	ㄋㄤ	囊	낭
ling	ling	ㄌㅣㄥ	令	링	nao	nao	ㄋㄠ	惱	나오
liu	liu	ㄌㅣㄡ	留	리우	ne	ne	ㄋㄜ	訥	너
lo	lo	ㄌㄛ	咯	로	nei	nei	ㄋㄟ	內	네이
long	lung	ㄌㄨㄥ	龍	룽	nen	nen	ㄋㄣ	嫩	넌
lou	lou	ㄌㄡ	樓	러우	neng	neng	ㄋㄥ	能	넝
lu	lu	ㄌㄨ	魯	루	ng	ng	ㄫ	嗯	응
lü	lü	ㄌㄩ	呂	뤼	ni	ni	ㄋㄧ	泥	니
luan	luan	ㄌㄨㄢ	亂	루안	nia	nia	ㄋㄧㄚ	嗃	니아
lüe	lüeh	ㄌㄩㄝ	略	뤼에	nian	nien	ㄋㄧㄢ	年	니엔
lun	lun	ㄌㄨㄣ	論	룬	niang	niang	ㄋㄧㄤ	娘	니앙
luo	lo	ㄌㄨㄛ	羅	루어	niao	niao	ㄋㄧㄠ	鳥	냐오
m	m	ㄇ	呣	므	nie	nieh	ㄋㄧㄝ	捏	니에
ma	ma	ㄇㄚ	麻	마	nin	nin	ㄋㄧㄣ	您	닌
mai	mai	ㄇㄞ	埋	마이	ning	ning	ㄋㄧㄥ	寧	닝
man	man	ㄇㄢ	蠻	만	niu	niu	ㄋㄧㄡ	牛	니우
mang	mang	ㄇㄤ	忙	망	nong	nung	ㄋㄨㄥ	農	농
mao	mao	ㄇㄠ	毛	마오	nou	nou	ㄋㄡ	耨	너우
me	me	ㄇㄜ	麽	머	nu	nu	ㄋㄨ	奴	누
mei	mei	ㄇㄟ	眉	메이	nü	nü	ㄋㄩ	女	뉘
men	men	ㄇㄣ	門	먼	nuan	nuan	ㄋㄨㄢ	暖	누안
meng	meng	ㄇㄥ	蒙	멍	nüe	nüeh	ㄋㄩㄝ	虐	뉘에
mi	mi	ㄇㄧ	迷	미	nuo	no	ㄋㄨㄛ	諾	누어
mian	mien	ㄇㄧㄢ	面	미엔	o	o	ㄛ	喔	오
miao	miao	ㄇㄧㄠ	苗	먀오	ou	ou	ㄡ	歐	어우
mie	mieh	ㄇㄧㄝ	滅	미에	pa	p'a	ㄆㄚ	怕	파
min	min	ㄇㄧㄣ	民	민	pai	p'ai	ㄆㄞ	拍	파이
ming	ming	ㄇㄧㄥ	明	밍	pan	p'an	ㄆㄢ	判	판
miu	miu	ㄇㄧㄡ	謬	미우	pang	p'ang	ㄆㄤ	旁	팡
mo	mo	ㄇㄛ	摸	뭐	pao	p'ao	ㄆㄠ	抛	파오
mou	mou	ㄇㄡ	謀	머우	pei	p'ei	ㄆㄟ	培	페이
mu	mu	ㄇㄨ	木	무	pen	p'en	ㄆㄣ	盆	펀
n	n	ㄋ	嗯	ㄴ	peng	p'eng	ㄆㄥ	膨	펑

漢語拼音 표기법	웨이드자 일표기법	注音 부호	字例	씨케이 시스템	漢語拼音 표기법	웨이드자 일표기법	注音 부호	字例	씨케이 시스템
pi	p'i	ㄆㄧ	批	피	run	jun	ㄖㄨㄣ	潤	르운
pian	p'ien	ㄆㄧㄢ	偏	피엔	ruo	jo	ㄖㄨㄛ	弱	르우어
piao	p'iao	ㄆㄧㄠ	票	퍄오	sa	sa	ㄙㄚ	撒	싸
pie	p'ieh	ㄆㄧㄝ	撤	피에	sai	sai	ㄙㄞ	賽	싸이
pin	p'in	ㄆㄧㄣ	拼	핀	san	san	ㄙㄢ	三	싼
ping	p'ing	ㄆㄧㄥ	平	핑	sang	sang	ㄙㄤ	桑	쌍
po	p'o	ㄆㄛ	破	풔	sao	sao	ㄙㄠ	騷	싸오
pou	p'ou	ㄆㄡ	剖	퍼우	se	se	ㄙㄜ	色	써
pu	p'u	ㄆㄨ	樸	푸	sen	sen	ㄙㄣ	森	썬
qi	ch'i	ㄑㄧ	七	치	seng	seng	ㄙㄥ	僧	쎙
qia	ch'ia	ㄑㄧㄚ	恰	치아	sha	sha	ㄕㄚ	沙	사
qian	ch'ien	ㄑㄧㄢ	千	치엔	shai	shai	ㄕㄞ	曬	사이
qiang	ch'iang	ㄑㄧㄤ	槍	치앙	shan	shan	ㄕㄢ	山	산
qiao	ch'iao	ㄑㄧㄠ	橋	챠오	shang	shang	ㄕㄤ	商	상
qie	ch'ieh	ㄑㄧㄝ	切	치에	shao	shao	ㄕㄠ	少	사오
qin	ch'in	ㄑㄧㄣ	親	친	she	she	ㄕㄜ	奢	서
qing	ch'ing	ㄑㄧㄥ	青	칭	shei	shei	ㄕㄟ	誰	세이
qiong	ch'iung	ㄑㄩㄥ	窮	치웅	shen	shen	ㄕㄣ	深	선
qiu	ch'iu	ㄑㄧㄡ	秋	치우	sheng	sheng	ㄕㄥ	聲	성
qu	ch'ü	ㄑㄩ	區	취	shi	shih	ㄕ	詩	스
quan	ch'üan	ㄑㄩㄢ	圈	취앤	shou	shou	ㄕㄡ	收	서우
que	ch'üeh	ㄑㄩㄝ	缺	취에	shu	shu	ㄕㄨ	書	수
qun	ch'ün	ㄑㄩㄣ	群	췬	shua	shua	ㄕㄨㄚ	刷	수아
ran	jan	ㄖㄢ	然	르안	shuai	shuai	ㄕㄨㄞ	衰	솨이
rang	jang	ㄖㄤ	讓	르앙	shuan	shuan	ㄕㄨㄢ	拴	수안
rao	jao	ㄖㄠ	繞	르아오	shuang	shuang	ㄕㄨㄤ	雙	수앙
re	je	ㄖㄜ	熱	르어	shui	shui	ㄕㄨㄟ	水	쉐이
ren	jen	ㄖㄣ	人	르언	shun	shun	ㄕㄨㄣ	順	순
reng	jeng	ㄖㄥ	扔	르엉	shuo	shuo	ㄕㄨㄛ	說	수어
ri	jih	ㄖ	日	르으	si	ssu	ㄙ	思	쓰
rong	jung	ㄖㄨㄥ	容	르웅	song	sung	ㄙㄨㄥ	松	쏭
rou	jou	ㄖㄡ	柔	르어우	sou	sou	ㄙㄡ	搜	써우
ru	ju	ㄖㄨ	如	르우	su	su	ㄙㄨ	蘇	쑤
rua	jua	ㄖㄨㄚ	挼	르우아	suan	suan	ㄙㄨㄢ	酸	쑤안
ruan	juan	ㄖㄨㄢ	軟	르우안	sui	sui	ㄙㄨㄟ	雖	쒜이
rui	jui	ㄖㄨㄟ	銳	르웨이	sun	sun	ㄙㄨㄣ	孫	쑨

漢語拼音표기법	웨이드자일표기법	注音부호	字例	씨케이시스템	漢語拼音표기법	웨이드자일표기법	注音부호	字例	씨케이시스템
suo	so	ㄙㄨㄛ	所	쑤어	xing	hsing	ㄒㄧㄥ	星	싱
ta	t'a	ㄊㄚ	他	타	xiong	hsiung	ㄒㄩㄥ	凶	시옹
tai	t'ai	ㄊㄞ	胎	타이	xiu	hsiu	ㄒㄧㄡ	休	시우
tan	t'an	ㄊㄢ	貪	탄	xu	hsü	ㄒㄩ	須	쉬
tang	t'ang	ㄊㄤ	湯	탕	xuan	hsüan	ㄒㄩㄢ	宣	쉬앤
tao	t'ao	ㄊㄠ	桃	타오	xue	hsüeh	ㄒㄩㄝ	雪	쉬에
te	t'e	ㄊㄜ	特	터	xun	hsün	ㄒㄩㄣ	熏	쉰
teng	t'eng	ㄊㄥ	疼	텅	ya	ya	ㄧㄚ	牙	야
ti	t'i	ㄊㄧ	提	티	yai	yai	ㄧㄞ	崖	야이
tian	t'ien	ㄊㄧㄢ	天	티엔	yan	yen	ㄧㄢ	煙	옌
tiao	t'iao	ㄊㄧㄠ	挑	탸오	yang	yang	ㄧㄤ	央	양
tie	t'ieh	ㄊㄧㄝ	帖	티에	yao	yao	ㄧㄠ	腰	야오
ting	t'ing	ㄊㄧㄥ	聽	팅	ye	yeh	ㄧㄝ	也	예
tong	t'ung	ㄊㄨㄥ	通	퉁	yi	i	ㄧ	衣	이
tou	t'ou	ㄊㄡ	投	터우	yin	yin	ㄧㄣ	音	인
tu	t'u	ㄊㄨ	突	투	ying	ying	ㄧㄥ	英	잉
tuan	t'uan	ㄊㄨㄢ	團	투안	yo	yo	ㄧㄛ	唷	요
tui	t'ui	ㄊㄨㄟ	退	퉤이	yong	yung	ㄩㄥ	擁	용
tun	t'un	ㄊㄨㄣ	吞	툰	you	yu	ㄧㄡ	憂	여우
tuo	t'o	ㄊㄨㄛ	脫	투어	yu	yü	ㄩ	於	위
wa	wa	ㄨㄚ	瓦	와	yuan	yüan	ㄩㄢ	元	위앤
wai	wai	ㄨㄞ	歪	와이	yue	yüeh	ㄩㄝ	約	위에
wan	wan	ㄨㄢ	完	완	yun	yün	ㄩㄣ	云	윈
wang	wang	ㄨㄤ	王	왕	za	tsa	ㄗㄚ	雜	짜
wei	wei	ㄨㄟ	威	웨이	zai	tsai	ㄗㄞ	災	짜이
wen	wen	ㄨㄣ	溫	원	zan	tsan	ㄗㄢ	贊	짠
weng	weng	ㄨㄥ	翁	윙	zang	tsang	ㄗㄤ	葬	짱
wo	wo	ㄨㄛ	我	워	zao	tsao	ㄗㄠ	早	짜오
wu	wu	ㄨ	汚	우	ze	tse	ㄗㄜ	則	쩌
xi	hsi	ㄒㄧ	西	시	zei	tsei	ㄗㄟ	賊	쩨이
xia	hsia	ㄒㄧㄚ	下	시아	zen	tsen	ㄗㄣ	怎	쩐
xian	hsien	ㄒㄧㄢ	先	시엔	zeng	tseng	ㄗㄥ	增	쩡
xiang	hsiang	ㄒㄧㄤ	香	시앙	zha	cha	ㄓㄚ	札	자
xiao	hsiao	ㄒㄧㄠ	消	샤오	zhai	chai	ㄓㄞ	齋	자이
xie	hsieh	ㄒㄧㄝ	邪	시에	zhan	chan	ㄓㄢ	占	잔
xin	hsin	ㄒㄧㄣ	新	신	zhang	chang	ㄓㄤ	章	장

漢語拼音 표기법	웨이드자 일표기법	注音 부호	字例	씨케이 시스템	漢語拼音 표기법	웨이드자 일표기법	注音 부호	字例	씨케이 시스템
zhao	chao	ㄓㄠ	朝	자오	zhuang	chuang	ㄓㄨㄤ	莊	주앙
zhe	che	ㄓㄜ	折	저	zhui	chui	ㄓㄨㄟ	追	줴이
zhei	chei	ㄓㄟ	這	제이	zhun	chun	ㄓㄨㄣ	准	준
zhen	chen	ㄓㄣ	眞	전	zhuo	cho	ㄓㄨㄛ	卓	주어
zheng	cheng	ㄓㄥ	正	정	zi	tzu	ㄗ	子	쯔
zhi	chih	ㄓ	之	즈	zong	tsung	ㄗㄨㄥ	宗	쭝
zhong	chung	ㄓㄨㄥ	中	종	zou	tsou	ㄗㄡ	走	쩌우
zhou	chou	ㄓㄡ	周	저우	zu	tsu	ㄗㄨ	租	쭈
zhu	chu	ㄓㄨ	朱	주	zuan	tsuan	ㄗㄨㄢ	纂	쭈안
zhua	chua	ㄓㄨㄚ	爪	주아	zui	tsui	ㄗㄨㄟ	最	쮀이
zhuai	chuai	ㄓㄨㄞ	拽	좌이	zun	tsun	ㄗㄨㄣ	尊	쭌
zhuan	chuan	ㄓㄨㄢ	專	주안	zuo	tso	ㄗㄨㄛ	作	쭈어

崔玲愛-金容沃表記法　웨이드-자일表記法　對照表
(제 2 표)

웨이드자일표기법	漢語拼音표기법	注音부호	字例	씨케이시스템	웨이드자일표기법	漢語拼音표기법	注音부호	字例	씨케이시스템
a	a	ㄚ	啊	아	ch'ieh	qie	ㄑㄧㄝ	切	치에
ai	ai	ㄞ	哀	아이	chien	jian	ㄐㄧㄢ	尖	지엔
an	an	ㄢ	安	안	ch'ien	qian	ㄑㄧㄢ	千	치엔
ang	ang	ㄤ	昂	앙	chih	zhi	ㄓ	之	즈
ao	ao	ㄠ	熬	아오	ch'ih	chi	ㄔ	喫	츠으
cha	zha	ㄓㄚ	札	자	chin	jin	ㄐㄧㄣ	今	진
ch'a	cha	ㄔㄚ	插	츠아	ch'in	qin	ㄑㄧㄣ	親	친
chai	zhai	ㄓㄞ	齋	자이	ching	jing	ㄐㄧㄥ	京	징
ch'ai	chai	ㄔㄞ	拆	츠아이	ch'ing	qing	ㄑㄧㄥ	靑	칭
chan	zhan	ㄓㄢ	占	잔	chiu	jiu	ㄐㄧㄡ	究	지우
ch'an	chan	ㄔㄢ	闡	츠안	ch'iu	qiu	ㄑㄧㄡ	秋	치우
chang	zhang	ㄓㄤ	章	장	chiung	jiong	ㄐㄩㄥ	迥	지웅
ch'ang	chang	ㄔㄤ	昌	츠앙	ch'iung	qiong	ㄑㄩㄥ	窮	치웅
chao	zhao	ㄓㄠ	朝	자오	cho	zhuo	ㄓㄨㄛ	卓	주어
ch'ao	chao	ㄔㄠ	超	츠아오	ch'o	chuo	ㄔㄨㄛ	戳	츠우어
che	zhe	ㄓㄜ	折	저	chou	zhou	ㄓㄡ	周	저우
ch'e	che	ㄔㄜ	車	츠어	ch'ou	chou	ㄔㄡ	抽	츠어우
chei	zhei	ㄓㄟ	這	제이	chu	zhu	ㄓㄨ	朱	주
chen	zhen	ㄓㄣ	眞	전	ch'u	chu	ㄔㄨ	初	츠우
ch'en	chen	ㄔㄣ	塵	츠언	chü	ju	ㄐㄩ	居	쥐
cheng	zheng	ㄓㄥ	正	정	ch'ü	qu	ㄑㄩ	區	취
ch'eng	cheng	ㄔㄥ	稱	츠엉	chua	zhua	ㄓㄨㄚ	爪	주아
chi	ji	ㄐㄧ	機	지	ch'ua	chua	ㄔㄨㄚ	欻	츠우아
ch'i	qi	ㄑㄧ	七	치	chuai	zhuai	ㄓㄨㄞ	拽	좌이
chia	jia	ㄐㄧㄚ	家	지아	ch'uai	chuai	ㄔㄨㄞ	揣	츠와이
ch'ia	qia	ㄑㄧㄚ	恰	치아	chuan	zhuan	ㄓㄨㄢ	專	주안
chiang	jiang	ㄐㄧㄤ	江	지앙	ch'uan	chuan	ㄔㄨㄢ	川	츠우안
ch'iang	qiang	ㄑㄧㄤ	槍	치앙	chüan	juan	ㄐㄩㄢ	捐	쥐엔
chiao	jiao	ㄐㄧㄠ	交	쟈오	ch'üan	quan	ㄑㄩㄢ	圈	취엔
ch'iao	qiao	ㄑㄧㄠ	橋	챠오	chuang	zhuang	ㄓㄨㄤ	莊	주앙
chieh	jie	ㄐㄧㄝ	街	지에	ch'uang	chuang	ㄔㄨㄤ	窓	츠우앙

웨이드자일 일표기법	漢語拼音 표기법	注音 부호	字例	씨케이 시스템	웨이드자일 일표기법	漢語拼音 표기법	注音 부호	字例	씨케이 시스템
chüeh	jue	ㄐㄩㄝ	決	쥐에	hou	hou	ㄏㄡ	喉	허우
ch'üeh	que	ㄑㄩㄝ	缺	취에	hsi	xi	ㄒㄧ	西	시
chui	zhui	ㄓㄨㄟ	追	줴이	hsia	xia	ㄒㄧㄚ	下	시아
ch'ui	chui	ㄔㄨㄟ	吹	츠웨이	hsiang	xiang	ㄒㄧㄤ	香	시앙
chun	zhun	ㄓㄨㄣ	准	준	hsiao	xiao	ㄒㄧㄠ	消	샤오
ch'un	chun	ㄔㄨㄣ	春	츠운	hsieh	xie	ㄒㄧㄝ	邪	시에
chün	jun	ㄐㄩㄣ	軍	쥔	hsien	xian	ㄒㄧㄢ	先	시엔
ch'ün	qun	ㄑㄩㄣ	群	춴	hsin	xin	ㄒㄧㄣ	新	신
chung	zhong	ㄓㄨㄥ	中	종	hsing	xing	ㄒㄧㄥ	星	싱
ch'ung	chong	ㄔㄨㄥ	充	츠옹	hsiu	xiu	ㄒㄧㄡ	休	시우
e	e	ㄜ	鵝	어	hsiung	xiong	ㄒㄩㄥ	凶	시옹
eh	ê	ㄝ	誒	에	hsü	xu	ㄒㄩ	須	쉬
ei	ei	ㄟ	欸	에이	hsüan	xuan	ㄒㄩㄢ	宣	쉬앤
en	en	ㄣ	恩	언	hsüeh	xue	ㄒㄩㄝ	雪	쉬에
eng	eng	ㄥ	鞥	엉	hsün	xun	ㄒㄩㄣ	熏	쉰
erh	er	ㄦ	兒	얼	hu	hu	ㄏㄨ	呼	후
fa	fa	ㄈㄚ	發	화	hua	hua	ㄏㄨㄚ	花	후아
fan	fan	ㄈㄢ	飜	환	huai	huai	ㄏㄨㄞ	懷	화이
fang	fang	ㄈㄤ	方	황	huan	huan	ㄏㄨㄢ	歡	후안
fei	fei	ㄈㄟ	非	훼이	huang	huang	ㄏㄨㄤ	荒	후앙
fen	fen	ㄈㄣ	分	휜	hui	hui	ㄏㄨㄟ	灰	후에이
feng	feng	ㄈㄥ	風	휭	hun	hun	ㄏㄨㄣ	昏	훈
fo	fo	ㄈㄛ	佛	휘	hung	hong	ㄏㄨㄥ	紅	훙
fou	fou	ㄈㄡ	否	훠우	huo	huo	ㄏㄨㄛ	活	후어
fu	fu	ㄈㄨ	夫	후우	i	yi	ㄧ	衣	이
ha	ha	ㄏㄚ	哈	하	jan	ran	ㄖㄢ	然	르안
hai	hai	ㄏㄞ	亥	하이	jang	rang	ㄖㄤ	讓	르앙
han	han	ㄏㄢ	含	한	jao	rao	ㄖㄠ	繞	르아오
hang	hang	ㄏㄤ	杭	항	je	re	ㄖㄜ	熱	르어
hao	hao	ㄏㄠ	好	하오	jen	ren	ㄖㄣ	人	르언
hei	hei	ㄏㄟ	黑	헤이	jeng	reng	ㄖㄥ	扔	르엉
hen	hen	ㄏㄣ	痕	헌	jih	ri	ㄖ	日	르으
heng	heng	ㄏㄥ	恒	헝	jo	ruo	ㄖㄨㄛ	弱	르우어
hm	hm	ㄏㄇ	噷	흠	jou	rou	ㄖㄡ	柔	르우
hng	hng	ㄏㄤ	哼	흥	ju	ru	ㄖㄨ	如	르우
ho	he	ㄏㄜ	何	허	jua	rua	ㄖㄨㄚ	挼	르우아

웨이드자일표기법	漢語拼音표기법	注音부호	字例	씨케이시스템	웨이드자일표기법	漢語拼音표기법	注音부호	字例	씨케이시스템
juan	ruan	ㄖㄨㄢ	軟	르우안	kun	gun	ㄍㄨㄣ	棍	꾼
jui	rui	ㄖㄨㄟ	銳	르웨이	k'un	kun	ㄎㄨㄣ	昆	쿤
jun	run	ㄖㄨㄣ	潤	르운	kung	gong	ㄍㄨㄥ	工	꽁
jung	rong	ㄖㄨㄥ	容	르웅	k'ung	kong	ㄎㄨㄥ	空	콩
ka	ga	ㄍㄚ	尬	까	kuo	guo	ㄍㄨㄛ	過	꾸어
k'a	ka	ㄎㄚ	咖	카	k'uo	kuo	ㄎㄨㄛ	擴	쿠어
kai	gai	ㄍㄞ	該	까이	la	la	ㄌㄚ	拉	라
k'ai	kai	ㄎㄞ	開	카이	lai	lai	ㄌㄞ	來	라이
kan	gan	ㄍㄢ	干	깐	lan	lan	ㄌㄢ	蘭	란
k'an	kan	ㄎㄢ	刊	칸	lang	lang	ㄌㄤ	郎	랑
kang	gang	ㄍㄤ	鋼	깡	lao	lao	ㄌㄠ	勞	라오
k'ang	kang	ㄎㄤ	康	캉	le	le	ㄌㄜ	勒	러
kao	gao	ㄍㄠ	高	까오	lei	lei	ㄌㄟ	類	레이
k'ao	kao	ㄎㄠ	考	카오	leng	leng	ㄌㄥ	冷	렁
kei	gei	ㄍㄟ	給	께이	li	li	ㄌㄧ	里	리
k'ei	kei	ㄎㄟ	尅	케이	lia	lia	ㄌㄧㄚ	倆	리아
ken	gen	ㄍㄣ	根	껀	liang	liang	ㄌㄧㄤ	良	리앙
k'en	ken	ㄎㄣ	肯	칸	liao	liao	ㄌㄧㄠ	療	랴오
keng	geng	ㄍㄥ	耕	껑	lieh	lie	ㄌㄧㄝ	列	리에
k'eng	keng	ㄎㄥ	坑	캉	lien	lian	ㄌㄧㄢ	連	리엔
ko	ge	ㄍㄜ	哥	꺼	lin	lin	ㄌㄧㄣ	林	린
k'o	ke	ㄎㄜ	科	커	ling	ling	ㄌㄧㄥ	令	링
kou	gou	ㄍㄡ	溝	꺼우	liu	liu	ㄌㄧㄡ	留	리우
k'ou	kou	ㄎㄡ	口	커우	lo	lo	ㄌㄛ	咯	로
ku	gu	ㄍㄨ	古	꾸	lo	luo	ㄌㄨㄛ	羅	루어
k'u	ku	ㄎㄨ	苦	쿠	lou	lou	ㄌㄡ	樓	러우
kua	gua	ㄍㄨㄚ	瓜	꾸아	lu	lu	ㄌㄨ	魯	루
k'ua	kua	ㄎㄨㄚ	誇	쿠아	lü	lü	ㄌㄩ	呂	뤼
kuai	guai	ㄍㄨㄞ	乖	꽈이	luan	luan	ㄌㄨㄢ	亂	루안
k'uai	kuai	ㄎㄨㄞ	快	콰이	lüeh	lüe	ㄌㄩㄝ	略	뤼에
kuan	guan	ㄍㄨㄢ	官	꾸안	lun	lun	ㄌㄨㄣ	論	룬
k'uan	kuan	ㄎㄨㄢ	寬	쿠안	lung	long	ㄌㄨㄥ	龍	룽
kuang	guang	ㄍㄨㄤ	光	꾸앙	m	m	ㄇ	呣	므
k'uang	kuang	ㄎㄨㄤ	匡	쿠앙	ma	ma	ㄇㄚ	麻	마
kuei	gui	ㄍㄨㄟ	規	꿰이	mai	mai	ㄇㄞ	埋	마이
k'uei	kui	ㄎㄨㄟ	虧	퀘이	man	man	ㄇㄢ	蠻	만

웨이드자일표기법	漢語拼音표기법	注音부호	字例	씨케이시스템	웨이드자일표기법	漢語拼音표기법	注音부호	字例	씨케이시스템
mang	mang	ㄇㄤ	忙	망	no	nuo	ㄋㄨㄛ	諾	누어
mao	mao	ㄇㄠ	毛	마오	nou	nou	ㄋㄡ	耨	너우
me	me	ㄇㄜ	麽	머	nu	nu	ㄋㄨ	奴	누
mei	mei	ㄇㄟ	眉	메이	nü	nü	ㄋㄩ	女	뉘
men	men	ㄇㄣ	門	먼	nuan	nuan	ㄋㄨㄢ	暖	누안
meng	meng	ㄇㄥ	蒙	멍	nüeh	nüe	ㄋㄩㄝ	虐	뉘에
mi	mi	ㄇㄧ	迷	미	nung	nong	ㄋㄨㄥ	農	농
miao	miao	ㄇㄧㄠ	苗	먀오	o	o	ㄛ	喔	오
mieh	mie	ㄇㄧㄝ	滅	미에	ou	ou	ㄡ	歐	어우
mien	mian	ㄇㄧㄢ	面	미엔	pa	ba	ㄅㄚ	八	빠
min	min	ㄇㄧㄣ	民	민	p'a	pa	ㄆㄚ	伯	파
ming	ming	ㄇㄧㄥ	明	밍	pai	bai	ㄅㄞ	白	빠이
miu	miu	ㄇㄧㄡ	謬	미우	p'ai	pai	ㄆㄞ	拍	파이
mo	mo	ㄇㄛ	摸	뭐	pan	ban	ㄅㄢ	班	빤
mou	mou	ㄇㄡ	謀	머우	p'an	pan	ㄆㄢ	判	판
mu	mu	ㄇㄨ	木	무	pang	bang	ㄅㄤ	邦	빵
n	n	ㄋ	嗯	ㄴ	p'ang	pang	ㄆㄤ	旁	팡
na	na	ㄋㄚ	拏	나	pao	bao	ㄅㄠ	包	빠오
nai	nai	ㄋㄞ	乃	나이	p'ao	pao	ㄆㄠ	抛	파오
nan	nan	ㄋㄢ	男	난	pei	bei	ㄅㄟ	杯	뻬이
nang	nang	ㄋㄤ	囊	낭	p'ei	pei	ㄆㄟ	培	페이
nao	nao	ㄋㄠ	惱	나오	pen	ben	ㄅㄣ	奔	뻔
ne	ne	ㄋㄜ	訥	너	p'en	pen	ㄆㄣ	盆	펀
nei	nei	ㄋㄟ	內	네이	peng	beng	ㄅㄥ	崩	뻥
nen	nen	ㄋㄣ	嫩	넌	p'eng	peng	ㄆㄥ	膨	펑
neng	neng	ㄋㄥ	能	넝	pi	bi	ㄅㄧ	逼	삐
ng	ng	ㄫ	嗯	응	p'i	pi	ㄆㄧ	批	피
ni	ni	ㄋㄧ	泥	니	piao	biao	ㄅㄧㄠ	標	삐아오
nia	nia	ㄋㄧㄚ	嚙	니아	p'iao	piao	ㄆㄧㄠ	票	퍄오
niang	niang	ㄋㄧㄤ	娘	니앙	pieh	bie	ㄅㄧㄝ	別	삐에
niao	niao	ㄋㄧㄠ	鳥	냐오	p'ieh	pie	ㄆㄧㄝ	撇	피에
nieh	nie	ㄋㄧㄝ	捏	니에	pien	bian	ㄅㄧㄢ	邊	삐엔
nien	nian	ㄋㄧㄢ	年	니엔	p'ien	pian	ㄆㄧㄢ	偏	피엔
nin	nin	ㄋㄧㄣ	您	닌	pin	bin	ㄅㄧㄣ	賓	삔
ning	ning	ㄋㄧㄥ	寧	닝	p'in	pin	ㄆㄧㄣ	拼	핀
niu	niu	ㄋㄧㄡ	牛	니우	ping	bing	ㄅㄧㄥ	兵	삥

웨이드자일표기법	漢語拼音표기법	注音부호	字例	씨케이시스템
p'ing	ping	ㄆㄧㄥ	平	핑
po	bo	ㄅㄛ	波	뿨
p'o	po	ㄆㄛ	破	풔
p'ou	pou	ㄆㄡ	剖	퍼우
pu	bu	ㄅㄨ	不	뿌
p'u	pu	ㄆㄨ	樸	푸
sa	sa	ㄙㄚ	撒	싸
sai	sai	ㄙㄞ	賽	싸이
san	san	ㄙㄢ	三	싼
sang	sang	ㄙㄤ	桑	쌍
sao	sao	ㄙㄠ	騷	싸오
se	se	ㄙㄜ	色	써
sen	sen	ㄙㄣ	森	썬
seng	seng	ㄙㄥ	僧	썽
sha	sha	ㄕㄚ	沙	사
shai	shai	ㄕㄞ	曬	사이
shan	shan	ㄕㄢ	山	산
shang	shang	ㄕㄤ	商	상
shao	shao	ㄕㄠ	少	사오
she	she	ㄕㄜ	奢	서
shei	shei	ㄕㄟ	誰	세이
shen	shen	ㄕㄣ	深	선
sheng	sheng	ㄕㄥ	聲	성
shih	shi	ㄕ	詩	스
shou	shou	ㄕㄡ	收	서우
shu	shu	ㄕㄨ	書	수
shua	shua	ㄕㄨㄚ	刷	수아
shuai	shuai	ㄕㄨㄞ	衰	솨이
shuan	shuan	ㄕㄨㄢ	拴	수안
shuang	shuang	ㄕㄨㄤ	雙	수앙
shui	shui	ㄕㄨㄟ	水	쉐이
shun	shun	ㄕㄨㄣ	順	순
shuo	shuo	ㄕㄨㄛ	說	수어
so	suo	ㄙㄨㄛ	所	쑤어
sou	sou	ㄙㄡ	搜	써우
ssu	si	ㄙ	思	쓰

웨이드자일표기법	漢語拼音표기법	注音부호	字例	씨케이시스템
su	su	ㄙㄨ	蘇	쑤
suan	suan	ㄙㄨㄢ	酸	쑤안
sui	sui	ㄙㄨㄟ	雖	쉐이
sun	sun	ㄙㄨㄣ	孫	쑨
sung	song	ㄙㄨㄥ	松	쏭
ta	da	ㄉㄚ	答	따
t'a	ta	ㄊㄚ	他	타
tai	dai	ㄉㄞ	待	따이
t'ai	tai	ㄊㄞ	胎	타이
tan	dan	ㄉㄢ	單	딴
t'an	tan	ㄊㄢ	貪	탄
tang	dang	ㄉㄤ	當	땅
t'ang	tang	ㄊㄤ	湯	탕
tao	dao	ㄉㄠ	刀	따오
t'ao	tao	ㄊㄠ	桃	타오
te	de	ㄉㄜ	德	떠
t'e	te	ㄊㄜ	特	터
tei	dei	ㄉㄟ	得	떼이
ten	den	ㄉㄣ	扽	떤
teng	deng	ㄉㄥ	登	떵
t'eng	teng	ㄊㄥ	疼	텅
ti	di	ㄉㄧ	低	띠
t'i	ti	ㄊㄧ	提	티
tia	dia	ㄉㄧㄚ	嗲	띠아
tiao	diao	ㄉㄧㄠ	刁	땨오
t'iao	tiao	ㄊㄧㄠ	挑	탸오
tieh	die	ㄉㄧㄝ	爹	띠에
t'ieh	tie	ㄊㄧㄝ	帖	티에
tien	dian	ㄉㄧㄢ	顚	띠엔
t'ien	tian	ㄊㄧㄢ	天	티엔
ting	ding	ㄉㄧㄥ	丁	띵
t'ing	ting	ㄊㄧㄥ	聽	팅
tiu	diu	ㄉㄧㄡ	丟	띠우
to	duo	ㄉㄨㄛ	多	뚜어
t'o	tuo	ㄊㄨㄛ	脫	투어
tou	dou	ㄉㄡ	兜	떠우

웨이드자일일표기법	漢語拼音표기법	注音부호	字例	씨케이시스템	웨이드자일일표기법	漢語拼音표기법	注音부호	字例	씨케이시스템
t'ou	tou	ㄊㄡ	投	터우	tuan	duan	ㄉㄨㄢ	端	뚜안
tsa	za	ㄗㄚ	雜	짜	t'uan	tuan	ㄊㄨㄢ	團	투안
ts'a	ca	ㄘㄚ	擦	차	tui	dui	ㄉㄨㄟ	堆	뛔이
tsai	zai	ㄗㄞ	災	짜이	t'ui	tui	ㄊㄨㄟ	退	퉤이
ts'ai	cai	ㄘㄞ	猜	차이	tun	dun	ㄉㄨㄣ	敦	뚠
tsan	zan	ㄗㄢ	贊	짠	t'un	tun	ㄊㄨㄣ	吞	툰
ts'an	can	ㄘㄢ	餐	찬	tung	dong	ㄉㄨㄥ	東	똥
tsang	zang	ㄗㄤ	葬	짱	t'ung	tong	ㄊㄨㄥ	通	통
ts'ang	cang	ㄘㄤ	倉	창	tzu	zi	ㄗ	子	쯔
tsao	zao	ㄗㄠ	早	짜오	tz'u	ci	ㄘ	詞	츠
ts'ao	cao	ㄘㄠ	操	차오	wa	wa	ㄨㄚ	瓦	와
tse	ze	ㄗㄜ	則	쩌	wai	wai	ㄨㄞ	歪	와이
ts'e	ce	ㄘㄜ	策	처	wan	wan	ㄨㄢ	完	완
tsei	zei	ㄗㄟ	賊	쩨이	wang	wang	ㄨㄤ	王	왕
tsen	zen	ㄗㄣ	怎	쩐	wei	wei	ㄨㄟ	威	웨이
ts'en	cen	ㄘㄣ	岑	천	wen	wen	ㄨㄣ	溫	원
tseng	zeng	ㄗㄥ	增	쩡	weng	weng	ㄨㄥ	翁	웡
ts'eng	ceng	ㄘㄥ	層	청	wo	wo	ㄨㄛ	我	워
tso	zuo	ㄗㄨㄛ	作	쭈어	wu	wu	ㄨ	汚	우
ts'o	cuo	ㄘㄨㄛ	錯	추어	ya	ya	ㄧㄚ	牙	야
tsou	zou	ㄗㄡ	走	쩌우	yai	yai	ㄧㄞ	崖	야이
ts'ou	cou	ㄘㄡ	湊	처우	yang	yang	ㄧㄤ	央	양
tsu	zu	ㄗㄨ	租	쭈	yao	yao	ㄧㄠ	腰	야오
ts'u	cu	ㄘㄨ	粗	추	yeh	ye	ㄧㄝ	也	예
tsuan	zuan	ㄗㄨㄢ	纂	쭈안	yen	yan	ㄧㄢ	煙	옌
ts'uan	cuan	ㄘㄨㄢ	竄	추안	yin	yin	ㄧㄣ	音	인
tsui	zui	ㄗㄨㄟ	最	쮀이	ying	ying	ㄧㄥ	英	잉
ts'ui	cui	ㄘㄨㄟ	崔	췌이	yo	yo	ㄧㄛ	唷	요
tsun	zun	ㄗㄨㄣ	尊	쭌	yu	you	ㄧㄡ	憂	여우
ts'un	cun	ㄘㄨㄣ	村	춘	yü	yu	ㄩ	於	위
tsung	zong	ㄗㄨㄥ	宗	쫑	yüan	yuan	ㄩㄢ	元	위앤
ts'ung	cong	ㄘㄨㄥ	聰	총	yüeh	yue	ㄩㄝ	約	위에
tu	du	ㄉㄨ	杜	뚜	yün	yun	ㄩㄣ	云	윈
t'u	tu	ㄊㄨ	突	투	yung	yong	ㄩㄥ	擁	용

새로지은 崔玲愛-金容沃日本語表記法과 그것의 풀음

  항상 우리는 누구의 글을 접할 때마다 제일 먼저 알아야할 사실은 그 글이 쓰여지고 있는 시점이다. 많은 저자들이 의식적으로 무의식적으로 글의 시간성을 나타내지 않고 또 많은 독자들이 그것을 무시하고 읽는데서 생겨나는 해석학적인 오류는 우리가 생각하는 것보다는 엄청난 것이다. 이 日本語表記法은 내가 항상 염두에 께림직하게 남겨두었을 뿐, 본격적인 작업은 착수할 시간적 여유를 얻지 못했던 것이다. 그러면서도 나의 글 속에서는 지금까지 계속 일본어를 표기해왔으나 그것마저도 완전한 전체적 조감이 없이 머리속에 성립하고 있었던 원칙에 의하여 케이스 바이 케이스로 이루어져 왔던 것이다. 나는 나의 지적활동에 있어서 이렇게 께림직한 상황을 남겨두기를 매우 께림직하게 생각하는 사람이다. 그래서 이 께림직한 상황을 청산할 수 있는 기회만 엿보고 있다가 나의 "良心宣言"을 계기로 주어진 공시간을 절호의 챤스라고 판단하고 이 表記法을 만드는 작업에 몰두하였다. 세상은 나라는 인간으로 인하여 제기된 사회적 문제에 대하여 분분한 판단을 휘날리고 있을 동안, 나는 그와는 아랑곳없이 일본어를 어떻게 우리말로 정확히 표기하는 표기법을 만들 수 있는가 하는 생각에만 골몰하고 있었다. 이 세상이 나에게 대하여 궁금하게 생각하는 것이 있다면, 나의 현재의 모습을 알고 싶어한다면 표기법제정에 골몰하고 있는 서생의 모습, 그것이 전부다! 이 글을 쓰기 시작한 시점은 정확하게 1986년 5월 7일 아침, 그러니까 내가 "良心

363

宣言"을 한지 일개월 후, 인천사태로 전국이 혁명이냐 개혁이냐 (5월 6일 『동아일보』사설의 제목)의 결단을 강요당하고 있는 상황의 긴장 감이 휘감도는 시점이다. 그러니까 이 『東洋學 어떻게 할 것인가』라 는 책자에서 가장 최신의 글이 될 것이다. 나는 이 표기법을 제정하 는데 있어서 나의 아내 崔玲愛와 또 고려대학교 일어일문학과의 객원 교수이며 日本語敎育의 전문가인 오고시 나오키(生越直樹)씨의 도움 을 많이 받았다. 오고시교수와는 고려대학에 같이 있으면서 많은 시 간을 같이 하지는 못했지만 말로 다 표현할 수 없는 깊은 교분을 맺 었다. 유창하게 우리말을 구사하면서 우리학생들의 세계에 열정적으 로 뛰어들어 그들과 공감한, 외국교수의 한계를 극복하려고 노력했던 훌륭한 선생이었다. 그는 6월 1일부터 요코하마國立大學 敎育學部 일본어교육담당교수로 부임하기 위해 곧 離韓한다. 崔玲愛-金容沃表 記法(the C.K. System, 씨케이시스템)이라는 말은 이 사회에서 뿐만아 니라 국제적으로도 고유명사화되어가고 있음으로 편의상 그 이름을 계속 유지할 뿐이다. 중국어의 경우나 일본어의 경우, 모두가 나의 실 제적 면학노력에 의하여 이루어진 것임을 명백히 해둔다. 그리고 내 이름이 뒤에 붙은 것은 단순히 "케이씨"보다 "씨케이"가 어감이 좋아 서 그렇게 한 것이고, 또 老선생말씀인 "是以聖人後其身而身先"(그러 므로 훌륭한 사람은 그 몸을 뒤로 하기 때문에 오히려 그 몸이 앞서 고……, 제7장)이 생각나서 그렇게 한 것뿐이라는 것을 약간의 오해 가 섞인 발언들이 있었음으로 차제에 명백히 해둔다(그렇다고 또 내마누 라가 나보다 못났다는 것을 말하는 것은 아니다). 표기법테이블은 다음 페 이지와 같다.

上記의 표와 그것과 관련된 용법에 있어서 보충되어야 할 사항들을 밝히면 다음과 같다.

I. 長音의 문제

장음의 경우에는 일본어의 로마자표기에 있어서와 같이 모음위에 장음의 부호(ˉ)를 붙히는 것이 아니라 모음을 중복시킨다.

ア―(아아), ゥ―(우우), ォ―(오오)등과 같이.

그리고 이중모음의 경우(ㅑ, ㅠ, ㅛ)는 끝으로 발음나는 모음을 중 복시킨다(ㅏ, ㅜ, ㅗ로 된다). 따라서 東京은 "토오쿄오"로 宗敎는

崔玲愛-金容沃日本語表記法
Table of the C.K. System for Japanese

ア	a	아	イ	i	이	ウ	u	우	エ	e	에	オ	o	오
カ	ka	카	キ	ki	키	ク	ku	쿠	ケ	ke	케	コ	ko	코
サ	sa	사	シ	shi	시	ス	su	스	セ	se	세	ソ	so	소
タ	ta	타	チ	chi	찌	ツ	tsu	쯔	テ	te	테	ト	to	토
ナ	na	나	ニ	ni	니	ヌ	nu	누	ネ	ne	네	ノ	no	노
ハ	ha	하	ヒ	hi	히	フ	fu	후	ヘ	he	헤	ホ	ho	호
マ	ma	마	ミ	mi	미	ム	mu	무	メ	me	메	モ	mo	모
ヤ	ya	야				ユ	yu	유				ヨ	yo	요
ラ	ra	라	リ	ri	리	ル	ru	루	レ	re	레	ロ	ro	로
ワ	wa	와												
ガ	ga	가	ギ	gi	기	グ	gu	구	ゲ	ge	게	ゴ	go	고
ザ	za	자	ジ	ji	지	ズ	zu	즈	ゼ	ze	제	ゾ	zo	조
ダ	da	다	ヂ	ji	지	ヅ	zu	즈	デ	de	데	ド	do	도
バ	ba	바	ビ	bi	비	ブ	bu	부	ベ	be	베	ボ	bo	보
パ	pa	파	ピ	pi	피	プ	pu	푸	ペ	pe	페	ポ	po	포
キャ	kya	캬				キュ	kyu	큐				キョ	kyo	쿄
シャ	sha	샤				シュ	shu	슈				ショ	sho	쇼
チャ	cha	챠				チュ	chu	츄				チョ	cho	쵸
ニャ	nya	냐				ニュ	nyu	뉴				ニョ	nyo	뇨
ヒャ	hya	햐				ヒュ	hyu	휴				ヒョ	hyo	효
ミャ	mya	먀				ミュ	myu	뮤				ミョ	myo	묘
リャ	rya	랴				リュ	ryu	류				リョ	ryo	료
ギャ	gya	갸				ギュ	gyu	규				ギョ	gyo	교
ジャ	ja	쟈				ジュ	ju	쥬				ジョ	jo	죠
ビャ	bya	뱌				ビュ	byu	뷰				ビョ	byo	뵤
ピャ	pya	퍄				ピュ	pyu	퓨				ピョ	pyo	표

"슈우쿄오"로 된다. 經驗(케이켄), 性格(세이카쿠), 英語(에이고)의 경우와 같이 "에이"로 표기되고 실제발음상에서는 "에에"로 장음화하는 경우도 물론 본 표기가 음성적 표기(phonetic transcription)가 아니라 음소적 표기(phonemic transcription)이므로 장음으로 처리하지 않고 음소적 모습 그대로 표기한다(케이켄, 세이카쿠, 에이고가 된다).

2. 撥音의 문제

撥音이란 일본어에서 특수음소인 "ン"(/N/)을 말하는데 이것은 실제 발음상에 있어서는 뒤에 오는 자음과의 결합형태에 따라 대강 다음 세가지의 음으로 변화한다.

脣音[p, b, m]앞에서는 "ㅁ"[m]으로,

舌音[t, d, n, tʃ, ts, dʒ, dz]앞에서는 "ㄴ"[n]으로,

軟口蓋音[k, g]앞에서는 "ㅇ"[ŋ]으로.

따라서 헵번식로마자표기법에 있어서는 b, m, p 앞에 m을 썼다. 新聞(shimbun), 新米(shimmai), ランプ(rampu)의 경우와 같이──. 그러나 씨케이시스템에 있어서는 硏究社 『新和英辭典』第四版이 취하고 있는 형식대로 모든 撥音은 "ㄴ"[n]으로 통일하였다. "ㄴ"으로 통일하는 것은 씨케이시스템이 음성적표기가 아니라 음소적표기라는 원칙에 비추어 보아도 당연한 것이지만 그 외로도 다음의 두가지 중요한 이유를 들 수 있다.

첫째, 표기가 상황에 따라 변하지 않음으로 간단해진다. 즉 일본어의 撥音에 있어서 일어나는 [m], [n], [ŋ]의 변화가 아무런 음소적 변화 즉 의미의 변화를 일으키지 않기 때문에 그러한 변화는 무시될 수 있다.

둘째, 撥音을 모두 우리말로 "ㄴ"으로 표기한다 할지라도 우리말 자체에 있어서도 연음변화(連音變化)의 현상에 따라 그러한 음성적 변화가 자연히 일어난다. 예를 들면, 新聞을 "심분"이라 표기하지 않고 "신분"이라 표기해도 우리가 "신분"을 발음할 때, ㅂ앞의 ㄴ은 ㅁ으로 변화하게 마련이다. 따라서 우리의 실제음은 "심분"에 가깝다. 이러한 현상은 중국어의 표기에 있어서도 동일한 문제였는데, "他很好"는 "타헌하오"로 표기되지만 실제음은 "타헝하오"에 가깝다. 그렇지만 최영애-김용옥표기법은 음소적 표기였기 때문에 물론 "타헌하오"로 표기한다. 그리고 우리말 자체로도 "타헌하오"를 붙혀서 빨리

발음할 때는 "타헝하오"로 변화하게 마련이다. 그리고 한국인들은
"ン"이 한 단어의 끝에 올때 거의 모두 [ŋ]으로 발음하는데 "ン"의
실제음은 軟口蓋의 최후부와 혀뿌리사이에서 느슨한 폐쇄의 형태로
지어지는 鼻音으로 국제음성기호로써는 [N](Uvular)으로 표기되며
[ŋ]과는 격차가 있는 음이라는 것을 인식해야 할 것이다.

3. 促音의 문제

促音이란 喉頭가 긴장하면서 자음이 겹치는 음인데 "つまる音"라
고도 한다. 이 促音의 표기에 있어서 헵번식로마자표기법은 동일한 자
음을 중복시키고 チ(chi)음에 한하여 c를 중복시키지 않고 t를 중복
시켰다. c의 중복으로는 促音의 효과가 발생하지 않기 때문이다. 나
는 처음에는 헵번식에 준하여 "ッ"위에 오는 우리말자음을 앞 음절
의 받침으로 쓰고 チ음의 경우에도 로마자에서처럼 c대신에 t를 중복
시켜야 할 아무런 필연성이 발생하지 않음으로 동일한 자음을 받침으
로 중복시킨다는 원칙을 일률적으로 적용하려고 하였다. 그러나 チ음
의 경우 "みっちり"(믿찌리)의 예와 같이 우리말에서 통용되지 않는
글자가 발생한다. 그러므로 씨케이시스템이 어디까지나 음소적표기라
는 원칙을 살려 促音의 "ッ"의 경우 예외없이 ㅅ받침을 사용하기로
하였다. 여기서 말하는 ㅅ받침은 훈민정음에서 말하고 있는 사이시옷
의 개념으로 이해하면 될 것이다. 훈민정음의 사이시옷의 개념이 일
본어의 促音의 개념과 가깝게 오기 때문이다. 모두 ㅅ받침으로 표기
하지만 읽을 때는 자음이 겹친 것으로 발음하면 될 것이다. 그리고
기실 한국인의 실제발음에 있어서는 "앗파쿠"는 "앞파쿠"로 나타나는
변화를 하게 마련이다.

壓迫→앗파쿠[앞파쿠]	一本→잇폰[잎폰]
國會→콧카이[콕카이]	一個→잇코[익코]
突進→톳신[톳신]	一寸→잇슨[잇슨]
密着→밋챠쿠[밎챠쿠]	熱中→넷츄우[넫츄우]
出張→슛쵸오[슏쵸오]	がっちり→갓찌리[갅찌리]
あっ→앗	やっ→얏

일본어 로마자표기법의 역사와
최영애-김용옥일본어표기법의 개괄적 설명

일본, 특히 토오쿄오에 가서 생활을 해본 사람이라면 누구든지 경험하는 일이지만, 일본에서는 하루에 상당 시간을 철도위에서 보내지 않으면 안된다. 國鐵(코쿠테쯔)이 되었든 地下鐵(찌카테쯔)이 되었든 私鐵(시테쯔)이 되었든…… 요즈음 우리나라도 비슷하게 되어가고 있지만……. 그런데 일본의 철길따라 가는 생활에서 처음으로 받는 느낌은 모든 표시가 매우 효율적으로 잘 되어있다는 사실이다. 역마다의 표시, 통로의 표시, 차바꿔타기의 표시등이 매우 정연하고 통일성 있게 되어 있다. 일본의 國鐵(코쿠테쯔)이 모든 표시에 채용하고 있는 로마자표기법은, 바로 일본학생들 아니 일본어를 배우는 모든 외국인에게 애용되고 있는 사전으로서, 근 일세기의 역사적 국제적 권위를 자랑하는 研究社(켄큐우샤)의 『新和英大辭典』(第四版, 增田綱 주간)에서 쓰고있는 일본어표기법과 일치하고 있다. [1] 이 研究社『新和英大辭典』에서 채택하고 있는 표기법을 일본사람들은 일반적으로 "헤본시키"라고 부른다. 이 "헤본"이란 미국출신의 선교사였으며 의사였던 헵번(James Curtis Hepburn, 1815~1911)의 일본식 발음이다. 헵번은 펜실바니아 의과대학출신으로 장로교선교사로 安政六年(1859)에 일본에 와서 요코하마에 의료원을 열고 의료에 종사하면서 日本語의 연구, 『성서』의 번역, 청년자녀의 교육에 힘쓰다가 1892 년에 미

---

1) 이 사전의 제 1 판은 1918 년에 출판된 『武信和英大辭典』이다. 이 『武信和英大辭典』 初版을 영국대사관참사관이었으며 일본문화의 권위였던 샌솜(George B. Sansom)씨 의 협력을 얻어 전면개정한 것이 1931 년에 탄생된 『新和英大辭典』이며 이것이 제 2 판이 된다. 이것을 20 년이 지난 후 勝俣銓吉郎씨의 주간으로 증보하여 전면개정한 것이 1954 년에 출판된 『新和英大辭典』 제 3 판이다. 현존하는 제 4 판 『新和英大辭典』 은 1954 년 발행된 제 3 판에다가 대개정을 행한 것으로 1962 년부터 편집작업에 들어가 1973 년에 완성되었다. 편집주간이었던 마스다 코오(增田綱) 와세다대학명예교수는 제 4 판의 완성을 보지 못하고 1970 년 2 월 불귀의 객이 되고 말았다. 일본에 현존하는 좋은 辭書들이 대강 이와 유사한 역사를 가지고 있다는 사실에도 우리 한번 반성을 해보아야 할 것이다.

국으로 돌아갔으며, 明治學院 초대총리를 지낸 바도 있다. 그러나 헵
번이 역사에서 기억되고 있는 가장 큰 이유는 바로 그가 慶應三年
(1867)에 일본 최초의 和英辭典(일영사전)인 『和英語林集成』(*A Jap-
anese and English Dictionary*)을 펴낸 장본인이라는 이유에서이다.
그런데 재미있는 사실은 우리가 헵번식로마자표기법이라고 부르는
표기법이 헵번이 창안한 것이 아니라는 사실이다. 1867년 초판에 채
용된 체계는 지금 우리가 알고 있는 헵번식로마자표기법과 매우 다
르다.

  역사적으로 로마자로 일본어를 표기하는 것은 이미 室町(무로마찌)
시대에 챠비에르(Francisco de Xavier, 1506~1552)가 일본땅을 디딘 것
으로부터 시작되는데(天文 18년, 1549), 그뒤로 폴투갈어·화란어·
독일어·프랑스어·영어등의 발음에 기초한 각양각색의 철자법이 성
행했으나, 明治(메이지)로 접어들면서 米英方式이 주류를 이루었고,
처음에 헵번이 썼던 철자법은 이러한 오랜 진화를 거쳐서 이루어진
米英方式을 기초로 한 것이다. 그러나 지금 우리가 알고 있는 헵번식
의 창안자들은 明治初年으로부터 일본어 카나표기를 완전히 버리고
로마자로 표기하자는 극단적 서구화주의자들이 주창한 이른바 "ロー
マ字國字論"운동의 추종자들이었다. 明治 18년(1885), 外山正一·箕
作佳吉·山川健次郎·寺尾壽등은 "羅馬字會"를 조직하여, "발음에 충
실하게," "그 자음자는 영어로 통용되는 음을 취하고, 그 모음자는
이탈리아어의 음을 채용한다"라는 원칙에 의하여 만든 "羅馬字にて日
本語の書き方"(로마자로 일본어를 쓰는 방안)을 발표하였다. 그리고
이들은 기관지인 『Rōmaji Zasshi』를 내고 헵번에게 그들이 만든 방
안을 채택할 것을 종용하였다. 헵번은 자기가 채용한 기존의 방안의
원칙이 그들의 원칙과 어긋나지 않음으로 그의 『和英語林集成』의 제
3판에서 羅馬字會의 방안을 채택하였고, 이러한 연유로해서 이 방안
은 "헵번식"으로 널리 알려지게 된 것이다.

  그러나 이당시 이미 다른 방안이 제창되어 있었는데, 이것은 明治
18년(1881)에 타나카 다테아이키쯔(田中館愛橘)라는 인물이 "五十音
圖"의 배열을 중시하여 "발음대로"라는 원칙보다는 "같은 行에는 반
드시 같은 子音을 관철시킨다"라는 원칙하에서 만든 방안이었다. 이
렇게 되면 タ行은 ta(タ) ti(チ) tu(ツ) te(テ) to(ト) tya(チャ) tyu

(チュ), tyo(チョ)가 되고 ダ行은 da(ダ) di(ヂ) du(ヅ) de(デ) do(ド) dya(ヂャ) dyu(ヂュ) dyo(ヂョ)가 된다. 이것은 상식적으로 판단해도 너무도 현실적 발음에서 큰 거리가 있게되며 헵번식이 보여주고 있는 유연성과 너무 대조를 이룬다(헵번식으로 하면 タ行은 ta chi tsu te to cha chu cho, ダ行은 da ji zu de do ja ju jo가 된다). 이러한 타나카씨의 방안을 보통 "日本式"(니혼시키)라고 부르는데 이들은 同 19년(1882)에 『Rōmazi Sinsi』라는 잡지를 내고 이후 소위 헵번식(헤 본시키)의 주창자들과 격렬한 논쟁을 벌리는데 이 양파는 서로를 극 렬하게 힐난하면서 자파의 주장을 양보하지 않았다. 明治 33년(1900) 일본文部省은 양파의 논쟁을 조정하는 의미에서 "羅馬字讀方及綴方" 을 발표했지만 전혀 먹혀들어가지 않았다.

이후에 로마字論者들의 대동단결을 꾀하여 明治 38년(1905)에 "ロ ーマ字ひろめ會"(로마자보급회)가 성립하였는데 본회는 앞선 羅馬字 會의 방안을 약간 수정하여 "大日本標準式ローマ字綴方"이라 하여 최 종안을 굳혔는데 이것을 略하여 우리는 "標準式"이라고 부르고, 또 보통 "修正헵번式"이라고도 부른다. 이 "수정헵번식"이야말로 현재 國鐵에서 쓰고 있는 방안, 그외로도 地名・人名・商品名・會社名등의 고유명사를 표기하는데 있어서 가장 널리 보급되어 있는 방안이다.

그러나 이 양파의 싸움은 조정되지 않은 채 각파는 독자적 보급활 동을 전개하였으며 또 관청이나 회사도 임의로 양 방안의 하나를 채 택하여 사용하는 결과를 가져왔다. 이러한 상태에서는 점점 국제화되 어가는 일본사회의 상황에 있어서 대내적으로 대외적으로 많은 불편 을 겪게 되었음으로 정부는 이 양자의 통합을 시도하는 새로운 노력 을 하지 않으면 안되었다. 이에 1930년연말에 "臨時ローマ字調査會" 를 설립하였고 그 主査委員會는 3차에 걸쳐 언어학・음성학의 입장 에서 신중한 토론을 하고 14회에 걸친 총회의 심의를 거쳐 1936년말 에 하나의 새로운 방안을 탄생시켰다. 이 방안은 약간의 수정을 거쳐 1937년 9월 21일에 "內閣訓令"으로서 반포되었기 때문에 우리는 그 방안을 보통 "訓令式"(쿤레이시키)라고 부른다. "訓令式"은 일별하 기에 헵번식의 원칙보다는 일본식의 원칙을 근간으로 하고 있는 느낌 을 받는다. 따라서 タ行은 ta ti tu te to tya tyu tyo가 되며 현실적 발음과는 거리가 있는 일본식과 일치하고 있다. 그러나 ダ行은 da zi zu de do zya zyu zyo 로하여 일본식의 무리를 수정하고 있고 또 헵번식의 j를 z로 바꾸고 있다. シ를 헵번식이 shi로 한데 반하여 si로 고집한다든가, フ를 헵번식이 fu로 한데 반하여 hu로 고집하는 태도는 "발음대로"라는 생각보다는 음소사이에서 존재하는 어떠한 "일관성"에 더 강조를 두고 있는 것으로 보인다. シャ シュ ショ의 경우 3 방안은 제각기 다른 형태를 취하고 있는데 헵번식은 sha shu sho로, 훈령식은 sya shu sho로, 일본식은 sha syu syo로 되어 있다. 이런 경우는 훈령식이 어떠한 일관성을 고수했다기 보다는 타 2식과 다르게 만들어야겠다는 불필요한 고집에서 현실 발음에 맞추어 조정한 것으로 보인다.

결국 이러한 內閣訓令에 의한 훈령식의 반포가 종전의 兩派의 싸움을 종식시키는 것이 아니라 오히려 헵번식・일본식・훈령식의 三式鼎立의 양상을 초래하였다. 혹을 떼려고 했다가 혹을 하나 더 붙이는 결과가 되고만 것이다. 인간의 언어사용은 결코 관주도의 어떠한 훈령에 의해서는 도저히 콘트롤될 수 없는 자연의 추세를 가지고 있다는 엄연한 사실을 잘 드러낸 것이다. 그러나 이러한 3 파싸움의 논쟁은 일본이 대동화전쟁의 전화에 휩싸이면서 잠식되어 버렸다가 戰後에 와서 미국의 교육사절단이 와서, 의무교육기간中에 국어교육의 일환으로서 로마자文의 학습지도가 행하여지도록 권고한 것을 계기로 다시 로마자표기법이 쟁점으로 부상하기에 이르렀다. 이에 國語審議會(최초는 로마字調査會, 다음에는 로마字調査審議會)에서 조사・심의한 결과, 1953년 3월 12일 "ローマ字つづり方の單一化について"(로마자표기법의 단일화에 관하여)를 건의하였고, 정부는 이 취지를 채택하여 앞선 訓令을 폐지하고 "ローマ字のつづり方"(로마자 표기방안)을 內閣告示로서 제정하였다. 이 內閣告示(나이카쿠코쿠지)에 의하면 훈령식을 기준으로 하지만 헵번식이나 일본식을 써도 좋다는 절충안이다. 內閣告示문서의 앞 두항만 소개하면 다음과 같다.

    I. 일반적으로 國語를 표기할 경우, 제 I 표(훈령식)에 게시한 표기방안에 의거하는 것으로 한다.

2. 국제적 관계 또 그밖의 종래의 관례를 급작스럽게 고치기 힘든 사정에 놓여있을 경우에 한하여, 제 2 표(표준식[수정헵번식]과 일본식)에 게시한 표기방안에 의거해도 무방하다.

이로써 일단 일본의 로마자표기법문제는 일단락지은 것으로 보인다. 그러나 일본의 현황에 있어서는 일본식은 훈령식에 의하여 흡수되어 버리는 성격을 띠고 있기 때문에 거의 기억에서 사라져가고 있고, 실제적으로 일본사회를 지배하고 있는 것은 헵번식이다. 그러므로 일본학을 연구하는 모든 우리나라 학도들은 헵번식을 정확하게 익혀야 할 것이다. 국제적으로 일본학(Japanology)에 관한 모든 학술서적이 헵번식을 따르고 있고 그 구체적 기준은 硏究社의 『新和英大辭典』으로 생각하면 될 것이다. 硏究社의 시스템은 撥音의 처리가 기존의 헵번 시스템과 약간 다르다. 변화없이 일괄적으로 "n"으로 하고 있음은 이미 앞의 설명에서 밝혔다. 그리고 우리나라의 정책입안자들은 이렇게 작은 문제에 있어서까지도 內閣告示에 나타나고 있는 일본인들의 절충·타협정신을 배워야 할 것이다. 정부라 해서 어떠한 입법을 하면 그것이 하루아침에 다 예외없이 통용되어야 하고, 또 그것에 어긋나는 것은 모두 위법이라는 생각을 한다면 그것은 역사에 끊임없이 위법만을 생산하는 매우 위험한 생각이다. 우리나라의 언어정책이나 또 언어정책에 대한 우리나라 사람들의 생각에 모두 문제가 있다. 표기법·표준어·통용어(속어)·외래어·의미구조 등등에 관한 모든 생각에 있어서 획일적인 하나의 틀만 가지고 이 사회의 무한히 복잡하고 다양할 수밖에 없는 언어공간을 처리할 수 없다는 나의 견해에 대한 이론적 배경은 내가 이미 『여자란 무엇인가』의 「일러두기」에서 "모국어에 대한 모어의 우선"이란 나의 대명제로 천명하였다. 그 「일러두기」는 많은 사람들이 『여자란 무엇인가』라는 책의 다양한 자극적 주제들 때문에 소홀히 짚고넘어갈 수도 있겠지만 그 「일러두기」에서 밝힌 나의 생각은 우리의 언어생활에 매우 중대한 회전을 요구하는 것이다. 바로『東洋學 어떻게 할 것인가』를 출판한 뒤 내가 경험했던 한가지 예를 들어보자.

나는 11년동안 외국에 나가 있었는데, 『世界文學』에 발표한 "우리는 동양학을 어떻게 해야 할 것인가"라는 일문은 내가 귀국한 직후에 쓴 것이다. 즉 나의 한국어는 1972년이전의 한국어가 십여년동안 화석 화된 상태로 있었던 것이다. 그리고 『東洋學 어떻게 할 것인가』는 84 년 세모에 상재되었던 것이다. 그런데 많은 학생들과 독자들이 내가 내 글 속에서 "이조(李朝)"라고 쓰는 것을 매우 지독하게 지탄했으며 투서까지 날라들었다. 나의 언어생활에서는 "이조"라는 단어는 그에 대한 특수한 가치판단이 없었던 상태에서 인지되었던 것이다. 그런데 그러한 지탄은 그들이 『조선왕조실록』을 읽어보고 朝鮮朝는 李氏王家 의 朝鮮이 되어서는 아니되겠다는 자각에서 생겨난 것이 아니라 단지 내책이 세상에 나오기 얼마전에 각 신문들이 일제시대때 왜곡된 언어 생활 바로잡기 캠페인을 벌린 뒤 끝이었기에, "이조"라고 말하는 놈 들은 모두 일제의 앞잡이로 보였기 때문에 그토록 나를 지탄했던 것이다. 나는 신문의 캠페인도 좋은 것이고 이조를 조선조를 쓰자는 생 각도 좋은 것이라고 생각한다. 그러나 내가 문제 삼고 있는 것은 어 제까지 "이조"로 쓰는 것에 대해 아무말도 없었다가 하루아침에 "이 조"라는 말을 쓰는 사람은 그 사람이 "이조"라는 말을 어떠한 의미의 맥락(semantic context)에서 쓰고 있나를 따져보지도 않고, 무조건 비 주체적이라고 지탄하는 한심한 작태에 있다. 이조면 어떻고, 오얏(李) 조면 어떻고, 살구조면 어떻고, 개조면 어떻고, 좃대가리조면 어떤 가? 그까짓 이조, 이씨들이 다 해쳐먹고 망쳐먹은 이조라서 이조라 하면 어떤가? 이조를 조선조라고 하루아침에 바꾸어 부르는 것만으 로 우리민족의 주체가 살아난다고 생각하는 그대들의 주체는 과연 어 디에 있는가? 이조라고 무심코 내뱉는 나보고 죽일새끼·반역도라고 외치는 주체적인 그대들은 과연 나만큼이나 이조를 조선조로 다시 살 려내는 작업이 얼마나 방대하고 어렵고 시간이 걸리는 작업이라는 것 을 단 한번이라도 심각히 고민해본 적이 있는가? 나의 『양심선언』에 대한 즉각적 세간의 반응도 결국 이러한 고민의 결여가 두드러진 것 이었다는 나의 소박한 느낌을 한마디 띄어놓고 넘어간다.

『이조실록』의 원명이 『朝鮮王朝實錄』임으로 물론 『朝鮮王朝實錄』으 로 표기하는 것이 정당할 것이다. 그렇게 되어야 할 것이다. 그러나 "이조"로 말하기에 편하게 느끼는 사람이 편하게 "이조"를 말할 때 그것이 비록 소수의 성급한 당위적 판단에 어긋난다 할지라도 편하게 그것을 말할 수 있도록 내버려두는 아량과 여유를 우리는 잃지 말아야 할 것이다. 어떠한 경우에도 언어가 존재를 구속할 수는 없다. 그리고 "이조"라는 관념의 의미내용의 변화가 올적에 그 변화에 따라 그 언어적 표현은 자연히 바뀌게 될 것이다. 매스콤이나 정부의 캠페인은 이러한 본질적 자각을 일으키는 데에 더 큰 비중을 두어야 할 것이다. 역사는 소수의 기자나 관리가 선택하는 것이 아니다. 역사는 역사가 선택하는 것이다. 일본정부는 훈령식을 제정·반포하면서도 그것의 강요의 무리성을 잘 깨닫고 있기 때문에, 이미 공문 그 자체 속에서 민간주도의 언어생활이 그 자신의 리듬을 찾아가는 가능성을 열어놓고 그것을 역사에 맡기고 있다. 나는 이러한 자세를 민주주의적 사고(democratic thinking)의 제 I 걸음이라고 생각한다.

나는 귀국후 여태까지 "한문해석학"이라는 개념으로 집약되는 나자신의 학문방법론을 펼쳐왔다. 그리고 존재를 가리고 있는 언어의 파괴를 주장하였다. 내가 정의하는 "해석"이란 결국 이러한 "언어의 파괴"를 의미한다. 그러나 우리가 무엇을 헐어낸다고 할때, 즉 큰 빌딩을 헐때도 마찬가지이지만, 우리가 헐고자 하는 대상의 구조를 정확히 인식할 필요가 있다. 존재를 가리고 있는 언어를 헐어낼 때에도 그 언어의 구조를 정확히 인식하지 못한다면, 존재의 본 모습을 드러내고자하는 본래의 목적을 달성할 수 없을뿐아니라, 존재 그자체까지 상하게하는, 그야말로 파괴를 위한 파괴의 아무 설득없는 불장난에 지나지 않게 되어버리고 만다. 여기에 내가 언어의 정확한 이해를 강조하여온 所以가 있었던 것이다. 나의 표기법제정도 결국 이러한 파괴작업의 정밀성을 꾀하기 위한 약속의 도구들을 만들어내는 작업의 일환으로 이해되어야 할 것이다. 그리고 일본의 로마자표기법의 역사가 우리에게 웅변해 준 바대로 이러한 표기법과 같은 것은 결국 탁월한 개인의 집요한 노력에 의하여밖에는 이루어질 수 없는 것이다. 우리나라에서와 같이 학문의 본질을 꿰뚫지 못하고 말엽적 통고집만 쎈 학자들의 집단이 官의 주도하에 아무리 통합적 노력을 기우려 보았자 항상 말엽적 원칙의 상충만 더 얽혀질 뿐, 거기서 생산되는 제품이란 그야말로 죽도 밥도 아닌 낙제품에 그치고 마는 상황이 비일비재하고, 또 실력있는 소장들이 권위있는 노석학의 눈치만 살피다가

봉투나 받어먹고 끝나기 십상이기 때문이다.

　나의 표기법은 내가 국민을 가여삐 여겨 온 국민이 쓰라고 만든 법이 아니다. 내가 나를 학자로서 규정하는 한에 있어서 학자적 양심을 이 사회에서 지켜야 할 의무가 있고, 또 동·서·고·금의 방대한 지식의 보고들을 섭렵하는 나로서는 최소한 나의 언어생활 속에서 지켜야할 "일관성"이 있기 때문에 만들지 않을 수 없었던 것이다. 즉 내 표기법은 어디까지나 내 것이며 곧 나를 위한 것이다. 위대하신 성군 세종대왕처럼 일차적으로 남을 위해서 만든 것이 아니다. 내가 이것을 공표하는 이유는 내가 이러한 원칙에서 중국어와 일본어를 표기하고 있다는 것을 밝히는 것이 그 일차적 이유가 되는 것이다. 이런 것을 가르켜 우리가 "학자적 양심"이라고 부르는 것이다. 이럴 때 이렇게 표기하고 저럴 때 저렇게 표기하는 사람이나 권력의 이 물결에 이렇게 휩쓸리고 저 물결에 저렇게 휩쓸리는 사람의 양 추태속에 어떠한 유사성이 있다고 생각해 본 적은 없는가? 그러므로 독자들은 결코 나의 시스템을 따라 올 필요가 없다. 자기가 좋아하는 시스템이 있고 또 자기가 새롭게 만들어 쓸 실력이 있다면 나처럼 만들어 쓰면 될 것이다. 단 어느 시스템을 취하든지 그 시스템내에서의 일관성을 유지하도록 노력하면 될 것이다. 내가 나의 시스템을 만들지 않을 수 없는 이유는 정부가 만든 시스템이 이 사회에서 공신력있게 유통되고 있는 것 같지도 않고 또 그 자료도 잘 알아볼 수도 없고, 또 사회에서 통용되고 있는 시스템들(매스콤이나 출판사등)이 제각기 일관성이 없이 놀아나고 있기 때문이었다. 엊그제도 택시에 올라타니까 요금메타 옆에 "올림픽회화"라는 제목의 회화집이 플라스틱 한 판에 새겨져 달랑달랑 매달려 있는 것을 읽어보고 있자니까 그야말로 개판도 그런 개판일 수가 없다. 첫줄에 우선

　　　스미마셍 구루마가 고쇼우데스
　　　すみません　くるまが　こしょうです

라고 쓰여져 있는 것을 분석해보자. 우선 "く"가 "구"로 "が"가 "가"로 표기되어 있는 모순이 지적된다. く와 が사이에는 분명 청탁의 구

분이 있으며 그것은 일본어에서는 음소적으로 구분되기 때문에 우리
말 표기에서 동일자음인 ㄱ으로 처리될 수가 없는 것이다. "こ"를
"고"로 표기한 것도 동일한 맥락에서 문제시 된다. 그리고 "しょう"의
표기에 있어서 "う"는 장음이므로 "우"라는 독립음절로 처리될 수 없
는 것이다. "스미마셍 구루마가 고쇼우데스"라는 말이 나같은 학인을
대상으로 하지 않은 표기임으로 그렇게 유식하게 꼬치꼬치 따지지 말
라고 말해도 좋다. 그러나 더 더욱 문제가 되는 것은 일본말을 모르
는 택시운전사들이 그것을 읽어 일본사람에게 이야기 했을 때에도 그
들은 그것을 못 알아듣는다는 것이다. 이것은 분명 문제가 아니겠는
가? 올림픽이야기가 나온 김에 한마디 더 부연한다면 올림픽준비에
있어서 가장 중요한 것은 이러한 일관성을 어떠한 원칙에 의하여 세
우는가 하는 것에 대한 철학의 추상적인 측면과 구체적 측면이 동시
에 구성되어야 할 것이다. 일전에 올림픽조직위원회의 어느 청년이
(건망증이 하도 심해서 그 사람에 관한 모든 것을 싹 잊어버렸다) 내 연구실
로 달려왔다. 88올림픽에 참가할 모든 나라들의 국명을 우리말로 번
역하여 일관되게 표기하는데 매우 문제가 많다는 것이다. 대만은 어
떻게 표기할 것인가? 중공은? 독일은? 일본(Japan)은? 미국(the
United States of America)은? 몽고(Mongolia)는? 사우디는? 웨스
트사모아는? 이것은 정치이권이 개입되는 문제일뿐만 아니라 어떠한
일관된 법칙이 없이 처리될 때 우리나라의 국제적 체면과 관계되는
문제이기 때문에 실로 중대한 문제가 아닐 수 없다. 한 나라를 부르
는 이름도 여러가지가 있을 때가 많고 또 우리나라에서 통용되어 왔
던 관습도 있고, 또 국제적인 공식명칭의 문제도 있고, 또 아나운서
가 중계를 할 때 효율의 문제도 있을 것이고…… 그 청년은 사방 팔
방으로 각 관청으로 자문을 구하러 다녔어도 그에게 어떠한 방안을
제시하는 어떠한 권위도 부재했다는 것이다. 그리고 골치아프니까 모
른다고만 외면하더라는 것이다. 그 청년은 나의 저서 『東洋學 어떻게
할 것인가』를 읽었고 그속에서 번역의 문제에 대한 나의 참신한 시론
에 감명을 받았고, "번역"이라고 하면 김용옥이 무슨 권위인 것처럼
착각을 했기 때문에, 나에게 최종적으로 달려오지 않을 수 없었던 것
이다. 나는 원래 이 조그만 나라에 올림픽과 같은 큰잔치가 시끌쩍끌
하게 벌어지는 것을 그리 탐탁하게 여기는 사람은 아니지만, 시골에

서 작은 집이 큰 잔치를 벌릴려면 여기저기 그릇부터 꾸러다니는 모습이 연상될 뿐이지만, 어차피 큰잔치는 벌어질 것이고 또 그에 대한 책임을 나도 외면할 수만은 없고 또 그 청년이 나의 저술을 읽고 진지하게 독자로서 접근하였다는 사실이 마음에 들었기 때문에, 나는 그 문제를 놓고 그 청년과 장시간의 토론을 계속하였다. 결국 그 청년이 방황했던 문제는 원칙의 문제였다. 번역(표기)에 있어서 어떠한 원칙을 세우는가 하는 것이다. 그리고 그 원칙이 그 상황에 있어서 얼마나 포괄적일 수 있는가하는 우선의 순위를 정하는 문제가 있다. 그리고 그러한 원칙에서 벗어나는 사례가 발생할 때 그 예외적 사례를 또 다시 어떠한 원칙에 의하여 설명하고 수용하는가하는 문제가 확연히 해결되지 않으면 안된다. 올림픽에 참가하는 나라들의 우리말 표기에 관한 원칙은 기본적으로 내가 그 청년과 토론하면서 마련해 준 것이다. 물론 이러한 거대하고 중대한 작업의 자문에 있어서, 딴부분에 있어서는 몇 분에 몇 백만원씩을 쓰면서도 우리와 같은 무형의 자산에 대하여서는 보상을 할 줄을 모른다. 나는 땡 전 한 푼 받지 않고 막대한 시간을 할애해 주었다. 후에 그 청년으로부터 올림픽 뺏지가 몇개 날라와서 그것은 우리 꼬마들 장난감으로 주었고 내 설대로 최종안이 고착되었다는 그 청년의 설명과 함께 공문이 날라왔는데, 양심선언후 연구실의 책을 100 박스나 옮기는 북새통에 어디로 증발해 버렸는지 알 수가 없다. 올림픽 경기장에 세계각국의 국명이 울려퍼질 때 나의 작은 노고나마 저 속에 숨어있다는 생각으로 나는 충분히 흐뭇하리라고 생각한다.

이와같이 학문적 성과라는 것은 이 사회의 모든 현실분야와 직접적인 연관을 가지고 있다는 사실과 그러한 연관성 때문에서라도 학문적 작업이 철저한 원칙과 그것을 설명하는 포괄적 체계를 가져야 한다는 사실이 다시 한번 인식되어야 할 것이다.

나의 표기법(씨케이시스템)은 비록 나자신을 위한 것이지만 나는 이 체계가 많은 사람들에게 공유되기를 희망한다. 그 이유는 나의 정직한 지식이 판단하는 바에 있어서 가장 온전한 체계라고 자신하기 때문이다. 이러한 나의 자화자찬론을 빈정대기에 앞서서 우리학계의 이러한 방면의 성과의 현실이 냉철하게 검토되어야 할 것이다. 더 이상 군소리를 나열하지 않겠다. 나는 아무에게도 강요하지 않고 또 나 자신 초조해하지도 않는다. 나의 시스템이 우수하다면 아니쓰고는 못 배길 것이다. 그리고 나의 학문적 권위의 성숙도에 따라 그 권위는 자 연적으로 인정될 것이다. 씨케이시스템은 나개인을 위한 나개인의 것 이라는 사실에서 출발하고 있지만 독자들이 내 시스템을 사용하는데 있어서 내 허가를 얻을 필요는 없다. 좋다고 판단되면, 필요하다고 판 단되면 쓰면 될 것이다. 그러나 최소한 내것을 쓰고 있는 바에는 "최 영애-김용옥표기법에 의거함"이란 하나의 단서를 밝히는데 인색해서는 아니될 것이다. 최영애-김용옥중국어표기법이 발표된 이후로 상당히 많은 사람들이 이 표기법을 쓰고 있으면서도 이러한 번지수를 밝히지 않는 작태에 대하여 나는 유감을 버릴 수 없다. 그것은 도용이며 표 절이며 이 사회의 악폐의 답습이다. 왜 그다지도 타인의 성과를 인정 하기를 두려워하는가? 내 책을 보라! 내가 말하고 있는 아이디어가 누구와의 대화에서 얻은 힌트라 할지라도 반드시 그 출처를 밝히고 있 지 않은가? 하물며 번지수가 이다지도 명확한 나의 표기법의 경우에 있어서랴……

이제 말미를 돌려 최영애-김용옥일본어표기법(the C.K. System for Japanese)에 대한 간략한 설명을 하고 잔소리를 끝내도록 하겠다. 『東 洋學 어떻게 할 것인가』가 출판되고 난 직후 85년 정초에 집에서 쉬 고 있을 때였다. 부모님과 큰형·큰누나에게 책을 선사한 후였는데, 어느날 나의 장형이 나를 그의 서재로 부르는 것이었다. 그러더니 나 의 책에 관하여 말씀하시면서 :

"용옥아~ 다 좋은데 거 일본말 표기가 많이 틀렸더라. 'かえりて ん'이 '가에리텐'이지 어찌 '카에리텐'이란 말이냐?"

나의 장형을 도마위에 올려놓아 매우 죄송하다. 나의 장형의 일본 어의 인지는 그나름대로 독특한 양식을 지니고 있는 것이지만 그것은 한국인이 일본어에 대하여 가지고 있는 무의식적 오류의 전형적 틀을 단적으로 제공하고 있다. 나의 장형은 일제시대때 초등·중등교육을 받았고 대학교육의 일부까지 거쳤던 세대의 한 사람이다. 그리고 장 형은 후에 와세다대학에 가서 교환교수로서 정식으로 강의를 한 경력도 있고해서 하여튼 내가 아는 많은 한국사람중에서 일본어를 탁월하게 잘 하는 인물이다. 즉 일본어가 외면화되어 있는 것이 아니라 완전히 내면화되어 있다. 바로 이 "내면화"되어 있다는 사실이 그들에게서 일본어 아니 일본문화가 객관성을 상실하고 있다는 중대한 이유가 되는 것이다. 그리고 그들의 일본어의 인지는 이성적 노력에 의하여서라기 보다는 감성적 훈습을 통하여 배어 들어간 것인데, 이러한 상황에서 이루어진 일본어는 매우 정확한 일본어 같지만 사실 그들의 일본어는 한국어라는 母語의 일차적 틀을 여과하고 있기 때문에, 자기들이 말하고 있는 일본어의 현실발음이 비록 일본어의 원음에 가까운 상황에 있어서까지도 그 음을 인지하는 개념적 틀은 한국어적인 것이 되고 있다. 소쉬르의 구분을 빌리면 빠홀은 일본식으로 하면서도 랑그는 한국식으로 인지하고 있는 상황이 되는 것이다. 그러나 이때 그들이 인지하고 있는 한국어자체에 또 문제가 있기 때문에 한마디로 그 세대들에 있어서는 일본어도 한국어도 몽땅 개판인 것이다. 현실적으로 "의사소통"만이 가능한 현상에 머물러 있는 것이다.

우리는 일제시대때 일본어로 교육받은 모든 사람들이 일본말을 매우 잘 하는 것으로 알고 있다. 그리고 또 그 세대들 자체가 그렇게 착각해왔고 또 후배인 우리들에게 그렇게 과시해왔다.

"일본어쯤이야~" "일본어는 며칠이면 돼~"

이따위 말들을 우리는 수없이 들으며 컸고, 우리는 우리의 부모세대가 자기들끼리 무슨 비밀말을 할 때는 유창한 일본어로 지껄이는 듯이 보이는 것을 매우 선망의 눈초리로 바라보며 컸다. 동경유학에서 내가 충격적으로 받아들이지 않을 수 없었던 새로운 사실은 옛날에 내가 일본어를 완벽하게 구사한다고 생각했던 나의 선배들이 얼마나 일본어를 개판으로 하는 인물들인가, 한국인으로서 일본어를 마스터한다는 것이 얼마나 어렵고 각고의 훈련을 거쳐야 하는 것인가하는 새로운 사실의 깨달음이었다. 선배교수들이나 친지들이 동경(토오쿄오)에 올때마다 그들의 관광안내 내지는 학회십부름 따위를 도맡아하면서 충격에서 충격으로 이어진 새로운 신화의 발견이었다. 일본어는 우리사회의 신화다 ! 우리나라 사람들이 바로 이 역사의 시점에서 깊게 한번 반성해보아야할 거대한 허구덩어리가 한국인의 그 잘난 "일본어실력"이라는 것이다. 우리나라에 일본 古語를 제대로 읽을 수 있는 사람을 한사람이나 꼽을 수 있을까? 한문을 일본식으로 제대로 "카키쿠다시"로 풀어낼 인물이 있을까? 도대체 "소오로오분"정도라도 정확히 해독하는 인물들이 있을까? 도대체 『源氏物語』를 번역해낼 권위가 있는가? 이것은 너무 고층대라 어차피 어려운 것이라고 한다면 일본어의 현실적 발음구조에 대한 정확한 인식을 가지고 있는 한국인이 몇명이나 있을까?

"かえりてん"을 "가에리뎬"으로 표기해야 한다는 나의 장형의 느낌 (물론 주장까지도 가지 않는다)은 ○×식의 오류로 처리될 수 있는 성질의 것은 아니다. 여기서 문제가 되는 것은 淸音과 濁音의 구분이 우리말의 발음구조 속에서는 정확하게 음소의 구분으로써의 의미를 갖지 못한다는 사실에 있다. "かえりてん"에서 문제시 되고 있는 것은 カ行과 タ行의 자음결정이다. 그리고 이 문제는 "니고리"가 붙은 ガ와 ダ의 자음결정문제와 동시에 고려되어야 한다. 독자들은 앞서 중국어 표기법에 있어서 전제되었던 원칙을 다시 한번 상기해주기 바란다. 1) 모든 발음이 우리말 표기에 있어서 중복되지 않으며 2) 우리말에서 현재 통용되고 있는 알파벳 이외의 어떠한 기호도 사용하지 않으며 3) 경제성의 원칙을 지키며 4) 음소적 일관성을 지키면서 현실음에 가장 가까운 방식으로 조절한다라는 원칙은 일본어표기법에 있어서도 동일하게 적용되는 원칙이며 이 원칙의 틀하에서 이러한 문제가 결정되어야만 할 것이다.

일본에서의 カ와 ガ의 구분은 음성학적으로 말해서 無聲(voiceless) 과 有聲(voiced)의 구분이며 국제음성기호(IPA)로는 [k]와 [g]로 표기되는 음이다. 그러나 우리나라의 가와 카는 無氣(unaspirated)와 有氣(aspirated)의 구분에서 발생하는 것이므로 [k]와 [kʻ]로 표기된다. 즉 그 음성구조가 차원이 다른 것이므로 정확하게 대응이 될 수 없는 관계이다. カ와 ガ는 성대가 넓어졌다 좁아졌다하는 차이에서 생겨나고 가와 카는 입김이 약하냐 세냐하는 데서 구분되는 것이다. 즉 일본인의 발음구조에서는 어떤음에 대한 유기적 발성이 음소적 변화(phonemic change)를 일으키지 않는데 반하여 한국인에게 있어서는 유성음 (탁음)이 아무런 음소적 변화를 일으키지 않는다는 뜻이다. 그러나 우리가 이 양자를 음소적으로 대응시킬 때 그리고 제2의 원칙을 고수할 때 우리는 명백한 사실에 결단을 강요당한다. 다시 말해서 "ヵ"음이 "카"와 "가"에서 어느 쪽에 가까운 가를 선택하게 된다면 그것은 "카"에 가까울 수밖에 없다. 거꾸로 한국어의 "가"가 일본어의 "ヵ"와 "ガ"의 어느쪽에 가까운가를 선택하다면 물론 "ガ"에 가깝다. 우리나라 사람들이 일본어를 배우는데 ヵ行과 タ行의 발음에 있어서 濁音이 잘 안된다고 강조해서 가르치는데 그것은 매우 잘못된 것이다. 한국인들이 발음을 못하는 것은 탁음쪽이 아니라 오히려 청음쪽이다. ガギグゲゴ의 발음에 문제가 있는 것이 아니라 오히려 ヵキクケコ의 발음에 더 문제가 있다. 유기현상이 일어나지 않는 범위내에서 최대한 [k]에 가깝도록 발음되어야 하기 때문이다. ヵ와 タ를 로마자화하는데 있어서도 3방안(헵번·일본·훈령)이 모두 k와 t를 쓰고 있다는 명백한 사실이 새롭게 인식되어야 할 것이다. 장형이 "가에리덴"이라고 한 것은 자기 자신의 현실발음에 대한 정확한 이해가 없이 말한 것에 불과한데 일본말을 모르는 우리나라 사람에게 "가에리덴"이라고 발음하게 하고 일본인에게 전사시키면 예외없이 "ガえりでん"으로 적는다. 우리형식으로 표기하면 東京은 "도오교오"가 될 것이고 영어로는 "Dōgyō"가 될 것이다. "도오교오"는 분명이 일본인에게는 "同業"으로 인지될 것이다. 장형이 이러한 착각을 하게 되는 현상에 대해서 좀 동조적으로 이야기한다면 역사적인 발음의 변천현상을 들수도 있다. 옛날 사람일수록 濁音을 매우 짙게 발음했다. "みぎ"는 거의 "밍이"에 가깝게 발음했다. 그러나 젊은 세대로 내려올 수록 濁音을 애써서 발음하지 않는다. 그러므로 요즈음은 우리나라의 "미기"에 거의 가까운 형태로 발성되고 있다.

나의 표기법은 헵번식과 훈령식의 장점을 같이 활용하면서 우리나라 말의 특수성에 맞도록 구성한 것이다. 음소적 일관성을 중시하였다는 점에서는 훈령식과 유사하지만, 현실적 발음에 과감하게 접근하였다는 의미에서는 헵번식에 가깝다. 그러나 우리나라 사람들이 일본어음을 인지하는 특수구조들 또한 반영되어 있다. サ行의 "사시스세소"의 경우 "시"는 헵번식의 si로 하지 않고 shi로 표기한 것은 シ의 현실음을 표현한 것인데, 우리나라의 "시"음이 [si]가 아니라 [ʃi]에 가까웁기 때문에 헵번식처럼 자음을 변화시켜야 할 필요가 발생하지 않는다. 영어의 "she"가 우리는 "쉬"에 가깝다고 생각하지만 그 현실음은 우리말에 대응시키면 "시"에 더 가깝다. ハ行에서 헵번식은 "フ"를 hu로 하지않고 fu로 했는데 이것 또한 "フ"의 현실음을 반영한 것이다. 일본어의 "フ"는 우리말의 "후"가 아니며 그렇다고 영어의 f음도 아닌, 양입술이 근접하면서 그 사이에서 나는 無聲兩唇摩擦音인데 국제음성기호로는 [Φ]로 표기된다. 그러나 이를 우리말로 표현할 길이 없음으로 그냥 "후"로 할 수밖에 없게된다. 이렇게 되면 "사시스세소"나 "하히후헤호"는 외면적으로 훈령식에 가깝게 보인다. 그러나 タ行을 훈령식처럼 "타티투테토"로 하지않고 "타찌쯔테토"로 하여 "티투"를 현실음에 맞게 조정한 것은 헵번식에 가깝다. 이때 "チ"를 헵번식에 따라 "치"로 할까도 생각해 보았지만 チ[tʃ]는 無聲齒莖破擦音인데 우리나라의 "치"는 유기음인데 반하여 チ는 유기음이 아니므로 된소리인 "찌"를 선택하였다. 室町는 역시 "무로마치"보다는 "무로마찌"에 더 가깝다. 그러나 이 チ음이 이중모음과 결합될때는 有氣현상이 더 강하게 나타나 우리나라의 "ㅊ"자음에 더 가깝게 됨으로 "チャ チュ チョ"는 "챠 츄 쵸"로 하였다. ちゃいろ(茶色)는 "쟈이로" 보다는 "챠이로"로 더 정확히 표기될 것이다.

우리의 표기에 있어서 가장 문제시 되는 것은 ウ모음列에 관한 것일 것이다. 로마자표기법 3방안이 모두 ウ열을 예외없이 /u/로 표기하고 있는데 반하여 씨케이시스템에 있어서는 サ行과 タ行에 한하여 [ï]로 표기되는 "으"모음을 붙인 것이다. 이 문제는 우리가 상식적으로 생각하는 것보다는 매우 섬세한 음의 감각을 요구하는 문제이며 그것은 또 우리 한국인에게 강하게 구분되어 느껴지는 현상이다. "우쿠 누 후 무 루"는 다 "우"모음인데 왜 "스 쯔"만 "으"모음이 되어야 하는가? 이러한 현상은 반드시 일본인 자신들이 그렇게 구분하여 느끼고 있다고 생각하면 곤란하다. 그것은 실상 우리나라말에 일본어의 ウ음이 없다는 사실부터 새롭게 인식되어야 할 것이다.

우리는 일본어의 ウ음이 우리나라의 "우"음인 것으로 착각하고 있는데 그러한 예를 단적으로 나타낸 것이 "구두"라는 우리말이다. "구두"는 우리말이 아니라 일본말의 "くつ(靴)"에서 온 것인데 カ와 タ 를 카와 타로 하지 않고 가와 다로 할 때, 그리고 ウ음을 일괄적으로 우리나라의 우음으로 할 때, 양자의 결합에서 "구두"라는 말이 발생 한다. 이것은 우리나라 사람들이 일본의 ウ음을 인지하는 능력이 없 는 것을 보여준 전형적 예이다.

　일본의 ウ모음은 매우 특수한 모음으로서 국제음성기호로는 [u]가 아니라 [ɯ]로 표기되는 음이다. 非圓脣後舌母音인데, 우리가 "우"라고 발음할 때는 입술모양이 동그랗게 되는데 그 상태에서 입술을 양옆으 로 벌려 나는 음이다. 일본인들에게는 ク와 ス가 "우"모음과 "으"모음 으로 구분되지 않고 모두 동일한 [ɯ]로 인지된다. 그러나 [ɯ]발음을 가지고 있지 못한 우리에게는 ク는 "쿠"로 ス는 "스"로 인지된다. 이 것은 후설모음인 [ɯ]가 치음인 s(마찰음) 및 ts(파찰음)와 결합할 때 는 치음이 구강의 앞부분에서 발음되는 음이기 때문에 치음의 영향을 받아 [ɯ]가 전설모음화하여 [ï]에 가까운 쪽으로 변화하는 현상이 일 어나기 때문에 우리 귀에는 [으]로 들린다. 이러한 연유로 씨케이시 스템에 있어서는 ス·ツ에 한하여 "으"모음을 썼음을 밝혀두지만, 기 타 ウ음도 우리말로 정확히 나타내지고 있지는 않다는 사실을 주목해 야 할 것이다. "ください"도 정확하게 "쿠다사이"가 아니다. 오히려 "크다사이"에 가까울 수도 있다는 것을 지적하여 둔다.

　마지막으로 パ行의 자음의 결정에 있어서 많은 한국사람들이 ㅃ으 로 생각하는 경향이 있는데 이것은 그릇된 생각이다. 일본말의 パ의 자음은 無聲兩脣破裂音인데 우리말의 ㅍ에 가깝게 오는 것이며 결코 된소리는 아니다. パン이라는 폴투갈말이 우리나라사람들에게 일본사 람들을 통하여 "빵"으로 인지된 것은 パ의 자음이 유기음이 아니라는 사실에서 와전된 것 같은데 일본인들의 현실음은 "팡"에 더 가깝다. 내가 일본에서 유학하고 있는 동안 일본인 학우들에게 중국어를 가르 쳐 준 경험이 있는데, 그들은 "她很棒"(그 여자는 참 멋있다)을 "타 헌빵"이라고 발음 하지 못하고 꼭 "타헌팡"이라고 발음할 뿐이다. 그 러면 "他很胖"(그여자는 참 뚱뚱하다)의 의미로 와전된다. 이러한 실 례에 비추어 보아도 일본사람들에게는 우리나라의 된소리가 발음되지 않음을 알 수 있다.

　　여섯째 글　새로지은 崔玲愛-金容沃日本語表記法과 그것의 풀음　383

이것으로 일단 소략하나마 나의 표기법에 대한 설명을 끝낸다. 내가 표기법으로 하나 더 도전하고 싶은 것이 있다면 우리말의 로마자 표기에 있어서 맥큔라이샤워시스템을 파기시키는 새로운 체계를 만드는 작업이다. 그러나 나는 목전에 영어로 저술할 계획이 없음으로 그러한 작업에 파고들어갈 마음의 준비가 없다. 나는 대학교학부시절에 나의 학문을 국제화시키기 위하여 나의 모든 저술을 영어로 하리라고 마음 먹었고 그 당시 이미 나의 일기까지 모두 영어로 썼었다. 결국 그 덕택에 하바드까지가서 박사학위를 수월하게 따낼 수도 있었지만 지금은 그러한 꿈을 포기한지 오래다. 나는 나이를 먹어갈 수록 우리말에 대한 애착만이 짙어진다. 시간이 있으면 있는대로 우리말 속에다가 나의 문화적 노력을 축적시켜 놓아야겠다는 생각만 강렬해진다. 그 어려운 외국어로 대가리속의 미로를 헤메는 일이 무척 어리석게만 느껴진다. 그러나 맥큔라이샤워시스템이 그릇된 체계라는 나의 신념에는 변화가 없다. 누군가가 그 체계를 파기할 수 있는 보다 합리적 체계를 만들어야 할 것이다.

문화의 힘은 위대한 것이다. 그리고 이러한 힘의 축적은 표기법을 만드는 것과 같은 매우 하찮게 보이지만 원초적인 기초위에서부터 이루어지지 않을 수 없다. 한국과 일본의 관계는 좋던 싫던 서로를 떼어놓을 수 없는 관계다. 그리고 한일양국의 교류는 어떠한 형태로든지 앞으로 가속화 되어갈 것이다. 이러한 상황에서 일본어를 표기하는 합리적이고 일관된 방안이 부재한다는 것은 매우 비효율적이며 또 수치스러운 일이다. 최영애-김용옥일본어표기법 (씨케이시스템)이 이러한 부끄러운 상황을 개선하는데 일조를 할 수 있기를 바라면서 때마침 들려오는 뒷산 소쩍새의 구슬픈 울음소리에 귀를 기울여 본다.

1986년 5월 9일 자정
鞍山麓에서

384

동양학 어떻게 할 것인가

1986년   6월   15일   초판발행
2003년   10월   10일   2판 32쇄
2009년   1월   20일   3판 1쇄
2016년   1월   10일   3판 2쇄

지은이 도올 김 용 옥
펴낸이 남   호   섭
펴낸곳 통   나   무

서울 종로구 동숭동 199-27호
전화 : (02) 744 - 7992
팩스 : (02) 762 - 8520
출판등록 1989. 11. 3. 제1-970호

ISBN 978-89-8264-003-2   03150